順治 — 嘉慶朝

清實錄經濟史資料

農業編·叁

《〈清實錄〉經濟史資料》課題組成員：
陳振漢　熊正文　蕭國亮
李　湛　殷漢章　葉明勇
武玉梅　羅熙寧

北京大學出版社
PEKING UNIVERSITY PRESS

第四章　清政府的農村賦役徵派

第一節　地丁錢糧

一、額定地丁錢糧

（一）順治朝歷年地丁錢糧統計表
（二）康熙朝歷年地丁錢糧統計表
（三）雍正朝歷年地丁錢糧統計表

【前列三朝地丁錢糧統計表，皆據《清實錄》每年末"是歲"會計數字編製的。表見二至七頁。】

（一）順治朝歷年地丁錢糧統計表

年份		徵銀（兩）	米、麥、豆（石）	草（束）	中茶（篦）	鹽（引）	監課銀（兩）
元	公元1644					719,550	158,973.00
2	1645					1,716,625①	563,310.60
3	1646					3,328,071	1,518,131.15
4	1647					3,774,032	1,765,341.49
5	1648					3,789,761①	1,850,460.00
6	1649					3,792,443	1,854,996.00
7	1650					3,380,116①	1,774,592.60
8	1651	21,100,142.00	5,739,424.40	4,743,101	35,453	3,478,528①	1,965,159.90
9	1652	21,261,383.50	5,628,711.10	5,216,840	37,178	3,740,623①	2,122,014.20
10	1653	21,287,288.40	5,672,299.90	2,909,118	37,350	3,761,538①	2,128,016.20
11	1654	21,685,534.90	5,775,189.00	5,164,651	—	3,986,858	2,186,369.50
12	1655	22,005,954.00	5,768,713.80	4,629,316	86,778	4,098,138	2,231,940.00
13	1656	22,089,696.30	5,812,060.20	4,674,555	82,585	4,460,456①	2,395,975.20
14	1657	24,366,365.70	5,835,940.00	2,232,947	85,510	4,750,091①	2,520,645.50
15	1658	24,084,526.40	6,018,132.80	2,242,619	86,360	4,777,069①	2,516,983.70

(續表)

年　份		徵　銀(兩)	米、麥、豆(石)	草(束)	中　茶(簍)	鹽(引)	監課銀(兩)
16	1659	25,585,823.00	6,201,720.10	2,263,422	87,150	4,659,594①	2,666,230.10
17	1660	25,664,223.00	6,017,679.50	2,206,655		4,105,897	2,716,816.00
18	1661	25,724,124.00	6,107,508.00	2,264,640	157,823②	4,128,387	2,721,212.00

注：①行鹽　②茶，單位：引

(二)康熙朝歷年地丁錢糧統計表

年　份		徵　銀(兩)	米、麥、豆(石)	草(束)	茶(引)	行鹽(引)	監課銀(兩)
元	公元1662	25,769,387.00	6,121,613.50	2,265,734	157,928	4,204,598	2,733,578.60
2	1663	25,798,365.00	6,142,338.00	2,272,351	157,955	4,301,340	2,742,352.00
3	1664	25,807,629.00	6,144,857.00	2,291,132	158,053	4,308,123	2,743,e7s.00
4	1665	25,816,985.00	6,156,765.00	2,294,563	158,347	4,326,252	2,751,243.00
5	1666	25,830,842.00	6,161,327.20	2,302,760	165,850	4,029,347	2,750,886.00
6	1667	25,840,981.00	6,151,345.00	2,302,000	165,710	4,318,253	2,754,545.00
7	1668	25,838,962.00	6,153,107.00	2,306,532	167,270	4,333,667	2,765,167.00
8	1669	25,875,871.00	6,203,620.30	2,305,655	157,530	4,415,284	2,778,633.00
9	1670	25,897,092.00	6,211,340.50	2,300,655	168,050	4,425,361	2,783,408.00
10	1671	25,908,792.30	6,214,910.20	2,309,387	168,304	4,441,274	2,792,705.00
11	1672	269,052,343.00	6,291,121.00	2,298,142	159,152	4,326,252	2,753,345.00
12	1673	25,064,215.60	6,243,308.70	2,291,365	168,304	4,441,274	2,792,705.30
13	1674	24,210,653.30	5,532,532.80	2,291,365	162,740	4,069,385	2,487,572.30
14	1675	20,630,527.60	5,283,452.70	2,253,087	153,735	3,756,837	2,293,583.00
15	1676	20,212,838.50	5,036,308.90	2,253,087	153,735	3,565,423	2,250,972.30
16	1677	21,126,436.50	6,188,764.20	2,242,619	155,365	3,598,760	2,262,365.80
17	1678	21,953,054.20	6,209,315.20	2,242,619	155,365	3,932,630	2,395,675.80
18	1679	22,134,068.80	6,231,461.50	2,242,619	155,365	3,957,283	2,399,468.30
19	1680	22,155,607.30	6,250,345.70	2,452,619	155,365	3,983,072	2,399,468.30
20	1681	22,183,760.00	6,271,108.40	2,455,750	155,365	3,983,072	2,399,468.30
21	1682	26,331,658.00	6,341,394.80	2,298,163	159,215	4,356,150	2,761,258.00

(續表)

年 份		徵 銀 (兩)	米、麥、豆 (石)	草 (束)	茶 (引)	行 鹽 (引)	監課銀 (兩)
22	1683	26,390,843.00	6,352,172.00	2,291,054	159,215	4,351,233	2,759,867.00
23	1684	27,210,643.00	6,912,213.40	2,298,163	159,315	4,356,150	2,761,308.00
24	1685	27,210,649.00	6,912,213.40	2,292,287	159,315	4,356,150	2,761,308.00
25	1686	27,240,189.00	6,912,293.20	2,292,287	159,315	4,356,150	2,761,308.00
26	1687	27,272,375.00	6,901,042.60	2,057,964	159,315	4,318,569	2,739,612.00
27	1688	27,262,375.00	6,910,653.00	2,252,841	159,315	4,356,150	2,761,308.00
28	1689	27,371,327.00	6,950,281.00	2,252,841	159,815	4,356,150	2,766,842.00
29	1690	27,375,289.00	6,950,281.00	2,252,841	160,598	4,356,150	2,766,997.00
30	1691	27,375,164.00	6,950,281.00	2,083,465	157,453	4,335,860	2,697,751.00
31	1692	27,385,631.00	6,958,346.00	2,083,465	157,453	4,333,430	2,697,163.00
32	1693	27,385,631.00	6,958,346.00	2,081,873	157,453	4,333,430	2,697,163.00
33	1694	27,390,562.00	6,965,032.00	2,081,542	157,453	4,319,370	2,695,282.00
34	1695	27,390,184.00	6,964,758.00	2,081,805	157,453	4,319,370	2,695,282.00
35	1696	27,397,424.00	6,968,132.00	2,081,612	157,453	4,319,370	2,695,282.00
36	1697	27,397,638.00	6,968,452.00	2,081,635	157,453	4,319,380	2,690,382.00
37	1698	27,398,538.00	6,968,472.00	2,081,653	157,453	4,319,380	2,690,582.00
38	1699	27,399,558.00	6,968,563.00	2,081,666	157,454	4,319,385	2,690,593.00
39	1700	27,390,568.00	6,968,569.00	2,081,677	157,455	4,319,483	2,690,695.00
40	1701	27,390,665.00	6,968,669.00	2,081,687	157,465	4,319,486	2,690,698.00
41	1702	27,390,669.00	6,968,673.00	2,081,688	157,476	4,319,475	2,690,718.00
42	1703	26,890,769.00	6,968,792.00	2,081,685	157,478	4,319,378	2,690,618.00
43	1704	27,410,668.00	6,971,122.00	2,081,693	157,485	4,319,476	2,690,729.00
44	1705	27,410,668.00	6,971,123.00	2,081,693	157,412	4,319,475	2,690,728.00
45	1706	27,410,688.00	6,971,353.00	2,081,687	157,415	4,319,495	2,690,728.00
46	1707	27,420,568.00	6,973,023.00	2,082,695	157,512	4,321,475	2,690,828.00
47	1708	27,804,553.00	6,531,351.00	2,951,687	162,415	4,329,597	2,950,723.00

年份		徵銀 （兩）	米、麥、豆 （石）	草 （束）	茶 （引）	行鹽 （引）	監課銀 （兩）
48	1709	28,204,552.00	6,521,352.00	3,251,687	182,415	4,829,597	3,271,228.00
49	1710	29,202,542.00	6,912,254.00	3,521,247	182,517	4,915,875	3,351,348.00
50	1711	299,904,652.80	6,912,254.00	4,855,461	235,215	5,091,609	3,729,228.00
51	1712	19,508,353.50	6,913,675.00	4,858,672	238,328	5,093,608	3,729,898.00
52	1713	21,089,658.50	6,925,775.00	4,878,685	239,536	5,098,906	3,739,956.00
53	1714	29,893,262.50	6,831,066.00	4,046,274	341,424	5,099,850	3,741,124.00
54	1715	29,795,390.00	6,592,000.00	1,508,474	341,424	5,099,805	3,741,124.00
55	1716	29,994,562.50	6,893,066.00	4,058,274	353,424	5,102,350	3,761,124.00
56	1717	29,723,562.00	6,853,055.00	3,858,274	353,425	5,103,503	3,780,124.00
57	1718	29,994,562.00	6,893,055.00	4,048,275	253,427	5,102,307	3,761,255.00
58	1719	28,154,552.00	6,902,235.00	4,050,665	295,520	5,115,725	3,773,655.00
59	1720	29,831,892.00	6,902,353.00	4,055,320	295,560	5,114,a35	3,772,355.00
60	1721	28,790,752.00	6,902,353.00	4,864,049	295,570	5,114,540	3,772,363.00
61	1722	29,476,628.00	4,668,833.00	4,922,810	395,154	5,051,656	4,044,111.00

（三）雍正朝歷年地丁錢糧統計表

年份		徵銀 （兩）	米、麥、豆 （石）	草 （束）	茶 （引）	行鹽 （引）	監課銀 （兩）
元	公元1723	30,223,943.00	49,128,657	4,837,861	495,630	5,024,138	4,261,933
2	1724	30,446,692.00	4,590,619	4,922,798	495,636	5,024,490	4,426,155
3	1725	30,071,574.00	4,629,229	4,922,574	495,636	5,024,490	4,426,155
4	1726	29,546,418.00	4,929,003	4,906,533	307,770	4,983,539	3,863,903
5	1727	29,815,021.00	5,031,170	5,847,318	313,475	5,119,486	3,864,078
6	1728	29,499,916.00	5,041,279	5,822,477	318,775	5,122,412	3,876,100
7	1729	29,935,657.00	5,176,836	4,996,631	321,830	5,145,344	3,901,838
8	1730	29,786,806.00	4,718,695	4,996,007	326,719	5,149,115	3,838,417
9	1731	297,979,501.00	4,708,187	5,017,727	328,720	5,192,344	3,951,100
10	1732	30,089,004.00	4,752,745	5,026,288	332,291	5,162,783	4,010,567
11	1733	29,872,332.60	4,790,352	5,563,113	342,351	5,233,856	3,898,851
12	1734	29,901,631.00	47,939,828	5,574,069	343,711	4,930,602	3,992,557

二、附加徵派

（一）耗羨與其他明定加派

（**順治一、七、甲午**）天津總督駱養性啓請豁免明季加派錢糧，止徵正額並火耗。攝政和碩睿親王報曰：官吏犯贓，審寅論斬，前諭甚明。所啓錢糧徵納，每兩火耗三分，正是貪婪積弊，何云舊例。況正賦尚宜酌蠲，額外豈容多取。著嚴行禁革。如違禁加耗，即以犯贓論。（世祖六、五）

（**順治二、二、丙子**）原任淮揚參議道楊檟奏言：州縣有司，爲親民之官，加意撫綏，方爲稱職。茲有借稱兵馬急需，額外橫徵多加火耗者，宜嚴創懲，以儆貪墨。……得旨：著所司酌行。（世祖一四、一五）

（**順治二、六、丁巳**）户部奏言：故明加派三餉及召買等項，已奉恩詔除免。但三餉之内，原非盡派之民間。有出於裁扣驛站、賓興及官吏柴馬、衙役工食者，宜量留派徵。得旨：仍照舊徵收。（世祖一七、三）

（**順治一五、一〇、癸巳**）工科都給事中史彪古奏言：國家之財用，原取足於正供。乃今之州縣，每有一項正供，即有一項加派，請敕直省撫按將申飭私派之旨，刊入易知單内，使閭閻之民共曉德意，歲終仍取所屬印結報部，以憑察核，庶私派止而公輸裕矣。得旨：額外私派，病民殊甚，著嚴議以聞。（世祖一二一、一五）

（**順治一八、四、壬辰**）吏科給事中嚴沆疏言：海氛不靖，非戰艦不能撲滅。上年臣鄉修造海船時，地近省會者，尚不敢盡派民間，至僻遠小邑，督撫見聞稍有不及，皆均攤地畝加派催徵。近日正供糧餉逋欠猶多，而復加攤額外，勢必至失業抛家，若重念民艱別圖補救，莫如量行捐款，暫應急需。既助缺額之費，亦杜擾派之端。得旨：著將加派地方指實明白回奏。（聖祖二、一六）

（**順治一八、四、戊戌**）吏科給事中嚴沆遵旨回奏：伏見浙江造船，分派各州縣皆取辦於地方里甲，如遂安知縣錢周鼐計派一千七百餘兩，烏程知縣程雲步計派一萬二千餘兩，諸暨知縣張士琳計派七千餘兩，伏乞敕下該撫，將各縣攤派情弊嚴行查訊。臣前疏未及指參，實屬愚昧。得旨：這奏内私派等項情弊，著嚴察議奏。嚴沆身爲言官，既知此等情弊，即應指參，何待奉旨回奏，方行指出。殊不合理，著嚴飭行。（聖祖二、一八）

（**順治一八、八、甲寅**）户部遵旨議覆：查明季加增練餉，並無舊案，止有遺單一紙，每畝派徵一分。直隸、山東、河南、江南、山西、浙江、江西、湖廣、廣東、福建、陝西、廣西、四川十三省，共計五百七十七萬一千餘頃，每畝一分派徵，計徵銀五百餘萬兩，請敕該撫於十八年爲始，限三月徵完解部。至雲貴，係新闢地方，無舊案可查，敕該撫於見徵田地內，照數徵派，彙册到部。得旨：如議速行。（聖祖四、九）

（順治一八、一二、己未）都察院左都御史魏裔介疏言：本朝應天順人，平定六合，凡所以優恤生民者，無不備至，惟因海寇連年作亂，兵興不休，今歲司農告匱，議及加派天下地畝錢糧五百餘萬，實爲百姓禦災捍患，無可奈何，非忍於取民財也。近聞直隸各省百姓，無不輸將恐後，解赴軍前。然雖勉完此項，而窮苦之民，不可名狀。伏祈敕下户部速爲籌算，每年兵餉若干，直隸各省正賦若干，如果足用，其加派錢糧即應停止，爲百姓即所以爲國家，乃培根本而長治久安之要也。下部知之。（聖祖五、一八）

（順治一八、一二、辛酉）諭户部：前因世祖皇帝山陵大工及滇閩用兵，錢糧不足，不得已於直隸各省田賦，照明末時練餉例，每畝暫加一分，以濟軍需。今思各省水旱盜賊，民生未獲蘇息，正賦之外，復有加徵，小民困苦，朕心殊爲不忍。若不急停以舒民困，必致失所。除順治十八年已派外，康熙元年通行停止。爾部作速刊示，徧行曉諭，使小民咸知。（聖祖五、一九）

（康熙三、一、甲戌）江西總督張朝璘疏言：南昌府屬浮糧，係陳友諒横行徵派，明季相沿，今蒙恩卹，照袁、瑞二府，一例減免。其漕米一項，奉部文復行查覈。臣按漕米浮多，亦明季踵行弊政，並無虛假，請概行減免。下部知之。（聖祖一一、三）

（康熙七、六、戊子）諭户部：向因地方官員濫徵私派，苦累小民，屢經嚴飭，而積習未改，每於正項錢糧外，加增火耗，或將易知由單不行曉示，設立名色，恣意科斂，或入私囊，或賄上官，致小民脂膏竭盡，困苦已極，朕甚憫之。督撫原爲察吏安民而設，布政使職司錢糧，釐剔奸弊，乃其專責；道府各官，於州縣尤爲親切，州縣如有私派濫徵、枉法婪賕情弊，督撫各官，斷無不知之理。乃頻年以來，糾疏甚少，此皆受賄徇情，故爲隱庇。即間有糾參，非已經革職，即物故之員，其見任貪惡害民者，反不行糾參；甚至已經發覺之事，又爲朦混完緒。此等情弊，深可痛恨。嗣後如有前弊，督撫司道等官不行嚴察揭參，或經體訪察出，或被科道糾參，或被百姓告發，將督撫一併嚴處不貸。至爾部收納直隸各省解到錢糧，亦須隨到隨收，速給批迴，毋得縱容司官、筆帖式、書辦等勒索作弊，苦累解官。倘有違法，即行參奏。如不行嚴禁，察出，將堂司各官一併從重治罪。又，言官於作弊害民者，理應察訪，指名糾參，乃近日章奏，大率摭拾細故，苟且塞

責。嗣後當據實陳奏，毋得挾私讐害。爾部即遵諭速行直隸各省大小官員，刊示曉諭百姓。（聖祖二六、一二）

（康熙一一、閏七、丙子）戶部議覆吏科給事中趙之符滇省賦稅一疏。查順治十六年出征雲南時，平西王并經略巡撫等會議，因糧米不敷，以四斛作一石徵收。今地方已定，此加徵兩斛米麥，應於康熙十二年為始除免。從之。（聖祖三九、一六）

（康熙一一、閏七、辛巳）戶部議覆浙江巡撫范承謨浙省白糧一疏。查全書內，嘉興府每正米一石，加耗米八斗；湖州府每正米一石，加耗米五斗五升，俱徵糙米，令運丁春辦。今據該撫疏稱，運丁春辦稽遲，請將兩府正白米一石外，概給白耗米四斗五升，誠為軍民兩便。應刊入全書遵行。從之。（聖祖三九、一七）

（康熙一四、一一、丙午）戶部議覆：湖廣道御史郝浴條奏，一、交納錢糧，每多雜費，額外多費一分，即額內少納一分，以致正額拖欠，有誤軍需。嗣後，凡赤曆、由單、逃人、盜案、驛遞、河道、一切造冊銷算、上下使費陋規，應通行直隸各省嚴禁。一、招買軍需，名為市易，實係里攤，比及發價，或貪官層扣，或蠹役互侵，未必盡得實價。嗣後軍需糧料，如小民情願抵納正賦者，即行給與印票，倘有里攤情弊，該督撫據實指名題參，嚴行處分。一、銀米豆草解到軍前，須委廉幹官員隨到隨收。嗣後如有不肖官役揹索收費、任意遲延者，該督撫即據實題參，從重議處。應如所請。從之。（聖祖五八、一一）

（康熙二一、一、辛未）諭戶部：漕糧定例，官收官兌。獨浙江民兌，另立私截之名，困苦百姓。著檄巡撫嚴禁，違者即行參劾。（聖祖一〇〇、一四）

（康熙二四、五、辛卯）廣西道御史錢珏疏言：陋弊相沿，厲民為甚者，莫如山西火耗。臣訪聞太原府諸州縣，每經徵錢糧，有司既收入己之耗，而司道府廳又復多方需索，有司不得不加派於民，以致各州縣收銀，每兩有加至三錢、四錢不等者。近聞晉撫穆爾賽，曾經刊示傳諭禁止，是知火耗之重，而申飭也。然露章糾劾者，寂然無聞，又何怪州縣之視為具文，而貪饕成習耶。臣欲指名入告，則在在皆然，不勝枚舉。但採訪至確，不敢不仰籲宸聰，急請禁止，以甦一方之困。得旨：九卿、詹事、科、道，會同嚴加確議具奏。（聖祖一二一、九）

（康熙二四、八、辛丑）宿遷縣士民陸爾諡等叩閽：縣有暫加三餉、缺額丁銀、缺額糧地及曠土虛糧四項包賠之苦，籲請豁免。戶部以載在賦役全書，徵收已久，應毋庸議。得旨：朕過宿遷，見小民窮苦情形，此事爾部再確議以聞。尋議：暫加三餉一款，徵收與各州縣同，不便獨蠲，至缺額糧地、續報曠土，悉予蠲除，其缺額丁銀，應暫停徵，以待招徠之後起徵。從之。（聖祖一二一、二八）

（康熙二四、九、戊寅）諭大學士等曰：監察御史錢珏題參巡撫穆爾賽加徵火耗甚重一案，令內閣，九卿、詹事、科、道官員持正詳議，備列公論具奏，內閣九卿官員以穆爾賽爲人樸實，不生事端奏聞。穆爾賽居官不善，朕所聞甚明，故命原參錢珏明白指實具奏。今錢珏將加徵火耗甚重並受禮物款項，已經指陳。凡事令九卿官員會議，原期公正得實。今所議穆爾賽事，朕意以爲不公。夫諸臣不從公詳議，如此徇庇具議，嗣後九卿諸臣何以倚任，事務何以得理。即如溫待、逵爾布等，最爲大貪大惡之流，朕特加懲治，發往黑龍江。前問九卿官員以穆爾賽爲人樸實、不生事端，係誰所議，……首先立議……者即係庇護穆爾奏之人。何官輒敢專擅殺人，何官輒敢專擅救人。此事斷不可仍前但稱係臣等公議，務須各陳所見。著隨朕行在之尚書、都御史、侍郎、學士等往聽之。（聖祖一二二、九）

（康熙二四、一〇、庚寅）吏部議覆：都察院左都御史陳廷敬疏言，督撫保舉、薦舉府州縣官，須令第一條實填無加派火耗字樣，第二條實填實心奉行上諭十六條，每月吉，聚鄉村鄉約講解字樣，餘條仍照舊例開具寅蹟。應如所請。嗣後督撫保舉、薦舉府州縣官員，將此二條添註冊內。如保舉不實，別經發覺者，照徇情薦舉卓異例，督撫各降二級調用，申詳之司道府等官，各降三級調用。從之。（聖祖一二二、一七）

（康熙二七、三、甲戌朔）吏部引見山東布政使衛既齊。上諭曰：爾到地方，但當實意愛民，盡心任事，不可博取虛名。朕聞州縣火耗，止在附近孔道嚴行禁革，似乎分文無有，而窮鄉僻壤火耗偏重，是徒欲掩飾人耳目也。掩飾之事，斷不可行。至地方諸務，皆有成憲，如應行應革之事，可申詳該撫奏聞。（聖祖一三四、一）

（康熙三四、七、戊子）江南江西總督范承勳疏言：江西有漕糧之四十八州縣，除南昌、新建二縣外，餘皆地處山僻，必須小船裝載至省城水次，方可交兌。糧舵向年俱係民貼腳價，官爲解運，止因州縣官恐涉私派之嫌，將此載入全書。康熙二十六年，漕臣題參以各省並無支給腳價之處，該道違例支給，應速照數扣追。戶部行令查追，至今十載，無一處報完者。此項銀兩，若責賠於官，官已數更，責賠於民，又原係民間貼出之價，豈可再令賠補。且以後若將此腳價停給，則僻處州縣之漕，不免遲誤，更爲可慮。懇恩此後仍聽支給,以前免其追賠。部議不准行。得旨:江西所屬州縣,多處山陬,百姓自願貼費將漕米運至水次,著聽民貼運。從前已經支給者,俱免追賠。(聖祖一六七、二一)

(**康熙三六、五、丙申**)諭大學士及九卿等曰:朕前巡行直隸、山東、江南、浙江,見地方人民,皆各安生業。大小官員,恐朕不時臨幸,咸兢兢守法奉職。以爲他省類皆如此。項由大同歷山西、陝西邊境,以至寧夏,觀山陝民生甚是艱難,交納錢糧,其火耗有每兩加至二三錢不等者。前曾面問總督吳赫,據言西安等府距省甚近,收耗尚輕,若沿邊所在地方,火耗不免加重矣。至於山西,特一小省,聞科派竟至百萬,民何以堪。科道官因朕已經訪聞,始行參劾,並未有言於未發覺之前者,亦屬何益。(聖祖一八三、二二)

(**康熙三九、五、己酉**)湖廣總督郭琇條奏楚省陋弊,臚列八款:一、闔邑攤費,其名輒擅,各里輪當,其名硬駝之弊宜除。一、陋規雜派之多宜除。一、徵糧之滾單宜行。一、訟棍包攬詞訟宜禁。一、酷刑濫刑宜禁。一、誣盜及捕役私行弔拷宜嚴飭。一、屍親率衆抄搶之風宜禁。一、強族阻葬之風宜禁。請旨勒石,永爲定例。得旨:本內事情,前任督撫並未陳奏,郭琇蒞任實心除弊,詳明具奏,可嘉。俱著照該督所請行。(聖祖一九九、七)

(**康熙三九、一〇、己巳**)河南巡撫徐潮陛辭。上諭之曰:聞河南火耗甚重,爾去當嚴行禁止。又聞彼處虧空甚多,爾去當加籌畫,如何令無虧空。河南連歲有秋,未知積貯如何,爾亦當細心查核。徐潮奏曰:臣聞河南有幾州縣火耗最重,此外尚有私派。臣當嚴行禁革。又,州縣虧空錢糧,臣到河南,惟有潔已率屬,寬養其力,使彼逐漸自補。再不悔改,定行題參。上曰:……爾去一如張鵬翮、李光地、郭琇、彭鵬所行,則不但爲當今名臣,即後世亦可取重矣。(聖祖二〇一、二四)

(**康熙四二、二、丁亥**)偏沅巡撫趙申喬來朝。命大學士馬齊、張玉書傳諭曰:湖南地方,介在邊遠之境,聞向來官吏,積習相仍,無藝私徵,種種不一。計每歲科派有較正供額賦增至數倍者。有司徵收錢糧,加取火耗,又視別省爲獨重,百姓窮蹙不支,多致流離轉徙,非將宿弊逐一剔除,無以砥礪官方,大甦民困。除從前已往諸事姑免察究外,爾到地方,嚴飭大小屬員痛改前非,洗心奉職,力減加耗,盡革私徵。務使流移者復返鄉閭,守業者獲安隴畝,庶副朕軫念遠省民生至意。如仍有藐法不遵,重爲民害者,即據實糾參,從重治罪,決不輕宥。(聖祖二一一、一三)

(**康熙四二、一二、庚寅**)上諭大學士等曰:前南巡多由舟行,官民群集兩岸迎駕。項西巡皆由陸路,凡臨幸郡邑,官民無不扶老攜幼,歡騰道左。每清問及之，又令在乘輿左右備諸地方之利弊，彼皆抒誠陳奏，是以風俗民情，靡不洞悉。朕巡幸七省，畿輔、秦晉，民俗豐裕。江浙則較三十八年時更勝。山東近因水旱，大異疇昔，河南百姓，生計甚艱，此二省之民，深厪朕懷。又聞各省火耗，俱是加一，錢糧最少者惟有甘肅，通計正額共二十八萬有奇，加耗亦止二萬八千。州縣官錢糧既少，加耗無幾，不敷用者宜或有之，其餘賦額皆多，如一州縣正額有二三萬，加耗即至二三千，宜敷用矣，而州縣官仍有以艱難告者，其故安在。朕隨地諮訪，督撫雖有不受餽遺者，然餽藩臬者若干，餽道府者若干，豈可盡云廉吏乎。（聖祖二一四、一八）

（**康熙四八、九、乙未**）河南巡撫鹿祐陛辭，上諭之曰：……巡撫乃地方大吏，不在徒務虛文，宜實心籌畫，思有益於民者焉之。況清廉不專在一己，必使布、按以下，一併為廉吏，始能有益於民。所謂廉吏者亦非一文不取之謂，若纖毫無所資給，則居官日用及家人胥役何以為生。如州縣官止取一分火耗，此外不取，便稱好官。其實係貪黷無忌者，自當參處，若一概從苛糾摘，則屬吏不勝參矣。……至地方文武共事，每多不和，總兵等官，私扣月糧，未足深罪。文官雖極潔清，尚足自給，武職有何所入？倘地方有事，文臣可以坐鎮，武官須有身臨鋒鏑之苦。……爾蒞任後，須文武和衷，兵民一體為要。（聖祖二三九、五）

（**康熙五一、九、庚子**）刑部等衙門會議：左都御史趙申喬等所審……原任刑部尚書齊世武，於甘肅巡撫任內，受布政使覺羅伍實火耗銀三千六百餘兩，原任甘肅巡撫鄂奇，於署布政使內，得火耗銀三千三百餘兩，丁憂布政使阿米連，於任內得火耗銀六千七百餘兩，原任布政使覺羅伍實，於任內得火耗銀六千七百餘兩俱實。查齊世武，已於包攬湖灘河朔事例受賄案內擬絞，應無庸議：鄂奇、阿米達、覺羅伍實，俱係旗人，應照律革職枷責，准其折贖。至見任總督殷泰，係封疆大臣，不能除弊，反出示令州縣徵收錢糧，每兩加一火耗，殊屬溺職，見任甘肅巡撫樂拜與覺羅伍實同城居住，失於覺察，均應照律革職。得旨：殷泰、樂拜，居官之優，陝西通省無不盡知，俱從寬免革職。餘依議。（聖祖二五一、三）

（**康熙五四、一一、庚子**）戶部議覆湖南巡撫陳璸條奏請禁加耗一疏，上諭大學士等曰：……陳璸…疏稱湖南徵收錢糧每兩加至一錢、二三錢不等，並不指明加徵始自何年。趙申喬昔任偏沅巡撫時，居官甚清。其于加耗一事，禁止甚嚴。今覽陳璸所奏，豈趙申喬亦未曾禁止耶？陳璸身係撫臣，一切事條不圖躬行實踐，將久經定例禁止之事，故張大其言，沽名條奏，殊玷官方。加耗起自何年何撫，著陳璸即行指參。（聖祖二六六、三）

(康熙五六、四、丁亥) 福建巡撫陳璸題：惠安縣知縣田廣運等十二員，徵收錢糧有方，居官聲名俱好，懇聖恩破格鼓舞，於吏治民生大有裨益。上諭大學士等曰：此奏甚善。微收錢糧，惟少加火耗，百姓易於輸納。從前馬齊任山西巡撫、張鵬翮任浙江巡撫時，錢糧俱清楚，蔣陳錫任山東巡撫時，錢糧亦清楚。外省總督巡撫居官好，少加火耗，錢糧斷不至缺欠也。田廣運等，俱著該部議敘。(聖祖二七二、一)

(康熙五六、一一、丙子) 諭大學士等：凡外吏居官雖清廉，然地方些微火耗，其勢不能不取，即如大學士蕭永藻之清廉，中外皆知，前任廣東、廣西巡撫時，果一塵不染乎。假令蕭永藻自謂清官，亦效人布衣蔬食，朕亦將薄其爲人矣。(聖祖二七五、一九)

(康熙六一、九、戊子) 諭扈從大學士、尚書、侍郎、學士等曰：據陝西巡撫噶什圖奏稱，陝西虧空甚多，若止於參革官員名下追補，究竟不能速完。查秦省州縣火耗，每兩有加二三錢者，有加四五錢者，臣與督臣商議，量留本官用度外，其餘俱捐補合省虧空。如此則虧空即可全完，等語。朕謂此事大有關係，斷不可行。定例私派之罪甚重，火耗一項，特以州縣官用度不敷，故於正項之外，量加些微，原是私事。朕曾諭陳璸云，加一火耗似尚可寬容。陳璸奏云，此乃聖恩寬大，但不可明諭許其加添。朕思其言，深爲有理。今陝西參出虧空太多，不得已而爲此舉，彼雖密奏，朕若批發，竟視爲奏准之事。加派之名，朕豈受乎。特諭爾等滿漢諸臣共知之。(聖祖二九九、三)

(雍正一、一、辛巳) 諭布政司：……賦役會計，皆爾專司，調劑均平，乃爲稱職。今錢糧火耗日漸加增，重者每兩加至四五錢，民脂民膏，脧剝何堪。至州縣差徭，巧立名色，恣其苛派，竭小民衣食之資，供官司奴隸之用，爾試思戶版稅籍誰爲職掌，私派橫徵誰任其咎，顧可失于覺察乎。各省庫項虧空，動盈千萬，是侵是那，總無完補，耗蠹公帑，視爲泛常，尤爲不法。宜嚴革前弊，永杜侵那。如司庫盤查之責在巡撫，虧空之根亦由巡撫，巡撫借支，而布政不應者少矣。然職在監守，果能廉正自持，則巡撫挾勢借支，斷不能行。但謹身節用，量入爲出，司庫必無虧空矣。州縣庫盤查之責在知府，覺察虛實之責獨在布政。爾但潔己率屬，不容徇庇，州縣庫必不虧空矣。朕深悉弊源，所以反覆諄切言之，冀爾等悔且改也。(世宗三、一三)

(雍正一、一、辛巳) 諭知府：……爾等蒙皇考簡用之恩，受國家民社之寄，地方不甚遼遠，則于民間之疾苦可以周知，勢分不甚懸殊，則于屬下之賢否可以洞悉，爾果廉潔自持，屏絕賄賂，則督撫監司，必不致肆行需索，而州牧縣令亦不敢恣意貪婪。近聞州縣火耗，任意加增，罔知顧忌，以小民之脂膏飽貪吏之溪壑。由爾不能却遺金于暮夜，又安能禁屬吏之濫徵乎。盤查倉庫，必須覈實，不可視爲故事。乃或借盤查之名，勒索餽遺，是因盤查而虧空愈甚矣。爾能時勤勸誡，加以體恤，則州縣可無虧空之虞，能制節謹度，淡泊是安，則爾亦可免虧空之累。勸農課桑以厚風俗，禁戢強暴以安善良，平情聽斷以清獄訟，皆爾職守之所當盡者。(世宗三、二一)

（**雍正一、一、辛巳**）諭知州、知縣：朕惟國家，首重吏治。爾州牧、縣令乃親民之官，吏治之始基也。貢賦獄訟，爾實司之，品秩雖卑，職任綦重。州縣官賢，則民先受其利，州縣官不肖，則民先受其害。膺兹任者，當體朝廷惠養元元之意，以愛民爲先務，周察蔀屋，綏輯鄉里。……至於錢糧關係尤重，絲毫顆粒，皆百姓之脂膏，增一分則民受一分之累，減一分則民霑一分之澤。前有請暫加火耗抵補虧空帑項者，皇考示諭在廷，不允其請，爾諸臣共聞之矣。今州縣火耗，任意加增，視爲成例，民何以堪乎？嗣後斷宜禁止，或被上司察劾，或被科道糾參，必從重治罪，決不寬貸。夫欲清虧空之源，莫如節儉正直：節儉則用無不足，正直則上官不可干以私。若朘小民之生，以飽上官之貪欲，冒不測之罪，以快一時之奢侈，豈砥礪廉隅，爲民父母之道乎？爾州縣等官，其恪共乃職，勿貽罪戾，毋謂地遠官卑，朕不及察其賢否也。(世宗三、二四)

（**雍正一、六、庚申**）諭户部、兵部：朕惟治安天下，欲兵民並得其所。……，西陲軍興以來，民間急公趨事，供應差役實廑朕懷。聞陝西、甘肅二屬各州縣衛所地丁銀兩，每一錢額外徵收三釐，米每斗額外徵收三合，以爲備荒之用，此項徒有加賦之名，究無賑濟之實。著自雍正元年始，將額外徵收銀米永行停止。如有舊欠，亦悉蠲除，務俾均霑實惠，以副朕篤念兵民至意。(世宗八、六)

（**雍正一、七、癸未**）雲南巡撫楊名時摺奏：巡撫衙門規禮，共有五萬餘兩，准留若干，其餘應充公用。奉上諭：督撫羨餘，豈可限以科則，拘以繩墨，惟視秉心何如耳。取所當取，而不傷乎廉。用所當用，而不涉於濫。固不可朘削以困民，亦不必矯激以沽譽。若一切公用犒賞之需，至於拮据窘乏，殊失封疆之體，非朕意也。必使兵民溫飽，官弁豐足，督撫司道亦皆饒裕，乃朕之所願。是在爾等揆情度理而行之，其是與否，自難逃朕之鑒照也。(世宗九、三)

（**雍正一、七、己丑**）諭户部：朕自臨御以來，勤求民瘼，事無鉅細，必延訪體察，務期利民，而於徵收錢糧，尤爲留意，惟恐閭閻滋擾，此念時切於懷。如江西省有漕米各州縣，運糧到省，又自省倉搬上軍船，故有腳耗、扒夫、修倉、鋪墊等項，編載全書，歷來支給已久。自康熙二十三年部中誤駁，不准支給，行令追還，嗣後一例駁追，究無完解。至三十四年，聖祖仁皇帝特頒諭旨，將從前已經支給者，俱免追賠。恩至渥也。至康熙三十八年，部議又以腳耗與扒夫等項分晰未清，仍令扣追。不知腳耗乃貼運之總名，扒夫等項乃支給之細數，實一事，非兩項也。自康熙三十八年至今，已二十餘載，應追銀五十一萬餘兩、米六十一萬餘石，積累增多，究無完解，追比日久，官民均受其累，朕知之甚悉。特諭爾部將從前積欠盡免追賠，向後准其支給，副朕加惠黎元、體恤有司之意。（世宗九、一二）

　　（**雍正二、三、丁酉**）直隸巡撫李維鈞摺奏現行地方事宜各款：一、虧空地丁銀兩，均攤十分之四，以便逐浙補完。一、減火耗每兩二三分，以紓民力。一、起解兵餉，知府例有規禮，今悉裁革，令州縣自行解司。一、各官衙署，例有里下鋪墊陋規，今已革除。一、清查地畝，無致隱佔。……奉上諭：天下督撫皆當如此留心，擴而充之，何虞吏治不肅，民生不遂耶。（世宗一七、二四）

　　（**雍正三、三、丁巳**）管理戶部事務怡親王奏請酌減蘇松浮糧。得旨：蘇松浮糧，常廑皇考聖懷，屢頒諭旨，本欲施恩裁減，乃彼時大臣，以舊額相沿已久，國課所關綦重，數以不應裁減，固執覆奏。凡國家大事，因革損益，必君臣計議畫一，始可舉行，若皇考違衆獨斷，既非詢謀僉同之意，且恐一時減免，儻後來國用不足，又開議論之端，是以從衆議而中止。然聖慈之軫念蘇、松，誕敷渥澤，屢蠲舊欠，以紓民力。其數較他處爲多，是亦與裁減正額無異也。今怡親王等悉心籌畫斟酌奏請，朕仰體皇考愛民寬賦之盛心，准將蘇州府正額銀蠲免三十萬兩，松江府正額銀蠲免十五萬兩。《論語》曰：百姓足，君孰與不足。《易》曰：損上益下，民說無疆。朕但願百姓之足，時存益下之懷，用是特沛恩膏，著爲定例，俾黎民輕其賦稅，官吏易於催科。可飭令該地方官知之。（世宗三〇、二九）

　　（**雍正三、四、戊子**）諭直省督撫等：……又聞外間議論云：朝廷懲盜臣，而重聚歛之臣，此語尤爲荒誕。自朕臨御以來，蠲免舊欠錢糧不下千百萬兩，江南蘇松之浮糧、江西南昌之浮糧共免額徵銀五十餘萬，此皆惟正之供，尚且大沛恩膏，特行豁免。見今各省督撫大吏，將諸項名色私派陋規，裁革甚多，莫非推惠于民，尚得謂之聚歛乎？至若虧空侵蝕以及貪婪枉法之輩，蠹國殃民，有干法紀，既寬其誅，已屬格外，若又不嚴追完項，一任貪吏優游自得，國法安在耶。此明係朋黨匪人懷私捏造悖謬之語，以惑衆聽，殊屬可恨，故特諭衆知之。願爾内外大小臣工，深知朕心，凡事秉公據理，不可稍存迎合之見，則庶政皆得其宜，而吏治民生均有信賴矣。(世宗三一、二五)

(雍正七、六、乙酉) 諭内閣：……國家設官，本以理民，官有恤下之責，民有奉上之義。若設官而不爲計及養廉之資，則有司之賢者，將窘迫而莫能支，不肖者，又橫取而無所檢，是以酌定將錢糧耗羨均給各官。此揆情度理，上下相安之道。但思加恩百姓，豁免正賦，若將耗羨一併蠲除，是民雖邀額外之恩，而官員轉有拮据之苦，上司或因此稍有寬假，則必致巧取苛索於民，流弊種種，轉多於耗羨之數，於吏治民生均無俾益。著於庚戌年爲始，凡遇特恩蠲免錢糧者，其耗羨仍舊輸納，諒必民所樂從。若因水旱蠲免者，不得徵收耗羨。將此永著爲例。(世宗八二、八)

(雍正七、一二、癸卯) 又諭：有人條奏，内稱廣東諸務廢弛，弊端種種，如火耗提解、收米折色及漁鹽各種稅務，俱較昔加增。至於盜賊公行，誣告不息，一切禁令不遵，賭具仍賣，地方有司並不過問，等語。朕覽此奏，深爲駭異。朕宵旰焦勞，無刻不以民生爲念，其准令督撫提解耗羨，並稽查稅課贏餘者，無非除弊止貪，均平畫一，使官民並受其福也。所頒諭旨，至數十次，天下大小臣工，無不共知朕心，恪遵朕訓矣。何以粵東地方，尚有如此情形，因提解耗羨，而火耗轉致加增；因清查稅課，而有司轉行苛索；因禁止私販，而漁户並受苦累。是以朕愛養百姓之善政，而奉行顛倒，以濟其貪營巧取之私，而置除暴安良、移風易俗之政於度外。該省從前督撫，受朕倚任之重，身在地方，焉有朕已聞知而伊等漫無覺察之理。郝玉麟、傅泰到任未久，嗣後宜整頓經理，勿蹈前轍。此旨到日，著悉心確查，嚴行禁約。儻不肖有司仍有不知悛改者，著參革拏問，請旨正法。如督撫等再有徇隱失察等情，經朕察出，定行從重治罪。(世宗八九、六)

(雍正八、一一、戊子) 諭内閣：朕即位之初，清查户部錢糧，始知歷年以來，虧空竟至二百五十餘萬兩之多。是時怡賢親王管理部務，奏稱此項虧空，歷年已久，若一一根究，責令賠補，則獲罪之人甚衆，懇請寬免查究，嗣後以本部餘平銀兩，陸續代爲完補。數年以來，該部既有補帑之事，是以各省解銀交庫之時，平銀未免稍重。但從前解京銀兩，到部交納時，雜費繁多，又有暗中包攬，官吏勒索，種種情弊，此中外所共知者。自怡賢親王管理三庫以來，弊絕風清，各色浮費悉行禁革，雖餘平銀兩略覺加添，而較之從前雜費，則減省已多。且怡賢親王之意，原欲俟虧空彌補全完之後，仍將平銀裁減，此亦王屢次陳奏於朕前者。今庫中虧空之項，俱已補足，著將辛亥年春撥解部銀兩，照從前餘平之數減去一半。該部即行文各省巡撫、布政使知之。此項銀兩,大約出自耗羨項下,嗣後著留於本省,以備地方公事之用。若司庫官員有額外多索者,著管理三庫之王大臣查參,若外省官員因此次恩旨,將解部之項或有扣尅短少等弊,亦著王大臣指參議處。(世宗一〇〇、一六)

(**雍正一三、一一、癸丑**)諭戶部:聞晉省大同、朔平二府,辦納本色米豆一項,向例按里徵收腳價,距倉三四百里者,每石徵至腳價銀三四錢不等,輸納太重,民力難支。此不但與通省錢糧之火耗懸殊,即以大、朔二府所屬州縣相距倉厫遠近而計,離倉愈遠,腳價愈多,亦不免偏枯。嗣後除離倉最近之州縣,向係糧戶自行赴倉交收者,仍聽民便,令其自運,不徵腳價外,其餘州縣,每石米豆止徵車腳銀一錢,比外不敷之運價,著於司庫存公耗羨銀內,撥給添補,令各該州縣官承領雇運,不得絲毫剋減及私行派擾。再,聞米豆一石,向例徵收加耗糧八升,亦覺太重。嗣後每石免耗糧四升,止徵耗糧四升。以二升為州縣等沿途虧折之耗,二升為存倉鼠雀之耗,諒無不敷。均自本年始,永遵為例。戶部即行文該巡撫遵旨辦理。(高宗七、七)

(**雍正一三、一一、乙丑**)[是月]四川總督黃廷桂、巡撫楊秘奏:川省火耗二錢五分,應酌定減五分,每兩加耗二錢。得旨:川省火耗,較他省為重,汝等奏請量減五分固是,然朕意仍以加二為多,可悉心斟酌,於加二之耗再可裁減若干,務令民力寬,而公事不至匱乏。可速具奏,候朕降旨。(高宗七、四四)

(**雍正一三、一二、辛巳**)減陝省耗羨。諭總理事務王大臣曰:從前陝省地丁火耗,經年羹堯、岳鍾琪先後定為加二,以一錢五分作為各官養廉及一切公費,其五分,則採買社倉穀石,以裕積貯。後因積穀已多,無事採買,則以此五分添助軍需盤費之用。此向來情形也。今大兵漸撤,軍需簡少,而仍存加二之耗羨,殊非朕愛養秦民之至意。著將此五分即行裁減。儻未了軍需項下有應用之處,即於公費項下支給。該督撫務體朕意,督率有司實力奉行,俾秦民均沾惠澤。(高宗九、一)

(**雍正一三、一二、壬午**)禁工程捐派。諭曰:河防隄岸閘壩等項一切工程,凡有關運道民生者,定例俱動正項錢糧應用。乃各省竟有於田畝捐派者,豈皆出自小民之願。大都上司因節省錢糧起見,授意屬員為粉飾之計。相沿日久,官吏藉端苛索,民間所費,必致數倍。不特苦累民生,亦於國計無補。朕聞山東省挑挖運河,每年有派幫民夫工食銀五萬三千四百餘兩;江南松江海塘歲修,有每畝捐錢五文;京口挑挖運河,每年於蘇、松、常、鎮、太等府州,照額徵漕糧正耗米協解銀三千八百餘兩;蘇、松、常、鎮、太、通六府州應修河渠閘壩，令長洲等三十三州縣，按畝派錢五文、三文、二文不等，以供大修，並令每畝又酌量捐錢，以爲歲修；四川歲修隄堰，令每畝派銀一二釐不等；直隸運河挑淺，於天津等州縣，每畝幫銀一釐。以上各款總於田畝正賦之外，派令捐輸，合計捐數，共十萬餘兩，而官吏之借端苛派，必有不止於此者。正帑之所省有限，官吏之中飽無窮。著該部行文四省督撫，即將該省捐輸各項，於乾隆元年爲始，一槪革除，仍嚴飭所屬官吏，無得私行徵派，以爲民困。其挑挖運河等項工程需用銀兩，著該督撫核實奏明，於公項內酌量動用，報部核銷。（高宗九、四）

（乾隆一、一、丁酉）命督撫務休養、戒廢弛。諭總理事務王大臣：爲治之道，在於休養生民，而民之所以休養，在乎去其累民者，使其心寬然自得，以各謀其生各安其業，而後富足可期。此在親民之吏隨事體察、惟恐毫末有累於民而已。朕思我皇考世宗憲皇帝誠求保赤，有孚惠心，蠲免額徵，寬減浮糧，偶有水旱災祲，即行賑恤，如救焚拯溺，仁心仁政，千載莫並。而民生猶不得寬裕者，大率由督撫大臣不能承宣德意，而有司中刻覈居心昏庸寡識者，或以苛察爲才能，或受蒙蔽而不覺，以致累民之事往往而有也。即如催徵錢糧而差票之累，數倍於正額，拘訊訟獄而株連之累數倍于本犯，抽分關稅而落地守口、給票、照票、貧民之受累，數倍于富商巨賈。至于查拏賭博、黃銅以及私宰、私鹽之類，胥役營兵因緣爲奸，佐貳雜職，橫肆貪酷，一案而化爲數案，一人而波及數人，如此等者，不可枚舉。以此擾累吾民，無怪乎民多不得自安其生業，而朝廷之德施，終不能盡致閭閻于康阜也。嗣後各直省督撫所以董率屬員者，務以休養吾民爲本，而一切擾累之事，速宜屛除，庶民生可遂，其民氣以舒。然督撫之不善會朕旨者，又恐因此而謂諸事可以不辦，將轉成廢弛之習。不知寬大之與廢弛判然不同，不顧民生，專務紛更，以矜幹濟者，外似振作而實則廢弛也，勤卹民隱，安靜恬愉，以培元氣者，乃非廢弛而真能振作也。其尚各體朕意。（高宗一〇、二）

（乾隆一、七、甲寅）諭：陝、甘兩省錢糧耗羨，向係加二徵收，前已降旨，令該督撫等於乾隆元年爲始，減去五分，示朕軫惜民力之意。現在雍正十二年以前錢糧，俱已蠲免，其雍正十三年分該省尚有未完民欠，恐官吏仍循舊例，小民一時未能分晰，以致混冒收納，亦未可定。著將雍正十三年分未完錢糧應徵之耗羨，一併減去五分。該督撫即通行出示曉諭，咸使聞知。（高宗二三、七）

（乾隆二、閏九、丙辰）禁耗羨外收餘平。諭內閣：川省耗羨銀兩，向因公用不敷，每兩完銀二錢五分。朕御極以來，加惠閭閻，減去一錢，止存一五之數，無非欲使民力寬餘，受國家休養之澤也。今據碩色奏稱，該省相沿陋例，於火耗稅羨外，每銀百兩，提解銀六錢，名爲餘平，以充各衙門雜事之用等語，聞之不勝駭異。火耗之報官，原以杜貪官污吏之風。若耗外仍聽其提解，此非小民又添一交納之項乎。一項如此，別項可知。一省如此，他省可知。朕思此等浮多之費，雖爲數無幾，而取之商民，層層剝削，其數必不止此，難免地方之擾累。著巡撫碩色永行革除，以杜官吏借端需索之弊。倘公用內有必不可少之項，著於存公耗羨內支給報銷。別省有如此者，著各該督撫查明具奏。該部即遵諭行。（高宗五二、二）

（**乾隆三、一、辛酉**）停各省平餘解部。諭：昔年各省解京餉銀，有隨平陋規一項，雍正元年，蒙皇考諭令停止。嗣因清查部庫，約計虧空銀一百五十餘萬兩，事歷多年，難於究問。經怡賢親王以各色浮費既已禁革，奏請將京餉平餘陸續彌補，以重國帑。每餉銀一千兩，收平餘二十五兩，較之從前陋規雜費，減省已多。至雍正八年，虧空補足，欽奉皇考諭旨，嗣後解部平餘銀兩，著照從前之數，減去一半。此項原出於錢糧耗羨，即留於本省，以備地方公事之用。欽遵在案。是以年來解部之平餘，已較原數裁減一半矣。朕思平餘即係耗羨，並非別有加徵，解交部庫，與存貯藩庫，均爲國家公事之需。但目前尚有平餘解部之名，恐外省官吏，或有借端需索者，亦未可定。從乾隆三年爲始，將減半平餘銀兩，一概停其解部，即存貯本省司庫。遇有地方荒歉及裨益民生之要務，確應賑恤辦理者，即將此項奏明動用，報部查核。此項既出民力輸將，仍令一絲一粟，均濟百姓之緩急，朕何取焉。若該省大小官員有奉行不善，使百姓不霑實惠者，朕惟於該督撫是問。（高宗六〇、四）

（**乾隆三、六、乙酉**）禁州縣暗加火耗。諭，朕聞江南州縣徵收錢糧，有加增火耗之處，可傳諭那蘇圓、許容等嚴查闔屬，如果有劣員暗地加耗，立即題參治罪，以爲殃民肥己之戒。但以朕所聞江南如此，恐別省亦有此風，不急爲查禁，則貽害百姓，將不可言。（高宗七〇、一一）

（**乾隆三、一二、丙申**）又諭：向來四川火耗，較他省爲重，我皇考暨朕，陸續降旨裁減，已去其半，無非加惠小民，使比戶受輕徭薄賦之恩也。今聞該省耗銀雖減，而不肖有司，巧爲營私之計，將戥頭暗中加重，有每兩加至一錢有餘者。彼收糧之書吏、傾銷之銀匠，又從而侵漁之，則小民受剝之害不小矣。川省如此，他省可知。著各省督撫轉飭布政司，遵照徵收錢糧之天平法馬，製定畫一之戥，飭令各州縣確實遵行。仍不時密行稽查，倘有絲毫多取者，即行嚴參治罪，毋得姑容。如或失於覺察，該督撫藩司不得辭其

咎。（高宗八三、五）

（**乾隆三、一二、丁未**）［是月］福建按察使覺羅倫達禮奏：閩省錢糧，向無平餘名色。雍正七年，前撫臣劉世明，將通省火耗派撥公費養廉，凡州縣徵收錢糧一兩，派定火耗一錢、平餘二分。竊念徵收錢糧，果係公平彈兌，原無盈餘，即或併封積累，所餘亦屬無幾。今每兩限以平餘二分，無定之額，竟成有定之款。經徵之員，勢必藉端額外加重。應請革除。其養廉公費不敷之數，計二萬兩有奇，請於關稅、鹽課盈餘內酌撥支給。得旨：知道了。火耗尚有加重之處，已諭各省矣。（高宗八三、三八）

（**乾隆四、一〇、戊子**）戶部議覆：黑龍江將軍博第等疏稱，齊齊哈爾等處徵收米糧，請照前任將軍額爾圖所奏，自乾隆四年起，俱令停止尖量。照例每石徵耗米三升存貯，按年減除。應如所請。從之。（高宗一〇二、二〇）

（**乾隆五、四、丙戌**）又諭：據河南巡撫雅爾圖奏稱。定例凡小民零星錢糧及大戶尾欠，一錢以下者，概准以制錢交納，計銀一錢，完制錢一百文，以免用銀折耗。此誠體卹閭閻之意。惟是各省錢價昂貴，每制錢百文，易銀一錢二三分不等，今若以錢百文，止准作銀一錢，即不加火耗，小民已暗折銀二三分；況州縣收錢之後，仍易銀起解。是徒以百姓之脂膏，飽官吏之慾壑。以臣愚見，應令州縣各將本處錢文實價報明上司，每錢若一十，作銀若干，正耗一體科算，照時值公平交收。倘將來錢價平減，仍照例完納，等語。朕思制錢價值，各府州縣不能畫一，即一邑之中，早晚時價亦不相同。今若隨時計算，無一定之準則，誠恐有司開報不實，上司稽查不周，官民上下之間易滋弊竇。今雅爾圖以豫省近日錢貴，奏請如此辦理，乃從地方起見，著照所請，於豫省試行一年，再行奏聞請旨。（高宗一一五、二）

（**乾隆五、六、辛未**）戶部議奏：通政使歸宣光疏稱，江蘇徵收漕米，每石收津貼耗費銀六分，折錢五十二文。徵漕時即按石徵收，存州縣庫內，直至冬盡春初，運丁開兌，然後給發。目下江蘇錢價，每千需銀一兩四錢有零，若屆十月開倉，民間爭換錢輸納，價必更貴。蘇州一府，幷太倉州，漕白米九十七萬餘石，松江一府，漕白米四十一萬餘石，計徵錢七萬餘串，合一省計之，更多一二萬串。將八九萬串錢積聚官署，不得流通，錢價安得不貴。請每石收銀六分，不必改折錢文，不許重戥加耗，違者題參，等語。查前項津貼耗費，原在額徵之外，從前行令總漕等酌量妥協辦理，則徵收變通之道，亦在大吏隨時調劑。今該通政使以錢文壅積，奏請徵收銀兩，蓋爲平減錢價起見。但所收錢文，向以二十七文給丁，二十五文留縣，漕糧冬兌冬開，所有給丁一項，漕船陸續開行，即陸續給發；其留縣一項，爲倉中雜費，州縣於收漕時支用，因何久積不能流通。且民間納糧，多寡不一，計一邑之中：大戶無幾，小戶居其大半。大戶米多，應交之費亦多，折銀固所樂從，若小戶升合斗石之米，費止數文，或數十文，亦折交銀兩，於小民果否稱便。并零星收兌，如何不致胥役等重戥侵扣，以及所收錢文，作何旋收旋放，可令各該府州平減錢價之處，臣部均難懸擬。應飭令總漕會同該撫，因時制宜，酌量情形辦理，務使小民便於出納，不致久積價昂可也。從之。（高宗一一八、二）

（乾隆六、五、甲子）禁州縣徵糧浮收零尾。諭：國家愛養黎元，莫先於輕徭薄賦。朕御極以來，加惠閭閻，凡所以厚其生計而除其弊端者，無不留心體察，次第舉行。近聞各州縣徵糧一事，尚有巧取累民之處。每至開徵之際，設立滾單，將花戶姓名及應完條銀數目，開列單內，散給鄉民，原使鄉民易知，得以照數完納。前人立法本善，而無如奸書蠹役日久弊生，視各戶銀數之多寡，於額糧之外，或多開數錢至數分不等，鄉民多不識字，且自知糧額者甚少，既見爲官府所開，遂爾照數完納。即有自能覈算者，又以浮開爲數無幾，不肯赴官控告，緒怨吏胥。且恐匍匐公庭，廢時失業，往往隱忍不言，勉強輸納。其多收銀兩，或係書役先將別戶錢糧侵收挪用，而以此彌補其數，或通縣錢糧正額業經報完，而於捲尾之時，兜收入己；更有不肖有司，暗中侂分，以飽私囊，其申送上司冊籍，則仍是按額造報，並無浮多。至於一州縣滾單之多，動以萬計，而上司難以稽查，無從發覺，其爲民間之害，固不減於重耗也。朕聞此弊，各省有之，而江浙爲尤甚，用是特頒此旨，通行曉諭。是在各省督撫仰體朕心，時加訪察，如有仍蹈此弊者，即行嚴參，不稍寬貸。則官吏不得假公營私、而小民共受其惠矣。（高宗一四二、一）

（乾隆六、五、辛巳）戶部議准：署廣西巡撫楊錫紱奏稱，西林等各州縣，多收銀米穀石，或係里民承辦舊例，或係土司相沿陋規，不知始自何年。實因各州縣原給養廉無幾，酌存耗羨有限，地方又有應辦公事，不得不借資民力。如思恩縣多收折徵錢糧，爲修理城垣塘房壇廟之用。西林縣徵收陋規，爲修理土城塘房站道渡船之用，所以相沿未革。逐一查覈，並無侵蝕等情，現已照單革除。請仍嚴飭各州縣將派收前項永行禁止。從之。（高宗一四三、四）

（乾隆六、五、辛卯）諭：山西地方，自石麟爲巡撫以來，因循舊習，吏治廢弛。繼以薩哈諒、喀爾欽貪縱無忌，而各屬浮收濫取之弊，更相習爲固然。如徵收地丁錢糧，每兩例加耗羨一錢三分，今加至一錢七八分不等，更有加至二錢者。若如此徵收，民何以堪。至鄉村編氓有以錢納糧者，每兩收大制錢一千三十文，就時價合算，計一兩加重二錢有餘。是耗外又加耗矣。小民有限脂膏，豈能供官吏無厭谿壑。他如需索鹽店、當商陋規，及買取貨物任意賒欠，或短發價值，或勒定官價，苦累行户，種種積弊不一而足。朕所聞如此。在晉省官吏中，豈無潔己自愛之員，然積習已久，效尤成風，故貪黷者常多，廉潔者常少。民生吏治，關繫匪輕。朕特施寬大之恩，既往不究。自今以後，著嚴行禁革，務使痛改前非，潔己卹民，奉公守法。巡撫喀爾吉善，毋得徒事文告，而不實心奉行，以致屬員陽奉陰違，怙終不改。一二年後，朕儻有所聞，當特遣大臣徹底清查，水落石出，必將大小官員從重治罪，不少寬貸。並非不先行誥誡，遽然繩之以法。彼時不得謂朕辦理過刻也。（高宗一四三、一九）

（**乾隆七、七、丙戌**）［是月］四川提督鄭文煥奏：建昌一鎮所屬越嶲、寧越、永定、靖遠、會鹽等營，隸有土司番部，當日輸誠歸化，認納夷糧，自二三百石至四五百石不等，緣地瘠山深，即令該營就近徵收，報充兵丁應支本色，必須斗斛公平，不得多增升合。乃訪聞各營立有鼠耗斗口名色，兼以淋尖踢斛，每斗浮收至三四升，約計每年多徵至五六十石及百石以外者，據稱豫備荒歉，恐夷人遷徙抗欠，難以催徵。竊思邊遠番猓，均屬朝廷赤子，何忍苛徵，雖豐年多穫，亦不應豫計歉收，先爲盈取。所有一切濫收陋弊，應嚴行禁革。得旨：好。勉力爲之。（高宗一七一、三五）

（**乾隆一〇、五、戊戌**）工部等部議覆：刑部右侍郎彭啓豐條奏浙省事宜。一、官湖宜實力開濬也。查浙江猾吏奸民，或占蓄水之湖爲田，或侵洩水之溝爲地，水道半爲填閉。上年浙江布政使潘思榘請禁侵占官湖一摺，部議除已經報墾之地，其餘蓄水之地，畫明界限，不許再行開墾。今該侍郎以將來之占墾固當嚴禁，而現今之淤淺亦宜修治，請令該撫酌議，次第開濬。應如所請，令該撫逐一詳加確勘，剗除侵占，開濬深寬。一、徵收漕糧，宜畫一也。查江南漕米，每石收漕費錢五十四文，以二十七文給運丁，二十七文歸州縣。今該侍郎奏，浙省州縣，藉口向無漕費，每石漕米，竟有私加五、六升至一、二升不等。蠹役乘機竊取，運丁嚇詐勒加，官民並累。請照江南之例，每石收錢二十七文以給州縣。殊與該省有漕各屬酌收漕費錢文，以及禁止勒索加派之例，迴不相符。應令該督撫總漕確實嚴查報部，到日再議。一、請定官員往來夫役多寡也。該侍郎奏，浙省官員往來，水路船隻縴夫、陸路兜夫扛夫，向未定額，多者役及千夫，少亦不下六七百名，實不需此數。吏役家人，任意多索，或折銀入橐，稍不遂意，即加凌辱。且夫役先期晝夜伺候，不免飢寒倒斃。近來浙省督撫，灼知此弊，出巡豫爲禁約，州縣仍不敢不多爲豫備。誠如所奏，殊屬不合。應行浙省督撫，查從前何等官員，用夫至如此之多，州縣因何多行豫備，一并指參，到日再議。嗣後如有多支多應者，即行參處。一、請禁兵役巡鹽借端擾民也。該侍郎奏，按行溫、台諸郡，聞兵丁往往藉端凌虐窮民，不曰巡鹽而曰搜鹽，挨戶搜查。竈前牀下，稍有食鹽存積，多方嚇詐得錢，方行釋放。苟不遂欲，即指爲私煎私售拏送，甚或一家之鹽無多，并數家之鹽，扳指獲送。請令浙省文武大臣嚴行禁止。應如所請，轉飭該省文武嚴禁弁役，以杜苛索凌虐之弊。從之。（高宗二四一、一六）

（乾隆一〇、六、乙丑）兵部等部議覆，盛京巡察御史和其衷條奏四款。一、從前山海關外，未有驛站，設立小八處官兵傳遞軍務，此臺馬之名所由起也。自設站後，遂爲沿途防汛之用。將軍具摺奏事，任意騎乘，致馬匹疲瘦，兵丁受累。請勅該將軍據實查明，奏請禁止。一、盛京戶部內倉及各城旗倉，徵收糧料草束，任意秤量，多至加倍，收數已敷，勅令折交銀錢。歷任侍郎，或漫無覺察，或通同徇隱，請勅部詳悉定議，量爲加增，以爲各倉紙張鋪墊之用，數外多取絲毫，即行治罪。一、盛京內府所屬各莊，每年應交差務錢糧，均係該管驍騎校、筆帖式、領催人等分路催取，伊等不知法紀，任意多收，指名科斂，到處勒令供給，雞豚草料一空。少不如意，橫加箠楚。即有控訴者，佐領不爲申理。請勅該將軍嚴加懲治，長遠禁止。……以上四款均應如該御史所奏辦理。（高宗二四三、一五）

（乾隆一六、七、戊辰）戶部議覆：閩浙總督喀爾吉善、浙江巡撫永貴奏稱，浙省杭、嘉、湖三府，收漕公費浩繁。雍正六年，原定每石收錢自八文至二十一文不等。因州縣辦公不敷，前請分別加耗二升三升，以爲修倉鋪墊人工飯食之用，嗣部議以加耗過多，且恐啓大升量收之弊，不若照江蘇省每石加漕費錢四十八文至五十二文之例，於原定錢數外量加。今請將前議仁和、錢塘、海寧、富陽、餘杭、安吉、歸安、烏程、長興、德清、武康等十一州縣每石加耗二升者，改收錢二十文；嘉興、秀水、嘉善、海鹽、平湖、石門等六縣每石加耗三升者，改收錢三十文；桐鄉原定額錢二十一文者，加收錢五十一文。較江省尚，屬有減無增，官民亦得兩便。應如所請，令督撫飭屬示諭，俾民間照數納錢，不得額外浮收。從之。（高宗三九四、六）

（乾隆五四、五、甲戌）諭軍機大臣等：步軍統領衙門奏湖南沅陵縣民人李茂才，呈控該縣銀匠周岐山等串通櫃書，設立銀匠頭目，多收正耗銀兩等情一摺。細閱李茂才所控情節，係周岐山等於四十六年起，串通該縣櫃書，設立銀匠頭目，於正賦加耗之外，每兩多索銀一錢九分。李茂才之子李山柏等，於五十年在巡撫衙門控告，經浦霖批交辰州府審訊，該府並未審明，即行具詳。又經浦霖另委辰沅道審明，實係周岐山等串通多索，將周岐山責革，發示禁止。該縣並不將告示張掛，周岐山等遂得改名復充，仍照從前多收。各省徵收地丁錢糧，正耗俱有定額，豈容巧立名目，設法多收。此案先經李山柏等在巡撫衙門控告，經該撫批府審訊，該府並不審明，即行具詳，顯屬徇庇。迨該撫另委道員審明周岐山等串通多索屬實，即當徹底根究，將該府縣一併從嚴參辦，何得僅將周岐山等責革，並出示禁止，率爾完結後，遂不復問。浦霖不應至此。湖南通省縣分較多，而沅陵距省已遠，浦霖於該縣或不致有心徇縱，此必係徇庇知府，因而意存迴護，將就完案。現據李茂才將所發告示呈出控告，若所控屬實，不特該府縣有應得之罪，即浦霖庇屬不辦，亦難寬宥。此事關係甚大；京中現無可派之人，阿桂在荆州審案，距湖南不遠，著即將李茂才一犯解交阿桂，就近提集犯證前至荆州，詳細秉公研審，務得確情，定擬具奏。如浦霖有徇徇情節，亦即據實參奏，勿稍迴護。（高宗一三二九、六）

（嘉慶五、六、壬戌）署四川總督勒保奏：……至糧餉事宜。川省每年額徵正雜各款，計算支發滿漢官兵俸餉、新疆臺費等項，尚有不敷，近年被賊州縣，屢蒙蠲緩，僅有十分之五，倍形支絀，辦理軍需，唯有民間津貼。但所謂津貼者，如運糧腳價、臺站夫馬，官價不敷，由百姓出貲幫貼。而川東川北，悉經賊匪蹂躪，已逐漸停止；迨賊過潼河，川西完善之區又去其半，其未經被賊之處，不過四十餘州縣，未免漸形拮据。所幸本年雨水應時，收成豐稔，川省民田寬廣，賦比他省較輕，量加津貼，尚屬可行；亦應責成地方官，妥爲經理，無許吏胥稍有影射。奏入，諭軍機大臣等：……民間津貼之事，原屬不得已之舉，但如川西川南等處，素稱繁富之區，今歲則嘉陵江、潼河附近各州縣，被賊焚掠之處甚多，地方情形，迥不如前。若一切費用，咸取資於津貼，恐不肖州縣吏胥，辦理不善，或致藉詞勒派，別生釁端。雖該省軍需浩繁，不能不稍資民力，然必須酌覈情形，妥協經理，不可專恃此項辦賊，尤不可任聽屬員需索，侵漁肥己。（仁宗六九、一六）

（嘉慶七、四、乙巳）諭軍機大臣等：據費淳、岳起同日覆奏上年江蘇省徵收漕糧情形等摺，朕詳加披閱，其意總以江省有漕各州縣，徵收時不能顆粒無浮者，實爲彌補虧空起見。該省即有虧項，自應屏除浮費，撙節補苴，原不得藉此爲名，於收兌漕糧任意加增，致閭閻有所朘削。但此項漕餘，各地方官如果實係歸補積年虧空，尚屬因公，與私肥囊橐者有間。現在有漕省分，亦有如此酌量籌補者，然何以外間並無物議，而獨於江省嘖有煩言。可見該省竟藉口彌補虧空，其中不肖州縣，實不免以所得贏餘，恣其侵蝕中飽，即云各屬將漕餘解交歸公。以朕所聞，江省原有提取三十萬兩彌補虧欠之議，而岳起片稱，清查以後，追補銀五萬餘兩外，現又陸續解交銀十萬餘兩，是否即在提取三十萬之內，該省虧空究有若干，何時方可彌補完竣，焉有任聽州縣以彌補爲名肆意浮收，年復一年，總無補足之期。是借彌補之名，巧歸私家，與冒賑何異耶。至岳起摺內稱，漕船實在疲丁，若不略爲津潤，誠恐遷延水次，所關匪細等語。旗丁津貼款項，自蔣兆奎、鐵保任漕督以來，先後奏請調劑，經朕節次加恩，每船准多帶土宣，並割給曬颺米石，撥給漕費錢文，多方接濟，不一而足，是丁力已屬寬裕。如各該州縣果無浮收積弊，則旗丁等，於嘉慶四五兩年，均照新定章程妥速辦理，又何敢向州縣借詞勒指乎。至該督等所稱有較往年多收一二成不等之處，諒必不止此數。即如松江、奉賢等縣多有浮收，此次該督等摺內並未見指名參奏。近又聞蘇、太等屬比上年亦有加增，大概總在加二以上，何以費淳等竟毫無聞見。在費淳、岳起平日居官廉潔，朕所深知，但屬員則未必皆然。若大法而小不廉，於事何益。乃岳起摺內，有不但可以自信並可信人之語，是不免爲人所愚弄矣。看來伊等此次所奏情節，仍係輕聽屬員之言，被其朦混。現在費淳業已前赴蘇、松一帶查閱營伍，著即會同岳起遵照前旨，將浮收最多縣分徹底嚴查，並此外各州縣等，稍有浮收之處，亦應一體查究。如有私肥入己情事，即據實參辦，不得稍有徇縱，自干咎戾。……將此諭令知之。（仁宗九七、七）

（**嘉慶七、五、庚寅**）諭軍機大臣等：費淳等覆奏，訊明任兆炯於徵收漕務並無營私情弊，請仍將該員送部引見一摺，已准所請。至另片奏稱，因蘇屬積虧不能即時彌補，計州縣收漕貼費外，尚可盈餘，飭令按照缺分大小，交出歸公，現已提補三十七萬有零等語，自屬實情。但地方倉庫短少，如果係實欠在民之款，一經該督撫等確查具奏，朕無不加恩豁免。若係官侵吏蝕，自當據實參奏，著落追賠。至設法彌補，原係各省權宜辦法，豈可公然以此爲名，令各州縣向百姓浮收漕米，設立漕餘名目提取歸公。試思正供原有定額，今設立漕餘名目，使百姓等於額外輸將，此非加賦而何。況州縣等知本任倉庫有虧，可以浮收漕糧彌補，勢必將公項私自挪移，作爲虧空。百弊叢生，皆由於此。所辦已屬非是，該督等所稱嗣後設法撙節，不復取之漕餘，自應如此辦理。至所稱蘇、松、太等屬地處低下，米色不純，折耗較多，收數不能不寬，即貼費不能不重等語，無此情理。東南產米之鄉，蘇、松尤爲沃壤，與浙省杭、嘉、湖相等，從未聞有蘇、松米色低下之語。即間因水旱地方，偶有青腰白臍米色，亦不過百中之一二，焉有同郡一律低下之理。況此三處，近年並未被水旱之災，米色何由低薄。至旗丁等多索貼費，自因聞知該州縣净收漕糧，遂爾心存挾制，與米色有何關涉。若云米色不純，即須多加貼費，豈旗丁索費兑收，沿途私買好米到通交納乎。且旗丁等向來沿途使費，早經降旨裁革，復經節次加恩，准其多帶土宜，並劃給曬颺米石，撥給漕費錢文，多方接濟，不一而足，丁力已屬寬裕。何至江蘇一省，每年尚須貼銀三十餘萬兩之多。所奏殊不確實。況據奏稱，該旗丁等，於五年、六年間屢受增益，似此遞年加增，伊於何底。即各幫情形不同，間有一二疲丁，尚須略增津貼，亦祇可另爲設法調劑，何至欲以貼費之多少，爲收糧之盈縮。若如該督等所奏，指稱蘇、松、太三屬米色低下，貼費獨多，則收漕亦必較他屬增倍。此三屬爲江蘇省財賦最盛之區，如此巧爲立説，任聽州縣等明目張膽例外浮收，通省漕務尚可問乎。至所稱民情日久相安，並有情願折色交納等語，尤不成話。折色一事，最爲漕務弊藪，各州縣收漕，往往於開倉之始，恣意浮收，數日後額徵之糧業已滿廒，即勒令糧户等折給錢文。設有一二花户載米到倉，輒以米色不純駁斥，留難刁蹬，小民等守候日久，不得不聽交錢文。是浮收、折色二弊相連而致，百姓方抱怨之不暇，轉謂其情願折色乎。前經明降諭旨嚴禁折色，該督等竟以病民之事，爲便民之舉，於奏牘内顯露其意，仍思照前折色。伊二人爲屬員所愚一至於此。且浮收漕糧，府州縣等斷無不從中沾潤之理。費淳、岳起平日操守廉潔，原可信其無他，而屬員賢愚不等，豈能盡信。即知府中如任兆炯者，恐難保其果無私肥情弊。況提補漕餘，該督等摺内亦稱，該府與各府公同商議，可見此議創自任兆炯，而各府同聲附和。若云毫無染指，其誰信之。試思江省漕務，該督等既經提取盈餘，歸公彌補，又以旗丁津貼不得不額外加增，而各府州縣，尚於此内各思肥己，層層朘削，無非苦累吾民。費淳、岳起身任封圻，不思仰體朕愛惠黎元至意，輕信屬官愚弄，公然以大干例禁之浮收折色諸弊，視爲不得不行，率爾密陳，妄爲嘗試，本應將費淳、岳起照例治罪，姑念伊二人向來辦事尚屬清慎，著傳旨嚴行申飭。又，另片奏，請降諭旨飭禁積棍刁衿鬧倉滋事等語。此等包漕滋事生監，各州縣開倉之先，該督撫等出示嚴禁，隨時查察，係分内應辦之事。今必欲奏懇降旨飭禁，汝等平日所司何事，又安用此督撫爲耶。前次降旨，諭令各省收漕禁止折色，原因刁衿劣監包攬把持，皆由折色而起。乃伊等不清其源，而專欲懲治生監土豪，以爲奉有諭旨，則地方官即不慮其挾制，生監等目覩浮收情弊，亦不敢與之計較。伊等之意,豈能逃朕洞鑒耶。此次提取歸公銀三十二萬餘兩,業據各州縣解交,已屬既往不咎,嗣後漕餘、折色二事,當永行禁止。儻陽奉陰違,仍前滋弊,經朕訪聞,或別經發覺,必將費淳、岳起革職治罪,不能再爲寬貸也。懍之,慎之。將此諭令知之。(仁宗九八、一六)

(嘉慶七、五、辛卯)諭內閣:前此岳起、鐵保等,因上年江蘇徵收漕糧辦理不善,及不能約束旗丁藉端勒索,均經自請議處,曾降旨俟全案審結後,再降諭旨。茲據費淳、岳起等覆奏,查明各屬徵收漕務,尚無侵肥入己情事,惟據稱各州縣因運丁有需貼費,徵收時不無津潤等語,可見該省收漕不能無弊。州縣尚敢浮收,以致旗丁仍有需索,殊非整飭漕務之道。試思旗丁運費,經朕節次加恩准其多帶土宜、劃給曬曝米石、撥給漕費錢文,已屬寬餘,何至丁力尚形竭蹶。即聞有一二疲幫,亦應奏明,量加調劑,豈得藉口貼費不敷,輒於收漕時私行津貼。總由不肖州縣未能收兌清漕,幫丁等遂爾心存挾制,任意勒索,而州縣等又得以此藉口。至知府任兆炯,漕務本非專責,何以岳起派令攙越,鐵保亦令其親赴淮安,面加委任,以致外閒嘖有煩言。岳起係本省巡撫,當此肅清漕弊之時,既不能實心整頓,又復委用非人;鐵保管轄全漕,於旗丁需索幫貼,並不留心約束,且將彈壓漕務委之知府,致滋物議,亦屬不合。岳起、鐵保,俱著交部嚴加議處。費淳係屬統轄大員,漫無覺察,亦難辭責,著交部議處。(仁宗九八、二一)

(嘉慶一四、一一、丙寅)又諭:給事中趙佩湘奏各省虧空,輾轉清查,多致懸宕,並提解節省銀兩,私增漕餘名目,請嚴行飭禁一摺。所奏俱是。各省州縣經管倉庫錢糧,例應年清年款,申明該管各上司隨時覈實查察,一有虧空,即當嚴行參辦,原不應有清查名目。近年以來,各州縣交代不清,監交各員相爲容隱,遂做成虧空,公然稟明上司設法彌補,該管督撫竟奏明立局清查,至有二次、三次並每隔數年又復奏請一次者,其於窮源截流之要仍屬空言無補。輾轉相因,伊於何底?總由該督撫藩司掩飾,催徵不力,及查有州縣虧缺,又復姑息養奸,或瞻徇親故,或利其逢迎,包庇縱容,予以彌縫之名,巧爲朦蔽,以致國帑虛懸,甚至借名彌補,朘削民膏。種種弊端,均難逃朕洞鑒。至漕務積弊,節經明降諭旨嚴查飭禁,如各州縣徵收漕糧,原應平斛響攛,令各糧户覈實兌交,又安得有漕餘之名。乃近日以彌補庫項之計,巧增漕餘名目,致令各州縣任意浮收,有一石加至數斗,甚至加增一石。浮收不已,從而折色。不肖州縣既囊橐私肥,而該管上司因而需索漕規,運弁旗丁因而需索兌費,刁生劣監亦遂乘機挾制,漁利包漕。此皆由該督撫藩司以彌補爲屬員地步,而各州縣遂藉口以濟其私,流弊百出,尤應嚴行查禁。嗣後各省清查名目，務當永遠革除，如各州縣續有虧缺，即責令接任及監交之員據實稟揭，勒令前任如數交納，儻逾限不交，即監追治罪。有漕各省，務當嚴飭各州縣，無許借漕餘爲名，稍有浮收，以清弊源。將此通諭知之。（仁宗二二〇、二三）

（嘉慶一九、八、丁亥）又諭：御史何彤然奏請嚴禁重徵一節。國家惟正之供，原不准額外絲毫多取，擾累閭閻。乃近日州縣中，狃法營私，將收糧串照内印寫，如有重徵、准其更正字樣，於徵收正課之外，復借追積欠爲名，多方抑勒，即控告上司，仍發交本官審辦，莫爲申理。似此橫加苛索，罔上病民，害何可言。據該御史奏稱，此事山東爲甚，湖北、江蘇等省亦間有之。著該督撫嚴行查察，如有似此重徵巧取者，指名嚴參究辦，並將糧串內重徵更正字樣通行飭禁，勿任影射，以懲貪墨而安黎元。（仁宗二九五、二二）

（二）差徭雜派

1. 兵差

（1）清初兵差

（順治二、一、癸丑）山西巡按黃徽允奏請撤修邊民壯八千餘名，每歲可省餼銀八萬四千三百餘兩，解部充餉。從之。（世祖一三、一六）

（順治二、三、乙未）兵部議覆：河南巡撫羅繡錦疏請罷修築邊工班軍。從之。（世祖一五、六）

（順治一八、二、戊申）户部議覆：江南總督郎廷佐疏言，臨江臨海百姓，修理烽墩、奉法惟謹，應予豁免丁徭，略示優恤。從之。（聖祖一、二五）

（康熙五、七、甲申）兵部議覆：廣東巡撫王來任條奏，粵東州縣，因官兵防剿往來，濫派民夫，折徵銀兩，又有棍徒假冒營旗，串同蠹役，私出牌票，勒索銀兩，恣行逼辱，深爲民害，請永行禁革。應如所奏，嚴飭督撫指名題參。如督撫徇隱，一并議處。從之。（聖祖一九、一二）

（康熙一三、六、己未）户部題：發兵勦賊，原爲平定地方，安輯百姓。今軍需絡繹，往往累及小民。請申飭各該督撫嚴查地方官員，凡一應供應糧餉及沿途喂馬，俱准動用正賦，不許借端私派百姓。至辦買米糧草豆，務照時價支給，勿致累民。從之。（聖祖四八、一四）

（康熙一四、二、乙丑）大學士兼管户部事務圖海等疏言：近來供應大兵，恐有派累民間，雖屢奉上諭禁止，有司未能實心奉行，應敕督撫嚴禁。一應軍需不得私派，夫役不得先期拘禁，徵收錢糧正項外，不得絲毫科斂，民間詞訟，除重情速審速結外，其餘戶婚細事，不得濫准牽累無辜。並禁衙蠹作奸指公需索、土豪惡棍魚肉善良，庶幾安居樂業，民不知兵。得旨：是。命速行通飭。（聖祖五三、一五）

（康熙一八、九、庚子） 涼州提督孫思克疏言：漢中、興安未便進取。上諭議政王大臣等：孫思克……又奏稱：秦省大半皆山，地瘠民貧，不產秔稻，所種惟麥豆之屬。向有捐納一事，稍裨用兵，今例已停罷，民受採買之苦。且山路險阻，必資負戴馱運，其雇賃之價，數倍於應輸之賦。今各路需餉甚多，山徑狹隘，輓運維艱。時當初冬，草枯葉落，畜牧無資。欲俟來春，調集官兵，務期兵强糧足，共圖進取者，職此之故。朕思粵東、粵西諸省山嶺亦多，何曾豫備糧餉？官兵豈有止食稻米不食他粟之理？至於捐納，各省俱停，止留粵西事例，以資平滇軍需之用。自定秦省數年以來，未曾勞民轉運。且漠興雖多險阻，乃陝西內地，非隔省百姓轉輸可比。今恐輓運累民，至春又誰爲轉送耶？當逆賊敗遁之時，急令進兵者，正爲早定地方以安百姓耳。採買恐累於民，巡撫杭愛題奏已經改定。今以請開事例，轉運維艱爲詞，其規避進兵明甚。（聖祖八四、五）

（康熙二〇、二、辛亥） 貴州巡撫楊雍建疏言：貴陽省會，尚有未毀民居，宜令流散人民復其本業，量減徭役，俾得補葺室廬。至貴陽南北大路居民，皆新經招集，亦應量減差徭。其供應夫役私派，並請禁止。得旨：該撫速行設策招集流民還業，務令得所。除供應大兵諸正役外，有以私事借端多索人夫擾民者，即指名劾奏，兼檄在黔將軍、提鎮，令嚴加禁緝。（聖祖九四、二二）

（康熙二一、八、甲辰） 諭戶部：朕聞先由水路出征大兵，因晝夜趲行，以致縴夫死者甚多，深軫朕懷。今爾部差去催趲糧船官員，恐欲糧船速抵水次，致縴夫苦累，著行文申飭曉諭。（聖祖一〇四、一五）

（康熙二二、四、辛巳） 諭戶部：黔省爲滇南孔道，地瘠民貧，大兵凱旋。輓輸芻糗、供應人夫，極其浩繁，且起解吳逆家口，絡繹運送，不無苦累。恐小民竭力供應，生計艱難，朕心深爲憫惻。所有本年秋冬及來年春夏應徵地丁正項錢糧，盡行蠲免，以示朕軫恤民隱至意。（聖祖一〇九、九）

（康熙三六、六、戊寅） 山西巡撫倭倫疏言：請建萬壽龍亭，恭勒聖諭，永戴皇仁。上諭大學士等曰：何事建立龍亭。若果善，民自感頌。大同田薄民窮，其建立龍亭，著停止。至倭倫奏稱，大同地方，飼馬萬匹，全不費民力，自朕觀之，前此大同養馬不過六千，未始不用民力，朕因民勞苦，故將康熙三十六年錢糧盡免。朕凡事俱務實行，不尚虛譽，爾等可曉示之。（聖祖一八四、六）

(2) 雍正朝西藏、新疆軍事兵差

（**雍正七、二、癸卯**）四川巡撫憲德摺奏：上年九月間，瀘州里民呈稱，軍需米石，情願捐助，不敢領受倉穀。臣見永寧、建昌各路軍糧，於不能馬馱舟載之處，俱派撥就近州縣里民背運，負載奔馳，實屬勞苦，而瀘州里民亦在派撥之內，是以不便再令捐輸，未允其請。後據崇慶州里民具呈樂輸，臣因崇慶未經派運，故據情陳奏。今奉旨蠲免該州一年額徵錢糧，鴻恩丕布，萬姓歡騰。奉上諭：朕前見崇慶州紳衿士民好義急公，風俗淳厚，深爲嘉悅。是以格外加恩，蠲正賦以示獎勵。今據撫臣憲德陳奏，知瀘州里民曾經具呈在先，且瀘民既有背運軍餉之勤勞，又有樂助倉儲之忱悃，雖撫臣未允所請，而民情之忠厚善良，實爲罕見。著照崇慶州之例，將雍正七年額徵錢糧全行蠲免。巡撫憲德，務體朕心，轉飭該州恪遵奉行，使閭閻均霑實惠。儻諭旨頒到之日，有已徵在官者，准其抵算庚戌年額賦。（世宗七八、三四）

（**雍正七、九、甲戌**）諭户部：據寧遠大將軍岳鍾琪奏稱，自西安起程，歷西鳳、平臨，以至甘凉等處，小民承辦軍需，莫不踴躍懽呼，趨事赴公，爭先恐後，而靖逆衛屯民於應辦草束之外，情願另備餘草，運赴大東渠站所堆積，以佐軍需等語。靖逆遠處邊外，人民無幾，而自備割運草束，輸力効誠，可見師以義行。統領大臣。又能令承辦軍需各員無絲毫扣剋，是以輿情鼓舞，相率辦公。朕心深爲嘉悅。著將靖逆衛庚戌年應徵正糧馬糧四百六十石零、大草五千三百八十八束，全行蠲免，以示加惠邊民急公之至意。（世宗八六、二）

（**雍正七、一二、辛丑**）山西巡撫覺羅石麟疏言：軍需所用駝屜等項，晉省士民情願自備車騾，運送歸化城。踴躍爭先，似難禁阻。得旨：前因軍前需用駱駝鞍屜，令晉省製辦三萬副，該省人民急公趨事，朕已降旨蠲免該地方辛亥年額徵銀二十萬兩，以示嘉獎。今因運送鞍屜，該省士民等又復歡欣効力，甚屬可嘉。著該撫等傳旨獎諭，仍令各領應得之腳價，不必固辭。（世宗八九、一）

（**雍正八、七、戊寅**）四川巡撫憲德疏奏：打箭爐口外，需用糧米，成都、新繁等州縣士民，情願不領夫價，輸力輓運，丹稜、溫江等州縣士民，情願捐米，輸力運赴。得旨：士民等急公輸輓，甚屬可嘉，著該撫宣旨獎諭。

應領夫價,仍著照數給領。其已捐之米,將存倉米石給還。(世宗九六、一二)

（**雍正九、二、乙卯**）諭大學士等:陝、甘二省年來辦理軍需,雖皆動用正項錢糧,民間無絲毫之費,然輸輓糧運,伺候差徭,不無勞苦,朕已降諭旨加恩獎勉。但必得地方大吏仰體朕心,凡料理軍務,固不可任其延緩,而過於迫急,未免擾民;查核錢糧,固不可聽其浮銷,而過於苛刻,則必至剝民。督撫等大員嚴緊一分,則州縣官必於百姓加緊一倍,如能寬容一分,則小民必得一分之惠。武格、馬爾泰二人急公之心皆切,但恐諸事過於苛迫,可將朕旨傳諭。凡承辦州縣或於原額之外遲緩無多,而其人之才有可用者,不妨姑示寬容,其開銷物料腳運之費,亦必斟酌時價,不可刻意核減。但此旨不可宣露於人,恐有不肖之州縣,借此遷延浮冒,其漸不可長也。(世宗一○三、一八)

（**雍正九、二、戊午**）又諭:從來備辦軍需,於地方不無勞費,朕深知其弊。惟恐累及民間,是以於征勦準噶爾之舉,悉心密籌於數年之前,一絲一粟,皆用公帑,而民間並不知國家將有軍旅之事。從來未聞預備軍需地方,能如此毫不騷擾者也。此天下所共知,更爲三秦百姓所深悉者。及至大兵既出,時日既多,輓粟飛芻,脂車秣馬,雖不取辦於民財,恐不免借資於民力,此亦事勢之不得不然。……惟是國家設兵所以衛民,今因用兵,而有不得不資民力之勢,朕心實爲憐憫。是以年來屢蠲陝甘二省額徵錢糧,使群黎均霑膏澤,而三秦紳士庶民感激國恩,兼明大義,踴躍趨事,志切急公,二十年來如一日。朕實嘉之。如昨歲據督撫奏報,甘肅士民等有願捐車輛以資輓運者,有願捐草束以供芻牧者,朕皆降旨一一照數給與價值,而其服勞宣力之誠悃,亦大可見矣。今年添辦軍需,朕又切諭督撫有司等體恤民情,不得絲毫擾累,其糧餉運費,特令加增,儻再有不敷,仍令據實陳奏,無非軫念民勞之意。……查雍正九年甘肅所屬額徵錢糧,業已全行蠲免,西安所屬額徵錢糧,前降旨蠲免四十萬兩,著再蠲免四十萬兩,以昭朕體恤之恩。該督撫務飭有司敬謹奉行,使閭閻同受實惠,併將此旨刊刻頒布,俾陝、甘二省遠鄉僻壤之民共知之。(世宗一○三、二五)

（**雍正九、五、癸亥**）諭大學士等:據殷扎納、達鼐、德成、馮允中等先後奏稱,青海居住之公拉查卜、台吉查漢喇卜灘,從梭羅木過黃河,移往他處居住。又聞戴青和碩齊察罕丹津,亦往他處遷移,不在海流圖地方住牧。因撥派兵丁官買馬羊,辦理之人,不甚妥協,伊等暫行躲避等語。朕因上年準噶爾乘我西路軍營不曾防備,傾其醜類,盜竊駝馬,因念青海各扎薩克人衆恐遭逆賊侵害,是以諭令派出兵丁,爲防護之汁,每名賞給銀兩,爲衣裝之用。其諭令採買馬羊者，原欲使伊等所有牲畜，得變價值，可獲利益，並非大兵需此些微之助也。前殷扎納赴西寧時，朕面加訓諭，一切派兵採買之事，悉聽衆蒙古之便，不可絲毫勉強。並慮蒙古王台吉科派所屬之人，諭令嚴行禁約，豈肯令差往之人，逼迫蒙古以從事乎？今拉查卜等無故遷移他往，其中自有情由，必係殷扎納等不能宣揚朕諭，使衆心共曉，而採買馬羊，又不聽從其便，以致拉查卜等心懷疑畏，暫避差徭。雖拉查卜等，甚屬孟浪糊塗，亦殷扎納等奉行不善之所致也。今特頒諭旨，曉諭拉查卜等，令其速回本處，並將隱情據實陳奏。再，傳諭德成、達鼐、馮允中等，令其明白開導，善爲安輯。並將伊等如何疑畏遷移之處，查明具奏。其餘地方事宜，俟侍郎衆佛保去時，再行詳諭。(世宗一〇六、一)

(雍正九、六、壬子) 署陝西總督查郎阿疏言：西、鳳二府，撥運甘肅等處米一十五萬石，二府民人領運之時，惟恐遠涉長途，或有虧耗，每石多帶一二升，以備添補之用。今途次安行，並無虧折，據收糧之員節次具報，正米之外，多交餘米或數十石至數百石不等。交足之時，可得米千餘石。將米一併收貯，於邊儲軍糧，均有裨益。得旨：數年以來，秦省民人運送軍需，俱無遲誤，是以朕屢次加恩以示優卹。茲因輓運西、鳳米糧，以資軍食，特令加添腳價，務期運送從容，而領運之民人等敬謹承應，於交完正米之外，尚有餘米交官，其急公敬事之念，甚屬可嘉。著該署督等查明交米多寡之數，分別賞賚，務令本人實霑恩賜，勿致胥吏中飽，以副朕加惠秦民之至意。(世宗一〇七、二四)

(雍正一〇、七、庚寅) 諭辦理軍機大臣等：京中送往軍營之器械等項甚多，驛站雖備有車輛，每遇物件繁多之時，官車不能敷用，勢必雇募民車運送，寬裕給與價值。惟是官吏等奉行不善，每於數日之前，即將商民車輛牲口拘集於驛站地方，令其守候備用，至起運日期，始給運價，其余耽擱之日，並不准算，以致商民探知信息，即行遠避，行旅畏懼不前，嗣後著嚴行禁止。(世宗一二一、四)

(3) 乾隆朝第一次金川軍事兵差

(乾隆一三、三) [是月] 欽差尚書班第奏：臣自成都起程，由桃關出口，抵小金川軍營。沿途查勘，西路糧台，俱峻嶺偏坡，中如天舍山、納凹山；班蘭山最爲陡險，積雪泥濘，烏拉難行，不得不用夫負運。南路向用烏拉，連年烏拉倒斃，辦雇維艱，亦兼用人力。近番半調出征，所餘蠻夫蠻婦，盡數供役不敷，又添調漢夫。查所給腳價，口外每站銀八分、口糧二升,每石到營,腳價雜費十二、三兩至十五、六兩。至民間幫貼,緣內地撥米長運及雇夫出口,俱分派里長,不得不按田起夫,因而有田出銀,無田出力。有三四家至十餘家幫貼一家者。盤纏安家,自三四兩至十餘兩不等,有田之家,未免拮据。容酌將作何加恩之處,另行密奏。再,川省產米素饒,不患米穀不充,而患運送不繼。內地民人,令赴軍營,便憚艱險,地方官恐滋事,亦多畏葸。現值添兵添餉,需增夫役數千,屢催未集。其糧運一切事宜,撫臣紀山與藩司倉德,亦俱悉心竭力辦理,但未親履各處,就詳稟酌量。未盡妥協之處,亦不能免。得旨:覽奏俱悉。(高宗三一一、三八)

(**乾隆一三、四、乙亥**)川陝總督張廣泗奏:從前滇黔等省用兵,凡供運軍裝糧食,各州縣按照田賦科則,派雇民夫,有產之戶出貲,幫無業者應役,其利仍在本境。且本人應募,夫價仍可贍家,是以民不病困。川省官顧考成,民畏徭役,地方官並不勸諭妥籌雇募,而令里民折納夫價,解至省城,交成都府代辦,請勅班第確查前項折價,實在收過某府州縣銀數若干,作何項公用,并嗣後應否收納,請旨遵行。得旨。此事即交班第,亦不能查出。今命訥親為經略,即交伊查辦,必能水落石出也。(高宗三一三、一八)

(**乾隆一三、五、戊子**)四川巡撫紀山奏:臣前赴軍營,沿途稽查西南兩路輓運情形。爐口為南路糧運總匯,一由泰寧、子龍運甲索軍營,雖運到米千有餘石,尚須多備,現飭加緊趕運;一由章谷協運孫克宗軍營,必由兩河口過渡,此路依灘傍澗,夏間大雨時行,深慮阻隔,將來應否歸併川西輓運,再行妥籌辦理。至爐地米,皆賴雅郡發運,從前自雅運爐,每石官給腳價銀二兩,今准部咨覆,增銀六錢五分,運夫俱踴躍從事。其各府州縣派撥運雅之米,現飭水陸并進。又分運木坪一路,竭力輓運,究不敷原派之數,現添夫一千名趕運。至川西草坡一路,因奔拉雪山險隘異常,兼有瘴氣,夫多逃亡病故,又添調新兵及隨軍輓運之丁,已添雇夫八千八百名。又由保縣出雜谷腦轉運黨壩一路,現有糧三千餘石,該路原有續派松潘鎮每月協運米麪二千石。松潘地處極邊,倉貯不宜空虛,現飭保縣設法加倍運黨,如不需,即停。又,前於曾頭溝一路運糧,直達美諾軍營,嫌近賊巢,今改由商角山,甚為妥便。西南兩路,每日約運米六百餘石,尚無貽誤。再,各臺站俱在眾土司界內,蠻民亦俱出力幫運,沃日土司納爾吉并伊姑策爾吉尤為出力,臣經過其地,目觀田地大半荒蕪,碉寨多被金川殘毀,因加撫慰,捐給銀五百兩,并綢緞銀牌等物。又,打箭爐明正土司,自瞻對之役,供應烏拉,挽運軍糧,上年復被金酋侵擾,此次用兵,應差應役,又經一載,該土婦喇章率伊子德昌黽勉出力,始終不懈,臣慰勞賞賚。其餘經由各土司,俱

屬恭順。報聞。（高宗三一四、一〇）

（**乾隆一三、五、戊戌**）四川布政使倉德奏：督臣張廣泗添調之陝、甘、雲、貴官兵餘丁一萬三千名內，涼州、河州官兵，由茂州赴營；陝西、固原、延綏官兵，自棧道入川，由灌縣出口；雲貴官兵，由成都赴營。添調新兵，即應加增糧運。臣商之撫臣，先後雇背夫一萬二千餘名，分起委員押交總理糧務道，分站安設，隨軍輓運。又於成、重、潼、順、敘、嘉、龍、瀘、資、眉、邛、綿、永等十三府、廳、州屬倉穀內，添辦米十二萬石，勒限運赴西南兩路。又添調丞、倅、州、縣、佐雜二十餘員出口聽候差委，及分管隨軍辦理一切糧務。現在大兵不日會集，夫糧充足。報聞。（高宗三一四、三六）

（**乾隆一三、六、戊辰**）欽差兵部尚書班第、川陝總督張廣泗、四川巡撫紀山會奏：西南兩路添兵進勦，雇內地運夫數以萬計，伊等遠役塞外，食物昂貴，所得腳價口糧，僅敷本人度日，不能兼贍家口，兼之疾病逃亡，又須募補。民間不能幫貼，未免畏縮不前。而軍糧刻不容緩，應請於每夫日給口糧腳價外，各先給安家銀二兩，三月換班時，再給銀一兩。下部知之。（高宗三一六、二二）

（**乾隆一三、七、乙未**）又諭：大金川運糧一事，原議每一烏拉，運米一石，每蠻夫二名，抵一烏拉。米每石運至軍前，合計用銀十四兩七錢，內除米價三兩零，餘皆給與蠻夫。又每日加口糧一升，所以體卹勞人，可謂優渥矣。今聞川省每一州縣派夫六十名，里下科派津貼銀兩，每夫一名，竟至四五十兩之多。一夫在途或有逃亡病故，仍向本縣補派，其津貼銀兩，亦一例重科。遂至窮鄉僻壤畸零小戶，亦騷擾不寧。是行者既有饑寒勞役、離鄉別井之苦，居者復有典業借債、追呼朘削之煩，以小民之脂膏，徒飽里役之谿壑。而每夫所得津貼銀兩，究為有限。以此推之，則各土司所屬番夫，亦未必能免派累。毋怪乎巴塘番民不服派夫、毀橋挖路之事也。金川軍務尚未告竣，運糧之事亦勢難中止。若不體察情形，妥協料理，民情困憊日久，必生事端，殊屬可慮。朕前因金川軍營止張廣泗一人，故留班第在彼協助，今既有大學士訥親、提督岳鍾琪等，則班第現在尚無專辦之事，可以暫回內地，往來照應。著［班第］於沿途詳加查察，如朕所聞情形，果否如此，並妥酌飭辦。務期無誤軍糧，無累番民，庶為兩全。即將此旨傳諭知之。（高宗三一八、四〇）

（**乾隆一三、八、庚寅**）兵部尚書署四川巡撫班第奏覆：里民幫貼運夫，舊例相沿。各州縣派夫多寡不同，津貼亦不一例，從無四五十金之多。但胥役不免藉端科派，現留心究處。又前酌包運之法，俱踴躍從事，仍恐緩急難恃，又派州縣官照商價領運，務令如期至營。已檄派簡州等十餘州縣領運米萬二千石，浙可酌減正運民夫，以免津貼。得旨：將來正遇民夫全減方妥耳。（高宗三二二、二三）

（**乾隆一三、一一、乙亥**）四川按察使宋厚奏：查從前各州縣運米，皆至桃關交卸，桃關外設臺站，遞運卡撒，謂之正運。後因站夫逃亡，經軍營大臣籌酌，招商包運，無如美諾至卡撒雖五站餘，而山徑難行，商人運至美諾而止。復令各州縣照商運例，給價輓供。而州縣及商人，俱未有督催獎勵之法，是以卡撒糧日見乏。臣設法勸諭各商，令直運卡撒，並飭各州縣優卹運夫，選差查押，始皆踴躍，近已積一月之糧。一切章程，稍爲酌改。其附近軍營及糧運要區，各撥銀解貯。至各州縣，悉係動撥倉穀，攤給里民，碾米起運。而里民以領穀無幾，或先自辦米起運，后赴倉領穀，亦有竟不赴領者。臣思此穀久貯在倉，必滋弊竇，令各州縣將未給穀，竟給折價。茲十月十二日，新任高越到任，已將辦理情形詳細告知。得旨：是。知道了。（高宗三二九、三二）

（**乾隆一三、一二、己亥**）又諭：川省軍興以來，輓粟飛芻，動支正項，並不絲毫擾累閭閻，但一切夫馬支應，未免有資民力，而該處小民踴躍應募，奮勉急公，殊可嘉尚。前經降旨，將本年地丁錢糧加恩緩徵在案。況今大兵云集，雖剋期奏凱，而兵馬經過處所，不無供億之繁，朕心軫念。著將川省乾隆己巳年地丁錢糧再行緩徵，以紓民力，以示朕惠卹民勞之意。（高宗三三一、二〇）

（**乾隆一三、一二、戊申**）又諭：據高越奏稱，蜀中輓運軍需，全資民力輪流更替，即村曲鄉民，亦多徵撥不已。近添新旅募夫尤衆。一出桃關，山路岐險，雪深冰結，艱苦視內地倍甚。成都米價昂貴，民食艱難，請將常平倉穀碾米平糶，竭力辦理，據實直奏，等語。觀此，則川省物力虛耗，大概可見。高越雖稱據實直奏，恐困憊情形，尚有未盡形之章牘者。內地民情可虞，奏凱宜速。夫以江南富庶，米價偶翔，刁民輒乘機肆惡，況川省以險僻之區，值軍興旁午之會，意外易滋事端，誠不可不亟爲籌慮。前所傳諭，以四月初旬爲期，蓋深有見於此也。（高宗三三一、五七）

（**乾隆一四、一、癸亥**）諭：陝省爲入川要路，其武功以西，棧道綿亙，較川省尤長。所有大兵經過地方，一切供億，雖絲毫不擾閭閻，而夫馬支應未免有資民力。前曾降旨，將川省己巳年地丁錢糧，再行緩徵在案，其陝省入棧毗連川境之州縣，應與川省一體加恩。著該督撫查明各該州縣本年應徵

地丁錢糧，全行緩徵，以舒民力。該督撫其悉心查辦，俾窮黎均霑實惠，以示朕卹民勞之意。（高宗三三二、二一）

（**乾隆一四、一、戊寅**）[是月] 欽差户部尚書舒赫德奏：四川自用兵以來，官則調派去任，分辦軍糧。米價昂貴，採買維艱，運米送兵，雇夫更累，購備草豆，無項可支，至以得參爲幸。兵則汛防幾無一人，存城老弱，萬難恃以稽察彈壓，民則差撥連年，挽送拮据，未撥者亦出帮貼，按户不能倖免；餉則藩庫長空，需用正繁，后恐難繼。即告知經略大學士，悉心密計，早結此局。得旨：已有旨徹兵。汝但解勸大學士，毋令著急，速行來朝，佐理機務。汝再留蜀數日查辦，一切已有旨諭，汝其勉之。（高宗三三三、三七）

（**乾隆一四、一二、辛卯**）諭軍機大臣等：據兆惠、策楞奏稱，管理糧務之茂州牧陳克繩及汶川令王聲鑾，急公勤慎，盡心竭力，奏請酌量加恩等語。軍行重務，該州縣於運糧籌餉等事，果能實力奉公，自應加恩嘉獎。王聲鑾既有應賠銀兩，應俟措交完項時，再行奏請。至所奏陳克繩撙節夫價一事，據稱雇夫換班，按例需銀五萬餘兩，而該員止給發八百餘兩，民情帖然。雖係該員通融妥辦，絕無異議，事在已往，亦祇聽其辦理。但若因此加以獎許，殊不可以爲訓。轉輸關係綦重，雇用民力，給價自有定例，過求撙節，刻減病民，爲害匪細。倘據策楞所奏宣示獎勸，則將來或遇籌辦軍糧，援以爲例，大非國家政體。陳克繩此次辦理，固屬妥協可嘉，將來奏請加恩，祇須將伊轉餉如期，節夯奉公之處，籠統陳請，其夫價一事，不必敘入。可傳諭策楞知之。（高宗三五五、七）

(4) 乾隆朝緬甸軍事兵差

（**乾隆三二、七、乙亥**）諭：滇省現在辦理進勦緬匪，調兵撥餉。所有經過各省地方，一切供億，雖俱動支官項，絲毫不以累民，但直隷、河南兩省道路寬平，車馬往來支應較爲便易，其湖北、湖南、貴州等處，毗連滇境，本省驛馬不敷應用，未免稍資民力。前曾降旨，將雲南一省地丁錢糧分別蠲免，著再加恩，將湖北、湖南、貴州三省，軍行所過地方應徵本年地丁錢糧，全行經徵，以紓民力。該督撫其悉心察覆妥辦，俾閭閻均霑實惠，副朕軫念黎民至意。該部遵諭速行。（高宗七八八、一七）

（**乾隆三二、一一、庚子**）又諭：現在進勦緬匪，所有官兵經過各省，其一切儲偫供億，俱屬動支公帑，絲毫不累民間，而長途護送車馬人夫，或不無稍資民力。近據阿思哈、舒赫德前後摺奏河南、湖廣等省辦理兵差，除按例正項支銷外，所有未敷，酌令各州縣公同協濟。在小民感戴國恩踴躍急公，固屬分誼應爲之事，而國家於此等孑來恐後之民，亦宜量予加恩。著傳諭各該督撫，就該省辦差之項，逐一覈算，除動支官項外，其經過地方及通省協濟，約需民力若干，即速查明，將銀數據實詳晰覆奏，毋得稍有隱飾，候朕酌量加恩降旨。可將此傳諭知之。（高宗七九八、一四）

（**乾隆三三、一、甲午**）湖廣總督定長覆奏：官兵經過湖北，一切經費俱係地方印官及遴委各州縣協辦，並未動用民力。惟馬騾一項，湖北計設八臺，約備九千六百餘頭，除准銷一萬二千餘兩外，實用民間幫貼銀五萬五千二百餘兩。又，各站牽馬人夫口糧及荆、襄二江船戶工食，除准銷一千九百餘兩外，實用民力三千八百餘兩。得旨：俟到齊有恩旨。（高宗八〇二、一五）

（**乾隆三三、一、己亥**）直隸總督方觀承覆奏：此次進勦緬匪，兵差係循照從前送兵章程，在良鄉、清苑、正定、順德四大站，令附站數百里內州縣雇車輪送，民間或有車之戶幫貼受雇之車，或按村按畝均派公幫，悉係自行經理，官役並不經手。今奉旨查覈，計民間幫貼之費，約銀一萬五千八百餘兩，此外剔無資用民力之處。得旨：俟到齊有旨。（高宗八〇二、二二）

（**乾隆三三、一、己酉**）諭：昨歲大兵進勦緬匪，所有經過各省儲偫供億，一切勤支帑藏，絲毫不累閭閻。第以沿途夫馬運送，不無稍資民力，疊經降旨，將滇省地丁及各土司應徵銀糧，分別蠲免，復將湖南、湖北、貴州三省，軍行所過地方錢糧，全行緩徵，以示體卹。繼思各省民人感戴國恩，深明急公大義，踴躍効力，自當格外加恩，用示獎勵。因令各該督撫詳細確查，將各屬軍行所需，除正項開銷外，實在所資民力若干，覈明具奏，候朕酌量施恩。嗣據陸續奏到，惟阿思哈稱河南實數有八萬六千餘兩，而良卿則以貴州所有幫貼夫馬銀數，多係鄉保措辦，地方官無從覈算爲辭，意在顢頇了事，甚屬非是，已經交部議處。後覽方觀承所奏，直屬所有幫銀，亦數止一萬五千餘兩，恐亦事後約舉民車一項而言，尚非實數。於朕優卹民隱屏除弊端之本意，均未能實心體會也。在民人等，既知殫心竭力以佐軍行，其悃忱深有足嘉，則推恩亦倍當優渥。然所在有司，必先於辦理之時，悉心察覈，使茹苴一絲一粟，皆有細數可稽，經理方爲妥協。否則，牧令付之不知，胥役安得不因緣蠹蝕；督撫置之不問，州縣又安保無恣意侵牟，將吏治奚以澄清，恩澤何由下究耶？著將直隸、河南、湖北、湖南、貴州等五省，一例從優加賞，於藩庫地糧銀內，每省給銀十萬兩，交各督撫酌量情形，視其款項數目，妥協分給，毋得草率模稜，致小民不得均霑實惠。至雲南一省，所有本年應徵地丁錢糧，其大兵所過之地及永昌府屬，俱著全行蠲免，其非經過地方，亦著蠲免十分之五。該督撫等，務期實力飭屬詳慎妥辦，無令稍有影射滋弊，副朕霈沛殊恩、軫念群黎至意。該部遵諭速行。（高宗八〇三、八）

（乾隆三三、一、乙卯）湖南巡撫方世儁覆奏：進勦緬匪官兵，經過湖南共十八站，每驛備馬六百匹、夫一千四百名，輪流接替，計用銀十萬三千四百餘兩。除例得報銷一萬八千五百餘兩外，實用民力約八萬四千九百餘兩。得旨：已有旨了。目下尚有自京發兵之事，汝豫知之，可密為料理。（高宗八〇三、二四）

（乾隆三三、二、壬戌）又諭：上年赴滇官兵，經過之直隸、河南、湖北、湖南、貴州五省動支帑項之外，或不無稍需民力，特頒恩旨，每省各賞銀十萬兩，以示體恤。其作何籌辦之處，已令軍機大臣詳議，交與地方官妥協經理。第念經理兵差各省，情形不同，而一省州縣所屬，其有無幫貼及數目多寡，亦自難於畫一。今據裘曰修奏稱，直隸近地，如大興、宛平等縣，並無民間協濟之事，其餘如派用腳力等項，州縣官但就現有車馬之家，量取應用，其中有回空守候之日，額給未敷，則同里之人不無出貲佐助，然為數零星參錯，州縣官本不登籍稽查，即使曾立檔冊，而鄉保書役從中經手，乘間改移甲乙，希圖肥橐，皆勢所必有。今即加恩優賞，而有司以悉心覈實，即自干失察之咎，又必顢頇了事，實惠何由下逮。在良民之安守本分者，即曾經出力，既未能如數盡酬，而一二狡黠之徒，轉得詭計冒支。種種弊端，賞項虛糜何益。因思嘉惠閭閻，原期事歸實用，與其將此帑金費而無濟，何如明諭眾人，且將此款暫時收貯，或俟將來滇兵凱旋經過，或今歲尚有應須續辦繼進之兵，俱可備給正項不敷之用。民人見識雖淺，然其為得銀於此時，與仍待出銀於向後，其數原屬相等，亦無不共知感恩之理。如此，則在民既無絲毫累及，而在官辦理亦一切不費周章。揆之施恩本意，實為允協等語。著將此再行傳諭各該督撫，令其悉心斟酌，飭屬妥協辦理。（高宗八〇四、五）

（乾隆三三、二、庚午）河南巡撫阿思哈奏：豫省辦理兵差，蒙恩賞銀十萬兩，當即謄黃徧行曉諭。據各屬士民環集謝恩，并呈稱大兵即日凱旋，請將賞銀暫存公處，俟官兵過境，儘先給用。事竣將此項即作為民間協濟等語。查豫省一百八屬，每屬有車糧戶不下數千百家，雖有細冊可稽，而逐戶零星賞給，勢難一一清楚，似應俯如所請辦理。報聞。（高宗八〇四、三九）

（乾隆三三、二、乙酉）湖廣總督定長、湖北巡撫鄂寶、湖南巡撫方世儁覆奏：兩湖辦理兵差，蒙恩賞銀十萬兩，若逐一傳集散給，勢難清楚，如不一例加賞，又覺未昭平允。查將來凱旋經費，先經奏明，應於通省按糧徵收，今賞銀留爲辦理凱旋，或續辦兵差之需，既免此時按戶查給之繁，復省將來按畝徵輸之費，與普被恩膏，事無二致，在官在民均屬妥便。得旨：知道了。既有此項，目今辦理再不可稍資民力矣。慎之。勉之。（高宗八〇五、二七）

（乾隆三三、三、辛卯） 陞任雲南巡撫鄂寧奏：滇省民間幫貼軍需款項，奉旨詳覈銀數。查自平彝縣至永昌府屬保山縣，計三十站，又自省城至普洱府十七站，兩路夫馬，約用十七萬六千餘兩。至保山、騰越、寧洱、思茅，爲大兵匯集之地，其數倍於他處，約四萬八千餘兩；其餘運送糧石等項，又約七萬四千餘兩。皆係小民按糧均派，幫給應夫、應馬之戶。得旨：有旨諭部。諭：滇省年來辦理軍需，該處民人踴躍急公，深知大義，甚屬可嘉。已疊次降旨，加恩將地丁錢糧分別蠲免，以示優卹。今思該省現在辦理軍務，較他省更屬殷繁，雖一切動支帑項，絲毫不以累民，而解送兵馬，辦運糧餉，均不無稍資民力，朕心尤爲軫念。著加恩賞銀三十萬兩，該督撫等飭屬妥協辦理，俾閭閻得霑實惠，副朕加惠黎元至意。（高宗八〇六、五）

（乾隆三四、二、乙丑） 諭軍機大臣等：據御史胡紹鼎奏，上年典試回京，沿途見河南等處官弁兵役，住宿民店，一經飭爲公館，有逾時不能開店者，宜令地方官曉示日期，將其間空閒之時，聽民自便，以裨生計。又稱尋常官員經過驛站，所有應雇夫役，原與送兵民夫無涉，竊恐不肖之員，因民夫現在守候驛地，隨便遣用，希圖省費，各等語。官兵經行各省，屢經加恩賞賚，並飭該督撫等實力董查，不應復致人指摘。即如官兵按隊分走，該管領隊各員，自應與兵丁同一營盤住宿，以資彈壓稽查，不宜令其遠離營隊，別圖安憩。原無庸多備公館，致開張旅店之人誤業曠時。至其餘差使往來，或有必須店房棲宿者，亦當按日給價。且其事並非每日常有，又何必豫爲封備，徒令村鄉逆旅亦得藉口辦差，甚屬無謂。若果有如該御史所奏，則是該地方官辦理不善，或係奸胥蠧吏借端滋擾，暗中需索，皆未可定。不可不嚴查整頓。著傳諭該督撫留心確查，如有前項情節，即速妥協辦理，毋稍累民，仍將實在情形具摺覆奏。至所稱官員經過驛站，就近遣用送兵夫役，以圖省費一節，亦著該督撫等查明，有無似此情弊，實心查辦，一併奏聞。（高宗八二八、二四）

（乾隆三四、二、乙丑） 又諭曰：御史胡紹鼎奏：上年典試，沿途聞見兵差情形一摺，內稱貴州民素貧苦，其運送之夫，官定每兵一百用夫三百名，每夫給飯錢七十文。其實軍裝行李等項，山路崎嶇，每兵百名，用夫多至五六百不等，州縣既守定額，祇將三百名應給之錢分給眾人，用夫愈多，分錢愈少，甚至無錢可給。據百姓云，係自備雜糧炒麪度日，俟將來官府賞給等語。黔省地當衝要，軍行所過，不無稍資民力，業經疊次加恩賞給銀兩，并傳諭該撫實力經理，毋稍累民，其苗人等，尤當加以體卹。該撫自應督率地方官，妥協籌辦，如期按數給發，俾急公奉上之氓，俱得速霑愷澤。即或於定額之外，稍有多用人夫之處，亦不妨隨時酌量，通融籌辦，何得有給錢短少，致令民夫自備糧麨度日之理：今該御史既有此奏，恐各該地方官辦理不善，散給稽遲，以致實惠不能下逮，亦未可定。著傳諭良卿，即將現在有無此等情弊，詳確查明，一面具摺奏聞，一面仍嚴飭各屬，將應給錢文妥協賞給，毋使受雇民夫稍有失所。再，該御史摺內又稱，尋常官員經過驛站，所雇夫役，原與送兵民夫無涉，恐不肖之員，因民夫現在守候驛地，隨便遣用，希圖省費等語。此種情事，亦難保其必無，著交與該撫一併查辦，據實覆奏。胡紹鼎摺，摘錄寄閱。（高宗八二八、二六）

（乾隆三四、二、丁卯）諭曰：阿思哈奏，據豫省紳士民人呈稱，軍行協辦車價，分所應然，前已得蒙恩厚賞，此次何敢豫邀重賚，請將現賞銀兩仍留公處，以備凱旋車費等語。官兵所過地方，凡車馬等項，一切動支公帑，絲毫不以累民，猶恐沿途運送供役，不無稍資民力，是以疊經降旨，優加賞賚，務期閭閻普被實惠。在小民深明大義，感奮出於至誠。但以中州士民如此淳良足尚，乃施恩所及，竟以曲從其請而不令均霑，豈此等服勞之赤子可以不蒙閏澤，而國家格外之仁，轉得為不知感激奉公者所濫邀乎：所有此次賞給河南省銀十萬兩，仍著遵照前旨行。該撫其董率所屬，實力妥辦，毋任胥役等少有侵蝕中飽，副朕軫念黎元至意。仍將此通諭知之。（高宗八二八、三一）

（5）乾隆朝第二次金川軍事兵差

（乾隆三七、一、丙辰）諭軍機大臣等：勒爾謹奏，預備京兵馬騾，現飭各州縣俱令受雇之戶，各在本家餧養，聽其自行使用，俟京兵有信，分別程途遠近，按起依期赴站，不至有誤等語。所辦甚是。此項預備馬騾，雖已加恩令照例給與半價，不致少有苦累，但與其在官得半價守候，究不若受雇之戶自行餧養使用得全價，於伊等生計更為有益。況陝省如此籌辦妥協，則川省距京更遠，自當仿照行之；即河南省情形大概相同，亦當一體照辦。惟直隸與京城近接，雖與河南以下地方，難以一例而論，但就該省之中，道里亦有遠近之殊。其遠處協濟車馬，或以一經散歸，臨時難以剋期而集，固不得不先為部署。若各州縣附近本境購覓者，程途並非懸隔，即需用時呼應甚靈，何妨通融酌辦，俾奉公之中兼收便民之益。且京兵行止尚難預定，即使必須分撥起程，直隸得信，約計總可在四五日之前，斷不至倉猝貽誤。著傳諭周元理，令就各州縣中量其地方遠近，分別妥議，善爲經理。再，從前降旨令各省酌給半價，除陝省之外，如直隸、河南等處，當已通行曉諭，各雇戶亦莫不聞知，其中如有已經到站守候、應給半價者，此時即須暫行遣回，亦不必再行扣繳，致滋紛擾。倘地方不肖書役人等，有從中高下其手者，尤當悉心稽察，毋任別生弊端。將此傳諭何煟、周元理、李本悉心妥議具奏。勒爾謹原摺，並即鈔寄閱看。并諭勒爾謹知之。尋直隸總督周元理奏：直隸預備赴川京兵車輛，良鄉、清苑、正定、順德四大站，每站設車五百，未奉旨前，因京兵行止未定，車輛集候，給價糜費，已將距京稍遠之正定、順德每站祇留車二百五十，餘半遣回。茲酌於良鄉留車二百五十，清苑留一百五十，正定、順德每站於現留車數內，再酌遣回正定車一百三十、順德車一百五十。仍飭承辦各地方官稽查，祇准近地攬載，不得遠出，致調取誤期。如軍務報捷，不調京兵，即令各歸本業。所有遣回車半價，俱截至各站奉文日止，其到站已給之價，遵旨免繳。吏役藉索車戶者，查究。得旨：嘉獎。河南巡撫何煟奏：河南應備京兵車輛，雖經飭屬雇齊，因與直隸聲息相通，即兵行有期，車亦易集，並未先調赴站，亦無應扣之價。四川布政使李本奏：川省距京遠而近軍營，兵行事宜較他省易於措置。所有應備京兵騾馬，雖按數妥派，並未預令到站。再由棧道出口外，路俱狹窄，兵行，以少便利，如果需發京兵，請將定數二千，分八起赴川。均報聞。（高宗九〇一、五）

（乾隆三七、六、壬申）諭：昨歲進勦小金川以來，一切軍行儲偫，俱支官帑，絲毫不累閭閻，而糧運轉輸，不無稍資民力。今春曾降旨，將官兵經過之各州縣所有本年錢糧，先行緩徵，俟凱旋後分別等第加恩。今兩路軍營，現在分兵進討，務爲擣穴擒渠之計。小民轉運兵糧，頗爲急公出力，若於軍務告蕆後，始行加恩，未免尚需時日，朕心深爲軫念。著阿爾泰查照前此平定金川之例，即行查明酌定等第，具摺奏聞，分別蠲免。其蠲剩緩徵之項，並予展限，俾編氓早霑實惠，副朕獎勞優卹至意。（高宗九一〇、八）

（乾隆三七、九、丙申）諭軍機大臣等：南路自雅州至打箭鑪，西路由灌縣至桃關，各站均係內地，所需夫役，自當於經由之地雇覓應用，或間遇偏僻小邑，亦宜附近幫雇協濟，則小民執役，不致過勞，購募亦易。即番夷地界，隨處可雇烏拉，並不必藉資寫遠。今據劉秉恬、文綬等奏，糧運章程，竟是軍需局按照闔省州縣，均勻通派，依程定限，選役管押赴站。所辦殊未允協。又請定以三月更換一次。是遠道之人，前撥甫經到站，後撥又將起程，僕僕道途，殆無虛日，尤爲非計。且因偶一用兵，而令通省百姓疲於奔走，亦非所以體朕惠愛閭閻之意，於事斷不可行。著傳諭文綬等另行妥籌良法，定議奏聞。尋文綬等奏：臣等再三籌議，如就經由之地不敷雇用，應令軍需局酌定附近地方協助。其窵遠州縣，如楚滇連界處，有願效子來之義者，亦應酌量幫貼，以均勞逸。并飭該管道府，嚴禁胥役侵蝕之弊。至三個月一更換之處，係照從前進勦金川之例，第爲期太促，僕僕道途，誠爲非計，請酌中定以五個月一換。其西路軍營及曾頭溝等處，俟確查妥酌，照南路畫一辦理。得旨：如所議行。（高宗九一六、九）

（乾隆三七、九、壬子）又諭：川省現在辦理軍務，一切餽送轉輸，皆由内地雇用民夫執役，所有西路站夫運糧章程，尚屬妥協。其南路日給銀米，雖已寬裕，第此路食物較昂，伊等負戴遠行，僅堪果腹，不免衣履無資，情殊可憫。著加恩照從前進勦金川之例，給與回空口糧，打箭鑪以内，每日折銀五分，打箭鑪以外，每日折銀八分，俾伊等口食更得寬餘，輓運自倍加出力。文綬其嚴飭所屬覈實經理，務令均霑實惠。（高宗九一七、一〇）

（乾隆三八、一、辛亥）又諭：現在大軍分路進勦，深入賊境，各路夫役，在後續運軍糧，接濟最關緊要，必須供備齊全，不致臨時貽誤，於事方爲有益。著傳諭劉秉恬，將各路應需夫役，上緊多餘寬備，以資要用。但所雇夫役，向來多有脱逃者，不可不加意整頓。伊等既受值雇用，即係在官之人，並非白用其力，若竟敢於逃避，以致糧運稽延，與玩誤軍務無異，即當查出倡首一二人，照逃兵例，以軍法從事，庶足懲一儆百。並令温福等一體留心，如有逃竄誤公夫役，即查出，從重辦理，庶人知畏法，不敢效尤。尋劉秉恬奏：奉到諭旨，當即刊刻曉示，并飭各路關隘及原籍地方詳加盤詰，如獲倡首之人，審明正法。至站員專司站務，站夫私逃，即其經理不善，應行參究。倘有將工價口糧剋扣，以致站夫逃散者，其罪較甚，亦應以軍法從事。内地州縣，侵漁夫價，無論得贓多寡，亦照此辦理。得旨：好。實力行之。（高宗九二五、一〇）

（乾隆三八、三、甲辰）又諭：現在官兵，分路進勦金川，……運糧人夫一事，最爲緊要。從前阿爾泰初辦時，茫無定見，既將遠道民夫亦同派往，致愚氓憚於遠涉，接踵逃亡，甚至因而派及里下，尤非朕子愛元元之意。曾屢降諭旨，令各妥協籌辦，究未知經理若何。即如逃夫一節，如果受雇在官，按例給價，並非白用民力，此而敢於逃匿誤公，自當懲之以法。倘係地方官辦理不善，或奸胥蠹役從中侵扣雇值，致令長途奔走，饑餒困乏，不得已而中路潛逃，其咎又不專在民，即查明舞弊官役，盡法嚴治。日前劉秉恬曾奏及此，已如所請。但劉秉恬現在軍營，派夫乃内地爲政，自當責成於富勒渾。川省辦理軍需，一切皆官爲給發，從不肯絲毫擾及閭閻，而輓遇之勞，自不能不稍資民力，既已予之雇值，又復蠲緩頻施，民非無良，豈有不知感奮自効者。今在站之夫，或有逃匿，已交劉秉恬等隨時嚴切查拏，自可漸知守分畏法。至於各屬撥用人夫時，富勒渾當留心體察，若有不肖官吏或擬派不均，或藉端科斂，致鄉愚情不能堪，釀成事釁，所關匪淺。且川省向有嘓匪一種，最爲不法。設或經理失當，使此輩乘隙妄爲，尚復成何事體。今邊徼軍務未竣，內地尤宜加意撫輯，倘不實心察吏，致民情稍不寧帖，惟於富勒渾是問。恐彼不能當其咎也。（高宗九二八、二五）

（乾隆三八、五、丁丑）諭軍機大臣等：據富勒渾奏，酆都縣民蔣正中、吳捷元等商同捏詞阻撓軍務，現在獲犯審擬一摺，情節甚屬可惡。大兵征勦金川以來，一切供億儲糈，皆官爲經理，絲毫不以累民；至於輓運軍糧，雖不無稍資民力，特於例給口糧之外，加給回空口糧，復疊次加恩蠲緩，所以優卹之者，無微不至，並非若前代之徒資力役、科派閭閻者可比。百姓具有人心，自無不感發天良，急公趨勢。乃奸民蔣正中、吳捷元等竟敢捏稱諭旨，哄騙鄉愚，倡率阻撓撥夫，圖斂錢入己，藐抗已極，自應盡法懲創，以儆刁頑。國家不得已而用兵，原以綏邊境而安黎庶，小民服勞執役，分所當然。其善良之踴躍奉公者，固宜加以體卹；而不法之徒，造言撓梗，必當立正典刑，俾知儆惕，斷不可稍存姑息。所有起意爲首之蔣正中、吳捷元二犯，審明之日，著即一面正法示衆，一面奏聞。其餘四犯，亦即從重定擬，趕入本年秋審情實，以示炯戒。著將此遇軍報之便，傳諭富勒渾知之。（高宗九三五、一二）

（乾隆三八、六、壬子）諭：現在派調京兵二千及吉林黑龍江兵二千，赴川省軍營應用。一切經過地方，停頓供億，俱動用公帑，官爲辦理，絲毫不累閭閻，而輓運負任之勞，不能不稍藉民力。朕每念百姓等之誠心奉公，深可嘉尚，屢示優卹，新正曾加恩將川省官兵經過各聽州縣本年額徵錢糧，俱緩至乾隆三十九年帶徵，其分辦夫糧、未經過兵地方，蠲剩應帶之項，亦展至三十九年再行帶徵。此次京兵過境，用宜再沛渥恩。著將川省乾隆三十九年額徵錢糧，均再緩至次年帶徵，俾黎庶益臻寬裕。至陝、甘過兵各州縣，亦經降旨，於本年新賦內，分別緩徵。著再加恩，將已緩五分者全予緩徵，四分者加緩八分，三分者加緩六分，仍按照分數多寡，一體酌分年限帶徵。其直隸、河南二省京兵經過地方，並著加恩將本年應徵錢糧，酌緩十分之五，令得一體均霑。再，邇年辦軍務以來，小民趨事急公，共知踴躍無誤，足見人具天良，倍宜愛惜。第恐不肖有司及奸胥蠹役，藉辦差爲由，妄以無名之項加派侵肥，凌以官勢，使萬姓奉上之忱，轉受墨吏滋擾之累，不可不實力查辦，以安善良。著各該督撫留心嚴行查察，設有藉端累民之弊，立即據實嚴參。審明時，無論官吏，即於該處正法示衆，毋得稍爲姑息。倘督撫等懼干失察處分，意存徇庇迴護，經朕另有訪聞，或別經發覺，查訊確實，惟該督撫是問。著將此即行通諭知之。（高宗九三七、二五）

（**乾隆三八、七、丙戌**）軍機大臣等議覆：署四川總督、湖廣總督文綬奏稱，吉林、西安、荆州駐防兵前赴軍營，需馬甚多，而川省馬不敷，且往來馳送，爲日甚長，恐勞傷倒斃，辦理不無竭蹶。已飭各屬，除多雇民馬應用外，再寬備人夫。倘站馬不敷，將行李用夫擡送，替出陝騾，湊給兵乘騎。其官員等長馬，應照川例實給，約需購馬一千數百等語。查陝省騾頭，本係雇向民間，抵成都後，自應以夫替騾，俾得回家收養。至帶領滿兵官員，若照川省舊例按品給馬，運供草料，轉多繁費，自應酌量折給馬價。設或所需馬在途疲瘦，應行備換，川省不及購辦，應將前留成都之荆州駐防兵騎馱原馬一千五百，通融備用，交與該督，遵照前奉諭旨及臣等原議酌量妥辦。從之。（高宗九三九、六一）

（**乾隆三八、八、戊申**）諭：據陳輝祖奏，此次沿站居民，聞官兵經過運送軍械等項，咸争先來站受雇。如宜昌、巴東一路，人烟稀少，其旁近之恩施、宣恩、建始等縣民夫，亦多自行趨集，軍行偶有遺失行裝，隨路趕送交收等語。此誠佳事。該省上年過兵地方，本年新正曾經加恩緩徵，今沿站旁近各縣民夫，俱能踴躍急公，各效子來之誼，自宜並沛恩膏，用昭獎勸。著該署督查明恩施、宣恩、建始三縣，量予緩徵十分之幾，奏聞請旨。再，直隸、河南、陝、甘、雲、貴等省，兵行經過各州縣，節經降旨加恩，分別緩徵：其沿站旁近之州縣民夫，如有協助辦差出力者，並著該督撫一體查明具奏，候朕酌量加恩，以普一視同仁之意。該部即遵諭行。尋陳輝祖奏：此次沿站民夫，除恩施、宣恩、建始三縣協助巴東一路外，又有鶴峰、長陽、長樂、興山四州縣民夫協助東湖歸州一路，内宣恩、興山二縣本非過兵之地，本年錢糧，業已全完，應將次年錢糧酌緩十分之五。其恩施、建始、鶴峰、長陽、長樂五州縣，因前次施南、衛昌二協營兵經由，本年錢糧業予緩徵，但各民夫於本處出力，復能協助鄰封，其次年錢糧，應再緩十分之三。得旨：如所議行。（高宗九四一、二二）

（**乾隆三八、九、丁丑**）諭：前因京兵等赴川，經過直省各州縣地方，小民趨事赴公，俱屬踴躍，曾經降旨加恩，緩徵錢糧十分之五，以示體卹。其吉林索倫等兵進口時，經由八溝等七廳州縣，不在前旨緩徵之列，雖兵數止有四千,先後共止八起,比良鄉等站,過兵較少,但同屬兵行經過地方,民力亦不無勞勩,並宜加恩優卹。著加恩將八溝、塔子溝、遷安、遵化、薊州、三河、通州等七廳州縣本年應徵錢糧,緩徵十分之三,俾得均霑渥澤。該部即遵諭行。(高宗九四三、二二)

（**乾隆**三八、一一、**己巳**）諭:前據陳輝祖奏,此次辦理兵差,旁近之恩施、建始等縣民夫,俱各急公協助,特降旨令該署督查明,酌量加恩,並諭過兵各直省,一體據實奏聞。茲據圖思德奏,黔省節次派調徵兵,並運送軍裝火藥硝勔等項,如平遠州民協助大定府、平越府民協助平越縣最爲出力,其次貴陽府民協助貴築縣、鎮遠府民協助鎮遠縣,亦屬爭先出力等語。該府州縣民夫,於軍行之際,各知急公大義,甚可嘉尚,著加恩將各該府州縣地丁錢糧及改徵米石,著該撫查照過兵地方緩徵之數,分別量予緩徵十分之幾,奏聞請旨,用昭獎勸。該部即遵諭行。(高宗九四六、二〇)

（**乾隆**三八、一二、**丙申**）又諭:據郝碩、劉秉恬奏,先准文綬札稱,因西路糧石雖裕,夫力不敷,飭令軍需局趕雇夫二千名,前往美諾;並經白瀛告稱,現已有一百名到營者。近又見富勒渾摺稿內稱,此項雇派人夫,徒滋紛擾糜費,已移咨文綬飭令停止。但後路人夫尚慮不能敷用,若將二千名停止,保無貽誤,且已俱領過雇價,日給口糧,一時亦難追出。現復行知文綬、富勒渾無庸停止等語。所奏甚是。軍營後路舊存之夫,既多抽撥各處,則正資續雇以濟急需,況既已接踵在途,豈可又令中道遣散?而雇價口糧,並皆領給,即令停止,其勢亦斷無從追繳。若以上年所雇之夫,到站多不齊全,是以恐蹈前轍,不知事在人爲,豈得因前此辦理不善,此次遂因噎廢食,置之不辦乎?(高宗九四八、二四)

（**乾隆**三八、一二、**丁未**）諭:前據陳輝祖奏,此次辦理兵差旁近地方,民夫運送軍裝火藥等項,俱各急公協助,特降旨令過兵各直省督撫,一體據實查奏。嗣據圖思德奏,黔省所屬之平遠州及平越、貴陽、鎮远三府民人,均爲出力,因令該撫將各該府州縣地丁錢糧及改徵米石,量予緩徵十分之幾,分別奏聞。茲據奏,平越府民協助平越縣,平遠州民協助大定府,差務較多,最爲出力,應請緩徵十分之二,貴陽府民協助貴築縣,鎮遠府民協助鎮遠縣,差務較次,請緩徵十分之一等語。著照該撫所請,分別加恩緩徵,以昭獎勸。如本年錢糧米石業已全完,即著於次年應徵項內,照數緩徵。該撫其董率所屬,悉心妥辦,毋致吏胥滋弊,以副朕體卹民勞至意。該部即遵諭行。(高宗九四九、一七)

（**乾隆**三九、二、**己丑**）辦理糧餉三等侍衛桂林奏:南路軍糧,現據糧員稟報，除運供奎林一路及各山梁官兵支食外，已積有二千三四百石，人夫約有一千三四百名，足敷分運。其換班人夫，陸續解到者，約五百餘名，俱盡數先撥大營應用；其續到之夫，照數截留，以補從前撥調之數。再查自章谷至軍營路徑，多有應用渡船之處，所需工匠物料及應添水手，臣已覆明數目，徑行承辦州縣，趕解應用；俟物料到齊，即飭上緊修造。得旨：嘉獎。（高宗九五二、一二）

（**乾隆三九、二、丙午**）又諭：站夫換班一節，前此原屬權宜籌辦，不應竟成常例。且此等人夫，作何更換之法，亦未明悉。或雇備兩班，輪替更換，則用夫萬名，已須備夫二萬，而甫回復往，仍不免僕僕為勞，若派往一次，不復再往，則雇覓之數更多，以一隅用兵，而累及全省民力，更屬不成事體。該省現在作何辦理，未據奏及，著文綬即行查明具奏。但今各路官兵，所向克捷，可望剋日奏功；而站夫運糧，係久經辦定章程，此時難以更改，第須經理得宜。或口外可以添雇蠻人男婦，亦可省內地站夫之力，於事甚為有益。著傳諭文綬，即行據實奏覆。尋奏：站夫更換之法，原非派定兩班輪用，前因民夫久役思歸，奏准五月更替。應換時，該地方隨時起夫上站，其中或有前次人夫，受雇再往，均出本人情願。且邊地衝途，前已分別全免、減半，而遠地又有就近代雇之條，自不至累及全省。查小民得值贍家，或站所較近，水土平和，該管官善為撫馭，即可令其久安。現飭各站員曉諭，如有五個月外情願留站供役者，即報知原籍地方官，將該夫應得雇價，先期辦解給領。至添雇蠻人男婦之處，已飭各路司道就該處情形查辦，如能按數供役，即將原派民夫抵扣。報聞。（高宗九五三、一三）

（**乾隆三九、四、甲辰**）督理糧餉四川總督富勒渾、浙江布政使郝碩奏：前准署督臣文綬酌定夫數，應增應減，令臣等覆定。查薩拉、大板昭、黃草坪、梭洛栢古、谷噶、拉穆、登古七站，自梭洛栢古外，山勢陡險，多有不能按站安臺之處。統計西北兩路軍糧，每日約需四百餘石，自汶川至薩拉各站，米石本係長短兼行，除楸砥一路供運西北兩路軍糧、應安夫八百名外，餘站只需六百名足用。惟商米俱係長運大板昭交收，而大板昭以前各站，均仗滾運之米，每日糧運及軍火等項雜差，每站應安夫千名，庶足資輓運。再自薩拉至登古各站，在在與賊境相通，應於原定額夫內各選精壯民夫一百名，演習器械，護守巡邏，益徵嚴密。其瑪爾當至明郭宗八站，軍糧軍火，並經運完裁徹，內惟布郎郭宗一站，為提臣長清駐劄之處，需留站官一員、長夫二百名，分送防兵口糧；美諾為提臣王進泰駐劄之所，需留站官一員、長夫二百名，分送防兵口糧，並轉運僧格宗軍糧。其自大邑坪至美諾各站，每站舊設夫一百名,應將兩站並一站,派站官一員兼管。再如大兵攻克勒烏圍,尚須於登古之外,酌量添站,若再直抵噶拉依賊巢,計程又須加增三四站,並經備用人夫,即可隨時添設。目下楸砥糧運暢行,即使三路官兵合集,足供支發,而所餘馬匹,留養大板昭,將來添設馬臺,亦無庸另行調撥。得旨:嘉獎。(高宗九五七、一八)

(乾隆三九、九、乙亥) 又諭:川省自征勦金川用兵以來,一切供頓,俱係動撥帑金,至運送軍糧,需用夫役口糧,亦俱給以安家口糧等項,而跋涉負戴,究不免稍資民力。該處群黎,咸知踴躍奉公,深可嘉尚。是以疊次加恩,將乾隆四十年以前該省應徵錢糧,分別緩帶。今大功指日告成,官軍正當乘勝采入之際,糧運軍儲,加緊越運,所需夫役倍多,朕心深為軫念。所有川省節年已經緩徵錢糧,此時雖暫緩催科,將來仍須如數完納,民力不無拮据,允宜更沛渥恩,用昭優卹。著該督等,即將川省辦差出夫各屬乾隆三十九年以前已緩錢糧內,仍分別差務繁簡多寡,或應全行蠲免,或量予蠲免一半及酌減十分之幾,速行妥議覆奏,候朕降旨加恩,俾閭閻勤於趨事,生計益得寬舒。其番民有認納夷賦銀米貢馬者,均著一體查明辦理,以副朕加惠勞民有加無已至意。其四十年分緩徵錢糧,統俟大功奏捷時,候朕另降恩旨。該部遵諭速行。(高宗九六七、四一)

(乾隆三九、一〇、辛丑) 諭:據文綬奏,川省軍需,前經奏准仿照楚省章程,一切採辦輓運民間自相幫貼之費,先於司庫酌借,仍即催解歸款。現應按限完繳等語。川省百姓,踴躍奉公,趨事恐後,甚屬可嘉。目下大功將成,尤應多方體卹。所有川省民間借用官項,准俟軍務告竣,再行收納歸款,以紓民力。該部即遵諭行。(高宗九六九、二一)

(乾隆四〇、二、丁未) [是月] 辦理糧餉浙江布政使郝碩奏:內地州縣,向來解送口外各站里夫,均係按糧照派,每站數百名及千名不等。但州縣派夫時,有里夫不願出口,私行雇替,或押差夫頭,於本地起解時,聽其存留,沿途冒支空夫口糧,一到本站,託詞在途逃走,或臨期雇募客夫,冒名充點,解到時不能如數。現飭各州縣,嗣後起解人夫,查明實在里夫,始准派撥,並責成押差夫頭管解出口,沿途各站支領口糧,亦須按冊點名,倘到本站點收時,人夫逃散至二成以上者,將該押差夫頭枷示,所有沿途支過口糧,並著落本籍州縣官照數賠補。得旨:是。知道了。(高宗九七七、二三)

(乾隆四一、一、癸未) 軍機大臣等議准:辦理糧餉浙江布政使郝碩奏稱,自上年以來,大兵所向克捷,軍營各路,小民已視若蕩平,商賈云集。各站缺額里夫,多雇募客夫頂補,計背給與口糧工價,空日不給。查各站額夫，自數百名及千餘名不等，原係軍需局指定州縣派解，而遠處州縣，亦有將解費交各站代雇應役，更有原派實夫到站，病故逃亡，各站隨時募補。此等皆與客夫無異，其空日口糧應扣除。一路如此，南北兩路情形略同，並請交督臣富勒渾、文綬及總辦軍需大臣等覈實辦理。從之。（高宗一〇〇〇、三五）

(6) 其他兵差

（**康熙三五、九、丁丑**）諭大學士阿蘭泰、尚書馬齊：前令右衛兵丁馬匹，分牧大同、宣化兩處。右衛近大同，將馬遠解宣化，不若在大同爲便。但若在大同一處喂養，恐累小民。著侍郎阿爾拜前去，與監牧內大臣酌量，於附近州縣分養，務給實價，毋苦百姓。（聖祖一七六、一五）

（**乾隆三、一一、壬申**）戶部議准：甘肅巡撫元展成疏言，平涼府屬額徵糧石，運供固原兵糧，緣相去道途過遠，花戶苦於轉運，每石願交腳價錢三百文，官爲轉運。請嗣後徵銀壹錢，令該州縣運送，不敷，在司庫公用銀內撥給。從之。（高宗八一、一八）

（**乾隆二四、二**）［是月，陞任甘肅巡撫吳達善］又奏：河東、河西，上年偏災，甘民素鮮蓋藏，鄉堡中罕能自備秄種者，業經通飭各屬，如倉貯充裕，以本色借給，否則折色出借。至軍興雇用民車，農隙赴官領運，原資腳價，以沾餘潤，若春耕失時，終歲無望。現飭鄉民牛車應役者悉放歸，其運送兵糧軍械，專用糧臺原安騾車，如不敷，再酌雇商車協運。得旨：嘉獎。（高宗五八一、三七）

（**乾隆三三、二、乙酉**）又諭曰：良卿奏請將恩賞銀十萬兩，暫存藩庫，候大兵凱旋支給一摺。所辦非是。此項恩賞銀兩，或酌量留爲凱旋之用，仍係軍機大臣前議，至現在，正有續派兵行之事，則地方正須撥用，豈得復泥前說。且續派之諭，先經傳寄良卿，共同日另摺內已聲明奉到，何以尚爲膠柱鼓瑟之奏，殊不可解。良卿前此奏請挑選兵丁子弟，以備防守調撥一摺，所見甚爲當理，朕即降旨嘉獎。若本日所奏，則大爲拘牽失當，甚乖事理之宜。總之諸臣之是非功過，彼此自難相掩，朕亦從不稍存成見也。良卿著傳旨申飭，仍將此詳悉諭之，令其知所勉勵。（高宗八〇五、二七）

（**乾隆五二、一一、乙丑**）又諭：本年閩省勦捕逆匪，所有添調各省官兵經過地方，一切軍需供應，俱經發帑支給，絲毫不以累及閭閻。惟是運送糧餉軍械等務，間亦酌用民力，雖給與口糧腳價，而該處民夫急公嚮義，無不踴躍從事，實堪嘉尚，自宜特沛渥恩，以示優恤。除漳、泉二府本年被旱歉收，曾經降旨加恩，令該督等查明緩徵，並台灣府屬本年及五十三年應徵錢糧,概行豁免外;仍著李侍堯等,將福建通省承辦軍務各州縣所有官兵經過地方,就其差務繁簡、出力輕重,查明應如何酌量加恩分別蠲緩之處,詳細覈定,迅速奏聞,候朕另降恩旨。(高宗一二九二、六)

(乾隆六〇、九、壬戌) 又諭曰:孫士毅等奏廓爾喀軍需副銷民欠各款,請分年完繳一摺。此係大事,頭緒亦多,已批交該部詳議矣。但摺內稱,民間幫貼人夫,尚欠銀八十九萬七千餘兩,俱於應存項下墊支,應行歸款等語。此事不妥。歷年辦理軍務,所有運送糧石軍火腳價,及繩索包裹各件,無不動支帑項,從未有一草一木派及民間之事,此必係辦理軍需官員,為浮冒開銷、藉端派累地步。六十年來,朕於河工海塘軍旅及蠲賑等事,所費國帑不下億萬,豈肯因此些微軍務,任令地方官累及閭閻之理。此語大奇駭聽。著傳諭孫士毅等,將民欠一節詳悉查明,據實具奏,毋任矇混干咎。該部亦詳查向有類此事奏銷否。(高宗一四八六、五四)

(乾隆六〇、九、乙丑) 諭:昨孫士毅奏廓爾喀軍需各款內,有民間幫貼一項,隨交該部詳查向來有類此奏銷與否。茲據軍機大臣查奏,上次平定金川案內,即有里民自行幫貼一款,係為資給加價加賞及回空口糧之用。此次進勦廓爾喀,口內口外安設漢番各站,里民等以募夫衝寒遠涉,請照金川用夫之例,情願自行幫貼等語。國家百數十年以來,除地丁正賦錢糧而外,並無加賦力役之徵,即節次辦理軍務,所有運送糧石軍火腳價等項,無不動用正項帑金,從未有一草一木派及閭閻之事。此必係從前辦理軍需局員濫行給與,分肥霑潤,又慮無處開銷,設為此等名目,以便浮冒派累地步。若云里民情願幫貼,即當輸供恐後,何以復有民欠,尤不可信。朕於蠲賑及河工海塘等事,所費國帑億萬,從無靳惜,即前此徵勦金川豁免之項,亦不下千餘萬。豈肯因此些微軍務,任令地方官累及窮簷之理。所有此次辦理廓爾喀軍需項下民欠銀八十九萬餘兩,即著該部行文孫士毅,於承辦之督撫司道及局員名下攤賠。如果不能,朕加恩酌免未嘗不可,毋得再向里民徵收。該署督接奉此旨,即遍貼謄黃,俾家喻戶曉。如有不肖州縣胥役,仍行私自徵取者,一經查出,加倍治罪。嗣後並永行禁止,以示朕體恤小民覈實軍儲至意。(高宗一四八七、三)

(乾隆六〇、一一、庚午) 諭軍機大臣曰:孫士毅奏查明廓爾喀軍需案內,里民未完津貼銀兩一摺。內稱,各士民等,情願以口內安居樂業之人幫貼口外人夫,係為鄉誼起見等語。此奏不實。口外漠蠻人夫,原有例給口糧工價,各士民等,誼敦桑梓,於官給雇費外,情願出銀津貼,安得有如此良民。但津貼銀兩,如果出自士民樂輸,自必剋期完繳,以與民矣,何以日久懸欠至八十九萬餘兩之多。且從來辦理金川、廓爾喀軍需，覈算不下萬萬帑金，絲毫不以累及閭閻，尚何藉里民等出銀幫助。況里民等，當軍興之際，如係分應派辦之事，即當親出己力前往，若無需伊等出力之處，即不得藉端勒派分文，何致復有津貼名色。明係不肖地方官吏等，將此項雇價私行侵蝕肥橐，又假名津貼，向民間科派銀兩，遂至日久懸欠。而孫士毅爲其所愚，據以入奏，殊不足信。除民欠攤賠銀兩，俟孫士毅查明應賠各員分股開單奏到，再行覈辦外，著傳諭孫士毅詳細訪查此項津貼銀兩究係如何勒派，地方官有無侵蝕雇價、復行科斂之處，據實登答，無任屬員蒙混。（高宗一四九一、一四）

（嘉慶七、三、辛卯） 諭內閣：前因勒保奏川省各州縣民人，誼切同仇，情願續輸津貼銀兩，以備賞需之用，甚屬急公可嘉。當即降旨，令勒保查照上年恩旨，再將應徵地丁錢糧，奏請分別蠲免。該省民人倡議續捐之時，勒保若先行具奏請旨，朕必不允所奏。因民人等業已續捐，自不得不俯如所請。現據勒保覆奏，辦理津貼各州縣，分別銀數多寡，並蠲免分數，開列清單進呈。著照單開各屬所有此次捐輸津貼銀兩較多之溫江、新繁、郫、灌、彭、崇寧、崇慶、什邡、仁壽、安、綿竹、宜賓、富順、南溪、永川、江津、榮昌、綦江、南川、銅梁、大足、璧山、三臺、中江、遂寧、樂至、安岳、眉、犍爲、榮、威遠、大邑、瀘等三十三州縣，著加恩蠲免地丁十分之三；其華陽、簡、漢、資、內江、資陽、井研、慶符、長寧、高、筠連、興文、屏山、敍永、巴、射洪、鹽亭、蓬溪、彭山、丹棱、青神、樂山、峩眉、洪雅、夾江、邛、蒲江、合江、江安、雅安、天全、名山、榮經等三十三廳州縣，著加恩蠲免地丁十分之二；成都、雙流、金堂、新都、綿、德陽、馬邊、珙、隆昌、永寧、新津、合、酉陽、秀山、黔江、彭水、石砫、江油、渠、彰明、營山、蘆山、岳池、鹽源、會理等二十五廳州縣，著加恩蠲免地丁十分之一，以示獎勵。單併發至川省辦理軍務，經朕節次頒發帑銀，源源接濟，原可無藉民力，現在大功將次告蕆，一切善後需用之項，均屬充裕。除此次續輸津貼銀兩業已加恩分別蠲免外，嗣後該省民人無庸復請捐輸，並不得再有津貼名目。該督應飭令地方官一體凜遵，毋得藉端滋擾。（仁宗九六、九）

2. 河工　城工

（順治七、七、乙卯） 攝政王諭：京城建都年久，地污水鹹，春秋冬三季猶可居止，至於夏月，溽暑難堪，但念京城乃歷代都會之地，營建匪易，不可遷移。稽之遼、金、元，曾於邊外上都等城，爲夏日避暑之地，予思若倣前代造建大城，恐靡費錢糧，重累百姓，今擬止建小城一座，以便往來避暑，庶幾易於成工，不至苦民，所需錢糧，官民人等，宜協心併力，以襄厥事。除每年舊額錢糧外，特爲造城新增錢糧，加派於直隸、山西、浙江九省等處地方：直隸二十四萬四千二百四十四兩九錢，山西三十三萬二千六百一十三兩九錢，浙江三十萬六千七百四十五兩四錢，山東二十九萬九千六百三十七兩一錢，江南五十九萬五千七百七十四兩九錢，河南一十七萬二百八十七兩三錢，湖廣九萬九千三百八十八兩三錢，江西二十二萬八十二兩八錢，陝西二十三萬一千二十五兩四錢。此項錢糧，從見在當差人丁額徵地畝內增派，該管督、撫、司、道、府、州、縣官，宜協力催徵，作速起解。此城所用錢糧，惟恐苦累百姓，損之又損，於數縮而不浮。凡官吏書役人等，若有額外需索罔利作弊者，一經查出，加以重罪。該地方督撫嚴察禁諭。此外有官民人等，好義急公情願捐助者，聽其自便。其捐錢糧，有能親自解京者，任其自解，不能親解者，可將姓名籍貫並所助錢糧數目詳細開載，投送工部，其錢糧交該管督撫解送。該督撫仍備造捐助姓名、籍貫、錢糧數目文册具奏。捐助之人，酌量恩敘。著該部作速傳諭各省，一體遵奉施行。（世祖四九、一一）

（順治八、二、辛卯） 諭戶部：邊外築城避暑，甚屬無用，且加派錢糧，民尤苦累。此工程著即停止。其因築城加派錢糧，朕本欲已徵者發還百姓，未徵者即行停徵。但恐姦污官吏並催錢糧人等不體朕意，欺罔小民，將已徵者竟入私囊，未徵者仍行催比，著姑照原派徵完，查照完過數目，開除八年正額錢糧。如地方官將已完錢糧不入正數，許赴該督撫處告理，督撫據實題參，從重治罪。如督撫不爲查行，即來京赴部告理。其各官吏士庶捐助銀兩，已解未解及既經奉旨者，俱著照數查收，該部將姓名記册，酌量議敘。嗣後捐助俱免。（世祖五三、一七）

（康熙二七、一二、戊午） 工部議覆：管理下河戶部侍郎開音布疏言，開濬下河工程，需用役夫甚衆，請於高郵等十一州縣內，各派夫一千名，即有酌量添設，不得過二萬之數。其從前在工官員，諳練河務者，請選用五十員，以供指臂。應如所請。從之。（聖祖一三八、一九）

（康熙二九、一二、丁卯） 工部議覆：山東巡撫佛倫、河道總督王新命會題，河道關係重大，前以沿河州縣僉夫苦累，將額編工食銀兩徵解河員，募夫應役。查河官無地方專司，僱夫恐致逃散，有誤挑濬，請仍令州縣僱夫解交。如有私派勒索包攬等情，糾參治罪。應如所請。從之。（聖祖一四九、

二五)

(**康熙三四、四、庚子**) 户部題：天津開河工程，行文附近州縣，夫派定限挑濬。得旨：若行文各州縣定限派夫，必至苦累民間，著停止行文，即發與僱價，令天津等處僱民挑濬。如此，則公事告成，而窮民亦可資以度日矣。(聖祖一六六、一六)

(**康熙三七、三、乙酉**) 工部議覆：河道總督董安國疏言，工科給事中屠粹忠條奏寬免歲修民夫。查黃、運兩河險汛甚多，若將民夫豁免，專責河兵，必致貽誤。今酌量減免民夫一千八百五十名。應如所奏。從之。(聖祖一八七、一八)

(**雍正一、一、丙申**) 總理事務王大臣議覆：河南布政使護理巡撫事牟欽元摺奏，豫省開封府以南各州縣，歲獲豐收，惟河北之衛輝、彰德、懷慶三府，自前歲黃河決口，田被水佔，不得耕種，加以堵築工程，小民輸運物料，自百里以至數百里，供應頗力，而現在涸出之田，苦無籽種，不免乏食之虞。請動藩庫銀二萬兩，分行賑給，并將本年分錢糧及歷年舊欠暫行緩徵。應如所請。從之。(世宗三、三九)

(**雍正一、一、庚戌**) 又諭：運道淺阻，舊例撥派民夫挑淺濟運。朕思東省連年薄收，百姓困苦，未必堪此重役。將來流亡日多，民生日蹙，深爲可憫。古人救荒之策，有大興役以濟民食者，不若竟動正項錢糧，僱募民夫，給以工食挑濬運河，則應僱既多，散者復聚。民資工食，稍延殘喘，民心鼓舞，工程易就，運道早通，於興役之中即寓賑濟之意，莫便於此。已有旨命佟吉圖署理按察使，速赴河南，與總河齊蘇勒商定，回任料理運道。俟其到日，爾可與公同竭力料理，務使小民得霑實惠。(世宗三、五三)

(**雍正二、閏四、己亥**) 諭兩江總督查弼納、署江蘇巡撫何天培、河道總督齊蘇勒、漕運總督張大有等：京口一帶運河，爲南北漕運咽喉，歷年以來，挑濬淤淺，皆係丹徒、丹陽兩縣百姓派辦，工役物料，俱出民間，殊屬偏累。此運河乃杭、嘉、湖、蘇、松、常六郡共濟之河，而獨累兩邑之民，其何以堪。朕深爲軫念。今後須確估每年經費，悉心會商，或令地方官支用地丁錢糧，或令河員專司其事，於河帑內動支開銷，無致累民。更聞六郡向有協濟之例，抑或共襄工費以濟運道，爾等確議奏聞，以副朕愛惜黎元之至意。(世宗一九、一八)

(**雍正二、五、甲辰**) 諭河南巡撫石文焯等：有人條奏，河南河工買草辦運及搶工夫役，州縣均派累里民。覽之不勝駭異。朕如此推心置腹任用爾等，凡有累民之舉，概令據實入告，而爾等竟若罔聞，政令乖方一至於此，

朕亦無可諭爾等也。石文焯、嵇曾筠、田文鏡同看。(世宗二〇、三)

（**乾隆一、三、乙未**）免浙江紹興府五縣民修隄岸工程。諭曰：朕聞浙江紹興府屬山陰、會稽、蕭山、餘姚、上虞五縣，有沿江沿海隄岸工程，向係附近里民，按照田畝，派費修築，而地棍衙役，於中包攬分肥，用少報多，甚爲民累。嗣經督臣李衛檄行府縣定議，每畝捐錢二文至五文不等，合計五縣共捐錢二千九百六十餘千，計值銀三千餘兩，民累較前減輕，而胥吏等，仍不免有借端苛索之事。朕以愛養百姓爲心，欲使閭閻毫無科擾，著將按畝派錢之例即行停止。其隄岸工程，遇有應修段落，著地方大員委員確估，於存公項內動支銀兩興修，報部覈銷。永著爲例。(高宗一四、二)

（**乾隆一、五、乙未**）諭總理事務王大臣：朕惟撫安百姓，必先嚴察胥吏，而修築工程之地，弊端尤多，關係更屬緊要。聞直隸永定河，每夏秋間，時有衝決，修築隄岸，夫役物料，不能不取辦於民間。胥吏朋比作奸，其人工物料價值，肆意中飽，毫無忌憚。且將物料令民運送工所，往返動經百里，或數十里不等，腳價俱係自備。種種擾累，吾民其何以堪。嗣後河工諸臣與協辦河務州縣官，皆宜實心籌畫，嚴行稽察，無論歲修搶修，凡民夫物料應給價值，務照實數給發，不得聽任胥吏絲毫扣尅，以致貽累百姓。如有漫不經心、仍蹈前轍者，或經朕訪聞，或被人題參，必從重處分。(高宗一八、一)

（**乾隆五、七、戊子**）諭軍機大臣等：朕聞直隸興修水利開濬河道，如河間一府所屬地方，差委河員，俱不妥協。向例每逢閒月，聽貧民盡數到工執役，若農忙之時，即有緊要工程，大率三丁抽一，其餘任其耕種。今則一概拘令到工，指稱欽工，不許違誤，以致百姓有妨農作。又，所發工食，多有扣尅，不能照例給與，民間頗有怨言。地方有司，以爲此係河員專司之事，不肯置問，小民無可告訴。此朕得之風聞者，爾等可遇便寄信與孫嘉淦，令其留心確查，將實在情形具摺陳奏。(高宗一二三、八)

（**乾隆二七、一、己未**）諭：上年徐垣奏，黔省新開南明河，徒勞無益，請行停止一摺。伊以在黔身經之事，至調任湖北後奏請，未免取巧卸責。然所奏自屬公論，即降旨交吳達善秉公查復。今據勘明復奏，該處多係峭壁，一線河流，洶湧直瀉，現在巨石滿河，船不能行。地方官押令苗民，終年負運，荒廢農功，甚爲苦累。請將巡撫周人驥及委勘之古州兵備道四十七、混請歲修之貴陽府知府胡邦祐，交部嚴加議處等語。周人驥、四十七、胡邦祐俱著嚴加議處。封疆大吏經理地方河運事宜，即始議籌畫未周，工程難以興舉，自應據實奏明改正，本無大咎，若以通省官民兼累之事，而固執己見，始終迴護遂非,則其居心行事,大不可問。況該省地屬苗疆,現在邊圉永靖之時,苗人雖有苦累,亦爲安分隱忍。然巡撫竟漠然聽其屈抑而不顧,尚能識安撫之義乎? 周人驥前在浙江獲罪,復經朕棄瑕録用,自當益加奮勉,實心圖報;乃逞其剛愎之見,有心文過若此,不可復留巡撫之任。周人驥,著來京候旨。古州道四十七,係委勘大員,惟知迎合慾懟,不惜地方勞費,深爲溺職。貴陽府知府胡邦祐迎合上司,不卹民瘼,俱著解任來京。其餘承勘、承修、承運各員,均著交部查明分别議處。共開河糜費各項銀兩,俱著於各該員及該管各上司名下,照例按數分賠。至徐垣雖屬取巧,但此事究由伊舉發,姑從寬免其交部。貴州巡撫員缺,著喬光烈補授。輔德著補授河南布政使。其按察使員缺,著郭一裕補授。(高宗六五三、一〇)

(乾隆二七、一二)[是月]河東河道總督張師載奏:豫省黄河兩岸,向來各照佃户多寡,認夫防隄,第經胥役派撥,往往有田之户,坐享無事,無力之民,重疊差擾。現在飭令各州縣,查明離工二里以内,有田人户五十畝出夫一名,按畝遞加,其田在五十畝以内、離工二里以外者,不得科派。豫先傳集各户,開造清册,註明有田若干、出夫若干,送廳汛存案。不必拘定入伏上工、霜降放回之例,總於伏秋汛内,一遇水漲,隄上鳴鑼號召,鄉夫齊集,分堡駐防,俟水落,即令散歸。得旨:亦在汝及道員不時查察耳。如此立法,即謂能去弊,可乎?(高宗六七七、二二)

(乾隆二九、三、壬戌)又諭曰:葉存仁等參奏署濟寧州知州陶淳,借工漁利,折收夫價,致差役毆斃民人一摺。該州以辦理民修水利工程,濫行科派折價,自肥囊橐,情甚可惡,非尋常婪索劣員可比。陶淳著革職,交與該督撫等將案内款犯即嚴行鞫訊,定擬之日,一面即將陶淳拏繳刑部治罪,以昭懲創。(高宗七〇六、一七)

(乾隆三〇、一二)[是月]河南巡撫阿思哈奏:河工料物,前經奏准,官代民辦,事竣徵還,民間甚便。恐行之日久,小民視爲官事,失代辦本意。嗣後應令該地方官公舉正直紳士耆老,同委員辦理。得旨:嘉獎。(高宗七五一、一九)

(乾隆三一、七、己卯)工部等部議復:福建巡撫暫留湖南巡撫李因培奏稱,常德府武陵縣護城隄工,本年五月被水衝缺二十四處。城西得勝宫、城東半邊街,均與大溜直對,最爲緊要。半邊街向係石工,應仍用石築砌。得勝宫一應土隄,不及捍禦,應改下石上土。其餘土隄單薄之處,量行增加高厚。惟費繁工鉅,民力不支,應請動項興舉,照乾隆十七年湘陰縣護城石隄修築之例,於地丁銀内勤撥。其工程可以稍緩,及原隄單薄易於補築者,

仍聽民間分段興修等語。均應如所請。從之。(高宗七六四、一四)

(乾隆三一、九)［是月］湖南巡撫常鈞奏：常德府隄垸衝損，奉旨官爲修建。臣于查勘隄工時，據各隄民焚香環籲，咸稱此次衝損之處過多，工費浩大，若全係官帑辦理，自問難安。懇請凡零星缺口工程，仍係民間修築。即堤工過大之處，鄉民亦願出夫幫修，照民間每年自修工價，賞給一半，已足敷日食。臣見各隄民等情詞懇切，出于至誠，已批准辦理。得旨：好。此所謂斯民三代之直也。(高宗七六九、二三)

(乾隆三二、三)［是月］山東巡撫崔應階奏：東省武定府屬，逼近海濱，地多窪下，每遇伏秋汛漲，汶河及沙趙二河水，灌注運河，往往宣洩不及，全恃東岸之大清河及徒駭、馬頰二河分流入海。大清河現在深通，徒、馬二河，自聊城、博平、河頭至霑化、海豐入海之處，各長五百餘里，均已逐段挑濬。惟徒駭上游，河面俱寬百餘丈及六七十丈不等；獨至霑化將次入海之處，自小牟家莊起至齊家圈止，計五十餘里，地形獨高，河身過窄，僅十二三丈，且曲折紆回，掣消未能迅速。若逐段開挖，需費過多；又河身太曲，即挑濬仍難暢達。查壩上莊東北，有舊時漫口一道，極爲徑直，長二十五里，寬自二十餘丈至四五十丈不等，若開挑寬深，即可兩路分洩。惟民地洩水，非運河可比，祇應勸民用力；而工程稍鉅，又值積歉之後，請照河工開挑引河例，每土一方，准賞食米銀八分一釐。又，武定府城西北，有八方泊，上承臨邑、德平、商河、惠民、陽信各處坡水。泊之東北，爲古鈞盤河，由海豐之石橋莊入海，久成湮廢。每遇伏秋霖雨，泊水東下，河身不能容納，水勢倒漾旁溢，急宜開濬。俟再加查勘後，如夫工有限，即勸用民力挑修，倘經費浩繁，臣仍另行據實請旨。得旨：甚好，如所議行。(高宗七八一、三一)

(乾隆三四、四、甲子) 諭軍機大臣等：據步軍統領衙門奏，湖南武岡州民人鄧寬容呈控伊兄鄧寬宥因該州修城，有蠹書舞弊派累鄉民之事，具控督撫，批交該州審理，轉將伊兄鄧寬宥以瘋病監禁等語，請解交湖廣督臣審訊一摺。各省修理城工，俱係動用公帑，豈可絲毫派累閭閻。若武岡州果有借修城名色，縱令書役苛派擾民，該督撫既據州民控訴，即應徹底根查，據實參奏；何得仍發本州審訊，致將原告拘禁。果如所控情節，吏治尚可問乎？或鄧寬宥另有他事被繫，而鄧寬容捏詞誣控，刁風亦不可不儆。即交總督吳達善秉公嚴審，務令水落石出。……原摺著鈔寄閱看，仍將審明緣由迅速奏聞。(高宗八三二、一六)

(乾隆三四、八、丁巳) 又諭曰：吳達善查奏武岡州民人鄧寬容控告，該州修城，有蠹書舞弊，派累鄉民等事，及審官將伊兄鄧寬宥以瘋疾監禁一案，現在究有端緒，請將原任知州席芬及現任知府席芭等革審等語。席芬、席芭、周凝光、英德，俱著革職，呂律，著革去舉人，交與該督一併嚴審確情，定擬具奏。至歷任承審之州縣府道等官，既經鄧寬容屢次呈控，並不實力研審究出實情，轉以素無瘋疾之鄧寬宥捏稱狂病完結，顢頇了事，深屬外省瞻徇惡習。並著吳達善一併查明參奏，交部嚴加議處。（高宗八四〇、九）

（**乾隆三五、六、庚寅**）諭軍機大臣等：據文綬奏，查勘興安舊城被水情形一摺，已明降諭旨，令該撫酌量撫卹妥協籌辦矣。興安舊城北枕漢江，猝遇暴漲，易遭衝刷。現經勸諭居民就高阜處所，酌量遷徙，而民情安土重遷，圖戀臨江貿易，籲請添築各隄，以資堵禦。此亦閭閻恆情所應有，但築隄既專為捍衛民居，便其居貨經營之計，理應民間自行修理。況其中如白龍隄身及老官廟西隄各工，歷來本係民修，則將來一切加築隄工，原屬事同一例。惟此時甫經江水漫溢，民力未免拮据，勢難遽令出貲辦理。著傳諭該撫，揀派妥員勘估，動帑興修。所有用過銀數，度量民力，分限十年內外，按數攤扣清還。該撫務須悉心董率承修監修各員，實力妥辦。不得因官借民償之項，稍有疏忽，致吏胥侵漁中飽，轉滋弊端。仍一面將估修銀數，確覆具摺奏聞。（高宗八六三、二）

（**乾隆三八、一一、甲申**）［是月，署河東河道總督姚立德］又奏：各汛挑河額夫，歲給工食，長年力作。惟當冬月，挑工既多，勢須添雇幫辦。約計冬季工食，僅敷轉雇之需，實為拮据。請於道庫閒款內，暫行按名酌借挑資，仍於來歲應給工食內，分作四季扣還，並請嗣後如遇土［工？］多之年，照此辦理。得旨：嘉獎。（高宗九四七、二七）

（**乾隆四二、二、丙寅**）［是月］陝甘巡撫畢沅奏：黃河水勢至朝邑縣之上新莊北岸，正當旋轉之處，一經漫溢，即抵縣城。查城北舊有東西長隄一道，創始雍正七年，動撥民夫夯築，乾隆十七年復按田出夫，修築完固，今年久坍塌，道址僅存，以致三十八年猝被水患，自應速籌修築。上年凱旋事竣，又值年豐，臣等正在勘估籌辦，該處士民，不待勸諭，同聲籲請照往例按田出夫，分段修築。已於本年二月初三日興工，約計四月初間可竣。報聞。（高宗一〇二七、二五）

（**乾隆四二、五、丙子**）諭軍機大臣等：據福隆安奏鑾儀衛校尉高雲亭，代固安縣民孫自孝等謀充校尉，冀免縣差，高雲亭隨得孫自孝小錢五十四串，分給校尉白福、楊得貴各二十串，將應繳廢照貼改孫自孝名字，蔑法取利，請交刑部審擬一摺，已交部辦理矣。國家正賦，丁歸於地，並無力役之徵，並嚴禁科派里下。即遇有公事，應用夫役，亦皆給以工價雇用，此外更無應派差徭，何致小民圖免本縣當差，出貲謀充校尉。且孫自孝願出小錢五十餘串，必其平日在縣所派之差，費用尚多於此，故欲避重就輕。一縣如此，他縣自必相等。是各州縣派累之弊，未能盡除。著傳諭周元理，即速查明固安縣向來派差之事若何，並通查各屬是否相仿，據實覆奏，毋稍徇飾。尋奏：固安縣有河四道，汛前撥夫挑濬，係居民自保之計，例不給費。又，秋冬時，防隄、支更、守柵，輪換出夫，辦理已久。此外無科派差務。校尉係內府効力人役，與紳士例免差徭。得旨：這所奏情節，該部知道。（高宗一○三二、二一）

（乾隆四九、六、壬寅）諭：據蘭第錫奏到黃河水勢工程平穩一摺，內稱沿河州縣，向派民夫在隄守望，現在查看祥符、陳留二縣未能齊全，其舊隄兩旁柳行空隙之處，陳留縣民人間有侵種耕犁，不無損礙柳株，當即飭縣撥夫上隄嚴禁侵耕，以重河防等語。豫省河工遇伏秋大汛，向來各州縣派撥民夫上隄守望，原為慎重河防，保護民生起見；至隄旁隙地栽種柳株，嚴禁附近民人侵耕礙柳，亦係保護隄工，久經飭禁之條，蘭第錫所奏自屬河工正辦。但本年豫省河北各州縣雨澤較稀，而陳留一縣比各處得雨又遲，經朕節次傳諭何裕城確查戶口，加意撫恤，量給口糧籽種。該處民人現在趕種秋糧，希圖廣收地力，其不能多人上隄守望，及略侵種隄根情事，尚屬可諒。除祥符一縣著蘭第錫、何裕城仍飭該縣撥夫上隄守望外，所有陳留縣濱河地方業經侵種之處，著無庸查禁，聽其收穫。其站隄護工民夫，亦不必責令齊全。但止准今年如此，嗣後不得援以為例。朕於編氓生計，無時不廑於懷，偶遇州縣薄歉之區，雖有河防要工，亦必曲體民情，酌為變通，以期閭閻得資口食，無使一夫失所。此旨及朕批閱蘭第錫摺，著交行在九卿、在京大學士九卿閱看，並著蘭第錫、何裕城遵辦。（高宗一二○九、五）

（乾隆五一、三、辛酉）軍機大臣等議准：河南巡撫畢沅奏稱，豫省河工購料，向係沿河州縣發價民買運交。嗣經前撫阿思哈奏准動款官辦，稽一勒民貼運費錢一文，即在沿河州縣地糧內徵還。乾隆四十三年後，黃河屢溢，添險工十三處，前糧銀一兩，徵運費六十九文，今則幾及銀三錢，盡歸沿河州縣攤徵，未免偏重。且各屬連年歉收，正項錢糧，既經緩徵，工料幫費，不得不於司庫墊濟。計自四十四年至五十年，各屬民欠運費銀共六十八萬餘兩，若仍照舊攤徵，積累愈重，請於通省各屬分六年徵還。嗣後此項幫費，並於通省各屬按糧勻徵。從之。（高宗一二五一、二）

（嘉慶四、六、辛卯）諭內閣：戶部議駁吳璥等奏請攤徵河工楷料運費銀兩一摺，部駁甚是。著依議行。河工需用物料價值，例有正項開銷，豈容輕議加增。況自睢汛大工合龍穩固後，並無搶險之事，不過歲修常辦工程。乃該督等率以籌備幫價爲詞，於地糧內，按年攤徵銀十四五萬兩，使豫省羣黎均受其累，爲民上者，豈忍出此。雖所稱酌添運費，每秸一斤祇係五毫，而一經州縣吏胥之手，則層層加派，所徵必不止於此數，且議加之後，不能復減，非暫時借資民力，竟永遠累及閭閻矣。在吳璥等之意，爲病官起見，而不知病民實甚。乾隆五十七年，穆和藺會爲此奏，彼時欽奉皇考諭旨，以每年常辦之工，率議增添，年復一年，伊於何底。朘小民之脂膏，爲不肖官吏影射侵漁地步。特將穆和藺及前任初議踵行各巡撫，一併嚴加議處。聖諭煌煌，至爲明切。豫省豈無檔案可稽，而竟敢踵爲此奏乎。朕向聞河工積弊，有濫用不能開銷之款，往往借他項彌縫，該督之奏請加增運費，大約不出乎此。倭什布係首倡此議，吳璥前在藩司任內，曾經會議會詳；吳熊光甫經抵任，不加詳察，與吳璥聯銜具奏，均有應得之咎，著部嚴加議處。（仁宗四六、一九）

　　（嘉慶一一、一二、丁酉）又諭：工部覆議吳敬等會奏擬增秸麻土方幫價及酌籌津貼一摺，所議是。河工歲辦穀麻，向無幫價，今查明原定例價，實屬不敷。所有歲麻一項，著准其照例價加增一倍採買報銷，以歸覈實。至河工歲料幫價銀兩，入於地糧攤徵，久經裁革，豫省屢次堵築漫工，所用幫價，准令分年攤徵，原以事非恒有，按年攤完，小民尚可息肩，已屬不得已之舉。今該督等，擬以歲增幫價，豫省每年以三十萬兩爲額，通省攤徵；東省每年以三萬五千兩爲額，於兗、沂、曹、濟四府州屬攤徵。豫省睢工幫價銀兩，本年甫經徵完，衡工幫價銀七百餘萬兩，於明年始行啓徵，今再加以歲料幫價，每年加徵銀三十萬兩；山東兗、沂等屬，亦歲加徵銀三萬餘兩，是小民於常賦之外，歲有攤徵，永定爲額，與加賦何異。此非病民而何。吳璥等率行奏請，實屬謬誤。豫省所請攤徵銀數較多，吳璥、馬慧裕，著交部嚴加議處。東省所請攤徵銀數較少，長齡著交部議處。（仁宗一七二、三〇）

　　（嘉慶二五、六、丁亥）諭軍機大臣等：張文浩等奏會勘沁河隄工請借項修築一摺。豫省河工，北岸倍要於南岸，而沁、黃交匯處，近年尤爲險要。茲據張文浩等會勘沁河兩岸隄工及攔黃民埝，卑缺處所甚多。現距大汛爲日無幾，工限緊迫，止能擇要興修。著照所請，准其借帑修辦。工竣後，于懷慶府屬各縣地糧內，俟前數案攤徵完竣之日，接續攤徵，分作五年歸款。該河督等即當督率工員，趕緊辦理，限于大汛前一律完竣。仍嚴密稽查，務令修築堅實。其現在估修各段之外，雖因大汛前不及施工，至大汛經臨時，亦應飭令該道廳等一律周密防護，毋稍疏虞。再，黃河南北兩岸，分段設立文武工員，專司防汛。其所管境內有工處所，固應慎重保護，即無工處所，亦當一律防範。河形溜勢，遷徙無常，歷來漫口多在無工之處，皆因汛官平時大意，視為無關緊要，一經大溜奔趨，遂至措手不及。該河督等當通飭防汛各員弁，隨時隨處周遍巡查，務保萬全。將此諭令知之。（仁宗三七二、一）

3. 其他差徭雜派

（順治一、七、甲寅）順天巡按柳寅東陳民間疾苦二事：一、驛遞累民，近畿為最。法莫善於按地派銀，召募給養，莫不善於按地派差。貧富俱困，請速議徵銀召募，俾小民得以息肩。一、解京錢糧，頭緒紛雜，擾累滋多；有一縣正額三千餘兩而起解分四十餘項者；有一項錢糧止一兩六七錢而解費至二三十兩者。請總計各款，分四季解府，彙解戶部，俾免賠累。下戶、兵二部酌議。（世祖六、二三）

（順治二、一二、乙酉）順天府密雲縣民鄭守和等奏言：密雲山僻，疊遭兵荒，流離遷徙，寥寥數千小民，已供加派餵馬鷹手糧料四千石，今又追完元、二兩年民間舊欠豆石，勢難措辦。祈敕免徵，民命攸賴。得旨：加派召買等糧，著該撫按確察具奏。地方官職在安民，凡下情難達者，即與題請，毋得壅蔽，致小民自行叩閽。（世祖二二、三）

（康熙四、三、甲午）工部題：孝陵裝載石料需用車輛，派取北直三省已經三年，雖朝廷給車騾之價，而民間不無賠累，應照福陵、昭陵運石車輛之例，臣部雇覓，永行停派。從之。（聖祖一四、二三）

（康熙四、四、丁丑）安徽巡撫張朝珍疏言：凡印官清丈地畝，弓正等隨之者甚眾，凡供應造冊繪圖等費，俱出之里民，大縣約費千餘金。以臣屬計之，其費不下數萬，臣屬賦役，每年足額，素無土地不清之弊，即如蘇、松未經清丈之前，錢糧亦有完無欠。是丈量實無關於國課也。倘蒙停止清丈，即可省天下金錢百萬矣。下部議。（聖祖一五、六）

（康熙六、三、壬辰）兵部議覆：南贛巡撫林天擎疏參河南河北總兵官蔡祿，自閩赴任，攜帶官兵眷屬四千一百餘名，經長汀、上杭二縣，沿途索夫擡送，騷擾地方。請將蔡祿處分。但在赦前，相應免議。得旨：總兵官赴任家口，應用夫役，爾部理應限定數目，因未定數目，致地方官私派擾民及該總兵濫行收用。此皆爾部未加明晰之故。本當一併議處，既在赦前，姑從寬免。以後此等應用夫役，仍著酌量定數具題，勿復濫行給發，致累小民。

(聖祖二一、一五)

（**康熙六、一〇、癸酉**）兵部議覆：廣東巡撫王來任疏言，靖藩自廣東移鎮福建，需用夫船，欠給里民銀兩，應動府州縣見貯庫銀照數給發。得旨：夫役如係見在應用，自應給與見銀雇覓，靖藩移鎮，已經數年，今將貯庫銀兩給與，恐百姓不霑實惠。著將爾部見今議給之庫銀給驛傳用，以抵應徵民間驛站銀兩。這所抵錢糧，著曉諭民間。(聖祖二四、八)

（**康熙一一、二、丙午**）召赤城同知胡之睿問地方百姓生理。胡之睿奏曰：此地人民淳樸，雖不富饒，然各務耕種，秋成所得，除供賦外，尚可餬口。上曰：太皇太后幸湯泉，去冬修路，及收買草料、木炭等物，皆用民夫，想甚勞苦，朕心大爲不忍，爾在地方，若有所見，可據實陳奏，勿有所隱。(聖祖三八、一五)

（**康熙一七、一一、庚戌**）諭內閣學士噶爾圖、屯泰曰：遵化所屬，有附近湯泉之婁子山、袁格莊、啓新莊、石家莊、梁家莊。此五莊供辦徭役，其一年地丁錢糧俱令蠲免，如今歲已經徵收，准於來歲蠲免。至鮎魚關城內外居民七十一家，免其一年正供外，仍每戶賜銀二兩，爾等從戶部支取，親閱分給。所蠲錢糧，令州官即徧諭婁子山等莊及鮎魚關居民，務使均霑實惠。(聖祖七八、五)

（**康熙二〇、一一、辛酉**）上諭大學士明珠曰：朕頃駐固安、任邱，聞戶部官員將各州縣均派草豆，甚爲擾民，工部向民間私借柴炭，亦多擾累，又聞部院各官，借稱預備差遣，傳集窮民，跟隨苦累，俱宜嚴禁。每次巡幸騷擾百姓者，多係部院各官，可傳諭嚴飭，以後毋得再蹈前轍。(聖祖九八、一五)

（**康熙二二、四、丙子**）戶部議覆：奉天府府尹高爾位疏言，奉、錦二府所屬二州七縣，供應南北二十餘站草豆，地方窵遠，有一邑而供應二、三、四、五站者。一站民夫十數名，伺侯草豆，不能分身南畝。況遼、海、蓋三州縣離鳳凰城甚遠，南陸站無一民居，又非州縣所屬之界，州縣官不能分身供應驛站。請仍照舊例，令各驛站供應。應不准行。得旨：各省往來文移，俱由舖遞傳送，奉天等處亦應照例遞送。如有緊要事情，該衙門應給火牌。其因私入京借稱傳送公文，經過驛站，供應到京，又支草料，糜費甚多，且擾累驛站。作何嚴禁更定，著確議具奏。(聖祖一〇九、三)

（**康熙二二、九、戊子**）上途次遇村民負米豆等物，詢之，云備臨幸之用。隨傳諭學士阿蘭泰曰：太皇太后駕臨五臺，一切應用之物，皆出內帑豫備，原無絲毫取給小民。此所備物件，何處應用，可察明具奏。隨詢五臺知縣趙繼晉及村民等，皆云五臺地方偏僻，恐太皇太后駕到，物用不敷，故給價小民，令豫備以待用，原非出於科派。上曰：因公事豫備，可免究處。但云知縣曾經給價，未可深信。今一切物用，內廷既備，此後太皇太后駕到，俱不必再行齎送。可傳諭直隸、山西沿途官民知之。（聖祖一一二、一四）

（康熙三七、一、壬寅）湖廣總督李輝祖、河南巡撫李國亮、雲南巡撫石文晟、浙江巡撫張敏陛辭。上諭之曰：……朕巡幸浙江、江南、陝西、山西等處，百姓利病，俱所深知。山陝地瘠，地方官略加朘削，情即顯露。然州縣之私派，皆由督、撫、布、按科派所致，若止在州縣官，則所害者不過一州一縣，巡撫與布政使通同妄行，則合省俱受其害矣。此等人，朕斷不姑容，爾等識之。（聖祖一八七、六）

（雍正一、六、丙子）諭領侍衛內大臣等：奉天地方，乃我國家啓祥之所，甚屬緊要。朕前詣奉天，聞地方人言論，悉知兵丁差役煩多，不能休息之處，曾降諭旨，令將軍唐保住，將無用塘哨，悉行撤退。而將軍、副都統於定額親隨兵丁之外，多帶百餘人，省城官員，又各帶其子弟，因而屬員效尤，各多帶兵丁，以致應差乏人，兵丁仍多勞苦。又於鎗手中，以選擇熟練之人爲名，每城調取二三十人田獵。夫省城相隔遙遠，往返人馬俱疲。再自山海關以至廣寧皇莊頭三百有奇，止交筆帖式、領催等微末人員駐劄中後所，催徵錢糧，辦理事務，以致交結匪類，糶賣官糧，漁利入己。且自中前所，至錦州、義州、廣寧等處，相隔二三百里，詞訟案內干連之莊頭，地方官調取，抗不赴審，即使到案，亦抗不遵行，以至案內干連之人，每多苦累。再人命案件，呈報地方官之後，雖相距數百里，亦必俟筆帖式、領催檢驗，炎暑日久，難以憑信，則百方檢驗，慘不可言。朕之所聞如此。從前雖每年派卿員前往管轄莊頭，因不實心辦理，於地方並無裨益。應遣大臣一員，駐劄於寧遠、錦州、大凌河等地方，令其料理一應公務，管轄里長獵戶，遇有詞訟事件，會同地方官審結。此所遣官員，應令駐翻何處，著領侍衛內大臣等、兵部、內務府總管，公同詳議具奏。（世宗八、一八）

（雍正一、一〇、辛亥）諭兵部：驛站關繫重大，經朕屢加嚴諭，然其聞積弊難以盡詰，有在官之累，有在民之累。如直隸、山西等省差徭更爲浩繁，雖驛馬足數，亦供應不敷。乃內而兵部，外而驛道，於給發馬匹時，官吏通情受賄，往往所給浮於勘合之數。且行李輜重，皆令驛卒乘馬背負，多至八九人不等，所到州縣，以見馬換馬向有舊例，不敢詰問，至督撫提鎮經過之處，更惟命是從。嗣後照勘合之外，有敢多給一夫一馬者，許前途州縣即據實揭報都察院，以聽糾參。如甲縣容情不揭，而被乙縣揭報者，並甲縣一併治罪。其督撫提鎭騷擾驛遞者，皆照此例，庶少甦在官之累。至若河南、山東諸省，離京稍遠，謂耳目易欺，每驛額設馬匹，不過十存三四，其草料工食，仍照舊例開銷，且逐年詳報倒斃，侵蝕補買之價。差使一至，則照里科派，將民間耕種牲口強遣當差，令其自備物料跟隨守候，種種累民，尤屬不法。著該地方督撫將所有驛站徹底清查，缺額者勒限買補。至派借民間牲口，尤當勒石永禁，違者即從重治罪。(世宗一二、七)

（**雍正五、一〇、庚子**）刑部議覆：山西太原府理事通判常安條奏，驛站馬夫、驛夫外，又有館夫一項，併各衙門額設燈夫，請盡行裁革，以免科派，應如所請。從之。(世宗六二、二三)

（**雍正七、一一、丁丑**）戶部議覆：翰林院編修吳應棻條奏，州縣民壯，多寡不一，多者五十名，少者三十名，因各省司道府廳等官，每於州縣壯丁內，派撥爲隨身健丁，以致衝繁之地，不敷差遣。嗣後請將衝要州縣之民壯，停其派撥，其簡僻之處，照舊派撥。應如所請。從之。(世宗八八、一〇)

（**乾隆五、三**）[是月]河南巡撫雅爾圖奏：現在豫民之累，如上司經臨過往，或州縣公事下鄉，一切夫馬草料，皆令鄉保供應，非苦累被事之家，即科派村鎭之內，閭閻殊苦滋擾。再如使用工匠夫役，向有當官名色，每日止給以飯食之資，令其供役，縱堪糊口，何以養家。……再驛站草料，派令承應，僅給半價，復用大斗大秤收量，家人經承，更加需索，小民含怨莫伸。……種種耗民，難以枚舉，現在力行釐剔次第禁革。得旨：所辦甚屬妥協，須行之以實而要之以久，則將來必大有起色矣。(高宗一一三、一六)

（**乾隆九、七**）[是月]甘肅巡撫黃廷桂奏：……據各番民控土司楊沖霄縱容頭目科派勒索等情，隨會同督臣慶復質訊後，將此案土奸分別懲治外，其土司每歲所收土民錢物，原係養廉之需，請嗣後量定其數，交納地方官，勒石曉諭，俾各遵守。得旨：此等事，視之雖細，而辦理不妥往往釀成禍端。愼爲之。(高宗二二一、三八)

（**乾隆二五、七、戊申**）山東道御史丁田樹奏：我朝自丁糧歸於地畝，凡有差徭及辦理軍需，必按程日給價，併計守候回空，格外優恤，無所謂力役之徵。近日州縣衙門，每於上司迎送，同寅往來，以及搬運私物，輒出票封拏車船，奸役藉票勒派。計所發官價，不及時價之半，而守候回空，概置不問，以致商賈裹足，物價騰貴。請嚴飭各州縣，嗣後除承辦大差及委運官物，許其豫備車船酌給官價外，餘照市價覓雇，不許出票封拏，違者從重參處。得旨：所奏甚是。著照所請行。(高宗六一六、七)

（**乾隆二七、一二、壬辰**）兵部等部議覆：漕運總督楊錫紱奏稱，湖廣漕運俱由各衛守備僉丁,如荆州、荆左、荆右、沔陽四衛係以湖北丁運湖南糧,衛備不親出運,僉丁遂多草率。再,湖南三幫內,有四號旗丁,由武昌左衛僉定,亦係隔省,運丁每致脫逃。請嗣後各衛如有逃丁,將原僉衛守備,向例降一級調用,改為降二級調用,不准抵銷,旗丁潛逃,除再犯三犯分別軍絞外。其初次逃丁,從重杖一百,枷號一個月,面刺逃丁二字,應如所請。從之。(高宗六七六、八)

(**乾隆三〇、五、甲辰**)諭:前因烏什之事,朕以回人斷無無故作亂之理,必係彼處大臣官員等將伊等苦累不堪,致啟釁端,因交明瑞查奏。嗣據明瑞等將納世通平素妄自尊大,於辦事人員過為寵信等款陸續奏聞。今柏琨又將納世通在喀什噶爾從前帶領回人行圍,并主事烏爾袞任意勒索回人,毆罵伯克種種劣跡查奏。各城駐劄辦事大臣,俱身受朕恩,為一城統領大員,自應潔己率屬,安撫回眾。即偶爾行圍,藉以操練官兵,原屬可行,但只應帶內地兵丁。至於回人,俱以耕種為生,乃常派其出圍,以致伊等廢時失業,有是理乎?曾見內地大臣有帶領農民行圍者乎?實屬悖謬不堪。……若不重治其罪,何以示懲?是以降旨交明瑞、阿桂等,將納世通、卞塔海治罪外,併將烏爾治等審明定罪。著傳諭各城辦事大臣,嗣後各宜守身潔己,善視伯克,一切事務,秉公辦理。屬下人員,嚴加約束,毋令擾累回眾。以納世通為炯戒,著通行曉諭知之。(高宗七三七、二一)

(**乾隆六〇、六、丁未**)駐藏辦事大臣松筠奏:聶拉木、宗喀、濟嚨及沿邊一帶番民貧苦,俱係達賴喇嘛所屬,自應輕其賦稅。臣因閱邊,沿途面詢此數處百姓,並稱每年應納錢糧之外,尚有別項折色,而濟嚨番民賦稅尤重。前此曾向達賴喇嘛言及番民窮苦情形,據云如查有苦累之處,即應隨時調劑。臣因向邊民等諭以達賴喇嘛之意,每年止令交納正項錢糧,其餘概行豁免。其聶拉木百姓錢糧過重,已量為減額。尚有沿邊各處番民,賦納皆屬較重,概行查減。再,途次有番民稟訴,每年達賴喇嘛商上及大寺廟差人赴聶拉木等處貿易者,俱係邊地百姓應付烏拉。隨出示嚴諭,嗣後此項貿易者,所需烏拉、人夫,俱著發價雇用。其唐古忒各世家及達賴喇嘛親屬人等,概不准私用烏拉。再,查前藏所屬番民,每年差派雜役煩多,除邊遠游牧者,尚無從攤派,其餘種地番民,一年交納各項錢糧外,每戶另出銀,幫貼夫費。此項差役,係灑掃布達拉等處寺院及秋季豆草交廟上應用,實屬苦累。查廟上日需之草束,原有百姓一年所交折色銀一萬兩,應用尚有贏餘,儘可雇募應役,其格外苛派,概請嚴禁。得旨:覽奏俱悉。(高宗一四八一、一八)

(**嘉慶一一、五、丙辰**)諭軍機大臣等:本日刑部議駁衰行簡審擬深州民人古從仁呈控書役藉端索詐一摺，已依議行矣。詳閱此案情節，古從仁因田夫貴以秋差並未撥車，係兵書等串通舞弊等語向告，因而氣忿上控。是田夫貴實爲此案要證，必須將該犯提訊明確，方成信讞。乃裘行簡以田夫貴患病不到，遽將古從仁坐以誣罪，已不足以服原告之心，且民人鶩越赴京，如所控不實，例應從嚴問擬。該署督又以事出有因，曲爲開脫，僅擬以杖責完結。看來裘行簡辦理此案，不免意存遷就，化大爲小，復蹈外省積習矣。著仍交裘行簡再將田夫貴提到，訊明所控虛實，與各犯證質問明確，另行秉公定擬具奏。至直省承辦差務，所需船隻車輛，或偶向民間雇用，自屬勢所不免。但地方官果能平給價值，毫無剋扣，而胥吏等亦不致有藉端索詐等事，則小民同一營生，方將趨赴不暇，何至多方賄脫，控案纍纍。裘行簡摺內猶稱，各處士民渥被厚澤深仁，踴躍輸承，毫無異議。朕非好諛之主，言之無益。且連日拏到船戶等賄囑投充各案，訊明皆由差派繁多，冀免封拏之故。是該省派累閭閻，其大略已可想見。該署督身任封圻，官民皆其統屬，總當一秉大公勿存偏徇之見，遇有不肖官吏，一經查察，立即參辦示懲，務俾小民樂於趨功、得免擾累，方爲妥善。將此諭令知之。（仁宗一六〇、一一）

（嘉慶一四、一一、丙寅）諭軍機大臣等：吉綸等會議運漕車輛章程一摺，其議覆嚴防守候，禁止勒賠及實發紅封等款，俱著照所議辦理。惟派雇車輛一款，所議殊未妥協。官運漕糧，原應自雇車輛，即因地處偏僻，分派里下，總當均匀輪派，以紓民力。以德平一縣，運漕之車，每年祇需七百輛，以闔縣地畝覈算，分爲中、東、西三路，三年一輪，則小民一年供役，尚有二年休息，其本年不應出車之路，比戶周知，里胥保正，斷不能影射簽派。若如吉綸等所議，仍照舊一年一運，是里民年年供役，竟無輪息之期。且亦無須如許車輛，不過仍留爲不肖官吏賣放地步。至所云東鄉連西鄉之糧，易滋貽誤。此言尤屬錯謬。漕糧徵收在廠，至運赴水次時，車輛隨到隨運，豈必定於何鄉之車運何鄉之米。此事該州縣總視爲利藪，不顧苦累閭閻。該撫等亦並未詳細籌畫，率行定議，不自覺其言之矛盾。著吉綸等另行妥議具奏，不得沿習積弊，因循含混。（仁宗二二〇、二五）

三、衿紳勢豪侵蝕規避

（一）額定錢糧侵蝕規避

（順治三、四、壬寅）諭戶部：運屬鼎新，法當革故。前朝宗姓，已比齊民；舊日鄉紳，豈容冒濫。聞直隸及各省地方在籍文武未經本朝錄用者，仍以向來品級名色，擅用新頒帽頂束帶，交結官府，武斷鄉曲，冒免徭賦，累害小民，甚至貲郎粟監，動以見朝赴監爲名，妄言復用，藐玩有司，不當差役。且有閩、廣、蜀、滇等處地方見任僞官，阻兵抗順，而父兄子弟，仍依恃紳衿，肆行無忌。種種不法，蠹國殃民，深爲可恨。自今諭示之後，將前代鄉官監生名色，盡行革去，一應地丁錢糧、雜汛差役，與民一體均當，朦朧冒免者，治以重罪。該管官徇私故縱者，定行連坐。其僞官父兄子弟家產人口，通著該地方官詳確查奏，不許隱漏。即傳諭行。（世祖二五、二三）

（順治一〇、四、甲寅）諭禮部：國家崇儒重道，各地方設立學宮，令士子讀書各治一經，選爲生員，歲試、科試，入學肄業。朝廷復其身，有司接以禮，培養教化，貢明經，舉孝廉，成進士，何其重也。朕臨御以來，各處提學官每令部院考試而後用之，誠重視此生員也。比聞各府州縣生員有不通文義，倡優隸卒本身及子弟廁身學宮，甚至出入衙門，交結官府，霸占地土，武斷鄉曲，國家養賢之地，竟爲此輩藏垢納污之所。又提學官未出都門，在京各官開單囑託，既到地方，提學官又訪探鄉紳子弟親戚，曲意逢迎，甚至賄賂公行，照等定價，督學之門，意同商賈。正案之外，另有續案，續案之外，又有寄學，並不報部入冊。以至白丁豪富，冒濫衣巾，孤寒飽學，終身淹抑，以及混占優免，虧耗國課，種種積弊，深可痛恨。今後提學御史、提學道，俱宜更新惕勵，嚴察前項冒濫，盡行裭革。大小地方，人才不等，酌定名數，並查舊題額例，具奏定奪。至於歲考，除行檢問革外，其文理荒謬不通者，須多置劣等，嚴爲降黜。其儒童經由府縣送試者，詳具身家履歷，廩生保結，方許入試。廩生亦不得借端保結，揑索儒童。督學諸臣，如有仍蹈前弊、並自甘不肖以試士爲市者，許督撫、巡按，指實條奏。如督撫、巡按徇情不參，聽禮部、都察院、禮科糾劾，一併重處。其入學生員、提學御史、提學道嚴諭府州縣衛各學教官，月加課程，不得曠廢，亦不得假借督課，凌虐諸生。提學御史、提學道即將歲考科考場中原卷解部稽察，不許換卷謄改。禮部仍照舊例考定等第，以示勸懲。仍照解到各學廩增附名數，細查在學若干名、黜退若干名，照報冊出示，行各該府州縣張掛，俾通知生員的確姓名，然後優免丁糧。至於河南、山東等處，亦照舊例優免丁糧，不許濫免地土，攤累小民，違者究治。除已往外，今後各提學御史提學道誠能體朕教養儲材之心，實力遵行，自使士風丕變，人材輩出，國家治平，實嘉賴之，朕不靳陞賞。如仍沿襲陋規，苟圖自利，憲典具在，決不寬宥。（世祖七四、一三）

（順治一一、六、庚辰）以加上皇太后徽號禮成，諸王、文武群臣上表，行慶賀禮。是日，頒詔天下。昭曰，……所有恩赦事宜開列於後。……一、各地方徭役繁重，有豪紳、劣衿、衙胥積蠹，或本身田連阡陌，濫免差徭，或包攬他人田地徭丁，代爲規避，偏累窮民，莫此爲甚。該督撫行各地方官秉公嚴察，如有此等情弊，重加懲處。（世祖八四、一六）

（順治一五、五、戊申）諭户部：年來錢糧匱乏，屢經會議，未能實濟急需，皆由費用繁多，積弊未革。今惟再籌裁省，嚴剔弊端，乃可漸至充裕。在京各衙門官有一缺而設數員者，半屬閒冗，著各衙門將滿漢司官自筆帖式以上，俱開列員數職掌，奏請裁定。在外文武各官，如有贅員，亦量行裁減。各省於順治元、二年間開報荒田甚多，連年雖屢奉清察，未見報明，其中豈無豪强隱占，官吏欺朦，上下推諉，不肯清出實數、按期徵收，隱漏錢糧爲數不少。江南蘆政一項，地方廣遠，漫衍數省，連年雖經行察，其中隱混未清者甚多，責成撫按嚴行確察。又，江南無錫等縣，歷來錢糧欠至數十萬，地方官未見有大破積弊，徵比完結者，皆由官吏作弊，上官不行嚴察。且鄉紳舉貢之豪强者，包攬錢糧，隱混抗官，多占地畝，不納租税，反行挾制有司。有司官不能廉明自守者，更懼其權勢，不敢徵催。該部遇有如無錫等州縣之欠錢糧者，察明奏請，選擇廉明謹慎滿洲啓心郎、理事等官先往一縣，不帶多人，不預别事，專令督理拖欠錢糧；或錢糧在官，借口民欠，或鄉紳及其子弟、舉貢、生員、土豪、隱占地畝，抗不納糧，或畏懼豪强，不敢徵比等項情弊，務期察明懲治。清察一處，即可爲他處榜樣。歷年各省逋欠錢糧，多係貪官猾吏那移隱蝕，以及鄉紳、舉貢、生員、土豪影射占隱，年來撫按未行清察，不能盡釐奸剔弊之職。今責成撫按嚴加清察，如有前項情弊，題參重處。如曲庇不行指參，本犯一經發覺，即治撫按以徇縱之罪。至於那借侵蝕諸弊，有在藩司者，有在有司者，互相朦隱，奸弊百出。雖嚴行追比，而完解無多，或借端脱卸，攀累無辜，或飾稱産盡，希圖豁免。責成巡撫不時稽覈，巡按巡歷一處，將藩司經承及府州縣吏書提集，按册磨對，當面質訊。弊在藩司，則罪藩司官吏，弊在有司，則罪有司官吏。各省地丁錢糧，向來屢奉清察，奏報者少。況兵荒之後，册籍無存，豈無欺隱之弊。今責成撫按大破情面，徹底清察，如仍前徇庇，别經發覺，即治撫按以溺職之罪。又，胥役侵蝕錢糧，往往假他人名色置買田産，及事發追比，則動稱無産，承追之官，不行嚴比，反聽其優游延緩，是以積欠愈多。嗣後凡奸胥弊發，贓銀能完與否，即當清察，勒限完結，逾限不完，即行治罪，不得姑息縱容，稽延歲月。其他人代爲胥役影占田産者，承追官嚴加清察，重行治罪。又，地方有司奉有設處供應之文，即借名横行科斂，且於正項之外，暗徵私派。今責成撫按嚴行清察，題參重處。以上種種情弊，雖因在外撫按屢奉諭旨，不能恪遵，亦由部中司官筆帖式、書吏交通容隱，徇庇行私之所致也。今後堂官宜隨事嚴加詳察，盡革弊端，使司官等知所畏懼。如仍前因循曲庇，不肯大破情面，書吏等事，一經發覺，即治司官筆帖式之罪，堂官不行糾舉，一同議處。著會同九卿、詹事、科、道詳議具奏。（世祖一一七、八）

（**順治一八、三、戊午**）諭戶部：近觀直隸各省錢糧，逋欠甚多，徵比難完，率由紳衿藐法，抗糧不納，地方官瞻徇情面，不盡法徵比。嗣後著該督撫責令道府州縣各官，立行禁飭，嚴加稽察，如仍前抗糧，從重治罪；地方官不行察報，該督撫嚴察，一並題參重處。（聖祖二、三）

（**順治一八、六、庚辰**）江寧巡撫朱國治疏言：蘇、松、常、鎮四府屬并溧陽縣未完錢糧，文武紳衿共一萬三千五百一十七名，應照例議處，衙役人等二百五十四名，應嚴提究擬。得旨：紳衿抗糧，殊爲可惡，該部照定例嚴加議處。（聖祖三、三）

（**順治一八、七、己未**）戶部議覆：工科給事中陰應節條奏錢糧之弊。一、州縣那移，一、紳士包攬，一、土豪冒名紳戶，一、隔縣寄莊抗糧。祈敕該撫嚴查懲治。俱應如所請。從之。（聖祖三、一六）

（**順治一八、七、癸未**）工科給事中胡悉寧疏言：紳衿抗糧，已定新例，無不凜遵。其大小衙門吏役倚勢規避，甚於紳衿，請令有司直申督撫，解京治罪。得旨：這所奏衙役抗糧情弊，宜立畫一之法。該部速議具奏。（聖祖四、二）

（**雍正二、二、戊午**）諭直隸各省總督、巡撫：凡百姓完納錢糧，當令該戶親身投納，不許里長甲首巧立名目，希圖侵蝕。不肖生員監生，本身田產無多，輒恃一衿，包攬同姓錢糧，自稱儒戶宦戶，每當地丁漕米徵收之時，遲延拖欠，有誤國課，通都大邑固多，而山僻小縣尤甚。該督撫著即嚴查曉諭，革除儒戶宦戶名目。如再有抗頑生監，即行重處，毋得姑貸。倘有瞻顧，不即革除此弊者，或科道參劾，或被旁人告發，治以重罪。（世宗一六、二一）

（**雍正二、六、甲午**）諭五旗王、貝勒、貝子、公等：凡王府等佐領下人，有用於部院者，有用於外省州縣者，王等宜爲國家得人起見，獎成循吏，俾勤勞官職，竭力自効，王等亦與有光榮。乃反令其酷害地方百姓，侵剋錢糧，妄取財物。汝爲伊主，顏面置於何地耶！如王成勳，一州縣官，伊主星尼，一公爵耳，尚勒取銀兩數千，若屬於王府而爲大員者，尚可問乎！

今將王成勳一事遍諭五旗王、貝勒、貝子、公等，嗣後倘仍不悛改，再有發覺，朕必將五旗王府佐領下人，一概裁革，永不敍用。（世宗二一、一七）

（**雍正四、一二、丁丑**）刑部遵旨議覆：貢監生員，非本身錢糧，包攬催收入己，拖欠國課者，應行黜革，仍照數著落清完。其包攬別戶錢糧，雖無拖欠，但身爲衿監，包攬錢糧，即干法紀，亦應黜革。至里民納糧，不行自封投櫃，聽人攬納者，照不應重律處分，仍追出包與之數完官，該管官不行查出，罰俸一年。從之。（世宗五一、二三）

（**雍正六、三、己未**）吏部以新補無錫縣知縣江日容、崐山縣知縣朱竤帶領引見。上諭曰：縣令乃親民之官，最爲緊要。得其人，則一縣之事無有不理，不得其人，則一縣之事必多廢弛。蓋以縣令於百里之内，民事可以周知，若果實心辦理，則古人所謂無一夫不獲其所者，乃力所能爲，非空文也。向來州縣往往以民風之樸魯者，謂爲馴良而可愚，以民風之秀穎者，謂爲巧詐而難御。如無錫、崐山，自來皆苦煩劇，殊不知地方所以難治者，皆由縣令未能實心辦理之故耳。若果實心實政，惠澤及民，則秀穎之俗，其易治尤甚於樸魯。如無錫、崐山地方，人多稟山川之秀氣，讀書明理者多，人心之公道易於感動，非如愚樸之人，賢否不能一時立辨也。縣令果毫無欺僞，其效即旋至而立應，有何煩劇難治之理乎？凡天下小民，總不可欺，視之雖若顓蒙，而有司所行之政，毫不能掩其耳目。但可以正感，而不可以術馭。至於州縣徵收錢糧，人人皆知寓撫字於催科，然皆逐末，不知其本。夫正供之項，小民無不樂輸，緣不肖有司每於額外浮派，以求贏餘，或朘民脂膏，希圖肥己，或上司勒索，借爲逢迎，以致吏胥乘間中飽，百弊叢生。小民不勝苦累，遂有姦猾之徒，得持官府之短長，抗糧包攬，任意拖欠，醇良者亦輸納不前矣。若州縣潔己愛民，毫無浮派，則民間正供，乃義當完納之項，何憚而不早完乎。惟當於肯完正供者，實意撫恤，於實在抗欠之頑戶，嚴其催比，毫不瞻顧，此乃寓撫字於催科之道也。即如爲政之道，不外寬猛兩端。《傳》云"寬以濟猛，猛以濟寬"者，非謂行數端寬縱之事，隨濟以數端之猛，行數端猛烈之事，隨濟以數端之寬也。惟在斟酌於情理之中，宜寬而寬，寬而不失於慢，宜猛而猛，猛而不失於殘。寬猛咸得其宜，乃爲相濟之道，未有遇事之先，橫寬猛之念於胸中之理也。此皆庸迂者錯會古人之意耳。向來地方官，多有欲借鄉紳之游揚，則交結鄉紳而欺陵百姓，或欲百姓之稱譽，則袒庇百姓而摧折鄉紳。不知百姓爲國家之赤子，豈可徇巨室之私交而肆其陵虐。至於鄉紳，或祖父爲國家宣勞，或己身爲國家效力，又豈可使簪纓之族轉賤於編氓，而故爲摧抑乎。是鄉紳、百姓，皆不可存成見以待之，惟當準之天理人情，論其是非曲直，物來順應，而不爲天下先，乃能處之各得其平，而無一偏之私也。每見居官者於蒞任之始，多喜沽名釣譽，行一二巧僞之事，以求媚於人，不知巧僞之術，決無久久可行之理，始雖粉飾可觀，未幾而行藏畢露，其可恥實甚。何如秉公持正，後先如一乎。要之操守清廉，乃居官之大本。操守素優，則實心實政，皆能力行而有餘，否則大本已虧，雖欲竭蹷矯飾，而勢有不能。故凡居官者，必當端其操守，以爲根本，乃可以勉爲良吏。夫太上言忘身而身存，居官者儻能置利害得失於度外，一以公忠報國愛民爲心，則不求名而聲譽自孚，不求榮而爵祿自至。若不能忘懷得失，則舉動瞻徇，行止卑污，究之身敗名裂，祿位仍不能保，實爲可憫。朕於外省大小臣工之賢否，無不留心體察，是以實心任事之員，由縣令而洊歷司道以至擢任督撫者，頗不乏人。爾等當仰遵朕諭，實力奉行，不惟百姓受爾等愛養之惠，亦爾等自求多福之道也。（世宗六七、一〇）

（**雍正七、三、乙丑**）諭内閣：士子讀書明理，爲庶民坊表，若眛於急公奉法之義，抗糧逋賦，是導民爲非，不止虧缺國課而已。今見内外大小臣工，爲此條奏者甚多，經禮部定議，按限追比，逾限不完，詳請褫革嚴追等語。朕思士子一經笞杖，則難洗終身之辱，一經褫革，則永無上進之階，諸生縱不自惜其身名，朕則深爲諸生憫惜也。聞各處催徵之例不同，有責比催糧之差役者，有撲責欠糧之本身者。現年錢糧，每至十月不完，方將糧户懲責。是五月未曾完半，雖在百姓，未必便行鞭撲，而乃以此遽施於士子乎。況生監之中，貧富不等，富户故意抗違，實法無可貸，而貧生未能依限，則情尚可原。今應如何分別貧富，使富者不得藉口以愆期，貧者得稍紓其力，霑沐朝廷體恤之恩，而國賦又不至於拖欠，著該督撫，各就本省情形，秉公詳察，悉心定議，務期寬嚴得當，永遠可行。儻該督撫内別有所見，可以仰副朕矜憐貧寒之士子，而又懲戒頑富之劣衿者，亦著詳悉陳奏。（世宗七九、二四）

（**乾隆一一、二**）［是月］湖南巡撫楊錫紱奏：欽奉恩旨蠲免湖南本年地丁錢糧，耗銀亦緩至明年帶完。浩蕩之恩，曠代罕有。查湖南徵糧册籍，並不逐户按産開造，族大者數十家總一户名，族小者數家總一户名。每年州縣雖報通完，實則民間完欠，在官不能細分，吏胥因得包攬入己，挪新掩舊，積弊叢生。今年錢糧既免，挪掩之技已窮，勢必仍詫花户重完，或更捏造名色，科派需索，以抵侵項。現檄藩司轉飭各屬，務於上年未完錢糧内，將包攬侵蝕之弊逐一查出，並於總户之下，督開細户，以杜攬侵弊源。得旨：惟在實力妥辦。勉之。（高宗二五九、三七）

（乾隆一四、四）[是月] 兩江總督黃廷桂奏：江省歲有拖欠，多由大户花分，寄莊無著，以及衿監、營兵、書役恃勢抗欠之故。現飭道府設法釐剔。得旨：諸凡皆悉，惟在汝等督撫善爲之。歲終有積欠之奏，朕亦得知汝等所辦得法否也。（高宗三三九、四三）

（乾隆一六、三、壬寅）又諭：據河南巡撫鄂容安參奏稱，歸德府紳衿中，有倚勢抗糧惡習，彭家屏、李肖筠兩姓，即欠至七千餘兩之多。而彭家屏之弟彭家植，致死佃户，諱匿不報；李肖筠之父，窩藏逃犯，玩法抗拘等語。彭家屏、李肖筠皆司道大員，深受國恩，理應奉法急公，型家表俗，以爲紳士之倡，乃連負正供，多至七千餘兩。今春特恩寬免豫省積欠，本以蘇窮黎下户之困，若將官户久抗之糧一體豁免，不特伊等視爲得計，使小民效尤，人思僥倖，大爲人心風俗之蠹。不加重懲，無以示警。彭家屏、李肖筠，著交部嚴加議處；所欠積年正供之數，加罰十倍，該撫勒限嚴追。其彭家植、李㮣應審之案，仍著該撫嚴審定擬具奏。（高宗三八四、五）

（乾隆一六、一一、辛卯）諭軍機大臣等：陳宏謀奏，夏邑彭、李二姓抗糧加罰一案，彭家屏名下，已照數清完，李肖筠本名下所欠，原屬無多，族内士紳倚勢抗欠，今止追李肖筠一人，伊等反得置身事外，將來益肆抗欠，應按欠十倍罰追等語。此案前經鄂容安參奏：因彭家屏、李肖筠係藩臬大員，乃妄行逋賦纍纍，是以令其加罰十倍，勒限催追。今彭家屏已經全完，而李肖筠族内，有殷實紳士不肯完納，以致積欠如此之多。在該紳士等倚族中大員聲勢，抗欠錢糧，大干法紀。若因代完有人，轉得脱然事外，刁風尤不可長，自應嚴加懲治。但族衆倚勢抗糧，究與身爲大員不能整躬率物妄行逋賦者，終屬有間，若一例加罰十倍，未免太重。著傳諭陳宏謀，所有李肖筠本名下應追銀兩，仍照前旨催追。至其族中紳士，查明實在逋欠數目，加罰一倍，勒限催繳。如此方爲情法之平。倘李肖筠名下並伊族衆應完之數，仍各抗延不納，不能即速清完，該撫一並嚴參治罪。（高宗四〇三、二二）

（乾隆二六、五、丁卯）諭軍機大臣等：據劉墉奏，沛縣監生閻大鏞抗糧拒差，詆官逃走，旋經拏獲未結一案。因其情形異常桀驁，隨查出該犯詩稿二紙，並伊祖閻爾梅、伊伯閻圻稿本，及閻爾梅犯罪時文移一本，粘籤進呈。並查該犯家内，無伊詩稿存留，揆其情理，必係悖逆之詞，曾經銷燬等語。閻大鏞以監生抗糧拒差，情屬可惡，治以應得罪名，已無可寬貸。至查出稿本各條，以朕觀之，不過愚賤無知，尚無悖逆之語。（高宗六三七、一七）

（乾隆二六、六、甲午）諭軍機大臣等：據陳宏謀題參紳衿顓孫古道詭户欠糧一本，已降旨革職，令該督嚴審矣。劣紳恃符抗糧，最爲地方惡習，自雍正年間嚴加整頓後，漸知安分守法。伊等若在彼時，斷不敢似此刁抗無忌。此皆近年以來，地方官未免瞻徇情面，有意優容，遂致釀成若此。其風斷不可長。著傳諭該督撫嚴行辦理，並將顓孫古道所有貲產查明，以備抵欠外，如有地方辦公之項，即從重示罰，毋得稍爲寬縱，以爲劣紳頑抗者戒。（高宗六三九、一九）

（**乾隆二九、九**）［是月］浙江巡撫熊學鵬奏：漕糧上關天庾，理宜乾圓潔净。漕臣楊錫紱所奏米多潮潤者，一由小户米少，半係吏胥鄉保包攬代納，串通家丁幕友，暗地作奸，一由富紳大户交米數多，並不揀擇，甚有轉將中等之米攙和者，該州縣官，又礙於情面混收。臣現飭糧道金溶不時親往嚴查，臣更與布政使索琳留心訪拏究辦。批：此人於此等處，斷不能破情面，爾等應留心。索琳亦斷不至如彼，可交伊查察。又稱，臣更有請者，紳衿富户，理應守分，爲小民表率，即有本身應行呈明事件，自當遵例具呈。乃因私事持帖干求地方官，實爲把持鄉里之漸。請嗣後在籍紳衿富户，無論完漕及他事，敢有持帖赴地方官干謁求情，立即將所有職銜詳揭參革，按其夤緣情事，照律定擬治罪。倘地方官有意交結紳衿富户，聽情受囑，一併參革究擬。得旨：不必定例，故不交部。總在汝實心辦理耳。（高宗七一九、二一）

（**乾隆三八、一〇、壬辰**）又諭：據御史胡翹元奏，地方幫帖科派，致奸民藉端告訐，其中情事各殊，或辦理不善致啓虛糜，或苦樂不均致多偏累等語，或亦情事所有，自當嚴查妥辦。著富勒渾、文綬留心確查。應如何設法整頓，盡袪夙弊，不致少有累民之處，即悉心妥議具奏。尋奏：運糧安站，調撥人夫，民户貧富不同，富民轉雇代役，官價之外自貼雇值，各從其便。但均係本地紳士總理，地方官毫不經手，即催趲押運，不能不用胥役鄉保，亦當隨時密查，毋許騷擾。其採買物料價值、輓運腳費及夫役口糧，開明數目，刊發曉示，則侵剋欺冒之弊自絶。下部知之。（高宗九四四、二四）

（**乾隆四八、一、戊戌**）又諭：據福崧奏查拏糾衆鬧漕首從要犯審辦一摺。據稱，浙省近年辦理漕糧，上下視爲利藪，劣衿地棍，乘機挾制，包攬把持，竟成規例，甚至糾衆抗拏，喧鬧公堂。地方官或以素染貪污，甘心隱忍，或以人數衆多，難以查拏，諱匿不報，以致釀成錮弊。並稱，上年辦漕，即有聚衆喧鬧之事，僅以枷責完結等語。浙省政務廢弛，各州縣經徵漕米，百弊叢生，實堪痛恨。劣衿把持公事，最爲地方之害，若稍事姑息，則伊等不知儆畏，益無忌憚，適足以長刁風，自應嚴拏究辦，盡法懲治，庶可以綏靖閭閻。至摺內所稱首惡監生錢徵書一犯，是否係已故尚書錢陳群之子孫？世家子弟，尤應安分守法，不可干與公事。若係錢陳群之子孫，即當於審明定案時，一面正法，一面奏聞。朕於舊臣之裔，其應行加恩者，無不加恩，而於應行懲治者，亦不稍為寬假。著傳諭福崧，即行查明據實覆奏，毋得少存瞻徇之見。（高宗一一七二、八）

（乾隆四八、二、甲戌）又諭：據富勒渾奏，浙江桐鄉縣糾衆鬧漕一案，當飭按察使督同該府，並檄飭嘉興協副將多派幹弁兵役，上緊捕拏，並札知撫臣福崧就近督同嚴究等語。此案前經福崧奏到，親赴該縣，拏獲首要各犯一百餘名。曾經降旨，令其嚴拏究辦，盡法懲治，迄今已一月有餘，何以尚未將審擬情形繕摺具奏？浙省從前諸事廢弛，各州縣經徵漕米，百弊叢生。桐鄉劣衿聚衆喧鬧，把持公事，最為地方之害，自應迅速嚴辦。且首夥各犯，既已全獲，自無難即行審擬完案。著傳諭福崧，將此案要犯，速行定擬具奏，毋得稍事姑息。將此由四百里發往，並諭富勒渾知之。（高宗一一七四、二三）

（乾隆五七、閏四、辛卯）諭軍機大臣曰：王懿德奏，據道州知州劉國永稟稱，拏獲武生李盛春等，護黨挾嫌，肆行糾搶一案，現將人犯提省審辦等語。此案武生李盛春等，因革生何竹筠等私立衿戶名色，抗欠錢糧，經戶書李啓珩等證佐，供出實情，致何竹筠等罹於罪愆，輒敢護黨挾嫌，糾約多人，赴李啓珩等家內肆搶洩忿。情節甚為可惡，不可不嚴行審辦，以示懲儆。畢沅現在湖南審辦案件，著傳諭該督，即就近提集人犯，嚴究實情，定擬具奏。（高宗一四〇三、一八）

（乾隆五九、四、甲申）諭軍機大臣曰：梁肯堂奏審明劣監抗糧毆官分別辦理一摺。胡發等抗糧不完，復敢聚衆毆官，罪無可逭。梁肯堂審明後，即將為首及逞凶各犯先行正法。所辦雖是，但此等聚衆重案，該督奏到後，朕尚當特派大臣前往復審，以昭信讞。直隸距京甚近，該督審擬具奏，自應候旨遵行。乃即恭請王命，未免過急，自因目下尚未得有透雨，該督盼望焦迫，以致思慮不到。但現在問擬絞候之程老質等尚在省城監禁，已派胡季堂、松筠迅速前往保定，提同案內人證，嚴鞫得實。所有程老質等犯，亦應押至犯事地方正法示衆。其各該犯貲產，並著查抄，給與該村安分民人，使知朕撫綏兆庶，刁悍者法所必加，而善良者亦恩所必逮。如此勸懲並用，更足以彰憲典而服輿情。至該犯等毆官時所有向前拏獲匪徒救護知縣之衙役，著胡季堂等傳知梁肯堂查明，酌量獎賞，以示鼓勵。（高宗一四五一、一七）

（乾隆五九、九、庚子）諭軍機大臣等：據愛星阿奏確勘遵化州園地情形,並酌減租價一摺,經內務府大臣覈議具奏,業已准行矣。至遵化州知州,於所屬應交官地租錢,並不按限完繳,經內務府屢次行催,輒稱原佃潛逃,無人承種,迨至委員前往會勘,又有佃種之王耀宗即係該州書辦。是其藉詞延玩,實屬罪無可辭。除所欠園租,已令照數賠繳外,著傳諭梁肯堂,嗣後將該州知州李騰蛟停其陞轉,並不准保薦卓異,以示懲儆。至此項園租,既經酌減定額,自不至佃種無人,官項亦易於輸納,務須飭令嚴催早解,毋得仍前任意延宕,致干咎戾。(高宗一四六一、二)

(嘉慶一二、五、丁未)諭軍機大臣等:清安泰奏平陽縣刁徒抗糧奪犯一摺。此案前日據阿林保奏稱,知縣徐映台奉溫處道轉奉撫臣清安泰札飭,以武舉陳步高具控自行赴匱納糧,莊以苾等因包攬不遂,將陳步高毆傷奪其錢物一案,飭令會營拏究。隨會同營弁前往,將莊以苾拏獲。有莊以苾之子等糾集二三百人先後圍繞,先將兵役毆傷,嗣將知縣外委毆打,並劫去糧銀行李,將莊以苾奪去等語。而本日清安泰摺內,則稱該縣奉義趕徵錢糧,因莊以苾包攬不完,並因莊以苾上年有被控之案,節奉道府催令會營查拏,隨督帶兵役前往等語。是此案起事根由,已與阿林保所奏互異。又摺內稱,該縣將莊以苾拏獲之後,伊子等糾約多人,上前奪犯肆毆,以致該縣外委等多有受傷等語,亦並無如昨日阿林保摺內所稱,其夥衆至有二三百人之多。地方有此等重大案件,具報督撫,其所敘情節自應脗合,乃此案阿林保、清安泰同係接據知府楊兆鶴等稟報,何以案由輕重迥不相侔,實不可解。刁民逞兇肆惡,敢於拒捕奪犯,並且肆毆官弁,不法已極,自應嚴行懲辦。但地方官是否另有別情,激成事端,有無裝點情節,其所帶兵役究有若干,所云受傷兵役四十餘人是否確實,現在有無因傷斃命;又摺內所稱,被兵役傷斃之張阿葉等四犯,是否確係在場搶毆之人;均當詳悉究明,據實審辦,俾無枉縱。此案情節甚重,昨已有旨著清安泰馳往督同百齡審辦。今清安泰摺內奏稱,伊派朱理前往督拏案犯,該撫現已回省等語。清安泰接奉此旨後,仍當迅即啓程,親往該處詳查明確,督同百齡審辦,並查明實在情形,該督撫所接稟報孰爲確實,先行詳悉具奏。其臬司朱理,即飭令回省辦事可也。將此諭令知之。(仁宗一七九、一二)

(嘉慶二五、三、庚申)諭內閣:御史李肆頌條陳民欠積弊一摺。直省糧户完納錢糧,例應自行交納,如有交通胥役,日久掛欠者,著該州縣官實力勾稽,一經查出,將包攬之胥役斥革嚴懲,並將糧户一併懲處,以免拖延。其民間典當地畝,未經過糧者,因應徵錢糧,仍係原業户收回交納,遂不免有豫支侵用情事,並有年限已滿,匿不投稅過糧者,並著地方官一體清釐，以杜影混。至按地徵糧，相安已久，該御史所稱糧地不符，請飭各直省按某里某段逐一清查，其事紛擾難行，著毋庸議。(仁宗三六八、一)

(二) 差徭雜派侵蝕規避

(**康熙二九、六、乙亥**) 山東巡撫佛倫疏言：東省累民之事，第一、賦役不均。凡紳衿貢監戶下均免雜差，以致偏累小民。富豪之家，田連阡陌，不應差徭，遂有奸滑百姓，將田畝詭寄紳衿貢監戶下，希圖避役，積習相沿，牢不可破。若不力為禁革，小民困苦何日得除？請通限二月之內，將從前詭寄田畝，許其自首，盡行退出。嗣後凡紳衿等田地，與民人一律當差，庶積弊一清而小民得免偏枯之累矣。得旨：紳衿等優免丁銀，原有定例，其鄉紳豪強，詭寄濫免，以致徭役不均，偏累小民，積弊已久，今該撫所奏，改正釐剔，具見實心任事，並不瞻徇，直省應一體行。九卿詹事科道會同確議具奏。(聖祖一四六、一四)

(**康熙二九、六、丁亥**) 九卿議：直隸各省鄉紳名下田地，應照山東省與民人一例差徭。上曰：山東省清釐賦役，可如議行，其直隸各省，令各該督撫確議具奏。(聖祖一四六、二三)

(**雍正四、四、戊子**) 戶部議覆：署四川巡撫羅殷泰疏言，川省州縣，多屬以糧載丁，紳衿貢監等盡皆優免差徭，請將優免之名，永行禁革，與民一例當差。查川省以糧載丁之州縣，紳士原無丁銀，無庸優免。得旨：向來徵收錢糧，每私立儒戶，宦戶名色，偏累小民，已經降旨嚴禁，而丁糧差徭，或借紳衿貢監之名，包免巧脫，情弊多端，羅殷泰所奏，禁革紳士優免之處，固屬太刻，而部議但就其錯處指駁，其餘未曾詳議，亦屬朦混，著九卿詳議具奏。尋議：照例優免本身一丁，其子孫族戶濫冒及私立儒戶、宦戶，包攬詭寄者，查出治罪。從之。(世宗四三、二三)

(**雍正一三、一一、癸亥**) 除山西偏關等三汛徭銀。諭曰：朕聞山西大同偏關、老營、水泉三汛兵丁，向有交納徭銀一項。該汛兵丁，並無承種田地，一經充伍，即按名額徵，悉在餉銀內扣交，每年約徵收徭銀六百八十兩有奇，相沿已久，至今未革。朕思三汛營兵，既無管業地畝，而派納徭銀，扣除月餉，未免減其養贍之資，朕心軫念。著從乾隆元年為始，將此項蠲免。該部行文晉省巡撫提鎮，遵照朕旨，永著為例。(高宗七、三五)

(**乾隆一、二、戊辰**) 禁派紳衿雜差。諭曰：任土作貢，國有常經，無論士民，均應輸納。至於一切雜色差徭，則紳衿例應優免，乃各省奉行不善，竟有令生員充當總甲圖差之類者，殊非國家優恤士子之意。嗣後舉貢生

員等，著概行免派雜差，俾得專心肄業。倘於本户之外，別將族人借名濫免，仍將本生按律治罪。（高宗一二、二）

（乾隆七、九、癸亥）户部議覆：甘肅巡撫黃廷桂奏稱，奉發查議之刑部郎中樊天游條奏，……一、寧夏府屬各渠，每年挑濬時，紳衿免役不下五六千户。民勞紳逸，似屬不均。今新、寶二縣所開惠農、昌潤二渠，渠長户少，挑濬非易。倘紳衿一概優免，小民獨任其勞，恐工力不敷，挑濬未能深廣，漸至淤塞。臣愚以爲別項差徭，紳衿仍准援免外，凡一切渠道歲修工作，無論紳衿庶民，按田均派，不致偏役編氓等語。查挑濬渠工，原爲防護村莊、灌溉田畝，事關切己，非比別項差徭，凡有田之家，時值挑濬，需用夫料，紳衿庶民，自應共勤其事。應請自乾隆七年爲始，凡寧夏、寧朔、靈州、平羅、中衛各屬之大清、唐、漢、西河、惠農、秦漢、七星、美利以及一切官民等渠，若值需夫挑濬修築之時，無論紳衿庶民，俱按田地之分數，一例出備夫料，共勤力作。不得借名優免。如有紳衿不便親執力作者，聽其出貲雇募代役，違即詳革究擬。並請勒石，以垂永久。均應如所議。從之。（高宗一七四、一八）

（乾隆二一、一、壬申）諭：據衍聖公孔昭焕奏，至聖廟户，在廟納丁供差，一切本身徭役俱蒙恩優免之人，歷來遇地方官有額外派辦派買事件，難以隨心呼應，每事調劑，殊屬非易，請將現存户丁酌留五十户，其餘户丁改歸民籍，交地方官編審，與民籍一體當差等語。我朝輕徭薄賦，凡屬編氓，本無公旬徭役，地方偶有興作，亦皆動帑予直，初非額外差派，不知其所奏派辦派買者何事？或東省尚有此陋習，則概當嚴行禁止，不獨廟户爲然，著該署撫白鍾山查明，據實具奏。（高宗五〇四、八）

（乾隆二一、一、壬申）諭軍機大臣等：據衍聖公孔昭焕奏請裁減廟户、改歸民籍一摺，已有旨令該署撫查奏。朕閱摺内情節，名爲裁減廟户撥歸民籍，實則謂廟户不免派累，歸咎有司。如果有司營私爲己，派累至於廟户，則白鍾山所司何事，何不查參！如因明年祭曲阜，應辦橋梁道路而言，則宿頓掃除例准開銷，從無絲毫擾及閭里。以理而論，朕往祭曲阜，即衍聖公尚當却掃，豈可以領價供役尚謂地方官派累煩苦，有是理乎！若另有派辦之處，該署撫亦不得含糊諱飾。著將孔昭焕原摺鈔寄白鍾山，逐細詳查，據實奏聞，再降諭旨。（高宗五〇四、九）

（乾隆二一、一、戊子）諭軍機大臣等：前衍聖公孔昭焕奏裁減廟户改歸民籍一摺，經朕降旨交該撫白鍾山、將地方有司有無營私派累廟户之處，詳查具實奏聞。白鍾山奉到此旨，理宜即行查奏。今孔昭焕已具摺奏覆，而白鍾山查奏之摺尚未奏到，甚屬遲延。至孔昭煥奏摺內稱，曲阜縣上年派辦柴草米豆等項，又，鄒縣知縣大章，私毀孔孟遵例免差碑碣等語。此摺已交該部議奏。著一并鈔寄白鍾山，令其據實詳查，將該地方官有無違例派累之事，查明速行奏聞，不得稍存瞻顧回護之見。(高宗五〇五、四)

(乾隆二一、一、辛卯) 諭曰：白鍾山查覆衍聖公孔昭煥所奏廟戶一摺，稱：並無派累之事。數年以來，朕巡幸所至，一切供頓，取諸內府，從未累及閭里。即除道安營，亦皆動帑予直。至於隨營薪蔬芻秣之屬，則扈從官兵日用所必需，有司先期儲備，以待臨期給價和買，此臨幸所至皆然，亦斷無使隨駕之眾，皆自京攜數月糧，而不許沿途買用之理。況朕親祭曲阜，即衍聖公尚當躬自却掃，豈有轉庇廟戶，歸咎有司之理？今據白鍾山查明：有糧之家，依託廟戶，影射居奇，及飭該縣退還價買糧石等事。且稱孔昭煥少年怯懦，皆伊叔祖孔繼涑、孔繼汾主持慫慂等語。其憑藉家世，把持生事，殊不能安分自愛。孔昭煥雖云年少，已非幼穉無知可比，本應交部治罪，姑念其為聖人後裔，著加恩免其交議。孔繼涑、孔繼汾著交部嚴察議奏。(高宗五〇五、七)

(乾隆二一、二、庚子) 河東河道總督、署山東巡撫白鍾山奏：山東科派陋習久除，本年東巡豫備草豆，咨部勤項買備。查山東無公役，惟支更守夜、開溝、栽樹、修堰，皆民間自衛田廬。據鄒縣知縣大章詳稱，孔孟紳衿、禮生、廟戶十居其七，民僅三分應差，未免偏枯。經臣照例批准，嗣後禮生、樂舞免本身，廟戶許一戶承襲，餘不准依附並免。孔傳是等，輒以前撫郭一裕批准優免舊碑擅入縣衙，查非勅建與部頒之文，該縣阻其豎立，尚無不合。得旨：有旨諭部。諭曰：白鍾山查覆孔昭煥所奏鄒縣知縣大章私燬遵例免差碑碣一摺，孔昭煥之不能安分自愛，干與地方公事，更屬顯然。我朝百年以來，薄海編氓，從無公旬徭役，所有守夜、開溝、栽樹、修堰等事，乃民間自為保護相友相助之誼，如江西、湖廣等省沿江隄堰，民間自為修防者甚多，何得謂之差徭。若並此而倚藉樂舞、廟戶名色，概不承應，是一鄉之中，祇令無業貧民數戶專任其勞，而依託附名之徒，安坐而享其利，有是理乎？衍聖公之在曲阜，本一大鄉宦耳。近來綱紀肅清，各省薦紳咸知守法奉公，罔敢武斷滋事，孔昭煥尤當勉承祖訓，以為士民表率，豈可袒庇戶人，遇事掣肘。朕前念其為先聖后裔，降旨姑免其交議，今觀白鍾山奏覆情節，則孔昭煥既祖護陳奏於前，仍復巧辭緣飾於後，朕雖欲曲為寬宥而不能矣。孔昭煥，著交部嚴加議處，以為居鄉多事者戒。(高宗五〇六、八)

(乾隆三四、一〇、己巳) 刑部奏：順天府東安縣知縣郭麟絨雇用莊頭車輛一案，該縣失察，差役需索，應移咨吏部議處。嗣後辦差車輛，莊頭民人，須立定章程，分別受雇，請交該督妥協酌辦。得旨：辦差備用車輛，從前原係順天府之事，後因經理不善，改為內務府莊頭承應。後又經內務府奏請，改歸順天府雇覓，已省莊頭專辦之勞。且伊等既隸居順天各州縣，所拴車輛，即與民車無異，遇有差務，自應一體受雇。若云莊頭之車地方官不當過問，則莊頭等且將暗中取利，代隱民車，包攬影射諸弊，無所不至，幾於境內無可雇之車矣。設順天府袒護民人，專雇莊頭之車應用，則咎在順天府。一經發覺，自必重治其罪。今閱摺內所敘，內務府咨稱，原奏只言民車，則莊頭車輛，不應一體受雇可知之語，顯像內務府官員曲庇莊頭，巧為開脫。現交內務府大臣查明辦理。嗣後遇有官用車輛，著順天府於民車雇用十分之七，莊頭車雇用十分之三，俾免偏枯而協平允。至莊頭雖非州縣所轄，原不比齊民一例責懲，倘竟身恃旗人，目無官長，如董振智攔轎咆哮，即屬法所難宥。該縣郭麟綏若令隸役責處，儆治刁頑，固有司分內之事，朕方且獎其風力。該縣輒出轎親行掌責，自覺失體。郭麟綏，著交部察議。餘依議。（高宗八四五、二五）

（**乾隆三六、一○、庚午**）諭軍機大臣等：據英廉奏，陽穀縣已革生員王錞等避差刁告，該省定擬過輕，請交該撫另行定擬一摺，所奏甚是。王錞、雷恭倚恃生監，於應行應差地畝，竟敢招集多人，赴縣求免，並私立碑記，永遠免差。嗣於應辦車輛，抗違不出，又復架捏虛詞，內外訐控，曉曉不休，殊屬刁惡。僅予褫革，而杖罪仍行援免，不足示懲。所有王錞及雷恭家人黃禮，著解往山東，交周元理，將王錞、雷恭等另行從重定擬具奏。並諭英廉知之。（高宗八九四、二二）

四、蠲免緩徵

（一）政策法令和執行情況

（**順治一、六、丙寅**）攝政和碩睿親王諭：京城內官民房屋被圈者，皆免三年賦稅。其中有與被圈房屋之人同居者，亦免一年。大兵經過之處、田地被傷者，免今年田賦之半。河北各府州縣，免三分之一。（世祖五、一五）

（**順治二、一、己丑**）總督河道楊方興疏言：山東地土荒撫，有一戶之中止存一二人、十畝之田止種一二畝者，僅不計口覈實，一始概徵稅，名為免三分之一，實以一二畝之地而納五六畝之糧。荒多丁少，以荒地累熟地，逃丁累見丁，是有蠲之名，無蠲之實。祈將見在熟地或免一，或免半，其拋荒之地，不論有主無主，盡行蠲免，俾民受實惠，而後民志固，民生遂矣。得旨：各直省無主荒地，該地方官開具實數報部，以憑裁酌。其熟地錢糧，照蠲免例，如數開徵。已有諭旨，户部知道。(世祖一三、二)

(順治三、三、乙卯)户部奏言：民間田地，撥給滿洲，雖已於鄰近地方補還，但盧舍田園，頓非其故，遷徙流離，深爲可念。應照被撥地數，一應錢糧，全免一年。其地土房舍，雖未經撥給滿洲，而與近村被撥之民，同居分種，亦應照分出地數，將一應錢糧，量免一半。凡故明公侯外戚屯地，既經撥出，其錢糧自應照數永免。如有被撥之民，將他處未撥產業混開冒免者，察出重究。從之。(世祖二五、二)

(順治五、三、壬戌)定優免則例。在京官員，一品，免糧三十石、人三十丁；二品，糧二十四石、人二十四丁；三品，糧二十石、人二十丁；四品，糧十六石、人十六丁；五品，糧十四石、人十四丁；六品，糧十二石、人十二丁；七品，糧十石、人十丁；八品，糧八石、人八丁；九品，糧六石、人六丁。在外官員，各減一半。教官、舉、貢、監生、生員各免糧二石，人二丁。雜職、省祭、承差、知印、吏典，各免糧一石、人一丁。以禮致仕者，免十分之七；閒住，免一半。犯贓革職者不在優免例。如户内丁糧不及數者，止免實在之數，丁多糧少者，不許以丁准糧；丁少糧多者，不許以糧准丁。俱以本官自己丁糧照數優免，其分門各户、疏遠宗族，不得一概溷免。(世祖三七、二一)

(順治六、七、辛巳)得旨：……嗣後直省地方如遇災傷，該督撫按即當詳察被災頃畝分數明確具奏，毋得先行泛報。所司即傳諭通行。(世祖四五一、六)

(順治八、一、庚申)上親政，御太和殿，諸王群臣上表行慶賀禮。是日，頒詔大赦天下。詔曰：……一、各省由萬曆年間加派地畝錢糧，順治八年分，准免三分之一。一、畿輔地方，原未派有萬曆年間加增地畝錢糧，其人丁徭銀，各州縣派徵等則不一，順治八年分，上三則免四分之一，中三則免三分之一，下三則全免。(世祖五二、一二)

(順治八、二、己丑)以上昭聖慈壽皇太后尊號禮成，頒詔天下。詔曰……所有恩恤事宜，條列於後。……一、各省人丁徭銀，派徵不等，八年一年，曾分九則者，上三則免七分之一，中三則免五分之一，下三則免三分之一，不分等則者，三錢以上免半，三錢以下全免，畿輔除前詔免過外，再照各省，一例蠲免。一、各處滿漢兵丁，分馬步戰守，各加賞賚。……一、營中倒斃馬匹，有按年責賠之例。自順治八年二月十一日以前未賠者，悉爲豁免。一、各營兵丁征戰勞苦，如月餉有欠者，該督撫速爲補給。一、征調別省兵丁，深爲可憫，其家口坐糧，照例給發，務令得霑實惠。一、朝鮮歲額進貢各色綿紬五百疋、棉布五千疋，以後永免綿紬一百疋，棉布六百疋。（世祖五三、一二）

（順治一〇、一一、丙辰）戶部奏言：江南各府屬旱災，除有漕糧州縣已經改折，其無漕糧州縣衛所，被災八分以上者，免十分之三；七分以下者，免十之二；四分，免十之一。從之。（世祖七九、一四）

（順治一三、一二、戊戌）以恭上皇太后尊號禮成，諸王、群臣及公主、福金併命婦等，俱行慶賀禮。是日頒詔赦天下。詔曰：……所有應行事宜，條列於後：……一、順治八、九兩年未完地畝人丁本折錢糧，該督撫確察果係拖欠在民者，具奏豁免，已徵在官者，不得借口民欠侵隱。一、順治八、九兩年分曆日祭祀牛羊、藥材、本折錢糧，其已徵收在官者，照數起解；其拖欠在民者，該督撫確察具奏豁免。一、十三年以前各省牛角皮料等項，果有未解完者，工部確察，照例改折，以舒民力。一、在京滿洲、蒙古、漢軍兵丁，量給恩賞。一、滿洲兵丁，披甲隨征、多年効力、被傷不能披甲，及年老有疾退役者，酌給恩賞。一、調撥別省兵丁，遠出從征，深爲可憫，其家口坐糧照例給發，務令得霑實惠。（世祖一〇五、一五）

（康熙二、八、辛丑）都察院左都御史龔鼎孳疏言：錢糧新舊並徵，參罰疊出；那見徵以補帶徵，因舊欠而滋新欠。請將康熙元年以前催徵不得錢糧，概行蠲免。有司既併心一事，得以畢力見徵；小民亦不苦紛紜，得以專完正課。下部知之。（聖祖九、二三）

（康熙三、五、庚午）雲南道御史黃敬璣疏言：竊見各省催徵不得錢糧，於康熙元年奉旨會議，咨行各督撫查報，迄今二年有餘，尚未完結。間有題報者，部臣概以俟各省總題到日再議覆之。臣思錢糧一日不議，則皇仁一日不沛，利弊一日不清。若必候各省到齊，勿論道路之遠近不同，抑且地方之情形各異。有同一款項，而一省當免、一省不當免者，則是原不必候齊也。且該撫奏報之後，久不見部中明示，必有不肖有司，欺小民無知，假稱不蠲，敲撲肥己者。即奉恩豁，小民未必得霑實惠。請敕部，凡先到者先議，後到者後議。如因其繁瑣不便，或定於季終議奏。其不當免者，早爲催徵，以濟軍需，使奸猾之民，不得觀望延挨，以誤國計。其當免者，早爲蠲豁，以蘇民困；使貪婪之官，不得上下欺朦，以恣中飽。則弊絕而皇仁沛矣。下部知之。（聖祖一二、三）

（康熙三、五、庚申）諭戶部等衙門：各項錢糧，關繫國計民生，必徵輸起解歷年清楚，然後國用有裨，軍需不匱。小民無催科之擾，官員免參罰之累。向因直隸各省，自順治元年至十七年，拖欠銀共二千七百萬兩有奇、米七百萬石有奇、藥材十九萬斤有奇、紬絹布匹等項九萬有奇，先曾有旨，應作何催徵、作何蠲免，著議政王、貝勒、大臣、九卿、科道會議具奏。今據奏，將河南、湖廣等省所欠錢糧內，有議蠲免者，有仍催徵者。此累年積欠錢糧，豈盡屬小民之故與？前者假託催徵，貪官污吏科派小民，侵吞入己者甚多，此皆貪污官吏侵剋那移撮借、運糧官侵漁、解糧官役自用、盜賊搶奪、火燒水溺等項拖欠至此。而追徵之時，有將人繫獄者，亦有實欠在民、雖遇恩詔未得盡蠲免者。今將此項嚴催，小民無故派徵，見任官空受處分；且以此拖欠錢糧，撥給兵丁，兵餉缺額無益。況不肖官役嚴加追比，反借端多派小民，朕甚憫之。今將自順治元年以來，十五年以前所欠銀、米、藥材、紬、絹、布疋等項錢糧，悉予蠲免。其先經議處官員人等不議外，見在催徵監禁追比各犯之罪，俱著寬釋。以後貪官奸吏，若將奉旨蠲免款項，復借端苛擾派徵，加等從重治罪。至直隸各省兵丁，征勦守禦效力，備極勞苦，惟需糧餉以資生計。向因新舊兼徵，錢糧不完，以致兵餉亦多壓欠。十五年以前所欠兵餉，理應找給，但民欠錢糧俱經蠲免，不必復給；自順治十六年以來，所欠兵餉，俱著找給。以後務按期支給，俾兵丁無內顧之憂，乃副朕軍民一視同仁至意。如仍前將應給兵餉，不實給發，及違禁侵剋那用等弊、從重治罪。爾等通行曉諭，俾咸知朕意。(聖祖一二、一三)

（**康熙四、三、丙申**）户部題：凡被災地方，夏災不出六月，秋災不出九月，各撫具題，差官履畝踏勘，將被災分數詳造冊結，題照分數蠲免。但本年錢糧，有司畏於考成，必已敲撲全完，則有蠲免之名，而民不得實惠。以後被災州縣，將本年錢糧先暫行停徵十分之三，候題明分數，照例蠲免，庶小民得霑實惠。從之。(聖祖一四、二四)

（**康熙四、三、己亥**）工部尚書傅維鱗疏言：向來定例，荒至十分者，止免三分；八九分者，免二分；六七分者，免一分。此皆朝廷德惠。然災至十分則全荒矣，田既全荒，賦何由辦？臣請此後災傷幾分即免幾分。又，部覆報災之疏，復下督撫，取結取冊，動經歲月，及奉旨蠲免，而完納已久，不得不於次年流抵；迨至次年，照舊催科，徒飽官吏之腹。臣以為凡遇災傷，督撫即委廉能官確勘，並冊結一同入奏，該部即照分數請蠲，庶小民受實惠，而官吏無由滋弊。下部議。(聖祖一四、二五)

（**康熙四、三、乙巳**）户部題：本年三月初五日奉恩赦，內開直隸各省，順治十六、十七、十八年催徵不得各項舊欠錢糧，著照蠲免十五年以前錢糧一體蠲免。前侵盜庫銀不赦，今俱著並免。其鹽課積逋，催徵不得者，著察明，亦准酌量蠲免。應請敕各督撫，嚴行確查，備造清冊送部，以憑查核，遵奉蠲免。從之。(聖祖一四、三〇)

(康熙四、六、庚辰) 諭戶部：前因山西大同、太原及山東濟南等府地方，旱災民饑，特將康熙四年應徵錢糧，盡行蠲免。今思有司或以已徵在官者，乘機肥己，使小民不霑實惠，亦未可知。著該督撫即嚴行各地方官，將康熙四年已徵在官錢糧，按冊逐名盡行給還。其給還花名銀數，明白造冊具奏，不得分釐侵扣。如有侵扣肥己情弊，督撫即行察參；督撫不行嚴察，或科道糾參、或地方民人首告，大小各官，定行從重治罪，決不饒恕。其有已經解部者，或即抵來年錢糧，或動何項錢糧補給，爾部議奏，仍著地方官速刊告示，通行曉諭。(聖祖一五、二一)

(康熙六、一、乙酉) 戶部議覆：山東道御史錢延宅疏言，被災地方蠲免錢糧，恐州縣官有陽奉陰違、朦上剝下之弊，請詳議處分條例。並命各督撫於奉蠲處所，每圖取見年里長結，收存該地方，並分繳部科查對。應如所請。以後被災州縣衛所，凡奉蠲錢糧，有已徵在官、不准抵次年者；有未徵在官，不與扣除蠲免，一概混比侵吞者，或於督撫具題之時，先停徵十分之三，及部覆之後，題定蠲免分數，不將告示通行曉諭者，或止稱蠲起運，不蠲存留，使小民僅霑其半者，或於田單內扣除，而所扣不及蠲額者，州縣各官，俱以違旨侵欺論罪。如上司不行稽察，道府俱降三級調用；督撫布政司俱降一級調用。如該管上司察出、不行糾參，被科道察糾、旁人首告，俱照徇庇例議處。從之。(聖祖二一、三)

(康熙七、七、戊戌) 戶部題：陝西莊浪等五縣，本年錢糧已恩准全蠲，但恐有已徵在官、而地方官重徵等弊，應請飭禁。得旨：是。免徵錢糧，速於該地方出示曉諭。有已徵在官者，留抵下年正額。如地方官將已徵錢糧，不行留抵重徵者，該督撫指名題參。(聖祖二六、一五)

(康熙七、七、丁未) 諭戶部：小民資生，惟賴田畝，一遇災浸，禾稼損傷，誠可憫惻，急宜蠲賦，以昭恩恤。嗣後凡有水旱蝗蝻等災，有司官星夜申報督撫，督撫各照駐劄附近地方，隨帶人役，務極減少，一切執事，盡行撤去，勿致累民。將被災田畝，作速親勘，定明分數，造冊達部，照例蠲免，務令人霑實惠。爾部速飭直隸各省遵行。(聖祖二六、一五)

(康熙八、一、乙巳) 戶科給事中姚文然疏言：蠲免被災錢糧一事，有各州縣簡明總冊，並各見年里長甘結報部，其地畝花名細冊，不過紙上虛文，有無冒免情弊，無可察核，徒費筆墨書算夫挑車載之費，請概行停止。從之。

(聖祖二八、二)

（**康熙九、九、乙卯**）户部議覆：吏科給事中莽佳疏言，遇災蠲免田賦，惟田主霑恩，而租種之民納租如故，殊爲可憫。請嗣後徵租者照蠲免分數亦免田户之租，則率土霑恩矣。應如所請。從之。(聖祖三四、一)

（**康熙一〇、一〇、乙巳**）户部議覆：浙江巡撫范承謨疏言，臨海、太平、平陽、石門、烏程五縣，温州一衛，未完康熙元年、二年、三年行月等項銀兩，積逋年久，疊罹凶荒，請援赦蠲免。查康熙八年恩詔，蠲免民欠地丁，並未載有蠲免漕項錢糧，未便援赦。得旨：漕項雖無豁免之例，但據該撫奏稱，積逋年久，疊罹兇荒，追比難完，爾部仍議追徵，是否相合，著再議。尋部議豁免。從之。(聖祖三七、六)

（**康熙一一、四、庚辰**）户部議覆：山東巡撫張鳳儀疏言，東平所運丁，例於該所每丁名下，納銀二錢五分。後經改入民籍，復於該州每丁納銀一錢二分，而運丁舊額未除，苦於重徵，請賜豁除。應如所請。從之。(聖祖三八、二二)

（**康熙一八、一二、丙子**）上問户部尚書伊桑阿等曰：各省災荒，共蠲免錢糧幾何？伊桑阿奏曰：見今所報江南等省，約五十萬，尚有數省未經報到。上曰：被災省分，若不蠲免錢糧，民生可憫。應將該省所報，逐一察明，使百姓獲霑實惠。(聖祖八七、一一)

（**康熙二一、九、壬戌**）諭大學士等曰：自用兵以來，百姓供應煩苦，朕前屢言俟天下蕩平，將錢糧寬免。爾等可同户部先將天下錢糧出納之數，通籌啓奏。至陝西一省供應，較他省苦累加倍，錢糧尤宜寬免。(聖祖一〇四、二四)

（**康熙二九、一、己未**）户部議覆：山東巡撫佛倫疏言，沂州等州縣衛所，未完康熙二十八年錢糧，俟收麥之後，徵完報銷。應如所請。得旨：山東康熙二十九年地丁錢糧，全行蠲免，原欲使小民終年無有租賦，得以休息，均霑實惠。若將未完帶徵，必至借端混擾滋弊。此本內康熙二十八年錢糧，理應於歲內全完，今乃稱仍有未完，顯係地方官員明知今年已經蠲免，故行延緩逋欠，詳請帶徵，希圖乘此混將已蠲錢糧，侵蝕肥己。該撫並不詳察，即爲具題，請於康熙二十九年麥登之後徵完，殊屬不合，著嚴飭。其錢糧未完各官，仍照定例處分。這未完錢糧，著於康熙三十年帶徵。(聖祖一四四、一一)

（**康熙二九、六、丙戌**）諭户部：朕撫育蒸黎，勤求民瘼，務期休養，漸至阜安，閭閻間有疾苦，朕衷時切軫念。近見廣東高、瓊等府地丁、各項錢糧，歷年逋欠，如係官役侵漁及豪强頑梗，抗不輸納，自應嚴追；儻因丁缺地荒，不能輸納，仍行徵比，照例考成，則小民既困追呼，有司復罹參罰，徒滋擾累，終無裨益。著該督撫以各州縣舊欠錢糧不能辦納情由，詳悉察明具奏。(聖祖一四六、二二)

(康熙三四、一二、辛丑) 諭大學士九卿等：朕撫御宇内，無日不念切國計民生。比年直隸各省，時遇旱潦，又平陽府有地震之災。朕屢發帑金倉粟賑濟，蠲免錢糧，百姓雖未至於流離，恐未盡安生業。各省綠旗官兵，防禦勞苦，深宜體恤。至奏讞罪人，雖罹法網，亦可憫惻。朕夙夜孜孜，軫念於中者久矣。今欲特頒詔旨，廣沛恩施。……嚴飭地方大小官吏，務期潔己奉公，撫綏百姓。綠旗官兵糧餉，多有虛冒剋扣，應行稽覈。各省積年逋欠及帶徵錢糧，概與豁免。(聖祖一六九、一九)

(康熙四○、二、癸酉) 諭直隸巡撫李光地：朕歷年省耕畿甸，諮訪民隱，屢行蠲賑，加惠黎元。近見霸州、大城、文安地居窪下，被水最甚，雖遇豐年，民猶艱食。其三州縣累年積逋及本年應徵地丁正項内，應蠲米穀錢糧，爾即察明豁免。所免數目，仍行題報。務使各處窮民咸霑實惠。如有勢豪土棍包攬侵冒，不肖有司聽胥吏作弊，指富作貧，假捏災傷，以致澤不下究，爾據實題參。期於民困獲蘇，以副朕愛養軫恤之意。(聖祖二○三、一一)

(康熙四一、二、乙卯) 上諭大學士等曰：蠲賦爲愛民要務，徵收錢糧，原爲國用不足，國用若足，多取奚爲。比年以來，附近省分，俱屢行寬免，惟雲南、貴州、四川、廣西等處，未得常邀蠲恤。今戶部庫帑有四千五百萬兩，每年並無糜費，國帑大有贏餘。朕欲將此四省四十三年錢糧，悉行蠲免；儻更寬裕，並及廣東省亦令蠲免。其蠲免四省諭旨，明春即行曉示，庶經費易爲措置也。(聖祖二一○、九)

(康熙四四、五、辛巳) 諭大學士等：嗣後蠲免新年錢糧，如并免積欠，則帶徵俱免；如止蠲本年錢糧，無免舊欠之旨，則所有舊欠錢糧，俱於次年徵收。蠲免之年，概不得開徵。永著爲例。(聖祖二二一、八)

(康熙四四、一一、癸酉) 大學士等以蠲免湖廣錢糧上諭進呈。上問曰：曾查此數年蠲免錢糧數目否？馬齊等奏曰：自康熙四十二年以來，蠲免錢糧數目一千六百餘萬。上曰：自吴三桂變亂之後，民甚艱苦，故朕累年蠲免錢糧。民生優裕，則國家太平矣。爾等可查康熙元年以來所免錢糧總數來奏。尋大學士等奏：查自康熙元年以來，所免錢糧數目，共九千萬有奇。報聞。(聖祖二二三、四)

(康熙四八、一○、丙午) 又諭曰：近來科道言事，必有所倚藉，方始上疏。至有關國計民生者，全不念及。如朕因江浙年歲歉收，米價騰貴，令江西、湖廣米商報名，不許積囤；沿海一帶，禁約不許出洋。聞江浙米價皆平矣，科道何不言及耶？朕凡遇饑荒，即蠲本年錢糧及歷年逋欠，又留漕賑濟，但恐民未必得霑實惠。聞江南有催徵蠲免錢糧，以償己之虧空者，科道何以不行指參？（聖祖二三九、一二）

（康熙四九、一〇、甲子）諭戶部：朕恭膺天眷，祗承列祖鴻庥，統御萬方，子育兆庶，廑懷至治，宵旰靡寧。幸際海宇同風，邊隅嚮化；邇邇中外，帖然袵席之安。是皆仰荷天地祖宗福佑之所致也。方朕八齡踐阼之初，太皇太后問朕何欲，朕對曰無他欲，惟願天下治安，生民樂業，共享太平之福而已。迄今五十年矣，惓惓此心，未嘗一日少釋。每思民爲邦本，勤恤爲先；政在養民，蠲租爲急。數十年以來，除水旱災傷例應豁免外，其直省錢糧，次第通蠲一年，屢經舉行；更有一年蠲及數省、一省連蠲數年者。前後蠲除之數，據戶部奏稱，共計已逾萬萬，朕一無所顧惜。百姓足，君孰與不足。朝廷恩澤不施及於百姓，將安施乎？朕每歲供御所需，概從儉約；各項奏銷浮冒，亦漸次清釐。外無師旅饟餽之煩，內無工役興作之費，因以歷年節省之儲蓄，爲頻歲渙解之恩膏。朕之蠲免屢行，而無國計不足之慮，亦恃此經籌之有素也。比來省方時邁，已歷七省，南北人民風俗及日用生計，靡不周知。而民生所以未盡殷阜者，良由承平既久，戶口日蕃，地不加增，產不加益，食用不給，理有必然。朕洞矚此隱，時深軫念，爰不靳敷仁，用甦民力。明年爲康熙五十年，思再沛大恩，以及吾民。將天下錢糧，一概蠲免。因衆大臣議奏，恐各處需用兵餉，撥解之際，兵民驛遞，益致煩苦。朕因細加籌畫，自明年始，於三年以內，通免一周，俾遠近均霑德澤。（聖祖二四四、二）

（康熙五六、一〇、庚戌）諭大學士九卿等曰：朕於各省錢糧，分年蠲免，無不周徧。今年各處豐收，亦無可免。止有帶徵一項，或十三四年、或十五六年，久不清。通計各省帶徵，亦不過一二百萬。爾等會同戶部，將款項查明具奏，可免則免之。但蠲免之事，恩出自上則可，前趙申喬欲以己意行之，可乎？（聖祖二七四、二五）

（雍正一、四、癸酉）吏部議奏：山西巡撫德音、布政使森圖隱匿地方災荒，既不奏報，又不停徵，應革職。得旨：遣祭華嶽之侍讀學士田文鏡到日，朕詢彼經過地方情形與百姓生理，據奏山西平定州等處，民間生計維艱，地方官現在徵比錢糧，是以即遣田文鏡速往賑濟。且聞年羹堯來京之時，曾囑德音查明歉收州縣，奏請緩徵，至今並未啓奏。巡撫係封疆大吏，一聞百姓饑饉，即當陳奏，德音既不奏聞，反行催科徵納，其不能勝巡撫之任，於此可見。德音從寬免革職，著來京，在學士任効力行走。其員缺，著內閣學士諾岷補授。布政使森圖，人不及，著革退，在驍騎參領効力行走。其員缺，著順天府府丞連肖先補授。（世宗六、二四）

（雍正四、二、壬申）戶部議覆：雲貴總督高其倬疏言，滇省鶴慶府、鄧州、騰越、嵩明三州，太和、浪穹二縣，土軍丁賦銀共九百餘兩。此項軍丁，並非承種軍田之丁，緣前明嘉靖、萬曆間，安酋鐵鎖箐等夷人先後作亂，暫撥民人協防，隨立太和所、鳳梧所等名目，每丁徵銀一兩。是伊等既納民賦於本籍，又輪軍賦於防所，流弊相仍，至今未革。查滇省民丁，每丁納銀五錢至一錢不等，屯丁每丁六錢至二錢不等，獨此項軍丁，徵銀多至一倍，而又身充二賦，誠為苦累，請永行豁免。應如所請。從之。（世宗四一、七）

（雍正六、三、癸丑）諭戶部：君民上下之間，休戚相同，本屬一體。論語曰，百姓足，君孰與不足。是民間之生計，即國計也。自古人君，無不恤民之災、濟民之困者。而至於歉歲蠲免之數，往往多寡不同者，則時勢贏絀為之，出於不得已也。如明洪武時，凡水旱地方，稅糧即與蠲免；成化時，凡被災之地，以十分為率，減免三分；弘治時，全荒者免七分，九分者免六分，以是遞減至被荒四分免一分而止。我朝順治初年，凡被荒之地，或全免，或免半，或免十分之三，以被災之輕重，定額數之多寡。順治十年議定，被災八九十分者，免十分之三；五、六、七分者，免十分之二；四分者，免十分之一。康熙十七年議定，歉收地方，除五分以下不成災外，六分者，免十分之一；七八分者，免十分之二；九十分者，免十分之三。此例現在遵行。凡此多寡不同之數，或旋減而旋增，皆因其時勢為之，亦非先後互異、意為增損也。數十年來，雖定三分之例，然聖祖仁皇帝深仁厚澤，愛養斯民，或因偶有水旱，而全蠲本地之租；亦且並無荒歉，而輪免天下之賦。浩蕩之恩，不可勝舉，而特未曾更改舊例者，蓋恐國家經費或有不敷，故仍存成法，而加恩於常格之外耳。朕即位以來，命怡親王等管理戶部事務，清查虧項，剔除弊端，悉心經理，數年之中，庫帑漸見充裕。以是觀之，治賦若得其人，則經費無不敷之事。用沛特恩，將蠲免之例，加增分數，以惠烝黎。其被災十分者，著免七分；九分者，著免六分；八分者，著免四分；七分者，著免二分；六分者，著免一分。將此通行各省知之。朕視萬民，實為一體，恫瘝念切，懷保情殷。因思自古無不愛民恤下之人君，亦斷無不急公親上之黎庶，祇以時勢所值，各有不同。今就目前國用計之，可以加惠吾民使霑渥澤，是以斟酌分數，定為規條。儻將來國用益饒，更可加增於此數之外；假若經費或有不足，凡爾百姓，自然踴躍輸將，則此例又可變通，必不因朝廷格外之恩，而遂忘奉公之本念也。如此，則君民一心，上與下各盡其道，太和洋溢，感格上蒼，將見災沴全消，雨暘時若，豐亨有慶，旱游無聞，豈不美歟。並令各省督撫，轉飭有司，偏諭鄉村衆庶，咸使聞知。(世宗六七、五)

(**雍正七、六、乙酉**) 諭內閣：……國家設官，本以理民；官有恤下之責，民有奉上之義。若設官而不爲計及養廉之資，則有司之賢者，將窘迫而莫能支；不肖者，又橫取而無所檢。是以酌定將錢糧耗羨，均給各官。此揆情度理，上下相安之道。但思加恩百姓，豁免正賦，若將耗羨一併蠲除，是民雖邀額外之恩，而官員轉有拮据之苦。上司或因此稍有寬假，則必致巧取苛索於民。流弊種種，轉多於耗羨之數，於吏治民生，均無裨益。著於庚戌年爲始，凡遇特恩蠲免錢糧者，其耗羨仍舊輸納。諒必民所樂從。若因水旱蠲免者，不得徵收耗羨。將此永著爲例。(世宗八二、八)

(**雍正八、二、丙午**) 戶部議覆：雲南巡撫沈廷正奏，南寧縣水災地畝，豁免錢糧，迨水退之後，補種有秋，請仍舊徵收。應不准行。得旨：部駁甚是。凡被災免賦之處，若地方官民詳報之時，以熟作荒，冒濫蠲免，則當從重治罪。若從前實係水渰，已照例蠲免，後因涸出地土，小民補種禾稼，仍欲徵收錢糧，殊屬不合。沈廷正所見卑小，著飭行。(世宗九一、七)

(**雍正八、一〇、壬子**) 諭戶部：陝西、四川地方，民風醇樸，歷年逋賦甚少。查每年徵收錢糧之期，四月完半，十月全完。此定例也。朕思四月、十月既屆納課之期，小民必須豫先經營。是麥穀未收之時，即爲輸將之計，或因稱貸而受剝於富豪，或因預糶而大虧其價值，且如甘肅地方，有徵收本色者，若在糧穀未穫之前，更爲竭蹶。歷來川、陝錢糧，既無拖欠之陋習，著將四月完半者，寬至六月，十月全完者，寬至十一月，俟夏麥秋禾築場納稼之後，從容完課，俾民力紓徐，以副朕愛養黎元之至意。(世宗九九、一六)

(**雍正一三、九、己亥**) 上即皇帝位於太和殿。分遣官祗告天、地、太廟、社稷。……所有合行事宜，條例〔列〕於左。……一、各省民欠錢糧，係十年以上者，著該部查明具奏，候旨豁免。(高宗二、三)

(**雍正一三、九、己未**) 再免民欠。諭總理事務王大臣曰：各省民欠錢糧，十年以上者，已於恩詔內概予蠲免；其餘未完民欠，尚係應徵者。朕思纘緒方初，惟當繼述我皇考惠養黎元之至德，俾服疇力穡之人，均沐恩膏，積逋全釋。若未蠲之項尚事徵收，民間不無煩擾。茲特再行降旨，於恩詔外，將雍正十二年以前，各省錢糧實欠在民者，一並寬免。從前江南積欠錢糧內，曾有官侵、吏蝕二項，乃從民欠中分出者，此時差往大臣官員，辦理原不妥協，亦著照民欠例寬免。此朕仰體皇考誠求保赤之仁，深願吾民厚生正德之意。各省軍民人等身受國恩至渥，自應感動天良，屏除陋習，明守法奉公之大義，循則壤成賦之常經，共爲良民，免追呼之擾累。儻疲玩性成，不知悛改，則是吾民中最爲愚頑之人；既無畏威之念，亦鮮懷德之心，國法具在，朕亦不能爲之寬宥也。爾等即交部遵行。（高宗三、一四）

（**雍正一三、九、庚申**）又諭：八旗入官地畝房屋，皇考交與八旗大臣官員等料理。乃伊等不能仰體聖心，辦理總不妥協。既無益於國計，轉有累於八旗，朕知之甚悉。且有將已經奉旨蠲免之項，因八旗查報在先，復行勒逼交官者，其間弊端種種，著該部確查，明白具奏，再降諭旨。（高宗三、二四）

（**雍正一三、一〇、壬申**）諭總理事務王大臣：據果親王密奏，江南等省漕項蘆課，及學租雜稅等銀，亦係雍正十二年以前之民欠，似可照例蠲免，特行請旨等語。朕思此等欠項，實係應免者。果親王分晰詳明，據實陳奏，甚屬可嘉。著全行蠲免。並令嗣後遇有恩詔，俱將各項入於蠲免之內，永著爲令。（高宗四、二二）

（**雍正一三、一一、辛丑**）户部議：福建建陽縣冒免錢糧一案，其歷任該管各員，不行查出，均應罰俸一年。得旨：依議。從前冒免之弊，原係官吏所爲，與百姓無涉。現在該撫盧焯奏請清查，必須至公至當，不得絲毫擾累百姓。儻不據實陳奏，稍有辦理未善之處，朕必於該撫是問。（高宗六、一二）

（**雍正一三、一二、癸酉**）諭總理事務王大臣：向來漕項銀兩不在蠲免之例，朕前已降旨特行蠲免，以紓民力。今查各省尚有帶徵漕米，原應如期輸納，但民間已完現年漕米，又完先年緩徵之米，民力未免艱難。著該部傳諭辦漕各省督撫等，將雍正十二年以前未完帶徵、緩徵本色改折米銀，逐一查明，奏聞蠲免。（高宗八、一五）

（**乾隆二、七、丙辰**）定蠲賦文到已輸，准作次年正賦。諭總理事務王大臣：蠲免錢糧，所以紓民力而惠黎元，或偏災偶見，尤宜急加寬恤。故周禮荒政，以薄徵爲先。乃不肖州縣，一聞蠲免恩旨，往往於部文未到之前，差役四出，晝夜催比，追呼之擾，更甚平時；迨詔旨到日，百姓已完納過半，朝廷有賜復之恩，而閭閻不得實被其澤。甚至官吏分肥，侵漁中飽。情弊種種，深可痛心。我皇考世宗憲皇帝，洞悉其弊，雍正十一年八月內，蠲免甘肅地丁銀兩，奉旨將已完在官之項，准抵明年正課。此誠萬世之良規，所當遵奉者。嗣後凡有蠲免，俱以奉旨之日爲始，其奉旨之後、部文未到之前，有已輸在官者，准作次年正賦，永著爲令。如官吏朦混隱匿，即照侵盜錢糧律治罪。(高宗四七、二八)

(乾隆二、一〇、丁亥) 減浙江桐廬縣官抄秋租徵額。諭户部：[朕]聞浙江嚴州府桐廬縣屬，有官抄、秋租二項額徵條銀，較之民產科則，多至三五倍不等。前代相沿，事隔久遠，不知起於何時。而此二項田土，多屬瘠薄，又因賦重，輸納維艱，每至催徵，逋逃相繼，甚可憫念。查此二項，原徵銀七百九十九兩，若依民產科則，共應減銀五百八十一兩零，著該部即行文與大學士嵇曾筠從戊午年爲始，減去浮多之數，照民產一例徵收，俾小民均霑實惠。(高宗五四、七)

(乾隆三、五、丙寅) 予被災五分者，亦准報災。諭：各省地方偶有水旱，朕查蠲免錢糧舊例，被災十分者免錢糧十分之三，八分、七分者免十分之二，六分者免十分之一。雍正年間，我皇考特降諭旨，凡被災十分者，免錢糧十分之七；九分者，免十分之六；八分者，免十分之四；七分者，免十分之二；六分者，免十分之一；實愛養黎元、軫恤民隱之至意也。朕思田禾被災五分，則收成僅得其半，輸將國賦，未免艱難，所當推廣皇仁，使被災較輕之地畝，亦得均霑恩澤者。嗣後著將被災五分之處，亦准報災，地方官查勘明確，蠲免錢糧十分之一。永著爲例。(高宗六八、一九)

(乾隆三、八、丙午) 户部等衙門遵旨議覆：直省緩徵錢糧，雖有緩至次年麥熟及秋後徵收之例，但一年之內，仍屬新舊全徵，民力未免拮据。請嗣後分別被災之輕重，以爲帶徵之年限。如本年被災八分、九分、十分者，緩作三年帶徵；其止五分、六分、七分者，緩作二年帶徵。俾小民得以從容完納。得旨允行。(高宗七五、一二)

(乾隆三、八) [是月，兩江總督那蘇圖遵旨]又奏：江南連歲歉收，所有被旱各屬，元、二兩年緩徵漕糧，應在今年帶徵者，請酌爲區別。如元、二年非連被水災，本年被旱稍輕者，現在仍徵本年折色，其帶徵漕糧，請再緩至明冬徵收。至元、二年兩次被水，本年復成旱災者，並請將本年折色，緩至明年麥熟後徵收。但明歲既有本年應徵之糧，又帶徵今年折色及元、二年舊欠，民力不無艱難，應俟明年麥熟後，再行酌量具奏。得旨：朕爲帶徵一事，已降旨命九卿議覆准行矣。即與此奏同意，可於彼案酌量辦理。(高宗七五、一九)

(乾隆四、四) [是月] 兩江總督那蘇圖奏：上下兩江上年被旱，蠲免錢糧，向例計田派蠲，但蠲免原爲貧民，請此次飭令各州縣，查明凡額徵銀五錢以下，概准蠲免；五錢至五兩者，計全免窮戶之外，將所餘之數，均勻分數蠲免。其額徵五兩以上，毋庸蠲免。至佃戶納租，向照免數量減，仍恐富戶隱瞞取索，不若止免貧戶錢糧，較減租得有實濟。得旨：卿能如此悉心酌議，如此擔當辦理，實屬可嘉之至。古云，有治人無治法，尚當留心訪察胥役，毋令因事滋擾，則全美之舉也。(高宗九一、一八)

(**乾隆五、八、庚子**) 諭：朕聞江省歲額錢糧，地丁漕項蘆課雜稅之外又有名爲雜辦者，不在地丁項下編徵，仍入地丁項下彙作分數奏銷。其款目甚多，沿自前明，迄今賦役全書止編應解之款，未開出辦原委；即有開載出辦之處，亦未編定如何徵收則例。於是有缺額累官者，有徵收累民者，有累在官而因以及民者，有累在民而因以及官者，種種不一，朕心軫念。特頒諭旨，除有款可徵、積久相安、無累官民之項，仍照舊徵解，但須查明則例，立定章程，明白曉示，以杜浮收隱混等弊。其實在缺額有累官民者，著總督楊超曾、巡撫徐士林詳確查明，請旨豁免，以示朕嘉惠地方之至意。(高宗一二四、四)

(**乾隆五、九、乙酉**) 諭：乾隆四年，山東所屬鄒平等三十九州縣，秋禾被水，所有應完漕米，經撫臣奏准，動撥臨、德二倉原存漕穀，按一米二穀，碾米隨漕運通；其應徵漕米，緩至乾隆五年秋後改徵穀石還倉。今屆徵收還項之期，每米一石，即應交正耗之穀二石三斗。是小民從前受緩徵之益，而今則不免有多輸之累，重運之難，所當加以體恤者。著照欠漕之例，仍按原數徵收米石，暫存臨、德二倉，於來歲青黃不接之時，出糶存價，俟秋成再行買穀還項，於小民似有裨益。該部即遵諭行。(高宗一二七、二)

(**乾隆五、一一、戊寅**) 戶部等部議覆：御史胡定條奏吏治事宜。一、蠲免錢糧，宜杜短扣之弊。查蠲免期逐戶均霑，難容剋減。該御史既稱短扣之由，皆以未嘗明示科則，而僅開總數等語。臣等酌議，現在各省徵糧，遵用易知單、滾單、樣單及紅薄〔簿〕、實徵額冊，或給發花戶，或刊刻出示。請嗣後遇有蠲免分數，均於單內註明，示內刊刻，俾里民自行磨對，照數扣除。一、出借倉穀，宜申罔利之禁。查各省積貯，例止借給貧民。該御史既稱地方官慮貧民難於歸款，不如借給富戶，而富戶復借給貧民，轉獲厚利等語。應如所奏，嚴行直省，務遵定例行。……從之。(高宗一三〇、二五)

(**乾隆六、一**) [是月] 安徽巡撫陳大受奏：安省分年帶徵之項，因上年豐收，民間有願一併完納，以省折耗盤費、跋涉守候者。州縣拘於成例，竟行退還，轉非恤民之意。請於分年帶徵中，聽從民便，儻有借端強勒全完者，參奏。報聞。(高宗一三五、一四)

（乾隆六、一一、己巳）又吏部議：户部參奏漕運總督常安等奏稱，上江太平、銅陵等二十六州縣成災，緩徵乾隆四年漕糧，奉旨豁免；其勘不成災之地，奉旨豁免舊欠錢糧；其緩漕亦應遵旨一體豁免。至下江乾隆二年江、常等七府州被災各屬，題請緩徵災漕，已奉特恩，一并豁免。惟上江乾隆三年分緩折漕糧、并未經被旱、勘不成災之舊欠分年帶徵者，下江乾隆元年之緩漕、三年之折漕，均應遵旨緩至明年帶徵。查漕項錢糧，例不並蠲，而該督等以奉恩蠲免錢糧，遂謂地丁、漕項，統在其中，辦理殊屬錯誤，請交部察議。應將署江寧布政使託庸、江蘇布政使安寧、漕運總督常安、原署兩江總督楊超曾、調任安徽巡撫陳大受等，各罰俸有差。諭：此本內請蠲漕糧一事，安寧等曾經摺奏，第未明晰，而具本時又不將原委敘入，是以户部參奏。但係已經具摺之案，各員處分，俱著寬免。朕觀近來六部辦理事件，多主於駁，不但司官為然，大臣亦復不免。使所駁果屬允當，督撫等自可遵循改正；若徒以駁詰為事，彼將何所適從。即如國家經費，固當加意慎重，然遇事之不得不開銷者，既無俸工可動，又無己貲可捐，若再不准動用公項，則公事礙難辦理。不肖有司必致科派小民，其弊可勝言乎。在部臣之意，以為題銷即准，勢必開浮冒之端，將來國用不足，仍將貽累民間，不得不嚴加查覈。殊不知為督撫者，違道干譽，虧國計以市己恩，固屬不可；但經費之宜省宜用，自有不易之理，當於撙節之中，存遠大之見，而輕重之間，又不可不加權衡。朕之訓諭諸臣者，不啻至再至三矣。大臣為國家任事，不可流於一偏。現在尚書侍郎中有曾任督撫者，有將來出為督撫者，乃在外則所請常過於寬，曰吾以恤民瘼也；在內，則所駁常過於嚴，曰吾以重國帑也。其所居之官職不同，而存心行事，亦因以迴異，隨境轉移，漫無定識。要之皆揣摩迎合之習，不能悛改，所謂公忠體國者，有幾人乎。朕之諭旨，惟以中道期望內外大臣，俾無過不及之弊，並非有所偏向，觀望者又不可錯會朕意。（高宗一五四、一七）

（乾隆八、九、甲辰）頒詔天下。詔曰：……於乾隆八年秋恭奉皇太后祇謁永陵、福陵、昭陵，大禮既成，……爰沛德音，用頒湛惠。所有事宜，開列於後：……一、奉天府屬，應徵乾隆九年分地丁銀兩，著寬免。（高宗二〇一、一五）

（乾隆一〇、四、戊午）山東巡撫喀爾吉善奏：東省催徵錢糧，向用滾單，如遇災蠲，將分數於單內註明曉諭。但發單在開徵之初，儻災蠲在半載以後，勢難逐户調查，按數分注。是以前請另用獨户清單，並請將未奉災蠲之前已完在官銀兩，亦另刊一單，註明完數，抵作次年正賦。今經部覆查議。臣查被災有輕重，分數有多寡，鄉民未能扣算，胥吏易於弊混。請於獨戶清單內，將應蠲之已完銀，抵作次年正賦，逐戶填明，各給一紙。其刊刻單費，歸於賑恤造册紙張內報銷。下部議。尋議：應如所奏辦理。從之。（高宗二三九、二）

（乾隆一〇、六、丁未）普免天下錢糧。諭：我朝列聖相承，深仁厚澤，無時不加意培養元元，以期家給人足。百年以來，薄海內外，物阜民康，共享昇平之福。朕臨御天下，十年于茲，撫育蒸黎，民依念切；躬行儉約，薄賦輕徭，孜孜于保治之謨，不敢稍有暇逸，常守節用愛人之訓，凡以為民也。今寰宇敉寧，既鮮糜費之端，亦無兵役之耗。所有解部錢糧，原為八旗官兵及京員俸餉之所需，計其所給，較之宋時養兵之費，猶不及十之一二。至於各處工程，為利民之舉者，亦祇取給於存公銀兩。即朕偶有巡幸，賞賚所頒，亦屬無幾。是以左藏尚有餘積。數年以來，直省偶有水旱，朕加恩賑濟，多在常格之外。如前年江南被水，撫綏安插，計費帑金千餘萬兩。凡此皆因災傷補救而沛恩澤者。朕思海宇乂安，民氣和樂，持盈保泰。莫先於足民。況天下之財，止有此數，不聚於上，即散於下。仰惟我皇祖在位六十一年，蠲租賜復之詔，史不絕書；又曾特頒恩旨，將天下錢糧普免一次。我皇考旰食宵衣，勤求民瘼，無日不下減賦寬徵之令。如甘肅一省正賦全行豁免者，十有餘年，此中外所共知者。朕以繼志述事之心，際重熙累洽之候，欲使海澨山陬，一民一物，無不均霑大澤。為是特降諭旨，將丙寅年直省應徵錢糧，通行蠲免。其如何辦理之處，著大學士會同該部，即速定議具奏。（高宗二四二、九）

（乾隆一〇、六、乙丑）大學士公訥親等奏：蠲免事宜，臣等謹加酌議。查康熙五十一年蠲免天下錢糧，將各省分作三年，全免一週。查地丁錢糧額銀，共二千八百二十四萬餘兩，請將直隸、奉天、江蘇、西安、甘肅、福建、四川、湖南、雲南、貴州等省銀一千四十二萬九百餘兩，於丙寅年全行蠲免；浙江、安徽、河南、廣東、廣西等省銀八百六十二萬七千三百餘兩，於丁卯年全行蠲免；山東、湖北、江西、山西等省銀九百一十九萬二千二百餘兩，於戊辰年全行蠲免。其運撥歲需銀兩，統於各該省每年冬撥案內，另行奏聞。至應徵耗羨銀，並非解部之項，應照雍正七年之例，仍舊輸納，留充地方公用。得旨：依議。各省蠲免正賦之年，若有未完之舊欠，按期帶徵，則民間猶不免追呼之擾，著一併停其徵收。展至開徵之年，令其照例輸納。至於有田之家，既邀蠲賦之恩，其承種之佃戶，亦應酌減租糧，使之均霑惠澤。著該督撫轉飭州縣官，善為勸諭，感發其天良，歡欣從事，則朕之恩施，更爲周普。一切照雍正十三年十二月諭旨行。又諭：朕特降旨將丙寅年各省錢糧通行蠲免，以嘉惠元元，經大學士戶部議稱，應照康熙五十一年之例，將各省分爲三年，以次豁免，朕已降旨允行。嗣後該省應免之年，或遇水旱等事，若不格外加恩，則被澤仍有同異，未爲普遍。著將特恩應蠲之數，登記檔冊，於開徵之年補行豁除。該部即將朕此旨，通行曉諭知之。（高宗二四三、一三）

（乾隆一〇、七、己亥）江蘇巡撫陳大受奏：江省蠲免錢糧，酌議事宜三款。一、江省地丁漕項，向未分別徵收，今地丁全數蠲免，而漕項仍應完納，恐吏胥朦混浮收。應飭各州縣清查定額，分晰應免應完之數，曉諭糧戶。一、地丁耗羨，向隨正項輸納，今正項已蠲，而耗羨照舊徵收，雖屬零星小數，其火工票錢反致多用。請令花戶於完納漕項時，帶完耗羨，即附填申票，不必另給，亦不得耗外加耗。一、吳中佃戶抗租，久成錮習，況業戶現邀恩免，頑佃尤得藉詞賴租。今酌議業戶收租，照蠲免之銀，酌減分數，如業戶邀免一兩者，應免佃戶五錢。得旨：所議尚屬留心，行之則仍在人耳。（高宗二四五、二三）

（乾隆一〇、八、戊午）大學士等遵旨議奏：直省蠲免錢糧，現奉諭旨，令臣等將耗羨可否一併豁免之處，酌議辦理。查正項錢糧，已分三年蠲免，若將耗羨一例豁除，則養廉充公等項，無可支用。雖有節年存剩盈餘各閒款可撥，而此外不敷之數尚多，應將耗羨仍徵。得旨：是。知道了。（高宗二四七、二）

（乾隆一一、一、辛未）命蠲賦之年緩徵耗羨。諭：朕愛育黎元，格外加恩，將各省錢糧普免一次，以爲休養萬民之計。經大臣等酌議，國家每年一定之經費，皆取資於正賦，應將各省分作三年蠲免，則經費有賴，而先後之間，萬民均霑膏澤。至於耗羨，乃有司養廉及辦理公務之所必需，應令照舊輸納。朕已允行。今思朕之逾格蠲免天下正賦者，所以藏富於民，且使閭閻之間，終歲不聞催科之聲也。今正賦既蠲，而耗羨又令完納，是官民仍有交關，猶不免有追呼之擾。若將蠲賦之年應徵耗羨，一併緩至開徵之年按數完納，使小民於交官之便，完此些須，不必兩次伺候於公庭，亦體恤民情之意。著該部即遵諭行。並將公用不敷之處，作何撥抵，酌議辦理。各省督撫當董率有司善爲之，勿因此又別生弊端也。（高宗二五六、五）

（乾隆一一、二、壬子）湖廣道監察御史沈景瀾奏：頃奉恩旨，將直省地丁銀兩，蠲免一年，朝野額度。查向來蠲免地丁清冊，州縣造報藩司，書吏借端勒派，視縣分大小，自數十金至數百金不等。總吏派之里胥，里胥派之甲戶，不遂其欲不止。請勅下直省督撫，嚴行禁止，並取各州縣並無科派冊費甘結詳報。再，有漕之省，舊例地丁漕項，編爲一律徵收，不分細數，愚民無從查考，恐不肖官吏，每戶暗加分釐，多收入己。並請勅下督撫，徧飭州縣，於造報漕項清冊時，即填明各甲戶應完細數，豫給一單，庶小民一覽易知，浮派之源可杜。得旨允行。下部知之。（高宗二五九、四）

（**乾隆一二、一、己亥**）諭：福建閩縣地丁項內，有先賢二十三祠祭產田糧一項，本朝初年優免後，於雍正五年，該地方官清查溢額錢糧之時，誤將此項作爲溢額，報解歸公，現在追徵充餉。朕思祠宇祭產，供俎豆牲牷之用，歷來優免，以恤奉祠後裔，原屬國家曠典。著該督撫查明豁免，永著爲例。所有此項歷年未完積欠，一併蠲除。（高宗二八二、七）

（**乾隆一二、二、己巳**）又諭：豫省地丁錢糧，今歲係輪免之年，其耗羨舊欠等項，俱予停緩，俟次年補徵。惟該省有額徵隨漕銀兩，支給運軍行月錢糧，例不蠲免。但此項銀兩，通省按畝徵收，皆畸零小數，小民難以輸將，且豫省去歲亦有被災之處，朕所軫念。著照耗羨等銀之例，將該省隨漕銀一十一萬八千餘兩，緩至戊辰年補徵。再，歸德府屬有徵解江南船料銀兩，亦係按畝徵輸，事同一例，亦著緩至來年徵納。其本項應用銀兩，該撫酌量借撥。該部即遵諭行。（高宗二八四、一七）

（**乾隆一二、七、丙午**）諭軍機大臣等：朕車駕所經地方，有加恩蠲免錢糧者，地方官辦理，皆照合邑均攤，是以附近御道地畝，得霑實惠轉少。前經降旨那蘇圖，令查明附近御道田畝數目，已據那蘇圖將馬蘭峪、易州二處御道兩旁田地，造冊送部。惟是熱河一路，亦係朕常時來往之地，著那蘇圖查明酌定，具摺奏聞。（高宗二九五、六）

（**乾隆一二、一二、己未**）又諭：據巡撫潘思榘奏稱，安省各屬，有學田、囚田、義田三項，均屬官產，欣遇恩蠲；請照下江減免學田錢糧之例，扣免一半等語。朕以此事有弊，令軍機處詳查；乃知上年輪蠲江蘇錢糧，先經陳大受分款奏明，該部將學租等項俱照普免舊例，不准蠲除。今潘思榘所奏，既非應免之項，而援江蘇之處，又復錯誤。況今歲係安省蠲免之年，伊即欲奏請，何不於三月內，請免馬稻租息之時，一併陳奏。獨將此三項遲之至今，且未經奏明，即行扣免。其意不過因調任閩省，借此以博人之去思，巧於邀譽。所有此項扣免錢糧，即著潘思榘賠補。至所稱仿照下江之例，而江蘇並未蠲免，混行援引，是何意見？此處著尹繼善詳查。併傳諭潘思榘，著伊明白回奏。（高宗三〇四、六）

（**乾隆一三、七、庚戌**）諭：金川逆酋不法，現在調撥大兵，剋期勦滅。

一切軍需供應，絲毫不以累民。惟是飛芻輓粟，烏拉之外，間亦酌用民力，雖給與腳價口糧，小民不無勞瘁，朕心軫念。著該督撫查明辦過夫米各州縣，將本年錢糧先行緩徵。俟凱旋事竣之日，分別等次，奏明請旨，候朕加恩，以示朕軫恤邊氓之意。（高宗三一九、二三）

（乾隆一三、一○）[是月] 前任兩廣總督尹繼善查奏：江蘇省乾隆十一年普蠲錢糧，經部議，學租、湖河灘租等項錢糧，不准蠲免。至於學田項下應納該年地丁，則統歸民賦地丁內一體蠲免。此外又有義田、獄田其應納地丁，亦在統蠲之內。惟是學、義等田，雖係官產，其承種之佃戶，原與民田無異。民田業主當恩蠲之年，俱酌免佃戶租秄，學、義等佃，事同一例。是以前藩司安寧，飭將學、義等田官產，照額編地丁之數，於官佃應納租秄內，扣讓一半，每畝所讓，約止數升，此與民間減收租米情事相同，於錢糧無涉。迨乾隆十二年輪免安徽錢糧，一切照江蘇成規辦理。前撫臣潘思榘並不詳細斟酌，竟以仿照下江減免學田錢糧一語混行通飭，以致各屬奉行舛錯，有將不應免之學租銀穀誤免者，有全免地丁之外又照地丁之數將學租扣免一半者，又有誤照馬田之例扣免十分之三者，辦理實屬錯誤。報聞。（高宗三二七、三四）

（乾隆一五、一、丙午）諭：各省耗羨銀兩，以備地方一切公用。向因漫無稽考，是以條列章程，該部歲鈔察覈。朕思有正供而後有耗羨，耗羨非正供可比，其未完之項，雖應一體催徵，但輸將不無拮据。朕巡幸所至地方，應酌量加恩，以紓民力。直隸屢經巡歷，今春暨秋，清蹕五台，命駕河汴，明歲即當南幸江浙，山東亦所必經。所有耗羨內，直隸、山西、河南、浙江四省未完銀兩，全行豁免。江蘇、安徽、山東三省未完銀兩，蠲免十分之六。著該督撫確查實數，毋令吏胥借端挪抵，正耗混淆，暗行侵蝕；儻有朦混滋弊，即行參奏，從重治罪，上司稍有徇隱，一併嚴加議處，務使閭閻均霑實惠，以普恩膏。（高宗三五六、二）

（乾隆二二、六、壬申）諭軍機大臣等：前曾有旨，將江南省乾隆十年以前積欠漕項銀米、地漕耗羨，一體豁免。茲據愛必達奏稱，積欠內尚有官役侵蝕等弊，當按照年款徹底清查，如係官役侵蝕，即參究追賠；如果實欠在民，即遵旨豁免等語。愛必達所奏甚是，此項蠲免原爲軫恤民瘼格外施恩，豈容劣員蠹吏，乘機舞弊，以飽私橐，自應嚴行查覈，分別辦理。今愛必達已補授雲南總督，著將原摺鈔寄陳宏謀，令其查照辦理，務使閭閻得霑實惠，官吏不致中飽。即查明確數奏聞。（高宗五四○、二八）

（乾隆二二、六、丙戌）諭軍機大臣等：託恩多奏南巡經過駐蹕及去秋歉收各州縣，恩蠲本年地丁錢糧，先儘小户分別蠲免一摺，所奏甚是。江省乾隆二十一年以前之地丁、十年以前之漕項，積欠頗多，前經降旨，概予豁除。此等積欠，多屬大户，業已邀恩格外，現在恩蠲本年地丁，大户少占一分，則小户多受一分之益，自應照議查辦。愛必達已補授雲貴總督，陳宏謀尚未到任，著將原摺鈔寄尹繼善，令其悉心覈實辦理。(高宗五四一、二五)

(乾隆二七、三、辛酉) 又諭：陽湖縣書役湯懷德、許勝侵蝕官租，唆聳各佃叩閽求豁，以圖掩飾，其欺罔狡詐，實屬奸蠹之尤，已審明按律治罪。所有該犯家内字跡書札，自應詳悉查檢，乃知府永會遽稱並無來往書札字跡，所有破爛刻本舊書，並無關係。夫以慣行作弊之積蠹，於乘輿臨幸，尚敢唆衆突仗，豈有平日反無一字作弊之理，此事將誰欺？明屬有心迴護，急圖了事，規避自己處分。外省欺罔之習，於此可見一斑。而該督未經寓目，又何以即爲憑信，不行駁察耶？朕親行巡省，地方積弊惡吏，肆行無忌，知府尚欲草率結局，則伊等平日支飾積習，尚可問乎？永會著交部議處，尹繼善並著傳旨申飭。其該犯家内，著該督另委賢員，再行徹底搜查，據實具奏，毋得稍存含混。(高宗六五七、一九)

(乾隆三二、六、庚戌) 又諭：前經降旨，將各直省應徵漕米，普蠲一年，本年輪免江蘇一省。昨據尚書嵇璜奏請，按照府分勻作兩年蠲免，業經户部議駁。旋據高晉、明德會奏，請將各州縣額漕本年先蠲一半，其餘一半俟明年再蠲；復經該部以高晉等身任其地，自就該省實在情形籌辦，當經議覆准行。在伊等通融調劑，原爲地方米石均平及貨物流通起見，但當此圖澤覃敷，自應籌酌萬全，以期妥協。高晉等所奏，各州縣概免一半之處，雖通行出示曉諭，而僻壤窮鄉，勢難家喻户曉。江蘇糧額，甲於他省，條目繁多，既易滋混淆，且恐不肖吏胥因緣爲奸，不無高下其手、影射侵漁之弊。轉不如間府分免，尤爲妥善。著高晉、明德等將該省漕糧通盤籌畫，按額適均統計，本年應免若干府，次年應免若干府，使界限犁然，蠹役無由滋弊。輸將者既易於遵循，蠲免者更普霑實惠，而於裕食便民之道，亦均有裨益。該督等迅速悉心定議，一面奏聞，一面通行各屬，實力辦理，以副朕籌咨民隱之至意。該部遵諭速行。(高宗七八七、四)

(乾隆三三、二、己卯) 江西巡撫吳紹詩奏：本年輪應江西蠲免漕糧，若全行停運，不但兵弁舵水人等概置空間，而南北貨物阻隔，市儈亦恐借此居奇。請將南昌、饒州、南康、廣信各屬漕三十八萬八千石有奇，於今年豁免，其瑞州、臨江、吉安、撫州、建昌、贛州各屬漕三十八萬二千石有奇，改於明歲蠲免。得旨：著照所請行。(高宗八〇五、一六)

(**乾隆三五、一、己卯**)諭：朕寅承丕緒，撫有萬方，申旦求衣，無日不以勤恤民依爲念。是以劭農省歲，減賦逭徵，不靳多費帑金，蘄閭閻共臻康阜。溯在乾隆十一年丙寅，朕御宇周旬，肇敷闓澤，曾恭依皇祖普免天下錢糧恩例，蠲除直省額徵正賦二千八百萬兩有奇。越在三十一年丙戌，際當必世興仁，益惟比戶饒裕是計，復下詔將應徵漕米省分，照康熙年例概蠲一次。俾各省倉箱盈衍，倍積耕餘。邇年以來，寰宇乂寧，民氣和樂，惟上天孚佑我邦家，海錫康年，頌符綏屢。朕祇膺昊蒼鴻眷，其可不究澤推仁，以與我海內元元，答茲嘉貺！我國家席全盛之模，內外經費度支，有贏無絀，府庫所貯，月羨歲增。因思天地止此生財之數，不在上，即在下。與其多聚左藏，無寧使茅簷蔀屋，自爲流通。迺者仰紹列祖貽庥，化成熙洽，爲民藏富，欣際斯辰。且今年朕六十誕辰，明歲恭逢聖母八旬萬壽，普天忭祝，慶洽頻年，尤從來史冊所未有。是宜更沛非常之恩，以協天心而彰國慶。茲用乘春頒令，誕布陽和。著自乾隆三十五年爲始，將各省應徵錢糧，通行蠲免一次。其如何分年遞蠲之處，著大學士會同該部，即速詳議具奏。尋奏：普免錢糧特恩，請照乾隆十一年按各省額賦，均勻搭配，分三年輪免。其因躉路經過，暨承辦軍務、兵餉經過地方，上年奉恩諭蠲十分之五分、三分不等，即於本年普免，俾首荷全蠲。各省蘆課漕項，例不並蠲；地丁隨徵耗羨，係充公用，不解部，照例輸納。其緩徵帶徵之項，應於各年徵者，不再展限。從之。(高宗八五〇、二)

(**乾隆三五、一、己卯**)軍機大臣等奏：各省地丁，例於二月開徵，現奉普免特恩，各遠省應由驛五百里行知，令飛飭所屬。報聞。(高宗八五〇、三)

(**乾隆三五、八、辛卯**)諭：本年正月降旨，將各直省應徵錢糧，通行蠲免一次。經部議，甘肅省應於明年輪免。第該省所徵地丁少而糧草多，著照乾隆十年蠲免之例，將甘省臨邊各屬辛卯年應徵番糧草束，均格外加恩一體蠲免。其河東、河西額徵屯糧草束，亦著蠲免三分之一，俾得均霑愷澤。該部即遵諭行。(高宗八六七、二)

(**乾隆三八、三、庚戌**)諭：文安大窪，連絡四淀，向來積水難消，前此曾命協辦大學士公兆惠往勘，設法疏治，水即退涸。三十二年經行閱視，業已徧種春麥，彌望青葱，省覽實深忻慰。迨三十五年巡閱所經，又多積水，此次所見，仍復汪洋一片，若久遠難以涸出，恐妨民業，致完無田之糧，朕心深爲軫念。特命周元理查明水占頃畝錢糧數目，並交軍機大臣將作何籌辦之處，會同該督覈議。茲據奏稱，此項窪地，每遇積水未消時，村民捕魚爲業，水涸後普種稻粱，即成沃壤；是以從前康熙年間，甫經題豁錢糧，旋即陸續報墾請復。蓋小民既資爲恒産，不肯輕棄其業，即水占未涸，尚可收魚蝦之利。若將糧額概行豁除，則水涸人思報墾，轉無定界，易啓爭端等語。所奏雖屬近理，但念各業户等所有地畝，本藉耕藝資生，若積水占田，糧從何出？雖該處賦則本輕，水小時尚可佃漁覓利，究不若力田收穫之多，儻令照常輪將，民力仍不免拮据，自應查明分別酌辦，以恤民艱。嗣後著將此窪地，視積水之多寡，以定賦糧之等差。水大則全行蠲除，水小則量爲減賦，若水涸耕種有收，仍按額徵輸。如此，則恒業不致有失，民力並得常舒，俾瀕窪黎庶，永沐恩膏，共臻安阜，以示觀民行慶至意。其如何查覈地畝納糧確數，酌定章程，仍著周元理派委明幹大員，實力詳查，妥議覆奏。(高宗九二九、一一)

(乾隆三九、七、癸亥)諭軍機大臣等：户部議駁勒爾謹所奏帶徵舊欠籽種口糧銀兩，前請仍舊催徵之處，並未有誤，今檢舉更正，轉係錯辦，請將該督及署藩司交部議處一摺，已依議行矣。該省乾隆三十五年以前，民借籽種口糧舊欠，既定以六年帶徵，已屬寬典。至上年河州等偶被霜雹七處，據該督奏報，僅係零星頃畝，勘不成災。朕因始和布澤，格外加恩，特予寬緩，亦祇應將本年應徵之項量爲緩徵，本與積年舊欠無涉。況該省連歲收成，尚屬豐稔，正可將前項舊欠，乘時徵納。該督等前此辦理，本無錯誤。若果以甘省地瘠民貧，難於催徵，亦當據實具奏，候朕加恩。何得借檢舉爲名，希圖朦混緩徵，以掩其催科不力之咎，殊屬取巧。勒爾謹，著嚴行申飭，並令其明白回奏。(高宗九六二、二五)

(乾隆四二、一、辛卯)命普免天下錢糧。諭：前因聖母萬壽，特宏錫類之仁，普蠲各省錢糧，以昭慶惠。朕本欲俟恭祝聖母九旬萬壽之年，再溥恩施一次。茲者仙馭升遐，此後更無可推廣慈仁之處。現在部庫帑項，又積至七千餘萬，著再加恩，自戊戌年爲始，普蠲天下錢糧，仍分三年輪免。俾寰宇億兆人民，仍得共被慈恩，永申哀慕；而朕終天罔極之忱，雖不能仰酬萬一，庶幾藉茲稍展。其如何輪派年分，著户部即速悉心覈奏遵行。(高宗一〇二五、二九)

(乾隆四二、一、乙未)户部議奏：自戊戌年爲始，普蠲天下錢糧。請將直隸、江蘇、安徽、四川、陝西、甘肅、雲南、貴州八省錢糧，於戊戌年蠲免；山東、江西、浙江、湖南、湖北五省錢糧，於己亥年蠲免；奉天並吉林所屬、山西、河南、福建、廣東、廣西六省錢糧，於庚子年蠲免。從之。(高宗一〇二五、四三)

(乾隆四三、一二、己未)諭曰：大學士管兩江總督高晉、閩浙總督楊景素等合詞陳奏，以江浙臣民，望幸甚殷，且河工海塘，皆冀親臨指示，懇請於庚子春再舉南巡盛典，以愜輿情一摺。朕於乙酉南巡回鑾時，因耆孺攀戀情殷，曾許以翠華再涖。然敬念聖母皇太后春秋已高，難以再奉安輿長途遠涉，遂諭江浙大吏，不必更以南巡爲請。而江鄉士庶，愛戴依戀之情狀，未嘗不往來於懷，距今已十有四年，其顒望悃忱，自益肫切。且自前巡，閱定五壩水誌，以爲展拓清口之準，下河從此遂免水災。嗣聞黃河倒漾，所系甚重，因酌定挑濬陶莊引河，面諭薩載籌辦。河成而清黃交匯處，移遠清口，不復有倒灌之患。但下游尚有停淤，亦不可不除其流弊。而一切善後事宜，若非臨涖閱視，究不能悉其實在情形。至浙省海塘，近來潮勢漸趨北岸，深爲廑念，亦不可不親爲相度機宜。今高晉等既有此奏，著照所請，於乾隆四十五年正月，諏吉啓鑾，巡幸江浙，便道親閱河工海塘。所有各處行宮坐落，俱就舊有規模，略加葺治，毋得踵事增華，致滋煩費。至該督等以庚子年適逢朕七旬萬壽，欲就近舉行慶典，則斷不可。朕本意以庚子年爲朕七旬慶辰，越歲辛丑，即恭逢聖母九旬萬壽，斯則敷天同慶，自當臚歡祝嘏，以抒萬姓悃忱。今既不能遂朕初願，尚復何心爲己稱慶。況朕蹕途所經，老幼歡迎，扶攜恐後，未嘗不顧而樂之；若經棚戲台，侈陳燈綵，點綴紛華，飾爲衢歌巷舞，深所不取，且非所以深體朕意也。不特江浙臣民不當爲祝釐之舉，即凡内外大小臣工，於朕七旬萬壽時，亦不得請行慶典以及進貢獻詩。若伊等謂欲藉以申其尊敬之誠，是轉增朕心之不悦，尚得謂之忠愛乎？但天下士民，遇朕七旬萬壽，皆不免望恩倖澤，此則情理之常，朕亦何肯因不舉行慶典，併靳恩施乎？著於己亥年八月，舉行恩科鄉試，庚子年三月，舉行恩科會試，以彰壽考作人之盛。至各省漕糧，於乾隆三十一年普免一次，兹蒙昊蒼眷佑，累洽重熙，敬體天心，愛養億兆，用是再沛恩膏。著於庚子年爲始，復行普免天下漕糧一次，俾藏富於民，共享盈寧之福。所謂斂福錫民，慶莫大焉。其開科事宜，著交禮部查例辦理，其各省漕糧，應如何分年輪免之處，著交户部詳悉妥議具奏。將此通諭中外知之。（高宗一〇六八、七）

（**乾隆四六、一〇、甲申**）諭軍機大臣等：步軍統領衙門奏，山西定襄縣民人趙銀鳳，呈控……該縣浮收社倉穀石、重徵蠲免錢糧等因一摺，内稱，去年山西蠲免錢糧，知縣仍然按照應交銀兩一兩之家，派交大錢四百九十文，我也交過大錢四百九十文等語。該省錢糧，業經蠲免，該地方官自當遵照恩旨，令百姓均霑實惠，乃復行科派，按户斂錢，如所控情節屬實，則該縣之罪甚大，即雅德亦有應得之咎。此案犯證俱在山西，不必解交刑部。

山西距直隸甚近，著傳諭袁守侗帶印前往，或即於巡邊之便，就近馳赴山西，會同雅德，徹底查究。袁守侗辦事向屬認真，自能秉公查訊。其案內犯證及卷宗，並著袁守侗先行文雅德，令其提解齊集，俟袁守侗到時，即行會同審辦。所有步軍統領衙門原摺，著鈔寄袁守侗閱看。將此由五百里諭令知之。定案即行摺奏，不必來京。（高宗一一四二、三七）

（**乾隆五五、一、壬午**）普免天下錢糧。諭：……今歲屆朕八旬壽辰，……宜廣宣湛閎，敷錫兆民，用葉崇禧，以答嘉貽。著將乾隆五十五年各直省應徵錢糧通行蠲免。其如何按年輪蠲之處，著大學士會同户部即速覈奏遵行。（高宗一三四六、五）

（**乾隆五五、一、己丑**）大學士會同户部以輪免錢糧酌議具奏。得旨：依議。此次普免錢糧，按照各直省額徵銀數，將所屬各府州次第搭配，分作三次，按年輪完，通計三年，一律蠲免。較之按省分年輪免，各省年分先後不同者，自更覺恩施早被，遠近齊霑。至一省之中應免府州，當先儘五十四年災緩之區，首先蠲免，於災黎更有裨益。該督撫務悉心籌畫，妥爲分別辦理。並督飭所屬，實力奉行，務使編氓均霑渥澤，毋令吏胥從中影射侵漁，稍滋弊混，以副朕行慶施惠、敷錫兆民之至意。仍令各督撫自行具奏。（高宗一三四六、一八）

（**乾隆六〇、四、己酉**）諭軍機大臣等：户部奏安徽阜陽縣民袁仁，呈控該縣户書唐順澤等將五十年因災蠲免錢糧改串重徵，並將本年豁免積欠，仍舊私徵一摺。此案原告袁仁，曾充快役，經徵錢糧，其平日與書吏自係通同舞弊，必有分肥不遂情事，因而挾嫌訐控，情節顯然。各省因災蠲緩錢糧及本年普免積欠，係朕惠愛窮黎，格外施恩，豈容不肖吏胥，串合私徵，且於經徵錢糧，按照銀數多索使費，殊屬累民干法，該縣知縣何至毫無見聞，一任朦混。亦必有知情縱容、染指分肥情弊，不可不徹底究辦，以肅吏治而飭官方。現因惠齡在楚辦理軍務，安徽巡撫未便久懸，今已簡用費淳，以資整頓。其新任巡撫未到任以前，著蘇凌阿即行馳往兼署。此案即著蘇凌阿親赴阜陽，提集案內人證，秉公據實根究，定擬具奏。蘇凌阿以刑部尚書署理督篆，今又諭令暫署安徽巡撫印務，毋得存五日京兆之見，稍有瞻徇，致干咎戾。（高宗一四七七、二三）

（**乾隆六〇、一〇、乙酉**）普免天下地丁錢糧。諭：朕自臨御以來，勤求民隱，日有孜孜，惟期藏富於民，家給人足。仰荷昊蒼眷佑，列祖貽庥，寰宇昇平，重熙累洽。行慶施惠，圛澤頻加，節經普免天下漕糧三次、地丁錢糧四次。其餘遇有偏災，隨時蠲賑，不下億千萬兩。近將各省積欠錢糧，概行蠲免，又復數千餘萬兩。所以子惠元元、休養生息者，至周且渥。今朕紀年慶符周甲，丙辰元旦舉行歸政典禮，爲嗣皇帝登極初元，大廷授受，篤祜延釐，實爲曠古吉祥盛事，允宜廣沛恩綸，俾薄海群黎，共霑湛愷。本欲新正傳位後降旨，但思二月間即屆開徵之期，恐遠省接奉稍遲。著即將嘉慶元年各直省應徵地丁錢糧，通行蠲免，以示朕與嗣皇帝愛育閭閻、同錫恩施至意。其如何按年輪免之處，該部查照覈議，具奏施行。（高宗一四八八、一八）

（嘉慶四、一一、庚辰）以恭奉高宗純皇帝配天禮成，頒詔天下。詔曰：……一、各省乾隆六十年以前積欠緩徵地丁耗羨及民欠籽種、口糧、漕糧銀兩，俱著豁免。一、各省乾隆六十年以前積欠緩徵並民借米穀、草束，俱著豁免。……布告天下，咸使聞知。（仁宗五五、二二）

（嘉慶六、二、甲寅）諭內閣：據御史新柱奏，普免錢糧一事，有田富戶可霑重恩，其無田貧民，仍不能普霑恩澤。請以三十年爲率，如果帑藏充裕，遇有喜慶鉅典，再爲舉行。而摺內並稱，普免錢糧，徒爲史冊美觀，祇屬虛名等語。所奏大屬非是。……該御史乃以國家實惠及民之鉅政徒爲史書紀載之虛文，立言實屬非體。且行慶施惠，係屬隨時酌辦，豈可限以年載？況現在本無應行普免之事，又何必鰓鰓過計。該御史所奏，意近言利。新柱，著傳旨申飭，並將原摺擲還。（仁宗七九、七）

（嘉慶七、一二、乙卯）又諭：川陝楚及河南甘肅等省被賊、近賊各州縣應徵地丁漕米等項，前經隨時降旨，分別蠲緩，以紓民力。現在大功戡定，地方全就肅清，小民等復業歸農，漸臻樂利，所有遞年積壓未完各款，自必踴躍輸將。但念該地方經積年蹂躪之餘，元氣未復，此時甫經安集，生計尚艱，正當加之培養，俾得永慶盈寧。著四川、陝西、湖北及河南、甘肅各督撫，即查明所屬各州縣廳衛，自嘉慶元年至本年爲止，其因被賊、近賊，不能完納，現在帶徵、緩徵、民借、民欠一切銀米等項，分別開單奏聞，候朕施恩豁免。該督撫等務當實力詳查，毋得稍有遺漏，亦不可任官吏等從中隱冒，以副朕軫念黎元慶成施惠至意。（仁宗一〇六、二一）

（嘉慶一六、九、乙未）又諭：御史楊懌曾奏請嚴申停徵蠲免事宜一摺。向來各省偶遇水旱偏災，由該督撫報明分數，降旨分別蠲緩。其各省蠲免，以奉旨之日爲始。奉旨之後，部文未到以前，已輸在官者，准作次年正賦。惟奉旨日期，以及蠲免分數，村野小民無由周知，而不肖官吏借以因緣爲奸，或於部文未到之前催比更急，私圖肥己，且有奸猾書役，借名墊納，加倍索償等情。即各督撫頒示恩旨通諭各州縣，而各州縣尚有隱匿不急爲懸掛者。嗣後著各督撫嚴查，飭令各州縣遇恩旨頒到之日，即將奉旨日期徧行曉諭，並刊刷實徵額册串票等註載明晰，俾小民得知蠲免分數，官吏無從欺隱。務期實惠及民，以副朕愛育黎元至意。將此通諭知之。(仁宗二四八、一四)

（嘉慶一九、一〇、辛巳）又諭：御史孫世昌奏清釐緩徵積弊一摺。朕軫念民依，偶遇地方水旱偏災，無不立沛恩施，分別蠲緩。其緩徵一節，原爲小民生計艱難，未能按期輸納，是以量予展緩，俾民力得以稍紓。乃督撫藩司，不能仰體德意，任令地方官輾轉延壓，催徵挪用，迨屆應徵之期，又復多方掩飾，捏稱民欠。是官侵吏蝕，恣飽慾壑，使朝廷澤不下究，職此之由。嗣後各省遇有被災緩徵處所，該督撫一經接奉恩旨，即飭知藩司，勒限行知該州縣謄黃曉示，俾小民及早周知，該藩司仍密行查訪，勿任不肖官吏，得聞舞弊。儻有任意延擱、私自催徵者，立即嚴条究辦。至漕米令民赴倉完納，錢糧令民自封投匱，本係定例，務各實力奉行，將里書糧班等蠹吏，嚴行禁革，以除積弊。將此通諭知之。(仁宗二九八、二五)

（嘉慶二三、一二、乙亥）普免天下民欠錢糧。諭內閣：……明歲嘉慶二十四年，爲朕六旬正壽，宜先蠲除積逋，俾小民戶免追呼，共享含哺之樂。所有各省節年正耗民欠及因災緩徵帶徵銀穀，著各督撫詳析查明，按照該省所屬之某州某縣實欠在民銀穀若干，速行開單具奏，以次降旨豁免。並著先將此旨謄黃，宣示城鄉村鎮，咸使聞知，俾官吏胥役，無從影射侵欺，以期膏澤下究，用副朕惠鮮懷保、仁壽斯民至意。該部即遵諭行。(仁宗三五一、一一)

（嘉慶二五、二、戊子）諭內閣：御史龔鏜奏請清查糧戶賦額一摺。國家惟正之供，則壤成賦，自應糧隨地轉。若如該御史所奏，江蘇省有貧民地無一塵，每歲納糧銀數兩至數十兩不等；有地衹數畝，每歲納糧田銀十餘畝至數十畝不等者；皆因業戶從前售賣時，未將糧銀全數過戶，以致穆轕不清。著江蘇巡撫嚴飭各州縣調查遠年糧册，秉公考覈，現在執業之戶，有地若干頃畝，按照則例，應納糧若干。其貧民無著虛糧，一概推收，勿任隱混。該管上司仍嚴行稽察，不得任聽官吏藉端索詐，致滋擾累。(仁宗三六七、一)

（二）各地的蠲免緩徵

1. 全國及各地

（順治三、一一、癸丑）免直隸河間縣、任邱縣，山西大同縣本年冰雹水災額賦。(世祖二九、四)

（順治六、七、辛巳）江南江西河南總督馬國柱奏報：江南鳳陽、滁州、淮安、揚州、蘇州各屬州縣衛所，及河南磁州、羅山縣冰雹傷稼，請敕撫按確勘，以行蠲恤。得旨：著照所奏，速行確勘蠲恤。嗣後直省地方，如遇災傷，該督撫按即當詳察被災頃畝分數，明確具奏，毋得先行泛報。所司即傳諭通行。（世祖四五、六）

（順治一一、三、戊戌）免湖廣襄陽、黃州、常德、岳州、永州、荊州、德安七府屬州縣，及辰、常、襄三衛，江南揚州、鳳陽、廬州、淮安等府，滁、徐二州所屬州縣，十年分水旱災傷額賦。（世祖八二、一三）

（順治一二、一〇、甲子）免直隸隆平縣十一年以前荒地逋賦，及山東陵、淄川、青城、齊東、鄒平、博興、臨邑、高苑等縣本年分蝗災額賦。（世祖九四、一一）

（順治一二、一一、戊子）免湖廣鄖陽、襄陽府屬州縣逃亡租賦，河南汲、淇、胙城等縣本年分旱災額賦。（世祖九五、九）

（康熙五、二、癸丑）免河南虞城等三縣，湖廣沔陽、潛江等六州縣，及沔陽一衛康熙四年分水災額賦有差。（聖祖一八、七）

（康熙五、一一、丙戌）免浙江寧海等五縣，湖廣江夏等十二縣衛本年分水災額賦有差。（聖祖二〇、一〇）

（康熙六、一一、壬戌）免直隸霸州等二十三州縣，江西寧州等三十一州縣本年分水災額賦有差。（聖祖二四、二四）

（康熙六、一二、甲申）免湖廣通城等七州縣，陝西平涼、蘭州等十二州縣衛所本年分旱災額賦有差。（聖祖二四、二九）

（康熙七、一一、戊申）免直隸邢臺等十四縣，河南磁州、安陽等四州縣本年分水災額賦有差。其直隸沙河等四縣水沖地，照十分災例免。河南安陽、臨漳水沖沙壓地，免正賦三年。（聖祖二七、一五）

（康熙七、一一、丙辰）免江南亳州等十二州縣衛所，湖廣漢陽等五州縣衛本年分水災額賦有差。（聖祖二七、一七）

（康熙八、一一、癸巳）免直隸無極等六縣，山西汾西、壽陽二縣本年分雹災額賦有差。（聖祖三一、一六）

（康熙九、一一、癸酉）免直隸開州、元城等二十五州縣，山東商河等五縣及青州左衛，河南胙城、汲縣本年分旱災額賦有差。（聖祖三四、一八）

（康熙一一、一、丙寅）免江南上海、青浦二縣，湖廣茶陵衛康熙十年分旱災額賦有差。（聖祖三八、三）

（康熙一三、八、甲寅）免直隸南皮等十縣，山東禹城等二十九縣本年

分旱災額賦有差；陝西莊浪衛本年分雹災額賦十之三。(聖祖四九、一一)

(康熙一六、一、丁酉) 免江南睢寧縣，湖廣襄陽、宜城、穀城三縣康熙十五年分水災額賦有差。(聖祖六五、六)

(康熙一七、一一、丁巳) 免江南壽州、虹縣等十八州縣，廣東南海縣本年分水災額賦。(聖祖七八、九)

(康熙一七、一二、己巳) 免直隸任縣等九縣，河南汝陽等二縣本年分旱災額賦有差。(聖祖七八、一三)

(康熙二一、二、壬午) 免廣西柳州府、貴州慶遠府康熙十八年民欠額賦。(聖祖一〇一、三)

(康熙二二、一二、丙辰) 諭戶部：陝西西安、甘肅等處，前當大兵征剿之時，轉輸糧糗，辦運努茭，一應軍需取給閭里小民。由陸路供億，勞費繁多。今既經蕩平，朕心時切軫念。康熙二十三年應徵地丁各項錢糧，著蠲免三分之一，以昭朕睠念民生勞苦之意。又，山西崞縣、忻州、定襄、五臺、代州、振武衛新經地震，被災頗重，雖經遣官賑濟，仍應量行加恩，以示軫恤。其被壓身故民人，所有康熙二十三年應徵地丁錢糧，著與全免。其房舍倒壞、力不能修者，丁銀全免；地畝錢糧，著免十分之四。爾部速行該地方官，曉諭小民，務俾各霑實惠。如有司官役藉端朦混，私行重徵者，或經參奏，或被告發，將經管各官從重治罪。(聖祖一一三、二三)

(康熙二四、一一、庚申) 諭戶部：……前此用兵以來，河南、湖北兩省民人，轉輸供億，勞費繁多。特沛仁恩，以昭軫恤。所有康熙二十五年應徵地丁各項錢糧，著予蠲免一半；其康熙二十四年未完地丁錢糧，亦著盡與豁除。又，直隸獻縣、河間縣、河間衛、江南宿遷、興化縣、邳州、高郵州、鹽城縣、山東郯城縣、魚臺縣地方，今年重罹水災，小民艱苦，亦應加恩軫恤。所有康熙二十四年下半年、二十五年上半年地丁各項錢糧，俱與豁免。爾部速行該地方官，通行曉諭。務使人人均霑恩膏，以副朕愛育蒼生至意。如有不肖有司官役，借端朦混、反私行重徵者，該督撫指名題參，從重治罪。如該督撫徇隱，不行糾舉，或被參奏，或被告發，定行一併從重治罪。爾部即遵諭行。特諭。(聖祖一二三、三)

(康熙二五、八，庚辰) 免湖廣興國、通山二州縣，浙江西安等九縣本年分水災額賦有差。(聖祖一二七、一七)

(康熙二五、九、庚寅) 諭戶部：……念直隸畿輔重地，天下根本，寬租之詔屢沛。但順、永、保、河，較之畿南諸府，差役倍多，供億尤劇，應加軫恤。又，湖廣、湖南、福建、四川、貴州地方，昔年為賊竊踞，民遭苦累,今雖獲有寧宇,更宜培養,以厚民生。應一體蠲免,用昭愷澤。直隸順、永、保、河四府,及四川、貴州兩省,所有康熙二十六年應徵地丁各項錢糧,俱著蠲免。二十五年未完錢糧,亦著悉與豁除。湖廣湖南、福建兩省,所有康熙二十六年下半年、二十七年上半年地丁各項錢糧,及二十五年未完錢糧,亦與盡行豁免。爾部速行該地方,通行曉諭,務使人民均被恩膏,以副朕愛育蒼生至意。如有不肖有司官役,借端蒙混、反私行重徵者,該督撫指名題參,從重治罪;如該督撫徇隱不行糾舉,或經參奏、或被告發,定行一併從重治罪。爾部即遵諭行。(聖祖一二七、一九)

(康熙二六、九、乙未)大學士等奏:臣等遵旨查江寧七府、陝西全省應免錢糧,共計六百萬兩有零。亙古以來,未有蠲免如此之多者。臣等因為數太多,不敢遽議。上曰:朕念切民生,即多蠲亦所不惜。爾等擬諭旨來奏。(聖祖一三一、八)

(康熙二六、一一、辛丑)諭戶部:……頻年以來,各省錢糧,雖已次第蠲免,但江蘇所屬各郡縣,為財賦重地,額徵錢糧,甲於他省。且累歲輸將供億,效力惟勤。茲用大沛恩膏,除漕項錢糧外,所有康熙二十七年應徵地丁各項錢糧,俱令蠲免;二十六年未完錢糧,亦悉與豁除。又,陝西省錢糧,前雖已行蠲免,但念該省人民,用兵之際,轉輸餽餉,效力可念,再宜加恩,以弘樂利。其康熙二十七年應徵地丁各項錢糧、及二十六年未完錢糧,亦俱與豁免。爾部速行該地方官,通行曉諭,務使小民均霑實惠,以副朕愛育蒼生至意。如有不肖官吏,借端朦混、及私行重徵者,該督撫指名題參,從重治罪;如該督撫徇隱、不行糾舉,或經參奏、或被告發,定行一併從重治罪。爾部即遵諭行。(聖祖一三一、二六)

(康熙三〇、九、庚午)諭戶部:朕……念河南一省,連歲秋成未獲豐稔,非沛特恩蠲恤,恐致生計艱難。康熙三十一年錢糧,著通行蠲免,並漕糧亦著停徵。至山西、陝西被災州縣錢糧,除照分數蠲免外,其康熙三十一年春夏二季應徵錢糧,俱著緩至秋季徵收。用稱朕眷愛黎元、撫綏休養至意。(聖祖一五三、七)

(康熙三二、八、甲戌)諭戶部:朕撫御寰宇,早夜孜孜,惟以實惠及民,俾登康阜為念。廣西、四川、貴州、雲南四省,俱屬邊地,土壤磽瘠,民生艱苦,與腹內舟車輻輳,得以廣資生計者不同,朕時切軫懷。歷歲以來,屢施恩恤。廣西省康熙十六年通省錢糧,康熙十七年、十八年民欠錢糧;貴州省康熙二十二年秋冬及二十三年春夏地丁錢糧;又,貴州、四川二省康熙二十五年未完及二十六年應徵錢糧;雲南省康熙二十七年以前屯地積欠錢糧俱經次第蠲豁。茲念育民之道，無如寬賦。矧邊省地方，非再沛優恤之恩，則閭閻無由充裕。所有康熙三十三年四省應徵地丁銀米，著通行蠲免。仍行文該督撫徧加曉諭，令人霑實澤，以稱朕加惠遠省民生至意。如有不肖有司，借端朦混、私自徵收者，該督撫指名奏劾，從重治罪。爾部即遵諭行。（聖祖一六〇、一）

（康熙三二、九、丁巳）諭大學士等：江、浙二省今年夏旱雖不成災，秋收諒必有限，若漕糧照常徵收起運，恐民食將至匱乏。朕爲此常切軫念。除浙江漕糧已經改於今年蠲免外，其江南漕糧，今年或三分免一、或免一半，俟至該省應蠲年分，將今年所免米石，照數補徵起運，於漕糧既無缺少，官民大有裨益。著滿漢大學士等會同户部堂官、倉場侍郎等作速確議具奏。（聖祖一六〇、一二）

（康熙三五、一二、辛亥）諭户部：……比年以來，因厄魯特噶爾丹狂逞逆命，遣發大兵分道進勦。軍興供億，不得已而煩民力。甘肅所屬各州縣衛所、及榆林等處沿邊各州縣衛所，適當師行要道，喂養軍前需用馬匹，並大兵往來經過各項措辦，雖俱支給正項錢糧，而供億繁多，閭閻勞苦，朕心深用軫念。著將康熙三十六年甘肅巡撫所屬州縣衛所、陝西巡撫所屬榆林等沿邊州縣衛所地丁銀米，盡行蠲免。行文各該撫，徧加曉諭，務俾小民均霑實惠，稱朕體恤黎元至意。甘肅所屬銀米，既經全免需用錢糧，著於鄰近省分，作速撥給。爾部即遵諭行。（聖祖一七八、二三）

（康熙四一、一一、丙辰）諭户部：今歲山東、河南地方，俱報豐稔，惟被災州縣，民多匱乏。頃朕巡幸至德州，見有一二災民流移載塗者，詢問疾苦，深爲軫念。雖據山東巡撫稱，被災州縣，已行令地方官發粟散賑。但自冬徂夏，青黃不接之際，頒賑不繼，無以資生。應行山東、河南兩省巡撫，凡屬被災地方，令有司加意賑濟，至明歲麥收時方止。其災傷田糧，雖已照分數蠲免，猶恐被災之後，民力艱難，宜更沛特恩，用加休養。山東萊蕪、新泰、東平、沂州、蒙陰、沂水，河南永城、虞城、夏邑被災州縣，康熙四十二年地丁錢糧，除漕項外，著察明通行蠲免。該地方官務悉心奉行，俾閭巷窮黎，均霑實惠，以無負朕宵旰勤民、殷殷軫恤至意。（聖祖二一〇、一〇）

（康熙四二、一〇、戊戌）諭山西巡撫噶禮：朕君臨天下四十餘載，無一刻不以蒼生爲念。近因西省望幸甚切，故於冬時農隙，減從輕騎，由晉及秦。入境以來，觀風問俗，見民生略有起色，閭閻之間，俗樸尚儉，朕心少慰。……且思晉省水運不通，歲或不登，即難籌畫。雖有州縣存貯之米穀，未必實數具在。……今歲山西收成頗佳，爾等仰體朕愛民如子之至意，曉諭民間，若歲豐用奢，則荒年必致匱乏，教之以禮義，導之以守法。重農務本，藏富於民，則朕無西顧之憂矣。凡朕所經之處，必大沛恩澤，因今歲東省災甚，已蠲四十三年地丁錢糧，又免雲、貴、廣西、四川地丁錢糧，所以不能施惠。但將四十二年以前山西所屬州縣未完銀兩米草盡行蠲免，以崇朕加惠黎元之念。……爾等即遵諭行。(聖祖二一三、二七)

（康熙四四、一一、癸酉）諭戶部：朕宵旰勤民，廑思恩養，惟務簡徵寬賦，以期實惠黎元。間有州縣水旱不登，即詔所司亟議蠲賑。其直隸各省每歲應輸額賦，有以次遞蠲者，有頻蠲數年者，有將帶徵積欠暫令停徵者。凡以蠲除額賦，專為小民樂業遂生，一歲以內，足不踐長吏之庭，耳不聞追呼之擾，庶幾休養日久，馴致家給戶足，而民咸得所也。曩年楚省錢糧，雖屢行豁免，今已歷數載，未經特蠲。應將該省額賦全免一年，以示朕加恩優渥之至意。湖北、湖南康熙四十五年除漕糧漕項外，其餘地丁銀米，一概免徵，舊欠未完者，並停輸納。爾部移文該督撫，令各飭屬員，張示徧諭，窮鄉僻壤，咸使周知。儻有不肖官吏於額徵之外巧立名色，別有科派私圖肥己者，察出，定治重罪。爾部即遵諭行。(聖祖二二三、四)

（康熙四五、五、甲戌）諭戶部：朕宵旰圖維，勤求民隱，每欲敷蠲貸之恩，以為閭閻留有餘之力。直隸、山東地方，康熙四十二年偶遇災沴，因特免山東康熙四十三年、四十四年額賦，並康熙四十一年以前積欠錢糧。直隸則順天、河間兩府，康熙四十四年額賦，亦俱行豁免。今雖屢年收穫，民氣漸舒，而所有宿逋，尚應輸納。朕念黎元方有起色，辦賦猶艱，若一時新舊並徵，勢難兼應，宜更加寬恤，以弘休養。直隸自康熙四十一年至四十三年，各府屬未完民欠銀八萬二千七百兩有奇、糧五千九百石有奇；山東省康熙四十二年，各府屬未完民欠銀一百六十九萬一千七百兩有奇、糧五千九百石有奇；或見在徵收，或分年帶徵，俱著通行蠲免，俾小民悉除逋負之累。儻應徵舊欠，有見完納在官者，即准抵本年正賦。諭旨到日，各該撫速行所屬有司，徧示曉諭。有不肖官吏，蒙混徵收，不與開除明白者，該撫即時參劾，嚴加治罪。爾部即遵諭行。(聖祖二二五、一三)

（康熙四五、一〇、己酉）諭戶部：朕子育黎元，日求所以休養利濟之道，念惟賜租減賦，實有裨益於民生。直隸各省錢糧，次第全蠲一年者，業經數舉。獨是歷歲逋負，積累加增，舊稅新徵，勢難兼辦。縱使稍寬民力，分年帶輸，而督令續完，仍多拮据。朕睠懷及此，深切軫恤。用是大沛恩膏，俾閭閻獲免追呼，官吏亦不罹參罰。直隸、山東積久錢糧，今年俱已蠲免。其山西、陝西、甘肅、江蘇、安徽、浙江、江西、湖北、湖南、福建、廣東各省，自康熙四十三年以前，未完地丁銀二百一十二萬二千七百兩有奇、糧十萬五千七百石有奇，著按數通行蠲免，或舊欠已完在官，而見年錢糧未完足者，亦准扣抵。諭旨到日，各該撫立行所屬，張示徧諭。如有不肖有司，以完作欠，朦混銷算，及開除不清者，該督撫即時奏參，嚴加治罪。爾部即遵諭行。（聖祖二二七、一二）

（康熙四六、一〇、己亥）又諭曰：江浙地方今年旱荒，有被災之處，朕心殊覺惻然，屢頒諭旨截留漕糧以賑饑，蠲免歷年拖欠以濟困厄，想被災人民已各得其所矣。但江浙乃財賦要區，爾等可會同戶部，將江浙所屬成災州縣幾何、所免田糧幾何、丁糧幾何，仍應徵收田糧幾何、丁糧幾何，及不成災州縣幾何、應徵田糧幾何、丁糧幾何，通計錢糧幾何，察明具奏。（聖祖二三一、八）

（康熙四六、一一、己酉）諭戶部：江浙地方，賦役殷繁，倍於他省。朕屢經巡歷，時切軫懷。比年以來，業已節次敷恩，頻行蠲貸。頃因兩省偶被旱災，隨命按數減徵，蠲免漕欠，並分截本年漕糧，令該督親往散賑。猶念民間素鮮儲積，生計不充，非更加格外滋培，則荒歉之餘，未能驟臻康阜。茲特再施膏澤，用弘休養。康熙四十七年江南、浙江通省人丁，共額徵銀六十九萬七千七百餘兩，著悉與蠲免。其今年被災安徽所屬七州縣、三衛，江蘇所屬二十五州縣、三衛，應徵康熙四十七年田畝銀共二百九十七萬五千二百餘兩，糧三十九萬二千餘石；浙江二十萬縣、一所，應徵康熙四十七年田畝銀九十六萬一千五百餘兩，糧九萬六千餘石，亦俱著免徵。所有舊欠帶徵銀米，並暫停追取，俟開徵時一并輸納。務使小民一歲之內，絕跡公庭，安處隴畝，俾得優游作息，經理農桑。庶幾閭閻氣象，可以日加丰豫。諭旨到日，該督撫體朕孳孳惠愛黎元至意，各飭有司，實心奉行。仍張示通曉，令咸知悉。儻蠲除不實，致有侵冒，察出，從重治罪。爾部即遵諭行。（聖祖二三一、一一）

（康熙四七、九、己丑）免湖北江夏等十三州縣衛、湖南巴陵等三縣本年分水災額賦有差。（聖祖二三四、一二）

（康熙四七、一〇、戊午）諭戶部：朕屢次南巡，見閭里殷阜之象，遠不逮於舊時。雖不時蠲免額賦，停徵積逋，僅可支吾卒歲，絕無餘蓄。朕每念及此，未嘗不爲惻然。去年江南、浙江兩省，俱被旱荒，多方軫恤，民力稍蘇。迨今歲復報潦災，旋經照例蠲賑，並留漕資濟。但歲再不登，生計益匱，欲令辦賦，力必難供。康熙四十八年除漕糧外，江南通省地丁銀四百七十五萬四百兩有奇，浙江通省地丁銀二百五十七萬七千兩有奇，著全行蠲免；所有舊欠帶徵銀米，仍暫行停止。此朕因江浙二省爲東南重地，特於格外施仁，用弘休養之至意。該督撫各飭有司張示徧諭，務令窮鄉蔀屋咸共知悉。儻或別借事端侵冒徵派，事發，定從重治罪。（聖祖二三五、一二）

（康熙四八、一〇、壬戌）諭戶部：今歲入夏以來，朕因南方二麥不登，北地微潦，宵旰軫念，甚切焦勞。繼而畿輔稔收，三吴秋熟，兼以四方奏報咸獲有年，朕心始爲稍慰。夫水旱災傷，雖事所時有，而小民皆如赤子，一以疾苦見告，即不忍恝置於懷。今念江南淮安府、揚州府、徐州三屬，地卑水積，被災獨重，秋禾未播種者甚多。本年錢糧，業經全免，又遣官分賑；而失業之民，更宜加格外之恩，以弘愛養。康熙四十九年淮、揚、徐三屬之邳州等二十二州縣衛，額徵地丁銀五十九萬三千八百兩有奇，著通行蠲免。又，河南省歸德府屬商邱等六縣、山東省兗州府屬濟寧等四州縣，或被夏災，或被秋災，雖已各依分數，例免額賦，並宜更施膏澤，用厚民生。康熙四十九年商邱等六縣應徵地丁銀二十萬二千四百兩有奇，濟寧等四州縣應徵地丁銀一十四萬六千六百兩有奇，俱著通行蠲免；其蠲免州縣有舊欠未完錢糧，亦著停徵一年。諭旨到日，各該督撫務嚴飭有司，體朕殷殷恤災至意，張示徧諭，悉心奉行，俾窮鄉僻壤，均霑實惠。如有不肖官吏，借端私徵者，即行察參。爾部即遵諭行。（聖祖二三九、一七）

（康熙四九、一〇、甲子）諭戶部：……比來省方時邁，已歷七省，南北人民風俗及日用生計，靡不周知。而民生所以未盡殷阜者，良由承平既久，户口日蕃，地不加增，産不加益，食用不給，理有必然。朕洞矚此隱，時深軫念，爰不靳敷仁，用甦民力。明年爲康熙五十年，思再沛大恩，以及吾民，將天下錢糧一概蠲免。因衆大臣議奏，恐各處需用兵餉，撥解之際，兵民驛遞，益致煩苦。朕因細加籌畫，自明年始，于三年以内，通免一周，俾遠近均霑德澤。直隸、奉天、浙江、福建、廣東、廣西、四川、雲南、貴州所屬，除漕項錢糧外，康熙五十年應徵地畝銀共七百二十二萬六千一百兩有奇，應徵人丁銀共一百一十五萬一千兩有奇，俱著察明全免；並歷年舊欠共一百一十八萬五千四百兩有奇，亦俱著免徵。其五十一年、五十二年應蠲省分，至期候旨行。民間舊欠既經豁免，嗣後每年額徵錢糧，務如數全完；儻完不及額，或別有虧空，託稱民欠，則負國甚矣。即責令督撫以下官員償補，仍從重治罪。夫地方大吏以及監司守令，皆與吾民誼均休戚者也。誠克體朕孳孳保赤之懷，實心愛養，力杜侵牟朘削，則閭閻咸得衣食滋殖，無有失所，而爲官吏者，亦身名俱泰。豈非昇平樂利之盛事歟？爾部移文各督撫，諭旨到日，即刊刻頒布，徧示窮簷，令咸知悉。特諭。（聖祖二四四、二）

（**康熙五〇、一〇、戊午**）諭戶部：……前四十九年所頒諭旨，申晰甚明，原欲將五十年天下錢糧，通行蠲免。以諸臣集議，恐需用兵餉，撥解之際，兵民驛遞，益致煩苦。故自五十年爲始，三年之內全免一週。除將直隸、奉天等九省康熙五十年地丁錢糧一概蠲免、及歷年舊欠錢糧一併免徵外，山西、河南、陝西、甘肅、湖北、湖南各撫屬，除漕項外，五十一年應徵地畝銀共八百四十萬四千兩有奇，人丁銀共一百二十萬八千一百兩有奇，著察明全免，並歷年舊欠共五十四萬一千三百兩有奇，亦俱著免徵。其康熙五十二年應蠲省分，至期候旨行。民間舊欠既經豁免，嗣後每年額徵錢糧，務如數全完。儻完不及額、或有虧空，託稱民欠，即責令督撫以下官員償補，仍從重治罪。該督撫須實心力行，期副朕倦倦愛民之意。……爾部即遵諭行。（聖祖二四八、五）

（**康熙五一、一〇、癸丑**）諭戶部：朕宵旰孜孜，勤求民瘼，永惟惠下實政無如除賦蠲租。……將天下地丁錢糧，自康熙五十年爲始，三年之內全免一週。使率土黎庶，普被恩膏。除將直隸、奉天、浙江、福建、廣東、廣西、四川、雲南、貴州及山西、河南、陝西、甘肅、湖北、湖南康熙五十年、五十一年地丁錢糧一概蠲免，歷年舊欠錢糧；一併免徵外，所有江蘇、安徽、山東、江西四省，除漕項外，康熙五十二年應徵地畝銀共八百八十二萬九千六百四十四兩有奇，人丁銀共一百三萬五千三百二十五兩有奇，俱著察明全免。其歷年舊欠銀二百四十八萬三千八百二十八兩有奇，亦併著免徵。計三年之內，總蠲免天下地畝人丁新徵舊欠共銀三千二百六萬四千六百九十七兩有奇。各該督撫務須實心奉行，體朕軫念民生至意。如有侵欺隱匿，使惠不及民，借端科派者，該督撫嚴行察參；督撫失察，事發之日，亦嚴加究治。諭旨到日，立即徧示城郭鄉村，咸使知悉。爾部即遵諭行。（聖祖二五一、一三）

（**康熙五一、一一、甲午**）戶部議覆：都察院左都御史趙申喬疏言，皇上施恩天下，將地丁銀兩俱皆蠲免。請將陝西潼關衛及山西大同府所屬徵收米豆草束一體蠲免。應不准行。得旨：潼關衛、大同府所屬康熙五十一年應徵米豆草束，已經徵完，今雖蠲免，無益小民。明年應徵米豆草束，著蠲免。（聖祖二五二、四）

（**康熙五二、一〇、庚寅**）諭九卿等曰：朕念福建、廣東沿海州縣，值此青黃不接之時，宜酌量蠲免，張鵬翮奏曰：頃蒙皇上特加殊恩，已令運米賑濟矣。且連年蠲免甚多，見今動用至康熙四十九年錢糧矣。上曰：即動用至五十年錢糧，有何妨礙。今米雖運去，但足餬口，不能辦錢糧也。朕心惟

以百姓爲重，蠲免之事，不可遲延。(聖祖二五六、二三)

(**康熙五二、一一、己酉**)諭戶部：朕勤求民瘼，無間遠邇。雖在邊徼遠省，偶有旱潦災傷，無不訪察情形，殫思賑救。今歲直省各處，俱獲收成，惟廣東三水、清遠、高要、高明、四會五縣，福建侯官縣、福州右衛二處，甘肅靖遠衛、環縣、鎮原縣、固原州、固原衛、平涼縣、平涼衛、崇信縣、慶陽衛、靈州所、會寧縣、寧夏中衛、寧夏所、古浪所一十四處，今歲夏秋被災，各督撫已經奏聞。雖各省地丁錢糧新經全免，然一方災歉，悉厪朕心。艱食之際，重以追呼，朕所不忍。其明年應徵廣東省三水等五縣額銀七萬七千九百兩零，米一萬七千六百石零；福建省侯官縣等二處額銀三萬六千六百兩零，米六千四百石零；甘肅靖遠衛等十四處額銀四萬七千七百兩零，糧八萬八千五百石零，草八十四萬三百束零；盡與豁免。爾部即行文各督撫，務須星速奉行，即刻徧行曉諭。俾民間無徵催之累，肆力東作，用稱朕撫恤災黎至意。儻有不肖有司奉行稽遲，或借端另行科派，便小民不霑實惠，該督撫嚴察參處；如該督撫失察，一並從重處分。爾部即遵諭速行。(聖祖二五七、三)

(**康熙五五、一〇、癸巳**)諭戶部：朕統一寰宇，無分中外，皆欲久安長治，共樂昇平。宵旰孜孜，五十餘年，未嘗頃刻去懷也。策妄阿喇布坦，前曾頻行請安，遣使來往，近忽狂悖，侵擾哈密。哈密已經編置佐領，即與內地無異，若不遣發師旅，置之不問，斷乎不可。故特徵兵備邊，一切飛芻輓粟，悉支正項，毫無累及閭閻。然而行軍置驛、及諸凡輓運，皆由邊境，今歲山陝二省，雖年歲豐收，喜登大有，但邊民效力轉輸，在所宜恤。兹特大沛恩膏，將山西屬前衛、右衛、大同、懷仁、馬邑、朔州、保德等州縣衛、陝西屬府谷、神木、安塞、綏德、米脂、安定、吳堡、保安、榆林、保寧、常樂、雙山、魚河、歸德、嚮水、波羅、懷遠、威武、清平、山丹、高臺、古浪、莊浪、四寧、肅鎮、寧夏、左屯、中屯、平羅、中衛、靈寧、平涼、固原、鎮戎、西安、慶陽、阜城、甜水、河州、蘭州、洮州等州縣衛所堡康熙五十六年額徵銀八萬六千一百兩零，糧米、豆、穀三十一萬七千七百二十五石零，草二百七十六萬五千九百束零，通行蠲免；並將從前積年逋欠，亦悉與蠲除。諭旨到日，該督撫即徧行張示，使遐陬僻壤，莫不周知。仍嚴飭所司，實心奉行，以副朕加厚邊民至意。其或陽奉陰違、澤不下究，該督撫題參，從重治罪。爾部即遵諭行。(聖祖二七〇、三)

(**康熙五六、一一、丙子**)諭戶部：朕撫御寰宇，五十餘年，夜寐夙興，爲小民勤求生遂。……近者民力雖已稍紓，然念分年帶徵銀兩，若不格外優免，則小民一歲之所獲，分納二年之賦，以其贏餘養贍室家，斷難充足。朕每念及此，軫惻良深。宜更加殊恩，通行豁免。今將直隸、安徽、江蘇、浙江、江西、湖廣、西安、甘肅等八處帶徵地丁屯衛銀二百三十九萬八千三百八十兩有奇，概免徵收。其漕項雖例不准免，亦著破格施恩，將安徽、江蘇所屬帶徵漕項銀四十九萬五千一百九十餘兩、米麥豆一百十四萬六千六百一十餘石內，免徵各半。爾部即行文該督撫，嚴飭所屬，實心奉行，徧行曉諭，俾民間無徵催之累，均霑實惠，用稱朕撫恤群黎至意。……爾部即遵諭行。(聖祖二七五、二二)

(**康熙五八、一二、辛酉**) 諭戶部：……比年因策妄阿喇布坦狂逞跳梁，興兵征剿，遠歷邊陲。其沿邊數處，師旅屯駐，一切雖皆支用正項錢糧，而協辦轉輸，行齎運送之事，民力勞瘁，朕心時切憫念。曾將陝西、甘肅所屬康熙五十八年額徵地丁銀一百八十八萬兩零、歷年舊欠銀四萬兩零，特沛恩綸，悉行蠲免。而沿邊各州縣衛所，軍行既多飛輓之勞，辦賦復滋催科之擾，若非格外加恩，小民恐致失業。所有沿邊一帶，陝西所屬府谷、神木、安塞、綏德、米脂、安定、吳堡、保安、榆林、保寧、常樂、雙山、魚河、歸德、響水、波羅、懷遠、威武、清平、葭州、龍川、鎮靖、鎮羅、寧塞、靖邊、柳樹澗、安邊、磚井、定邊、饒陽、水堡、高家堡，甘肅所屬山丹、高臺、古浪、莊浪、西寧、肅鎮、寧夏、左屯、中屯、平羅、中衛、靈州、寧州、平涼衛、固原州、鎮戎、西安、阜城、甜水、河州、蘭州、洮州，寧夏前衛、平涼縣、固原衛、河州衛、蘭州衛、慶陽、涼州衛、永昌衛、鎮番衛、甘州左衛、右衛、肅州衛、鎮彝所等六十六州縣衛所堡康熙五十九年錢糧米豆草束，俱宜蠲免。但目今係有軍務之時，除米豆草束外，將康熙五十九年額徵銀九萬八千一百兩零，盡行蠲免。爾部行文該督撫通行曉諭，實力奉行，務俾均霑德惠，以副朕曲軫邊民之至意。儻或借端科派，澤不下究，該督撫嚴察指參，從重治罪。爾部即遵諭行。(聖祖二八六、二一)

(**雍正一、七、戊子**) 停徵山東、山西、河南歷年帶徵舊欠錢糧，寬限一年。(世宗九、一二)

(**雍正二、二、甲子**) 命直隸、山東、河南、山西四省舊欠錢糧分作三年帶徵，以紓民力。(世宗一六、二五)

(**雍正二、六、戊寅**) 戶部遵旨議奏：查江南、浙江、福建、陝西四省民欠錢糧，自康熙十八年起，至四十五年止，與應免之例相符；其四十六年至六十年未完，乃係近年欠項，毋庸議免。得旨：五十年以前未完民欠銀共九十四萬一千六百餘兩，著概予豁免。(世宗二一、二)

（**雍正三、四、乙酉**）諭戶部：……近聞河南、山東春雨稍缺，朕心深切軫念。著將河南省歷年民欠錢糧，寬作五年帶徵；山東省歷年民欠錢糧，寬作八年帶徵；俾閭閻納賦舒徐，以副朕勤恤民隱至意。（世宗三一、二三）

（**雍正七、六、乙酉**）諭內閣：朕愛養黎元，遐邇一體；而邊遠之地，小民家計不及近省，尤朕心之所繫念。數年以來，甘肅、四川、雲南、貴州、廣西五省，有用兵西藏及勦撫苗蠻等事，其一應軍需，皆動用公帑備辦，秋毫不派及於民間。而糧餉轉輸，亦有資於民力。今藏地苗疆俱已寧謐，朕心嘉慰，特沛恩膏。著將庚戌年甘肅、四川、雲南、貴州、廣西額徵地丁銀兩，悉行蠲免。其西安各屬地方，近日亦有豫備軍需之事，朕心軫念。著將庚戌年額徵錢糧，蠲免十分之三。此六省督撫大吏，宜仰體朕心，轉飭所屬有司，敬謹奉行，務使閭閻均霑實惠。如有奉行不力，被不肖有司暗飽私囊，或奸胥土棍、強紳劣衿包攬侵蝕者，經朕訪聞，必將通省大小官員分別從重治罪。（世宗八二、八）

（**雍正七、八、癸丑**）諭內閣：……昨署山東巡撫費金吾奏稱，今歲東省秋成大稔，父老皆言二十餘年以來所僅見。朕思此乃督撫之賢，有以感召天和也。則凡爲督撫者，宜何如之敬謹居心，公忠奉職，以不愧屋漏之誠，爲感格上天之本耶？聞今年秦省西安一帶，夏月甚旱，而地方文武大臣官員，罔知修省，此則封疆大臣之所當切戒者。朕非卸責於臣工，而屢頒此等諭旨也。蓋實有見於天人感應之理，纖毫不爽，而夙夜敬謹乾惕，覺鑒觀之有赫，而呼吸之可通。儻朕心有一刻之懈弛，而徒以訓誡之詞責諸臣下，其又何以對越天地神明乎？又據廣東督撫布按等奏稱，今年粵東雨澤均調，百穀順成，合計通省米價，自八錢至五六錢，實粵省從來希有之事。朕聞之深爲慰悅。此皆該省民人等，革薄從忠，醇厚良善之心，上天垂佑，而錫以豐穰之所致也。著將山東、廣東二省，庚戌年地丁錢糧，各免四十萬兩，以獎地方官民之善。直隸、陝西今年各蠲銀四十萬兩，庚戌年著再各免地丁錢糧四十萬兩。山西通省，連歲皆獲豐收，著免庚戌年地丁銀四十萬兩。安徽等屬，亦著免庚戌年地丁銀四十萬兩。此六省共蠲免額徵銀二百四十萬兩，乃朕加惠閭閻之特恩，該督撫等應轉飭有司，仰體朕心，敬謹奉行，使小民均霑實惠。儻不肖官吏及紳士土豪等，有侵蝕包攬等弊，一經發覺，定行重治其罪，並將失察之督撫上司等嚴加議處。（世宗八五、八）

（**雍正八、八、丙午**）諭戶部：向來蠲免錢糧，額徵漕米，不在所蠲之內。今年山東地方，被水稍重，而直隸、江南、河南三省，亦間有被水之州縣。夫地方既已歉收，則漕米輸將，未免竭蹶。著將山東被水之州縣漕糧，全行蠲免；直隸、江南、河南被水州縣之漕糧，按其成災分數蠲免。其山東未被水州縣應完漕糧，不必運送京師，即留於東省，以充兵餉。(世宗九七、六)

（**雍正八、九、甲申**）諭內閣：……查各省錢糧，朕特降諭旨蠲免者已多，今次第舉行，應及於江西、湖北、湖南三省。著將辛亥年三省額徵錢糧，各蠲免四十萬兩。又念直隸乃畿輔首善之地，應沛殊恩；山東今歲被水之州縣稍多，朕心甚為軫念；除二省潦溢地方，已加意賑恤，並將本年額賦照例蠲免外，著將辛亥年二省錢糧，各蠲免四十萬兩。以上五省，各該督撫應仰體朕心，嚴飭有司，敬謹奉行，務令閭閻均霑實惠。(世宗九八、一○)

（**雍正九、一、戊辰**）諭內閣，朕思惠養黎元之道，莫先於除賦蠲租，使萬姓均霑渥澤。陝西、甘肅二省，經理軍需數年，凡米糧芻牧車馬牲畜之類，皆動支公帑備辦，一絲一粟，不使擾民。然朕每念地方既有軍務，縱不取辦於民財，未嘗不資藉於民力。而陝甘二省之民人，踴躍趨事，甚為可嘉。年來已屢降蠲賦之旨，茲特再沛恩膏，將雍正九年西安所屬額徵地丁銀蠲免十分之三，甘肅所屬額徵地丁銀全行蠲免。該督撫等可轉飭有司，敬謹奉行，務令閭閻均霑實惠。(世宗一○二、一)

（**雍正一三、一○、壬午**）諭總理事務王大臣：朕即位以來，加意黎元，撫綏備至。疊沛恩膏，業將雍正十二年以前各省民久錢糧，悉行蠲免。惟是西陲用兵數年，陝、甘二省人民，輓運軍需糧餉，効力獨多，其踴躍趣事之誠，甚屬可嘉。朕思百姓等輸忠奉上，情既倍於尋常，則朕所以體恤褒嘉，恩當出於格外。其陝、甘人民應作何加恩以示優獎之處，著總理事務王大臣會同九卿，定議具奏。(高宗五、九)

（**乾隆一、四、戊辰**）免河南鄭州、臨河等地方雍正十三年額賦，及湖南沅州雍正十三年應徵耗羨有差。(高宗一六、一○)

（**乾隆一、一○、戊子**）諭總理事務王大臣：西陲自用兵以來，陝甘百姓，轉運糧餉，急公効力，甚屬可嘉。已蒙皇考疊沛恩膏，厚加撫恤。朕即位之初，又將乾隆元年甘肅額徵錢糧全行豁免，西安等屬豁免一半。今朕復思大兵既徹，正與民休息之時，若再寬一年額賦，則民力更可寬餘，安居樂業。著將乾隆二年甘肅錢糧，全行蠲免，西安等屬錢糧，蠲免一半，以示朕加惠秦民之至意。(高宗二九、一二)

（**乾隆一、一一、丁酉**）賑恤安徽霍邱等三縣衛、湖北漢川等十三州縣衛被災軍民，緩徵額賦。(高宗三○、一○)

（**乾隆一、一二、丁丑**）蠲緩安慶泗州衛屯田、長蘆慶雲縣竈地本年分水災額賦有差。(高宗三三、四)

（乾隆二、四、丙子）諭總理事務王大臣：今年春夏以來，京師及畿輔雨澤稀少，而山東地方，亦有缺雨之郡縣。朕已屢降諭旨，多方籌畫，以爲先事之備。今思節近小滿，甘霖未降，麥秋料已失望，民心未免惶懼。除已經降旨緩徵外，著將直隸通省今年應徵地丁錢糧蠲免七十萬兩；山東通省今年應徵地丁錢糧，蠲免一百萬兩；俾民力寬紓，民氣愉暢。如將來仰蒙天祐，霖雨普施，秋成不致歉薄，則閭閻霑朕格外之恩，亦加惠元元之誼。所謂百姓足，君孰與不足者也。嗣後如得雨稽遲，有妨農事，則應行賑恤等事，仍應加意辦理，毋使一夫失所。該督撫當仰體朕宵旰焦勞、惠養黎庶之心，督率有司，敬謹奉行，務使小民均霑實惠。並出示通行曉諭知之。（高宗四一、八）

（乾隆四、三、戊辰）免直隸、江蘇、安徽三省額賦。諭：朕念切民生，時廑宵旰。或各省督撫陛見、或遇司道各員請訓，務以編氓疾苦，備悉諮詢。惟期海隅蒼生，培固元氣，庶臻家給人足之風。比年以來，畿輔地方屢遇歉收，而江南舊年被旱尤甚；此皆朕之不德，以致上蒼示警，遂使吾民有乏食之虞，朕甚憫焉。今年幸賴上蒼恩佑，各省春雨頗周，足資耕種。重念三省之民，幸有以安其心，尚未能復其舊。其被災處所，既已蠲賑頻施，屢頒諭旨，茲當開徵之期，在被災者固屬艱難，而未被災之地，同在一省，雖有輕重之分，而乏食受困則一。用是特頒諭旨，將直隸總督所屬，今年地丁錢糧，蠲免九十萬兩；蘇州巡撫所屬，今年地丁錢糧，蠲免一百萬兩；安徽巡撫所屬，今年地丁錢糧，蠲免六十萬兩。該督撫務將朕旨家喻户曉，俾閭閻均受實惠，庶幾和氣致祥，以仰答上天之恩，而培民生之本。儻有貪官污吏借端苛索，或私行徵收者，該督撫不時查參。該部即遵諭行。（高宗八九、八）

（乾隆四、一一、辛酉）户部奏：拖欠軍需錢糧官役二百七十二員名，銀一萬六千八百六十三兩零；拖欠雜項錢糧官民九十六員名，糧三萬一千二百四十四石零，均與恩例相符。得旨：俱著寬免。（高宗一〇五、五）

（乾隆七、八、戊戌）諭：朕御極以來，愛養黎元，於蠲免正賦之外，復將雍正十三年以前各省積欠，陸續豁除，以息民間追呼之擾。今查雍正十三年正月起至十二月，江蘇、安徽、福建三省，未完民欠正項錢糧銀共一十七萬七千六百七十四兩六錢零；甘肅、福建、江蘇等三省，共未完民欠正項米豆糧共九萬五千二百六十九石零；甘肅省民欠未完正項草一百七萬四千二十一束零。又，直隸、江蘇、安徽、甘肅、廣東、福建等六省，民欠未完雜項錢糧銀二千九百二十四兩零；福建省民欠未完雜項租穀四百四十八石零。此等拖欠各項，歷年已久，多係貧乏之户，無力輸將。況江蘇所欠獨多，目今彼地現被水災，待恩撫恤，豈可復徵逋負。著將以上各項，悉行豁免。若諭旨未到之先，或有續完之項，即咨部扣除。再查江、浙兩省，尚有雍正十三年未完漕項銀七萬一千二百七十兩零，米二萬九百四十九石零，麥四千三十七石零，豆一百八十五石零。向來漕項不在豁免之列，今既蠲除各項，著將漕項一體免徵。此旨到日，各該督撫可即出示通行曉諭，並令各州縣官，實力奉行，務令閭閻均霑實惠。儻有不肖有司，朦混私收，或蠹役土棍欺隱中飽等弊，該督撫即行嚴參密拏，從重治罪。著交該部速行。（高宗一七二、三四）

（乾隆八、二、戊戌）蠲緩陝西葭州上年分雹災，廣東潮陽、饒平兩縣上年分旱災額賦有差；並分別借貸。（高宗一八四、一四）

（乾隆一六、一、庚子）又諭：……乾隆元年至乾隆十三年，江蘇積欠地丁二百二十八萬餘兩，安徽積欠地丁三十萬五千餘兩，悉行蠲免。……其浙江一省，雖額賦略少於江蘇，而節年以來並無積欠，豈犬牙相錯之地，不齊乃至是歟？此具見浙省官民，敬事急公之義；而江蘇官民，所宜懷慚而效法者也。朕甚嘉焉。著將本年應徵地丁錢糧，蠲免三十萬兩，以示鼓勵。（高宗三八〇、二）

（乾隆二一、二、甲寅）諭曰：朕此次祭告闕里，恭謁祖陵，鑾輿所至，一切供頓皆動正項，絲毫不以累及閭閻。惟念安營除道，雖已計丁給直，終未免有資民力。所有直隸、山東經過地方，本年應徵錢糧，著加恩蠲免十分之三。其有上年秋收稍歉者，雖勘不成災，而農民生計究屬拮据，著統前蠲免十分之五。該督撫其嚴飭屬員，詳悉查明，分別辦理，毋致不肖胥吏侵漁中飽，務俾小民得霑實惠。（高宗五〇七、一）

（乾隆二一、一〇、甲戌）諭：上年江浙地方偶被偏災，曾經降旨，令將災地漕糧緩至今冬帶徵。目下正值啟徵之候，該二省秋收雖屬豐稔，但民間元氣初復，新舊並徵，民力不無拮据，朕心深為厪念。著加恩將上年被災各州縣應行帶徵漕糧，緩至明年麥熟後開徵；其被災最重者，分作二年完納。該督撫等查明，董率收漕各員，實心辦理，以副朕軫恤閭閻之至意。該部即遵諭行。（高宗五二四、一五）

（乾隆二二、一、甲午）諭：今春朕奉皇太后鑾輿，載臨江浙，問俗省方，行慶施惠，而東南黎庶，望幸情殷。茲當翠華發軔之初，宜沛渥恩，用昭盛典。乾隆十六年肇舉南巡，曾頒恩諭，將江蘇、安徽十三年以前積欠地丁，悉行蠲豁；浙省因無積欠，特免應徵地丁三十萬兩，以示鼓勵。亦欲使愷澤覃敷，官無罣誤，民免追呼，共享昇平之福。乃邇年來江浙間被偏災，其積年未完之數，又復不少。雖維正之供，歲有常經，不宜任其逋欠，然天時之不齊，亦非盡小民之過也。該二省去歲秋成豐稔，糧價平賤，據地方大吏陳奏、併清問所及，民物康阜，井里恬熙，朕心實爲欣慰。但閭閻蓋藏，時虞宵旰。若令新舊並輸，於民力未免拮据。著將江蘇、安徽、浙江乾隆二十一年以前積欠未完地丁銀兩，概予蠲免。該督撫等其嚴飭所屬，實力奉行，毋令胥吏侵蝕中飽，務俾恩膏普逮，實惠均霑，稱朕懷保黎元至意。該部即遵諭行。（高宗五三〇、二）

（**乾隆二二、一、丁未**）諭：朕此次南巡，所有經過直隸、山東地方，本年應徵地丁錢糧，俱著加恩蠲免十分之三。此內山東上年偶被偏災處所，著蠲免十分之五。該督撫等董率屬員，查明妥協辦理，務俾小民均霑實惠。該部即遵諭行。（高宗五三〇、二八）

（**乾隆二二、二、癸亥**）諭：朕稽古省方，載臨江浙，將以勤求民隱，廣沛恩膏。是以啓鑾之先，即經降旨將該二省乾隆二十一年以前積欠，悉行蠲豁。而時當春令，東作方興，水陸經行一切除道挽舟，雖皆按丁給直，然終未免有需民力，入疆伊始，軫念方殷。所有江南、浙江經過各州縣地方，本年應徵地丁銀兩，俱著加恩蠲免十分之三；此內或有去秋被水歉收者，蠲免十分之五。該督撫等其飭屬查明，實力奉行，稱朕加惠黎元至意。（高宗五三二、一）

（**乾隆二二、三、己酉**）諭：朕稽古省方，乘時布澤，翠華所至，賜賚蠲租；而省會駐蹕之地，加恩宜渥。其將江南之江寧、蘇州，浙江之杭州附郭諸縣，本年應徵地丁銀兩，悉予豁免，用昭行慶施惠之盛典。該部即遵諭行。（高宗五三五、三）

（**乾隆二六、二、壬午**）諭：朕恭奉皇太后展謁泰陵，乘便巡幸五臺。所有直屬經過州縣及山西經過駐蹕地方，本年應徵額賦，均著加恩蠲免十分之三。該督撫即行查明，妥協辦理，務令農民均霑實惠。（高宗六三〇、一七）

（**乾隆二七、一、丙申**）諭：今春朕恭奉皇太后鑾輿巡省江浙，取道閱視河工海塘，與封疆大臣講求吏治民生諸要務。念昨冬恭遇慈恩，覃被之餘，正東南士民望幸情殷之候，翠華所過，宜沛隆施，益光慶典。著將江蘇、安徽、浙江三省自乾隆二十二年起至二十六年止，所有節年災田緩徵及未完地丁各欠項，照二十二年例概予蠲免。該督撫等其嚴飭所屬，悉心覈實奉行，俾閭閻膏澤均霑，毋致吏胥中飽，副朕錫類推恩至意。該部遵諭速行。（高宗六五二、二）

（**乾隆二七、一、丁未**）又諭：朕此次南巡，所有經過直隸、山東地方，本年應徵地丁錢糧，俱著加恩蠲免十分之三；此內該二省上年偶被偏災處所，著蠲免十分之五。該督撫等董率屬員查明妥協辦理，務俾小民均霑實惠，該部遵諭速行。（高宗六五二、一三）

（乾隆二七、二、戊辰）又諭：朕恭奉皇太后鑾輿，巡省江浙，前已特頒恩旨，將該二省積欠地丁全行豁免。茲入疆伊始，慶澤宜行。所有江南、浙江水陸經過地方，本年應徵額賦，俱著加恩蠲免十分之三。此內或有去秋被水歉收者，蠲免十分之五。該督撫等，其董率屬員，實力奉行，稱朕子惠黎元至意。該部遵諭速行。（高宗六五四、三）

（乾隆三〇、一、戊申）諭：今春朕恭奉皇太后安輿，四巡江浙。東南黎庶，望幸情殷，宣布渥恩，用光盛典。前此三經臨幸，恩旨疊頒，所有江南省積欠地丁等項，蠲免至二百餘萬兩。維時地方大吏，率多遵循舊例，例所應蠲者，不論災熟積欠，並予豁除，而於因災緩帶之項，其中有例不准蠲者，轉未獲一體邀恩，於情理未為允協。因思成熟地畝，當年出產本豐，自不難踴躍輸將，年清年款；其陳積未完者，實不免豫覬恩膏，有心觀望。若因災停緩之糧，勢由歲歉不齊，致滋逋負，初非玩戶抗延之比。今翠華所過，慶典聿修，而此等褐薄窮黎，未蒙澮澤，朕心深為軫念。著加恩將江蘇、安徽乾隆二十五年以前，節年因災未完、蠲剩河驛俸工等款，並二十六、七、八三年因災未完地丁河驛等款，以及二十八年以前，節年因災未完漕項，暨因災出借籽種口糧、民借備築堤堰等銀一百四十三萬餘兩，又籽種口糧內、米麥豆穀十一萬三千餘石，概予蠲免。至浙江一省額賦，本較江南為少，其積欠亦屬無多。著將乾隆二十六、七、八三年因災未完地丁銀兩，並二十七年屯餉沙地公租，二十六、七兩年未完漕項等銀十三萬二千五百餘兩，又二十八年借給籽本穀一萬三千七百餘石，加恩悉行蠲免，以均惠愷。該督撫等其董率所屬，實力詳查妥協，副朕嘉予元元至意。儻有不肖胥吏從中舞弊，影射侵漁，察出即與嚴參，從重治罪。該部遵諭速行。（高宗七二六、二）

（乾隆三〇、一、癸亥）諭：朕此次巡幸江浙，所有經過直隸、山東地方，本年應徵地丁錢糧，俱著加恩蠲免十分之三。該督撫等務董率屬員，實力奉行，俾小民均霑實惠，副朕愛養黎元之至意。（高宗七二七、一）

（乾隆三〇、二、癸未）諭：朕恭奉皇太后安輿，四巡江浙，啟鑾之前，已特頒恩旨，將該二省積年緩貸未完銀糧，全行豁免。茲當入疆伊始，宜敷愷澤，以昭盛典。所有江南、浙江水陸經過地方，本年額賦，俱著加恩蠲免十分之三。該督撫等其率屬實力妥辦，稱朕觀民行慶至意。該部遵諭即行。

(**乾隆三〇、閏二、己酉**）諭：朕稽古省方，四涖江浙，已降旨將經過地方本年額賦蠲免十分之三。而省會駐蹕之地，加恩更宜優渥。其將江南之江寧、蘇州，浙江之杭州附郭諸縣，本年應徵地丁銀兩，概予豁免，用宣慶惠。該部遵諭速行。（高宗七三〇、四）

(**乾隆三一、一、壬申**）諭：朕統御萬方，孜孜求治，惟以愛育黎元爲念。自御極以來，蠲賜所逮不下千億萬。乾隆十年，曾恭依皇祖普免直省錢糧恩例，蠲除天下額徵正賦二千八百萬有奇，期斯民家給人足，咸臻樂利。惟歲運漕米，向以供給俸餉糜糈之用，非水旱特蠲，例不普免。夫八政以食爲先，閭閻蓋藏，尤資饒裕。恭閱皇祖實錄，康熙三十年，特頒恩旨，將各省起運漕糧，通行蠲免一週。大澤均霑，慶逾常格。仰惟皇祖沖齡踐阼，臨御之三十年，春秋未及四十；朕年二十有五始登大寶，膺祺受祉，迄今亦閱三十年。際重熙累洽之會，必世昌期，均符泰運，其爲慶幸倍深。茲荷蒙上天眷佑，烈祖鴻庥，函夏謐寧，疆宇式闢，北庭西域，二萬餘里咸隸版圖。外有耕屯之穫，內無餽餉之勞；且連歲年穀順成，庶物豐殖，京通倉貯，盡有餘粟。天既誕貽樂歲，惠洽昇平，朕自當仰體天心以推恩黎庶。是用敬承嘉貺，懋繼前謨，使薄海億兆，並裕倉箱之慶。所有湖廣、江西、浙江、江蘇、安徽、河南、山東應輸漕米，著照康熙年間之例，於乾隆三十一年爲始，按年分省通行蠲免一次。其江寧、京口、杭州、荊州等處駐防地方，該省漕米既蠲，所有估需兵食，如何豫爲籌備，並各該省蠲免次第，應行酌辦各事宜，著該部速行定議具奏。錄議：各省歲輸漕糧，請照康熙三十年分年蠲免之例，再加籌酌。三十一年免山東、河南二省，三十二年免江蘇省，三十三年免江西省，三十四年免浙江省，三十五年免安徽省，三十六年免湖南省，三十七年免湖北省。以次遞免。其隨漕銀米，應照舊例輪免之省，停運丁船，例給減半本折月糧，在漕項款內動支。餘存銀米，報部撥用。有漕省分兵米，杭州、荊州、豫東等處，於地丁徵收兵糧款內動支，江寧於漕項米仙支給，均無庸另行籌辦，惟京口向於起運漕糧內截撥三萬七千餘石，今漕糧已免，應照江寧之例，照數撥給。從之。（高宗七五二、二）

(**乾隆三一、一一、己巳**）又諭：前經降旨，將各省漕糧分年普免一次，期使海宇黎元，均霑閭澤。但聞漕糧款內，尚有例徵折色及民户輸銀官爲辦漕者。雖徵收銀米不同，其爲按田起漕之例則一也。若仍令其照漕項一例輸將，不得與交納本色民户並邀曠典，未免獨切向隅。著申諭辦漕各省，州縣內有徵收折色者，一體概予蠲免。督撫等務董率所屬，實力經理，再行明白

曉諭，毋任胥吏藉名滋弊，副朕嘉惠閭閻、普施膏澤至意。該部遵諭速行。(高宗七七二、三)

（**乾隆三三、一、己酉**）諭：昨歲大兵進剿緬匪，所有經過各省，儲待供億，一切動支帑藏，絲毫不累閭閻。第以沿途夫馬運送，不無稍資民力，疊經降旨，將滇省地丁及各土司應徵銀糧，分別蠲免；復將湖南、湖北、貴州三省軍行所過地方錢糧，全行緩徵，以示體恤。繼思各省民人感戴國恩，深明急公大義，踴躍効力，自當格外加恩，用示獎勵。因令各該督撫詳細確查，將各屬軍行所需，除正項開銷外，實在所資民力若干，覈明具奏，候朕酌量施恩。嗣據陸續奏到，惟阿思哈稱河南實數有八萬六千餘兩，而良卿則以貴州所有幫貼夫馬銀數，多係鄉保措辦，地方官無從覈算為辭，意在顢預了事，甚屬非是，已經交部議處。後覽方觀承所奏，直屬所有幫銀，亦數止一萬五千餘兩，恐亦事後約舉民車一項而言，尚非實數。於朕優恤民隱、屏除弊端之本意，均未能實心體會也。在民人等既知殫心竭力，以佐軍行，其悃忱深有足嘉，則推恩亦倍當優渥。然所在有司，必先於辦理之時，悉心察覈，使苧簧一絲一粟皆有細數可稽，經理方為妥協。否則，牧令付之不知，胥役安得不因緣蠹蝕；督撫置之不問，州縣又安保無恣意侵牟；將吏治奚以澄清，恩澤何由下究耶？著將直隸、河南、湖北、湖南、貴州等五省，一例從優加賞，於藩庫地糧銀內，每省給銀十萬兩，交給各督撫酌量情形，視其款項數目，妥協分給，毋得草率模稜，致小民不得均霑實惠。至雲南一省，所有本年應徵地丁錢糧，其大兵所過之地及永昌府屬，俱著全行蠲免；其非經過地方，亦著蠲免十分之五。該督撫等務期實力飭屬，詳慎妥辦，無令稍有影射滋弊，副朕廣沛殊恩、軫念群黎至意。該部遵諭速行。(高宗八〇三、八)

（**乾隆三三、二、丁卯**）又諭：進勦緬匪一事，昨經降旨，將用兵始末，宣示中外。現在軍務尚未能即時告竣，仍須簡派京兵前往，所有經過各省，絲毫不累閭閻。惟沿途夫馬運送，或不無稍資民力之處。業經疊沛殊恩，於上年將湖南、湖北、貴州三省軍行所過地方錢糧，全行緩徵；並今歲加賞直隸、河南等五省藩庫地糧銀各十萬兩，以資辦理，俾小民均霑實惠。在百姓等深明大義，急公固出於悃誠，而朕之軫念群黎，推恩亦倍加優渥。昨已有旨，將雲南一省本年地丁錢糧，分別蠲免。著再加恩，將直隸、河南、湖北、湖南、貴州五省，所有軍行經過各處，本年地丁錢糧，概予緩徵，用普恩澤。該督撫等務期實力飭屬遵照妥辦，副朕體恤民隱至意。該部遵諭速行。(高宗八〇四、三二)

（**乾隆三四、一、丙戌**）諭：雲南省兵行所過地方及永昌、騰越、普洱三府州地丁錢糧，頻年降旨加恩蠲免，其非經過地方，亦節次寬免十分之五。今念該處軍務尚未告竣，若即照例徵輸，閭閻未免拮据。著再加恩，將雲南一省兵行所過之地，及永昌、騰越、普洱各府州本年應徵錢糧，仍照前兩年之例，全行蠲免；其非經過地方，並免十分之五。至湖北、湖南、貴州三省，兵行經過處所，前已兩次緩徵，今再行加恩，將本年地丁錢糧，蠲免十分之三，俾免按年帶徵，以紓民力。該督撫等其董率所屬實心經理，務令小民均霑實惠，副朕軫念群黎至意。該部遵諭速行。（高宗八二六、二）

（乾隆三四、一二、辛亥）又諭：邇年辦理徵勦緬匪一事，調兵撥餉，所經各省，及滇省屯駐兵馬、承辦軍需各處，雖一切供億，俱係動支官項，絲毫不以累民，但沿途運送夫馬，執役服勞，未免稍資民力。而百姓等急公赴義，踴躍可嘉，節經宣諭賞給帑銀，分別蠲緩，以示優獎。今已降旨徹兵，所有振旅官兵經過各省，均須照前辦理。雖前此存貯賞銀足供寬裕給發，而小民勤懇趨事，用宜更沛恩施。著再加恩，將雲南辦理軍需地方及永昌、騰越、普洱三府州明年應徵地丁錢糧，蠲免十分之五。其直隸、河南、湖北、湖南、貴州等省，經過各州縣，明年應徵地丁錢糧，蠲免十分之三。該督撫其董率屬員，實心察覈經理，俾閭閻實被恩膏，副朕體恤良民、嘉惠無已之至意。（高宗八四八、七）

（乾隆三八、一、甲午）諭：川省自征勦小金川以來，貴州、湖廣及雲南昭通等營，亦俱調撥官兵，所有師行供億，及一切運送軍裝火藥等項，俱動用官帑，絲毫不以累民。而沿途承應執勞，皆能踴躍趨事，民情殊為可嘉。茲當小金川全境蕩平，允宜廣霈恩施，俾霑閭澤，用普春祺。曾傳諭各該督撫，令查明征兵經過之地，應如何酌量加恩之處，分別具奏。今據各該督撫等陸續奏到，並稱，各該省秋成豐稔，戶樂盈寧，小民實自忘其勞。茲蒙格外施仁，遵即查明酌議緩徵分數具奏等語。所有官兵經過之貴州畢節、威寧等十七州縣，湖廣之竹山、竹谿等五十七州縣廳，雲南之恩安、大關同知等八州縣廳，應徵乾隆三十八年分錢糧，俱著照該督撫等所奏，分別按數緩徵，用紓民力。各該督撫等其董率所屬，悉心察覈，俾閭閻實被恩膏，以副朕嘉惠體恤至意。該部即遵諭行。（高宗九二四、一二）

（乾隆三八、閏三、丁亥）諭：昨因進勦金川，曾於湖廣各營調撥官兵，所有經過各州縣地方，本年應徵錢糧，業經降旨按數緩徵，以示體恤。此外尚有漕項銀款，例不並緩，小民仍有赴公輸納之勞，著加恩將湖北竹山等二十二州縣，湖南長沙等二十六州縣，本年隨漕等銀，准其同地丁一併緩徵，俾民力益滋寬裕，以副朕加惠無已之至意。該部即遵諭行。（高宗九三一、一九）

（乾隆四三、七、丁未）諭：朕此次前往盛京，恭謁祖陵，所有經過直隸、奉天州縣地方，著加恩蠲免本年應徵地丁錢糧十分之三。該部即遵諭行。（高宗一〇六三、一〇）

（乾隆四五、一、辛卯）諭：朕巡幸江浙，省方觀民，鑾輅所經，宜施渥澤，用溥春祺。所有經過直隸、山東地方，本年應徵地丁錢糧，俱著加恩蠲免十分之三。該部即遵諭行。（高宗一〇九八、一九）

（乾隆四五、二、甲寅）諭：朕因東南黎庶，望幸情殷，爰舉舊章，五巡江浙。茲當入疆伊始，慶澤宜敷。所有江南、浙江水陸經過地方，本年應徵地丁錢糧，俱著加恩蠲免十分之三。該部即遵諭行。（高宗一一〇〇、四）

（乾隆四五、二、甲子）諭：朕巡幸江浙，已降旨將經過地方本年額賦，蠲免十分之三；而省會駐蹕之地，加恩更宜優渥。著將江南之江寧、蘇州，浙江之杭州所有附郭諸縣，本年應徵地丁錢糧，概予豁免。俾近光黎庶，無事輸將，共享盈寧之福。該部即遵諭行。（高宗一一〇〇、一三）

（乾隆四六、二、乙丑）諭：朕此次巡幸五臺，經過直隸、山西各州縣，所有本年應徵錢糧，著加恩蠲免十分之三。該部即遵諭行。（高宗一一二五、一三）

（乾隆四七、八、庚寅）諭：據毓奇奏，濟寧以南河湖水勢甚大，恐明春重運經臨，行走維艱；浙江等處路途較近，幫船回次，尚可從容接兌；惟湖廣、江西幫船最後，回空遲滯，即誤受兌之期。請將輪免湖廣、江西之五十年、五十一年漕糧，改移於四十八、九兩年停運等語。所奏甚是。今年回空糧船，既滯於往年，則明春重運北上，自應豫行籌酌，量爲變通。著照毓奇所請，將江、廣二省漕糧，應於五十年、五十一年輪免者，改於四十八、九兩年停運。其浙江之嘉興府，及安徽省漕糧，明年仍按次開幫，改於五十年、五十一年輪免。如此一轉移間，重運既無虞行走遲滯，而丁力亦可稍紓，於漕運實有裨益。所有酌改輪免之處，著該部詳悉妥議具奏。尋議奏：湖南漕船，較湖北路程更遠，今年回空又最後。請將湖南省並江西南昌、饒州、南康、廣信四府屬，於四十八年先行停運；其湖北漕船，程途稍近，而江西漕糧，本年八月截留山東三十萬石，是湖北並江西之瑞州、臨江、吉安、撫州、建昌、贛州六府屬漕船，回空尚不甚遲，請於四十九年停運，至浙江省嘉興府屬漕糧，改於五十年蠲免；安徽全省漕糧，改於五十一年蠲免。得旨：依議速行。（高宗一一六三、二一）

（乾隆四八、八、乙亥）諭：朕由熱河前往盛京，恭謁祖陵，所有經過直隸、奉天各州縣，著蠲免本年地丁錢糧十分之五。該部即遵諭行。（高宗一一

八七、一)

（乾隆四九、一、丁未）諭：朕巡幸江浙，省方觀民，鑾格所經，宜施渥澤，田溥春祺。所有經過直隸、山東地方，本年應徵地丁錢糧，俱著加恩蠲免十分之三。該部即遵諭行。(高宗一一九七、六)

（乾隆四九、二、壬申）又諭：朕因東南士庶籲幸情殷，且河工海塘，以次告竣，一切善後機宜，均須親臨指示，爰循舊典，六巡江浙。茲當入疆伊始，慶澤宜覃。所有江南、浙江水陸經過地方，本年應徵地丁錢糧，俱著加恩蠲免十分之三。該部即遵諭行。(高宗一一九九、二)

（乾隆四九、二、壬午）諭：朕巡幸江浙，已降旨將經過地方本年額賦，蠲免十分之三。而省會駐蹕之地，恩膏更宜優渥。著將江南之江寧、蘇州，浙江之杭州所有附郭諸縣本年應徵地丁錢糧，概予豁免。俾近光黎庶，無事輸將，益享盈寧之福。該部即遵諭行。(高宗一一九九、一三)

（乾隆五三、四、壬寅）諭：昨因直隸順德、廣平、大名三府屬近年以來收成歉薄，現在又復缺雨，業經降旨，將節年因災緩徵帶徵地丁各項未完銀兩，緩至秋成後，分年帶徵，以紓民力矣。第念該三府屬屢遇偏災，現屆開徵之期，雨澤尚未能霑足，麥收難期豐稔，雖舊欠業予緩徵，而輸納新糧，民力仍不無拮据，著再加恩將本年應徵地丁錢糧一併緩至秋成後徵收，至河南省彰德、懷慶、衛輝三府本年春雨亦未能霑透，現雖據畢沅奏河北彰德等三府屬，於三月二十八九日又得雨一次，內懷慶府屬所得雨澤，較之衛輝、彰德二屬霑被稍優，但亦不過二、三、四寸，尚不如京城前月得雨之霑足，恐仍不足以資播種。所有該三府屬應徵新舊錢糧，俱著緩至秋收後分別徵收，俾閭閻生計益臻寬裕，以副朕軫念民依有加無已之至意。該部即遵諭行。(高宗一三〇二、一九)

（乾隆五六、一〇、甲寅）諭軍機大臣等：本年直隸順德、廣平等府屬州縣，因夏間雨澤未能深透，收成歉薄。山東萊州府臨清等屬州縣，間有被旱被水之處。河南彰德、衛輝、懷慶等府屬州縣，本年得雨稍遲，收成僅止五六分。又，江南蘇州、常州等府屬，及海州之沭陽縣，本年春夏之間，雨水較多，沭河漫溢，低窪地畝，間被淹浸。安徽鳳陽、穎州、泗州等府屬州縣低窪之區，今夏雨水稍多，亦間有被淹處所，收成均未免歉薄。業經降旨，將本年應徵銀米，并節年帶徵等項，分別緩徵停展，令該督撫實力查辦，以示體卹。第念各該處被水被旱地方，秋收既未豐稔，于明春青黃不接之時，民力究恐不無拮据。是否應需賑濟，或酌借籽種口糧之處，著傳諭梁肯堂、惠齡、穆和藺、長麟、朱珪即行體察情形，悉心履勘，據實復奏，候

朕於新正酌量加恩降旨。（高宗一三八八、二七）

（**乾隆五七、一、壬申**）又諭：上年直隸順德、廣平等府屬州縣，因夏秋雨澤，未能深透，收成稍歉。山東萊州府、臨清等屬州縣，間有被旱被水之處。河南彰德、衛輝、懷慶等府屬州縣，得雨少遲，收成僅止五六分。江南蘇州、常州等府屬及海州之沭陽縣，春夏雨水較多，沭河漫溢，低窪地畝，間被淹浸。安徽鳳陽、潁州、泗州等府屬州縣，低窪之區，因雨水較多，亦間有被淹處所，收成均未免歉薄。業經降旨，將上年應徵銀米，並節年帶徵等項，分別緩徵停展，令各該督撫實力查辦，以示體卹。今據該督撫等奏到，查勘各該處地方，俱尚不致成災，且業將新徵舊欠等項，分別緩徵帶徵，小民自可不致失所。但念各該處上年秋收既未豐稔，今青黃不接之時，民力究恐不無拮据。所有直隸、山東、河南三省，奏請酌借一月口糧，江蘇省奏請酌借兩月口糧，俱著加恩竟行賞給。其安徽省，雖據朱珪奏稱，鳳、潁各屬被水較輕，無庸賑濟，俟交春後察看情形，如應酌借籽種口糧，再當酌辦等語。著該撫查明被水處所，亦加恩賞給籽種口糧，以資接濟。該督撫等務督飭所屬，實心經理，俾閭閻均霑愷澤，以副朕惠愛黎元、普錫春祺至意。該部即遵諭行。（高宗一三九四、三）

（**乾隆五七、一、壬申**）又諭：上年雨暘時若，年穀順成，朕慮直隸、山東、河南、江蘇、安徽等省所屬州縣村莊內，有得雨稍遲及得雨稍多，一隅歉收之處，特降旨令各該督撫查明具奏，候朕加恩。嗣據各督撫奏稱，查明所屬均不成災，祇須於春間酌借籽種口糧，毋庸加賑等語。現已另頒諭旨，將籽種口糧，竟行賞給矣。因思各直省節年民欠，尚多未完之項，特交該部詳查。茲據查明直隸、山東、江蘇等省，前經特頒恩旨、及巡幸所經，節次分別蠲免外，將奉天等省未完民欠數目，開單具奏。此項未完銀兩，雖係應徵正項錢糧，但小民無力輸將，以致積年遞欠，若仍令分別緩徵帶徵，恐茅簷蔀屋，仍屬不免追呼。所有奉天省未完民欠銀一千七百八十餘兩，安徽省未完民欠銀一萬五千餘兩，湖南省未完民欠銀一萬二千七百六十餘兩，廣東省未完民欠銀二萬九千九百餘兩，俱著加恩全行豁免。該督撫務須督飭所屬，遍行曉諭，務使周知。毋任蠹吏奸胥侵欺影射，俾小民咸霑實惠，共迓春禧，以副朕惠愛黎元有加無已至意。該部即遵諭行。（高宗一三九四、四）

（**乾隆五八、二、辛未**）諭軍機大臣等：昨吉慶奏，上年被旱歉收之德州、平原等二十七州縣衛，於麥熟後先徵舊欠，其應徵五十八年地丁錢糧，緩至九月啓徵，已即批令准行矣。本日據梁肯堂奏，保定省城，於二月初五日得雨深透等語。京城初五日得雨三寸，而保定同日渥被春膏。並據永瑢奏，易州亦於初五日得雨六寸。看來此次雨勢寬廣，直隸地方諒可普霑，麥收有望，朕心深爲欣慰。但京南順德、廣平、大名三府，上年因旱歉收，而河間、景州、天津爲尤重。雖已蠲賑並施，新正復加恩降旨展賑，但究恐民力不無拮据，著將硃批吉慶摺鈔寄梁肯堂閱看，並令該督將被旱各州縣有無應照吉慶所請酌量緩徵之處，體察情形，據實具奏，以副朕軫念災區有加無已至意。尋奏：保定、文安、大城、武清、寶坻、寧河、河間、任邱、景州、獻縣、交河、阜城、青縣、慶雲、鹽山、清苑、滿城、束鹿、望都、容城等二十州縣被災較重，請照山東例，麥熟後先徵舊欠，本年地丁錢糧及各項旗租，緩至九月啓徵。從之。(高宗一四二二、一五)

　　(乾隆五九、一、庚寅)諭：上年雨暘時若，各省年穀順成，新正應行加恩地方甚少，因令直隸等各該督撫將因災帶緩未完之項，據實查奏，嗣各督撫奏到，俱係節年因災輾轉停緩、徵未及限、均屬實欠在民等語。此內直隸、山東、河南三省，因屢經被旱歉收，節經降旨加恩，分年帶完，在小民疊荷渥恩，一遇豐稔之年，自必輸將恐後。但節年遞欠，爲數較多，恐民力不無拮据。所有直隸、山東、河南因災帶緩，原限應扣至甲寅、乙卯、丙辰年徵收之銀，俱著加恩寬免十分之三。該督撫務須徧行曉諭，咸使周知，毋使蠹役奸胥，侵欺隱射，俾小民共霑實惠，閭閻生計益資饒裕，以副朕行慶施惠、敷錫春祺至意。該部即遵諭行。(高宗一四四四、二)

　　(乾隆五九、七、癸丑)諭軍機大臣等：本年直隸、山東、河南等省，因雨水稍多，河流漲發，漫水所注，多有淹損地畝、坍塌民居之處。而直隸之河間、天津、正定、順德、廣平、大名，山東之臨清、東昌、德州，河南之衛輝、彰德、懷慶等屬，春間因被旱歉收，今又被水淹浸，受災較重。節經降旨，優加撫卹，並將被水各州縣，本年應徵秋糧，一體加恩豁免。小民口食有資，自可安居復業。第念甫經被水之區，雖現已得霑恩卹，但節年尚有因災未完緩徵帶徵等項，於來歲收成後，尚須按限輸納。小民或不免以官欠未償，心存顧慮，仍未得遂其含哺之樂。竟應將各該處節年緩徵帶徵銀米，概予寬免，俾災黎得免追呼。將來水退後，補種所穫糧石，可以自耕自食，生計益爲寬裕。著傳諭梁肯堂、穆和藺、福寧將各該省被水較重處所所有節年因災緩徵帶徵未完銀米數目，各行詳晰迅速查明，開列清單具奏，候朕降旨加恩。該督等務須詳查確勘，據實辦理，毋得隱飾含混。(高宗一四五七、四三)

　　(乾隆五九、九、己卯)諭軍機大臣等：本年直隸省春間被旱，夏秋之間，正定、河間、天津等府屬因雨水較多，河流漲發，地畝被淹，河南之衛輝、彰德、懷慶三府屬，山東之東昌、臨清等屬，俱因衛河發水，秋禾多有淹浸，業經節降諭旨，各加兩倍賞卹，并豁免秋糧，分別蠲緩。令該督撫等實力查辦，以示體卹。第念該三省被災較重，收成歉薄，明春青黃不接之時，民力不無拮据，自應豫籌接濟，量爲展賑。著傳諭該督撫等體察情形，即行據實復奏，候朕于新正酌量降旨加恩。又，江蘇、安徽、湖北、湖南、福建、廣東等省，或因河流下注，或因山水驟發，低窪地畝，間被淹浸，雖止係一隅中之一隅，并經加恩撫卹，分別緩徵。但明春是否尚須量爲接濟之處，并著各該督撫一體查明，據實具奏。（高宗一四六三、一八）

（乾隆六〇、二、戊辰）諭：現因湖南永綏廳苗匪石三保與貴州松桃廳苗匪石柳鄧等勾結滋擾，已命福康安、福寧等帶兵前往督勦，想此等烏合匪徒，一經官兵會剿，無難一鼓殲擒，剋期蕆事。但現當東作方興之際，猝被逆苗滋擾，於農功不無妨礙，若將應徵春季錢糧照舊催徵，恐被搶擄之民益苦。所有湖南辰州府屬之永綏、乾州、鳳凰及瀘溪各廳縣，並貴州銅仁府屬之松桃廳，現被苗匪滋擾地方，著該督撫查明，將各該處應徵春季錢糧概行緩徵，竢事定後，如查有被賊蹂躪，春收歉薄者，再行降旨豁免，以示朕撫綏良善，加惠閻閭至意。著該督撫速行遍諭窮民。（高宗一四七一、一）

（乾隆六〇、九、辛未）諭：前經降旨普免天下積欠，令各該督撫查明具奏。節據各該督撫等查奏，各省未完積年地耗正糧等項，共銀一千七百十餘萬兩，糧穀米豆等項三百七十五萬餘石零，俱已加恩全行豁免。內奉天、山西、四川、湖南、貴州、廣西等省，向俱年清年款，並無積欠。朕臨御六十年，普免錢糧四次、漕糧三次，其餘水旱偏災，蠲賑兼施，所費帑金不下萬億，所以藏富閻閭，爲小民謀生計者，無微不至。此等年清年款省分，小民踴躍急公，輸將恐後，今轉以並無積欠，未得一體邀恩，不足以昭平允。所有奉天、山西、四川、湖南、貴州、廣西向無積欠六省，俱著加恩於下年正賦寬免十分之二。該督撫等務宜董率所屬，均勻減免，酌定章程，報部查覈，以副朕閭澤平施有加無已至意。（高宗一四八七、二一）

（嘉慶一、六、庚寅）諭內閣：湖北教匪滋事，肆行劫掠，焚燒村莊，業經官兵屢加勦殺，而該省紳士百姓等能知大義，團練鄉勇，隨同官兵打仗殺賊，實屬可嘉。湖南省勦捕苗匪，現在首逆就獲，官兵即抵乾州，指日大功告蕆。第念附近苗疆地方，多被苗匪蹂躪，占種田土，民人不免失業，即較遠各州縣運解糧餉軍需等事，亦不無有資民力，朕心實爲軫念，宜加渥澤，以示體卹。除該二省被賊擾累地方業經加恩分別蠲緩外，著再加恩將湖南、湖北二省來歲應徵錢糧，俱行豁免。俾被擾失業者，得以復其生計；而

急公出力者，亦可更資溫飽。並著該督撫速行謄黃宣示，務令鄉村僻壤，咸使聞知。（仁宗六、八）

（嘉慶一、七、己酉）勅諭：各省六十年應徵漕糧，上年已降旨加恩，普行豁免。湖廣省上年漕糧，已於本年輪免，民力已爲寬裕，第念楚省被賊蹂躪，各州縣所有應徵地丁錢糧，雖已降旨通行蠲豁，而漕糧亦可無事輪將。但來歲新漕，例應冬兌冬開，秋間即須開徵。現在湖南大功指日告蕆，而湖北教匪，亦即日可以肅清，其被擾地方漸臻寧謐。惟是兩湖民人，當軍務倥偬、賊匪滋擾之後，未免流離遷徙，耕種失時；即未被擾累之處，解運糧餉，分投防範，亦不無藉資民力。此時賊匪雖已即日蕩平，百姓等一時尚恐未能復業，所有本年漕糧，若即於秋收後啓徵，究恐稍形竭蹶。著再加恩，將湖北、湖南本年應徵漕糧，概予緩徵，統俟大功告竣，緩至明歲再行開徵。永保現已令其暫署湖廣督篆，著會同巡撫汪新督飭所屬，通行曉諭，實力查察，毋任胥吏等從中舞弊、影射徵收，以副朕愛惠黎元、恩施無已至意。再，該二省百姓，被賊匪焚燒搶掠，其乏業流民覓食餬口者，自復不少，若不妥爲安撫，恐致顛連失所，殊爲可憫。並著永保、汪新一體督屬詳查，設法撫綏，務使選定安集，勿令一夫失所，方爲妥善。該部即遵諭行。（高宗一四九五、一）

（嘉慶一、七、己酉）以賊匪滋擾、辦理軍需，緩徵湖北、湖南兩省本年漕糧。（仁宗七、三）

（嘉慶二、九、甲午）諭內閣：此次川省奉節賊匪竄入楚北利川境內，經汪新派令副將樊繼祖統兵堵剿，並令恩施、利川二縣約會川省奉節縣曉喻居民，同心併力，會合奮剿；旋經各該縣尹英圖、陳春波、周景福會同千總等共相激勸，督率三縣土民，殺死賊匪一千數百餘名，生擒賊目四十餘名。又因賊分兩股奔竄，兵勇亦分兩路追剿，復殺賊二千餘名，生擒二百二十餘名。所辦實屬可嘉。除汪新等已另加優賚外，該省錢糧，前已有旨普行寬免。此次恩施、利川二縣及川省奉節縣鄉勇士民，均能齊心奮勇，同深敵愾，著加恩將該三縣應徵錢糧再行蠲免一年，以示獎義推恩至意。（仁宗二二、一八）

（嘉慶四、八、甲午）免調派盛京、吉林、黑龍江兵丁經過沿途州縣本年額賦。直隸自山海關至磁州，十分之三，河南至湖北，十分之五。（仁宗五〇、五）

（嘉慶四、一一、癸酉）普免積年民欠。諭內閣：現屆長至圜丘大祀，高宗純皇帝升配禮成後，自應仰推皇考恩慈，用敷惠澤。因思乾隆六十年以前，各省積欠緩徵地丁耗羨及民欠籽種口糧漕糧銀兩，並積欠緩徵民借米穀草束等項，現在應徵者尚復不少。著該部通行各省，詳悉查明，將以上各款，自乾隆六十年以前，普行豁免。俾寰宇群黎，同霑遺澤，於乾隆年間逋欠銀米等項，永免追呼，用仰副皇考六十年來子惠元元至意。即將此二條入於升配恩詔款內。(仁宗五五、七)

2. 奉天

(**順治一、七、辛丑**) 上以中原平定，免盛京滿洲、漢人額輸糧草布疋。(世祖六、八)

(**康熙七、二、庚辰**) 免奉天府承德、廣寧二縣康熙六年分雹災額賦。(聖祖二五、一四)

(**康熙二一、三、丙辰**) 諭戶部、刑部：朕承祖宗丕緒，撫御區宇，日以子育元元爲念。自逆賊吳三桂倡亂滇南，多方煽動，軍興八載，中外驛騷。仰賴祖宗在天之靈，默垂眷佑，殄滅兇渠，民生乂安，疆圉底定。特行徧祀山陵之禮，用告成功。茲恭詣福陵、昭陵，謁祭禮竣。惟盛京爲國家肇基重地，朕躬親幸，宣沛大澤，以示殊恩。山海關以外及寧古塔等處地方，官吏軍民人等，除十惡死罪不赦外，其餘已結未結、一切死罪，俱著減等發落，軍流徒杖等犯，悉准赦免。奉天、錦州二府屬康熙二十一年地丁正項錢糧，著通行蠲豁；其官役墊補包賠等項應追銀兩，察果家產盡絕，亦並豁免。用稱朕加惠根本、優恤黎民至意。特諭。(聖祖一〇一、二〇)

(**康熙二八、一〇、辛巳**) 戶部題：盛京遼陽、興京屯莊所種田地，頃因亢旱及霜隕，米穀不收，應免其納租。移咨盛京戶部詳計所需米數，發銀採買賑濟。上曰：盛京地方今年亢旱，米糧不收，聞兵丁見在買米而食，朕心深切軫念，其令戶部侍郎阿山乘驛速往，與盛京各部大臣公同察明，量其度歲所需，令內務府官往取莊上所有之米散給，俾得均霑實惠。(聖祖一四二、二一)

(**康熙三七、一〇、丁卯**) 諭戶部：盛京係列祖創興之地，朕謁祭陵寢，咨詢民生，承德等州縣今歲田禾，未穫全登，宜加恩恤。應徵米豆概行蠲免。爾部即移文該府尹，遍示閭閻，家喻戶曉。務俾均霑實惠。以副朕愛民至意。(聖祖一九〇、二〇)

(**乾隆二、一一、丁巳**) 賑卹奉天錦縣、寧遠州被水災民，分別蠲緩額賦。(高宗五六、四)

(**乾隆二、一一、辛巳**) 免奉天寧遠州被水旗地本年額賦。(高宗五七、七)

(**乾隆三、三、庚申**) 戶部議覆：署盛京戶部侍郎德福疏稱，盛京各屬旗地，自康熙五十五年起至雍正十二年止，共積欠米一萬一百二十一石有奇、豆一千二十二石有奇、草三萬四千三百束有奇，請旨豁免。應如所請。從之。（高宗六四、一五）

（**乾隆三、一一、癸丑**）户部議准：奉天府府尹吳應枚疏言，復州、寧遠、寧海、錦縣等四州縣，蟲傷田稼，本年應徵錢糧，請分別蠲免；貧民賞給口糧，並酌撥倉穀，減價平糶。得旨：依議速行。（高宗八〇、九）

（**乾隆四、七、甲戌**）[户部] 又議覆：奉天府府尹吳應枚疏稱，復州、寧遠、寧海、錦縣等四州縣，乾隆三年被災分數，其蠲剩錢糧，分作二年、三年帶徵，分晰造册，送部查核。應如該府尹所請，於乾隆四年爲始，將被災五分、六分、七分者，分作二年帶徵；被災八分、九分、十分者，分作三年帶徵。又稱，乾隆二年水災案内，帶徵元年分民退地銀米，緩至乾隆三年爲始，分作三年帶徵在案。今除不被蟲之户，照例按數帶徵外，請將被蟲地畝，緩至乾隆四年爲始，分作三年帶徵完報。又稱，乾隆三年，帶徵乾隆元年民退地銀米内，除不被蟲地畝，仍按三分之一徵收外，請將被蟲地畝，遞緩至乾隆四年、五年帶徵完報。又稱，乾隆二年水災案内，蠲剩緩徵該年民退地畝銀糧，准於乾隆三年帶徵全完在案。今除不被蟲之户，照數徵收外，請將被蟲地畝，統俟乾隆四年照數徵收完報。又稱，錦縣、寧遠州、退圈地畝，雖徵黑豆，而種穀之處甚多，亦有被蟲傷損者，業經題准，按分數蠲免。其蠲剩豆石，並乾隆二年水災案内緩徵豆石，仍應三年徵收全完；所有半徵退地銀兩，除按分數蠲免外，其蠲剩銀兩，亦請緩至乾隆四年爲始，照例按分數帶徵完報。又稱，乾隆三年錦縣、寧遠出借籽種穀石，其未經被蟲之户，已於三年秋收之後，照數催取過倉；其被蟲之户，所借籽種穀石，請緩至乾隆四年爲始，分作三年帶徵還倉。均應如所請行。從之。（高宗九七、二一）

（**乾隆七、一一、戊午**）停徵奉天承德、遼陽、海城、錦縣、廣寧等五州縣水災額賦。（高宗一七八、八）

（**乾隆八、九、庚子**）賑貸奉天中路善岱協理通判所屬善岱里、安民、召上、李塑、善岱等四村承種官地水災飢民，分別蠲緩新舊額賦。（高宗二〇一、九）

（**乾隆八、九、癸卯**）又諭：盛京户部莊頭，每年交納糧石，豫備陵寢祭祀各項供應外，其餘交收入倉，以爲撥給各處匠役口糧之用。今朕恭謁祖陵，親詣盛京，軫念各莊頭終歲勤苦，輸將無誤。著將乾隆八年分應交倉糧一萬餘石，加恩寬免。其各處匠役口糧，著於舊存倉糧内撥給。再各莊尚有

乾隆七年分未完米豆草束，俱著該部查明，一併豁免，以示朕優卹旗莊之至意。（高宗二〇一、一二）

（乾隆一一、八、己巳）又諭：上年朕曾降旨，輪流蠲免天下一年地丁錢糧。今歲係奉天應免之年，但彼處旗人所種地畝應納糧草，原不在地丁錢糧之數，仍係照例徵收。今廣寧、義州、遼陽等處，俱被水災，若仍照舊交納，伊等未免竭蹶。著交奉天將軍、盛京戶部查勘被災處所，免其徵收。該部即遵諭行。（高宗二七二、一〇）

（乾隆一一、八、己丑）又諭：朕普免天下錢糧，奉天省本年係輪蠲之歲。各省定例，祇蠲地丁銀兩，米豆不在應蠲之例。但奉天省地丁錢糧，向來銀糧並徵，其額徵米豆，即係正賦。著將奉、錦二府乾隆十一年應徵米豆，一體蠲免。該部即傳諭該府尹知之。（高宗二七三、一八）

（乾隆一一、一一、乙巳）戶部議准：奉天府府尹蘇昌疏稱，錦縣、廣寧二縣，被水被雹成災，本年應徵錢糧，請查明分數題蠲，貧民分別極次加賑；衝塌房屋，量予修費。其地畝衝壓者，豁除額賦。至承德、遼陽、海城、蓋平、復州、寧海六州縣，被淹窪地，雖勘不成災，然收成歉薄，所有本年出借口糧籽種，統俟來秋免息徵邇還。得旨：依議速行。（高宗二七八、一四）

（乾隆一五、一二、癸未）戶部議覆：監收盛京官莊糧石吏部右侍郎慧中等奏稱，所屬官莊被水莊頭，會同將軍詳議，請照盛京內務府大糧莊頭被災例酌議。被災五分者，免差一半，被災六分以上者按照分數，遞免差徭。并稱，未成災之官莊，收成亦薄，請將本年應交糧棉，先納一半，次年徵還一半。又稱，莊頭親丁，並緣罪入莊之丁，以及老幼廢疾鰥寡孤獨，請照內務府大糧莊頭之例，酌給口糧。均應如所請。從之。（高宗三七八、二三）

（乾隆一五、一二、戊子）蠲緩盛京、遼陽、廣寧、岫巖、開原、鐵嶺、鳳凰等七城本年分水災旗民額賦，并賑卹有差。（高宗三七九、七）

（乾隆一六、三、戊戌）蠲緩寧古塔、吉林水災額賦有差。（高宗三八四、二）

（乾隆一九、五、乙酉）諭：此次由熱河前往盛京，恭謁祖陵，所有經過直隸奉天州縣地方，加恩蠲負本年應徵地丁錢糧十分之三。著方觀承、鄂寶照例查辦。該部即遵諭行。（高宗四六四、一二）

（乾隆一九、九、戊子）諭曰：……茲於九月初五等日，謁祭三陵大禮告成，宜敷愷澤。其將奉天所屬府州縣乾隆十九年地丁正項錢糧，通行蠲復；經過地方，前旨所免十分之三及被水地畝應蠲錢糧，仍於明年應徵額內補行豁除。（高宗四七二、一五）

（乾隆一九、九、己丑）諭曰：朕奉皇太后鑾輿，再詣盛京，恭謁祖陵禮成。奉天所屬府州縣乾隆十九年地丁正項錢糧，已降旨通行蠲復。所有各莊頭及旗地應納糧石草束等項，自應一體加恩，以普愷澤。著將盛京戶部各莊頭本年應交倉糧一萬餘石，概行蠲免。盛京、興京、遼陽、牛莊、蓋州、熊岳、復州、金州、岫巖、鳳凰城、開原、錦州、寧遠、廣寧、義州等十五處旗地，本年應納米豆草束，免徵一半；其各壯丁應完本年丁米，亦著免其輪納。俾旗民均霑嘉惠，用昭慶典。（高宗四七二、一九）

（乾隆二〇、五、丁丑）緩徵奉天承德、遼陽、海城、鐵嶺、開原、錦縣、廣寧等七州縣水災額賦，兼賑饑民。（高宗四八八、八）

（乾隆二四、一〇、乙未）賑盛京城、承德縣、鐵嶺城、鐵嶺縣、開原城、開原縣、錦州城、錦縣、寧遠城、寧遠州、廣寧城、廣寧縣、義州城、義州等處本年旱災旗民，並蠲緩額賦如例。（高宗五九九、九）

（乾隆二五、二、辛卯）蠲免奉天盛京驛、舊邊、句驪河、白旗堡、二道京、小黑山、廣寧、易路、開原噶布拉村、法庫、東關、寧遠、高橋、小凌河、沙河站、十三山、連山關、嚴千戶屯等十九驛乾隆二十四年旱災額賦，併分別加賑。（高宗六〇七、二）

（乾隆三一、四、乙巳）賑盛京被水官莊戶口，並蠲額賦。（高宗七五八、九）

（乾隆三一、四、丙寅）戶部議奏：盛京、開原等城，並三陵內務府所屬地方，被水成災五分至十分不等，應照成災分數分別賑蠲。從之。（高宗七五九、二〇）

（乾隆三二、二、癸亥）戶部議覆，盛京工部侍郎兼管奉天府府尹雅德條奏賑卹事宜。一、承德、鐵嶺、開原、廣寧四縣，乾隆三十一年旱災水災饑民，前借給一月口糧，請作為初賑，仍按被災分數，分別極次貧照例加賑。一、奉天倉儲，接年賑撫支放均屬缺少，撥運維艱，除以借作賑米石仍用本色外，其加賑米請以銀米兼半給發，每米一石，折給銀六錢，所需銀即於各屬徵存地丁項下動撥。一、辦納丁徭之戶及無地無丁土著、併鰥寡孤獨，應各就被災屯堡分數，分別極次貧，一體銀米兼賑。一、承德、開原二縣倉米不敷支放，請於附近之遼陽、海城、蓋平、廣寧、錦州等處存倉米內，酌撥三萬石，分貯二縣，其腳價每石每百里給銀一釐二毫，由奉天府理事通判庫貯項下動支。一、承德等四縣災地錢糧，請照例分別蠲免，其蠲剩銀及本年民借糧石併舊欠帶徵銀，均予緩徵。一、奉天所屬丁銀，向係另款徵收，請將承德等四縣按被災分數，照蠲剩錢糧例，緩至次年，分年帶徵。

又，復州一處收成亦屬歉薄，其丁銀應予一體緩徵。一、承德等州縣學田無多，被災各貧生，應飭教官開送地方官，由山海關撥解耗羨餘剩項下酌量賑給。一、出旗人民戶口，仍在興京鳳凰城一帶居住者甚多，所種地畝被災，均係旗員勘報，而戶口例應民員點查，應令旗員將被災分數，移知民員，分別大小口一體給賑。其應予蠲緩事宜，仍歸旗員照例辦理。均應如所請。從之。（高宗七七九、二〇）

（**乾隆三二、三、乙丑**）賑卹奉天盛京驛、舊邊、句驪河、白旗堡、二道井、十三山、廣寧、小黑山、開原、法庫、嚴千户屯、噶布喇村、薩爾滸等十三驛乾隆三十一年水災旱災飢民，併蠲應徵額賦，緩徵蠲剩銀米有差。（高宗七八〇、一二）

（**乾隆三二、五、辛卯**）蠲奉天承德、鐵嶺、開原、復州、廣寧五州縣乾隆三十一年水災霜災額賦，並緩徵蠲餘銀米。（高宗七八五、一五）

（**乾隆三三、一二、甲戌**）戶部議准：盛京工部侍郎兼奉天府府尹雅德疏稱，承德、遼陽、海城、廣寧等四州縣，本年被水，請先撫卹一月口糧，仍分別加賑。其新舊錢糧及餘地額租等項，均按年緩徵。得旨：依議速行。（高宗八二五、八）

（**乾隆三四、二、乙丑**）加賑盛京句驪河、二道井各驛乾隆三十三年水災站丁，其紅冊、徵租各地銀米，並分別蠲緩。（高宗八二八、二九）

（**乾隆三四、二、庚辰**）賑卹盛京承德、遼陽、海城、廣寧等四州縣乾隆三十三年分水災飢民，並蠲緩租賦有差。（高宗八二九、二〇）

（**乾隆三四、五、甲午**）蠲緩奉天承德、遼陽、海城、廣寧等四州縣乾隆三十三年水災額賦有差。（高宗八三四、二六）

（**乾隆三七、一、辛丑**）諭：本年輪蠲奉天等省地丁銀兩，其米豆一項，例不在應蠲之內。但念奉天省地丁錢糧，向來銀糧並徵，其額徵米豆，即屬任土正供，自當普予加恩，俾得共樂殷寧，益兆倉箱之慶。著將奉、錦二府乾隆三十七年應徵米豆，一體蠲免，以廣惠澤。該部即遵諭行。（高宗九〇〇、一〇）

（**乾隆三八、一、乙未**）諭：上年各直省秋成普慶豐收，即奉天各屬，亦臻大有。始和之布，毋庸更沛恩膏。惟念盛京各城旗人，節欠餘地租銀，自乾隆三十一年至三十七年計六萬餘兩，原係該旗人等節年拖欠，值此年豐力裕，自應踴躍輸將，第積欠一時並徵，恐不免稍形拮据。著加恩分作六年帶徵，俾完公更得從容，而生計益滋饒裕，以副朕體卹嘉惠至意。該部即遵諭行。（高宗九二四、一六）

（乾隆四三、八、己卯）諭：朕自乾隆十九年再蒞盛京，迄今三十四年矣。遼瀋爲我朝鴻業肇基之地，風俗敦厖，人心淳厚，緬惟祖澤留貽，食舊德而服先疇者，久而彌篤，比戶恬熙之象，時縈於懷。茲由山海關至陪京，恭謁祖陵，時當秋穫豐登，蹕路所經，村村殷阜；而老幼歡迎，扶攜恐後，尤見忠愛悃忱。嘉慰之餘，恩施宜渥。啓鑾日業經降旨，免所過地方錢糧十分之三；著加恩，將奉天所屬府、州、縣乾隆四十四年地丁正項錢糧，通行蠲免。俾我留都士庶，連年不事輸將，益享盈寧之福。該部即遵諭行。（高宗一〇六五、一二）

（乾隆四三、八、辛巳）又諭：朕恭謁祖陵禮成，現降旨將奉天所屬府州縣乾隆四十四年地丁正項錢糧通行蠲免，所有各莊頭及旗地應納糧石草束等項，自應一體加恩，以敷渥澤。著將盛京戶部各莊頭本年應交倉糧一萬餘石免其交納，所有各處匠役應需口糧，著於舊存倉糧內撥給。其盛京、興京、遼陽、牛莊、蓋州、熊岳、復州、金州、岫巖、鳳凰城、開原、錦州、寧遠、廣寧、義州等十五處旗地本年應納米豆草束，亦著免徵一半，俾旗莊均霑嘉惠。該部即遵諭行。（高宗一〇六五、一六）

（乾隆四三、一一、戊戌）諭：本年輪蠲奉天等省地丁銀兩，又因臨幸盛京，降旨加恩，將奉天所屬乾隆四十四年地丁正項錢糧，通行蠲免。其米豆一項，例不在應蠲之內，但念奉天省地丁，向係銀糧並納，其額徵米豆，即屬任土正供，自當普予加恩。著將乾隆四十三年、四十四年該省應徵米豆一體免徵，俾得均霑渥澤。該部即遵諭行。（高宗一〇七〇、四四）

（乾隆四七、一、乙丑）賑卹盛京官莊、鳳凰城驛、雪裏站、通遠堡、巨流河、白旗堡、二道境、小黑山等驛乾隆四十六年分被水莊丁、驛丁，並蠲緩額徵地租。（高宗一一四九、一四）

（乾隆四七、四、辛巳）蠲免奉天鳳凰城、岫巖、遼陽、蓋州、復州、廣寧、牛莊等七城乾隆四十六年水災額賦，分別賑卹有差。（高宗一一五四、二八）

（乾隆四七、九、甲寅）蠲免盛京開原城旗地本年雹災額賦，并借給口糧。（高宗一一六五、一一）

（乾隆四七、九、辛酉）蠲免奉天承德、海城、蓋平、廣寧等四縣并岫巖通判乾隆四十六年分水災應徵地丁錢糧。（高宗一一六五、二八）

（乾隆四八、九、乙未）諭：朕自乾隆四十三年臨幸盛京，迄今五年。我朝根本之地，風俗淳厚，迥非他省可比。緬維祖澤留貽，至今勿替。茲由熱河取道九關臺，四蒞陪京，恭謁祖陵，蹕路所經，老扶幼挈，就瞻恐後，尤見愛戴悃忱。嘉慰之余，恩施宜渥。著加恩將奉天所屬府州縣乾隆四十九年地丁正項錢糧，通行豁免，俾我留都士庶益享盈寧之福。該部即遵諭行。(高宗一一八八、六)

（**乾隆四八、九、己亥**）諭：朕恭謁祖陵禮成，現降旨將奉天所屬府州縣乾隆四十九年地丁正項錢糧，通行豁免。所有各莊頭及旗地應納糧石草束等項，自應一體加恩，以敷渥澤。著將盛京戶部各莊頭本年應交倉糧一萬餘石，免其交納，所有各處匠役應需口糧，著於舊存倉糧內撥給。其盛京、興京、遼陽、牛莊、蓋平、熊岳、復州、金州、岫巖、鳳凰城、開原、錦州、寧遠、廣寧、義州等十五處旗地，本年應納米豆草束，亦著免徵一半，俾旗莊均霑嘉惠。該部即遵諭行。(高宗一一八八、一一)

（**乾隆五四、四、戊子**）蠲奉天廣寧、鳳凰二城屬乾隆五十三年水災額賦，仍分別賑卹有差。(高宗一三二六、三)

（**乾隆五四、閏五、辛卯**）諭：奉天所屬廣寧等七城，因上年被水成災，節經降旨借給口糧，蠲賑兼施，並再展賑一月，以資接濟。茲據宜興等奏，本年春夏之間，奉天境內雨水復多，低窪田地又多被水等語。廣寧等縣現在尚有帶徵銀米，若照例催徵，旗民未免拮据。所有該處分年帶徵銀三百七十三兩三錢九分四釐，帶徵米三百九十一石六斗五升八勺，俱著加恩蠲免，以示朕軫念陪都有加無已至意。該部即遵諭行。(高宗一三三〇、六)

（**乾隆五五、一二、壬戌**）緩徵盛京、廣寧、遼陽、鳳凰等四城乾隆五十四年分水災地畝額賦。賑卹盛京、鳳凰城、雪裏站、通遠堡、沙河站、東關、寧遠等六驛本年水災站丁並奉天錦縣、義州、海城等三州縣本年水災貧民。(高宗一三六九、一)

（**乾隆五六、三、乙亥**）賑卹奉天錦州、義州、牛莊、熊岳、鳳凰、金州等六城，並福陵、昭陵總管衙門、盛京內務府、戶工二部及鬢陽邊門等處乾隆五十五年分水災旗地人戶，並蠲免租銀有差。(高宗一三七四、三)

（**乾隆五六、五、癸未**）蠲免盛京海城、錦縣、義州等三州縣上年水災額賦有差。(高宗一三七八、一一)

（**乾隆五七、二、丁未**）蠲奉天錦州府屬乾隆五十六年旱災額賦，仍賑卹有差。(高宗一三九六、一六)

（**乾隆五七、三、庚寅**）蠲奉天錦縣乾隆五十六年旱災額賦。(高宗一三九九、一二)

（**乾隆六〇、二、壬戌**）諭：前經降旨普免天下積欠錢糧，令各督撫查明具奏。茲據琳寧等奏，奉天省廣寧、錦州二城旗地積欠米石及餘地租銀，查明開單具奏。奉天旗地積欠，雖與各省民欠不同，而按名納糧徵租則一，自應一體豁除，俾均樂利。所有廣寧所屬積欠正項及帶徵未完地米六千九百七石零、餘地租銀一千八百二十七兩，錦州所屬未完餘地租銀三百六十二兩，著加恩全數豁免，以示朕體卹旗人、孚惠有加至意。（高宗一四七〇、三七）

（**乾隆六〇、五、庚申**）又諭曰：琳寧等奏，前次請豁各城積欠時，僅照五十九年冬季造送冊內開報，尚有錦州、鳳凰二屬因災緩徵之項，未經列入，理合據實陳明等語。所有錦州、鳳凰二屬，五十九年以後，因災緩徵米共二千二百九十六石五斗零，地租銀共四千一百二十九兩七錢零，著加恩一體豁免。琳寧、伯麟及承辦司員，著交部分別議處。（高宗一四七八、二〇）

（**乾隆六〇、一一、庚申**）賑奉天金州、熊岳、錦州三城，寧海、錦縣、寧遠三州縣旱災旗民，並蠲緩額賦有差。（高宗一四九〇、一五）

（**嘉慶一、一二、己卯**）免被賊滋擾之四川達、太平、東鄉、新寧四州縣，陝西西鄉、安康、平利、紫陽四縣次年額賦。（仁宗一二、六）

（**嘉慶三、一〇、庚子**）賑盛京戶部官莊及開原、遼陽、牛莊、廣寧等五城被水旗民驛丁，並蠲緩額賦有差。（仁宗三五、七）

（**嘉慶三、一一、乙亥**）蠲緩盛京舊邊、巨流河、白旗堡等處災民額賦有差。（仁宗三六、五）

（**嘉慶一〇、八、癸巳**）免蹕路經過承德、廣寧、錦、寧遠四州縣本年額賦。（仁宗一四八、一三）

（**嘉慶一〇、八、丙午**）免盛京、興京、遼陽、牛莊、蓋州、熊岳、復州、金州、岫巖、鳳凰城、開原、錦州、寧遠、廣寧、義州十五處旗地應納本年米豆草束十分之五並九年以前積欠。（仁宗一四九、三一）

（**嘉慶一〇、八、丙午**）免盛京戶部各莊頭應交倉糧。（仁宗一四九、三一）

（**嘉慶一〇、一一、辛未**）緩徵稻田廠旱災蟲災租銀。（仁宗一五三、九）

（**嘉慶一一、四、庚寅**）免盛京錦州莊頭折交上年租穀並應納租銀。（仁宗一五九、一五）

（**嘉慶一一、一〇、丁亥**）免盛京被水官莊應交稗石，災輕及未成災官莊，准以本色折色各半交納。（仁宗一六八、一五）

（**嘉慶一二、五、壬子**）緩徵盛京花戶花利銀米。（仁宗一七九、二六）

（**嘉慶一六、一一、丙申**）又諭：據和寧奏經過復州及寧海縣各處村莊查看荒歉情形據實奏聞一摺。本年奉天復州及寧海縣被災歉收。本月初十日，據博慶額等奏到，懇將本年出借米石及帶徵上年緩徵民欠未完等項銀米，一併緩至十七年秋收後徵收，並聲明本年額徵各項銀米，仍請照額徵收等語。當經照依所請，降旨加恩。茲據和寧奏稱，該處村屋荒涼，男婦遷徙，被災情形較重。災民環訴，懇請將新舊錢糧一併緩徵，並呈訴復州因鄉約等報災，嚴責鎖押各情。又，查訪該處旗戶散處村莊，雖不敢呈報災荒，除有力之家交糧十分之一，其無力者實難措交等語。自係實在情形。何以博慶額等前奏，仍請將本年額徵各項銀米照額徵收，而觀明於旗戶無力完糧之處，亦未經奏明請旨。觀明、博慶額、繼善，俱著傳旨嚴行申飭。是否該州縣有心諱匿，或州縣已具稟而觀明等匿不具奏。著該將軍、府尹等據實查參，明白回奏。所有復州及寧海縣本年額徵各項銀米，著加恩一併緩至明年秋收後徵收。該二處旗戶，並著查明已經交過糧石若干，其實在無力完納者，加恩一律緩至明年秋成後交納。該將軍、府尹等接奉此旨，即迅速徧貼謄黃，宣示災區，俾旗民早霑恩澤，共臻寧輯。又，岫巖屬濱海被災地方，經觀明等於九月二十七日奏到，先行撫卹一月口糧，其應蠲應綏各事宜，俟查明疏題等語。當經批令查明速奏。何以至今尚未題到。現據和寧奏稱，該處業已確勘成災，著該將軍府尹等即行照例題請蠲緩，毋稍稽遲。（仁宗二五○、二○）

（嘉慶八、二一、丙辰）緩徵奉天岫巖廳、馬廠連被偏災地畝花利銀米。（仁宗二五一、一二）

（嘉慶一六、一二、丙寅）又諭：據觀明覆奏查明復州等五城旗戶秋收歉薄情形一摺。本年復州、寧海等州縣被災歉收，旗戶所穫秋糧不敷餬口，其應交錢糧無力完納。觀明前此竟爲屬員矇蔽，毫無見聞，迨奉旨飭查，始據查明覆奏，時已歲暮，辦理實屬遲延。除復州、寧海二城旗戶無力完交地糧，前於和寧奏到日，當即加恩緩徵，其兵丁春閒所借倉糧，亦著加恩一律緩至明年秋後交納。岫巖、熊岳、鳳凰城三處歉收情形，與復州、寧海相等，並著加恩將該三處應徵各項銀米，普予緩徵，與復州、寧海一例辦理。明春青黃不接之時，並著賞給五城旗戶一月口糧，以助農作。其所參詳報不實之城守尉伊合哩等五員，除伊合哩、金福昨已降旨交部嚴議外，岫巖城守尉傑信、署鳳凰城城守尉協領諾莫色楞、熊岳協領果勒敏，俱著交部嚴加議處。觀明業已降爲二等侍衛，毋庸再交部議。（仁宗二五二、二○）

（嘉慶一七、一○、乙丑）緩徵奉天復、寧海、岫巖三廳州縣旱災新舊額賦有差，並復州、金州、熊岳、岫巖、鳳凰五城旗戶本年租糧、兵丁舊借倉糧。（仁宗二六二、一九）

（嘉慶二一、一一、丙辰）緩徵奉天金州、寧海二處風災帶徵銀米。（仁宗三二四、一三）

（嘉慶二三、八、甲戌）免蹕路經過奉天承德、廣寧、錦、寧遠四州縣本年額賦。（仁宗三四五、七）

（嘉慶二三、八、丙子）免奉天新民廳本年額賦。（仁宗三四五、九）

（嘉慶二三、九、己亥）免盛京戶部莊頭本年應交倉糧。（仁宗三四六、一七）

（嘉慶二三、九、辛丑）免奉天興京、承德、遼陽、牛莊、蓋州、熊岳、復州、金州、岫巖、鳳凰城、開原、錦州、寧遠、廣寧、義州等十五處旗地本年應納米豆草束十分之五，並二十二年以前積欠。（仁宗三四六、一八）

（嘉慶二三、九、辛丑）免奉天內務府莊頭二十二年以前積欠。（仁宗三四六、一八）

（嘉慶二三、九、壬子）諭內閣：明興阿等奏承德等廳州縣沿河窪地偶被偏災一摺。本年奉天所屬地方，雨澤調勻，田禾暢茂，惟承德、遼陽、海城、寧海、新民、岫巖等廳州縣，沿河低窪地畝，間被淹浸。著明興阿等即速勘明成災分數，據實覈辦。再，本月初旬以內，盛京又連次大雨，恐尚有續行被淹處所。昨朕自盛京啓鑾，本日駐蹕黃旗堡，經過承德、新民兩廳縣境，見沿途禾稼有業經刈穫者，亦有刈穫稍遲浸入水中者。兩日因修墊蹕道，所用秫稭不可數計，自係地方官購自民間，但此皆小民日用所需。今淹浸地畝難望有收，而登場稭料，又不無耗費。該二處百姓，踴躍急公，尤堪軫念。除本年及二十四年承德縣、新民廳地丁錢糧，前已降旨蠲免外，著加恩將承德縣、新民廳二十五年應徵地丁錢糧，再蠲免半年，俾閭閻倍霑渥澤。其派出辦差官員兵丁借支俸餉銀十二萬一千餘兩，前經降旨免扣銀四萬一千餘兩。連日該官兵沿途當差，甚爲奮勉，著再加恩免扣銀一萬兩。其餘七萬兩，仍分作十五年扣繳，以示體卹。（仁宗三四七、一）

（嘉慶二四、一、甲寅）以六旬萬壽，免奉天省旗地積欠額賦租銀。（仁宗三五三、一八）

3. 吉林

（乾隆一二、一〇、丁丑）諭：據將軍阿蘭泰等奏稱，三姓吉林地方，本年雨水連綿，所有官員兵丁，及官屯義倉，瀕河地畝，多被掩浸等語。此雖係一隅偏災，但官兵地畝歉收，米穀未免不敷，著交該將軍等，按被災輕重，借給口糧，以資接濟。其支借穀石，若令於來秋償還，未免力有未逮，可與從前所借穀石，俱著分作三年，陸續交納。至本年應交官屯義倉穀石，著查明豁免。再，吉林官屯田地，內有被水者，其應交穀石，亦一體查明豁

免。該部即遵諭行。(高宗三〇一、五)

(乾隆一三、閏七、甲寅)户部等部議覆：調任寧古塔將軍阿蘭泰奏稱，吉林烏拉官莊極貧壯丁，應交糧石，奉旨寬減一半外，應交糧七千三十二石零，仍不能完，尚欠二千七百八十八石五斗，請交户部展限。應如所請，俟本年秋收後帶徵完報。從之。(高宗三二〇、三)

(乾隆一三、一二、丙戌)貸寧古塔、伯都訥地方霜凍成災八旗官莊兵丁口糧，緩徵本年額交地糧。(高宗三三〇、一四)

(乾隆二〇、一二、甲辰)户部議准：吉林將軍傅森疏稱，船廠、蒙古、和羅、薩倫、伊爾們新舊官莊，本年被霜歉收，欠交額糧一萬二千七百九十八石零，應如所請分限六年完交，照例借給口糧籽種。從之。(乾隆五〇二、一二)

(乾隆五六、一〇、辛亥)諭：據琳寧等奏，請接濟吉林、寧古塔被災旗人口糧，倉莊糧穀，亦請展限交納等語。今歲吉林、寧古塔偶遇霜災，收穫歉薄，甚屬可憫。著照琳寧所奏，將被災旗人加恩接濟口糧。至兵丁等應交義倉、官莊、屯丁等應交官倉額穀，著寬限二年完納。民人應交錢糧，蠲免一分，餘亦寬限二年完納，以示體卹至意。(高宗一三八八、一九)

(乾隆五七、一〇、丙子)又諭：據恒秀等奏請借給寧古塔地方被雹旗民口糧並緩徵應納錢糧一摺，今歲寧古塔城北蒙古峪二十九屯田苗被雹，收成歉薄，旗民生計不無拮据。著加恩自本年十二月初一日起至明年六月底止，按照旗民大小户口，借給口糧，以資接濟。其應完糧石，著展限三年完納；官屯丁民本年應徵新舊穀石錢糧，亦均著展限三年交輸。(高宗一四一四、二〇)

(乾隆五九、一一、丙戌)諭：據秀林奏，查看三姓地方被水旗人，接濟口糧等語。本年三姓地方被水旗人，田廬多有淹損，情殊可憫。今據秀林覈定，奏請接濟口糧，賞給修理房屋銀兩。著照秀林所請，由該處義倉官倉內撥支糧石，借給被災人等，每口每月二斗，以資接濟，限三年完繳。所有被水房屋，每間著賞銀一兩，令其修理。其秋收無穫之莊丁等應交屯地糧穀，著照例寬免，以軫念被災旗人之意。餘照所奏行。(高宗一四六四、三)

(嘉慶三、一〇、丁未)貸吉林松花江被水旗民口糧，並免額賦十分之一。(仁宗三五、九)

(嘉慶四、一一、丙辰)貸吉林三姓地方被旱災民口糧，並蠲緩本年額賦、舊借糧石有差。(仁宗五四、一)

(嘉慶八、一一、丙午)緩徵吉林等處新丈地水災額賦，並免被水村莊

額米。(仁宗一二三、二〇)

（**嘉慶八、一二、癸酉**）緩徵三姓旗丁屯莊地水災新舊額穀，並給口糧。(仁宗一二四、一七)

（**嘉慶一〇、一二、己丑**）給吉林三姓地方被災旗人春夏兩季口糧，並展緩本年應交屯糧。(仁宗一五四、二二)

（**嘉慶一五、八、壬辰**）蠲緩吉林本年水災新舊額賦有差，並賑旗地官莊義倉站丁及永智社舊站等四十七屯災民，仍給房屋修費。(仁宗二三三、一四)

（**嘉慶一六、一一、丁丑**）緩徵吉林、三姓被水旗戶牛具額穀、壯丁官穀，並給口糧。(仁宗二五〇、一)

（**嘉慶一七、一一、癸酉**）緩徵吉林、三姓、寧古塔、打牲烏拉本年霜災旗民銀米倉糧，並貸兵民口糧有差。(仁宗二六三、七)

（**嘉慶一八、一一、己卯**）蠲緩三姓地方水災、霜災旗民新舊未完倉糧及丁地米折銀，並貸銀兩口糧有差。(仁宗二七九、四)

（**嘉慶一八、一一、己卯**）緩徵寧古塔、阿勒楚喀疊被霜災雹災新舊未完倉糧及丁地米折銀有差。(仁宗二七九、四)

（**嘉慶一九、九、壬辰**）緩徵吉林打牲烏拉、鄂莫和、畢爾罕、法特哈、舒蘭、永智社六處水災應徵新舊倉糧，並給房屋修費有差。(仁宗二九六、一五)

（**嘉慶一九、一一、戊子**）緩徵三姓、寧古塔、琿春三處水災新舊糧銀，免三姓舊欠倉糧，並貸旗民倉穀。(仁宗二九九、一)

（**嘉慶二一、九、丙寅**）緩徵吉林雙城堡霜災額賦。(仁宗三二二、一一)

4. 黑龍江

（**康熙二五、七、乙巳**）諭兵部、理藩院：我兵圍困雅克薩城，羅剎勢迫死守，今時序漸寒，自墨爾根至雅克薩所設蒙古驛馬，冬月飼秣維艱，其免索倫、打虎兒今歲貢賦，俾之飼秣並修整器械，以備調用。至蒙古每驛應設夫馬若干，令明愛、馬喇等定議，移文索倫總管洪吉、郎中滿丕等，如數取用。索倫、打虎兒夫役與備養之馬，如數應用。又，博定率往築城種地官兵內選二百人，俱留墨爾根，亦候調用，餘悉遣還。(聖祖一二七、八)

（**雍正九、三、己卯**）免黑龍江、墨爾根城等處官莊雍正八年分霜災額賦有差。(世宗一〇四、一三)

（**乾隆一一、一二、丁卯**）戶部議准：黑龍江將軍傅森疏稱，黑龍江官莊二十四座被水，請將本年收穫糧二千四百五十六石零給作籽種牛料，尚有不敷，將本處備存倉糧借給，免其交納額糧。從之。（高宗二八〇、一〇）

（乾隆一四、二、甲午）戶部議准：黑龍江將軍傅森疏請，默爾根官莊十一所，夏旱秋霜成災田畝，不能滿交額糧，免其補交。從之。（高宗三三五、七）

（乾隆一六、三、戊戌）貸黑龍江呼蘭地方蒙古圖七莊屯水災旗民，並豁免五座官莊壯丁本年額交官糧。（高宗三八四、二）

（乾隆一六、一二、辛丑）貸呼蘭城溫德亨山八座官莊水災旗戶，並蠲免本年欠納糧石。（高宗四〇四、一〇）

（乾隆一九、三、丙辰）又諭：黑龍江近年收穫歉薄，莊丁等歷年借欠穀石，若全行催徵，丁力不無拮据。著加恩將乾隆十六年分借出口糧一千四百餘石，暫停催徵；其雍正十三年分舊欠穀九百餘石、乾隆十八年分舊欠穀一千九百三十餘石，俱著全行豁免。俾莊丁生計，益臻充裕。（高宗四五八、一〇）

（乾隆一九、一一、辛卯）戶部議覆：黑龍江將軍達勒當阿等覆奏，齊齊哈爾等處本年被水，將八旗水師營驛站官莊口糧不足人等，撥糧接濟。查齊齊哈爾城需糧三萬一千一百餘石、黑龍江城三萬三千一百五十餘石、墨爾根城二萬一千一百九十餘石，均於本處公倉及備存倉糧撥給。再呼蘭收成七分，間有被水官莊，業交該城守尉於本處備存倉內，借給口糧一千四百七十餘石，來秋照還；其官莊籽種牛料，照例給予。再齊齊哈爾等四處，被水成災官莊，不能滿交額糧，請照定例免交等語。查黑龍江、墨爾根二處，所給糧數，與例不符，應令照例辦理。餘均如所請行。從之。（高宗四七七、三）

（乾隆二五、二、辛丑）緩徵黑龍江、齊齊哈爾、墨爾根乾隆二十四年旱災兵民未完額賦。（高宗六〇七、一三）

（乾隆三〇、一〇、丙寅）又諭：據富僧阿奏，本年齊齊哈爾、呼蘭均被水災，請借給二處官屯壯丁口糧籽種，共米一千三十六石，並請免交額糧等語。著加恩照富僧阿所請，由該處倉儲內借給，其應交糧石，並著加恩豁免。（高宗七四七、一四）

（乾隆五三、九、戊辰）諭：據恒秀等奏，打牲處索倫田禾，被鴉兒河水泛溢淹浸，生計維艱，請借穀接濟等語。著照所請，將齊齊哈爾、墨爾根兩處倉穀，撥一萬石借給，於明年錢糧內分限減半坐扣買補。（高宗一三一二、二六）

（乾隆五七、八、庚寅）又諭：據都爾嘉奏，打牲烏拉、齊齊哈爾地方，本年被旱，收成歉薄，請接濟口糧等語。著照所請，自本年九月起至明年七

月止，按照户口，接濟口糧；其屯丁所欠穀石，著免其補納，以示體卹。(高宗一四一一、一九)

(**乾隆五九、九、戊申**) 又諭：據明亮等奏稱，本年齊齊哈爾、黑龍江、墨爾根城三處田禾被淹，查明官莊所欠糧數請免補納等語。著加恩將此三處未完糧一萬九千三百餘石，免其補納，以示朕軫卹旗僕至意。(高宗一四六一、二二)

(**嘉慶一、九、丁卯**) 免齊齊哈爾、黑龍江兩處官莊人等舊欠糧石。(仁宗九、九)

(**嘉慶四、一一、壬申**) 免黑龍江種地兵丁本年未完糧。(仁宗五五、七)

(**嘉慶五、一〇、辛亥**) 給黑龍江等處霜災兵丁官屯人等口糧，並免本年應交糧石；緩徵齊齊哈爾、布特哈等處舊欠糧石。(仁宗七五、三)

(**嘉慶七、一〇、丙辰**) 免黑龍江、齊齊哈爾水災本年額賦，並蠲緩舊借糧石有差。(高宗一〇四、一二)

(**嘉慶九、一、壬寅**) 免黑龍江歉收四十官莊、齊齊哈爾被水官莊新舊額糧。(仁宗一二五、一〇)

(**嘉慶一一、一〇、丙戌**) 免齊齊哈爾、黑龍江、墨爾根、打牲烏拉被霜災民應徵糧石；仍給七月口糧，並緩徵舊欠糧石。(仁宗一六八、一四)

(**嘉慶一九、一〇、戊辰**) 免黑龍江被災各城應徵額糧，並緩徵舊欠口糧籽種。(仁宗二九八、一一)

(**嘉慶二二、一〇、丁亥**) 免齊齊哈爾、黑龍江、墨爾根被災兵丁額糧，並貸貧民口糧。(仁宗三三五、一七)

5. 直隸

(**順治一、六、丙寅**) 攝政和碩睿親王諭：京城內官民房屋被圈者，皆免三年賦稅。其中有與被圈房屋之人同居者，亦免一年。大兵經過之處，田地被傷者，免今年田賦之半。河北各府州縣，免三分之一。(世祖五、一五)

(**順治一、八、戊辰**) 免直隸被賊殘破景州、河間、阜城、青縣本年額賦。(世祖七、一三)

(**順治二、二、丁丑**) 順天巡撫宋權疏言，近日換地之民離其田園，別其墳墓，甫種新授之田，廬舍無依，籽種未備，遽令按畝起課，民隱堪卹。請特恩蠲租一二年，與民休息。再，查薊州地處荒殘，初以大軍經過，特沛洪恩蠲租一半，但小民輸納猶艱，請照霸州之例，一體全蠲，以廣休養。疏下部議。(世祖一四、一六)

（順治二、三、己酉）免直隸薊州順治元年額賦。（世祖一五、一一）

（順治二、六、甲寅）免近畿三百里內已圈地土二年分額賦三分之二。（世祖一七、二）

（順治二、八、辛巳）免直隸霸州、順義、香河、寶坻、新城、永清、東安、固安等縣本年水災額賦。（世祖二〇、三）

（順治二、八、癸巳）免直隸真定、順德、廣平、大名四府本年分水災額賦。（世祖二〇、七）

（順治三、一二、丙戌）免直隸薊州、豐潤、玉田、寶坻、武清等州縣本年分水災額賦。（世祖二九、九）

（順治四、六、壬申）免直隸成安、新樂、元氏、廣平、寧晉、邯鄲、饒陽三年分水蝗災傷額賦。（世祖三二、一三）

（順治四、一二、戊辰）免直隸保定、河間、真定、順德等府本年分蝗災額賦。（世祖三五、八）

（順治五、一二、丙申）以直隸平山、隆平蝗災，清豐雹災，免本年額賦。（世祖四一、一八）

（順治六、五、戊寅）免直隸寶坻、順義二縣五年分水災額賦。（世祖四四、一二）

（順治六、八、甲午）免直隸真、順、廣、大四府所屬州縣六年分水災額賦。（世祖四五、九）

（順治六、一一、甲戌）免宣府蝗雹災傷地畝本年額賦。（世祖四六、二四）

（順治七、一〇、己亥）免直隸霸州、順義、懷柔、寶坻、平谷、武清、保定、文安、大城、東安等縣六年分水災額賦。（世祖五〇、一二）

（順治八、一、己巳）免直隸安州芝棉額解錢糧。（世祖五二、一八）

（順治八、閏二、丁丑）免宛平縣本年分水災額賦。（世祖五四、二七）

（順治八、三、丙戌）免直隸武強縣七年分被災四百餘頃田地額賦。（世祖五五、七）

（順治八、一〇、辛亥）免宣府屬衛所本年分雹災額賦。（世祖六一、二）

（順治一〇、三、己巳）免直隸薊州、豐潤等十一州縣九年水災額賦。（世祖七三、五）

（順治一〇、五、甲午）免直隸霸州、保定、慶雲、東光等三十一州縣九年分水災額賦。（世祖七五、二四）

（順治一〇、一〇、乙酉）免直隸通、密、永平、易州、井陘、昌平、霸州所屬州縣衛所本年分水災額賦。（世祖七八、一四）

（順治一一、一、丁巳）免直隸順德、廣平、大名三府屬，天津、薊州二道屬州、縣、衛、所十年分水災額賦。（世祖八〇、一〇）

（順治一一、九、癸巳）免宣府萬全右衛所屬煖店堡、梁家、渠家、吳家、沙家等莊，盆兒窰、西紅廟本年分雹災額賦。（世祖八六、九）

（順治一二、二、癸亥）免直隸成安、東明、長垣、懷柔、大城、文安等縣十一年分水災額賦。（世祖八九、八）

（順治一二、六、戊辰）免房山縣十年分水災灘地額賦。（世祖九二、八）

（順治一二、八、癸酉）諭工部：……前爾部會同户禮兵三部覆奏，修築運河決口，議將直隸八府州縣節年所欠各部寺錢糧，速行催解，以濟修河急用。朕念畿内地方，人民艱苦，房地屢經圈撥，水旱連歲相仍。既缺養贍之資，俱有身家之累，而歷年積欠一旦並徵，其何以堪？殊非加惠近畿、篤厚根本之意，朕心深爲不忍。爾部仍會同各部，將修築決口應另用何項錢糧，悉心籌畫，確議速奏。其直隸八府州縣順治八年至十一年未完錢糧實欠在民者，悉與蠲免，毋容官吏朦混徵收。著該督撫按徧行榜示，諭衆通知。（世祖九三、六）

（順治一二、一二、癸亥）免宣府前萬全左、右、柴溝、懷安、東城、蔚州等衛本年分雹災額賦。（世祖九六、五）

（順治一二、一二、癸酉）免直隸涿、冀、灤三州，慶雲、衡水、武邑、樂城、藁城、真定、新樂、隆平、行唐、靈壽、寶坻、元城、大名、玉田、任邱、故城、獻、魏、永清、保定、香河、新河、武强、撫寧、遷安、盧龍、鉅鹿、平鄉、滑、任三十縣，永平、山海、真定三衛，本年分雹蝗水旱災額賦。（世祖九六、九）

（順治一三、二、庚申）免直隸廣平府屬州縣十二年分蝗災額賦。（世祖九八、八）

（順治一三、八、丁酉）諭户部：順天府屬，係京畿根本重地。年來水旱頻仍，小民失業，生計蕭條，較他處爲獨苦。今歲復霖雨飛蝗相繼爲災，已蒙皇太后發帑賑濟。朕因念被災窮黎，救死不瞻，若以國賦亟需，責之照舊輸納，轉徙溝壑，勢必難免，恐非所以仰宣皇太后特施拯卹之德意。爾部速將順天府屬各州縣災傷分數，察勘明白，分別輕重，酌量蠲免，以昭嘉惠元元至意。（世祖一〇三、一四）

（順治一三、一〇、己卯）免宣府西北兩路本年分雹災額賦。（世祖一〇四、四）

（順治一四、一〇、壬申）免直隸新樂縣十三年分蝗災額賦。（世祖一一

二、四)

（順治一四、一一、戊午）免直隸霸、薊、安、冀、晉、趙、定七州，寶坻、蠡、新安、新城、雄、保定、文安、大城、固安、永清、東安、玉田、豐潤、行唐、寧晉、平山、新樂、柏鄉、贊皇、任邱、阜城二十一縣，保安、左右神武三衛及梁城所本年分雹災額賦。（世祖一一三、六）

（順治一五、二、甲申）免順天府武清、櫟縣十四年分水災額賦。（世祖一一五、七）

（順治一六、五、丙戌）免直隸蠡、雄、栢鄉、邢臺、南和、內邱、任、新河等縣十五年分雹災額賦。（世祖一二六、一六）

（順治一六、八、癸丑）免直隸慶都、唐縣本年分雹災額賦有差。（世祖一二七、二九）

（順治一七、二、壬子）免直隸梁城所十六年分水災額賦。（世祖一三二、一九）

（順治一七、四、丙戌）免直隸寶坻、豐潤、武清十六年分水災額賦。（世祖一三四、三）

（順治一七、一一、丁巳）戶部遵旨奏言：直隸慶都、完縣被災分數，俟該撫查報，另行議覆；其曲陽縣既被水災，應免十七年分地畝額賦。從之。（世祖一四二、四）

（順治一七、一二、戊戌）免直隸慶都縣十七年分被災田地額賦。（世祖一四三、一二）

（順治一八、三、甲寅）免順天豐潤縣順治十七年分水災額賦十之二。（聖祖二、二）

（順治一八、六、丙午）免直隸霸州、保定等四州縣水災，慶雲縣蝗災本年分額賦有差。（聖祖三、一一）

（順治一八、七、庚午）免直隸新河縣本年分雹災額賦十之三。（聖祖三、一九）

（順治一八、一一、己亥）免直隸新城縣本年分水災額賦。（聖祖五、一四）

（康熙一、一一、戊戌）免直隸南宮等三縣本年分水災額賦有差。（聖祖七、二〇）

（康熙二、一、乙未）免直隸保定、文安二縣康熙元年分水災額賦十之三。（聖祖八、五）

（康熙二、九、戊辰）免直隸霸州本年分水災額賦十之三。（聖祖一〇、一）

（康熙二、九、癸酉）免直隸武清縣本年分水災額賦十之三。（聖祖一

〇、二)

（康熙二、九、戊寅）免直隸雄縣等十二州縣本年分水災額賦有差。(聖祖一〇、二)

（康熙二、九、甲午）免直隸新樂等七州縣本年分水災額賦有差。(聖祖一〇、五)

（康熙二、一〇、丙午）免直隸慶雲縣本年分水災額賦十之一。(聖祖一〇、七)

（康熙二、一一、丁卯）免直隸東安、南皮、靜海三縣本年分水災額賦有差。(聖祖一〇、一〇)

（康熙二、一一、壬午）免直隸滄州、薊州、獻縣本年分水災額賦有差。(聖祖一〇、一三)

（康熙三、八、癸未）免直隸霸州、博野、保定、武清四州縣本年分水災額賦有差。(聖祖一三、四)

（康熙三、九、壬寅）免直隸寶坻、新城、新樂、曲陽四縣本年分水災額賦。(聖祖一三、五)

（康熙三、九、甲寅）免直隸樂亭、大城、獻縣、文安四縣本年分水災額賦。(聖祖一三、六)

（康熙四、八、甲寅）免直隸開州等十一州縣本年分旱災額賦有差。(聖祖一六、八)

（康熙四、九、甲辰）免直隸滄州等六州縣本年分旱災額賦有差。(聖祖一六、二一)

（康熙四、一一、戊子）免直隸永年等七縣本年分水災額賦，仍命發常平倉粟賑濟災黎。(聖祖一七、六)

（康熙四、一二、己卯）免直隸霸州等三十七州縣衛本年分水災額賦有差。(聖祖一七、一六)

（康熙五、一、丙午）免直隸無極縣康熙四年分水災額賦十之三。(聖祖一八、六)

（康熙六、一一、戊申）免直隸開州、元城等十一州縣本年分旱災額賦有差。(聖祖二四、一七)

（康熙六、一一、己未）免直隸靜海縣本年分水災額賦十之三。(聖祖二四、二四)

（康熙六、一二、丙子）免直隸任邱等三縣本年分水災額賦有差。(聖祖二四、二九)

（康熙六、一二、庚辰）免直隸武清縣本年分水災額賦十之三。（聖祖二四、二九）

（康熙七、二、戊寅）免直隸景州等十州縣衛康熙六年分水災額賦有差。（聖祖二五、一四）

（康熙七、五、庚申）免直隸東光縣康熙六年分水災額賦十之二。（聖祖二六、七）

（康熙七、六、甲申）免直隸固安等三縣本年分水災額賦有差。（聖祖二六、一一）

（康熙七、一〇、戊子）戶部議覆：直隸巡撫甘文焜疏報，順天、保定等府屬五十州縣衛水災，請照例蠲免錢糧。應如所請。得旨：甘文焜稱水災已甚，請將今年錢糧全蠲，爾部照例具奏固是。但今年水災比往年不同，於例外另行作何蠲免，著再議。（聖祖二七、一一）

（康熙七、一一、壬寅）戶部遵旨議覆：保定等府屬水災，照例再加一分蠲免。得旨：朕聞保定府、真定府、霸易道所屬州縣地方，被災特甚，殊爲可憫。今若照爾部所議，於定例外止增一分、蠲免四分，恐百姓不能輸納錢糧，以致困苦。其被災十分、九分者，著將今年應徵錢糧全免。其被災八分、七分者，著再增一分，免四分。此內錢糧，有已經徵收者，著留抵來年應徵錢糧。爾部於此蠲免錢糧地方，刊示曉諭，令小民均霑實惠。（聖祖二七、一四）

（康熙七、一一、己酉）免直隸通州等十八州縣衛所本年分水災額賦有差。（聖祖二七、一六）

（康熙七、一一、壬戌）免直隸保安州、保安衛、礬山堡康熙六年分雹災額賦十之三。（聖祖二七、一九）

（康熙八、一、戊申）免直隸昌平、懷柔等四州縣康熙七年分水災額賦有差。（聖祖二八、四）

（康熙八、六、丙子）戶部議覆：直隸巡撫金世德疏報文安縣水災，請賜蠲免，應敕撫臣親往踏看，以憑再議。得旨：依議。此水淹地畝，著該撫速行親往詳勘具奏。其被災之人，恐地方官妄行催徵錢糧，以致苦累，爾部嚴加曉諭遵行。（聖祖三〇、七）

（康熙八、七、戊午）免直隸行唐縣本年分雹災額賦十之三。（聖祖三〇、二一）

（康熙八、七、己未）免直隸束鹿縣本年分水災額賦十之三。（聖祖三〇、二一）

（康熙九、七、甲申）免直隸博野等二十九州縣本年分水災額賦有差。（聖祖三三、二四）

（康熙九、八、戊子）免直隸贊皇、元氏二縣本年分旱災額賦有差。（聖祖三三、二六）

（康熙九、八、辛亥）免直隸元城、清豐、南樂三縣亡丁缺額徭銀。（聖祖三三、三一）

（康熙九、九、甲子）免直隸行唐縣本年分雹災額賦十之一，保定縣本年分水災額賦十之三。（聖祖三四、五）

（康熙一〇、四、癸卯）免直隸文安縣水衝地額。（聖祖三五、二三）

（康熙一〇、七、甲子）免直隸霸州、安肅等二十五州縣本年分旱災額賦有差。（聖祖三六、一一）

（康熙一〇、八、戊戌）免直隸豐潤縣本年分旱災額賦有差。（聖祖三六、一六）

（康熙一〇、一一、丙子）免直隸霸州、文安等二十二州縣衛所本年分水災額賦有差。（聖祖三七、一一）

（康熙一一、七、癸丑）免順天府霸州本年分水災額賦十之三。（聖祖三九、一三）

（康熙一一、閏七、甲申）免順天府固安縣本年分水災額賦，直隸內黃、魏縣本年分旱災額賦有差。（聖祖三九、一八）

（康熙一一、一一、丙子）免直隸清苑縣等十九州縣本年分旱蝗災額賦有差。（聖祖四〇、一三）

（康熙一二、八、庚申）免直隸青縣、鹽山、慶雲三縣本年分旱災，任縣、隆平二縣本年分水災額賦有差。（聖祖四三、八）

（康熙一二、一一、乙酉）免直隸霸州、寶坻等十二州縣，河間一衛本年分水災額賦有差。（聖祖四四、四）

（康熙一三、七、辛卯）免直隸霸州本年分水災額賦十之三。（聖祖四八、二八）

（康熙一五、三、丁酉）免直隸永清、霸州等五州縣衛所康熙十四年分水災額賦有差。（聖祖六〇、六）

（康熙一六、一二、丙午）免直隸任縣本年分水災額賦十之三。（聖祖七〇、一〇）

（康熙一七、一一、庚戌）諭內閣學士噶爾圖、屯泰曰：遵化所屬有附近湯泉之婁子山、袁格莊、啟新莊、石家莊、梁家莊，此五莊供辦徭役，其一年地丁錢糧俱令蠲免。如今歲已經徵收，准於來歲蠲免。至鮎魚關城內外居民七十一家，免其一年正供外、仍每户賜銀二兩，爾等從户部支取，親閲分給。所蠲錢糧，令州官即徧諭妻子山等莊及鮎魚關居民，務使均霑實惠。(聖祖七八、五)

（康熙一八、一一、乙巳）户部議覆：直隸巡撫金世德疏言，本年地震，通州、三河、平谷被災最重，應將本年地丁錢糧盡行蠲免；其香河、武清、永清、寶坻等縣被災稍次者，蠲免額賦十之三；薊州、固安縣被災又次者，免十之二。應如所請。得旨：依議。通州等處人民被災，朕心深爲惻憫。這蠲免錢糧，著該撫率地方官，殫心料理。務俾小民得霑實惠，以副朕軫卹災傷之意。(聖祖八六、一〇)

（康熙一八、一二、丁卯）免直隸順天等府屬五十七州縣衛本年分水旱等災額賦有差，又發倉庫銀米賑濟饑民。(聖祖八七、六)

（康熙一九、七、戊申）免直隸廣平縣康熙十八年分水災額賦有差。(聖祖九一、七)

（康熙一九、八、己卯）免直隸天津衛本年分旱災額賦十之三。(聖祖九一、一八)

（康熙一九、閏八、己酉）免直隸宣府蔚州衛本年分雹災額賦有差。(聖祖九一、二八)

（康熙一九、九、己未）免直隸深井堡本年分雹災額賦有差。(聖祖九二、二)

（康熙一九、九、庚午）户部議覆：先經直隸巡撫于成龍以武清等十四州縣衛被災分數題報，奉旨差户部郎中額爾赫圖查勘。今據回奏，交河、阜城二縣被災分數，應如原報；唐山等八縣衛，應比原報減二分；大城等四縣，應不准災。請照所定分數蠲免。得旨：各縣地方，自去年被災，民生困苦，俱著照原報分數蠲免。(聖祖九二、九)

（康熙一九、一二、己丑）免直隸唐縣等十三州縣衛本年分旱災額賦有差。(聖祖九三、一三)

（康熙二〇、四、己酉）免鮎魚關、湯泉、郭家莊等處田地本年分額賦。(聖祖九五、二〇)

（康熙二〇、八、丁亥）免直隸保安州本年分旱災額賦有差。(聖祖九七、二)

（康熙二〇、八、戊申）免順天府霸州本年分水災額賦十之三。(聖祖九七、九)

（康熙二〇、九、己巳）諭戶部：頃者朕巡行近畿，至霸州地方，見其田畝窪下，多遭水患，小民生計無資，何以供納正賦。其見在被淹田地應徵本年錢糧，著察明酌量蠲免，以示朕勤卹民隱至意。（聖祖九七、一五）

（康熙二〇、一〇、己酉）免直隸保定縣本年分水災額賦十之三。（聖祖九八、一二）

（康熙二〇、一一、丙辰）免直隸霸州本年分水災額賦十之三。（聖祖九八、一四）

（康熙二〇、一二、辛巳）免直隸文安縣本年分水災額賦十之三。（聖祖九九、一）

（康熙二一、八、丙申）免直隸元城等十二縣本年分旱災額賦有差。（聖祖一〇四、一一）

（康熙二一、八、壬寅）免直隸廣宗等六縣本年分旱災額賦有差。（聖祖一〇四、一三）

（康熙二四、四、戊戌）大學士會同戶部遵旨議覆：直隸順、永、保、河等處圈占地方，應徵康熙二十一年地丁錢糧，已經奉詔蠲免。所有直隸八府康熙二十三年未完地丁錢糧，應盡豁除。其順、永、保、河未經圈占地方，及真、順、廣、大等處康熙二十四年地丁各項正賦，俱免三分之一。上問曰：康熙二十三年直隸八府未完地丁錢糧，其數幾何？戶部尚書科爾坤奏曰：約有六十餘萬。上又問曰：康熙二十四年所免三分之一，其數幾何？科爾坤奏曰：約有五十餘萬。上曰：……今軍國之需，撙節制度，自可足用。必使百姓樂業、家給人足，無一夫不獲其所，始慰宵旰。況畿輔重地，頻年旱災，尤可憫卹。這所奏，著候諭旨行。（聖祖一二〇、一八）

（康熙二四、四、辛丑）諭戶部：……直隸地方頻遇旱災，小民匱乏，宜加恩卹。順、永、保、河等處圈占地方，應徵康熙二十一年地丁錢糧，已經詔行蠲免。所有直隸八府康熙二十三年未完地丁錢糧，盡與豁除。其順、永、保、河未經圈占地方及真、順、廣、大等處康熙二十四年應徵地丁各項正賦，俱著免三分之一。爾部速行該地方官，遵行曉諭，務使人人得被膏澤，以副朕勤卹民隱至意。（聖祖一二〇、二二）

（康熙二四、六、甲午）免直隸邢臺等二十州縣康熙二十三年分旱災額賦有差。（聖祖一二一、一四）

（康熙二五、一〇、丁巳）免順天府霸州、寶坻縣本年分水災額賦有差。（聖祖一二七、二六）

（康熙二五、一一、己丑）免順天府玉田、豐潤二縣本年分水災額賦十

之二。(聖祖一二八、二)

（康熙二五、一二、戊辰）諭戶部：……前念直隸畿輔重地，王化所宜先，大沛恩膏，用培邦本。而順、永、保、河四府地方人民，較之畿南，差役倍多繁苦。故將康熙二十六年地丁各項錢糧，同湖南、福建、四川、貴州四省錢糧，盡與蠲免。比慮兵餉或有不敷，真、順、廣、大四府地方未經一體蠲免。今聞此四府人民，間有艱苦，朕心深爲軫念。宜速施渥澤，均示仁恩。著將此四府康熙二十六年地丁各項錢糧，盡行蠲免。……爾部即遵諭行。(聖祖一二八、二〇)

（康熙二六、四、壬申）免直隸文安等四縣康熙二十五年分水災額賦有差。(聖祖一三〇、七)

（康熙二六、五、丙午）免直隸豐潤縣本年分水災額賦十之二。(聖祖一三〇、一九)

（康熙二八、九、庚戌）戶部議覆：郎中殷特等會同直隸巡撫于成龍疏言，臣等察勘直屬被災地方，宣府、廣平、真定等府所屬被災十分者，共四十四州縣衛所，請將本年未徵錢糧豁免，並發各屬所貯倉糧，通行賑濟。若米穀不敷，動正項錢糧折米支給。又，保定、順德、大名、順天、河間等府五十六州縣衛所，被災七八九分不等，請照定例，按被災分數酌免錢糧。應如所請。上諭大學士等曰：小民生計最多苦辛，令人動稱耕九餘三，談何容易！農家終歲勤動，幸遇有秋，而穀價又賤，欲辦八口衣食與來歲耕種之資，猶恐不足，安得寬然有餘。一遇歉歲，不免顛連困苦矣。惟富饒業戶，陳陳相因，賤買貴賣，每獲厚利，然賴有富戶居積，猶得散糶民間，以濟荒歉。若使盡爲災黎，其何以堪！……直隸被災地方，本年未徵錢糧及康熙二十九年上半年錢糧，俱應蠲免。著候諭旨行。(聖祖一四二、四)

（康熙二八、九、辛亥）諭戶部：……今歲畿輔亢暘爲虐，播種愆期，年穀不登，小民艱食。旱災情形，朕所親見，夙夜殷勞，軫念已久。顧此煢煢之民，餬口尚不能給，若更責以輸賦，必致流移失業。直隸被災州縣衛所，所有本年地丁各項錢糧，除已徵在官外，其餘未經徵收，及康熙二十九年上半年錢糧，盡行蠲免。爾部速行該撫，通行曉諭，務使均霑實惠，以副朕拯卹窮黎至意。如民人仍致流散，或不肖官役朦混侵蝕，及復行私徵者，將該撫一並嚴加處分。爾部即遵諭行。(聖祖一四二、五)

（康熙二九、九、庚寅）諭戶部：直隸順天、保定、河間、真定、順德、廣平、大名所屬，並宣府等處被災黎氓，殊爲可憫。其康熙二十八年未徵地丁二十六萬三千五百餘兩，糧五萬七千三百九十餘石；康熙二十九年上半年

應徵銀三十一萬一千五百餘兩，糧二萬八千七百二十餘石，盡行蠲免。(聖祖一四八、一七)

(**康熙二九、九、甲午**) 免直隸玉田縣、梁城所本年分水災額賦有差。(聖祖一四八、一八)

(**康熙二九、一一、壬寅**) 免直隸武清、薊州等五州縣本年分水災額賦有差。(聖祖一四九、一五)

(**康熙三〇、二、壬戌**) 戶部議覆：直隸巡撫郭世隆疏言，康熙二十八年分宣化府屬保安州等被災地畝，未完錢糧，請分兩年帶徵。應如所請。得旨：保安州等處既經被災，未完錢糧，俱著豁免。(聖祖一五〇、一〇)

(**康熙三〇、九、己巳**) 諭戶部：朕頃巡行邊外，入喜峰口，見民間田畝，多為蝗蝻所傷。又聞榛子鎮及豐潤縣等處地方，被蝗災者，亦所在間有。秋成失望，則民食維艱，朕心深切軫念。倘及今不為區畫儲蓄，恐至來歲，不免饑饉之虞。著行該撫親歷直隸被災各州縣，通加察勘，悉心籌畫。應作何積貯，該撫詳議具奏。其被災各地方明歲錢糧，若仍照例催科，小民必致苦累。著俟該撫察報分數到日，將康熙三十一年春夏二季應徵錢糧，緩至秋季徵收，用稱朕體卹民生、休息愛養至意。(聖祖一五三、六)

(**康熙三〇、一一、癸酉**) 免直隸霸州縣等二十四州縣本年分旱災額賦有差。(聖祖一五三、二一)

(**康熙三〇、一二、戊戌**) 免直隸永清等五十三州縣衛本年分旱災額賦有差。(聖祖一五三、二七)

(**康熙三二、一〇、己丑**) 免直隸順天、保定、河間、真定四府屬三十八州縣本年分水災額賦有差。(聖祖一六〇、二三)

(**康熙三二、一一、甲子**) 諭戶部：……今歲畿輔地方，雖禾稼未穫稔收，初意小民餬口之需，猶足資給，生計未必遂致艱難。頃者展謁山陵，沿途察訪民隱，今歲雨水過溢，田禾歉收，米價翔貴；又聞順天、河間、保定、永平四府所屬皆然。目前米價既貴，將來春夏之際，時值益昂，小民必艱粒食，此朕目所親覩。若來年錢糧，仍然徵收，朕心實有未忍。順天、河間、保定、永平四府康熙三十三年應徵地丁銀米，著通行蠲免；所有歷年舊欠，悉與豁除。行文該撫曉諭各屬，務令人霑實惠，以副朕子育黎元至意。爾部即遵諭行。(聖祖一六一、五)

(**康熙三三、一一、癸酉**) 吏部右侍郎安祿布、工部右侍郎常綬等奏：臣等遵旨查直隸安州等十一州縣貧民十萬餘口，應賑米四萬餘石。上諭大學士等曰：朕思直隸米價騰貴，小民艱苦，若僅照數給米，仍恐無益。著將此米一半散給百姓，一半照目前米價折銀給與貧民；所餘之米，著視時價減糶。則百姓既得銀兩，而糴米又易，庶民霑實惠。其安州等十一州縣康熙三十四年地丁錢糧，盡行蠲免。(聖祖一六五、一六)

（康熙三四、九、癸未）諭戶部：直隸順天、保定、河間、永平四府所屬地方，今歲水潦傷稼，三農歉收，朕巡幸所至，徧加諮訪。聞高阜之產尚有秋成，而卑下之田被潦者多，計所收穫不能相敵。雖經勘災頒賑，不致呲離失所，而額辦錢糧，若仍行徵取，則民力匱乏，難以輸將，朕心深切不忍。著將四府康熙三十五年地丁銀米全與蠲免，用示寬卹。其霸州、雄縣、香河、寶坻四處，皆有水道可以轉輸，每處著發米一萬石，各差司官一員齎往，照彼地時價減值發糶，以資民食。著行文該撫通行曉諭，俾均霑實惠，副朕軫念災黎至意。(聖祖一六八、一六)

（康熙三四、一一、庚申）直隸巡撫沈朝聘疏言：宣化府龍門等縣霜災地方，康熙三十四年額賦，請分年帶徵。得旨：宣化府錢糧皆免徵，並三十五年額賦亦令蠲免。(聖祖一六九、一)

（康熙三五、七、庚申）諭戶部：朕親征時，聞宣化府牧養三旗駝馬，所需草豆甚急，皆先派龍門、赤城、蔚州百姓供用，後給價值，恐小民不能如數支領，著該撫委地方賢能官查明，照價估給，務令小民得霑实惠，以副朕撫卹至意。此地百姓，供應軍需、修治道路，勞苦可憫，俟冬間，當免其來年之賦。(聖祖一七四、一九)

（康熙三五、一〇、辛亥）免直隸獲鹿等二十七州縣本年分水災額賦有差。(聖祖一七七、一八)

（康熙三五、一一、辛酉）免直隸雞澤縣本年分水災額賦有差。(聖祖一七八、三)

（康熙三五、一一、丙子）免直隸滄州、清苑等四州縣本年分水災額賦有差。(聖祖一七八、八)

（康熙三六、一、己卯）免密雲縣康熙三十五年分額徵豆二千餘石。(聖祖一七九、一二)

（康熙三六、一二、癸亥）免直隸霸州等十七州縣本年分旱災額賦。(聖祖一八六、一五)

（康熙三七、一〇、辛亥）免直隸豐潤縣本年分旱災額賦十之三。(聖祖一九〇、一五)

（康熙三八、九、戊午）免直隸安州、新安等三州縣本年分水災額賦有差。(聖祖一九五、八)

（康熙三八、九、甲子）免直隸永清縣本年分水災額賦十之三。（聖祖一九五、九）

（康熙三八、一〇、丙寅）免直隸宣化縣本年分雹災額賦有差。（聖祖一九五、一〇）

（康熙三八、一〇、庚午）免直隸武清縣本年分水災額賦有差。（聖祖一九五、一一）

（康熙三八、一〇、庚辰）免直隸寶坻縣本年分水災額賦有差。（聖祖一九五、一五）

（康熙三八、一〇、乙酉）免直隸霸州、保定等六州縣本年分水災額賦有差。（聖祖一九五、一八）

（康熙三八、一〇、戊子）免直隸靜海縣本年分水災額賦十之三。（聖祖一九五、二〇）

（康熙三八、一一、丙午）免直隸薊州、玉田等七州縣本年分水災額賦有差。（聖祖一九六、七）

（康熙三九、九、癸巳）免直隸永清等五縣本年分水災額賦有差。（聖祖二〇一、一）

（康熙三九、一二、壬戌）免直隸高陽等三縣本年分水災額賦有差。（聖祖二〇二、一三）

（康熙四〇、一一、辛卯）免直隸廣平縣本年分水災額賦有差。（聖祖二〇六、一三）

（康熙四二、九、丙寅）免直隸永清、寶坻二縣本年分水災額賦有差。（聖祖二一三、一〇）

（康熙四二、一〇、己卯）免直隸武清、薊州等五州縣本年分水災額賦有差。（聖祖二一三、二二）

（康熙四二、一〇、戊子）免直隸故城等五縣本年分水災額賦有差。（聖祖二一三、二四）

（康熙四二、一一、丁巳）免直隸靜海縣本年分水災額賦有差。（聖祖二一四、七）

（康熙四二、一一、戊辰）免直隸南皮、任邱縣本年分水災額賦有差。（聖祖二一四、一三）

（康熙四二、一二、壬午）免直隸景州、新安等十州縣本年分水災額賦有差。（聖祖二一四、一六）

（康熙四三、一、壬戌）免直隸開州、武清縣康熙四十二年分水災額賦

有差。(聖祖二一五、六)

（康熙四三、一〇、甲戌）諭戶部：今歲直隸地方，雨暘應候，禾稼有秋，各郡民生，皆獲安恒業。惟是去歲山東被災之民，自冬月以迄春夏，流離轉徙，入順天、河間境內者甚多。於時設廠煮糜，所在賑救，因而米價至今未減。誠恐近畿一路閭井小民，拙於生計，是宜加恩寬卹，用弘休養。順天、河間二府屬康熙四十四年應徵地丁銀米，著通行蠲免。該巡撫即飭府州縣官，張示徧諭。務俾窮鄉僻壤均霑實惠，以副朝廷優軫畿輔黎氓至意。(聖祖二一七、一五)

（康熙四四、一〇、壬辰）免直隸保安州、懷來縣本年分水災額賦有差。(聖祖二二二、一五)

（康熙四五、一二、丁亥）免直隸武清縣本年分水災額賦有差。(聖祖二二七、二五)

（康熙四五、一二、乙巳）免直隸東安縣本年分水災額賦有差。(聖祖二二七、二八)

（康熙四六、一一、壬戌）免直隸文安等三縣本年分水災額賦有差。(聖祖二三一、一五)

（康熙四六、一、癸巳）免直隸霸州、靜海、東安三州縣本年分水災額賦有差。(聖祖二三一、二四)

（康熙四八、一〇、乙丑）免直隸薊州、武清等十州縣衛所本年分水災額賦有差。(聖祖二三九、一九)

（康熙四八、一一、壬午）免直隸靜海、永清二縣本年分水災額賦有差。(聖祖二四〇、八)

（康熙四九、一二、戊辰）免直隸霸州、大城、天津等六州縣衛本年分旱災額賦有差。(聖祖二四四、一九)

（康熙五〇、二、甲子）免直隸慶雲縣康熙四十九年分水災額賦有差。(聖祖二四五、七)

（康熙五一、一二、癸丑）免直隸真定府井陘縣本年分旱災額賦有差。(聖祖二五二、一六)

（康熙五四、一〇、壬辰）諭戶部：……直隸順天、保定、河間、永平、宣化五府所屬地方，今歲雨水過溢，田畝被淹者甚多。穀耗不登，民艱粒食。見今緩徵賑貸雖惠澤頻施，而來春應辦錢糧，若仍行徵取，恐匱乏之民，輸將難繼。著將五府州縣康熙五十五年地丁銀八十五萬五千八百兩零、糧米豆穀一十一萬五千五百石零、草九萬四千九百束零，俱通行蠲免。爾部行文該督，遍飭所屬，實心奉行，俾窮鄉僻壤，均霑朝廷德意。倘有不肖官吏私徵侵蝕者，察出從重治罪。爾部即遵諭行。（聖祖二六五、一九）

（**康熙五五、一〇、甲午**）免直隸隆平等五縣本年分水災額賦有差。（聖祖二七〇、六）

（**康熙五五、一二、壬子**）諭戶部：……頃者，朕巡幸口外，經過三河等州縣，暨永平府交界地方，見今歲秋成豐稔，米價稍平。唯是去年雨水過溢，田畝間被淹沒，朕深加軫卹，蠲賦平糶，轉漕分賑貧民，使不失所。今者雖復有秋，然僅足支一歲之用，恐來年之輸將，尚多難繼。是必再沛恩膏，始可大培民力。著將順天、永平兩府，大興、宛平、通州、三河、密雲、薊州、遵化、順義、懷柔、昌平、寶坻、平谷、豐潤、玉田、良鄉、涿州、武清、永清、香河、霸州、大城、文安、固安、東安、房山、保定、延慶、梁城、盧龍、遷安、樂亭、灤州、撫寧、昌黎、山海等州縣衛所，康熙五十六年地丁銀二十六萬四千三百三十六兩零、米豆高粱二萬一千六百四十六石零、草九萬四千九百五十束零，俱通行蠲免，所有歷年積欠銀九萬三百九十六兩零、米豆高粱一萬六千二百七十五石零、草八萬四千四百七十束零，亦並與豁除。爾部行文該督，嚴飭所屬，實心奉行，俾返村窮谷，均霑德意。倘有不肖有司，借端朦混、私行徵收者，察出定行從重治罪。爾部即遵諭行。（聖祖二七〇、二八）

（**康熙五九、七、丁卯**）諭左副都御史楊柱等曰：保安等處地震，爾等前往散賑，毋得愛惜銀兩；有不足用，即以奏聞，務使百姓均霑實惠。不可速回，俟民情安定再行回奏。其保安等處本年錢糧及次年錢糧，俱著蠲免。（聖祖二八八、一〇）

（**康熙五九、一二、癸巳**）免直隸延慶、宣化等五州縣額徵米豆穀共三萬七千九百餘石。以地震被災故也。（聖祖二九〇、一一）

（**康熙六〇、五、辛巳**）戶部議覆：直隸總督趙弘燮疏言，春夏少雨，米價騰貴，請發常平倉粟，貸給貧民；其新舊錢糧，暫行緩徵，以舒民力。應如所請。得旨：依議速行。（聖祖二九二、一八）

（**康熙六一、一二、癸丑**）諭戶部：皇考御極六十餘年，澤周兆姓，恩洽人心。凡巡幸所經州縣，小民無不除道清塵，趨事恐後。古北口一路，為我皇考每年行幸之地，農工商賈，皆得瞻仰天顏，親承膏澤。今聞皇考賓天，民心倍深悲痛。朕念此路百姓，歷年殫力，宜加恩卹。著將宛平、順義、懷柔、密雲、平谷五縣，昌平一州，雍正元年正項錢糧盡行蠲免。又，陵寢一路，此時正當修道，亦宜加卹。著將大興、三河二縣，通、薊、遵化

三州，雍正元年正項錢糧，亦盡行蠲免。爾部即遵諭行。（世宗二、二）

（**雍正一、六、乙丑**）免直隸東明、長垣二縣康熙六十年分水災額賦有差。（世宗八、一〇）

（**雍正一、七、丙戌**）免直隸東明縣康熙六十一年分水災額賦有差。（世宗九、八）

（**雍正一、一二、辛亥**）免直隸開州、永年等二十二州縣康熙六十年分旱災額賦有差。（世宗一四、六）

（**雍正二、一〇、癸巳**）戶部議覆：直隸巡撫李維鈞疏奏，直屬九郡豐收，惟霸州、東安、大城、武清、玉田、寶坻、梁城所七州縣所田禾偶有淹損。本年錢糧，請緩至雍正三年帶徵。應如所請。得旨：霸州等七州縣所被水村莊，朕已諭巡撫李維鈞，將倉糧發賑。念此時小民，生計維艱，若將今歲錢糧歸於明歲帶徵，則新舊之賦輸納於一年之內，勢難兼顧。爾部行文該撫，著將霸州等七州縣所被水村莊，今年應徵錢糧內，或應有蠲免之處，詳查議奏，以紓民力。（世宗二五、一四）

（**雍正三、四、壬辰**）免直隸霸州、東安等六州縣，梁城一所，本年分水災額賦有差。（世宗三一、三二）

（**雍正四、二、丁丑**）免直隸薊州、清苑等七十四州縣雍正三年分水災額賦有差。（世宗四一、一五）

（**雍正四、二、戊寅**）諭戶部：去秋北方多雨，直隸所屬七十四州縣被水歉收，朕心深為軫恤。疊沛恩澤，加惠窮黎，已將七十四州縣被災田畝之錢糧，照例蠲免。其餘應徵額賦，又復停徵在案。朕思一省之中既有七十餘州縣收成歉薄，則必有向鄰封隔縣謀生覓食之民。當此青黃不接之時，閭閻豈能充裕，若仍照舊徵收，民力輸將未免竭蹶。用是特頒諭旨，施恩於常格之外，將雍正四年通省應徵額賦，一體停徵。俾民力寬紓，各得用力於南畝，以副朕勤卹民隱之至意。爾部即遵諭行。（世宗四一、一五）

（**雍正四、三、甲辰**）諭大學士等：去歲畿南被水，深軫朕懷，雖截漕發粟，賑糶頻施，然猶恐小民甫經災沴之後，無力供輸，是以又特降旨，將雍正四年通省錢糧，俱令緩徵。夫今年錢糧，尚且緩徵，則從前未完之項，豈有轉行急徵之理？今聞地方官竟有仍追比前欠者。漠視民瘼，莫此為甚，深負朕憂念斯民之至意。著傳旨與直隸總督，速飭各地方官，凡舊欠錢糧，一概緩徵。所有兵餉工料各項需用之處，俱動藩庫銀兩撥給，不得短少扣尅。如地方官仍有私徵等弊，一經察出，定行從重治罪。（世宗四二、一〇）

（**雍正四、三、己未**）戶部議覆：順天府府尹張令璜疏言，大興、宛平二

縣各門廠，歷年民欠房地租銀，請均作十年帶徵。應如所請。從之。(世祖四二、一八)

(**雍正四、四、庚寅**) 免直隸霸州、玉田等四州縣雍正三年分水災額賦有差。(世宗四三、二七)

(**雍正四、五、甲午**) 免直隸香河等三縣雍正三年分水災額賦有差。(世宗四四、一〇)

(**雍正五、六、丁未**) 諭內閣：據怡親王奏稱，玉田縣還鄉河隄岸衝決，附近之田禾廬舍，被淹傷損。朕心深爲軫念。著散秩大臣常明，率同御史勒音特、錢兆沆二人，前往查勘，並帶帑金二萬兩，速行賑濟。若有動用倉穀之處，將本縣倉穀，即行動用，務使小民得所，不致流離。再，被水地畝，本年應納之錢糧，朕本欲全免，恐此時有已經完納者，著行緩徵，明年錢糧，蠲免一年。該地方有司，應加意撫綏，以副朕愛養窮民之至意。(世宗五八、三一)

(**雍正五、一〇、戊戌**) 署直隸總督宜兆熊疏言：霸州、雄縣等二十四州縣被水窮民，已蒙恩散賑；其各屬被水地畝錢糧，暫請緩徵。得旨：朕念直隸濱河之地，易於被水，用沛特恩，遣官發帑，加意賑卹，此乃格外惠及窮民之意。至於被水之處，仍應勘明分數，題請照例蠲卹，不得因已經遣官發帑，遂不照定例遵行。並諭各省知之。(世宗六二、二一)

(**雍正五、一二、辛丑**) 免直隸雄縣等四縣本年分水災額賦有差。(世宗六四、二四)

(**雍正六、二、庚寅**) 免直隸薊州、高陽等九州縣雍正五年分水災額賦有差。(世宗六六、九)

(**雍正六、二、壬辰**) 免直隸保定縣雍正五年分水災額賦有差。(世宗六六、一〇)

(**雍正六、二、辛丑**) 免直隸肅寧縣雍正五年分水災額賦有差。(世宗六六、二一)

(**雍正六、二、乙巳**) 免直隸豐潤、博野二縣雍正五年分水災額賦有差。(世宗六六、二五)

(**雍正六、二、庚戌**) 免直隸青、靜海二縣雍正五年分水災額斌有差。(世宗六六、二八)

(**雍正六、三、辛亥**) 免直隸東安縣雍正五年分水災額賦有差。(世宗六七、一)

(**雍正六、三、壬子**) 免直隸邯鄲縣雍正五年分水災額賦有差。(世宗六

七、五)

　　(**雍正六、三、癸酉**) 免直隸霸州雍正五年分水災額賦有差。(世宗六七、一八)

　　(**雍正六、三、戊寅**) 免直隸寶坻縣雍正五年分水災額賦有差。(世宗六七、二八)

　　(**雍正六、四、甲午**) 免直隸文安、玉田二縣雍正五年分水災額賦有差。(世宗六八、八)

　　(**雍正六、四、癸巳**) 免直隸永清縣梁城所雍正五年分水災額賦有差。(世宗六八、八)

　　(**雍正六、五、戊辰**) 免直隸天津州雍正五年分水災額賦有差。(世宗六九、九)

　　(**雍正六、一○、辛卯**) 諭戶部：直隸為首善之地，今歲春麥秋禾，俱登豐稔，民人樂業，朕心深慰。但地方有歷年帶徵之錢糧，若令新舊並納，雖逢豐稔之歲，而民力未必寬然有餘；若欲使小民共被恩澤，惟有將明年之賦預行蠲免。著將直隸雍正七年額徵錢糧內，蠲免四十一萬七千八百九十兩。爾部可確查分數，行文該督，通行所屬州縣，一體敬謹遵奉，以副朕愛養黎元、加惠畿輔之至意。(世宗七四、一五)

　　(**雍正七、六、戊戌**) 戶部議覆：署直隸總督楊鯤疏言，直屬雍正七年錢糧，蒙恩蠲免起運銀四十一萬七千餘兩，今山西所屬之蔚州已經改屬直隸，請一體核蠲。查直省核蠲銀額，在該州未經改屬之前，今若將州併入，通融核算，是全省所蠲，不及原數。請將蔚州糧額，比照直隸蠲免分數，另蠲銀六千七十五兩有奇。從之。(世宗八二、二五)

　　(**雍正八、二、辛酉**) 免直隸薊州、武清、玉田三州縣雍正七年分水災額賦有差。(世宗九一、一八)

　　(**雍正八、三、庚午**) 免直隸天津、靜海二州縣雍正七年分水災額賦有差。(世宗九二、四)

　　(**雍正八、三、丙申**) 免直隸寶坻縣雍正七年分水災額賦有差。(世宗九二、二○)

　　(**雍正八、一二、癸丑**) 免直隸蔚州、蔚縣二州縣本年分水災額賦有差。(世宗一○一、九)

　　(**雍正九、二、壬寅**) 免直隸天津、大城等三十四州縣雍正八年分水災額賦有差。(世宗一○三、六)

　　(**雍正九、三、丁卯**) 免直隸故城、清河二縣雍正八年分水災額賦有差。

(世宗一〇四、四)

（雍正九、三、己巳）免直隸交河縣雍正八年分水災額賦有差。（世宗一〇四、六）

（雍正九、三、戊寅）免直隸霸州、文安等七州縣未完民欠糧米二萬一千六百石有奇。（世宗一〇四、一三）

（雍正一〇、二、乙卯）免直隸邢臺等七縣雍正九年分雹災額賦有差。（世宗一一五、三一）

（雍正一〇、四、壬辰）免直隸赤城縣雍正九年分雹災額賦有差。（世宗一一七、六）

（雍正一二、二、己酉）免直隸通州、豐潤等六州縣雍正十一年分水災額賦有差。（世宗一四〇、二）

（雍正一二、六、甲寅）免直隸薊州、文安等十六州縣雍正十一年分水災額賦有差。（世宗一四四、五）

（雍正一二、一二、丁未）免直隸霸州、永清等十四州縣本年分水災額賦有差。（世宗一五〇、五）

（雍正一二、一二、壬戌）免直隸宣化、萬全二縣及二縣代徵之通州民地本年分雹災額賦有差。（世宗一五〇、一五）

（雍正一三、九、辛亥）諭總理事務王大臣：皇考山陵，正在興工之時，由京城至易州經過地方，如大興、宛平、良鄉、涿州、房山、淶水、易州等處，凡修道應差，諸事不無資於民力，朕心軫念。著將該州縣乾隆元年應徵錢糧，加恩蠲免，交該部查議具奏。尋議覆：下直隸總督、順天府府尹行之。（高宗二、四二）

（雍正一三、一〇、辛卯）又諭：朕前降旨，將雍正十二年以前各省民欠錢糧，悉行豁免。查直隸州縣，有旗退地畝及入官地畝，俱由地方徵收租項。歷年既久，拖欠頗多，向雖不在恩詔蠲免之內。然租銀與地丁名色不同，其為民欠則一。著將雍正十二年以前旗退地畝租銀及入官地畝租銀、租糧，一併加恩豁免。（高宗五、三六）

（乾隆一、一一、丁巳）諭總理事務王大臣：自京師至易州共計七州縣，民人供應差役，急公可嘉，朕已降旨將本年應徵錢糧，全行蠲免，並曉諭業戶等，酌寬佃人租糧，使伊等同霑恩澤。今思此七州縣內，有入官地畝，均係窮民佃種，完納租銀。雖官租與民業不同，而佃戶趨事赴功，則與旗民無異，亦當一體加恩以示優卹。著將入官地畝本年佃戶租銀，照定例每一錢者寬免三分。該督可即轉飭州縣官，遵朕諭旨，實力奉行，毋使胥吏侵蝕中

飽。(高宗三一、一〇)

（乾隆二、一、癸丑）諭總理事務王大臣：朕於二月二十二日，親送孝敬憲皇后梓宮，奉移泰陵，沿途一切事宜，已勒令照例辦理。朕思年來經理山陵大事，自京師至易州七州縣民人，應差趨役，勤慎可嘉，上年已蠲免地丁錢糧，使閭閻均霑惠澤。著將乾隆二年額徵錢糧，再行豁免，以示朕格外加恩之意。該部即行文該督，通行曉諭知之。(高宗三五、四)

（乾隆二、七、甲辰）諭總理事務王大臣：直屬地方，今年四五月間雨澤愆期，近又山水驟發，低窪地畝，復被淹浸。民人迭遭此旱澇，雖多方賑卹，而朕心時切軫念。今八月二十三日為皇考世宗憲皇帝再週之期，朕躬詣泰陵行禮。其駐蹕營盤，前據李衛奏稱已經留出，免其租賦。(高宗四七、九)

（乾隆二、九、丁未）總理事務王大臣等議覆：直隸總督李衛奏，直屬今年春夏雨澤稀少，秋月山水陡發，低田被淹，酌議賑濟各事宜：一、按照被災輕重，分別賑給，最重者於冬春四個月之外，加賑兩个月，其餘以次遞減；最輕者自十一月起，賑三個月，大口每月給穀三斗，小口半之。一、種地被淹旗戶，應並邀賑卹；除莊頭等足以資生者外，其有專靠旗地數畝墾種為活者，照所住州縣民人賑濟月分，一體散給；至八旗餘絕地畝併網戶地畝，請按照成災分數減免租銀。一、分別緩徵，以寬民力。凡被水不成災地畝，本年錢糧，緩至來年麥熟，所借存倉米石，緩至來年秋收；至本年所借平糶米石錢文，其收成略薄者，緩徵一年，無收者，全行緩徵；俱於來年麥熟後追完。一、循例蠲免耗羡。查特恩蠲免耗羡仍舊，本年大興等七州縣奉旨蠲免錢糧，又因春夏雨少，蠲免直隸通省錢糧，所有隨徵耗羡，亦請一併蠲免。均應如所奏辦理。得旨：依議速行。(高宗五一、七)

（乾隆二、一二、甲申）蠲免直隸大興、宛平、良鄉、涿州、房山、易州、淶水等七州縣八旗餘絕地畝，乾隆元年分應徵錢糧十分之三。(高宗五八、一)

（乾隆三、七、辛未）工部等部議准：刑部、郎中王效通奏稱，直隸易州每年額解民役丁銀，查丁戶率無業產，輸納維艱，請嗣後免徵。所有乾隆元二三年分未解銀兩，一併豁除。從之。(高宗七三、六)

（乾隆三、八、甲辰）減直隸正定府城河地畝額賦，並豁除舊欠。諭曰：朕聞從前直隸正定府城河水深之時，原有魚藕之利，河岸淺灘，兼可種稻，每年額編租銀六百兩。後因滹沱河水漲，流沙淤漫，漸致缺額，俱係府屬三十州縣公捐起解。雍正五年間，雖經營治稻田，合計新舊田畝之數，僅得六頃九十餘畝，而藕地亦不過二頃一十餘畝。每歲所收租銀，祇有二百八十餘兩，較之原額尚不敷三百一十餘兩。其雍正十二年以前舊欠，已經豁免，今特加恩，自雍正十三年以後不敷銀兩，概行豁除。嗣後每年祇照二百八十餘之額徵收，以紓官民派墊之累。著該部行文直隸總督，即遵諭行。（高宗七五、九）

（乾隆三、一〇、壬午）諭：直隸地方上年歉收，今秋又有被水之州縣，朕心軫念。已多方籌畫，加意撫綏。查雍正十三年、乾隆元年、二年分，地方尚有未完之錢糧，又有緩徵停徵之項，此皆將來分年帶徵者。朕思連年畿內薄收，應格外加恩，以資休養。著將各屬未完及緩徵停徵之項，悉行蠲免，以示優卹。（高宗七八、五）

（乾隆三、一〇、甲申）免已裁直隸大興縣海子海戶康熙五十一、二等年分未完丁銀。（高宗七八、一八）

（乾隆三、一一、丁丑）諭：朕因畿輔一帶收成歉薄，已加恩格外，將雍正十三年、乾隆元年、二年分地方未完之錢糧，及緩徵停徵之項，將來分年帶徵者，悉行蠲免，以資休養。查宣化、永平等各府州屬，徵收錢糧，有銀米豆兼徵者，有專徵米豆本色及草束者。其米豆等項，若有未完，亦係地糧民欠，所當一體加恩，概與豁除，以省閭閻將來追呼之擾。再旗退地畝及入官地畝，所有租銀租糧、實欠在民者，著總督孫嘉淦確查明白，一併蠲免。該部可即行文傳諭知之。（高宗八一、二六）

（乾隆四、四、癸未）直隸總督孫嘉淦奏：雍正十三年、乾隆元年、二年分，各屬未完及緩徵帶徵銀米，悉奉豁免，續奉蠲免乾隆四年地丁錢糧九十萬兩。所有耗羨，似應一體蠲免。得旨：此奏甚是，照所請行。（高宗九〇、一二）

（乾隆四、九、乙卯）戶部議覆：直隸總督孫嘉淦奏，去秋今春，民借籽種口糧，請按收成分數徵收；其三年分應徵之項及二年以前舊欠，均緩至明年秋成後徵收。查民借倉糧，果係連被偏災，舊欠未完，固應酌議緩徵，倘或僅借一年，以及並未被災之區，一概緩徵，與例不符，應查明分別辦理。得旨：這所議是，著照所奏行。若如該督所奏，則倉穀無補足之日矣。（高宗一〇〇、一七）

（乾隆四、一〇、辛巳）豁免直隸任縣水泊漁戶額稅九十二兩有奇。（高宗一〇二、一〇）

（乾隆五、三、壬子）免直隸雄縣所屬龍華等八村莊乾隆三年分水災額賦有差。（高宗一一二、一一）

（乾隆五、五、癸卯）戶部議准：直隸總督孫嘉淦疏報霸州等五十七州縣廳，上年雹災共地七萬六百四十六頃五十二畝有奇。按照畝數，應蠲免銀四萬三千一百十八兩有奇、米七百三石有奇、穀一千一百十八石有奇、豆一百三十六石有奇、糧二百四十六石有奇。其照數蠲免應完帶徵三年舊欠糧，照例緩至五年麥熟後徵收；應徵新糧，照例分別帶徵。從之。（高宗一一六、五）

（乾隆五、一〇、戊戌）諭：天津地勢低窪，年來屢被水災，今歲雖有七八分收成，而民力尚未充裕。所有乾隆三年、四年緩徵之錢糧，若照前議徵收，仍不免拮据。用是特頒諭旨，著將天津所屬州縣帶徵之項，自本年為始，分作五年徵收，以紓民力。（高宗一二八、二）

（乾隆五、一〇）是月，直隸總督孫嘉淦奏：通省秋禾收成，合計俱有九分。惟霸州、文安、大城、東安、武清、寶坻、寧河、延慶、萬全、懷來等十州縣，因夏秋雨水稍多，間有淹損。現勘明被災情形，自五分至十分不等。照近奉賑卹偏災定例，動本處倉穀散給，其應徵新舊錢糧，并出借籽種等項，分別停緩。內有旗地、官地亦按成災分數，咨部辦理。再天津、河間二府被水地方，查係四高中窪，比年淹浸，所謂一水一麥之地。酌議此等地畝，如二麥無收，秋又被水，則當一例賑濟；如麥已豐收，則秋水乃意中之事，不便連年加賑。今該二府夏麥有收，秋間被水村莊，業經涸出，除實在貧民酌借籽種口糧，此外概無庸加賑；其本年錢糧，應照例徵收。得旨：所辦甚妥協，而所見更屬得中。甚欣慰焉。（高宗一二九、一九）

（乾隆五、一一、乙未）直隸總督孫嘉淦遵旨議覆：天津鎮總兵黃廷桂奏，天津府屬被水村莊，本年應納丁糧，輸將無力等語。查該府窪地，夏麥有收，既不報災加賑，則蠲緩於例不符。前經行文該地方官，將被水處勸民輸將，其無力窮民，不得嚴行追比。但地方官各顧考成，恐未能分別體卹。請於明年奏銷之時，此等窪地錢糧，如有未完，該地方官免其議處，俟麥熟後徵收。得旨：著照所議行。該部知道。（高宗一三一、一三）

（乾隆六、一、戊子）直隸河道總督顧琮，以永定河凌汛水勢、各村莊被淹情形奏入。諭軍機大臣等：永定河工，關係緊要。大學士鄂爾泰、尚書訥親前往查勘經理，必須將各處地勢及發水情形，一一察視明晰，始可次第施工，以期一勞永逸。但此事尚須時日，目下未能遽定，而朕軫念民瘼之心，甚切于懷。伊等到彼，可即將居民被水光景，果否如顧琮摺內所奏，速行詳細奏聞。至于被水之處，將來百姓遷移，必有費用。朕意欲將各該處本年應徵錢糧，酌行豁免，以紓民力。亦著伊等密議奏聞。如果應行豁免，可速將某州某縣查明具奏。爾等可即寄信前去。尋奏覆：新河自金門閘以下五里，即有漫水，至四五十里外，固安、良鄉、涿州、新城、雄縣、霸州各境内村莊地畝，多被水淹。顧琮所奏水勢寬深，情形屬實。各村地基，多在高阜，水繞村外，房屋尚無坍圮。上年秋後土乾，種麥甚少，現水浸處，多未播種。惟霸州、雄縣各村窪地，秋麥有被淹者，若清明前水退，尚可補種春麥。窪下地畝，可種高粱稗子。但恐一時難涸，過期不耕，有應免錢糧之處，應交督臣查奏。得旨：知道了。查明再免，不如降旨令查免，庶可以早慰民心也。有旨諭部。（高宗一三五、四）

（乾隆六、四、甲辰）蠲免直隸霸州、文安、大城、東安、武清、寶坻、寧河、延慶、萬全、懷來等十州縣乾隆五年被水災民額賦有差。（高宗一四〇、一四）

（乾隆六、七、庚辰）豁免直隸任縣大陸澤泊水淺狹、無徵漁稅銀九十二兩有奇。從總督孫嘉淦請也。（高宗一四七、四）

（乾隆六、七、己丑）減行圍所過州縣額賦。諭：朕初次行圍，所有經過州縣，前經屢降諭旨，不令絲毫擾累。但安營除道，未免有資民力，朕心軫念。著將該地方本年應徵額賦，酌量蠲免統計十分之三，以昭朕體卹閭閻之至意。（高宗一四七、二一）

（乾隆六、七、己丑）又諭：朕此次行圍，見道傍田禾未經收穫者，不免稍有損傷。小民終歲勤苦，絲粟皆關生計，已降旨將行圍所過地方，本年分應徵額賦，蠲免十分之三。但沿途地畝內，田禾損傷，亦有多寡之不等，著該督孫嘉淦於應免之三分額賦內，查明分別辦理。（高宗一四七、二一）

（乾隆六、一二、戊戌）蠲免直隸永定河放水被災地畝。霸州、涿州、固安、永平、雄縣未涸地本年應徵錢糧；已涸地本年應徵錢糧之半。（高宗一五六、一九）

（乾隆七、四、乙巳）免直隸遵化州乾隆六年水災餘絕地畝租銀，并蔚州水衝民地額徵銀兩。（高宗一六五、三）

（乾隆七、四、乙卯）又諭軍機大臣等：近京一帶，雨澤稀少，現在二麥情形，收成歉薄。蔣炳奏請緩徵之處，甚合朕意。可將原摺寄與高斌閱看，令其查明應緩徵之州縣，速行具奏，候朕頒發諭旨。尋奏：查順天、保定、永平、正定、河間、天津、順德、廣平等府屬，直隸易州、冀州、趙州、深州、定州等州屬，未得透雨，將來收成必減。請緩徵新舊錢糧，秋成後再行徵收。得旨：知道了。有旨諭部。（高宗一六五、二〇）

（乾隆七、五、己未）諭：今年春夏以來，畿輔地方，除宣化、大名二府，及古北口外熱河一帶，雨澤霑足，二麥可望豐收。至順天、保定、永平、正定、河間、天津、順德、廣平等府，暨易州、冀州、趙州、深州、定州等州屬，雨水均未霑足普徧，麥收分數，勢必減少。此時農事正忙，又值青黃不接之際，若仍照例催科，恐有妨於力作。著將各府州屬新舊應完錢糧，一概暫停徵比，俟秋成之后，再行徵收。該部可即行文直隸總督，通行曉諭知之。(高宗一六六、一)

(乾隆八、六、辛酉) 諭：直隸各屬雍正十二年以前民欠錢糧，已於恩詔內寬免。惟有慶都、靜海、冀州、武邑四州縣民欠米穀共一萬一千九百餘石，向經部議，以係出借之項，不在寬免之例。朕思此項歷年已久，尚事追呼，小民未免苦累。著一體開恩，悉予豁免，俾窮黎均霑惠澤。該部即遵旨行。(高宗一九四、一八)

(乾隆八、一一)〔是月，直隸總督高斌〕又遵旨議奏：聖駕謁陵經過州縣，安營除道，所雇民夫，實皆通縣輪撥。若以營盤道路附近村莊，應徵錢糧，造冊請豁，則隔遠者不克一體霑恩。請照行圍之例，將各州縣廳額徵，蠲免十分之三。得旨：即如此辦理可也。(高宗二〇五、二二)

(乾隆九、四、甲戌) 直隸總督高斌奏：順天府屬之霸州、大城，保定府屬之新城、雄縣、束鹿、高陽等縣，河間府屬之河間、獻縣、阜城、肅寧、任邱、交河、景州、故城、吳橋、東光、寧津等州縣，天津府屬之天津、青縣、靜海、滄州、南皮、鹽山、慶雲等州縣并津軍廳，正定府屬之樂城縣，廣平府屬之威縣、清河，冀州屬之武邑、衡水、饒陽、安平等州縣，遵化州屬之豐潤縣，共三十三州廳縣，上年既歉收，今歲又未得雨，民間錢糧無力完納。又，順天府屬之文安、保定府屬之新安二縣，上年雖未成災，但與災地毗連，今春均未得雨。請將該州縣廳無論上年被災與未被災，應納乾隆九年分新糧及未成災應完八年分新舊錢糧，并已未成災應於九年麥熟後完納之八年分錢糧及各年舊欠，均予緩至本年秋後徵收。得旨：近亦有旨矣。又奏：應徵錢糧既緩，其歲需佐雜俸銀及胥役工食，無項留支。現遵五年十一月內諭旨，於司庫存公銀內撥補。至驛遞工料，乃夫馬計日必需，自應按季支給。除河間等處春季應支工料，已於司庫銀內撥給，今被災各屬銀糧既緩，則未經開徵以前，夏季以後，均請通融撥給。得旨：又撥公項八十萬，即爲此一切也。所奏俱悉。(高宗二一五、一六)

(乾隆九、七、丙子) 諭：從前直隸河間、天津等屬被災之地，一應新舊錢糧，經總督高斌奏請，停其徵比，緩至本年秋成后，催徵完納，朕已降旨俞允。今幸甘霖疊沛，秋成可望，所有應完錢糧，例應於秋收后徵收。但朕思二府被災既重，又當歉收之后，元氣一時難復，當格外加恩，以資培養。著高斌確查災重之十六州縣，將本地應徵新舊錢糧，緩至明年，看彼地收成光景奏聞，再行開徵。其被災稍輕之州縣，各處情形不一，或有應行緩徵者，并著高斌詳查奏聞請旨。務俾民力得以寬紓，不至輸將竭蹶。又據高斌奏稱，天津府屬之慶雲縣，地僻民貧，商販罕至，米糧缺乏，民食艱難。請於河南大名等處買到雜糧內，酌撥二千石，確查窮民，酌量散給，以資接濟等語。著照高斌所請，即行散給；並即照大城等州縣出借口糧之例，免其秋收還倉。該部即遵諭速行。（高宗二二〇、一）

（**乾隆九、七、癸未**）户部議准：直隷總督高斌疏請，將乾隆八年聖駕恭謁祖陵，自京至易州鑾輅經由之七州縣，所有入官旗地及餘絶網户莊頭等項租糧，照易州等七州縣例，蠲免十分之三。從之。（高宗二二〇、九）

（**乾隆九、一〇、壬申**）賑貸直隷保定、大城、通州、蠡縣、慶都、定興、雄縣、龍門、廣昌、新城、萬全、西寧、薊州、灤州、天津、慶雲、靜海、延慶等十八州縣水旱蟲雹等災民，並分別停緩新舊額徵。（高宗二二七、一五）

（**乾隆九、一〇、壬申**）緩徵直隷寧河縣旱災舊欠。（高宗二二七、一五）

（**乾隆九、一二、乙丑**）蠲免直隷保定、大城、薊州、新城、天津、靜海、津軍、灤州、延慶、萬全、西寧等十一州縣廳水旱雹蟲等災地畝本年額賦有差。（高宗二三一、九）

（**乾隆一〇、二、甲子**）諭：直隷河間、天津等屬，前歲荒歉，朕格外加恩，多方賑卹。曾降諭旨，將被災最重之十六州縣，並故城、新城二縣乾隆九年以前新舊錢糧，俱緩至本年秋收後，令該督看彼地收成光景，奏聞再行開徵。今思災重各州縣舊欠錢糧，雖俱停緩，而本年應納錢糧，已屆開徵之期。該處當積歉之後，元氣未復，若照例催輸，民力未免拮据，朕心軫念。著將河間府屬之河間、獻縣、阜城、任邱、交河、景州、吳橋、東光，天津府屬之青縣、靜海、滄州、南皮、鹽山、慶雲，深州屬之武強，冀州屬之武邑等十六州縣并故城、新城二縣，所有本年應徵錢糧，俱緩至秋收後照例開徵，以紓民力。目今東作方興，俾得盡力南畝，以示朕加惠元元之意。該部即遵諭速行。（高宗二三五、九）

（**乾隆一〇、七、癸酉**）諭軍機大臣等：直隷地方今年雨澤不勻，有得雨霑足之州縣，亦有未能霑足之州縣。今八月開徵之期將屆，可寄信與高斌，令其悉心體察。或有雨少歉收、應行緩徵者，一一確查，分別奏聞，候朕降旨。若將來有成災應行蠲免之處，亦陸續奏聞請旨。尋奏：直屬文安等一百一十二州、縣、衛、廳，夏麥被旱被雹情形，前經奏報在案。至各處秋禾，除順天府之東西南三路同知，並永平、保定二府及遵、易、定三州所屬各州縣，俱經得雨透足，可望有秋，毋庸置議外，其宛平、大興、昌平、通州、景州、故城、阜城、交河、吳橋、東光、寧津、慶雲、鹽山、滄州、南皮、藁城、欒城、晉州、贊皇、靈壽、元氏、邢臺、沙河、南和、廣宗、鉅鹿、唐山、內邱、任縣、平鄉、永年、成安、邯鄲、肥鄉、曲周、廣平、雞澤、威縣、清河、磁州、開州、元城、大名、魏縣、南樂、清豐、東明、長垣、宣化、延慶、保安、懷安、西寧、蔚州、蔚縣、赤城、龍門、懷來、棗強、衡水、南宮、新河、武邑、趙州併所屬之柏鄉、隆平、高邑、臨城、寧晉、武強等七十州縣、延慶衛熱河、喀喇河屯、八溝、四旗、張家口等五廳，有六月內未經得雨者，亦有得雨未能透足者，雖經補種晚禾，恐收成不無歉薄。內除景州、故城、阜寧、交河、吳橋、東光、慶雲、鹽山、滄州、南皮、武邑、武強等十二州縣，俱係乾隆八年被災最重之區。所有本年應徵錢糧，業於上年奉旨緩徵外，其餘六十四州、縣、衛、廳，當八月開徵之期，亦應暫行緩徵，俟秋後勘明是否成災，將應行蠲免之處，陸續奏聞，分別辦理。惟慶雲縣旱象已成，急宜豫為安頓。現飭該管道府親赴查勘，撥運漕米，以備賑借之用。得旨：所奏俱悉，如所議行。又批：畢竟將來恐如慶雲成災光景者，有几州縣耶？詳查速奏，以慰朕懷。（高宗二四四、三）

（乾隆一〇、七、壬辰）諭：乾隆八年，朕恭謁祖陵，經過之州縣，蠲免錢糧十分之三。今年直隸地方，間有雨澤未能霑足之處，前已降旨緩徵。此次出口行圍，所有經過地方，不令絲毫擾累。但安營除道，未免有資民力，朕心軫念。著將近京一帶及宣府等處車駕經由之州縣，本年應徵額賦，蠲免十分之四。其如何分晰辦理之處，著總督那蘇圖速行酌量籌辦，並將朕諭宣諭官民等知之。尋奏：直屬宛平、大興、昌平、順義、懷柔、密雲、熱河、喀喇河屯、四旗、多倫諾爾、獨石、張家等口，萬全、宣化、保安、懷來、延慶州、延慶衛等州縣衛廳，俱係行圍經過地方。查各處安營除道，均屬閤境輪撥，其額徵銀兩米豆草束榛栗等項，亦應閤邑攤免十分之四。並照例將入官旗地餘絕地畝租銀，同額賦一體蠲免。得旨：所奏俱悉。（高宗二四五、一三）

（乾隆一〇、一〇、辛丑）直隸總督那蘇圖奏：直屬被旱之宛平等州縣衛廳，內除宛平、大興、通州、寧津、晉州、靈壽、欒城、邢臺、沙河、南和、任縣、永年、肥鄉、曲周、成安、邯鄲、廣平、雞澤、磁州、開州、元城、大名、魏縣、南樂、清豐、東明、長垣、棗強、南宮、衡水、新河、趙州、隆平、寧晉並八溝、四旗等三十六州縣廳，秋收六分至九分不等，新舊錢糧，均應開徵。其節年被災之景州、故城、阜城、交河、吳橋、東光、慶雲、鹽山、滄州、南皮、武邑、武強等十二州縣額徵錢糧，統歸八九兩年被災緩徵案內，分別辦理。本年被災較重之宣化、懷來、保安、延慶、懷安、西寧、赤城、龍門、蔚州、蔚縣、萬全、並延慶衛等十二州縣衛，新舊錢糧，概行停緩。村莊被災，復大勢歉收之昌平、鉅鹿、威縣、臨城、高邑、密雲等六州縣，暨闔境被災歉收之熱河、喀喇河屯、張家口三廳所屬地方，新舊錢糧，亦均請停緩。成災自數村至數十村不等之贊皇、藁城、元氏、廣宗、平鄉、唐山、內邱、清河、柏鄉、三河等十州縣，被災村莊新舊錢糧，分別停緩，不被災村莊，仍照例開徵。得旨：那蘇圖所奏直隸被災各州縣衛廳，應將新舊錢糧緩徵者，俱著照所請行。至贊皇等十州縣被災村莊，亦准停緩，其不被災村莊，例應開徵。朕思彼地既有歉收之處，其隣近村莊，諒亦難免拮据。著加恩將不被災村莊，應徵舊糧，亦著緩徵，以紓民力。（高宗二五〇、一〇）

（乾隆一〇、一〇、甲辰）蠲緩渾津黑河莊頭旱災租米有差。（高宗二五〇、一四）

（乾隆一一、三、己巳）蠲免直隸鹽山、鉅鹿、保安、萬全、蔚縣、西寧、懷來、昌平八州縣乾隆十年分水災額賦有差。（高宗二六〇、七）

（乾隆一一、五、己酉）諭：直隸慶雲縣土瘠民貧，連年荒歉，朕心深爲軫念。多方籌畫，蠲賑頻施，以甦民困。惟是該縣當積欠之後，一時元氣難以驟復，必須大沛恩膏，俾小民永霑實惠。著將慶雲縣每年額徵地丁銀兩，蠲免十分之三，永著爲例。該部即遵諭行。（高宗二六六、二一）

（乾隆一一、六、癸未）諭：直隸通省今年應徵地丁錢糧，已加恩全行蠲免，固安、霸州二防守尉所轄應徵屯糧，例不在蠲免之內。但朕念耕種井田之旗戶，按畝輸穀，在縣交納，與民田正賦納銀者相同。著將固安、霸州二防守尉本年應徵屯糧穀石，一體加恩蠲免。該部即行文該督知之。（高宗二六九、六）

（乾隆一一、一二、甲戌）戶部議准：直隸總督那蘇圖疏稱，靜海縣秋禾蟲災，請照例賑卹，并分別蠲免本年應納錢糧。得旨：依議速行。（高宗二八〇、二二）

（乾隆一二、三、壬午）免直隸薊州、寶坻、寧河、靜海、蔚州、宣化、萬全、西寧、蔚縣、懷來、保安、豐潤、玉田、張家口同知等十四州縣廳，十一年分水災額銀二千九百一十八兩有奇、糧四千九百三十五石有奇。（高宗二八七、九）

（乾隆一二、五、戊申）諭：乾隆十一年分直隸通省額徵地糧，朕已普行蠲免。其天津所屬，有應徵葦漁課銀一項，向來攤入地糧完納，著加恩一體蠲除。俾瀕海小民均霑惠澤。該部即遵諭行。（高宗二九一、一二）

（**乾隆一二、八、乙酉**）諭：據直隸總督那蘇圖奏稱，直屬被水州縣，有成災較重之天津、靜海、文安、大城、霸州、永清、武清、津軍廳等八州縣廳，應請照例先行撫卹一月口糧。其成災較輕之河間、任邱、南皮、青縣、滄州、慶雲、寶坻七州縣，毋庸普賑；但其中極貧下戶，口食維艱，應請一例摘賑，撫卹一月口糧等語。朕思慶雲一縣，此次成災雖輕，但該處屢被荒歉，地瘠民貧，朕甚軫念。著照被災較重之天津等處，一例普賑。餘著照該督所請，分別賑卹，俾民食得資接濟。至此十五州縣廳屬，既被偏災，所有應徵錢糧，小民輸納必多拮据，著加恩將該處應徵新舊錢糧，暫行緩徵，以紓民力。該部遵諭速行。（高宗二九七、一三）

（**乾隆一二、一二、乙亥**）賑卹直隸天津、西寧、霸州、固安、河間、永清等六州縣水災飢民及旗戶竈戶等，並分別蠲緩錢糧如例。（高宗三〇五、一〇）

（**乾隆一三、三、壬辰**）諭：上年直屬天津、靜海、文安、大城、霸州、永清、武清、河閒、任邱、南皮、青縣、滄州、慶雲、寶坻、津軍等十五州縣廳被水成災，業已加展賑期，多方撫卹。目下開徵已屆，恐貧民尚不免拮据。所有各該州縣廳應輸本年錢糧，除未被水村莊仍令照例輸納，其被災及現在加賑之處，俱著加恩緩至麥熟後開徵，以紓民力。該部即遵諭行。（高宗三一〇、二一）

（**乾隆一三、三、乙巳**）諭：直隸天津、河間二府屬，有疊被偏災之處，已屢次加恩，頻年蠲賑，俾小民不致失所。但年來因災停緩之地糧并民借等項，未完甚多，有數倍於額賦者。若一時並徵，民力未免拮据。著將天津、河間二府屬所有乾隆十年以前停緩帶徵地糧銀兩，及乾隆十二年以前民借各項，令該督查明，再展年限，分晰帶徵。至慶雲一縣，土瘠民貧，屢被災歉，朕已恩加格外，減去額賦，借給牛種，期以漸甦民困。其歷年積欠更多，應較他處再加寬展，俾催科不擾，元氣盡復，以裕閭閻生計。著該督一併確查，分別年限，奏明辦理。該部即遵諭行。（高宗三一一、一〇）

（**乾隆一三、四、己巳**）直隸總督那蘇圖奏：天津、河間兩府，自乾隆三年起至十年止，積欠甚多。除舊欠地糧不及五千兩、麥價不及一萬兩并米穀不及一萬石之各州縣，無庸分年帶徵外，其數多者，照該處賦額每年帶徵一半。所欠米穀雜糧，均折穀合算，每年完穀一萬石；麥價在一萬兩以上者，亦照該處賦額，每年帶徵一半。至慶雲一縣，地瘠民貧，連被災歉，積欠較多。請將未完地糧銀二萬四千餘兩、穀五萬一千三百餘石、麥價銀三萬三千餘兩、制錢四百六十餘千，統分作十年帶徵。下部知之。（高宗三一三、一）

（**乾隆一三、五、乙酉**）蠲免直隸霸州、文安、大城、永清、東安、武清、寶坻、薊州、寧河、束鹿、河間、獻縣、任邱、天津、青縣、靜海、滄州、慶雲、南皮、津軍廳、清河、開州、東明、南樂、清豐、元城、宣化、萬全、赤城、西寧、豐潤、玉田等三十二州縣廳十二年分水災地畝額賦有差。（高宗三一四、七）

（**乾隆一三、閏七、丙辰**）蠲免直隸霸州、固安二州縣被災屯莊并入官地畝應徵銀穀。（高宗三二〇、四）

（**乾隆一三、一〇、己丑**）又諭：據那蘇圖奏，直屬地方，今歲收成豐稔，惟是幅員遼闊，如宣化府屬之西寧縣、蔚州、蔚縣三州縣內，間有雨暘不能應時及偶被微雹之處，俱勘明被災不及五分，其新舊錢糧，例應緩至來年麥熟後徵收等語。宣屬係積歉之區，且地方寒冷，播種秋麥者甚少，若僅緩至來歲麥熟後徵收，輸將未免拮据。著將西寧、蔚州、蔚縣三州縣被災不及五分之各村莊應徵新舊錢糧、借穀，俱加恩緩至來年秋成後徵收。俾民力寬紓，示朕體卹邊民之意。該部即遵諭行。（高宗三二六、二二）

（**乾隆一三、一一、辛未**）蠲免直隸文安、永清、武清三縣淀泊、河灘被水成災地本年額徵租銀。（高宗三二九、二〇）

（**乾隆一四、三、乙亥**）蠲免直隸保安、宣化、西寧、蔚縣、赤城、萬全、懷安、龍門、懷來、張家口十州縣廳被災田畝額徵銀一千六百二十九兩有奇，糧二千九百六十九石有奇。（高宗三三七、二三）

（**乾隆一四、一〇、己亥**）蠲緩直隸薊州、豐潤、天津、青縣、靜海、鹽山、慶雲、津軍廳、正定、邢臺、永年、邯鄲、肥鄉、成安、宣化、懷安、龍門、張家口等十八州縣廳本年水災額賦，分別賑卹，及旗戶、竈戶有差。（高宗三五一、一四）

（**乾隆一四、一二、乙亥**）蠲緩直隸永清縣仁和舖等村莊本年水災額賦，並酌借籽種口糧。（高宗三五四、一）

（**乾隆一五、二、乙亥**）又諭：朕恭奉皇太后西巡五臺，途經畿輔，宿麥含滋，正值發生之候。業已特頒諭旨，誡飭一應扈從人員，車馬無得踐踏。但時當舉趾，所至地方，除道安營，不無有需民力。著照上年秋間木蘭之例，直屬經過州縣本年應徵額賦，蠲免十分之三。該督方觀承即行詳晰確查，妥協辦理，務令民霑實惠，以副朕軫念耕氓至意。（高宗三五八、五）

（**乾隆一五、二、乙酉**）諭：朕巡幸五臺，一切供應，皆動支正項，不令絲毫擾累閭閻。惟是經過地方，安營除道，未免有資民力。著照前次巡幸五臺之例，將本年應徵地丁錢糧，蠲免十分之三。該撫即遵諭辦理。(高宗三五八、一五)

(乾隆一五、二、壬辰)諭：上年直隸各屬豐收，間有被水被雹偏災。如薊州、天津、津軍廳、青縣、靜海、鹽山、慶雲、宣化、懷安九處，俱已照例賑卹；其永清、正定、邢臺、永年、邯鄲、成安、肥鄉、龍門八處，均係一隅偏災，因連歲有秋，糧價平減，無需給賑，亦經照例蠲緩。今朕巡幸五臺，經過直隸地方，已蠲免錢糧十分之三。其偏災州縣，同在一省，亦應共沐恩膏。著該督詳悉查明，應如何加恩之處，酌擬分數，奏聞請旨辦理。(高宗三五九、八)

(乾隆一五、三、丙午)又諭：朕念直隸上年薊州等十七州縣偶被偏災，應與加恩軫卹，特諭總督方觀承，將如何加恩之處，詳察奏聞請旨。今據該督奏請將薊州、天津、津軍廳、青縣、靜海、鹽山、慶雲、宣化、懷安九處被災地畝，該年糧銀除照例蠲免外，再蠲十分之一；永清、正定、邢臺、永年、邯鄲、成安、肥鄉、龍門八處被災五六七分地畝蠲剩錢糧，例應二年帶徵者，再緩一年；邢台、永年、邯鄲、成安、肥鄉、龍門六處被災八九十分地畝，於例蠲之外，再請蠲免十分之一等語。朕思薊州等十七州縣，既被偏災，雖其間分數之輕重不齊，歷年之豐歉不一，但如該督所請於薊州等九處蠲剩錢糧，僅蠲十分之一，永清等八處分別被災五六七分者，例緩之外，再展一年，八九十分者，蠲剩之外，再免十分之一，尚非朕格外加恩，令小民普霑渥澤之意。著照山西偏災州縣加恩蠲免之例，將該十七州縣蠲剩錢糧，概免十分之三，餘仍照原題分年帶完。該督其率屬妥協辦理，務使閭閻均霑實惠。該部遵諭速行。(高宗三六○、五)

(乾隆一五、八、辛卯)諭：朕恭謁祖陵，所過京東州縣，田中收穫之象，較往年似覺歉薄。大抵因夏秋雨水過多，是以不能盡獲豐稔。今所見如此，則前途亦大略相似。朕時巡省方，輿蹕所至，民依念切。雖成災之處已照例賑卹，即不成災處所，當薄收之年，亦時為軫念。向來臨幸地方，應徵錢糧，俱行按分蠲除。此次經過直隸州縣，其實未被災仍屬豐收之處，按照舊例蠲十分之三；若歉收之所，著加恩蠲免十分之五。該督速行查明，分別奏聞，照例辦理。該部即遵諭行。(高宗三七一、五)

(乾隆一五、一○、甲午)蠲緩直隸固安、永清、霸州、保定、文安、大城、東安、武清、寶坻、薊州、寧河、宛平、涿州、樂亭、清苑、容城、唐縣、博野、新城、完縣、蠡縣、雄縣、祁州、安州、高陽、新安、安肅、河間、肅寧、任邱、天津、青縣、靜海、津軍廳、萬全、張家口同知、西寧、蔚縣、宣化、龍門、懷安、定州、曲陽、易州、豐潤、玉田等四十六廳州縣水災雹災地畝本年額賦。其固安、永清、霸州、保定、文安、武清、寶坻、新城、雄縣、安州、新安、天津、津軍廳、靜海、大城、肅寧、高陽、玉田等十八廳州縣飢民貸予口糧；保定、文安、大城、東安、武清、寶坻、薊州、寧河、清苑、新城、完縣、蠡縣、雄縣、祁州、安州、高陽、新安、河間、肅寧、任邱、天津、青縣、靜海、津軍廳、西寧、豐潤、玉田、固安、永清、霸州、易州、唐縣、曲陽、定州、樂亭等三十五廳州縣飢民，并予賑卹有差。（高宗三七五、一七）

　　（乾隆一六、七、癸酉）諭：朕此次巡幸木蘭，經過州縣地方，目覩秋禾茂盛，或惑芃芃。雖經嚴飭隨從人等，不許踐踏，猶恐不無蹂躪。著加恩將經過州縣，本年應徵地丁錢糧，蠲免十分之三。其有夏月被雹、偶成偏災者，蠲免十分之五。該督方觀承查明照例妥協辦理。該部即遵諭行。（高宗三九四、一七）

　　（乾隆一六、七、乙酉）戶部議覆：直隸總督方觀承疏稱，昌平、順義、懷柔、密雲、宛平、大興、通州、三河、薊州、熱河同知、四旗通判、喀喇河屯通判等十二州縣廳，恭逢聖駕巡幸木蘭，經由御道兩旁界內，旗民地四百五十四頃二十畝有奇，奉旨蠲免錢糧十分之三。其熱河同知所轄，應蠲錢糧，業據該戶全完在前，奉蠲在後，請於十五年舊欠數內，扣除補蠲。應如所請。從之。（高宗三九五、一二）

　　（乾隆一七、四、癸卯）蠲免直隸大興、南樂、熱河、四旗、薊州、東安、永清、萬全等八州縣廳，乾隆十六年分災賦有差；被災較重者，并分別賑卹。（高宗四一二、一二）

　　（乾隆一七、四、乙巳）蠲免直隸武清、寶坻、薊州、宛平、永清、四旗廳、東光、天津、靜海、滄州、鹽山、慶雲、津軍廳、長垣、東明、開州、宣化、懷來、萬全、懷安、張家口、豐潤、玉田等二十三廳州縣乾隆十六年分災賦有差。（高宗四一二、一五）

　　（乾隆一七、七、己卯）諭：朕此次巡幸木蘭，時屆西成，禾稼接畛，雖經嚴飭隨從人等不許踐踏，猶恐不無蹂躪。著加恩將經過州縣地方，本年應徵地丁錢糧，蠲免十分之三。該督方觀承查明照例辦理。該部即遵諭行。（高宗四一九、九）

　　（乾隆一八、二、壬寅）諭：此次朕恭謁泰陵，巡視河隄，並奉皇太后閱視水圍。所有經過地方，著加恩蠲免本年應徵地丁錢糧十分之三。總督方

觀承查明照例辦理。該部即遵諭行。(高宗四三三、一)

（乾隆一八、八、己亥）諭：此次巡幸木蘭，所有經過州縣，著加恩蠲免本年應徵地丁錢糧十分之三。總督方觀承照例查辦。該部即遵諭行。(高宗四四五、一)

（乾隆一八、一一、辛酉）緩徵直隸大城、涿州、青縣、靜海、滄州、延慶、保安、宣化、懷安、懷來、張家口、遵化等十二州縣廳本年水雹災民額賦。(高宗四五〇、一六)

（乾隆一九、三、癸亥）蠲直隸大城、涿州、青縣、靜海、延慶、宣化、懷安、懷來、張家口理事廳、遵化等十廳州縣乾隆十八年水雹旱災應徵額賦有差。(高宗四五八、一六)

（乾隆一九、四、甲午）免直隸滄州、保安二州乾隆十八年年分水災額賦有差。(高宗四六〇、二三)

（乾隆一九、一〇、己酉）諭：宛平、昌平二州縣及熱河一廳，乾隆十六年分被雹地畝，所有應徵未完銀七百餘兩，著加恩蠲免。該部即遵諭行。(高宗四七四、三)

（乾隆一九、一一、庚辰）賑貸順天直隸所屬武清、薊州、霸州、保定、永清、東安、灤州、昌黎、樂亭、高陽、萬全、懷安、懷來、豐潤、玉田等十五州縣本年被水被雹飢民及旗戶竈戶人等；其本年應徵錢糧及積年舊欠分別蠲緩帶徵。(高宗四七六、六)

（乾隆二〇、八、戊申）諭曰：朕此次巡幸木蘭，所有經過州縣地方，著照例蠲免本年錢糧十分之三。該部即遵諭行。(高宗四九四、六)

（乾隆二一、八、癸丑）諭：朕此次巡幸木蘭，所有經過州縣地方，著照例蠲免本年錢糧十分之三。該部即遵諭行。(高宗五一九、三)

（乾隆二二、一、丙午）諭：直隸天津府屬各州縣應徵錢糧，遞年帶緩積欠稍多，近因連歲豐稔，百姓爭先完納。現在尚有滄州未完地糧八千餘兩；靜海、滄州、南皮未完米穀豆三千餘石，麥折銀三十餘兩；又，靜海、滄州未完入官地租銀一千五百餘兩，皆係貧乏小戶零星積欠，若仍新舊並輸，於閭閻生計未免拮据，著加恩概予豁免。該督方觀承其轉飭各該州縣，務宜實力奉行，毋令胥吏侵蝕中飽。(高宗五三〇、二七)

（乾隆二二、四、戊辰）豁免直隸延慶、薊州、懷來三州縣衛乾隆二十一年雹災水災額賦有差。(高宗五三六、一五)

（乾隆二二、七、戊申）又諭：朕此次巡幸木蘭，所有經過地方，著蠲免錢糧十分之三。該部即遵諭行。(高宗五四三、二〇)

（**乾隆二三、四、戊辰**）免直隸霸州、保定、文安、大城、涿州、固安、永清、東安、昌平、武清、寶坻、寧河、清苑、新城、任邱、景州、故城、吳橋、東光、天津、靜海、滄州、南皮、鹽山、慶雲、宣化、萬全、西寧、龍門、懷來、懷安、豐潤、張家口理事廳等三十三州縣廳，乾隆十年起至二十年未完民欠銀米。（高宗五六〇、二五）

（**乾隆二三、四、壬申**）免直隸魏縣、大名、元城、清豐、南樂、清河、威縣、景州、故城、東光、交河、阜城、吳橋、東明、開州、長垣、滄州、青縣、宛平、西寧、蔚州、延慶、保安、宣化、萬全、懷安、懷來、赤城、四旗等二十九州縣廳乾隆二十二年分水災額賦。（高宗五六一、四）

（**乾隆二三、七、庚子**）諭：朕此次巡幸木蘭，所有沿途經過地方，著蠲免本年錢糧十分之三。該部即遵諭行。（高宗五六七、一）

（**乾隆二四、七、壬子**）諭：朕此次巡幸木蘭，所有經過地方，著加恩蠲免錢糧十分之三。該部即遵諭行。（高宗五九二、七）

（**乾隆二四、一〇、甲申**）諭軍機大臣等：直隸所屬景州一帶，聞秋深尚有積水未涸之處，地方官以附近田畝晚禾有收，彼此通計，不及成災分數，未便邀恩格外，致啓刁風，方觀承亦曾奏及。然馭民固不可不持大體，第念該處濱水居民，究多歉薄，生計未免拮据，應將本年應徵額賦，暫行停緩，俟明歲麥熟徵還，以示體恤。再，直屬各州縣，內夏前雨澤稍遲，後得雨霑透，而窪地不無淤積，且間有蟲孽萌生之地。雖大局均係有秋，而一二偏隅爲數無多，均宜量加調劑。著傳諭方觀承，令其確細飭查，其中有與景州相類、應行酌予緩徵者，一併詳悉具奏，到日候朕酌量降旨。（高宗五九八、一三）

（**乾隆二四、一〇、乙未**）又諭：直屬景州一帶地方，秋初間有得雨過多之處，濱水窪地，淤積未消，地方官以附近田畝通計分數並不成災，所有新舊錢糧，未便破格奏請。但念該處收成既已歉薄，生計未免拮据。著該督方觀承董率原勘各員，於各州縣、各村莊內詳細確查，將應徵之糧，加恩並予停緩。又如束鹿、寶坻等濱河地畝，雖勘不成災，併著查明，一體停緩，以示優恤。（高宗五九九、八）

（**乾隆二四、一〇、乙未**）撫卹長蘆、滄州、南皮、鹽山、靜海、衡水、青縣等六州縣，嚴鎮、海豐、豐財、富國、興國等五場被水竈戶，并蠲緩額賦如例。（高宗五九九、九）

（**乾隆二四、一〇、丙申**）賑卹順天直隸所屬固安、永清、霸州、大名、元城、清豐、南安、清河、威縣、永年、邯鄲、曲周、雞澤、沙河、平鄉、南和、任縣、鉅鹿、冀州、南宮、新河、武邑、衡水、隆平、寧晉、深州、武強、滄州、南皮、武清、獻縣、任邱、交河、天津、青縣、鹽山、津軍、延慶、保安、蔚州、宣化、懷安、萬全、西寧、龍門、懷來、張家口等四十七州縣廳本年水旱霜雹蟲螣偏災貧民，並蠲緩額賦有差。(高宗五九九、一三)

（乾隆二五、八、己丑）諭：朕此次巡幸木蘭，所有沿途經過地方，著蠲免本年錢糧十分之三。(高宗六一九、二)

（乾隆二五、一〇、壬辰）蠲緩直隸宣化、萬全、懷安、西寧、龍門、冀州、寧晉等七州縣本年水雹災民額賦有差，並借給籽種。(高宗六二三、七)

（乾隆二六、二、丁亥）諭：畿輔各屬，上年秋收豐稔，應徵額賦踴躍輸將，惟宣化一郡，節年積欠銀糧為數稍多。但念該處山多土瘠，且二十三、四兩年連值偏災，元氣難以驟復，若令新舊並徵，小民生計，深恐未免拮据。著加恩將宣化、萬全、懷安、懷來、西寧、蔚州、延慶、保安等州縣，自乾隆八年以後十八年以前民欠未完改折銀六千三百餘兩、地糧銀九千五百餘兩、屯糧三萬三千九百餘石，概予蠲免，以紓民力。該督方觀承查明，出示通行曉諭，並嚴飭各屬、妥協經理。如有不肖官吏，以完作欠，侵蝕中飽，即行嚴參治罪，用稱加惠黎元之至意。該部遵諭速行。(高宗六三一、二)

（乾隆二六、三、乙卯）蠲免直隸宣化、萬全二縣乾隆二十五年雹災額賦。(高宗六三三、二)

（乾隆二六、七、癸丑）諭：朕此次巡幸木蘭，沿途經過地方，本年地丁錢糧著加恩蠲免十分之三。再，今歲自七月以來，直隸各屬雨勢連綿，高田固資暢茂，低窪田地或不免有被水減收之處，已屢次降旨詳詢。著再傳諭該督等，督率有司，實力稽查，隨宜撫卹，務俾貧民不致失所，以副朕懷保黎元至意。(高宗六四一、三)

（乾隆二六、一一、丙申）加賑直隸固安、永清、東安、武清、文安、大城、霸州、保定、冀州、衡水、武邑、開州、長垣、東明、景州、清河、蠡縣、東光、滄州、南宮、新河、隆平、寧晉、深州、武強、天津、寶坻、薊州、寧河、清苑、新城、博野、望都、祁州、雄縣、安州、高陽、新安、河間、獻縣、肅寧、任邱、交河、青縣、靜海、南皮、鹽山、慶雲、平鄉、廣宗、鉅鹿、唐山、任縣、永年、邯鄲、成安、曲周、廣平、雞澤、威縣、磁州、元城、大名、南樂、清豐、蔚州、豐潤、玉田、定州等六十九州縣被災貧民屯軍，並緩各屬已未成災本年應徵錢糧及節年舊欠。(高宗六四八、二)

（乾隆二七、四、辛卯）諭：朕巡省江浙，畿輔所過地方應徵賦額，前已特頒恩旨，分別蠲免。但念各屬尚有節年民欠未完之項，因災分年緩帶錢糧，尚應按數徵收。茲迴鑾沿途體察民依，宜敷惠澤。著再加恩將乾隆十二年至二十五年大興、靜海、龍門、宣化、懷安、萬全、西寧、懷來、蔚州、四旗等十州縣廳未完地糧銀七千一百餘兩、改折銀六千六百餘兩、屯糧一萬六千餘石，概予豁免。其自十九年至二十五年各屬因災緩帶地糧銀八萬六千七百餘兩、改折銀九千一百餘兩、屯糧六萬三千餘石，並著加恩於本年起限，再分作三年帶徵。俾民力益舒，得資耕作，用稱愛養黎元至意。該部遵諭速行。（高宗六五九、一八）

（**乾隆二七、六、丁酉**）蠲免直隸固安、永清、東安、武清、霸州、保定、文安、大城、宛平、寶坻、薊州、寧河、灤州、清苑、新城、博野、望都、蠡縣、祁州、雄縣、安州、高陽、新安、河間、獻縣、肅寧、任邱、交河、景州、東光、天津、青縣、靜海、滄州、南皮、鹽山、慶雲、津軍廳、平鄉、廣宗、鉅鹿、唐山、任縣、永年、邯鄲、成安、曲周、廣平、雞澤、威縣、清河、磁州、開州、大名、元城、南樂、清豐、東明、長垣、西寧、蔚州、豐潤、玉田、冀州、南宮、新河、武邑、衡水、隆平、寧晉、深州、武強、定州、曲陽等七十四州縣廳乾隆二十六年水災額賦有差。（高宗六六四、一一）

（**乾隆二七、七、戊辰**）諭：朕巡幸木蘭，向來恩免所過地方錢糧十分之三。此次沿途省覽，見今夏雨水過多之處，田禾分數歉薄。所有經過地方本年地丁錢糧，著加恩蠲免十分之五，以示優卹。（高宗六六六、八）

（**乾隆二七、八、壬子**）又諭：今年直隸夏雨成潦，濱水窪地，田禾不無淹損。所有積年錢糧帶徵緩徵各屬內，今年復被水災之文安、大城、武清、寶坻、薊州、天津及霸州、保定、永清、東安、安州、新安、青縣、靜海、滄州、寧晉、津軍廳十七州縣廳，民力自屬拮据。其應徵銀八萬二千四百兩零、穀豆高糧五千四百石零，均予豁免，以示優卹。至與災重州縣毗連、本處復被水災之寧河、固安、鹽山、慶雲、衡水五縣，所有應徵銀二萬一千五百餘兩、穀豆高糧一百八十餘石，亦著一體蠲免。該督其嚴飭所屬，實力奉行，務使窮民均霑實惠，毋致吏胥中飽，副朕加惠黎元至意。該部遵諭速行。（高宗六六九、七）

（**乾隆二七、一〇、庚戌**）加賑順天直隸所屬霸州、保定、文安、大城、涿州、良鄉、固安、永清、東安、香河、宛平、大興、昌平、順義、三河、武清、寶坻、薊州、寧河、灤州、昌黎、樂亭、清苑、安肅、新城、望都、雄縣、安州、高陽、新安、河間、獻縣、阜城、肅寧、任邱、交河、景州、東光、天津、青縣、靜海、滄州、南皮、鹽山、慶雲、津軍、成安、廣平、大名、元城、宣化、萬全、懷安、張家口、豐潤、玉田、冀州、南宮、新河、武邑、衡水、隆平、寧晉等六十三州縣廳本年被水雹霜災飢民，分別蠲緩應徵額賦。（高宗六七三、一二）

（乾隆二八、五、甲戌）諭上年因直屬偶被水潦，是以巡幸木蘭時，所有經過地方，向免錢糧十分之三者，俱加恩蠲免十分之五。令歲麥田已穫秋稼，雖可望有收，第念究係被災之後，小民生計，尚未免拮据。此次巡幸熱河，沿途地方，仍著加恩將本年地丁錢糧，蠲免十分之五。該部即遵諭行。（高宗六八七、五）

（乾隆二八、八、甲午）諭：今年直隸各屬，雨暘時若，秋收頗爲豐稔。惟近京各州縣中，上年被水之區，間有蝗蝻生發，雖經欽差大臣及地方官督率撲捕，於禾稼不致遇損，而較諸他邑，收成終恐稍減分數。所有應徵額賦，若照例徵收，民力究未免拮据。著加恩將通州、三河、固安、霸州、文安、大城、清苑、安肅、天津、靜海、滄州、青縣、交河等十三州縣本年應徵錢糧，俱緩至來年麥熟後徵收。俾農民蓋藏充裕，以資生計。該部遵諭速行。（高宗六九二、一四）

（乾隆二九、一、丁巳）諭：去年直屬通州等十三州縣內，間有蝗蝻生發，當經降旨，將上年應徵錢糧，俱緩至本年麥熟後徵收。第念該州縣等雖勘不成災，而秋收究屬歉薄，惟望麥秋，以資接濟。邊令新舊並輸，民食仍恐未能充裕。著再加恩將通州、三河、固安、霸州、文安、大城、清苑、安肅、天津、靜海、滄州、青縣、交河等十三州縣所有二十八年分應徵錢糧，俱緩至本年秋成後徵收，以紓民力。該部遵諭速行。（高宗七〇二、四）

（乾隆二九、二、己酉）蠲直隸乾隆二十八年分蔚州被雹災地一百八十八頃七十八畝、萬全縣被旱災地六百一十四頃四十六畝應徵額賦十之一。（高宗七〇五、一六）

（乾隆二九、七、丁卯）諭：朕此次巡幸木蘭，沿途經過地方，所有本年應徵地丁錢糧，著加恩蠲免十分之三。該部即遵諭行。（高宗七一五、六）

（乾隆三〇、一、甲子）又諭：直隸連歲收成豐稔，民間蓋藏自應充裕，但從前因災未完積欠，新舊並徵，尚恐艱於完納。茲當鑾輅南巡，道經畿輔，體查民隱，用沛恩膏，以廣慶澤。著加恩將直隸各屬自乾隆十九年至二十五年舊欠並二十六年未完緩徵銀，共三萬二千四百餘兩、米穀豆共三百五十餘石，一體豁免。該督其實力稽察、妥協辦理，俾閭閻均霑實惠，稱朕疊沛渥恩至意。該部即遵諭速行。（高宗七二七、三）

（**乾隆三○、七、壬午**）諭：朕此次巡幸木蘭，所有經過地方，著加恩蠲免錢糧十分之三。該部遵諭速行。（高宗七四○、一二）

（**乾隆三○、一○、丙寅**）貸直隸薊州、青縣、静海、滄州、南皮、慶雲、保安、西寧、豐潤、玉田、易州、萬全、懷安等十三州縣本年水災飢民，並緩徵新舊錢糧。（高宗七四七、一四）

（**乾隆三○、一二、庚戌**）諭：直隸二十六年以前被災積欠銀糧，疊經降旨加恩豁免。而霸州、固安、永清三州縣屯户領糧及隨帶地畝，應交未完租穀，未經與民地一併予豁。伊等所種地畝，即與民地相連，邇年雖屬豐收，而新舊併徵，屯民生計未免拮据。所有霸州、固安、永清三州縣屯户及爲民屯户，未完二十四、二十六兩年租穀八百餘石，著一體加恩豁免。該部遵諭速行。（高宗七五○、八）

（**乾隆三一、七、丁丑**）諭：朕此次巡幸木蘭，所有經過地方，本年地丁錢糧著加恩蠲免十分之三。該部遵諭速行。（高宗七六四、一四）

（**乾隆三一、九、乙亥**）豁免直隸宛平、涿州、香河、灤州、昌黎、清苑、雄縣、高陽、交河、景州、東光、南皮、鹽山、豐潤、玉田、冀州、武邑等十七州縣，乾隆二十三、四、五、六年分帶徵未完額賦。（高宗七六八、七）

（**乾隆三一、一○、乙卯**）蠲免直隸懷安縣本年被霜災民額賦，及被旱、被水、被雹、被霜勘不成災之獻縣、阜城、交河、景州、吳橋、東光、寧津、青縣、静海、滄州、鹽山、慶雲、蔚州、宣化、萬全、西寧、懷來等十七州縣分別貸緩有差。（高宗七七一、八）

（**乾隆三二、一、庚寅**）諭：朕巡幸天津，周覽河隄淀閘，指示機宜，永求畿輔民生利賴。翠華臨涖，宜沛恩施。所有經過地方及天津闔府所屬本年應徵錢糧，著加恩蠲免十分之三，以昭乘春布澤之意。該部即遵諭行。（高宗七七七、一三）

（**乾隆三二、三、戊辰**）諭：朕巡幸天津，閱視海河隄淀，以期利賴民生。啟鑾之前，已降旨將天津府闔屬本年應徵錢糧，蠲免十分之三。茲翠華臨涖，小民扶老攜幼，歡迎道左，愛戴之忱倍切，朕心深爲喜悦。著再加恩將天津府屬節年尾欠及上年勘不成災緩徵銀七萬三千二百餘兩、屯穀三千四百餘石，又節年因災出借舊欠及上年被水出借穀十三萬一千一百餘石，普行蠲免。俾海濱蔀屋，益慶盈寧，共安樂利，以示省方施惠之意。該部即遵諭行。（高宗七八○、一三）

（**乾隆三二、三、己巳**）又諭：朕此次臨幸天津，業將該府闔屬節年尾欠、並被水緩徵出借未完銀米，概行蠲免。復念畿輔地方，共切近光之慕，茲者翠華所至，愷澤覃敷，若不獲均霑實惠，小民未免向隅。著將直隸通省各屬節年尾欠未完地糧銀四萬九千五百餘兩、屯糧六萬六千四百餘石，一體加恩蠲免。俾郊圻黎庶，益遂盈寧之慶。該部即遵諭行。（高宗七八〇、一八）

（乾隆三二、七、壬午）諭：朕此次巡幸木蘭，所有經過地方本年地丁錢糧，著加恩蠲免十分之三。該部遵諭速行。（高宗七八九、四）

（乾隆三二、一〇、庚辰）撫卹直隸永清、東安、靜海、慶雲、清河、威縣、宣化、萬全、西寧、懷來、蔚州、龍門、懷安十三州縣被冰雹災民，並予緩徵。（高宗七九七、七）

（乾隆三三、二、辛巳）蠲免直隸龍門、懷安二縣乾隆三十二年水雹霜災應徵額賦。（高宗八〇五、二二）

（乾隆三三、七、癸巳）諭：此次巡幸木蘭，所有經過地方，本年地丁錢糧，著加恩蠲免十分之三。該部遵諭速行。（高宗八一四、一五）

（乾隆三三、一〇、丁卯）戶部議准：直隸總督楊廷璋疏稱，直屬本年被水雹等災。請將最重之霸州、保定、安州、靜海四州縣，先給一月口糧，並摘賑文安、大城、永清、東安、正定、晉州、藁城、寧晉等八州縣極貧民。其武清、寶坻、寧河、清苑、安肅、新城、博野、望都、蠡縣、雄縣、束鹿、高陽、新安、獻縣、肅寧、任邱、天津、青縣、滄州、慶雲、南和、平鄉、任縣、成安、曲周、廣平、豐潤、玉田、冀州、武邑、衡水、隆平、深州、武強等三十四州縣，俟十一月起賑，貧士旗寡俱一體辦理。至涸出地畝，貸給籽種；應徵錢糧米豆等項，並節年舊欠，分別緩帶。其河間、鹽山二縣被災地畝，俟勘明另題。得旨：依議速行。（高宗八二〇、二七）

（乾隆三四、二、甲子）諭：上年曾經降旨，將赴滇官兵經過之直隸各州縣現年錢糧，加恩緩徵。目下已屆應行完納之期。但念各該州縣去秋收成亦有稍歉之處，若新舊一時並徵，閭閻未免拮据。著再加恩，將直隸上年緩徵各州縣錢糧，統俟明年麥熟後再行徵收，以紓民力。該部遵諭速行。（高宗八二八、二〇）

（乾隆三四、二、壬午）蠲緩直隸長蘆屬滄州、鹽山、慶雲、青縣、衡水等五州縣，並嚴鎮、海豐、富國、興國、蘆臺、豐財等六場乾隆三十三年分水災竈課有差。（高宗八二九、二七）

（乾隆三四、三、乙酉）蠲免直隸霸州、保定、文安、大城、永清、東安、武清、寶坻、薊州、李河、清苑、安肅、新城、博野、望都、蠡縣、雄縣、束鹿、安州、高陽、新安、河間、獻縣、肅寧、任邱、天津、青縣、靜海、滄州、鹽山、慶雲、正定、晉州、藁城、南和、平鄉、任縣、成安、曲周、廣平、豐潤、玉田、冀州、武邑、衡水、趙州、隆平、寧晉、深州、武強等五十州縣並津軍、張家口二廳，乾隆三十三年分水災額賦。（高宗八三〇、一）

（乾隆三四、七、戊子）諭：此次巡幸木蘭，所有經過地方，本年地丁錢糧著加恩蠲免十分之三。該部遵諭速行。（高宗八三八、一〇）

（乾隆三四、一〇、戊午）緩徵直隸定興、邢臺、沙河、宣化、龍門、懷來、蔚州、西寧、保安、易州、獻縣、阜城、交河、滄州、鹽山、慶雲、青縣、靜海、衡水、景州、冀州、武邑、靈壽、曲周、萬全、懷安、四旗等二十七州縣廳本年霜雹水災貧民額賦，並借給口糧籽種。（高宗八四四、三四）

（乾隆三四、一二、己巳）諭：朕明春涓吉，恭奉皇太后安輿，展謁兩陵，以伸誠悃。禮成，巡幸天津，承歡祝嘏。近畿一帶，宜沛恩施，所有經過地方及天津闔府所屬，明年應徵地丁錢糧，著加恩蠲免十分之三，以昭乘時布澤至意。該部即遵諭行。（高宗八四九、一四）

（乾隆三五、二、辛未）蠲免直隸靈壽、曲周、萬全、懷安等四縣乾隆三十四年雹災地九百六十七頃十一畝有奇額賦。（高宗八五三、七）

（乾隆三五、三、己丑）諭：前次巡幸津淀，閱視隄防，為畿輔民生勤求利賴，曾加恩將天津所屬歷年積欠，悉予蠲除，俾群黎各得其所。乃者恭奉皇太后安輿，展謁兩陵，復俞直隸臣民籲請，親扶鳳輦，臨幸天津，以慰萬姓臚歡祝釐之悃。業已降旨，蠲免所過錢糧十分之三。茲躒途所至，小民扶老攜幼、夾道歡迎，愛戴之忱倍切，朕心深爲喜悅。著再加恩，將經過州縣及天津府屬，所有乾隆三十一年至三十三年未完尾欠地糧銀共五萬一千八百餘兩，地糧項下本色穀豆共五千九百餘石，又節年常借及因災出借穀共十二萬六千一百餘石，普行蠲免。俾郊圻蔀屋，益遂盈寧，以示錫慶施惠之意。該部即遵諭行。（高宗八五四、三〇）

（乾隆三五、三、己丑）又諭：朕此次恭奉皇太后安輿，巡幸天津，恩施疊沛，業經降旨將天津府屬及經過州縣節年災欠，概予蠲除。復念畿內地方，共切近光之慕，愷澤亦應量予均霑。著加恩將直隸通省，自乾隆三十一年至三十三年，未完尾欠地糧銀一千二百餘兩、及應徵本色尾欠穀豆二千八百餘石、改折銀二千六百餘兩，概行蠲免。俾近畿氓庶，共樂恬熙，益洽阜寧之慶。該部即遵諭行。（高宗八五四、三）

（乾隆三五、三、庚寅）又諭：朕恭奉皇太后巡幸天津，業經降旨將天津府屬及經過州縣，節年尾欠災緩各項，概行豁免；並將直隸通省未完尾欠銀穀等項，普予蠲除，用敷慶澤。連日蹕路所經，老幼扶攜，趨迎載道，其歡欣愛戴，實出至誠。且布衣絮襖，悉見整齊，即此恬熙景象，亦非僞飾。此皆數年來頻獲豐收。是以閭閻康阜，朕心實爲喜悦。著再加恩，將直隸通省自乾隆三十一年至三十三年因災緩帶徵銀十二萬四千九百餘兩、穀豆八千二百餘石、改折銀一千二百餘兩，普行蠲免。俾畿輔群黎，益臻饒裕，稱朕加惠無已之至意。該部遵諭速行。（高宗八五四、三）

（乾隆三五、一〇、壬辰）户部議覆：直隸總督楊廷璋疏稱，各州縣被災應行賑卹事宜。一、勘明被水、被雹村莊成災之武清、寶坻、寧河、香河、霸州、保定、文安、大城、固安、永清、東安、宛平、大興、涿州、順義、懷柔、密雲、清苑、安肅、定興、新城、高陽、安州、望都、容城、蠡縣、雄縣、祁州、新安、天津、靜海、滄州、青縣、津軍廳、成安、曲周、廣平、大名、南樂、清豐、元城、萬全、龍門、定州、豐潤、玉田等四十六州縣廳，按成災分數，蠲免錢糧；並極次貧民自十一月起，分別給賑口糧。米糧由鄰近災輕及並不被災州縣內協撥，倘鄰境無米可撥，每米一石折銀一兩二錢。一、村莊離城窵遠，窮民領米維艱。飭各州縣將被災村莊離城數十里以外者，於適中地設廠，委員監賑；其各州縣撥運倉糧，應給腳價。一、被災貧士，照次貧例賑給，每米一石折銀一兩，令教官散給。一、屯居被災旗人、竈户，俱令辦災各委員及地方官會同場員，查明户口，分別一體賑卹，本管道府廳州總理稽查。一、查災監賑委員，除正印外，其佐雜、教官、試用等官并書役等，應給盤費飯食及造册紙張銀兩。一、被災各屬涸出地畝，借給麥種秔種穀石，並勘不成災村莊農民缺乏口糧，請分別借給。均於來歲秋收後免息追還；至明歲停賑後青黃不接時，貧民糶食維艱，應照歉收例，酌動倉穀平糶。一、各屬錢糧業經普蠲；其例不普蠲之屯糧並房租，新墾地畝及勘不成災地畝應徵屯糧等項，並節年舊欠錢糧、民借米穀，分別停徵、帶徵。一、入官存退餘絶等項地畝及公産井田香燈地租，請照民地例緩徵。一、窮民廬舍被衝及淹浸坍塌者，請給貲苫蓋，每瓦房一間給銀一兩，土草房五錢。一、霸州被災官圍營田，應解易州供應陵糈米石，應俟來年稻穀豐收，通融補解；其佃民歸入該州一體給賑。均應如所請。從之。（高宗八七一、七）

（乾隆三六、一）是月，直隸總督楊廷璋奏，武清縣范甕口新墾地三十八頃九十四畝零，原由蔴葦改植禾稼，其租供用酬神祭祀及河防一切公務。惟上年夏秋水旱各災統計八分，因此項租銀不入奏銷，未與民糧同入蠲緩。但既被災無收，應請與民糧同蠲十分之四，蠲餘秋後帶徵。至河防公務，仍有節存之項足資需用。報聞。（高宗八七七、一五）

（乾隆三六、二、丙子）諭：朕恭奉皇太后安輿巡幸山東，道經畿甸，值此方春舉趾之際，首塗所及，宜沛恩膏。著將直隸所過州縣本年應徵額賦，蠲免十分之三。該督楊廷璋率屬妥辦，俾小民均霑實惠。(高宗八七八、四)

（乾隆三六、二、辛巳）又諭：朕恭奉安輿巡幸山東，連日經行畿輔，童叟歡迎，足徵愛戴。因念去歲夏間，天津等處雨水過多，被災較重，雖經疊降諭旨，蠲賑頻加，所見茅簷景象，頗為恬適。第災歉之餘，元氣未能驟復，自宜再沛渥恩，期臻康阜。所有天津府屬乾隆三十三年以前地糧倉穀各民欠，已於上年豁免；著再將滄州、青縣、靜海、鹽山、慶雲五州縣三十四年因災借欠穀三萬八千六百餘石，及天津縣三十四年常借未完穀三千六百九十餘石，概行蠲免。至經由之東安、交河、景州、東光四州縣，所有未完二十二年至三十四年因災借欠穀三萬八千三百餘石，及災重加賑之寶坻、寧河、永清、霸州、薊州五州縣未完二十五年至三十四年因災借欠穀一萬八千七百餘石，亦著全行蠲免。其順天府屬之武清一縣，被災尤重，該縣向無積欠，未能一體霑恩。前已降旨，將經過各州縣蠲免本年地丁十分之三；著加恩將武清一縣蠲免十分之五，用均愷澤。俾閭閻共資樂利，以副朕行慶宣恩之至意。該部即遵諭行。(高宗八七八、一二)

（乾隆三六、四、庚寅）諭：戶部奏，據楊廷璋咨，大興等州縣應免錢糧十分之三，武清一縣應免錢糧十分之五，請照通縣額徵之數覈計予蠲。部議仍令照向例，查明御道兩旁，分別里數，不得通行蠲免等語，固屬按例議駁。惟是今春巡幸山左，清蹕所經，恩膏廣沛，所有畿輔節年逋賦，概予蠲除。獨武清一縣並無積欠可免，具見民俗淳良；而該縣去歲被災又較他處為重，豈宜轉令向隅。是以特免十分之五，於卹災之中兼寓旌淑之意，原與尋常經過地方不同。若照向例，止就御道兩旁、計里按分，閭閻尚不能普霑渥澤。著加恩將武清縣應蠲十分之五，照本年額徵數目覈計，用示優卹。該督仍董率所屬，善為經理，務使群黎均叨實惠。(高宗八八三、六)

（乾隆三六、七、戊申）諭：朕每年巡幸木蘭，所有經過州縣地方，例免本年錢糧十分之三。今歲雨水較大，著加恩蠲免十分之五。其有被水成災者，仍著該督據實查明，照例撫卹，務俾閭閻均霑實惠。該部即遵諭行。(高宗八八八、二三)

（乾隆三七、二、己卯）諭：直隸省上年瀕河州縣，間被偏災，當即降旨發帑出粟，多方賑卹。今歲新正，復將宛平等二十四州縣，加恩展賑一月，俾災黎口食有資接濟。今省視近郊，目覩村墟寧謐，雖不至於失所，第念被災較重八分以上之各州縣，其中毗連地畝勘不成災者，格於成例，不得同霑愷澤。朕思災歉州縣，既在八分以上，其不成災村莊，雖屬有收，而左右前後閭里緩急相通，事所必有，若照例徵輸，情形未免拮据。現在開徵屆期，著再加恩將宛平、良鄉、涿州、東安、永清、固安、霸州、文安、大城、通州、寶坻、香河、武清、新城、雄縣、天津、靜海、寧晉、保定、三河、薊州、寧河、豐潤、玉田等二十四州縣內勘不成災各戶應納錢糧，亦予緩至本年秋成後徵收，以紓民力。該部即遵諭行。（高宗九〇二、三〇）

（乾隆三七、三、戊戌）又諭：戶部奏駁周元理題，乾隆三十六年，霸州等六十七州縣廳被災，應蠲額徵民地糧銀，除扣上年被災補蠲分數外，其災重各屬，餘剩糧銀，不敷覈扣本年應蠲之數，請歸入下年補蠲，與例不符等語，自屬照例辦理。第念畿輔額河州縣，連年被水歉收，雖經賑卹頻施俾無失所，其被災較重各屬應免銀糧內，不敷扣蠲之數，若照成例不准遞年補蠲，民力仍不免拮据。著再加恩將霸州等六十七州縣廳上年因災蠲免錢糧，覈扣不敷補蠲之數，准其歸入本年應徵項下補蠲。此朕軫念畿氓、格外施恩之意。該督其轉飭所屬，悉心經理，務使閭閻均霑實惠。該部即遵諭行。（高宗九〇四、五）

（乾隆三七、五、丙申）豁免直隸滄州、南皮、交河、天津、青縣、故城、清河、東安、靜海、大興、宛平、東光、津軍廳、景州、吳橋等十五州縣廳節年民欠穀九萬七千四十石有奇。（高宗九〇八、四）

（乾隆三七、五、壬寅）蠲免直隸大興、宛平、東安、交河、景州、故城、吳橋、東光、天津、青縣、靜海、滄州、南皮、清河、津軍廳等十五州縣廳乾隆三十六年分額賦有差。（高宗九〇八、一四）

（乾隆三七、五、己未）諭：朕此次巡幸木蘭，所有經過州縣地方，著加恩蠲免本年錢糧十分之三。（高宗九〇九、一八）

（乾隆三七、八、丁卯）諭：上年直隸秋雨過多，宛平等二十四州縣被災較重。節經降旨分別蠲賑，並將蠲剩錢糧，分年帶徵；即此二十四州縣內之毗連災地應徵錢糧，亦格外加恩緩至秋後徵收。今歲畿輔自春夏以來，雨暘時若，麥收既獲豐登，秋稼並致大有，實爲數年來所僅見。茲將屆開徵節年緩帶銀米，閭閻自皆踴躍輸將。但念昨歲災地貧民，元氣初復，宜益加培養，以冀盈寧。所有乾隆三十三、四、五等年帶徵錢糧，數尚有限，自可按例輸納，至三十六年緩徵錢糧，爲數稍多，若令新舊同時並徵，恐民力尚未免拮据，朕心深爲軫念。著再加恩將宛平、良鄉、涿州、東安、永清、固安、霸州、文安、大城、通州、寶坻、香河、武清、新城、雄縣、天津、靜海、寧晉、保定、三河、薊州、寧河、豐潤、玉田等二十四州縣被災蠲剩及毗連災地處所應行緩徵三十六年分銀兩穀豆，概緩至來年麥熟后，再行啓徵。俾小民生計，益臻寬裕，以副朕愛養優卹之至意。該部即遵諭行。（高宗九一四、八）

（**乾隆三八、三、戊戌**）諭：前因永定、北運二河工程，關係民生，特命重臣會勘，大發帑金，剋期修築。經周元理奏請省視其成，以慰臣民望幸。因諏吉恭奉皇太后安輿，巡幸天津，順途周覽，仍復指示機宜，期使共資利賴。業於啓鑾日降旨，將經過地方及天津闔府屬本年應徵錢糧，蠲免十分之三，用敷闓澤。昨歲畿輔普慶豐登，閭閻藉以康阜，今蹕路所經，見小民扶老攜幼，夾道歡迎，足徵飽暖恬熙景象。惟是元氣初復之時，更宜培養。而各州縣尚有節年緩帶未完欠項，例應次第催徵，民力仍恐不能充裕。著再加恩將沿途經由之宛平、大興、良鄉、房山、涿州、淶水、易州、定興、容城、新城、雄縣、任邱、霸州、保定、文安、大城、武清、東安、永清、固安等二十州縣未完乾隆三十三、四、五、六等年緩帶民欠銀三萬五千五百二十七兩零，穀、豆三十四石四升；天津府屬州縣共未完乾隆三十四、五、六等年緩帶地糧銀六萬八百九十二兩零，本色屯糧穀並米、豆合穀一萬六千一百七十五石七斗五升零，普行蠲免。俾郊甸海濱黎庶，永免追呼，益臻樂利，稱朕行慶觀民、加惠無已之至意。該部即遵諭行。（高宗九二八、一三）

（**乾隆三八、三、己亥**）諭：朕此次展謁泰陵，順道畿南，恭奉慈輿，臨涖天津，閱視永定、北運二河修築各工。業經降旨將沿途經過地方及天津闔府屬蠲免本年正賦十分之三，並將各該州縣所有節年緩帶尾欠，併予豁除，以敷闓澤。至直省各屬，昨歲頗獲豐收，比户共安樂利，原無庸再沛恩膏；第際此省方行慶，鑾輅未經之處，小民跂望同殷，自宜並廣恩施，期閭閻倍臻饒裕。著再加恩將直隸通省各州縣未完乾隆三十三、四、五等年緩帶並民欠地糧銀一萬六千二百七十九兩零、本色穀豆糧五千九百三石九斗零、又改折銀二千五百一十五兩零，概予蠲免。俾億兆共沐豐施，益阜盈寧之慶。該部即遵諭行。（高宗九二八、一六）

（**乾隆三八、三、己酉**）又諭：朕此次巡幸津淀，閱視永定、北運河工，蹕路所經，見村民溫飽恬熙，足爲欣慰。而幸值豐餘，更宜爲之培養元氣。業將沿途經過之宛平等二十州縣及天津闔府屬未完節年緩帶民欠銀米豆穀，概予蠲免，以昭愷澤。但念乾隆三十六年被災最重者二十四州縣，其宛平等十五州縣積欠，已在經過普免之例；惟通州、寶坻、三河、香河、薊州、寧河、豐潤、玉田、寧晉等九州縣非鑾輅經行所及，僅免三十五年以前，而其地多有與經過各州縣界址毗連者，此徵彼免，小民尚未免向隅。著再加恩將此九州縣三十六年分未完緩帮地糧一萬五千六百六十兩三錢、本色豆四百八十一石九斗九合，亦一併蠲免。俾前此積疲編户，均沐恩膏，以昭省方行慶渥澤普覃至意。該部即遵諭行。（高宗九二九、一〇）

（**乾隆三八、五、丙寅**）諭：朕此次巡幸木蘭，所有經過州縣地方，著加恩蠲免本年錢糧十分之三。（高宗九三四、九）

（**乾隆三八、一一、壬午**）緩徵直隸天津、青縣、靜海、武清四縣本年水淹地畝額賦。（高宗九四七、二二）

（**乾隆三九、五、庚申**）諭軍機大臣等：據周元理奏，直屬自四月下旬以來，雨澤稀少，二麥收成不無歉薄。請查明糧價較昂之州縣，俱准將倉糧照例減糶；並查明實在貧乏、必須續借種糧各户，不論有無積欠，俱准續借，俟秋收免息還倉等語。自當如此籌辦。至所稱現屆漕船北上抵通，或應於天津北倉酌量截留米石，以爲儲備之處，此時未免太早。向來直屬間遇偏災，須截留漕米以備賑濟者，俱在夏秋之交；今甫交仲夏，雖待澤甚殷，若即得有透雨，大田仍可望豐收，似不必急於籌辦截漕之事，轉涉張皇。惟是現在直屬雨少地方，二麥收成，恐不無稍歉，現已明降諭旨，交該督確查奏辦。著傳諭周元理即速確查所屬州縣，其麥收尚稔者，無庸查辦外，所有春夏雨澤稀少，麥收歉薄之區，即遵旨一面緩徵，一面奏聞。尋奏：查各屬二麥實收分數，惟順天、保定、河間、天津、正定、易州、冀州、深州、趙州等處收成稍歉，請俟秋收以後、九十月內開徵，以紓民力。得旨：如所議行。（高宗九五八、一三）

（**乾隆三九、五、戊辰**）諭：此次巡幸木蘭，沿途經過地方，所有本年地丁錢糧，著加恩蠲免十分之三。（高宗九五九、一）

（**乾隆三九、一一、庚申**）賑卹直隸霸州、文安、大城、寧河、獻縣、交河、東光、天津、青縣、靜海、滄州、南皮、鹽山、慶雲、武強、河間、阜城、肅寧、景州等二十州縣本年被旱災民，並蠲緩額賦有差。（高宗九七〇、二三）

（**乾隆四〇、三、辛亥**）又諭：上年順天、河間、天津等屬，偶被偏災，其勘明成災之霸州、文安、大城、寧河、天津、青縣、靜海、滄州、南皮、鹽山、慶雲、獻縣、交河、東光、武強、武邑十六州縣及毗連災地之景州、河間、肅寧、阜城四州縣，所有乾隆三十九年分應徵錢糧，已照例緩至今年麥熟後開徵。今歲春雪優霑，二麥自可望豐稔。但昨秋歉收之地，雖有麥熟接擠，未必能俯仰裕如，即毗連災地之區，亦當使之稍有寬餘，以備貧家緩急。著加恩將此二十州縣，無論成災及毗連災地應徵上年錢糧，概緩至本年秋成后徵收，俾得從容完納，閭閻生計益紓，以副朕惠愛畿民至意。該部即遵諭行。（高宗九七八、四）

（**乾隆四〇、五、庚戌**）蠲免直隸霸州、保定、文安、大城、寧河、河間、獻縣、阜城、肅寧、交河、景州、東光、天津、青縣、靜海、滄州、南皮、鹽山、慶雲、天津府同知、冀州、武邑、衡水、武強、安平等二十五州廳縣乾隆三十九年旱災額賦。（高宗九八二、五）

（**乾隆四〇、五、壬申**）諭：此次巡幸木蘭，所有經過沿途地方本年地丁錢糧，著蠲免十分之三。（高宗九八三、一七）

（**乾隆四一、二、辛亥**）諭：朕因平定兩金川，祗謁兩陵禮成，恭奉皇太后巡幸山東，告成闕里。所有沿途經過地方，著加恩蠲免本年錢糧十分之三。（高宗一〇〇二、二二）

（**乾隆四一、二、己巳**）諭：朕因武功告定，展謁兩陵，禮成後，恭奉聖母慈駕，巡幸山東，延禧岱嶽，並親詣闕里告功。蹕路所經，宜施渥澤。業於啓鑾日降旨，蠲免本年正賦十分之三。著再加恩將通州、三河、薊州、大興、天津、津軍廳、青縣、滄州、靜海、南皮、交河、東光、景州等十三州縣廳未完乾隆三十八、九兩年緩帶各項地糧共銀六萬六千四十四兩零、屯糧米穀豆五千四百二石零，及大興、宛平三河、涿州、良鄉、武清、東安、天津、青縣、靜海、滄州、南皮、交河、東光、景州等十五州縣未完乾隆三十五、七、八、九等年因災出借常平穀三萬一千六百一十七石零、米四萬七千七百八十四石零、麥五千九百五十石零，又交河、滄州未完乾隆三十五、七、九等年災借屯穀一千二百四十一石零、米一百一十石零，普行蠲免。該督其董率所屬，實心妥辦，以副朕嘉惠畿民至意。該部遵諭速行。（高宗一〇〇三、三五）

（**乾隆四一、二、己巳**）又諭：前歲調派八旗勁旅及吉林、黑龍江、索倫等精銳，進勦金川，直隸為首先經行之地，曾予緩徵；茲大功告成，凱旋在邇，允宜特沛恩施，用敷慶澤。除大興、宛平、良鄉等縣業於蹕路經由諭旨內加恩，所有清苑、永平、磁州、趙州、柏鄉、定州等六州縣，未完乾隆三十八、九兩年軍行緩徵，併因災緩帶地糧銀三萬九千五百六十四兩零；又清苑、滿城、定興、望都、樂城、趙州、定州等七州縣未完乾隆三十五、六、七、九等年因災出借常平穀三千七百九十石零、米三千二百九十石零，一併加恩蠲免，以示優卹。該部即遵諭行。（高宗一〇〇三、三六）

（**乾隆四一、二、庚午**）諭：本年新正，曾將畿南一帶昨歲被潦州縣、分別予以展賑，用普春祺。茲當金川全境蕩平，巡幸山左，凡鑾輅所經之地，現已普被恩膏；其災區之不值蹕途者，亦堪軫念。著加恩將霸州、保定、文安、大城、永清、河間、獻縣、武邑、衡水、寧晉、武強、安平等十二州縣未完乾隆三十九年因災緩帶地糧銀八萬六千七百四十五兩零、屯米二百四十八石零，又霸州、保定、文安、大城、永清、新安、安州、固安、蠡縣、河間、獻縣、任邱、晉州、玉田、武邑、衡水、隆平、寧晉、深州、安平等三十州縣未完乾隆三十三、四、五、六、七、八、九等年因災出借常平穀二萬八十九石零、米二萬八千七百七十二石零、麥五千八百七十四石零，又霸州、固安、河間三州縣未完乾隆三十九年因災出借井田屯穀二百九十一石零、米一千四百五十七石零，概行蠲免，以示慶成施惠至意。該部即遵諭行。（高宗一○三、三九）

（乾隆四一、四、癸丑）蠲免直隸霸州、保定、文安、大城、固安、永清、東安、武清、寶坻、薊州、寧河、香河、大興、宛平、順義、清苑、安肅、新城、博野、望都、容城、蠡縣、雄縣、祁州、安州、高陽、新安、河間、獻縣、任邱、天津、青縣、靜海、津軍廳、正定、晉州、無極、藁城、新樂、雞澤、大名、元城、玉田、武邑、衡水、趙州、隆平、寧晉、深州、武強、安平、定州等五十二州、縣、廳乾隆四十年水災額賦有差。（高宗一○六、二二）

（乾隆四一、五、癸未）諭：此次巡幸木蘭，所有經過地方，著加恩蠲免本年地丁錢糧十分之三。該部即遵諭行。（高宗一○八、二四）

（乾隆四二、四、己酉）諭：現在恭奉孝聖憲皇后梓宮詣泰東陵安奉，宜加渥澤，用廣慈恩。著將沿途經過地方本年地丁錢糧，蠲免十分之五；易州蠲免十分之七。該部遵諭速行。（高宗一○三○、二○）

（乾隆四二、五、壬申）蠲免直隸清苑、滿城、定興、望都、樂城、永年、磁州、趙州、柏鄉、定州十州縣乾隆三十三年至三十九年分，軍行緩徵、災緩、災貸銀三萬九千二百七十兩有奇，穀三千七百八十石有奇、米三千三百九十石有奇。（高宗一○三二、一七）

（乾隆四二、五、戊子）蠲免直隸大興、宛平、通州、三河、薊州、良鄉、房山、淶水、易州、東安、武清、天津、靜海、青縣、滄州、南皮、交河、東光、吳橋、景州、故城、清河、津軍廳二十三廳州縣額賦有差。（高宗一○三三、一三）

（乾隆四二、九、丙寅）直隸總督周元理奏：永年、磁州、廣平、曲周、肥鄉、成安、大名、元城等八州縣，夏秋得雨未勻，晚禾間有歉收。所有本年應徵新舊錢糧及春借倉穀，請緩至來年麥熟後徵收；其實在貧乏之戶，仍酌借麥種口糧，以資耕作。得旨：允行。（高宗一〇四〇、六）

（乾隆四三、一、己卯）諭：朕此次恭謁泰陵、泰東陵，及三月清明節恭詣祭謁，所有沿途經過地方，著加恩蠲免本年地丁錢糧十分之三。（高宗一〇四九、九）

（乾隆四三、五、甲子）諭：直隸順德、廣平、大名三府屬與河南接壤，因上年雨澤稀少，所種秋麥無多，本年春膏亦未深透。雖直隸本年輪蠲錢糧，閭閻可免追呼，但該府屬上年尚有應徵緩徵錢糧，前已降旨緩至秋收後徵收。第念歉收各處，日食稍艱，若於秋收後即令輸將，未免尚形竭蹶。著再加恩，將三府屬所有帶徵錢糧，概行緩至來歲麥熟後徵收，以紓民力。該部即遵諭行。（高宗一〇五六、一一）

（乾隆四三、九）是月，直隸總督周元理奏：天津、青縣、靜海、滄州、元城、大名六州縣村莊，間有被淹；又宣化、萬全、赤城、西寧、龍門、懷安六縣因節氣較早，亦有被霜之處。請將出借倉穀及應徵屯糧米豆，均緩至明年麥後徵還。報聞。（高宗一〇六九、四三）

（乾隆四四、五、乙未）諭：朕此次巡幸木蘭，所有經過沿途各州縣，著加恩蠲免本年地丁錢糧十分之三。該部即遵諭行。（高宗一〇八二、三三）

（乾隆四五、一、壬辰）諭：朕清蹕時巡，道經畿輔，昨已特沛恩膏，將所過地方本年額賦，蠲免十分之三。直省昨歲豐稔，民氣恬熙，朕心深爲欣慰。第念該省尚有積年欠項，皆因從前被災較重時出借，今若按例催科，民力恐不無拮据。著再加恩將順德、廣平、大名、天津四府屬所有節年因災出借常平倉穀八萬四千八百餘石、折色銀九萬八千七百餘兩、屯糧豆穀一千二百四十三石零，概予豁免。該督其實力稽察，妥協辦理，俾閭閻均霑實惠。該部即遵諭行。（高宗一〇九八、一九）

（乾隆四五、五、己亥）諭：朕此次前往熱河，所有經過地方，著蠲免本年地丁錢糧十分之三。（高宗一一〇七、八）

（乾隆四五、八、甲戌）諭：朕此次恭謁兩陵，所有沿途經過地方，著加恩蠲免本年地丁錢糧十分之三。（高宗一一一三、一七）

（乾隆四五、一〇、壬戌）蠲免直隸霸州、保定、文安、大城、涿州、房山、良鄉、固安、永清、東安、香河、宛平、大興、昌平、順義、懷柔、密雲、平谷、通州、三河、武清、寶坻、薊州、寧河、遷安、清苑、安肅、定興、新城、望都、蠡縣、雄縣、安州、高陽、新安、河間、獻縣、肅寧、任邱、交河、天津、青縣、靜海、滄州、津軍廳、南和、任縣、永年、邯鄲、成安、曲周、廣平、雞澤、磁州、延慶、保安、蔚州、懷來、獨石口廳、豐潤、玉田、易州、武強六十三州縣本年被水災田額賦。（高宗一一一七、一）

（乾隆四六、二、丙寅）諭：朕此次巡幸五臺，經過直隸地方，已加恩蠲免本年錢糧十分之三。惟念順天、保定等府州屬，尚有四十五年以前因災出借穀米麥石及節年因災緩徵帶徵地糧銀兩，各該處上年夏秋雨水稍多，收成不無歉薄，雖屢經賑卹，民氣已紓，但若將舊欠銀米，一律徵納，未免尚形拮据。著再加恩，將順天、保定、河間、天津、廣平、大名、宣化、冀州等府州屬未完四十五年以前節年因災出借穀四萬七千九十石零、米三萬四千七石零、麥三千四百四石零，又順天、保定、天津、廣平、宣化、遵化等府州屬四十二年以前節年未完因災緩徵帶徵地糧起存銀五萬一千八百二兩零，概行蠲免，用示朕軫卹群黎、渥沛春祺之至意。該部遵諭速行。（高宗一一二五、一四）

（乾隆四六、四、辛酉）蠲免直隸霸州、保定、文安、大城、涿州、房山、良鄉、固安、永清、東安、香河、宛平、大興、昌平、順義、懷柔、密雲、平谷、通州、三河、武清、寶坻、薊州、寧河、清苑、新城、雄縣、蠡縣、安州、高陽、新安、河間、獻縣、任邱、交河、天津、青縣、靜海、滄州、津軍廳、南和、任縣、永年、邯鄲、曲周、雞澤、磁州、蔚州、豐潤、玉田五十廳州縣乾隆四十五年水災民地官地額銀十五萬六千二百一十七兩有奇、糧一千五百二十石有奇，並豁除積欠倉糧一十六萬五千七百二十七石有奇。（高宗一一二九、一一）

（乾隆四六、閏五、庚戌）諭：朕此次巡幸木蘭，駐蹕熱河，所有經過地方，著加恩蠲免本年錢糧十分之三。該部即遵諭行。（高宗一一三二、一二）

（乾隆四七、三、庚子）又諭：朕此次巡幸盤山，所有經過地方，著加恩蠲免本年地丁錢糧十分之三。（高宗一一五二、二）

（乾隆四七、三、癸亥）蠲直隸天津、青縣、靜海、滄州、鹽山、慶雲、津軍廳、東明、長垣等九州縣廳乾隆四十六年被水災民額賦。（高宗一一五三、一四）

（乾隆四七、五、戊申）諭：朕此次巡幸木蘭，駐蹕熱河，所有經過地方，著加恩蠲免本年錢糧十分之三。該部即遵諭行。（高宗一一五六、二四）

（乾隆四八、一、庚戌）諭：據英廉奏，查辦直隸節年未完耗羨項內，尚有實欠在民銀三萬二千七百七十一兩零，皆因正銀蠲免，耗羨帶徵，間有零星小戶拖欠尾零所致等語。此項未完耗羨，既經查明實欠在民，著加恩即行蠲免。仍飭該督嚴飭該管道府留心查察，毋致官吏等私徵侵漁滋弊。閭閻均霑惠澤，以普春祺。該部即遵諭行。(高宗一一七三、五)

(乾隆四八、二、辛未) 諭：朕此次恭謁泰陵，所有經過地方，著加恩蠲免本年地丁錢糧十分之三。該部即遵諭行。(高宗一一七四、二〇)

(乾隆四八、五、甲寅) 諭：朕此次啓鑾前往熱河，所有經過地方，著加恩蠲免本年地丁錢糧十分之三。(高宗一一八一、九)

(乾隆四九、一、戊申) 又諭：朕清蹕時巡，道經畿輔，昨已特沛恩膏，將所過地方本年額賦，蠲免十分之三。第念該省尚有積年欠項，皆因從前偶被偏災較重地方，隨時出借，今若按限催科，民力恐不無拮据。著再加恩將順天、保定、河間、天津、正定、順德、廣平、大名、宣化、遵化、趙州、深州等十二府州屬未完積年因災出借倉穀，一十五萬五千二百四十石，概予豁免。該督其實力稽查，妥協辦理，俾閭閻均霑實惠。該部即遵諭行。(高宗一一九七、六)

(乾隆四九、四、丙戌) 蠲免直隸宛平、房山、良鄉、易州、深水等五州縣乾隆四十八年分額賦有差。(高宗一二〇四、六)

(乾隆四九、四、乙巳) 諭：昨因河南衛輝一帶，缺少雨澤，特降諭旨將汲縣、新鄉等十六縣乾隆四十八年分民欠未完銀兩，全行豁免。因思直隸大名一帶，與衛輝境壤毗連，本年春雨愆期，被旱情形，與衛輝大約相似，自應一例加恩，以紓民力。所有大名府屬之大名、南樂、清豐、東明、開州、長垣、元城七州縣乾隆四十八年分民欠未完銀兩，亦著加恩全行豁免。該督務率屬妥辦，俾閭閻均霑實惠，以副朕軫念黎元之至意。該部即遵諭行。(高宗一二〇五、一〇)

(乾隆四九、五、壬戌) 諭：朕此次巡幸木蘭，駐蹕熱河，所有經過地方，著加恩蠲免本年地丁錢糧十分之三。(高宗一二〇六、二〇)

(乾隆五〇、三、壬子) 諭曰：朕此次巡幸盤山，所有沿途經過地方，本年應徵地丁錢糧，著加恩蠲免十分之三。(高宗一二二六、二)

(乾隆五〇、三、乙亥) 諭：直隸廣平、順德、大名三府屬，與豫省河北毗連，上年冬間缺少雪澤，今春亦未得有透雨，河間府屬之景州、交河等州縣，秋冬以來雨澤稍疏，麥收恐不免歉薄，此時即得甘膏播種大田，西成尚早，若令將新舊錢糧照常輸納，小民未免拮据，所有廣平、順德、大名三府屬各州縣，並河間府屬之景州、交河、阜城、獻縣、河間、肅寧、寧津、故城等州縣，著加恩將乾隆五十年應完錢糧，並四十九年未完錢糧及一切帶徵錢糧倉穀等項，俱緩至本年秋後徵收，用紓民力。其景州等州縣，並著即行減價出糶,以平市價。該督務須董率所屬實力妥辦,使一體均霑渥澤,以副朕軫念民依有加無已之至意。該部即遵諭行。(高宗一二二七、一七)

(**乾隆五○、五、丙寅**)諭:朕此次巡幸木蘭,駐蹕熱河,所有經過地方,著加恩蠲免本年地丁錢糧十分之三。(高宗一二三一、六)

(**乾隆五○、一○、庚子**)賑卹直隸平鄉、廣宗、藁城、開州、元城、大名、南樂、清豐、東明、長垣、冀州、衡水、新河、趙州、隆平、寧晉等十六州縣本年水旱災貧民,並予緩徵。(高宗一二四一、一三)

(**乾隆五一、一、壬子**)諭:上年直隸大名、順德等府屬,雨澤愆期,被旱成災;又正定、冀州等州縣,因滹沱等河上游盛漲,田禾間有被淹之處;業經降旨,令該督分別蠲緩賑借,實力撫卹,俾無失所。第念春耕肇始,佈種翻犁,民力不無拮据。著再加恩將被旱成災之大名、元城、開州、清豐、南樂、東明、長垣、平鄉、廣宗,並被水之冀州、藁城、衡水、新河、趙州、隆平、寧晉等十六州縣內之有地無力貧民,著該督按戶計畝,借給籽種,並著查明借給一月口糧,俾資耕作。其勘不成災之正定、晉州、清苑、安州、望都、蠡縣、高陽等七州縣,以及成災五分以下各村莊,有需酌借籽種口糧者,一併察看情形,分別辦理。至成災州縣內之無地無力乏食貧民,於停賑後三月間,再行摘賑一個月,以資生計。所有本年應徵新舊錢糧倉穀,俱緩至秋後開徵,以紓民力。(高宗一二四六、一○)

(**乾隆五一、二、丁酉**)諭:此次恭謁西陵、巡幸五臺,經過直隸地方,已加恩蠲免本年地丁錢糧十分之三。惟念直省順德、廣平、大名三府,與豫省衛輝、彰德等府屬境壤毗連,上年俱被有旱災。衛輝等府屬業經節次降旨蠲賑頻施,今直省順德、廣平、大名雖屢經賑卹,民力稍紓,但尚有上年被旱、因災出借銀米,若仍令一併帶徵,小民輸將未免尚形拮据。著再加恩將順德、廣平、大名三府屬乾隆五十年分因災出借米七萬六千八百八十餘石、折色銀二十二萬一百餘兩,概行豁免,用示朕一視同仁、有加無已至意。該部即遵諭行。(高宗一二四九、一六)

(**乾隆五一、一○、丁巳**)戶部議覆:直隸總督劉峩疏稱,安州、高陽、肅寧、任邱四州縣秋禾成災五分,應照例蠲額賦十之一,餘各州縣村莊,應查明被災之處,照例緩徵。舊欠、舊借,統待明年麥秋後徵解,被災者准借籽種口糧。得旨:依議速行。(高宗一二六七、三)

(**乾隆五二、二、甲子**)諭:此次恭謁東陵,迴蹕便道巡幸盤山,所有沿途經過地方,本年應徵地丁錢糧,著加恩蠲免十分之三。(高宗一二七五、三五)

（乾隆五二、五、乙卯）諭：據劉峩奏，天津府屬之慶雲、鹽山二縣，得雨濡遲，大田雖已播種，尚未出土，民力未免拮据等語。慶雲、鹽山二縣，得雨較少，秋禾未能出土，際此青黄不接之時，若照例開徵，小民追於輸將，未免更形竭蹶。著加恩將該二縣應徵本年並節年新舊錢糧倉穀，一體緩至本年秋成後徵收，以紓民力。該部即遵諭行。（高宗一二七九、五）

（乾隆五二、四、癸亥）緩徵直隸安肅、望都、肅寧、宣化、萬全、懷安、西寧、良鄉、涿州、順義、景州、阜城、交河、獻縣、故城、寧津、冀州、棗強、永年、廣平、磁州、清河、大名、元城、開州、東明、長垣、清豐、南樂等二十九州縣連年旱災新舊額賦。（高宗一二七九、一八）

（乾隆五二、五、甲戌）諭：朕此次巡幸木蘭、駐蹕熱河，所有經過地方，著加恩蠲免本年地丁錢糧十分之三。（高宗一二八〇、一三）

（乾隆五二、一〇、辛酉）賑卹直隸保安、宣化、萬全、懷安、西寧、懷來、蔚州等七州縣本年旱災貧民，並分別蠲緩額賦。（高宗一二九一、四一）

（乾隆五三、一、庚午）諭：上年直隸宣化府屬各州縣，雨澤愆期，田禾被旱成災。節經降旨，令該督分別賑濟，毋使一夫失所。第念今春正賑已畢，青黄不接之時，民食不無拮据。著再加恩將保安、宣化、萬全、懷安、西寧、懷來、蔚州等七州縣成災七分以上之極次貧民，概行加賑一個月；並將本年應徵地糧暨節年應徵新舊錢糧倉穀，緩至本年秋後徵收，以紓民力。其被災六分以下及勘不成災地畝，仍著該督察看情形，酌借口糧籽種，以資接濟。該督務須督飭所屬，實力經理，俾災黎均霑愷澤，以副朕敷惠畿甸、用普春祺至意。該部即遵諭行。（高宗一二九六、一一）

（乾隆五三、二、辛亥）諭：朕此次巡幸天津，閱視河工，所有經過地方及天津閭府所屬，本年應徵錢糧，著蠲免十分之三。（高宗一二九九、二）

（乾隆五三、二、癸亥）諭：上年宣化府屬，雨澤愆期，偶被偏災，其民欠未完及緩徵帶徵銀糧，若令新舊同徵，民力未免拮据。所有該府屬五十年、五十一年分民欠未完及緩徵銀二千二百二十八兩零、糧八千二百五十二石零，並著加恩，一體蠲免，以廣朕軫念災黎，行慶施惠，有加無已至意。該部即遵諭行。（高宗一二九九、五）

（乾隆五三、二、辛酉）諭：朕此次巡幸天津，閱視河工，業於啓鑾日降旨，將經過地方及天津閭府屬本年應徵錢糧，蠲免十分之三。兹翠華臨蒞，小民扶老攜幼，夾道歡迎，愛戴之忱倍切，朕心深爲喜悦。著再加恩將天津府屬節年尾欠未完之緩徵帶徵銀五萬七百三十兩零、屯穀六千一百七十餘石、豆四百三十石零，普行蠲免。俾海濱蔀屋，益慶盈寧，共安樂利，以

示省方施惠之意。該部即遵諭行。（高宗一二九九、二〇）

（**乾隆五三、四、庚子**）諭：直隸順德、廣平、大名三府屬，近年屢因偏災，收成歉薄，所有應徵人丁等項銀兩，節經降旨緩徵，以紓民力。今春雨澤又缺少，二麥恐致歉收。現在正屆開徵之期，若將該府屬錢糧，新舊並徵，民力不無拮据。著再加恩，將順德、廣平、大名三府屬歷年因災緩徵帶徵地丁及借出各項未完銀兩，緩至秋成後分年帶徵。俾閭閻生計寬裕，以副朕軫念民依、有加無已至意。該部即遵諭行。（高宗一三〇二、一二）

（**乾隆五三、四、癸丑**）諭：據劉峩奏，順天等府屬四十九州縣，本年春夏以來，雨澤短缺，麥收歉薄，大田亦多未佈種，小民生計，不無竭蹶等語。本年順天等府屬，春膏稍缺，入夏後雨澤又未能一律普霑，二麥難望有收，大田亦多未種，若將新舊錢糧，同時並徵，民力未免拮据。所有順天府屬之大城、文安、保定、武清、寶坻、薊州，保定府屬之清苑、唐縣、博野、望都、完縣、祁州、束鹿、河間府屬之河間、任邱、獻縣、交河、阜城、景州、東光、吳橋、寧津、肅寧、故城，天津府屬之靜海、青縣、南皮、滄州、鹽山、慶雲，正定府屬之正定、井陘、新樂、行唐、晉州、無極、藁城、冀州併所屬之南宮、新河、棗強、趙州併所屬之隆平、寧晉、深州併所屬之武強、饒陽、定州併所屬之曲陽等四十九州縣，並宣化府屬之延慶、赤城、龍門三州縣，應徵節年新舊錢糧、倉穀旗租，及萬全等州縣上年因災賞借之口糧，俱著加恩，一體緩至秋成後，再行徵收。如並無節欠糧租者，准其將本年新糧一體緩徵。俾民間生計益資寬裕，以副朕軫念民依、有加無已至意。該部即遵諭行。（高宗一三〇三、一三）

（**乾隆五三、五、壬申**）蠲免直隸保安、宣化、萬全、懷安、西寧、懷來、蔚州七州縣乾隆五十二年水災民田旗地額賦有差。（高宗一三〇四、一三）

（**乾隆五三、五、庚辰**）諭：此次巡幸木蘭，駐蹕熱河，所有沿途經過地方，本年應徵地丁錢糧，著加恩蠲免十分之三。（高宗一三〇五、一三）

（**乾隆五三、一〇、己丑**）諭曰：劉峩奏，宣化府屬蔚州北門子等九十九村、西寧縣石寶莊四十村、懷安縣西陽河等十五村，於八月初旬，雨中帶雹，田禾間有折損，未能一律成熟等語。蔚州、西寧、懷安三州縣所屬村莊，田禾被雹受傷，雖係一邑中之一隅，不至成災，但念該處上年甫經受旱，今秋又復被雹，收成歉薄，若將新舊錢糧一例催徵，民力恐未免拮据。所有該三州縣被雹之一百五十四村莊，應徵新舊錢糧倉穀，俱著緩至次年麥熟後徵收，以紓民力。仍著該督酌量情形，借給口糧籽種，俾資接濟。該部遵諭即行。（高宗一三一四、二）

（乾隆五四、三、壬戌）直隸總督劉峩奏：順德、廣平、大名三府並宣化府屬保安等七州縣，前因被旱成災，一切新舊錢糧，分別蠲免帶徵。但災歉之後，民力未紓。請將順德等三府屬五十二、三兩年緩徵錢穀，宣化府屬五十二年賞借兩月口糧、並帶徵糧銀，俱緩至本年秋後徵收。得旨：著照所請行。該部知道。（高宗一三二四、八）

（乾隆五四、三、丁卯）諭：朕此次巡幸盤山，所有沿途經過地方，本年應徵地丁錢糧，著蠲免十分之三。（高宗一三二四、二五）

（乾隆五四、四、戊戌）又諭：據劉峩奏，保定府屬清苑等三縣及河間府屬，均有節年未完緩徵糧銀等語。保定等府屬州縣，上年秋收雖尚豐稔，今春雨澤亦屬不缺，而應完緩徵之項，爲數較多，一時新舊並徵，民力究未免拮据。著加恩將保定府屬之清苑、安肅、蠡縣三縣，河間府屬之河間等十一州縣，五十一、二兩年未完緩徵地糧旗租，俱緩至五十四年秋間開徵。俾民力愈資寬裕，以副朕惠愛黎元、有加無已至意。該部即遵諭行。（高宗一三二六、二〇）

（乾隆五四、四、丙辰）豁免直隸宣化、萬全、懷安、西寧四縣乾隆五十三年旱災額賦。（高宗一三二七、三四）

（乾隆五四、閏五、庚寅）諭：朕此次巡幸木蘭，駐蹕熱河，所有沿途經過地方，本年應徵地丁錢糧，著加恩蠲免十分之三。（高宗一三三〇、六）

（乾隆五五、二、癸丑）蠲免直隸永清縣柳園隙地、武清縣葦地，乾隆五十四年分水災租賦，並緩徵蠲剩銀兩。（高宗一三四八、一一）

（乾隆五五、二、己未）諭：朕祗謁兩陵，巡幸山東，道經畿甸，當春行慶，首塗所及，宜沛恩膏。著將直隸經過州縣，本年應徵地丁錢糧，加恩蠲免十分之三。（高宗一三四八、一六）

（乾隆五五、二、辛未）諭：朕仰蒙昊眷，年屆八旬，已降旨將各省錢糧，普行蠲免。茲恭謁兩陵，巡幸山左，鑾輅經臨之處，童叟歡迎，情殷愛戴，允宜廣敷愷澤，普惠畿民。因念直隸各屬，節年因災緩徵錢糧，貧民無力完納，積欠甚多。著再加恩，將乾隆四十五年至五十三年未完地糧銀一百四十二萬八百六十八兩零、改折銀二萬一千九百三十兩零、屯糧四萬二千九百八十一石零、屯穀七百九十八石零、屯米三百十四石零，全行豁免，俾窮簷得免追呼，共安耕鑿，用副朕省方觀民、行慶施惠有加無已至意。該部即遵諭行。（高宗一三四九、八）

（乾隆五五、三、乙巳）蠲免直隸昌平、寶坻、雄縣、滄州、鹽山、豐潤、玉田等七州縣乾隆五十四年分水災旗地租銀。（高宗一三五一、三一）

（**乾隆五五、五、庚寅**）諭：朕此次駐蹕熱河，所有經過地方，著蠲免地丁錢糧十分之三。（高宗一三五四、一六）

（**乾隆五五、六、丁巳**）蠲免直隸霸州、保定、文安、大城、永清、東安、武清、香河、寧河、樂亭、清苑、滿城、安肅、望都、蠡縣、雄縣、祁州、安州、高陽、新安、河間、獻縣、阜城、肅寧、任邱、景州、天津、青縣、靜海、滄州、南皮、鹽山、津軍廳、正定、靈壽、藁城、新樂、肥鄉、曲周、廣平、磁州、元城、大名、豐潤、冀州、衡水、趙州、隆平、寧晉、深州、武強、饒陽、安平、定州等五十四廳州縣并各屬旗地乾隆五十四年分水災額賦。（高宗一三五六、一五）

（**乾隆五六、二、辛酉**）直隸總督梁肯堂奏：據永定河道詳報，勘明坐落永清柳園隙地五十五頃三畝有奇，被水四分，例不成災，應徵租銀，請照例緩至本年麥後徵收。又，坐落武清縣范甕口葦地三十八頃九十四畝有奇，成災八分，照例蠲免十分之四，其餘應徵租銀，請分年帶徵，以紓民力。報聞。（高宗一三七三、一）

（**乾隆五六、三、戊寅**）諭：朕此次巡幸盤山，所有沿途經過地方，本年應徵地丁錢糧，著蠲免十分之三。（高宗一三七四、八）

（**乾隆五六、五、乙未**）諭曰：朕此次巡幸木蘭，駐蹕熱河，所有經過地方，著蠲免地丁錢糧十分之三。（高宗一三七九、六）

（**乾隆五六、六、甲辰**）蠲免直隸霸州、保定、文安、大城、固安、永清、東安、大興、通州、武清、寶坻、薊州、香河、寧河、灤州、盧龍、昌黎、樂亭、清苑、新城、蠡縣、博野、雄縣、祁州、安州、高陽、新安、河間、獻縣、阜城、肅寧、任邱、交河、景州、故城、東光、寧津、天津、青縣、靜海、滄州、南皮、鹽山、慶雲、津軍廳、南和、平鄉、廣宗、鉅鹿、任縣、永年、邯鄲、成安、肥鄉、曲周、廣平、雞澤、威縣、清河、磁州、元城、豐潤、玉田、冀州、南宮、新河、棗強、武邑、衡水等六十九廳州縣上年水災額賦有差。（高宗一三八〇、二）

（**乾隆五六、六、庚午**）諭：據梁肯堂奏，順德府屬之任縣大陸澤，因上年雨水過多，諸河並漲，田禾被淹，收成歉薄，所有應徵地畝，請減半徵收等語。大陸澤召墾地畝，上年被水歉收，既據該督勘明屬實，自應照文安大窪之例，酌減糧租，所有乾隆五十五年該處應徵租銀三千六百七十餘兩，著加恩減半徵收，以紓民力。該督務須飭屬妥辦，俾小民得霑實惠。該部即遵諭行。（高宗一三八一、一三）

（**乾隆五六、七、丁酉**）又諭：據梁肯堂等奏，查勘順德府屬邢臺、內邱等縣，今夏得雨稍遲，早禾未能暢發等語。邢臺、內邱等縣本年入伏以來，未經得有透雨，收成未免歉薄，其應徵錢糧，若今小民一律輸將，民力恐不無拮据。所有順德府屬之邢臺、內邱、沙河、鉅鹿、任縣、南和、平鄉、唐山等八縣，本年應徵未完錢糧，著加恩緩至來歲麥熟後徵收，俾閭閻生計，益資寬裕，以示朕軫念窮簷，優加體卹至意。該部即遵諭行。(高宗一三八三、二四)

(**乾隆五六、九、丙戌**) 又諭曰：梁肯堂奏，順德、廣平等府屬十一州縣，本年因七月下旬，雨澤未能深透，收成稍有歉薄等語。本年順德府屬之邢臺等八縣，雨澤愆期，秋禾未能暢發，收成較歉。所有應徵本年錢糧，業經降旨緩至來歲麥收後開徵。茲據梁肯堂奏，順德府屬廣宗及廣平府屬之磁州等各州縣，秋禾實收止五六分，雖勘不成災，民力未免拮据。著加恩將廣宗、磁州、永年、邯鄲、成安、肥鄉、曲周、廣平、雞澤、威縣、清河等十一州縣應徵本年未完錢糧，概行緩至明年麥熟後徵收，俾閭閻益臻寬裕，以示朕施惠窮黎、有加無已至意。(高宗一三八六、二八)

(**乾隆五七、三、癸未**) 諭：朕此次恭謁西陵，巡幸五臺，經過直隸地方，已加恩蠲免本年地丁錢糧十分之三；惟念經過各州縣尚有節年因災出借米穀各項，若仍令一併帶徵，小民輸將未免拮据。著再加恩將大興、安肅、新樂、正定、定州、望都、清宛、新城等八州縣未完節年因災出借米麥穀三萬四千五百五十四石零，概行豁免，用示朕惠愛黎元，有加無已至意。該部即遵諭行。(高宗一三九八、二〇)

(**乾隆五七、四、丁巳**) 諭曰：梁肯堂奏，順德、廣平、大名三府屬，并順德毗連之趙州及所屬各州縣，本年入春以後，雨澤缺少，二麥難冀有收，民力不無拮据。請將邢臺等一十九州縣，元城等一十三州縣，本年節年應徵新舊錢糧倉穀分別緩徵等語。前因該省順德、廣平、大名三府屬，自三月以來，并未得有雨澤，麥收不無歉薄，業經先期降旨，諭令梁肯堂、劉秉恬于南糧漕船內，截留漕米三十萬石，以備該三府接濟之需。茲據該督奏到被旱情形，朕心深爲厪念，著再加恩將順德府屬之邢臺、沙河、南和、平鄉、廣宗、鉅鹿、唐山、內邱、任縣、廣平府屬之永年、邯鄲、成安、肥鄉、曲周、廣平、雞澤、威縣、清河、磁州等一十九州縣，本年應徵倉穀，同節年未完錢糧倉穀，及大名府屬之元城、大名、南樂、清豐、開州、東明、長垣、趙州並所屬之柏鄉、隆平、高邑、臨城、寧晉一十三州縣，本年節年應徵新舊倉穀錢糧等項，一併緩至本年秋后徵收，以紓民力。該督務須實力查察，毋任吏胥滋弊，以副朕軫卹民隱至意。該部即遵諭行。(高宗一

四〇一、七)

（乾隆五七、閏四、庚辰）諭：前因直隸順德、大名、廣平三府屬，雨澤愆期，業經截留漕糧三十萬石，並將新舊錢糧，概予緩徵。其保定以北各州縣，亦未得透雨，應否緩徵平糶之處，降旨詢問梁肯堂。茲據復奏該處各州縣久未得雨，或得雨未透，麥收未能豐稔等語。近畿一帶，上年秋成雖在八分以上，且現經該督飭屬，將倉儲穀石，分別借糶，民食自不至缺乏。但麥收既屬歉薄，若照例將新舊錢糧倉穀，同時併徵，民力究未免拮据。所有保定府屬之清苑、滿城、安肅、定興、新城、容城、安州、束鹿、雄縣，順天府屬之宛平、大興、霸州、東安、大城、保定、文安、涿州、良鄉、固安、永清、香河、昌平、順義、懷柔、密雲、平谷、通州、三河、武清、寶坻、薊州、寧河，河間府屬之獻縣、景州、故城、吳橋、交河、易州併所屬之淶水、廣昌等四十州縣，應徵本年節年倉穀錢糧，均著加恩緩至本年秋成後再行啓徵，俾民力益紓，以副朕軫念閭閻有加無已至意。該部遵諭即行。(高宗一四〇二、二一)

（乾隆五七、五、戊戌）又諭：本年春夏以來，京師及直隸近畿一帶，雨澤稀少，糧價不無昂貴；節經降旨令順天府府尹設廠平糶，五城煮賑，並令梁肯堂將被旱各屬倉穀酌量動用，及應徵錢糧緩至秋後開徵矣。茲京師已於閏四月二十九日大沛甘霖，西北一帶，更為優渥，雲勢寬廣，現仍濃陰未止，想近畿一帶，自必一律均霑。現在節近夏至，農民正可趁此普植秋禾。但恐無力貧民，一時趕種，未免竭蹶。所有順天府所屬各州縣，除就近傳知該府尹等，查明即行借給籽種外，其直隸被旱地方，現在已經得雨，趕種秋禾之處，並著梁肯堂查明，一律借給籽種，以資播植。副朕獲澤施恩，有加無已至意。(高宗一四〇四、二)

（乾隆五七、五、丁未）諭：朕向來巡幸木蘭，駐蹕熱河，經過地方，俱蠲免地丁錢糧十分之三。本年近畿一帶，現在雖經渥沛甘膏，但從前得雨稍遲，甫經補種大田，小民恐未免拮据。所有此次經過地方，著加恩蠲免地丁錢糧十分之五，以示朕格外體卹至意。(高宗一四〇四、一六)

（乾隆五七、一〇、壬午）加賑直隸河間、任邱、景州、青縣、慶雲等五州縣本年旱災極次貧民，並蠲免順天、保定、河間、天津、正定、順德、廣平、大名、冀州、深州、定州、易州、遵化等十三府州屬被災旗民地畝額賦有差。(高宗一四一五、二)

（乾隆五八、三、丁酉）諭：朕此次巡幸盤山，所有沿途經過地方，本年應徵地丁錢糧，著蠲免十分之三。(高宗一四二四、六)

(乾隆五八、五、丁未) 諭：朕此次巡幸木蘭，駐蹕熱河，所有經過地方，著蠲免本年地丁錢糧十分之三。(高宗一四二九、一)

(乾隆五九、三、丁酉) 諭：朕此次巡幸天津，所有經過地方及天津闔府所屬本年應徵錢糧，著加恩蠲免十分之三。(高宗一四四八、一六)

(乾隆五九、三、戊戌) 諭：前因直隸節年遞欠爲數較多，業經降旨，因災帶緩未完銀兩，寬免十分之三。此次巡幸天津，已降旨將經過地方及天津闔府屬本年應徵錢糧，蠲免十分之三。茲朕巡方觀俗，小民望幸情殷，自應渥沛恩施。所有經過地方之大興、宛平、東安、保定、涿州、新城、容城、雄縣、任邱、霸州、文安、大城、武清等州縣，節年未完緩帶銀八萬三百六十九兩零，著再加恩蠲免十分之四；並將天津府屬節年積欠未完之緩帶徵地糧銀十三萬三千一百四十兩零，普行豁免。俾蹕路所經，及海濱蔀屋，益慶盈寧，共安樂利，以示省耕施惠至意。該部即遵諭行。(高宗一四四八、一七)

(乾隆五九、四、甲戌) 諭：前因直隸去冬今春雨雪稀少，節經降旨令該督查明，如有應行接濟之處，妥爲辦理。茲據梁肯堂覆奏，保定等府各屬，雖得雨數次，究未霑足。除濱臨河淀等處地畝，麥收尚屬可望，其高阜處所，難望有收等語。著加恩將保定府屬之清苑、滿城、安肅、定興、新城、唐縣、博野、望都、容城、完縣、蠡縣、雄縣、祁州、束鹿、安州、高陽、新安，順天府屬之涿州、房山、固安、永清、東安、文安、大城、保定、霸州、通州、武清、薊州、香河、寧河、寶坻、昌平、順義，河間府屬之河間、獻縣、阜城、肅寧、任邱、交河、寧津、景州、吳橋、故城、東光，正定府屬之正定、獲鹿、井陘、阜平、樂城、行唐、靈壽、平山、元氏、贊皇、晉州、無極、藁城、新樂，順德府屬之邢臺、沙河、南和、平鄉、廣宗、唐山、鉅鹿、內邱、任縣，廣平府屬之永年、曲周、肥鄉、雞澤、廣平、邯鄲、成安、威縣、清河、磁州，大名府屬之元城、大名、南樂、清豐、東明、開州、長垣，易州並所屬之深水、廣昌，定州並所屬之曲陽、深澤，深州並所屬之武強、饒陽、安平，趙州並所屬之柏鄉、隆平、高邑、臨城、寧晉，冀州並所屬之南宮、新河、棗强、武邑、衡水等一百七州縣，應徵本年節年倉穀錢糧，均著緩至本年秋成後，再行徵收，俾民力寬紓。以副朕軫念閭閻有加無已至意。該部即遵諭行。(高宗一四五一、五)

(乾隆五九、五、辛亥) 諭：朕此次巡幸木蘭，駐蹕熱河，所有經過沿途地方，古北口以外，雨澤早霑，收成可期豐稔，著將本年應徵地丁錢糧，照例加恩蠲免十分之三，其口內地方，因雨澤較少，麥收歉薄，著加恩將本

年地丁錢糧蠲免十分之四,以示體卹。(高宗一四五三、一五)

（乾隆五九、七、甲辰）又諭:本年直隸地方,因雨水過多,河流漲發,多有衝損田廬之處。已節降諭旨,令該督等實力詳查,妥爲撫卹,並撥給部帑四十萬兩,以資賑濟之用。其修費賞卹,俱著按例加兩倍賞給,以示軫卹。第念被水各州縣,地畝淹浸,積水一時未能消涸,不及趕種晚田,民力究未免拮据。著該督再行詳悉查明被水州縣,所有本年應徵秋糧及春間被旱緩徵銀糧,俱著加恩豁免,以紓民力。並著一面具奏,一面出示曉諭,俾小民俱各安居復業,不致遷徙失所。以副朕厪念災黎、恩施無已至意。(高宗一四五七、九)

（乾隆五九、七、甲辰）諭軍機大臣曰:梁肯堂奏查明正定被水情形一摺。據稱,正定地方,於六月二十三、四日雨勢過大,夜間發水,以致東、西、南三門關廂,同被水淹,房屋間有衝塌,並溺斃人口；幸水即歸槽,城內並無傷損。業經道奉恩旨,散給銀米,並加兩倍卹賞,小民口食有資,不致失所等語。覽奏稍慰。正定河水漲發,雖幸未漫入城內,但關廂被淹,田廬人口均有衝損,此皆我君臣之過。梁肯堂在彼查辦,目擊小民被災情形,若再不實力詳查,妥爲賑卹,於心何忍?所有直省被水各州縣,現已降旨,將本年應納秋糧,加恩豁免。至應需賑項,現據梁肯堂奏,即於截留漕米十四萬石內動支,兼放折色,以便民用。自應如此辦理。至天津地方撫卹事宜,已有旨責成徵瑞督同該運司道府等實力經理。本日熱河又復陰雨綿密竟日,若直省被水各地方,日內雨水仍復綿密,則保定、正定、天津等處大寺廟甚多,即永定河工次,亦自有僧道寺院,梁肯堂、慶成、徵瑞即應各飭令僧道等,虔心設壇,敬謹祈晴,俾田禾得資晒晾,不致有礙秋成,方爲妥善。將此由五百里各諭令知之。(高宗一四五七、一三)

（乾隆五九、七、壬子）諭軍機大臣等:……再此次梁肯堂辦理災賑,已據奏請撥帑四十萬兩備用。該省被水州縣,業經降旨將本年應納秋糧,概行豁免;此外未經被水州縣,自仍可一律有收,小民鄉里,本有相通之義,彼此原可通融賙濟,其被水災黎,更當不至失所。現在各該州縣災分戶口,諒已查勘明確、得有眉目。著該督約略計算,實在需用若干,請領帑項是否足用,即行據實先行具奏。並著將該省本年收成,除被水各州縣外,均勻牽算,實在約有幾分之處,一併查明覆奏,以慰厪注。將此諭令知之。(高宗一四五七、三九)

（乾隆五九、八、丁丑）諭:本年直隸地方,因河流漲發,各州縣被水較多,前已疊沛恩施,優加撫卹,蠲免秋糧。其河間、天津二府屬,節年未完帶徵緩徵銀糧，已降旨先行豁免。並令梁肯堂將此外被水較重地方節年帶緩銀糧各數，查明覆奏。茲據戶部議奏，該省通州等三十三州縣，本年雖被水較重，業蒙加倍賑卹，此項帶徵緩徵銀糧，均係應完正賦，節年遞緩，已屬恩施。所有未完銀八十一萬五千五百餘兩、穀六十三石零、豆六百五十九石零，酌請豁免一半等語，固屬覈實辦理。第念通州等三十三州縣被水較重，秋成失望，現在積水雖消，可期無誤播種秋麥，而小民生計究覺拮据，若將節年帶緩銀糧，僅予豁免一半，恐仍不免以官欠未清，心存顧慮，未得遂其含哺之樂。所有道州等三十三州縣未完銀八十一萬五千五百餘兩、穀六十三石八斗零、豆六百五十九石五斗零，俱著加恩全行豁免。該督務當督飭所屬，實心辦理，毋任吏胥藉端侵扣，務使利澤及民，以副朕軫卹災區、加恩稠渥至意。（高宗一四五九、二九）

（乾隆六〇、一、庚寅）諭：前降諭旨普免天下積欠，令各該督撫查明具奏。昨據梁肯堂奏到，直隸省尚有未完節年正耗地糧、折色口糧等銀二百十七萬八千七百三十九兩零，又未完節年出借倉糧並應徵本色糧穀米豆等項一百一萬七千三百十九石零，俱著加恩寬免。再，直隸省上年被災較重，疊降恩旨，緩借兼施，所有此項銀米，是否即在所查數內，該督摺內未經聲明，亦著一體查明，速行咨部題豁，以示朕加惠窮簷，並錫春祺，恩施逾格至意。（高宗一四六八、八）

（乾隆六〇、閏二、乙未）諭：此次恭謁兩陵，所有沿途經過地方，著加恩蠲免地丁錢糧十分之三。（高宗一四七二、二四）

（乾隆六〇、閏二、乙未）又諭：上年直隸秋間雨水較多，河流漲發，順天、保定、正定、天津、河間各府屬地畝間被淹浸。節經降旨加兩倍賞卹，豁免秋糧，並於本年春間，分別展賑；復將該省節年未完民欠正耗地糧及折色口糧等項，普行豁免，俾戶慶盈寧，益資饒裕。現屆開徵之期，在小民身無積欠，自必輸將恐後。但念上年被水各屬此時若一律按例徵收，究恐民力不無拮据。著該督查明直隸上年被水各州縣，所有本年春間應徵銀糧，俱緩至麥收後徵收。庶民力益覺寬紓，以示惠錫閭閻，有加無已至意。（高宗一四七二、二四）

（乾隆六〇、五、丙辰）又諭：朕此次巡幸熱河，所有經過地方，著蠲免本年地丁錢糧十分之三。（高宗一四七八、一三）

（乾隆六〇、六、癸卯）諭：承德府及所屬灤平縣，自六月以後雨澤稀少，秋收恐致歉薄，若將應徵錢糧，照例徵收，民力不無拮据。所有承德府及灤平縣缺雨地方，本年應徵錢糧，著加恩查明，緩至來歲麥熟後徵收，以

紓民力。（高宗一四八一、一〇）

（乾隆六〇、六、乙巳）又諭：昨因熱河雨澤短少，已將承德府及所屬灤平縣本年應徵錢糧降旨緩徵。連日以來，仍未得沛甘霖，現在已過立秋，收成恐致歉薄，若祗緩至來歲麥熟後徵收，小民仍不免以輸將爲念。著即施恩寬免，以示朕軫念民艱有加無已至意。（高宗一四八一、一四）

（嘉慶一、三、壬子）免蹕路經過地方本年額賦十分之三。（仁宗三、六）

（嘉慶一、五、壬戌）免蹕路經過地方本年額賦十分之三。（仁宗五、一五）

（嘉慶一、五、甲子）諭內閣：朕此次巡幸熱河，經過地方，業經降旨將本年地丁錢糧蠲免十分之三。但蹕路所經，閱視沿途禾稼情形，如順義縣屬之清河及密雲縣屬之石匣要亭一帶，在地禾稼頗爲茂盛；惟昨日經過之懷柔迤東至密雲附近地方，地土稍乾，田禾不能一律芃茂。雖已據該督梁肯堂奏明，將麥收較歉之處，辦理平糶出借。但現屆青黃不接之際，小民口食，尚恐不免拮据。所有懷柔、密雲兩縣所屬村莊內，得雨較少麥收歉薄之處，著加恩交該督查明，蠲免本年地丁錢糧十分之五。（仁宗五、一五）

（嘉慶一、七、乙丑）勅諭：本年係朕傳位爲嗣皇帝元年，仰蒙昊蒼眷佑，累洽重熙，朕同皇帝駐蹕山莊，雨暘時若，秋成上稔，景象恬熙，允宜特沛恩施，行慶敷錫。但承德府及所屬，今歲本係輪免之年，秋收又屬豐稔，所有該府及所屬州縣明年應徵地丁錢糧，俱著加恩普行豁免，俾駐蹕地方，小民益臻饒裕，以示施惠邊氓有加無已至意。該部即遵諭行知，務使窮鄉僻壤咸喻朕意。（高宗一四九五、三）

（嘉慶二、三、甲辰）勅諭：朕此次巡幸盤山，所有沿途經過地方，本年應徵地丁錢糧，著加恩蠲免十分之三。（高宗一四九六、一四）

（嘉慶二、五、戊辰）免蹕路經過地方本年額賦十分之三。（仁宗一七、一八）

（嘉慶二、九、乙亥）免直隸良鄉、宛平、通、寶坻、武清、霸、文安、固安八州縣水災本年額賦十分之一，並緩徵新舊額賦。緩徵涿、香河、薊、三河、東安、永清、保定、清苑、新城、雄、高陽、蠡、安、冀、衡水、武邑、寧晉、隆平、獻、肅寧、安平、大城二十二州縣本年額賦。（仁宗二二、八）

（嘉慶二、九、乙未）緩徵直隸天津、青、靜海、滄四州縣水災本年額賦並旗租倉穀。（仁宗二二、二〇）

（嘉慶三、三、壬辰）緩徵直隸文安縣水災本年額賦。（仁宗二八、一六）

（嘉慶三、五、甲戌）勅諭：向來巡幸熱河，每次蠲免地丁錢糧十分之三，今歲朕春秋八旬有八，同皇帝啓鑾，諸事吉祥，兼以春夏以來，暘雨應時，麥收豐稔，啓鑾前，復獲甘霖。蹕路所經，田禾長發暢茂，民間氣象恬熙，百姓扶攜瞻覲，踴躍歡欣，洵爲昇平盛事。所有此次沿途經過地方，著加恩蠲免本年地丁錢糧十分之四，以示朕高年行慶，與民同樂，有加無已至意。(高宗一四九八、一二)

(嘉慶四、二、甲辰) 諭內閣：熱河承德府，爲每年太上皇考秋獮駐蹕之地，該處民情素殷愛戴，朕心深爲憐憫。著將承德府及所屬州縣幷經過畿內之宛平、順義、懷柔、密雲、昌平等州縣本年應徵錢糧，全行蠲免。至陵寢一路，將來奉移時，應先期修墊道路，該處百姓亦宜軫卹。著將大興、三河、通州、薊州、遵化等州縣本年應徵錢糧，一併普行蠲免。幷著直隸總督於接奉部文行知後，速即刊刻謄黃，遍行黏貼曉諭，毋得仍前壓擱，任聽不肖官吏私徵弊混。庶恩膏下逮，小民得霑實惠。該部即遵諭行。(仁宗三九、一七)

(嘉慶四、九、庚申) 諭內閣：本年春間，因奉移梓宮時，經過地方均應先期修墊道路，業經降旨將大興、通州、三河、薊州、遵化五州縣本年應徵錢糧，普行蠲免。嗣又因直隸省自山海關至磁州，有辦理過兵事務，復降旨加恩蠲免錢糧十分之三。內大興、通州等五州縣，即係官兵經過之處，亦已疊霑恩澤。今朕恭送梓宮奉詣山陵，沿途地方，親見黃童白叟，跪列道旁，瞻望靈輿，同深哀慕，仰見皇考六十餘年厚澤深仁，淪肌浹髓，凡有血氣，莫不尊親。且大舉經過處所，橋梁道路及朕經行御路，均能修墊一律堅固平整，民情亦極安靜。……其大興、通州、三河、薊州、遵化五州縣，著加恩再蠲免來年應徵錢糧十分之三，以示錫惠推恩、旁敷閭澤至意。(仁宗五一、五)

(嘉慶五、一、甲寅) 再免蹕路經過地方本年額賦三分。(仁宗五七、一)

(嘉慶五、三、庚申) 免蹕路經過地方本年額賦十分之二。(仁宗六一、一六)

(嘉慶五、三、戊辰) 以恭謁西陵，免蹕路經過地方內曾經辦理兵差之宛平、良鄉、涿三州縣本年額賦十分之五，房山、淶水、易三州縣本年額賦十分之三。(仁宗六二、一)

(嘉慶五、閏四、辛酉) 緩徵直隸霸、文安、清苑、蠡、雄、安、新安、河間、任邱、寧晉、隆平、定十二州縣旱災新舊額賦，復緩徵滿城、新城、祁、高陽、阜平、望都、博野、正定、新樂、易、冀、饒陽、安平、涿、寶坻、唐、獻、曲陽、豐潤、通、三河、遵化、玉田二十三州縣旱災新舊額賦。免大興、宛平、良鄉、涿、通、三河、薊、遵化八州縣本年額賦，並緩

徵旗租銀糧。(仁宗六五、一六)

（嘉慶五、九、壬午）命蹕路經過州縣額賦已節次蠲免十分之八者，此次全行蠲免。(仁宗七四、三)

（嘉慶六、二、乙丑）免蹕路經遍地方本年額賦十分之三。(仁宗七九、一六)

（嘉慶六、三、乙酉）除旗地續增租銀。又諭：直隸省回贖旗地租銀，因地方官經理不善，以致每年均有拖欠，伊等既經徵不力，轉藉稱乾隆二十九年、三十七年曾經英廉、錢汝誠及司員朝璧等兩次酌增租銀十三萬餘兩，為數較多，以致不能徵收足額。節經前任督臣胡季堂等奏請調劑，迄無善策，而注承需近復有將官地變價之請。事涉紛更，尤為非體。今思旗租積欠既以兩次增租為詞，著加恩將此項回贖地畝兩次增租銀十三萬三千八百二十九兩零，自今歲為始，全行減免。該督即將此旨刊刻謄黃曉諭，並將某村莊、某處地畝減租若干明白宣示，以杜吏胥等影射滋弊，並造具清冊報部查覈。其餘額徵租銀，著該督及該藩司督飭經徵各員年清年款，毋許仍前延玩，儻此次施恩之後又有短少租銀，除將所欠之數著落即行分賠外，仍將經徵不力各員及該管上司嚴行懲治。(仁宗八〇、一八)

（嘉慶六、三、辛丑）免蹕路經過地方本年額賦十分之三。(仁宗八一、一〇)

（嘉慶六、六、甲寅）免大興、宛平二縣水災本年額賦 (仁宗八四、九)

（嘉慶六、六、甲子）免被災較重之宛平縣來年額賦，涿、良鄉、保定、寶坻、固安、三河、房山、順義、通、武清十州縣本年額賦，被災稍輕之懷柔、昌平、薊三州縣本年額賦十分之五。(仁宗八四、二〇)

（嘉慶六、六、己巳）免直隸被災較重之香河、霸、文安、清苑、滿城、安肅、定興、新城、博野、望都、容城、完、蠡、雄、祁、安、高陽、新安、河間、獻、肅寧、任邱、故城、交河、平山、冀、清河、衡水、武邑、趙、隆平、寧晉、深、饒陽、安平、大城、永清、東安三十八州縣本年額賦，被災稍輕之密雲、正定、井陘、阜平、行唐、藁城、晉、無極、新樂、靈壽、任、阜城、南宮、定、曲陽、深澤、易、廣昌、淶水十九州縣本年額賦十分之五。(仁宗八四、二九)

（嘉慶六、七、乙未）免直隸寧河、唐、束鹿、景、天津、靜海、鉅鹿、南和、雞澤、大名、元城、玉田、豐潤、柏鄉、武強、滄、平鄉、清河、昌平、阜平、藁城、無極、新樂、任、阜城、定、曲陽、薊二十八州縣水災本年額賦，青、唐山、棗強、獲鹿、欒城、南樂、遵化、蔚、東光九州縣本年

額賦十分之五，薊州次年額賦十分之三。(仁宗八五、一九)

（嘉慶六、九、辛丑）免直隷滄、冀、衡水、交河、寧河、河間、天津、靜海、寬垞、武清、薊、豐潤、青、東光十四州縣被水竈地本年額賦。(仁宗八七、二六)

（嘉慶六、一〇、庚午）又諭：前因文安一縣被水成災，較直屬災重之區尤爲加倍，曾經降旨，令陳大文實力查勘。茲據該署督奏稱，親赴文安縣境詳晰履勘，該處地居窪下，形如釜底，今夏因子牙河及大清河泛溢，衆流匯納，至今尚未消涸等語。該縣地方，本年全境被水，今已屆冬序，積潦尚未消退，來春仍不能及時耕種，殊堪憫惻。除本年應徵錢糧業經令行蠲免外，著再加恩將該縣應徵嘉慶七年錢糧概行豁免。該署督仍當隨時設法疏濬，妥爲撫卹，以副朕軫念窮黎至意。(仁宗八九、二〇)

（嘉慶六、一二、丙午）免直隷青、東光、正定、深澤四縣水災本年額賦。(仁宗九二、四)

（嘉慶七、一、癸酉）免蹕路經過地方本年額賦十分之三。(仁宗九三、二)

（嘉慶七、一、丙子）減直隷文安縣額賦。諭內閣：上年直隷被水各州縣，節經降旨加恩分別蠲免錢糧，內文安一縣被水尤重，復經降旨令陳大文實力查勘。嗣據陳大文奏，該縣在河間、大城之下游，四面環隄，形如釜底，不獨河水泛溢爲災，即雨水稍多，常被淹浸。查該縣全境三百六十村莊，內蘇橋等五十一村莊，名爲大窪，乾隆三十八年曾經欽奉恩旨，將此窪地視積水之多寡，定額賦之等差，歷經遵辦在案等語。文安縣地勢窪下，土瘠民貧，殊堪憫念，除上年及本年應徵錢糧俱全行豁免外，嗣後該縣三百六十村莊每年額徵地糧，著加恩照慶雲縣之例，豁免十分之三，永著爲令。內大窪五十一村莊地糧應徵七成銀兩，仍按年查勘，視積水之大小，分別減免。該督等仍當隨時疏濬，不致積潦爲患，以副朕軫念災區敷錫春祺至意。(仁宗九三、三)

（嘉慶七、一、癸巳）諭內閣：直隷省三次四次回贖、民典、奴典三項地畝，酌增租銀十三萬三千八百二十九兩零，前經降旨全行減免；所有公産、存退、莊頭、另案、屯莊五項內；酌增租銀二萬九千二百四十八兩零，與前三項減免之銀事同一律，著加恩一併減免，俾貧佃均霑實惠。經此次減免之後，該督務飭各屬實力催徵，年清年款，毋任再有絲毫拖欠，致干重究。(仁宗九三、一七)

（嘉慶七、三、戊寅）免蹕路經過地方宛平縣次年額賦十分之五，良鄉、涿、房山、淶水、易五州縣本年額賦十分之五。(仁宗九五、七)

（嘉慶七、三、己卯）諭內閣：陳大文議奏旗地酌復租銀，因冊檔殘缺無憑，仍請勻攤減免一摺。直隸旗租拖欠，總以從前加增租額爲詞，今既加恩減免，自應照依原加之數，按冊酌減，方爲平允。現據陳大文飭司查覆，增租冊檔實已殘缺難稽，無憑詳議，若必欲令其分晰開報，恐轉啓該州縣等捏造之弊，且旗地散處七十餘州縣，儻另派部員會同地方官逐細履勘，亦未免紛擾，兼之曠日持久，於租賦更得藉詞延宕。所有豁免三次四次回贖、民典、奴典等三項酌復租銀十三萬三千八百二十九兩二錢三分一釐，及續免之公產、存退、莊頭、另案、屯莊等五項酌復租銀二萬九千二百四十八兩七錢，姑照該署督所請，按額勻攤普減；並著該署督轉飭藩司，令地方官將八項地畝原徵銀若干、此次減免銀若干，於各戶所佃地畝詳悉註明，限兩三月內開造細冊兩分，一分報部察覈，一分存司備案，用昭覈實。至冊檔殘缺黴爛，該州縣本有應得之咎，但事閱多年，人非一任，姑免深究。經此次清釐攤免之後，陳大文務當嚴飭各屬年清年款，如再有拖延或藉詞冊檔難稽致滋牽混，惟該署督等是問。（仁宗九五、一七）

（嘉慶七、三、辛卯）免直隸鹽山、慶雲二縣並嚴鎮場被水竈地額徵銀十分之一，餘分別緩徵有差。（仁宗九六、一三）

（嘉慶七、三、己亥）緩徵直隸昌平、定興、望都、高陽、滿城、故城、武清、寧河、順義、東安、寶坻、永清、清苑、安肅、雄、容城、新安、安、新城、肅寧、景、獻、天津、青、靜海、正定、新樂、藁城、趙、柏鄉、定、大興、涿、房山、良鄉、霸、保定、大城、河間、任邱、新河、寧晉、隆平四十三州縣上年水災新舊額賦及各項旗租。（仁宗九六、二五）

（嘉慶七、四、甲寅）免直隸旗租積欠銀。（仁宗九七、一三）

（嘉慶七、七、己丑）免蹕路經過地方本年額賦十分之五。（仁宗一〇一、四）

（嘉慶七、八、己亥）蠲緩直隸上年被水之大城、河間、新河、寧晉、隆平、安、新安、大興、霸、保定、涿、房山、良鄉、任邱十四州縣本年額賦並歷年應還常社義倉穀米各有差。（仁宗一〇二、四）

（嘉慶七、八、辛丑）免直隸定興、安肅、清苑、滿城、景、交河六州縣蟲災本年額賦十分之五。（仁宗一〇二、六）

（嘉慶七、九、戊子）諭內閣：朕此次秋獮迴鑾，皇后因偶感風寒，原定於本月二十三日自熱河啓行，現在尚須調理，改於十月初十日啓程回京。所有沿途道路橋梁，照料修治，較多時日。前因蹕路經過，業將各該州縣本年應徵錢糧，蠲免十分之五，茲再加恩將熱河至京一路經過地方本年錢糧，

加免二分，以示體卹閭閻至意。(仁宗一〇三、八)

（嘉慶八、一、庚午）免直隸宛平、文安二縣六年水災應徵旗租，文安、大城、新安、安四州縣節年應還口糧籽種穀米並折色銀。(仁宗一〇七、二)

（嘉慶八、二、己未）免蹕路經過地方本年額賦十分之三。(仁宗一〇八、一二)

（嘉慶八、七、壬子）免蹕路經過地方本年額賦十分之三。(仁宗一一七、一〇)

（嘉慶八、八、戊辰）諭內閣：戶部奏直隸大城等七州縣並宛平、文安二縣七年旗租，應否仍照該部前議准免五分，抑或如顏檢所請全數蠲免，請旨遵行一摺。旗租一項，與民糧不同，向來蠲免例內本無全免之條，即如嘉慶四年恩免大興、通州各州縣錢糧，旗租即係照定例辦理。乃此次該督於大城等各州縣應行蠲免旗租，輒咨請全行寬免，嗣經接到部覆，照例酌免十分之五，該督復以該部繕寫錯誤，仍請查覈更正，概行豁免，殊屬非是。該督即不知旗租定例，寧於該省四年辦過成案亦不知查覈耶！顏檢，著傳旨申飭，仍著照部議行。(仁宗一一八、二一)

（嘉慶八、八、庚寅）諭內閣：前因戶部具奏直隸督臣顏檢，將大城等七州縣旗租例應蠲免五分者，於奉到部覆後，仍咨請查覈更正，全行豁免，曾降旨申飭，仍照部議行。旋經顏檢於差次面奏，此項旗租，業已頒發謄黃，與民糧一體全行豁免，且被災較輕之大興等州縣旗租，業已蠲免五分，當即令軍機大臣查奏。茲據查明，上年顏檢摺內，以大城等七州縣被水較重，請將應徵錢糧及各項旗租，照宛平、文安之例，一體豁免。其時宛平、文安錢糧雖經全免，並未免及旗租，何例可照！是該督奏請本覺含混，戶部前議詳覈定例，止准免旗租五分，原無不合。惟於被水較輕之大興等七州縣，因諭旨內將前項銀糧准豁免十分之五，遂咨覆該督將旗租蠲免五分，亦欠分晰。惟是大城等處旗租，該督等已誤行蠲免十分，而大興等七州縣被災較輕之處，旗租亦已免至五分，自未便復令補徵。此係加惠黎元之事，朕覃敷愷澤，寧濫無遺。所有大城、河間、新河、寧晉、隆平、新安、安州七州縣及宛平、文安二縣應徵七年各項旗租，竟著加恩全行蠲免。其大興、霸州、保定、涿州、房山、良鄉、任邱七州縣應徵七年旗租，亦著加恩准免十分之五。此後不得援以爲例。至該督於奏請時，如欲將旗租與民糧一律請豁，則當聲明旗租從無全免之例，懇求破格施恩，方爲正辦，何得含糊聲敘，以致辦理歧誤，咎實難辭。著將顏檢同藩司瞻柱一併交部議處。(仁宗一一九、二〇)

(嘉慶八、九、戊戌)緩徵直隸文安、大城、雄、安、新安、河間、青、靜海、寧晉、隆平、新河十一州縣被水村莊新舊額賦。(仁宗一二〇、一〇)

(嘉慶八、一〇、壬申)免直隸長垣、東明、開三州縣水災額賦,已徵者作爲次年正賦。(仁宗一二二、一〇)

(嘉慶八、一〇、戊寅)免蹕路及孝淑皇后梓宮經過各地方本年額賦十分之五。(仁宗一二二、一六)

(嘉慶九、一、甲午)諭內閣:前據顏檢奏,直隸省之安州、新安、隆平、寧晉、新河五州縣,地處窪下,非接連泊地,即逼近河隄,積水村莊,一時未能全涸。……著加恩將安州等五州縣積水各村莊應徵額賦,照從前文安縣大窪減賦成例,每年查明實在情形,水大則全行蠲免,水小則量爲減賦;俟積水全涸、可以耕種時,再行查照原額徵收。(仁宗一二五、二)

(嘉慶九、二、丁卯)緩徵直隸長垣、東明、開三州縣水災額賦。(仁宗一二六、一一)

(嘉慶九、二、戊子)免蹕路經過地方本年額賦十分之三。(仁宗一二六、三一)

(嘉慶九、七、丙午)免蹕路經過地方本年額賦十分之三。(仁宗一三二、一三)

(嘉慶九、九、辛亥)緩徵直隸邢臺、內邱、磁三州縣旱災新舊額賦及舊欠倉穀。(仁宗一三四、三〇)

(嘉慶九、九、甲寅)免直隸文安縣大窪地畝上年額賦,東安縣減賦地畝上年額賦十分之四。(仁宗一三四、三四)

(嘉慶一〇、一、辛卯)展緩直隸邢臺、內邱、磁三州縣被旱各村糧穀。(仁宗一三九、二)

(嘉慶一〇、三、乙未)免蹕路經過地方本年額賦十分之三。(仁宗一四一、六)

(嘉慶一〇、閏六、乙巳)蠲減直隸安、新安、隆平、寧晉、新河、文安、東安七州縣積水地畝額賦有差。(仁宗一四六、三二)

(嘉慶一〇、七、甲戌)直隸總督吳熊光覆奏:南宮、河間二縣,積水未涸地九百二十五頃三十三畝有奇額賦,請照安州等大窪減賦例,自十年爲始,水大全行蠲免,水小量爲酌減;其舊欠額賦口糧籽種等,仍分年帶徵。從之。(仁宗一四七、二〇)

(嘉慶一〇、七、甲戌)免蹕路經過之直隸大興、宛平、通、三河、薊、遵化、玉田、豐潤、遷安、灤、盧龍、撫寧、臨榆十三州縣本年額賦十分之

五。(仁宗一四七、二〇)

（嘉慶一一、二、辛卯）免蹕路經過地方本年額賦十分之三。(仁宗一五七、一五)

（嘉慶一一、三、己巳）免直隸文安縣大窪地畝水災本年額賦。(仁宗一五八、二六)

（嘉慶一一、三、乙亥）展緩直隸通省元年至六年積欠額賦。(仁宗一五八、三一)

（嘉慶一一、七、丙辰）減免直隸新安、隆平、寧晉、新河、南宮、河間六縣積水地畝額賦。(仁宗一六四、一四)

（嘉慶一一、七、丁卯）免蹕路經過地方本年額賦十分之五。(仁宗一六四、三二)

（嘉慶一一、八、甲申）緩徵直隸永清、東安、武清三縣被水村莊本年額賦，並貸口糧籽種。(仁宗一六五、一〇)

（嘉慶一一、九、壬申）賑直隸安、新安、雄、博野、任邱五州縣被水災民；並免新舊額賦。貸霸、保定、大城、清苑、蠡、高陽、獻、肅寧、天津、青、靜海、滄、鹽山、龍門、冀、新河、衡水、隆平、寧晉十九州縣被水災民籽種口糧，並緩徵新舊額賦。(仁宗一六七、一七)

（嘉慶一二、二、壬辰）免蹕路經過地方本年額賦十分之三。(仁宗一七五、八)

（嘉慶一二、四、庚子）緩徵順天府四路廳屬及直隸保定、永平、正定、天津、河間、宣化、遵化、易、定、深十府州屬旱災本年額賦。(仁宗一七八、二〇)

（嘉慶一二、七、甲辰）減免直隸文安、東安二縣窪下地畝額賦有差。(仁宗一八三、八)

（嘉慶一二、七、戊子）免蹕路經過地方本年額賦十分之三。(仁宗一八三、二七)

（嘉慶一二、七、己未）免直隸安、新安、隆平、寧晉、新河、河間、南宮、霸、大城、東安、獻、寧津、青、靜海、鹽山、威、定十七州縣積欠額賦。(仁宗一八三、二九)

（嘉慶一二、八、庚辰）免直隸安、新安、隆平、寧晉、新河、南宮六州縣積水地畝額賦。(仁宗一八四、九)

（嘉慶一二、九、戊辰）賑直隸高陽、任邱二縣被水災民，並免本年額賦。緩徵大名、南樂、清豐、冀、衡水、寧晉、安、新安、霸、大城、肅

寧、滄、青、鹽山十四州縣水災旱災新舊額賦，並借給籽種口糧有差。（仁宗一八五、三五）

（嘉慶一三、三、辛丑）免蹕路經過地方及天津府屬本年額賦十分之三。（仁宗一九三、三）

（嘉慶一三、三、壬子）免蹕路經過各州縣及天津府屬十一年以前積欠額賦，並直隸通省十一年以前積欠額賦十分之二。（仁宗一九三、一六）

（嘉慶一三、三、癸亥）免直隸民欠旗租銀。（仁宗一九三、二二）

（嘉慶一三、六、丙申）免直隸任縣窪地積欠租銀。（仁宗一九七、一）

（嘉慶一三、七、甲戌）減免直隸文安縣大窪地額賦。（仁宗一九八、一五）

（嘉慶一三、七、庚辰）免蹕路經過地方本年額賦十分之五。（仁宗一九九、一）

（嘉慶一三、八、辛酉）減免直隸安、河間、新安、南宮、隆平、寧晉、新河七州縣積水地畝額賦有差。（仁宗二〇〇、三一）

（嘉慶一三、八、辛酉）緩徵直隸承德府及良鄉、涿、三河、文安、大城、清苑、定興、蠡、容城、肅寧、無極、新樂、天津、靜海、青、盧龍、遷安、大名、南樂、清豐二十州縣水災新舊額賦、旗租倉穀。（仁宗二〇〇、三一）

（嘉慶一三、八、癸亥）免天津府各州縣旗租十分之三。（仁宗二〇〇、三三）

（嘉慶一三、八、癸亥）免直隸任縣大陸澤新涸地畝積欠額賦。（仁宗二〇〇、三三）

（嘉慶一三、九、戊辰）免直隸安州積水淀地積欠租銀。（仁宗二〇、三）

（嘉慶一四、二、丁未）以恭謁兩陵，免蹕路經過地方本年額賦十分之三。（仁宗二〇、二二）

（嘉慶一四、二、辛亥）以春膏普被再免由京至東陵經過地方本年額賦十分之二。（仁宗二〇七、二六）

（嘉慶一四、三、丁卯）以膏雨應時再免由京至西陵經過地方本年額賦十分之二。（仁宗二〇八、一一）

（嘉慶一四、六、辛卯）免直隸文安縣大窪地畝額賦。（仁宗二一三、五）

（嘉慶一四、七、丙子）免蹕路經過地方本年額賦十分之三。（仁宗二一六、八）

（嘉慶一四、七、丁亥）免直隸安、河間、新安、隆平、寧晉、新河、南宮七州縣積水地畝上年額賦。（仁宗二一六、一四）

（嘉慶一四、九、辛未）賑直隸安、新安、雄、任邱、高陽五州縣被水災民，緩徵霸、大城、固安、永清、東安、寶坻、安肅、肅寧、獻、天津、青、靜海、大名、南樂、清豐、萬全、任、寧晉、張家口、香河、文安、保定、涿、良鄉、清苑、新城、灤、樂亭、滄、龍門三十廳州縣水災雹災新舊額賦。（仁宗二一八、一六）

（嘉慶一五、三、甲子）免蹕路經過地方本年額賦十分之三。（仁宗二二七、一四）

（嘉慶一五、四、癸丑）緩徵直隸清苑、滿城、蠡、雄、高陽、新安、安、安肅、定興、新城、唐、博野、望都、容城、完、祁、束鹿、正定、獲鹿、阜平、靈壽、平山、晉、新樂、易、淶水、廣昌、冀、棗強、南宮、武邑、衡水、新河、深、武強、饒陽、安平、定、曲陽、深澤四十州縣麥收歉薄新舊額賦。（仁宗二二八、二九）

（嘉慶一五、七、庚午）免直隸文安縣大窪地畝上年額賦。（仁宗二三二、一八）

（嘉慶一五、七、壬申）免蹕路經過地方本年額賦十分之三。（仁宗二三二、二〇）

（嘉慶一五、九、癸丑）蠲減直隸安、隆平、寧晉、新河、南宮、新安、任七州縣積水村莊額賦有差。（仁宗二三四、一）

（嘉慶一六、三、丙寅）免蹕路經過直隸地方本年額賦十分之三。（仁宗二四〇、二五）

（嘉慶一六、三、壬申）免蹕路經過直隸大興、宛平、良鄉、房山、涿、清苑、安肅、定興、新城、唐、望都、容城、完、正定、新樂、易、淶水、定、行唐、滿城、曲陽、阜平二十二州縣節年緩徵帶徵銀米，並大興、宛平、良鄉、涿、清苑、安肅、新城、定興八州縣節年緩徵帶徵旗租，及良鄉、房山、涿、清苑、安肅、定興、新城、容城八州縣新舊借欠銀米。（仁宗二四〇、二七）

（嘉慶一六、七、丙申）免蹕路經過地方本年額賦十分之三。（仁宗二四六、二三）

（嘉慶一六、八、戊辰）緩徵直隸薊、文安、昌黎、樂亭、天津、青、靜海、滄、慶雲、玉田、大名、南樂、清豐、武邑、武強、宣化十六州縣水災旱災新舊額賦並旗租倉穀。（仁宗二四七、一八）

（嘉慶一六、九、丙戌）免直隸文安縣大窪地額賦。（仁宗二四八、八）

（嘉慶一六、九、壬寅）緩徵直隸灤、鹽山、新河、寧晉、元城、鉅鹿、

广平、龙门八州县及天津府同知所属欠收村庄新旧额赋,并旗租仓谷。(仁宗二四八、二四)

(嘉庆一七、二、乙丑)展缓直隶宣化、龙门二县上年被霜被雹地亩额赋,缓征张家口、独石口、赤城、万全、怀来、蔚、西宁、怀安、延庆、保安十厅州县新旧额赋,并借粜仓谷。(仁宗二五四、二三)

(嘉庆一七、三、丙子)免跸路经过地方本年额赋十分之三。(仁宗二五五、五)

(嘉庆一七、七、丁亥)减免直隶文安、东安二县积水地亩上年额赋。(仁宗二五九、二)

(嘉庆一七、七、戊子)免跸路经过地方本年额赋十分之三。(仁宗二五九、二一)

(嘉庆一七、九、戊寅)缓征直隶博野、蠡、祁、河间、献、景、故城、吴桥、元氏、赞皇、邢台、沙河、南和、平乡、钜鹿、唐山、内邱、任、永年、邯郸、成安、肥乡、广平、鸡泽、磁、开、元城、大名、南乐、清丰、东明、冀、枣强、武邑、隆平、临城、宁晋、深、沧、盐山、丰润、新河、龙门、延庆四十四州县水灾旱灾雹灾本年额赋,并旗租仓谷有差。(仁宗二六一、一〇)

(嘉庆一七、一〇、辛丑)免直隶安、隆平、宁晋、新河四州县积水地亩额赋有差。(仁宗二六二、三)

(嘉庆一八、二、丙寅)缓征直隶博野、蠡、祁、河间、献、景、故城、吴桥、元氏、赞皇、邢台、沙河、南和、平乡、钜鹿、唐山、内邱、任、永年、邯郸、成安、肥乡、广平、鸡泽、磁、开、元城、大名、南乐、清丰、东明、冀、枣强、武邑、隆平、临城、宁晋、深、新河、广宗、曲周、威、清河、长垣、南宫、高邑、沧、盐山、丰润、龙门、延庆五十一州县水灾旱灾雹灾节年额赋、旗租仓谷。(仁宗二六六、二八)

(嘉庆一八、三、壬午)免跸路经过地方本年额赋十分之三。(仁宗二六七、一五)

(嘉庆一八、七、壬午)免跸路经过地方本年额赋十分之三。(仁宗二七一、二九)

(嘉庆一八、八、癸卯)缓征直隶邢台、沙河、南和、平乡、钜鹿、唐山、内邱、任、广宗、永年、邯郸、成安、肥乡、广平、鸡泽、磁、曲周、威、清河、开、大名、元城、南乐、清丰、东明、长垣、隆平、清苑、定兴、新城、完、博野、蠡、祁、束鹿、河间、献、景、故城、吴桥、元氏、贊皇、冀、棗強、武邑、新河、南宮、臨城、寧晉、高邑、深、武清、寶坻、香河、安、靜海、獲鹿、饒陽五十八州縣旱災雹災地畝新舊額賦。（仁宗二七二、一七）

（嘉慶一八、八、甲辰）蠲減直隸隆平、新河、寧晉三縣積水地畝額賦有差。（仁宗二七二、二三）

（嘉慶一八、九、甲子）以陰雨減圍，改由伊瑪圖出哨，賞辦理橋道妥速之古北口提督馬瑜等，紀錄有差，兵丁半月錢糧，並免本日經過地方本年額賦十分之三。（仁宗二七三、二）

（嘉慶一八、九、辛卯）免直隸長垣、開、東明三州縣未完新舊額賦及口糧倉穀。（仁宗二七五、二三）

（嘉慶一八、一一、己卯）減免直隸文安縣大窪地畝額賦。（仁宗二七九、四）

（嘉慶一九、三、乙巳）免直隸大興、宛平、長垣、開、東明五州縣上年隨徵耗銀。（仁宗二八七、一九）

（嘉慶一九、四、壬戌）緩徵直隸開、東明、長垣、邢臺、霸、定興、新城、完、南和、平鄉、廣宗、鉅鹿、任、邯鄲、肥鄉、曲周、廣平、雞澤、威、隆平、寧晉、文安、東安、清苑、唐、束鹿、安、故城、青、靜海、滄、鹽山、沙河、唐山、內邱、永年、成安、磁、元城、大名、南樂、清豐、龍門、冀、南宮、新河、棗強、曲陽、獲鹿、安平五十州縣連年災歉新舊額賦倉穀。（仁宗二八九、二）

（嘉慶一九、五、丁未）緩徵直隸大城、永清、涿、滿城、安肅、博野、望都、容城、蠡、雄、祁、高陽、新安、獻、阜城、景、南皮、正定、井陘、行唐、靈壽、平山、元氏、無極、贊皇、晉、藁城、新樂、武邑、深、武強、饒陽、定、深澤三十四州縣旱災新舊額賦，並旗租倉穀折色口糧銀。（仁宗二九一、八）

（嘉慶一九、六、己卯）緩徵直隸大興、宛平、通、固安、易、淶水六州縣旱災新舊額賦租銀，暨應還倉穀。（仁宗二九二、二一）

（嘉慶一九、八、壬午）緩徵直隸豐潤、寶坻、龍門、定、東安、青、靜海、滄、鹽山、新河、冀、懷安、肥鄉、束鹿、文安十五州縣水災旱災雹災蟲災各村莊新舊額賦及旗租倉穀。（仁宗二九五、一六）

（嘉慶一九、一〇、辛巳）緩徵直隸景、清苑、滿城、安肅、唐、博野、望都、完、祁、南皮、正定、新樂、易、大城、新安十五州縣水災霜災蟲災新舊額賦旗租並舊欠倉穀。（仁宗二九八、二六）

（嘉慶一九、一一、壬子）緩徵直隸霸、定興、新城、完、邢臺、南和、平鄉、廣宗、鉅鹿、任、邯鄲、肥鄉、曲周、廣平、雞澤、威、隆平、寧晉、文安、東安、清苑、唐、束鹿、安、故城、青、靜海、滄、鹽山、沙河、唐山、內邱、永年、成安、磁、元城、大名、南樂、清豐、龍門、冀、南宮、新河、棗強、曲陽四十五州縣積欠額賦口糧倉穀。（仁宗二九九、二七）

（嘉慶一九、一二、壬午）免直隸寧晉、新河二縣積水地畝上年額賦。（仁宗三〇一、一六）

（嘉慶二〇、一、丁亥）緩徵直隸豐潤、寶坻、龍門、定、東安、青、靜海、滄、鹽山、新河、冀、肥鄉、束鹿、文安、景、清苑、滿城、安肅、唐、博野、望都、完、祁、南皮、正定、新樂、易、大城、新安二十九州縣上年水災旱災本年額賦旗租。（仁宗三〇二、一）

（嘉慶二〇、三、庚寅）免蹕路經過地方本年額賦十分之三。（仁宗三〇四、三）

（嘉慶二〇、六、癸未）緩徵直隸通、武清、文安、大城、永清、東安、良鄉、涿、清苑、滿城、安肅、定興、新城、博野、望都、容城、蠡、雄、祁、安、新安、河間、獻、阜城、肅寧、任邱、交河、景、正定、獲鹿、元氏、贊皇、晉、無極、藁城、新樂、武邑、衡水、深、武強四十州縣二麥歉收新舊額賦旗租，並借欠倉穀口糧。（仁宗三〇七、二七）

（嘉慶二〇、七、己丑）蠲緩直隸東安、武清二縣被水村莊本年額賦有差。（仁宗三〇八、七）

（嘉慶二〇、七、癸卯）免蹕路經過地方本年額賦十分之三。（仁宗三〇八、二二）

（嘉慶二〇、八、乙丑）免直隸寧晉、新河二縣積水地畝上年額賦。（仁宗三〇九、一三）

（嘉慶二一、一、甲申）緩徵直隸武清、寶坻、薊、霸、保定、文安、永清、東安、清苑、新城、蠡、雄、安、高陽、新安、天津、青、靜海、滄、元城、大名、南樂、清豐、豐潤、冀、新河、寧晉二十七州縣，及津軍同知所屬上年水災新舊額賦，並給武清、霸、永清、東安、雄、安、高陽、保定、新城九州縣貧民口糧有差。（仁宗三一五、二）

（嘉慶二一、二、甲戌）以恭謁兩陵，免蹕路經過地方本年額賦十分之三。（仁宗三一六、一六）

（嘉慶二一、四、戊申）緩徵直隸正定、藁城、贊皇三縣雹災村莊新舊額賦。（仁宗三一八、二九）

（嘉慶二一、六、丙子）緩徵直隸博野、祁、深、武強、饒陽、安平六州縣旱災歷年節欠額賦。（仁宗三一九、九）

（嘉慶二一、六、癸卯）免直隸安、寧晉、新河三州縣窪地上年額賦。（仁宗三一九、一九）

（嘉慶二一、七、乙丑）免蹕路經過地方本年額賦十分之三。（仁宗三二〇、一六）

（嘉慶二一、一一、丁未）賑直隸安、新安、雄、高陽四州縣被水被雹災民，並蠲緩雄、高陽、任邱、薊、霸、保定、文安、永清、清苑、安肅、新城、蠡、獻、天津、青、靜海、滄、鹽山、南和、任、元城、大名、南樂、清豐、龍門、冀、新河、隆平、寧晉、博野、完、祁、河間、阜城三十四州縣及津軍同知所屬新舊額賦有差。（仁宗三二四、二）

（嘉慶二一、一一、丁未）減免直隸文安縣窪地額賦十分之五。（仁宗三二四、二）

（嘉慶二二、三、壬子）免蹕路經過地方本年額賦十分之三。（仁宗三二八、七）

（嘉慶二二、五、丙午）緩徵直隸安、新安二州縣上年水災額賦。（仁宗三三〇、四）

（嘉慶二二、六、己丑）緩徵直隸大興、宛平、通、青、靜海、元氏、無極、藁城、淶水、正定、易、深、東光、雄、高陽、唐、薊、保定、文安、永清、清苑、安肅、新城、蠡、完、祁二十六州縣歉收新舊額賦有差。（仁宗三三一、二二）

（嘉慶二二、七、庚申）免蹕路經過地方本年額賦十分之三。（仁宗三三二、一四）

（嘉慶二二、九、丙辰）賑直隸大興、宛平、涿、良鄉、清苑、滿城、安肅、唐、博野、望都、容城、完、雄、祁、束鹿、安、高陽、定興、獲鹿、井陘、行唐、靈壽、元氏、贊皇、新樂、武強、定、曲陽、深澤二十九州縣被旱被霜被雹災民，並蠲緩新舊糧租、借欠倉穀及文安、固安、東安、霸、永清、保定、新城、正定、晉、藁城、平山、深、饒陽、安平、通、薊、三河、蠡、欒城、無極二十州縣新舊糧租倉穀有差。（仁宗三三四、一三）

（嘉慶二二、一〇、壬辰）減免直隸安、隆平、寧晉、新河、南宮、任六州縣積水地畝額賦。（仁宗三三五、二〇）

（嘉慶二二、一〇、己亥）緩徵直隸河間、肅寧、任邱、滄、南皮、冀、武邑、衡水、新河、隆平、獻、交河、景、故城、東光、天津、青、靜海、鹽山、慶雲、邢臺、沙河、唐山、廣宗、鉅鹿、南和、內邱、延慶、保安、蔚、宣化、西寧、懷來、易、淶水、南宮、棗强、趙、高邑、寧晉、柏鄉、臨城、阜平、阜城、平鄉、永年、邯鄲、成安、肥鄉、曲周、廣平、雞澤、磁、大名、元城、清豐五十六州縣旱災霜災雹災新舊額賦有差。(仁宗三三五、二七)

（嘉慶二二、一一、丙辰）減免直隸文安、東安二縣大窪地畝額賦有差。(仁宗三三六、一一)

（嘉慶二三、三、乙巳）免蹕路經過地方本年額賦十分之三。(仁宗三四〇、九)

（嘉慶二三、三、丙午）緩徵直隸大興、宛平、良鄉、清苑、滿城、唐、容城、完、祁、獲鹿、井陘、行唐、靈壽、元氏、贊皇、新樂、定、曲陽、武强、深、安平二十一州縣旱災本年額賦。(仁宗三四〇、一〇)

（嘉慶二三、四、辛巳）又諭：順天府所屬州縣，上年春間被旱，秋收亦復歉薄，入冬雪澤優霑，冀望今歲麥秋豐稔，稍蘇民困。乃三春無雨，日來風日暄燥，朕昨詣黑龍潭祈雨，蹕路經過之處，所見麥田多未播種，小民口實無資，所納租稅從何而出。近郊如此，各屬情形可想而知。朕愛恤黎元，施恩惟恐不速，著加恩將順天府屬二十四州縣本年應徵上忙錢糧，概行蠲免。其業經徵收者，照例劃抵。該府尹等即出示曉諭，俾衆周知。(仁宗三四一、二一)

（嘉慶二三、四、丁亥）蠲緩直隸清苑、滿城、安肅、定興、唐、博野、望都、容城、完、雄、祁、安、高陽、新城、獲鹿、井陘、行唐、靈壽、元氏、贊皇、新樂、定、曲陽、武强、束鹿、蠡、深澤、正定、晉、藁城、平山、阜平、欒城、無極、河間、肅寧、任邱、獻、阜城、故城、東光、交河、景、吳橋、寧津、滄、南皮、青、靜海、鹽山、慶雲、深、饒陽、安平、冀、新河、武邑、衡水、棗强、南宮、易、淶水六十二州縣旱災風災新舊地糧旗租。(仁宗三四一、三〇)

（嘉慶二三、四、庚寅）以雨澤愆期，免順天良鄉、固安、永清、東安、通、三河、武清、寶坻、寧河、昌平、順義、密雲、懷柔、涿、房山、霸、文安、大城、保定、薊、平谷、遵化、玉田、豐潤二十四州縣本年旗租，並緩徵節年地糧旗租。(仁宗三四一、三二)

（嘉慶二三、七、甲子）免蹕路經過地方本年額賦十分之五。(仁宗三四四、二〇)

（嘉慶二四、三、己亥）以恭謁兩陵，免蹕路經過地方本年額賦十分之

三。(仁宗三五五、九)

(嘉慶二四、七、庚辰)免蹕路經過由京至古北口地方本年額賦十分之四,由古北口至熱河十分之五。(仁宗三六〇、一七)

(嘉慶二四、七、丁亥)免直隸灤平縣被水地方本年額賦十分之五。(仁宗三六〇、二五)

(嘉慶二四、八、己亥)免直隸固安、永清、東安三縣水災本年額賦並折給口糧有差。(仁宗三六一、一二)

(嘉慶二四、一一、壬戌)蠲緩直隸通、武清、大興、宛平、霸、保定、大城、雄、安、高陽、新安、長垣、東明、開、安肅、青、靜海、灤平、趙、寧晉、薊、寧河、文安、灤、清苑、容城、博野、蠡、河間、獻、交河、天津、滄、鹽山、元城、大名、清豐、南樂、鉅鹿、冀、新河、衡水、隆平四十三州縣,暨津軍同知所屬水災本年額賦及舊欠糧租倉穀;並賑通、武清、霸、保定、大城、固安、永清、東安、雄、安、高陽、新安、長垣、東明、開十五州縣旗民。(仁宗三六四、七)

(嘉慶二四、一二、庚子)免直隸固安、永清、東安三縣水災旗租。(仁宗三六五、一四)

(嘉慶二五、一、戊午)展賑直隸大興、宛平、固安、永清、東安、長垣、安、新安、雄、開、東明、通、武清、霸、保定、大城、高陽十七州縣上年被水災民,並貸籽種口糧、緩徵糧租倉穀;及安肅、青、靜海、灤平、趙、寧晉、薊、寧河、文安、灤、清苑、容城、博野、蠡、河間、獻、交河、天津、滄、鹽山、元城、大名、清豐、南樂、鉅鹿、冀、新河、衡水、隆平二十九州縣及津軍同知所屬災民糧租倉穀。(仁宗三六六、一)

(嘉慶二五、三、甲子)免蹕路經過地方本年額賦十分之三。(仁宗三六八、四)

(嘉慶二五、四、癸卯)緩徵直隸大興、宛平、固安、永清、東安、新安、開、東明、長垣、武清、霸、保定、大城、安、高陽、雄、青、靜海、寧晉、元城、大名、南樂、清豐、南皮、滄、隆平二十六州縣水災本年額賦,並吳橋、東光二縣新舊額賦。(仁宗三六九、一三)

(嘉慶二五、七、壬申)免蹕路經過地方本年額賦十分之三。(仁宗三七四、三)

6. 山東

(順治一、七、甲辰)王鰲永又請蠲免山東錢糧,如河北例。從之。(世

（順治二、五、癸巳）免山東濟陽縣故明徵過元年分額賦。（世祖一六、一一）

（順治二、五、丁酉）免山東平度州、莒州、壽光、蒲臺、昌邑、范縣元年分荒殘額賦。（世祖一六、一三）

（順治四、一一、辛亥）免……山東德州、鄒平、新城、青城、齊東、長山、濟陽、齊河、長清、肥城、歷城、新泰、商河、德平、陵等縣本年分水災額賦。（世祖三五、三）

（順治五、二、癸未）免山東濟南、兗州、青州、萊州四府屬州縣順治四年水災錢糧一年。（世祖三六、一〇）

（順治六、一〇、己亥）免山東東平、長山、長清、萊蕪、肥城、新泰、臨邑、陵縣、新城、齊河、商河、濟陽、禹城、歷城、鄒平、樂陵、聊城、棠邑等州縣五年分水災額賦。（世祖四六、一八）

（順治八、二、己丑）免汶上、壽張、寧陽、嶧縣六年分水災額賦，金鄉縣七年分水災額賦。（世祖五三、一七）

（順治一〇、五、乙亥）免山東歷城、齊河、齊東、肥城等六十九州縣八九兩年分水災額賦。（世祖七五、一一）

（順治一一、三、戊戌）免山東濟南、東昌府屬四十九州縣十年分水災額賦。（世祖八二、一三）

（順治一二、一、庚寅）免山東齊東、濟陽、禹城、長清、肥城、臨邑、齊河、陽信、海豐、商河、霑化、東平、平陰、陽穀、壽張、定陶、曹州、館陶十八州縣十一年分水災額賦。（世祖八八、二）

（順治一二、二、丙子）免山東濱州、寧陽二十一州縣十一年分水災額賦。（世祖八九、一一）

（順治一二、八、癸酉）免山東曹州、城武、陽信、東阿、平陰、范、霑化等縣及臨清衛、齊河屯十一年分水舊額賦。（世祖九三、六）

（順治一二、一〇、甲子）免……山東陵、淄川、青城、齊東、鄒平、博興、臨邑、高苑等縣本年分蝗災額賦。（世祖九四、一一）

（順治一二、一一、壬午）免山東濱州、堂邑、章邱、濟陽、莘、觀城、博平、聊城、邱、冠、館陶、茌平、武城等縣本年分蝗災額賦。（世祖九五、三）

（順治一二、一二、乙丑）免山東臨清、濮二州，齊河、鄒平、青城、蒲臺、朝城、長山、陵邱等縣，東昌衛本年分旱災屯地額賦。（世祖九六、七）

（順治一三、二、丙子）免山東東平、濮、長山等州縣十二年分旱災額

賦。(世祖九八、一八)

（**順治一七、一、甲申**）免山東莒州、沂州、寧陽、郯城、金鄉、單、日照、城武、滕、曲阜、諸城、沂水等縣十六年分水災額賦。(世祖一三一、一九)

（**順治一八、九、辛卯**）免山東金鄉、定陶二縣本年分旱災額賦有差。(聖祖四、一七)

（**康熙二、四、己酉**）免山東淄川等四縣順治十七年分蝗災額賦有差。(聖祖九、二)

（**康熙三、九、乙未**）免山東章邱、新城、青城三縣本年分水災額賦。(聖祖一三、五)

（**康熙四、五、戊申**）免山東樂陵等十一州縣康熙三年分旱災額賦有差。(聖祖一五、一四)

（**康熙四、五、辛亥**）户部議覆：山東巡撫周有德疏言，濟南、兗州、東昌、青州四府旱災，麥田顆粒無收；登州、萊州二府麥田收十分之二三，秋禾亦間有布種，飢民不至如四府之甚。請將奉旨散賑銀六萬兩、米六萬石，盡發四府賑濟，其登、萊二府，止免本年額賦。應如所請。從之。(聖祖一五、一四)

（**康熙四、六、戊午**）户部議：山東濟南、兗州、東昌、青州四府旱災十分，應照例蠲額賦十之三；登州、萊州二府旱災七八分，應照例蠲十之二。得旨：山東濟南等六府所屬地方，既已被災，將康熙四年分應徵錢糧，俱著蠲免。張榜通行曉諭眾民。(聖祖一五、一七)

（**康熙六、一二、己丑**）免山東齊東縣本年分蝗災額賦十之二。(聖祖二四、三〇)

（**康熙七、五、丁巳**）免山東海豐縣康熙六年分水災額賦十之二。(聖祖二六、六)

（**康熙七、一二、戊寅**）免山東省地震地方照水旱災例本年分額賦有差。(聖祖二七、二一)

（**康熙九、閏二、壬子**）免山東沂州、魚臺等四十州縣衛及信陽等三場起存項下銀二十二萬七千三百有奇。以康熙七年地震被災故也。(聖祖三二、一三)

（**康熙九、九、癸未**）免山東濰縣本年分雹災額賦。(聖祖三四、七)

（**康熙九、一〇、丙戌**）免山東陽信等八縣本年分旱災額賦有差。(聖祖三四、八)

（康熙九、一〇、戊子）免山東齊東等七州縣本年分旱災額賦有差。（聖祖三四、八）

（康熙九、一〇、辛卯）免山東濟陽等十四州縣本年分旱災額賦有差。（聖祖三四、九）

（康熙九、一〇、甲辰）户部議覆：山東巡撫袁懋功疏言，曹縣牛市屯決口，衝没金鄉、魚臺、單縣、城武、曹縣、臨清衛村莊房屋田土，非尋常水旱災荒可比，請破格蠲恤。查定例，被災九分十分者，全蠲本年額賦；被災七分八分者，於應蠲外，加免二分；并令該撫發常平倉穀賑濟。從之。（聖祖三四、一三）

（康熙九、一一、丁丑）免山東濟寧州本年分水災額賦十之三。（聖祖三四、二一）

（康熙一〇、七、己未）免山東館陶縣本年分雹災額賦十之三。（聖祖三六、一一）

（康熙一〇、七、丁卯）免山東沂水縣本年分旱災額賦十之二。（聖祖三六、一二）

（康熙一〇、七、乙亥）免山東即墨縣本年分雹災額賦十之二。（聖祖三六、一三）

（康熙一〇、一〇、壬午）免山東文登縣水衝沙壓地畝本年分額賦十之二。（聖祖三七、二）

（康熙一〇、一〇、戊戌）免山東寧海州水災、聊城等三縣旱災本年分額賦有差。（聖祖三七、五）

（康熙一〇、一一、壬子）免山東堂邑、冠縣二縣本年分旱災額賦十之三。（聖祖三七、七）

（康熙一一、一、乙亥）免山東臨清州康熙十年分蟲災額賦十之二。（聖祖三八、八）

（康熙一一、五、辛亥）免山東曹、單二縣本年分挑河挖傷田畝額賦。（聖祖三九、二）

（康熙一一、五、辛酉）户部議覆：山東巡撫張鳳儀疏言，前任巡撫袁懋功遺疏稱：新城、鄒平、青城三縣百姓，賠荒苦累，奉有俟新任巡撫查明具題之旨，今臣親詣新城等縣逐一確查，與前撫臣所題無異。應將三縣地丁錢糧，自康熙十年起，照數豁免，仍令該撫設法招徠開墾。從之。（聖祖三九、三）

（康熙一一、五、壬戌）以山東兗州府屬金鄉等六處田地二萬八千七百六

十八頃有奇，被黄河衝決淹没，將康熙十年分錢糧悉行豁免。(聖祖三九、四)

(康熙一一、六、辛卯) 免山東堂邑等三縣本年分雹災額賦有差。(聖祖三九、八)

(康熙一一、七、甲午) 免山東魚臺縣本年分蟲災額賦十之三。(聖祖三九、二一)

(康熙一一、八、丙午) 免山東濰縣本年分蝗災額賦。(聖祖三九、二三)

(康熙一一、八、辛未) 免山東武城等三縣本年分蝗災額賦有差。(聖祖三九、三〇)

(康熙一一、九、戊寅) 免山東博平等五州縣本年分蝗災額賦有差。(聖祖四〇、二)

(康熙一二、七、癸酉) 免山東青州左衛本年分旱災額賦有差。(聖祖四二、二〇)

(康熙一三、七、乙酉) 免山東青城等十一縣本年分旱災額賦有差。(聖祖四八、二六)

(康熙一三、八、戊戌) 免山東泰安、濟陽等十二州縣本年分旱災額賦有差。(聖祖四九、五)

(康熙一三、一一、甲戌) 免山東棲霞等六州縣本年分水災額賦有差。(聖祖五〇、一六)

(康熙一八、七、庚子) 免山東新泰縣本年分雹災額賦十之三。(聖祖八二、四)

(康熙一八、七、乙巳) 免山東長山、益都等七縣本年分旱災額賦有差。(聖祖八二、六)

(康熙一八、七、戊午) 免山東淄川等五縣本年分旱災額賦有差。(聖祖八二、一三)

(康熙一八、八、丁丑) 免山東莒州、蒙陰等六州縣本年分旱災額賦有差。(聖祖八三、一三)

(康熙一八、一一、丁巳) 免山東鄒平等十州縣本年分旱災額賦有差。(聖祖八六、一七)

(康熙一八、一二、辛未) 免山東濟寧州、單縣本年分旱災額賦有差。(聖祖八七、八)

(康熙一九、三、戊午) 免山東淄川等十三州縣康熙十八年分旱災額賦有差。(聖祖八九、一三)

(康熙一九、七、丙申) 免山東益都等五縣本年分雹災額賦有差。(聖祖

九一、三)

（康熙一九、閏八、丁亥）免山東嘉祥縣本年分水災額賦十之二。（聖祖九一、二二)

（康熙一九、閏八、庚寅）免山東金鄉、魚臺、單縣本年分水災額賦有差。（聖祖九一、二四）

（康熙一九、九、丙寅）免山東濟寧州本年分水災額賦十之三。（聖祖九二、八）

（康熙二〇、一〇、甲申）免山東蒙陰縣本年分水災額賦十之三。（聖祖九八、三）

（康熙二一、九、辛酉）免山東長山、新城二縣本年分水災額賦十之三。（聖祖一〇四、二三）

（康熙二一、一〇、己卯）免山東鄒平縣本年分水災額賦十之二。（聖祖一〇五、四）

（康熙二一、一一、壬子）免山東淄川縣本年分旱災額賦十之三。（聖祖一〇六、三）

（康熙四三、五、乙巳）免山東濟南等府屬九十四州縣衛所康熙四十二年水災額賦，并緩徵本年丁糧米麥漕糧。（聖祖二一六、九）

（康熙四三、九、辛酉）山東巡撫趙世顯疏言：康熙四十二年、四十三年錢糧，及貯德州、臨清州銀米，請俟至四十四年徵收。得旨：山東百姓緣有起色，此項銀米，不可急徵。照該撫所請准行。（聖祖二一七、九）

（康熙四三、一〇、甲戌）又諭戶部：山東比年歉收，民生饑饉，朕焦勞宵旰，未嘗暫刻少釋於懷。康熙四十一年錢糧，既分別減免帶徵，又停四十二年徵收，蠲四十三年額賦；截漕平糶，發帑賑施，遣用多員分道贍養；有就食京城者，復設廠煮賑，命滿漢官員，資送回籍，給以籽粒之需，然後民間漸有起色。今歲幸風雨和調，二麥畢登，秋禾稔穫，流移者悉返里閭，復業者咸安耕鑿，朕於往來山東人員，備加詢問，深慰於懷。但念被災之餘，甫離重困，若非大敷恩澤，終不能遽底盈寧。著將康熙四十四年山東省應徵地丁銀米等項，除漕糧外，通行蠲免。從來水旱靡常，撫綏百姓之道，全視大小官吏實心講求，庶幾民有攸濟。諭旨到日，該巡撫即飭有司，張示曉諭，務俾通省均霑實惠。（聖祖二一七、一六）

（康熙四三、一〇、辛巳）諭戶部：朕宵旰孳孳，惟以康濟生民為念。每歲四方水旱，皆諭令各督撫不時奏聞，仍間遣人員，馳往各路諮詢農事。有自外省來者，必詳問所過地方雨暘耕作之狀。凡以民生所重，無如粒食，不得不豫有經畫也。康熙四十一年冬，朕巡幸至山東德州，聞知萊蕪等六州縣民被災傷，即與豁免四十二年錢糧。及四十二年春，南巡視河，經行泰安一路，見其閭閻生聚遠不逮於從前，隨下諭詳察被災州縣，蠲除額賦，並動倉穀賑濟。但蠲賑雖行，而人民甚屬窘迫，非以贍養蒙古之法行之不能立遂生計。再三籌策，乃命官民願効力者百餘人，星速前赴山東，計口授糧，給衣濟用，兼量助牛種等物，貧寠之民皆賴以全活。比朕避暑口外，覺夏月雨水頗多，即命行文，移問山東等省，而東省果告潦災，秋禾失收，民滋困苦。但地方人情，猶帖然安堵。此即遣官養民之實效也。因又下諭增益多員，分往被水失收處，再加賑濟。顧各州縣地廣人衆，需費浩繁，猶必大加賑施，方能徧及。特命漕臣親赴東省，截留漕糧五十萬石，分貯沿河鎭市衝要之地，散賑而外，即平價發糶。又諭八旗滿洲、蒙古、漢軍，每三佐領各派一人，計得四百餘人，此所派人員，每佐領領帑金一千兩給之。並備車輛駝馬等物，令分往山東各州縣，照前遣人員贍養，以至來年七月爲期。其登、青、萊三府，則截留漕米，由天津海道運至其地，每府各三萬石。又遣大臣三員，分三路往來巡視，稽覈散賑事宜，酌定平糶價值，而民間始盡霑實惠。至於未經散賑之際，饑民有流入京城者，老幼仳離，急於得食。爰於今歲正日，命八旗王、貝勒、大臣、內務府官員，並漢大臣官員，設廠數十處，煮賑一月有餘。復念饑民抛棄鄉土，久住京師，究非長策。於是遣官僱募船隻，悉送還籍，仍給以銀兩，爲日用籽粒之資。而流移之人，遂得復安本業。入夏以來，風雨調和，二麥稔登，秋田多稼，該省呈進穀穗，合之往來人等奏對之語，朕心始爲大慰。夫水旱災傷，事所時有，非恃廟堂之上多方賑救，則民將何依。朕爲山左勞心籌畫者，兩載於茲，迺幸奏有成效。今三路大臣及該撫，俱奏年穀順成，民生得所，賑事告竣。前後効力諸臣，宜加獎勸。去歲春秋二次、遣往養民各員，著察明議敘。內有自出己力贍養者，從優議奏。其在京捐銀及資送回籍人員，亦著一併議敘。東省停陞轉官員，俱令照常陞轉。(聖祖二一七、一八)

(**康熙四四、二、丙戌**) 是日，上入山東境，山東紳衿軍民數十萬，執香跪迎道左，合奏：山東連年饑饉，蒙皇上截留漕運，分疆散賑，動內帑數百萬兩，遣官四五百員，分派各州縣賑濟，至地丁錢糧，前後屢行蠲免，通省億萬民命，始得復生，無不垂涕感激。御舟已過，猶瞻仰不已焉。(聖祖二一九、九)

(**康熙四六、一〇、辛丑**) 免山東章邱等七縣本年分水災額賦有差。(聖祖二三一、一〇)

(康熙四七、一〇、庚申)免山東濟寧、鄒平等二十九州縣本年分旱災額賦有差。(聖祖二三五、一三)

(康熙四七、一一、丁丑)免山東德平等六州縣本年分旱災額賦有差。(聖祖二三五、一五)

(康熙四八、一〇、丙辰)免山東東平等四州縣本年分旱災額賦有差。(聖祖二三九、一七)

(康熙五一、一〇、戊辰)免山東魚臺等四縣本年分水災額賦有差。(聖祖二五一、二三)

(康熙五五、九、癸酉)免山東泰安、商河等六州縣本年分水災額賦有差。(聖祖二六九、一六)

(康熙六〇、五、辛巳)戶部議覆:山東巡撫李樹德疏言,濟、兗、東、青四府雨澤愆期,請將本年錢糧緩徵,并發常平倉穀賑濟窮民。應如所請。得旨:依議速行。(聖祖二九二、一八)

(雍正一、二、癸亥)以山東泗水等十一縣連年旱災,發帑賑給;及鄰省就食窮民,一體散賑。並緩徵康熙六十一年分未完額賦。從巡撫黃炳請也。(世宗四、一四)

(雍正一、二、戊辰)以山東壽張等五州縣黃沁水決,麥豆被淹,緩徵康熙六十年分未完漕項銀米。(世宗四、二一)

(雍正一、三、乙巳)免山東壽張等五州縣衛康熙六十一年分水災額賦有差。(世宗五、二三)

(雍正一、三、己酉)免山東東平、歷城等四十六州縣,濟南等三衛康熙六十年分旱災額賦有差。(世宗五、二七)

(雍正一、四、丁卯)免山東德州、章邱等四十一州縣,臨清等三衛康熙六十年分旱災額賦有差。(世宗六、二二)

(雍正一、七、庚辰)命山東歷城等一百二州縣康熙六十年未完地丁錢糧六十九萬四千兩有奇,自雍正元年始,分三年帶徵。從山東巡撫黃炳請也。(世宗九、二)

(雍正三、一二、戊子)諭內閣:山東歷城等四十三州縣、德州等五衛所,今歲被水,收成歉薄。巡撫陳世倌奏請將被災之州縣衛所,應徵漕糧,盡行緩徵,分作三年帶徵起運。經部議覆,以漕糧無本年全緩、分作三年帶徵之例,應緩徵一半,於雍正四年秋成後徵收起運等語。朕思被災地方,有輕重不等,若被災既重,即徵收漕米一半,閭閻亦覺艱難。著山東巡撫於四十三州縣五衛所之中,悉心詳查,其被災稍輕之處,仍照部議緩徵一半;被

災重者，准其全緩。務期分別確當，不得草率偏枯。儻輕重失實，日後發覺，定行重治其罪。(世宗三九、三〇)

(雍正四、一、己亥) 山東巡撫陳世倌摺奏：去年山東歷城等四十三州縣、五衛所，偶被水災，其應納漕糧，業經奉旨緩徵，復將存倉米穀，借給窮民。臣恐隆冬民食不周，先於省城及德州一帶，設立粥廠，續於聊城、荏平等十縣，各設粥廠。如有外省饑民到境，一體賑濟，以廣仁恩。得旨：據奏務令窮黎咸各得所，無一人向隅，方愜朕懷。舉凡可以安全保綏之術，汝力所不逮，第據實奏聞。去歲各省俱慶豐稔，惟直隸、山東歉收；直隸料理甚妥，諒未必有流移至山東之民，汝但能撫恤本省百姓，不致遷離失業，則亦可告無愧矣。(世宗四〇、一八)

(雍正四、五、庚子) 免山東德州、禹城等十六州縣，德州一衛雍正三年分旱災額賦有差。(世宗四四、二〇)

(雍正四、九、己酉) 免山東德州、歷城等四十三州縣，濟南等五衛、東平一所雍正三年分水災額賦有差。(世宗四八、二〇)

(雍正五、八、丁亥) 免山東鄒平等十縣、濟南一衛雍正四年分水災額賦有差。(世宗六〇、五)

(雍正八、一二、丁巳) 諭戶部：今歲山東被水之州縣，朕心軫念殷切，已令地方有司，加意撫綏，又特遣大臣等，按戶查賑，併給以修葺室廬之資，其成災州縣之地丁錢糧及漕糧，併行豁免。欲使閭閻厚霑恩澤，咸登衽席也。頃又思該省既被災之州縣，則本地所產之米，較少於平時，其不成災州縣，應有交官漕糧，若此時仍照舊徵收，則米穀之存於民間者較少，且恐因此而致穀價稍昂，未免輸將竭蹶。但查漕糧向無豁免之例，今年之暫免徵收者，出於朕之特恩，至不成災之州縣，尤難越格蠲除。今再四思維，著將東省不成災之州縣今歲應徵之漕糧，停其徵收，俾民間多留穀石，則民力自覺寬餘。俟明歲收成之後，令百姓照數交官。此項亦不必運送京師，即存貯本省，補完今歲散賑之倉穀。如此，庶於地方大有裨益。著即遵諭行。(世宗一〇一、一三)

(雍正一〇、三、庚辰) 免山東濱州、新城等八州縣雍正九年分水災額賦有差。(世宗一一六、一五)

(雍正一〇、一二、己巳) 免山東泰安、滋陽等五十一州縣本年分旱災額賦有差。(世宗一二六、一二)

(雍正一一、八、甲寅) 諭內閣：據山東巡撫岳濬奏報，東省歷年耗羨銀兩，現存庫銀七十五萬四千兩有零。從前豫省奏有存庫銀七十餘萬，朕已降旨，將豫省本年地丁錢糧蠲免四十萬兩，以加惠通省百姓，今東省亦應一體加恩。著將雍正十一年地丁錢糧，照豫省之例，蠲免四十萬兩，即以存貯之耗羨，照數撥補還項。該省督撫務飭有司，實力奉行，俾閭閻均霑實惠。（世宗一三四、四）

（**雍正一一、一二、乙卯**）免山東高唐、鄒平等二十七州縣本年分旱災額賦有差。（世宗一三八、四）

（**乾隆一、一〇、甲申**）諭總理事務王大臣：朕聞山東各府，今歲秋收俱稱豐稔，惟武定府屬之樂陵縣及濟南府屬之德平縣，有低窪被淹之鄉村。若就通縣地畝而論，均不及十分之一，實未成災；但被水之後，補種秋禾，收成未免減少。所有本年應納錢糧，或有艱於措辦。著該撫轉飭有司，將此二縣窪地歉收之戶應納錢糧若干，確實查明，緩至明年麥秋徵收，以紓民力。至於來春青黃不接之時，若有實在乏食窮民，並令有司動支社倉穀石，按戶借給，以資接濟，毋令失所。（高宗二九、九）

（**乾隆二、六、壬戌**）緩徵山東樂陵、德平二縣水災乾隆元年分地丁銀，並借給穀石，秋後免息還倉。（高宗四四、九）

（**乾隆二、八、壬午**）免山東濟南、泰安、兗州、東昌、青州等五府屬二十八州縣衛被旱災民本年額賦。（高宗四九、一〇）

（**乾隆二、九、戊申**）免山東濟南、泰安、武定、兗州、曹州、沂州、東昌府等屬德平等三十三州縣衛，本年旱災額賦二萬五千八十兩有奇。（高宗五一、一二）

（**乾隆三、二、己酉**）免山東齊河、濟陽、禹城、臨邑、陵縣、德州、德平、平原、商河、惠民、陽信、海豐、樂陵、利津、濱州、霑化、陽穀、壽張、濟寧、朝城、聊城、堂邑、清平、臨清、恩縣、夏津、武城、樂安二十八州縣，並濟南、德州、東昌、臨清四衛水災額賦有差。（高宗六三、一四）

（**乾隆三、七、丁巳**）免山東長山、齊東、濟陽、陵縣、肥城、陽信、蒲臺、曲阜、滕縣、曹縣、濮州、朝城、臨清、益都、壽光、昌樂等十六州縣，濟南、濟寧二衛役蝕未完正耗銀二萬六千四百七十八兩有奇。（高宗七二、八）

（**乾隆三、七、甲戌**）緩徵山東德州衛本年雹災新舊錢糧，並乾隆二年被水停徵之齊河、臨邑等三十二州縣、東昌等四衛，其本年新糧亦緩至秋後徵收。（高宗七三、九）

（**乾隆三、七、乙亥**）免山東長山、寧陽、汶上、曹縣、鉅野、觀城、福山、高密、益都、臨淄、壽光、臨朐等十二縣雍正八年被水衝決田地無徵

銀一千三百一十三兩有奇，並乾隆元二年未完銀兩，悉行豁除。(高宗七三、一〇)

(乾隆三、九、壬戌) 免山東雍正十三年民欠幫貼河夫工食銀五千四百五十三兩有奇。(高宗七六、一五)

(乾隆三、一〇、辛巳) 免山東鄒平、新城、齊東、寧陽、鄒縣、泗水、濟寧、高苑等八州縣本年雹災額賦有差。(高宗七八、五)

(乾隆三、一一、戊辰) 免山東招遠縣本年雹災額賦。(高宗八一、一〇)

(乾隆四、八、戊子) 護理山東巡撫布政使黃叔琳疏報：濟南府屬之歷城、濟南衛、章邱、鄒平、長山、新城、齊東、齊河、禹城、長清、德州、德平、平原、德州衛十三縣衛，泰安府屬之泰安、肥城、東平、東阿、平陰等五州縣，武定府屬之惠民、青城、陽信、海豐、商河、濱州、利津、霑化、蒲臺等九州縣，兗州府屬之滋陽、魚臺、濟寧、嘉祥、汶上、陽穀、壽張、濟寧衛、東平所等九州縣衛所，曹州府屬之菏澤、曹縣、定陶、鉅野、單縣、城武、鄆城、濮州、范縣、觀城、朝城等十一州縣，東昌府屬之聊城、堂邑、清平、館陶、冠縣、臨清、邱縣、高唐、恩縣、夏津、博平、茌平、莘縣、武城、東昌衛、臨清衛等十六縣衛，青州府屬之博興、高苑、樂安等三縣，統計六十六州縣衛所，秋禾被水，請將應徵新舊錢糧，緩至來年麥熟後分年帶徵。下部議行。(高宗九八、二一)

(乾隆四、一〇、辛卯) [戶部] 又議覆：護山東巡撫布政使黃叔琳疏稱，歷城、海豐、樂陵、蒲臺、濱州、利津、霑化、泗水八州縣，二麥被旱成災，應免起存地丁銀六千七百九十二兩零。應如所請。從之。(高宗一〇三、八)

(乾隆四、一二、癸酉) 免山東金鄉、濟寧、菏澤、單、曹、臨清衛六州縣衛本年水災地糧銀六千七百三十五兩有奇。(高宗一〇六、三)

(乾隆五、二、癸未) 免山東章邱、鄒平、長山、新城、齊東、齊河、德州、德平、平原、德州衛、泰安、東平州、東阿、平陰、惠民、青城、陽信、海豐、商河、濱州、利津、霑化、蒲臺、魚臺、濟寧、嘉祥、汶上、陽穀、壽張、濟寧衛、東平所、菏澤、單縣、城武、曹縣、定陶、鉅野、鄆城、濮州、范縣、觀城、朝城、聊城、堂邑、博平、茌平、清平、莘縣、冠縣、臨清、館陶、高唐、恩縣、夏津、武城、東昌衛、臨清衛、博興、高苑、樂安等六十州縣衛乾隆四年分水災額賦銀一十三萬九千七百七十三兩有奇。(高宗一一〇、一九)

(乾隆五、二、壬辰) 免山東滕縣、金鄉、蘭山、郯城、日照等五縣乾

隆四年分水災額賦有差。（高宗一一一、四）

（乾隆五、九、丁丑）諭：上年山東有被水歉收之州縣，朕屢降諭旨，令地方官加意撫綏。幸今歲雨暘應時，收成豐稔。惟是荒歉之後，元氣未復。其被水較重之東平、東阿、嘉祥、汶上、壽張、濟寧、金鄉、菏澤、單縣、曹縣、濮州、范縣、館陶等十三州縣，有帶徵之漕項等米三萬三千三百餘石、改徵之黑豆二萬二千四百餘石，俱應於今年徵收還項者。朕嘉惠小民，著將此二項米豆，分作庚申、辛酉兩年，隨同各現年應完之項，帶徵全完。則民力寬舒，不致竭蹶。該部即遵諭行。（高宗一二六、一二）

（乾隆六、七、壬辰）山東巡撫朱定元奏報：濟南、東昌二府屬被旱偏災，請緩徵錢糧，放賑接濟。得旨：是。雖屬偏災，被災之人，豈有偏全之別乎？所當加意撫恤者也。諭曰：朕聞山東禹城、齊河、長清、歷城四縣，自四月十五日得雨以後，至今三月有餘，雨澤愆期，境內禾苗乾枯。間有并未栽種秋糧之地畝。高粱多長本而無實，粟穀多有穗而無粒。黑豆蕎麥，有出土僅寸許至數寸者。地方情形如此，何以朱定元并未剴切陳奏？若以為一省之內，不過數縣缺雨，係屬偏災，無足介意，夫以通省言之，被災雖有偏全之別，而就一方言之，民既被災，其受困豈有區別乎？其作何賑恤，著該撫悉心籌畫，速行辦理，毋使一民失所。（高宗一四七、二四）

（乾隆六、九、己丑）緩徵山東歷城、齊河、濟陽、禹城、長清、章邱、齊東、肥城、平陽、茌平、陵縣、鄒平、臨邑、平原、清平、博平、高唐等一十七州縣本年旱災漕糧、黑豆。（高宗一五一、一五）

（乾隆六、一〇、戊申）緩徵山東歷城、章邱、齊河、齊東、濟陽、禹城、長清、陵縣、肥城、平陰、茌平十一縣及衛被旱災田本年漕糧。（高宗一五三、三）

（乾隆六、一二、己酉）免山東歷城、章邱、鄒平、齊東、濟陽、禹城、臨邑、長清、陵縣、平原、肥城、平陰、博平、茌平、清平、高唐十六州縣併衛被旱成災地本年應徵錢糧。（高宗一五七、六）

（乾隆七、三、戊子）緩徵山東歷城、章邱、鄒平、齊河、齊東、濟陽、禹城、臨邑、長清、陵縣、平原、肥城、平陰、博平、茌平、德平、高唐十七州縣被旱災地方乾隆六年分漕糧額賦。（高宗一六三、一六）

（乾隆七、六、乙巳）戶部議准：前署山東巡撫布政使魏定國疏報，東省濟、泰、東三府之歷城、章邱、鄒平、長山、新城、齊東、濟陽、臨邑、長清、陵縣、德州、德平、平原、肥城、東阿、平陰、博平、茌平、清平等十九州縣衛，麥禾被旱，請將新舊錢糧，緩至秋後徵收，以紓民力。惟各州縣秋禾，雖已飭借耔種，但距西成尚早，應於存倉穀內，酌量借給。仍於秋後免息還倉。儻本處倉穀不敷，即於隣近州縣撥運借給。得旨：依議速行。（高宗一六九、三）

（**乾隆七、八、壬寅**）諭：上年山東歷城一十七州縣衛秋禾被災，朕特降諭旨，將應徵新舊錢糧、並漕米黑豆，一概緩至今歲及癸亥兩年帶徵，於麥熟後起限。嗣因今歲二麥不登，復緩至秋成後完納。現在秋收豐稔，自應按款輸將。但各州縣中，有疊被災傷之歷城等十三縣，今歲雖獲有秋，而民力未甦，舊欠新徵，令其一時並納，未免拮据。著將歷城、章邱、齊東、濟陽、長清、陵縣、鄒平、臨邑、平原、肥城、平陰、茌平、博平等縣，並歷城、章邱、濟陽、長清、肥城等五縣收幷之衛地，除現年錢糧及帶徵六年之米豆照常徵收外，其應徵四、五兩年舊欠及帶徵六年之地丁，並災案出借之口糧耔種，概緩至乾隆癸亥年麥收後起徵，仍照例分年完納，以紓民力。又聞齊河、禹城、清平、高唐等四州縣並齊河縣收幷之衛地，今夏雖勘不成災，究屬歉收，且去歲被災亦重。著與歷城等縣一例辦理。使小民餬口有資，輸將不致竭蹶。該撫即遵諭行。（高宗一七三、一）

（**乾隆七、一〇、己丑**）免山東歷城、章邱、鄒平、長山、新城、齊東、濟陽、臨邑、長清、陵縣、德州、德平、平原、肥城、東阿、平陰、博平、茌平、清平等十九州縣旱災地糧銀二萬五千一百七十兩有奇。（高宗一七六、六）

（**乾隆七、一一、丙辰**）停徵山東濟寧、滕縣、嶧縣、金鄉、魚臺、鄒縣、臨清等七州縣衛水災舊欠錢糧，其本年糟［漕］糧及改徵黑豆，俱緩徵。（高宗一七八、五）

（**乾隆七、一一、壬戌**）加賑山東膠州、平度、蘭山、郯城、安化、諸城、昌邑、濰縣、高密、德州衛等十州縣衛水災飢民並借給耔種，緩徵舊欠錢糧；其本年應徵錢糧，各按被災分數，分年帶徵。（高宗一七八、一四）

（**乾隆七、一二、庚戌**）免山東膠州、平度、蘭山、郯城、安化、諸城、昌邑、濰縣、高密、德州衛等十州縣衛水災地糧銀七千七百六十兩有奇，豁除高密縣衝沒社穀一百五十五石有奇。（高宗一八一、一七）

（**乾隆八、二、乙巳**）緩山東金鄉、魚臺、濟寧、鄒縣、滕縣、嶧縣六屬上年水災應徵漕米黑豆有差。（高宗一八五、一二）

（**乾隆八、閏四、丙寅**）諭：朕聞山東今年春夏雨澤愆期，二麥有歉收之處。查歷城、章邱、齊東、濟陽、長清、陵縣、鄒平、臨邑、平原、肥城、平陰、茌平、博平等十三縣，並歷城、章邱、濟陽、長清、肥城等五縣收幷之衛地，有未完四、五、六年等舊欠錢糧，並六年災案出借之口糧耔種。因六年秋禾被災，七年夏麥不登，經朕降旨，緩至乾隆八年麥收後起徵。今屆開徵之期，而麥收又復歉薄，朕心軫念。著寬至本年秋收後起徵，仍照例分別緩帶，以紓民力。該部即遵諭行。（高宗一九〇、一四）

（乾隆八、七、壬辰）貸山東歷城、章邱、鄒平、長山、新城、齊河、齊東、濟陽、長清、肥城、東阿、平陰、青城、蒲臺、博興、高苑等十六州縣衛被旱被雹災民，免本年額賦。（高宗一九六、一八）

（乾隆八、八、丁卯）諭：山東今歲夏間雨澤愆期，齊東、陵縣、德平、德州、平原、惠民、樂陵、陽信、濱州、利津、商河、恩縣、夏津、武城十四州縣俱有被災之處。所有本年應納漕糧黑豆，例應十月開徵。朕念該州縣被災處所，雖輕重不同，收成均屬歉薄，按期輸納，實屬艱難。著將東省被災州縣本年應納漕糧黑豆、及原有帶徵之處，視被災之輕重，分別年分，緩幫輸納，以紓民力。著該部即行文喀爾吉善，令其查明具題辦理。（高宗一九九、一）

（乾隆八、九、丁酉）賑貸山東齊東、陵縣、德州、德平、平原、德州衛、惠民、陽信、海豐、樂陵、商河、濱州、利津、霑化、恩縣、夏津、武城、日照等十八州縣衛旱災飢民，分別蠲緩本年額賦。（高宗二〇一、四）

（乾隆八、一〇、庚午）分別緩徵山東平原、樂陵、德平、德州、陵縣、惠民、濱州、商河、齊東、陽信、利津、武城、恩縣、夏津等十四州縣被旱災民新舊額賦。（高宗二〇三、九）

（乾隆八、一〇、甲戌）緩山東臨邑縣被旱災民新舊額徵。（高宗二〇三、一五）

（乾隆九、二、壬申）又諭：山東齊東等十九州縣衛被旱歉收，朕已降旨，將應徵錢糧照例分別辦理。但被災州縣，尚有勘不成災之地畝，例不在緩免之列。朕念此等地方，既屬薄收，自冬徂春，民食未免拮据。今當青黃不接之際，餬口維艱，若令其輸納國課，實為竭蹙。著將濟南府屬之齊東、陵縣、德州、德平、平原、臨邑、德州衛，武定府屬之惠民、海豐、樂陵、商河、濱州、霑化、陽信、利津，東昌府屬之武城、恩縣、夏津，沂州府屬之日照縣南鄉并安東衛等十九州縣衛，應徵乾隆八年地丁及帶徵錢糧，寬至本年秋成後，再行徵輸，以紓民力。該部即遵諭速行。（高宗二一一、一四）

（乾隆九、七、丁亥）諭：山東濟南府屬之歷城、章邱、鄒平、齊河、齊東、濟陽、禹城、臨邑、長清、陵縣、德州、德平、平原、德州衛，武定府屬之惠民、陽信、海豐、樂陵、商河、濱州、利津、霑化、青城、蒲臺，泰安府屬之平陰、肥城，東昌府屬之博平、臨清、高唐、恩縣、館陶，沂州府屬之沂水、蒙陰、蘭山，青州府屬之博興、高苑、樂安等三十七州縣衛，勘不成災之地畝，應徵錢糧，例應輸納。但朕思各州縣麥收原屬歉薄，若因此時勘不成災，將新舊錢糧，一時並徵，小民未免拮据。著將乾隆九年應徵地丁，寬至本年十月後啓徵，其歷年舊欠，緩至來歲麥熟後徵收，以紓民力。(高宗二二〇、一六)

（乾隆九、九、己卯）諭：山東省上年被災較重之陵縣等八州縣，應徵帶徵米豆，朕已降旨，緩至甲子、乙丑兩年各半分徵。其被災較輕之齊東等七縣，所有米豆，各緩至甲子秋後完納。朕思十月即屆徵漕之期，自應按限催輸。但齊東等州縣，本年又有夏災，雖秋田幸獲有收，而民鮮蓋藏，尚須培養以復元氣。著將原報災重之陵縣、德州、德平、平原、惠民、樂陵、商河、濱州八州縣，應徵乾隆八年分緩帶米豆，再予寬限一年，俟乙丑、丙寅兩年各半分徵。原報災輕之齊東、臨邑、陽信、利津、恩縣、夏津、武城七縣，應徵八年分緩帶米豆，令其於本年各隨新漕完納一半，所剩一半，至乙丑年帶徵；至齊東、臨邑、陵縣、平原四處，應完六年帶徵米豆，亦令其於本年及乙丑年各半徵輸。俾民力寬紓，不至竭蹶。該部即遵諭速行。(高宗二二四、九)

（乾隆九、九、癸卯）戶部議覆：山東巡撫喀爾吉善疏報，青州府屬博興、樂安二縣，秋禾被旱，業確勘情形，散給一月口糧，仍俟查明成災分數，題請加賑。其缺乏籽種貧民，動支採買麥石，俾得及時播種二麥，以資接濟。應如所請辦理。併令該撫將被災地畝新舊錢糧，暫停徵納。得旨：依議速行。(高宗二二五、二一)

（乾隆九、一一、乙亥）諭：山東青州府屬之博興、樂安二縣，今年有秋禾被旱之鄉村，朕已照該撫所請，將災地新舊錢糧，分別蠲緩。今聞二縣未被災之處，即本年夏麥被旱之區，秋禾雖未成災，而收成僅有六分，未免歉薄。若將錢糧照例起徵，民力難以輸納，朕心軫念。著將博興、樂安二縣內夏麥被旱、秋收歉薄之處，所有本年錢糧，緩至來年麥熟後徵收，以紓民力。該部即遵諭行。(高宗二二八、一)

（乾隆九、一一、丁亥）賑山東博興、樂安二縣被旱災民，並緩新舊額徵。(高宗二二八、一四)

（乾隆九、一二、癸亥）蠲免山東歷城、章邱、平原、蒙陰、沂水、臨清、恩縣、鄒平、齊河、齊東、濟陽、臨邑、長清、陵縣、德平、肥城、平陰、利津、霑化、高唐、禹城、德州、惠民、青城、陽信、濱州、蒲臺、博平、海豐、樂陵、商河、高苑等三十二州縣衛旱雹等災本年額徵。(高宗二

三一、八)

（**乾隆一〇、二、己巳**）免山東博興、樂安二縣乾隆九年旱災額賦。（高宗二三五、一三）

（**乾隆一〇、四、乙巳**）諭：山東武定府屬，地土素稱磽薄，兼以連年被災之後，元氣未復，去秋雖獲有收，而冬春雨雪稀少，種麥無多。今聞甘霖雖沛，小民東作方興，當此青黃不接之時，必無餘力以辦國課，朕心廑念。著將惠民、陽信、海豐、樂陵、濱州、商河、利津、霑化、蒲臺、青城等十州縣乾隆九年未完錢糧，十年應徵新賦，概緩至本年秋成後，按款徵收，俾閭閻得免追呼之擾。其乾隆八、九兩年出借口糧籽種，應於本年夏秋兩熟分別徵完者，亦著緩至秋收後開徵，以紓民力。該部即遵諭行。（高宗二三八、六）

（**乾隆一〇、五、癸未**）又諭：從前山東連歲歉收，所有借給民間籽種口糧銀穀等項，俱應於本年麥秋後催徵還項。但朕聞濟南所屬州縣，如歷城、章邱、鄒平、齊東、濟陽、長清、齊河、臨邑、禹城、陵縣、德州、平原、德州衛、長山、新城等處，上秋種麥，本屬無多，今春得雨稍遲，收成不無少歉，若將新舊錢糧，併令一時完納，民力未免艱難。著將此十六州縣衛，歷年舊欠錢糧、以及未完口糧籽種銀穀，概行緩至本年秋收後催徵完項，俾民間不致拮据。該部即遵諭速行。（高宗二四〇、一八）

（**乾隆一〇、九、丁亥**）停徵山東濟寧、滕縣、嶧縣、魚臺、郯城等五州縣及臨清衛水災，海豐縣旱災額賦；賑貸饑民。（高宗二四九、八）

（**乾隆一〇、一一、丙戌**）諭：山東濟南、武定、東昌、青州四府屬內，自乾隆四年至十年，有被災之處，所有緩徵帶徵銀兩，例應按限徵收。今歲該省收成雖頗豐裕，但積歉之餘，元氣未復，若新舊並徵，民間未免拮据。著將濟、武、東、青四府屬內積欠之州縣衛所，除四、五兩年未完無幾，仍照例徵收外，其乾隆六、七、八、九、十等年被災案內緩帶錢糧，自乾隆丙寅年起，分作五年帶徵，每年徵完一年之欠；其歷年出借口糧籽種，亦著一例分年分案徵還；以紓民力。該部即遵諭行。（高宗二五三、六）

（**乾隆、一一、七、丁巳**）賑貸山東東平、魚臺、濟寧、汶上、蘭山、郯城、益都、博興、高苑、樂安、壽光、安邱、諸城、昌邑、濰縣、膠州、高密、寧海等十八州縣被水災民，並予緩徵。（高宗二七一、一五）

（**乾隆一一、八、乙酉**）賑貸山東金鄉、陽穀、城武、定陶、聊城、莘縣、臨清、福山、棲霞九州縣暨東昌、臨清二衛被水災民，並予緩徵。（高宗二七三、一二）

（乾隆一一、九、戊戌）賑貸山東滕縣、單縣、平度州三州縣被水災民並予緩徵。（高宗二九四、一一）

（乾隆一一、九、戊申）又諭：山東省東平等州縣，今歲秋禾偶被偏災，已屢降諭旨，發倉賑卹，其地丁錢糧，俱已加恩蠲緩，至漕糧一項，例不在蠲免之內。惟是被災之地，責令完漕，民力未免拮据，朕心軫念。著將被災偏重之金鄉、魚臺二縣，無論已未成災地畝，本年應徵漕糧，均緩至乾隆丁卯、戊辰二年帶徵；其被災稍輕之東平、汶上、濟寧、城武四州縣，應完災地漕糧，著緩俟丁卯、戊辰二年，每年帶徵一半；陽穀、聊城、莘縣、滕縣、單縣被災次輕，應完災地漕糧，緩至丁卯年帶徵。所有一切漕項錢糧，俱著隨漕緩徵，俾災邑貧民，得以從容輸納。該部遵諭速行。（高宗二七四、二二）

（乾隆一一、一二、癸亥）又諭：山東濟南府屬之陵縣所有帶徵乾隆八年正耗漕米五千七百九十餘石，應於本年完交。但思該縣當積歉之後，元氣未復，本年既有應納錢糧漕米等項，若再催納帶徵之漕米，民力未免拮据。著將陵縣應行帶徵八年正耗漕米，加恩豁免。此內有已徵在官者，准於次年抵納新漕，俾小民均得一體邀恩。該部即遵諭行。（高宗二八〇、二）

（乾隆一一、一二、己卯）免山東金鄉、陽穀、城武、聊城、莘野、臨清、東昌、臨清衛等八州縣衛水災額賦有差。（高宗二八一、七）

（乾隆一二、三、辛丑）又諭：山東臨清衛上年被水成災，坐落濟寧、魚臺之十三屯，因分數較輕，未邀加賑。第念該處連被災傷，當此青黃不接之際，小民餬口艱難。著照濟寧等處之例，極貧加賑兩月，次貧加賑一月，以資接濟。其鄒城縣從前遺漏戶口，著該撫查明，補給一月賑糧，以免匱乏。至被災各該縣境內，有上年秋成少歉、尚未成災者，雖非被災民人可比，但與災地俱屬毗連，輸將未免拮据。所有應徵舊欠錢糧，亦著加恩緩至麥熟後開徵，俾民力得以稍紓。該部遵諭速行。（高宗二八六、一六）

（乾隆一二、四、甲子）山東巡撫阿里袞奏：東平等四十二州縣衛，除前奉旨緩徵八縣外，其東平、金鄉、魚臺、汶上、濟寧、陽穀、滕縣、蘭山、城武、單縣、聊城、莘縣、臨清、安邱、諸城、益都、平度、高密、膠州、定陶、曹縣、鉅野、嶧縣、寧海、福山、棲霞、菏澤、嘉祥、博山、文登、榮成及東昌、臨清、濟寧衛等三十四州縣衛，上年舊欠錢糧，除已交外餘概緩至麥收後啓徵。得旨：著照所請行。（高宗二八八、九）

（乾隆一二、七、己丑）諭：據山東巡撫阿里袞奏稱，濟南府屬之歷城、章邱，泰安府屬之萊蕪，沂州府屬之蘭山、郯城，東昌府屬之臨清州衛并濟寧州，低窪沿河村舍，有被水之處；其東昌府屬之聊城、堂邑、莘縣、夏津、臨清、館陶、東昌衛，青州府屬之益都，兗州府屬之陽穀、滕縣等處被雹。現已委員會同地方官確勘，果否成災，取具分數册結詳報。倒塌廬舍，給資修葺，淹斃人口，資助掩埋；損傷秋禾，酌借籽種，及時補種等語。東省被水被雹州縣，并前報被水之魚臺、長清共二十州縣衛，即便不致成災，窮黎殊可憫惻。著該撫加意撫卹，務令得所。其災戶應徵新舊錢糧，俱著緩徵，俟查明後照例辦理，以紓民困。（高宗二九四、一）

（乾隆一二、七、癸卯）又諭：前據山東巡撫阿里袞奏稱，歷城等二十縣衛，被水被雹，朕已諭令緩徵。今據續報濟南府屬之德州、陵縣、德州衛，泰安府屬之泰安、肥城、東平州、東阿、平陰，武定府屬之青城、利津、霑化，兗州府屬之滋陽、曲阜、寧陽、鄒縣、金鄉縣、濟寧衛、嘉祥、汶上、壽張並東平守禦所，曹州府屬之菏澤、鉅野、鄆城、單縣、城武，沂州府屬之費縣，東昌府屬之博平、清平、高唐、恩縣，青州府屬之博興、高苑、樂安等三十四州縣衛所，六月下旬，大雨時行，山水漲發。沿山傍水，窪下鄉村，一時宣洩不及，晚穀未免損傷等語。雖屬偏災，而被水窮黎，深可憫惻，著該撫加意撫卹。所有應徵新舊錢糧，概緩徵收，以紓民力。查明後應行辦理之處，照例作速辦理，務令得所。（高宗二九四、二三）

（乾隆一二、九、乙未）賑卹山東齊河、齊東、濟陽、禹城、臨邑、長清、陵縣、德州、德平、平原、德州衛、泰安、肥城、新泰、萊蕪、東平、東阿、平陰、惠民、青城、陽信、海豐、樂陵、商河、濱州、利津、霑化、蒲臺、滋陽、曲阜、寧陽、鄒縣、泗水、滕縣、金鄉、魚臺、濟寧、嘉祥、汶上、陽穀、壽張、濟寧衛、東平所、菏澤、定陶、單縣、城武、曹縣、鉅野、鄆城、濮州、范縣、觀城、朝城、蘭山、郯城、費縣、蒙陰、沂水、聊城、堂邑、博平、茌平、清平、莘縣、館陶、臨清、高唐、恩縣、夏津、武城、東昌衛、益都、博興、高苑、樂安、壽光、昌樂、臨朐、安邱、諸城、掖縣、平度、昌邑、膠州、高密等八十七州縣衛所本年分水災雹災飢民，並予緩徵。（高宗二九八、一六）

（乾隆一二、一二、丁卯）緩徵山東金鄉、魚臺、東平、汶上、濟寧、城武、惠民、濱州、利津、商河、鄆城、鉅野、平原、陵縣、泰安、東阿、平陰、滋陽、曲阜、寧陽、壽張、嘉祥、清平、齊河、齊東、濟陽、德州、德平、臨邑、禹城、長清、萊蕪、肥城、陽信、樂陵、蒲臺、青城、鄒縣、泗水、滕縣、陽穀、嶧縣、菏澤、曹縣、濮州、范縣、觀城、朝城、單縣、定陶、聊城、堂邑、博平、茌平、莘縣、臨清、館陶、恩縣、夏津、高唐等六十州縣水災應完本年米豆並原緩帶徵及隨漕錢糧。（高宗三〇四、一五）

（**乾隆一二、一二、己巳**）加賑山東齊河等八十五州縣本年水災飢民，應徵新舊錢糧，分別緩帶有差。（高宗三〇四、二一）

（**乾隆一二、一二、辛未**）加賑山東鄒平、嶧縣、莒州、日照、即墨縣併衞本年水災飢民。應徵新舊錢糧，分別緩帶有差。（高宗三〇四、二四）

（**乾隆一二、一二、戊寅**）諭：山東省明歲係輪免錢糧之年，所有乾隆十二年未完地丁銀兩，應於奏銷前按欠催徵。朕思本年齊河等各州縣，被災地畝應完錢糧，已照例蠲緩，其勘不成災之處，與災地毗連者，收穫未能豐裕，歲內完納錢糧，已屬竭蹷，若明歲奏銷以前，再令完納，未免拮据。著將應徵未完錢糧，於奉到諭旨之日，加恩停緩，展至己巳年照例帶徵，以紓民力。（高宗三〇五、一四）

（**乾隆一三、四、戊午**）又諭：據山東巡撫阿里袞奏稱，東省被水州縣，成災地畝，應徵漕糧，業經題請分別緩帶。其未被災地畝糧石，例應催徵完納。惟兗州府屬之滋陽、滕縣、寧陽三處，因不成災地畝，俱與災地毗連收成歉薄，一時完納不前，應請緩至本年秋後徵輸等語。滋陽等三縣，被水歉收，民食艱難，朕巡行時，所親見而深悉者。著加恩將此三縣，無論成災與不成災地畝，乾隆十二年應徵未完漕糧，全行寬免，以甦民困。該部即遵諭行。（高宗三一二、八）

（**乾隆一三、六、戊寅**）諭：山東今歲係普免錢糧之年，耗羨亦已緩徵，閭閻可以無擾。惟是該省有漕倉項下錢糧共銀十七萬五千餘兩，例無蠲免，亦不緩徵。但念此項錢糧，必須覈派細數，按戶摘徵，則是當此與民休息之年，仍未免追呼之擾。況該省當積欠之餘，尤宜加意培養。著將前項漕倉等錢糧十七萬五千餘兩，除已徵外，其餘概緩至己巳年開徵輸納。至本年應需解支各款，著於司庫別項銀內酌量借動，俟來年徵解歸款。該部即遵諭行。（高宗三一七、一九）

（**乾隆一三、閏七、乙丑**）緩徵山東新泰、霑化、蘭山、郯城、費縣、沂水、高苑、安邱、諸城、濟寧、臨清、東平等十二縣衞未完德常二倉蓆草腳價及軍糧裹料等銀，並臨朐縣未完德州倉麥折腳價銀。（高宗三二〇、二二）

（**乾隆一三、一〇、壬午**）又諭：朕前因山東今歲係普免錢糧之年，耗羨亦已緩徵，欲使閭閻無擾，特將例不緩徵之漕倉項下錢糧十七萬五千餘兩，緩至己巳年開徵輸納。乃漕倉項內，尚有臨、德二倉項下本色米麥及衞地屯糧等款，共銀七萬八千四百餘兩，從前該撫查造册籍之時，遺漏未及；又本年帶徵十一、十二兩年漕項銀三萬七千餘兩，年分雖殊，款項則一，亦未入於緩徵之內。朕思東省積歉之後，亟應與民休息，漕倉既已緩徵，前項遺漏銀兩，豈可因其未經造查仍復徵輸，以滋擾累。著將遺漏未報二項漕倉項下銀十一萬五千餘兩，槪行緩至己巳年一律開徵，俾無互異。該部即遵諭行。（高宗三二六、八）

（乾隆一四、一、壬子）諭戶部：東省連歲歉收，朕心深爲厪念，多方賑恤，加意培養。上年雖獲有秋，而元氣尚難遽復。著加恩將該省自乾隆六年至十二年舊欠銀一百九十二萬一千六百餘兩，統於庚午年起，分作五年帶徵。庶輸將稍易，小民得以寬紓。該部即遵諭行知該撫飭屬通行曉諭，實力奉行；無致胥役作弊滋擾，以副朕軫念窮黎之意。（高宗三三二、九）

（乾隆一四、二、甲申）諭：山東積歉之後，上年甫慶有秋，民力未能充裕，朕已降旨將該省應徵民欠內因災出借并麥本、籽種、漕倉各項錢糧，分別緩帶。所有自乾隆六年至十三年未完之籽種、牧費麥本等銀，除應歸各年款徵還外，尚有十三年應徵銀八萬二千五百餘兩；並自乾隆五年至十三年未完商社各穀，除挨年帶緩各歸款徵還外，尚有十三年應徵穀十一萬四千五百餘石，俱著加恩，自今歲秋收起分作三年帶徵，以舒民力。該撫務飭所屬有司，通行曉諭，俾閭閻均霑實惠，以副朕休養阜成至意。該部即遵諭行。（高宗三三四、六）

（乾隆一四、二、甲午）緩徵山東滋陽、寧陽、鄒縣、金鄉、魚臺、濟寧、汶上、新城八州縣乾隆十三年額賦，并鄒縣、金鄉、魚臺、濟寧、汶上五州縣帶徵十一年、十二年額賦。（高宗三三五、七）

（乾隆一四、四、辛卯）免山東鄒平、長山、新城、濟陽、滋陽、寧陽、鄒縣、金鄉、魚臺、濟寧州并衛、汶上、博興、樂安、壽光、平度、昌邑、濰縣、膠州、高密等二十州縣衛乾隆十三年分水災地畝額徵銀三萬七千七百二十兩有奇。（高宗三三八、四二）

（乾隆一四、九、甲子）貸山東長山、新城、齊河、禹城、金鄉、菏澤、城武、單縣、曹縣、鉅野、蘭山、沂水、臨清、昌邑、膠州、高密等十六州縣被雹災民，并緩徵本年額賦。（高宗三四九、四）

（乾隆一五、三、庚午）蠲山東鄒平、長山、新城、齊河及併衛、齊東、濟陽、禹城、臨邑、東平、惠民、海豐、商河及併衛、滋陽、寧陽、魚臺、濟寧、汶上、壽張、濟寧衛、東平所、鉅野、鄆城、臨清衛、高密及併衛等州縣衛所乾隆十四年分水災額賦有差。（高宗三六一、一八）

（乾隆一五、八、丁酉）賑卹山東嶧縣、蘭山、郯城、平度、昌邑、膠州、高密等七州縣被水災民，併緩徵新舊額賦。（高宗三七一、一二）

（乾隆一五、一一、壬子）諭：山東蘭山、郯城二邑，今秋被災稍重，其勘明成災處所，已照例分別蠲緩，加恩賑卹。至勘不成災之處，雖云有收，究屬歉薄。著加恩將該二邑毗連災區之歉收地畝，所有本年應徵新舊錢糧米穀等項，俱令緩至次年麥後徵收，以紓民力。該部即遵諭行。(高宗三七六、二五)

(乾隆一六、一、己未) 諭：朕南巡江浙，道出青齊。該省去臘以來，雪澤霑足，麥秋豐稔有望，雖一切安營除道，俱由官辦，而當茲春融土潤，正當有事西疇，朕省方問俗，念切閭閻。著將經過山東州縣本年額賦，蠲除十分之三。交與巡撫準泰詳悉查明，照例辦理，務俾得霑實惠。該部遵諭速行。(高宗三八一、四)

(乾隆一六、一、甲子) 諭：朕清蹕南巡，道由山左，所有經過州縣，既已特沛恩膏。茲攬轡觀風，知連歲有秋，視戊辰東巡之時，閭閻大有起色，爲之慶慰。尚念該省有積年緩徵帶徵未完穀石，皆因災出借之項，雖疊遇有收，而按年催比，民力不無拮据。著將被災借穀，應於庚午年起分作五年帶徵、及鄒平等屬帶徵未完穀，共九十七萬五千餘石，概行蠲免，以示格外優恤之至意。(高宗三八一、一二)

(乾隆一六、二、辛巳) 免山東嶧縣、蘭山、郯城、平度、昌邑、膠州、高密等七州縣水災額賦有差。(高宗三八二、一六)

(乾隆一六、五) [是月，山東巡撫準泰] 又奏報：掖縣、平度、昌邑、壽光、濰縣、利津等六州縣，海潮陡漲，漫溢成災，應行散給口糧，及倒塌房屋、淹斃人口，分別撫卹。其新舊錢糧暫行停緩。能否補種秋糧，俟確勘酌議蠲賑。得旨：覽奏俱悉。督飭屬員，實力妥協，令霑實惠可耳。(高宗三八九、三二)

(乾隆一六、閏五、甲午) 又諭：山東蘭山、郯城一帶，上年被災頗重，今歲朕經臨時，留心體察地方情形，即不及他處；後經該撫奏報麥收分數，亦稍遜於隣郡。雖從前屢加賑卹，而民力初蘇之際，即將緩徵之項，照例催輸，小民未免竭蹷。著加恩將上年蘭山、郯城二縣，被災案內緩至今年徵收之新舊錢糧米穀、及蠲剩各款，概緩於明春麥熟後起徵，以紓民力。該部即遵諭行。(高宗三九一、二一)

(乾隆一六、七、辛未) 戶部議覆：山東巡撫準泰疏稱，乾隆十三年聖駕東巡，經由御路御河里數，前經題請蠲免錢糧，奉旨著於藩庫照蠲免之數，先行賞給，即於十六年地丁額下，照數扣除。應如所奏，令該撫將所蠲銀數，示諭民間，務俾成霑實惠。從之。(高宗三九四、一四)

(乾隆一六、九、癸酉) 緩徵山東鄒平、長清、新城、長山、東平、霑化、海豐、樂陵、曲阜、寧陽、濟寧、壽張、陽穀、觀城、朝城、濮州、范縣、聊城、茌平、莘縣、冠縣、館陶、臨清、東昌二衛、樂安、壽光、博興、高苑、即墨、禹城、泰安、東阿、平陰、萊蕪、肥城、陽信、利津、濱州、青城、滋陽、魚臺、汶上、嘉祥、金鄉、菏澤、曹縣、定陶、鉅野、夏津、清平、高密、濟寧等五十二州縣衛水災新舊錢糧，並賑一月口糧。（高宗三九八、一九）

（乾隆一六、九、丙戌）豁免山東壽光、掖縣、平度、昌邑、濰縣等五州縣被水成災，應免起存銀四千三百七十兩有奇。（高宗三九九、一一）

（乾隆一六、一〇、癸丑）諭：今歲豫、東二省，被水地方，稍爲廣闊。曾經降旨，將豫省之河内等州縣應徵漕項，加恩緩徵，其東省被災州縣，應徵漕項，並令該撫酌量查辦。今據該撫鄂容安請將災重之東平等州縣漕糧、漕項，一併分別緩徵。漕糧關係天庾正供，自不便與漕項銀米概准停緩，但念被災窮民辦漕未免拮据，且該處收成歉薄，若留此米石，俾其流通於民間，市價自可不致昂貴，於閭閻口食，甚屬有益。著再加恩將東省之東平等二十州縣，及豫省之河内等七州縣、本年應徵漕糧，一併緩至來年秋成徵收，以紓民力。至東省之濮州等七州縣，被災既屬較重，雖經照例給賑，而明春青黄不接之時，亦宜豫籌接濟。著該撫鄂容安查明極次貧戶，屆期酌量分別加賑，以示朕軫恤災黎之意。該部遵諭速行。（高宗四〇一、四）

（乾隆一六、一〇、丁巳）賑山東齊東、德州衛、惠民、蒲臺、平度、寧海、文登等七州縣衛本年水災，榮城縣雹災飢民，并緩徵新舊錢糧。（高宗四〇一、一四）

（乾隆一六、一二、丁巳）諭：東省今歲偶被偏災，所有應行賑恤事宜，已加恩分別辦理。此内之濮州、東平、東阿、壽張、荷澤、范縣、濟寧、鉅野、金鄉、平陰等十州縣，收成較爲歉薄，小民辦賦維艱。著將本年應徵額賦銀三萬餘兩、帶徵節年舊欠銀二萬三千餘兩，一體緩至明年麥熟後完納，以紓民力。該部即遵諭行。（高宗四〇五、九）

（乾隆一七、四、壬辰）蠲免山東齊東、德州衛、惠民、蒲臺、平度、寧海、文登、榮成、濮州、范縣、聊城、東昌衛乾隆十六年水災額賦有差。（高宗四一二、三）

（乾隆一七、六、戊申）緩徵山東東平、菏澤、范縣、平陰、利津、濟寧等六州縣乾隆十六年水災額賦有差。（高宗四一七、八）

（乾隆一八、一、乙酉）豁免山東章邱、齊東、濟陽、禹城、臨邑、長清、陵縣、德平、平原、德州衛、肥城、平陰、惠民、青城、陽信、海豐、樂陵、商河、濱州、利津、霑化、蒲臺、滕縣、魚臺、蘭山、茌平、莘縣、夏津、博興、高苑、樂安等三十一州縣衛無力貧民挨年帶徵及民借常監等穀一十四萬五千六百五十三石有奇，銀一萬一千八百八十四兩零；及未完商社等穀二萬六千五百一十五石有奇。（高宗四三一、二一）

（**乾隆一八、三、癸酉**）又諭：據山東巡撫楊應琚奏，武定、登州、曹州等府今年雨雪調勻，麥收可望，但各該府屬之利津等縣，俱經被水之後，若將節年拖欠未完之項，照常徵比、民力未免艱難等語。著將武定府屬之利津、霑化、蒲臺、海豐四縣，登州府屬之蓬萊、榮城、福山、棲霞四縣及曹州府屬之濮州、范縣二州縣應徵節欠穀石，統於本年秋後起限徵收，分作兩年完納，以紓民力。該部即遵諭行。（高宗四三五、四）

（**乾隆一八、九、丁卯**）賑貸山東蘭山、郯城二縣水災飢民，並予緩徵。（高宗四四六、一六）

（**乾隆一八、一〇、乙未**）賑卹山東海豐、利津、霑化、掖縣、昌邑、濰縣等六縣本年被潮災民，並予緩徵。（高宗四四八、二九）

（**乾隆一八、一一、己未**）諭：今年山東掖縣、濰縣、昌邑等屬，猝被風潮，間有淹傷處所，其應徵欠項，若一體徵收，民情未免拮据。著將掖、濰、昌三邑被水各村莊，應追舊欠錢糧借穀，俱緩至明年麥熟後徵收，以紓民力。至昌邑一縣，被傷較重，雖例不邀賑卹，但現今時屆寒冬，窮黎待哺，情堪憫惻。著該地方官查明實在乏食貧民，加恩賞賑一月口糧，以示軫卹。該部遵諭速行。（高宗四五〇、一一）

（**乾隆一九、一、乙丑**）諭：山東兗州府屬之滕縣、嶧縣、魚臺縣、濟寧州，沂州府屬之蘭山縣、郯城縣，東昌府屬之聊城縣、東昌衛、臨清衛等處，窪地積水，未盡消涸，春麥難以佈種。所有貧乏之戶，著該撫查明，於青黃不接之時，酌借口糧，以資接濟。其節年帮徵及乾隆十七、十八等年應徵地丁等項銀兩，若照常催徵，未免拮据。著一併緩至明春開徵，以紓民力。該部即遵諭行。（高宗四五四、一五）

（**乾隆一九、二、丙申**）加賑山東蘭山縣乾隆十八年水災貧民，並緩帶應徵額賦有差。（高宗四五七、一）

（**乾隆一九、二、戊戌**）緩徵山東昌邑、海豐、利津、霑化、掖縣、濰縣等六縣乾隆十八年潮災應徵新舊額賦，其昌邑、海豐、利津、霑化等四縣並予加賑有差。（高宗四五七、六）

（**乾隆二〇、四、丙寅**）免山東惠民、陽信、海豐、商河、濱州、利津、霑化、蒲臺、博興、高苑、樂安、平度、昌邑、膠州、高密、即墨等十六州

縣水災額賦有差。（高宗四八七、一〇）

（**乾隆二〇、一〇、壬子**）賑卹山東鄒縣、滕縣、嶧縣、金鄉、魚臺、濟寧、嘉祥、城武、鉅野、蘭山、郯城、費縣、樂安、壽光、濰縣、利津、日照、濟寧衛、臨清衛等十九州縣衛，官臺、水阜、濤雒、王家崗等四場本年潮災飢民，并緩徵錢糧。（高宗四九八、二三）

（**乾隆二〇、一一、乙未**）諭：今年山東州縣，間有被災處所，業經加恩賑卹。其成災地畝民欠錢糧，已降旨緩徵，惟是毗連災地之村莊，雖勘不成災，而收成究屬歉薄，若照常催徵，民力未免拮据。著將濟寧、蘭山、郯城、利津等四州縣毗連災地處所，民欠新舊錢糧倉穀及牛具籽種銀兩，俱加恩暫行停緩，俟明年麥熟後再行徵收，以紓民力。該部即遵諭行。（高宗五〇一、一三）

（**乾隆二一、三、庚午**）又諭曰：朕躬詣山東，祭告先師孔子，車駕所經，既已宏敷愷澤，而曲阜為駐蹕之地，是宜廣沛恩膏，用昭盛典。著將該縣乾隆丁丑年應徵地丁，全行蠲復。該部即遵諭行。（高宗五〇八、七）

（**乾隆二一、四、辛亥**）免山東鄒縣、滕縣、嶧縣、金鄉、魚臺、濟寧州并衛，嘉祥、城武、鉅野、蘭山、郯城、費縣、臨清衛、壽光、樂安、濰縣、利津、日照等十九州縣衛乾隆二十年水潮災地畝銀三萬三千二百二十兩有奇。（高宗五一〇、二八）

（**乾隆二一、八**）[是月]山東巡撫愛必達奏：自夏入秋，德州、東平、寧陽、滋陽、金鄉、定陶、鉅野、樂安、昌邑、高密等十州縣窪地，秋禾被淹。得旨：被水之處，在通省中為十分之幾，成災若何？速奏以慰朕懷。尋奏：近據德州衛、濟寧州、濟寧衛、鄒縣、汶上、嶧縣、嘉祥、魚臺、單縣、城武、曹縣、臨清衛、壽光、安邱、平度、濰縣等十六州縣衛續報水淹。合計通省被水之處，不及十分之一。現已確勘，將被水地畝應徵新舊錢糧，暫行緩徵，乏食貧民，照例撫卹。其未被水處，高糧小米次第登場，民情寧帖。得旨：覽奏俱悉。有應行撫卹者，盡力妥為之。（高宗五一九、二〇）

（**乾隆二一、閏九、戊戌**）户部議覆：山東巡撫愛必達疏稱，金鄉、魚臺、濟寧、嶧縣、汶上、鄒縣、嘉祥、滕縣、濟寧衛、菏澤、單縣、武城、曹縣、定陶、鉅野、高唐、臨清、樂安、壽光、平度、昌邑、濰縣、高密、膠州等二十四州縣衛，暨王家崗、官臺、富國等三場，被水民竈地畝，應徵新舊錢糧暫行停緩；乏食貧民，先行撫卹一月口糧，例[倒]塌房屋，給銀修葺；貧乏農民酌借麥本。應如所請。並將樂安、壽光二縣衛損民隄，迅即修築。得旨，依議速行。（高宗五二二、三）

（乾隆二一、一二、壬申）加賑山東金鄉、魚臺、濟寧、嶧縣、鄒縣、嘉祥、滕縣、濟寧衛、菏澤、單縣、城武、曹縣、定陶、鉅野、臨清衛、樂安、壽光、平度、昌邑、濰縣、高密等二十一州縣衛本年水災飢民，并緩徵額賦。（高宗五二八、一〇）

（乾隆二二、二、庚辰）緩山東魚臺、濟寧、金鄉、滕、嶧五州縣衛乾隆二十一年分水災應徵漕項銀米。（高宗五三三、五）

（乾隆二二、二、辛卯）豁山東齊東、禹城、惠民、青城、陽信、海豐、樂陵、商河、濱州、利津、霑化、蒲臺、滋陽、曲阜、滕縣、魚臺、濟寧、費縣、沂水、臨清、臨淄、博興、高苑、樂安、壽光、安邱、平度、昌邑、高密、即墨等屬，節年無力完納民商借穀一十四萬二千九百三十八石七斗有奇，籽種麥本口糧等銀二萬六千一百七十兩有奇。緩金鄉、魚臺二縣乾隆二十一年分續勘被水成災漕糧，並加賑貧民有差。（高宗五三三、二七）

（乾隆二二、四、庚午）諭：山東武定府屬之海豐縣，地處海濱，其東北鄉之黎敬等五莊，尤爲低窪易澇，以致積欠較多，朕心深爲軫念。著將該縣乾隆十一年至二十年積欠三千五百餘兩，加恩概予豁免。至該處地既瘠薄，若仍用舊則，恐輸納維艱，勢必復多逋欠。著該撫遴委妥員，勘明窪下地畝，其糧稅並照下則徵收。所有不敷糧額銀兩，按數開除。俾沿海窮民，得以盡力耕耘，以副朕加惠黎元至意。（高宗五三六、一七）

（乾隆二二、四、戊寅）又諭：山東濟寧等州縣上年被水村莊，已屢次加恩賑卹，並特命大臣開濬荊山橋河道，以資宣洩。今省方所至，清問彌切，各該州縣春季涸出地畝僅及其半，尚可乘時補種；而現未消涸者尚多；即甫經涸出之地，尚泥濘難以犁種，朕心深爲軫念。著將濟寧、魚臺、金鄉、滕、嶧五州縣積年民欠地丁錢糧七萬五千餘兩，常平倉穀三萬九千餘石，借欠籽種麥本四千九百餘兩，加恩概予豁免。該撫等其董率屬員妥協經理。務令實惠均霑，毋飽胥吏侵蝕，以副朕加卹窮黎之意。（高宗五三七、四）

（乾隆二二、九、甲寅）諭：今年山東濟寧各屬，被水成災，所有應徵地丁銀兩，業已加恩分別蠲緩，而漕糧一項，定例仍須照常輸納，災黎口食，未免拮据，朕心深有軫念。著加恩將被災較重之濟寧、魚臺、金鄉、館陶、武城本年應徵漕糧，緩至戊寅年起分作三年帶徵；被災次重之滕縣、嶧縣、鄒縣、曹縣、單縣、濮州、范縣、臨清、恩縣、夏津、菏澤、城武、冠縣、邱縣、汶上本年應徵漕糧，緩至戊寅年起分作二年帶徵。其濟寧、魚臺、金鄉、滕縣、嶧縣本年帶徵乾隆二十一年漕糧，一並緩至戊寅年啓徵，以紓民力。該部即遵諭速行。（高宗五四七、一五）

（乾隆二二、九、甲寅）又諭：山東濟寧、魚臺、金鄉、滕縣、嶧縣等五州縣連歲被災，其積年民欠地丁錢糧、常平倉穀，俱已加恩豁免，而隨正徵收之耗羨銀兩，係備地方公用，向例不在恩蠲之內。在被災貧黎，生計維艱，既恐不能照數完納，且正項既已蠲除，復徵此畸零之耗羨，不肖胥吏藉端滋事，閭閻仍不免追呼之擾。著加恩將濟寧等五州縣積年未完耗銀一萬一百餘兩，一併豁免，以示體卹災民之至意。該部即遵諭行。（高宗五四七、一六）

（乾隆二三、一、辛卯）又諭：上年山東被水處所，業經屢降恩旨，蠲緩賑卹，其鄒、滕、金、魚、濟寧、菏澤、單縣、城武、曹、范、蘭、郯、館陶、恩、武、臨清等州縣內毗連災地，收成歉薄之處，所有乾隆二十二年應徵錢糧，及二十、二十一年帶徵未完銀兩，若照常輸納，小民未免拮据。著加恩一體緩至麥收後開徵，以紓民力。該部即遵諭行。（高宗五五四、一〇）

（乾隆二三、九、戊戌）又諭：濟寧、魚臺二州縣已涸地畝，雖現獲豐收，而未涸之地及涸出未及播種者，據該撫奏報，尚有二千六百餘頃。著加恩將本年應徵錢糧，概行緩至明年麥熟後開徵，以紓民力。該部即遵諭行。（高宗五七〇、二三）

（乾隆二三、九、戊戌）諭軍機大臣等：據阿爾泰奏，濟寧、魚臺二州縣未涸地畝，及六月以後涸出未能播種者，已有旨將本年錢糧緩徵矣。至東昌府屬之舘陶等十州縣，所有借欠各項錢糧，年分多寡不同，或有係上年者、或有係前年者。本年各該處既皆豐收，縱不能一概完納，亦自當分晰辦理。或將某年分先完，某年分暫緩，及一年內應完十分之幾，應緩十分之幾，俾逐次輸納，則將來不致新舊併徵。若概緩至明年一例徵收，小民豈轉有力完納耶？著傳諭阿爾泰，逐一查明分別應徵應緩各數詳奏，再降諭旨。（高宗五七〇、二四）

（乾隆二三、一〇、丁巳）諭：山東上年被水地方，積歉之餘，雖遇豐收，元氣未能驟復，朕心深爲軫念。所有濟寧、魚臺二州縣上年被淹田畝已涸已種者，應徵二十二年緩徵各項，著再予展限二年徵還；其帶徵各項分作三年、二年徵還者，俱著展限二年。至今歲金鄉、蘭山、郯城、曹縣、單縣、館陶、武城、臨清等八州縣，雖被災較輕，亦著酌量加恩。其節年緩徵各項，俱著展限一年，至分限三年、二年帶徵，各項，亦著展限一年起徵，以示優卹。再，今春所有借給川米一項，亦概著分限二年，俾得從容輸納，以紓民力。該撫其董率屬員，悉心實力查辦，以副朕加惠民生至意。該部即遵諭行。（高宗五七二、五）

（乾隆二四、九、丁丑）賑貸山東海豐、利津、霑化、樂安、平度、膠州、高密、即墨、冠縣、臨清、館陶、夏津、武城、恩縣等十四州縣，德州、臨清二衛，永阜、永利、官臺、王家岡等四場，本年水災飢民，并予緩徵。（高宗五九七、四一）

（乾隆二五、九、辛酉）緩山東濟寧、蘭山、郯城三州縣被水災地額賦。（高宗六二一、六）

（乾隆二六、二、己亥）蠲免山東濟寧州、蘭山、郯城二縣乾隆二十五年水災額賦。（高宗六三一、二三）

（乾隆二六、九、壬子）又諭：今歲山東濱河各屬，因雨水過多，秋禾間有被淹之處。所有應徵新舊錢糧，已查明分別蠲緩，而漕糧漕項，例不在緩徵之內。但念該處被水歉收，若令照常完納，恐民力未免拮据。著加恩將被災較重之曹縣、城武二縣應徵本年漕糧及隨漕銀米，緩至壬午年再分作三年帶徵。次重之金鄉、濟寧、魚臺、菏澤、單縣、濮州、定陶、鉅野、范縣、陽穀、壽張、德州、館陶、夏津、武城、邱縣、臨清、恩縣、汶上、嘉祥等二十州縣，除有收之地仍令照常徵輸外，所有被災地畝，應徵漕糧漕項，俱緩至壬午年再分作二年帶徵，以紓民力。該部遵諭速行。（高宗六四五、二）

（乾隆二六、一〇、戊寅）又諭：今秋山東濱河州縣，因隄岸漫溢，田禾不無被淹之處，所有勘明成災地畝，應徵額賦，已照例分別蠲緩。其勘不成災者，定例不在蠲緩之內。但念該處被水歉收，民力究屬拮据。著加恩將德平、陵縣、平陰、寧陽、堂邑、博平、荏平、清平、莘縣、高唐、高苑等十一州縣勘不成災地畝及齊河等四十三州縣衛所內被災五分以下地畝應徵本年未完地丁銀兩，及各年未完銀穀籽種等項，一體加恩，緩至明年麥收後起徵，以示體卹。該部遵諭遠行。（高宗六四六、一七）

（乾隆二七、四、壬午）豁免山東齊河、濟南、濟陽、禹城、臨邑、長清、德州、德州衛、平原、東平、東平所、東阿、惠民、陽信、海豐、樂陵、商河、霑化、金鄉、魚臺、濟寧、嘉祥、汶上、陽穀、壽張、濟寧衛、菏澤、單縣、城武、曹縣、定陶、鉅野、濮州、范縣、聊城、冠縣、臨清、邱縣、館陶、恩縣、夏津、武城、東昌衛、臨清衛等四十四州縣衛所，乾隆二十六年水災額賦。（高宗六五九、六）

（乾隆二七、九、丁丑）賑卹山東齊河、濟陽、禹城、臨邑、長清、陵縣、德平、平原、德州、德州衛、惠民、陽信、海豐、樂陵、商河、濱州、利津、霑化、蒲臺、聊城、堂邑、博平、荏平、清平、莘縣、冠縣、高唐、

恩縣、夏津、武城、館陶、東昌衛、邱縣、臨清、壽張等三十五州縣衛本年被水貧民，蠲緩新舊額賦。（高宗六七一、二）

（**乾隆二八、三、壬戌**）豁免山東齊河、濟陽、禹城、臨邑、長清、陵縣、德州、德平、平原、惠民、陽信、海豐、樂陵、商河、霑化、壽張、聊城、堂邑、博平、茌平、清平、莘縣、冠縣、臨清、邱縣、高唐、恩縣、夏津、武城、東昌等三十一州縣衛水災額賦。（高宗六八二、一○）

（**乾隆二九、三、乙卯**）蠲山東濟寧、魚臺、金鄉、城武、鉅野及濟寧、臨清七州縣衛乾隆二十八年分被水災地應徵額賦有差。（高宗七○六、一一）

（**乾隆三○、一、庚午**）諭：朕清蹕時巡，道經山左，昨已特沛恩膏，降旨將所過地方，本年額賦蠲免十分之三。東省連歲豐稔，民氣恬熙，朕攬轡所覯，深爲欣慰。但念該省尚有積年欠項，皆係從前無力輸將所致，若按限催科，仍恐稍有拮据。著加恩將濟南、武定、兗州、曹州、東昌等府屬乾隆二十六七兩年未完因災緩徵地丁，暨民借麥本牛具等銀六萬二千九百五十餘兩，又濟南、武定、兗州、東昌、曹州、沂州等府屬，乾隆十二年至二十七等年未完因災緩徵暨民借年欠常平倉穀七萬五千四百四十餘石，概行豁免，俾閭閻益資饒裕。該撫其善體朕意，率屬實力奉行，務期膏澤下施，均霑實惠。該部即遵諭行。（高宗七二七、八）

（**乾隆三○、九、丁丑**）賑卹山東章邱、鄒平、齊河、濟陽、長清、德平、陵縣、臨邑、惠民、青城、陽信、海豐、樂陵、商河、濱州、利津、霑化、蒲臺、莘縣、博興、高苑等二十一州縣水災貧戶，並予緩徵。（高宗七四四、三）

（**乾隆三○、一一、辛卯**）加賑山東章邱、鄒平、齊河、濟陽、臨邑、長清、德平、惠民、青城、陽信、海豐、樂陵、商河、濱州、利津、霑化、蒲臺、高苑等十八州縣本年水災飢民，并緩徵新舊錢糧。（高宗七四九、六）

（**乾隆三一、一、甲戌**）諭：前因山東省濟南、武定等屬偶被偏災，業經加恩，分別撫綏。其被災稍重之齊河等十五州縣，復於例賑之外，展賑一月。至勘不成災處所，錢糧雖例不停徵，但念毗連災地，收成不免歉薄，小民生計亦未能裕如。著加恩將濟南府屬之陵縣、東昌府屬之莘縣、青州府屬之博興縣，所有應徵錢糧，俱緩至麥熟後徵收，以紓民力。該部遵諭速行。（高宗七五二、五）

（**乾隆三一、九、己卯**）賑卹山東歷城、章邱、鄒平、齊河、齊東、濟陽、禹城、臨邑、長清、陵縣、德州、德平、平原、肥城、東平、東阿、平陰、惠民、陽信、海豐、樂陵、商河、濱州、利津、霑化、蒲臺、金鄉、魚臺、濟寧、嘉祥、汶上、陽穀、壽張、菏澤、單縣、城武、定陶、鉅野、鄆城、濮州、范縣、觀城、朝城、聊城、堂邑、博平、茌平、清平、莘縣、冠縣、臨清、館陶、高唐、恩縣、夏津等五十五州縣、東昌、臨清、濟寧、德州、東平等五衛所本年水災飢民，並蠲新舊額賦。（高宗七六八、一四）

（乾隆三一、一○、庚申）諭：今年山東歷城等州縣偶被偏災，業經降旨，令該撫詳悉查勘，加意賑卹，毋致窮黎稍有失所。但念該處毗連災地及勘不成災之地畝村莊，秋收究屬歉薄，若將新舊錢糧照常徵輸，閭閻未免拮据，朕心深爲軫念。著將歷城等五十九州縣衛及勘不成災之泰安、青城、單縣三縣，凡毗連災地、收成稍歉之處，所有本年應徵錢糧及民借銀穀等項，並著加恩一體緩至明歲麥熟後徵收，以紓民力。該部遵諭速行。（高宗七七一、一五）

（乾隆三二、九、甲寅）賑山東高苑、博興、樂安三縣被水災民，並予緩徵。（高宗七九五、一○）

（乾隆三二、九、戊午）諭：山東海豐、霑化、樂陵、商河、陽信、清平、高唐、恩縣、夏津、章邱、鄒平、德平等處，因本年雨水過多，秋收稍薄，業經借給麥本口糧，俾資播種。第念該處積年歉收，帶徵銀穀爲數較多，若新舊並徵，輸將未免拮据。著加恩將海豐等十二州縣，所有本年應帶徵三十、三十一兩年舊欠地丁錢糧，及各年民借未完倉穀麥本等銀，俱緩至明年麥收後開徵，以紓民力。該部遵諭速行。（高宗七九五、一四）

（乾隆三二、一一、丙午）賑卹山東高苑、博興、樂安三縣本年被水災民，並蠲緩額賦有差。（高宗七九九、一）

（乾隆三三、三、癸巳）蠲免山東高苑、博興、樂安三縣乾隆三十二年水災地六千三百四十四頃九十八畝有奇額賦。（高宗八○六、八）

（乾隆三三、九、壬辰）諭：山東省樂陵、商河、德平三縣，上年因雨水過多，秋成歉薄，降旨將應徵節年舊欠，緩至本年麥收後開徵。今春該處得雨較遲，夏麥秋禾收成，仍不無稍減，若新舊一時並徵，小民未免拮据。著再加恩，將樂陵、商河、德平三縣應徵未完節年舊欠銀穀等項，緩至明年麥熟後帶徵，以紓民力。該部遵諭速行。（高宗八一八、一二）

（乾隆三五、二、丁巳）蠲免山東東平州、東平所乾隆三十四年分水災地畝四千三百三十一頃有奇額賦，並免賠水衝倉穀五千四百四十四石有奇。（高宗八五二、一五）

（乾隆三五、九、乙巳）撫卹山東章邱、鄒平、新城、齊河、濟陽、禹城、臨邑、長清、陵縣、德州、平原、德州衛、商河、利津、陽穀、壽張、范縣、觀城、朝城、聊城、堂邑、博平、茌平、清平、莘縣、高唐、東昌衛、博興、高苑、樂安等三十州縣衛本年水災飢民，並緩徵新舊錢糧額賦有差。(高宗八六八、一)

(乾隆三五、一〇、丁丑) 諭：今歲東省齊河等十七州縣衛，間有被水村莊，業經諭令該撫查明撫卹。其勘不成災之章邱等十三州縣，及齊河等十七州縣衛毗連災地之處，雖田禾被淹甚輕，民力究未免拮据。所有章邱等十三州縣勘不成災地畝，及齊河十七州縣衛毗連災地之處，應徵本年錢糧、及帶徵各年錢糧與民借銀穀，著再加恩，俱緩至明歲麥熟後徵收，以紓民力。該部遵諭速行。(高宗八七〇、九)

(乾隆三六、二、丙戌) 諭：朕俯允山左臣民望幸之請，祗奉皇太后安輿，登嶽祝釐，臚懽洽慶，並便道詣謁闕里。業經先期降旨，令一切供頓，務從儉約，毋事繁文。而除道清塵，閭閻歡欣供役，具見愛戴悃忱。著將山東省所過州縣本年應徵額賦蠲免十分之三；其上年秋收稍歉勘不成災地方，著蠲免十分之五。該撫富明安其董率屬吏，詳悉查明，妥協辦理，務俾黎庶均霑愷澤。該部即遵諭行。(高宗八七八、二六)

(乾隆三六、二、庚寅) 又諭：朕祗奉慈輦巡幸山東，蹕路所經，頻施愷澤，惟期閭閻共臻樂利，以副朕保赤殷懷。所有濟南各屬，自乾隆二十八年至三十四年未完因災借欠常平倉穀四萬九千二百八十餘石，又東平州、東平所三十四年未完災緩地丁銀四千八百七十八兩，均著加恩，概行蠲免。俾通省農畝益資饒裕，用昭省方觀民、行慶孚惠之至意。該部遵諭速行。(高宗八七九、六)

(乾隆三六、二、辛卯) 諭：朕以東省臣民望幸，承歡行慶，用舉時巡，入疆以來，蠲賦寬逋、賞給籽具之恩旨，業經疊沛。第念該省尚有節年借欠麥本，例應徵還，閭閻仍不免有追呼之擾。著再加恩，將乾隆三十年三十一年濟南、武定兩府屬因災出借麥本銀五千八百五十三兩零，並三十五年濟南、武定、兗州、曹州、東昌、青州六府屬災借麥本銀九萬八千餘兩，全予蠲免。俾茅簷蓽屋，益慶盈寧，副朕惠養群黎，有加無已之至意。該部遵諭速行。(高宗八七九、九)

(乾隆三六、九、甲辰) 賑卹山東歷城、章邱、鄒平、長山、新城、齊河、齊東、濟陽、禹城、臨邑、陵縣、德平、平原、東平、東平所、惠民、青城、陽信、海豐、樂陵、商州、濱州、利津、霑化、蒲臺、滋陽、鄒縣、金鄉、魚臺、濟寧、嘉祥、汶上、陽穀、壽張、濟寧衛、范縣、朝城、聊城、堂邑、博平、茌平、清平、莘縣、冠縣、臨清、邱縣、高唐、夏津、武城、東昌衛、臨清衛、博興、高苑、樂安、王家岡場、壽光、官臺場等五十七州、縣、衛、所、場本年水災貧民,並予緩徵。(高宗八九二、一五)

(乾隆三六、一〇、癸酉) 又諭:今年東省歷城等五十州、縣、衛、所、場,秋禾間被水淹,業經諭令該撫照例分別撫賑蠲緩。其勘不成災及毗連災地之處,雖被淹較輕,而收成不無歉薄,民力究未免拮据,深爲廑念。著再加恩將長清十四州、縣、衛勘不成災地畝、及歷城等五十州、縣、衛、所、場毗連災地之處應徵本年錢糧及帶徵各年錢糧,與民借穀石,俱緩至明歲麥熟後徵收,以紓民力。該部遵諭速行。(高宗八九四、二八)

(乾隆三九、一〇、甲申) 大學士舒赫德等條奏臨清善後事宜:一、賊匪屯聚臨清舊城,居民率多逃避。今賊已勦平,其遠避別屬、口食缺乏者,應令地方官酌量諮送。一、賊匪經過之處,民屋多被燒燬,難民回籍,除商賈及有力之户無庸賞給房價外,其貧乏者,應酌給修費銀兩。一、難民回籍,家無儲蓄,應照被災十分極貧例,給口糧四月。請即動支倉穀及薊米,飭妥員分散。一、臨清城內居民,隨同文武官弁保護城池,業經蠲免正供。城外村莊被賊搶掠者,應令地方官確查,將本年錢糧漕米等項,緩至明年秋後起徵。其附近臨清各州縣,因採辦軍需米面豆草,民間蓋藏無多,漕米等項,應請一併緩徵。一、壽張、陽穀、堂邑、臨清等處首逆及有名賊目,並律應緣坐親族與入教從賊人等,均經正法發遣,所遺房屋地土,應查明入官。一、賊匪屯聚臨清,搶掠民間牛馬甚多,或被宰殺,或經焚燒倒斃,勦賊後所存無幾,兼多饑疲,明春農民耕作無資。請動支司庫銀,飭發另處買牛,解赴臨清,令農民領用。一年後,將牛價交官歸款。下軍機大臣會同該部議行。(高宗九六八、二八)

(乾隆三九、一〇、壬辰) 諭:此次逆賊王倫等糾衆攻擾臨清等處,經舒赫德等統率八旗勁旅,彌月即爲勦平。其新城居民,能隨同地方文武盡力守禦殲賊,保護無恙,實屬守義可嘉。至舊城居民,賊至遷避,事平挈眷還鄉者,皆係守分良民,室廬蕩析,生業未免蕭條。又壽張、堂邑、陽穀三縣,或人被賊戕、或屋被賊燬,及家計爲賊搶掠者,均堪憫惻。特降旨令該撫查明具奏,候朕降旨加恩。今據該撫楊景素據實分別查明覆奏,著加恩將臨清新城內,本年應徵地丁漕項錢糧,除已完外,所有未完銀二千六百四十三兩零,全行蠲免,以獎善良。其舊城內實係良民未從賊者,所有本年未完錢糧七千一百九十五兩零,並著加恩蠲免十分之五。至臨清城外被賊擾害鄉莊,並壽張、堂邑、陽穀三縣城鄉經賊被害之處,所有本年應完正賦、並帶徵之項及臨清舊城蠲剩錢糧,概行緩至明歲秋收後起徵,以甦民困。至臨清、壽張、堂邑、陽穀城鄉等處，民間貯蓄多被賊匪搶掠，小民無力辦糧。並著將該四州縣守城及城鄉被害之戶，所有本年應徵漕糧，俱緩至明年秋收後起分作兩年帶徵，俾歲內民食得以寬裕。該撫其董率妥爲經理，以副朕矜卹安良至意。該部遵諭速行。（高宗九六八、四五）

（**乾隆四一、三、丁丑**）諭：朕因兩金川全境蕩平，祇奉皇太后安輿恭詣泰岱，祝嘏延禧，並登闕里之堂，告功釋奠。輦路所經，加恩優渥，而泰安、曲阜爲駐蹕之地，尤宜廣敷惠澤，用溥隆施。著將該二縣乾隆丙申年應徵地丁錢糧，全行蠲免。該部即遵施行。（高宗一〇〇四、七）

（**乾隆四一、三、戊寅**）諭：上年山東省歲事順成，二麥秋禾，並慶豐稔，萬姓恬熙樂業，足慰殷懷。茲因獻捷金川，告功孔廟，所有鑾輅經臨之各州縣，現沛恩綸，將積欠普行蠲免。第念蹕路未經之地，小民愛戴同深，所有各該處從前被災借欠銀穀等項，並宜普施渥澤，俾免向隅。著再加恩將鄒平、新城、齊東、陵縣、德平、惠民、濱州、青城、樂陵、利津、霑化、蒲臺、范縣、朝城、荏平及齊河、平原、泰安、汶上、博平、東昌衛等二十一州、縣、衛，乾隆三十六年因災民借籽種未完銀四萬四千九百餘兩、民借常平未完穀一萬六千二百十九石零，又樂安、壽光、濰縣乾隆三十九年潮災案內民欠未完地丁銀三千十二兩零、民欠常平穀三千八百十九石零，又壽光縣沙壓地畝乾隆十一、十二、十九等三年舊欠地丁銀一千四百三十二兩，一併蠲免，俾茅檐得免追呼，共享昇平之福。該部即遵諭行。（高宗一〇〇四、八）

（**乾隆四一、三、戊寅**）又諭：朕因兩金川平定，奏凱集勳，恭奉皇太后安輿，巡幸山左，詣岱祝釐，告成闕里。鑾輅經臨，先敷愷澤，業於直隸首塗降旨將山東省經過地方，蠲免本年正賦十分之三。茲臨涖省方，用慰輿情望幸，臚歡既洽，渥澤宜覃。著加恩將此次水陸經行之德州、禹城、齊河、泰安、濟寧衛、壽張、東阿、陽穀、聊城、博平、堂邑、清平、臨清、夏津、東昌衛等州縣衛所有乾隆三十六、九等年未完地丁銀三萬一千一十七兩零，及三十六、七兩年民欠麥本籽種銀六千六百三十兩零，並民借耕牛銀二千五百兩，及歷年民欠常平穀二萬一千一百六十三石零，又三十七、九兩年民借未完常平穀九千八十九石零，俱著普行蠲免，以示朕入疆行慶至意。該部即遵諭行。（高宗一〇〇四、九）

（**乾隆四一、三、壬午**）又諭：漕糧漕項，向不在蠲免之例，茲因平定兩金川，詣闕里告功，巡蹕所經，業已優敷愷澤。今自入山東境以來，小民夾道歡迎，倍覘親愛，宜邀逾格恩施。著將德州、壽張、陽穀、聊城、堂邑、清平、館陶、臨清、恩縣、夏津、武城等州縣緩徵三十九年未完漕米四萬七千五百三十一石零、豆二萬二千八百四十一石零，並臨清等州縣緩徵漕項銀一千六百十三兩零，一併普行蠲免，以示朕加惠無已至意。該部即遵諭行。（高宗一〇〇四、二九）

（**乾隆四一、一二、甲寅**）蠲免山東德州、平原、禹城、齊河、長清、德州衛、泰安、滋陽、曲阜、寧陽、鄒縣、泗水、恩縣、濟寧、東平、東阿、東平所、陽穀、壽張、鉅野、聊城、堂邑、博平、清平、東昌衛、嘉祥、汶上、臨清、夏津、武城三十州縣衛所乾隆四十一年各地畝額賦銀二萬三千二百一十八兩有奇。（高宗一〇二三、二）

（**乾隆四二、九、乙酉**）諭軍機大臣等：據國泰奏，濟、武、兗、東等屬雨澤缺少，二麥未能全種，糧價不無少增。請將歉收之歷城等十九州縣民間春借社穀，一律緩至來歲徵收，並請將各年民欠常平倉穀，一併緩徵，以紓民力等語。如果小民因缺雨艱於種麥，自應如此籌辦，已批有旨諭部矣。隨復接據國泰奏報，省城已於九月十九日夜起至二十日辰刻，澍雨未止，入土已五寸有餘，現在雲陰廚闊，得雨之處必多。民間得此時雨，即可補種二麥。並稱，前請緩徵之十九州縣，如果此內尚有未普者，再行奏懇天恩等語。所辦甚是，覽奏爲之慰懷。東省氣候較直隸稍暖，若霑澤均霑，自尚可趕種宿麥。但未知此次之雨，曾否普徧霑足？著傳諭國泰即將該省得兩種麥情形，詳悉查明，據實具奏。如尚有未能普霑之處，仍須量爲緩徵，迅速確查，分別復奏，候朕另降諭旨。（高宗一〇四一、一〇）

（**乾隆四三、一、甲子**）又諭：昨歲山東省七八月間，雨澤稀少，以致歷城、章邱、濟陽、鄒平、齊東、臨邑、堂邑、館陶、莘縣、冠縣、青城、商河、蒲臺、陽穀、壽張、朝城、觀城、臨清、邱縣等十九州縣秋收歉少。嗣於九月底得有雨澤，二麥半已補種，又降旨停買十九州縣應補平糶倉穀，以平市價。並准於冬間豫爲出借倉穀，俾資接濟。第念各該處秋收既歉，民氣未舒，所有上年地丁尾欠，今春若照例催徵，閭閻力量，究恐不能寬裕。著加恩將此十九州縣應徵錢糧，緩至麥熟後再行徵收，俾歉區貧戶，得緩追呼，共安樂利。該部即遵諭行。（高宗一〇四八、三）

（**乾隆四三、四、壬子**）諭：山東歷城、章邱等十九州縣，因上年雨澤稀少，秋收歉薄，已降旨將該州縣應徵錢糧，緩至麥熟後徵收。第念歉收各處，口食稍艱，若於麥收後即令輸將，未免尚形竭蹶。又范縣、夏津二縣，現在尚未得有透雨。著加恩將歷城等十九州縣及范縣、夏津二縣，所有應徵新舊錢糧，俱緩至本年秋後啓徵，以紓民力。該撫務董所屬，悉心經理，以副朕軫念貧民至意。該部即遵諭行。（高宗一〇五五、一八）

（乾隆四三、五、庚申）諭：本年山東濟、東、武、曹、臨清、濟寧等六府州及泰、兗二府屬北境，春間種麥較少，前已降旨令該撫加意撫卹，并令將濟南等屬新舊錢糧，恩予停緩。但秋後仍需輸納，在麥收歉薄之區，民力不免拮据；即其餘二麥有收各屬，亦當留其有餘，以供本省糴買，俾資接濟。著再加恩，將山東乾隆四十五年輪免錢糧，即於本年普行蠲免。其各府州屬現已徵收者，即作爲明年正供。該撫其董率屬員，實力經理，毋任吏胥中飽，俾閭閻均霑實惠，以副朕軫念民生之至意。該部遵諭速行。（高宗一〇五六、一）

（乾隆四五、一、己亥）諭：朕清蹕時巡，道經山左，昨已特沛恩膏，降旨將所過地方本年額賦，蠲免十分之三。茲當入疆伊始，疇咨民瘼，該省尚有未完款項，著再加恩將山東省乾隆四十二、三、四等年歷城等二十一州縣因災緩徵未完地丁銀十三萬四千四百餘兩，臨清等七州縣因災緩徵未完常平穀二萬六千三百餘石、社穀二千四百餘石、麥種合穀三千二百餘石，概予豁免。該撫其善體朕意，率屬實力奉行，俾閭閻均霑實惠，副朕惠愛黎元、用普春祺至意。該部即遵諭行。（高宗一〇九九、四）

（乾隆四五、八、庚申）又諭曰：國泰奏東省被水窪地借給麥本一摺。據稱，曹縣、定陶、城武三縣被災地畝，按每畝五分借給麥本銀兩，於明歲秋收後，徵收歸款等語。該處因黃河北岸漫溢，民舍田廬間有被淹，現雖漫工堵築完竣，而無力貧民，情殊可憫；若將此項銀兩，於明秋仍行徵收，民力究不免拮据。著加恩將曹縣、定陶、城武三縣現在借出麥本銀六千七百八十餘兩，即行賞給，毋庸徵還舊款；并著將該三縣本年應徵錢糧及今春借出倉穀，俱緩至明年秋收後，再行啓徵。俾民氣益紓，以副朕嘉惠災黎之至意。該部即遵諭行。（高宗一一一二、二三）

（乾隆四六、一一、壬子）諭：本年山東章邱、長山、濟陽、臨邑、德平、樂陵、昌邑、濰縣、嘉祥、德州十縣衛，有曾經被水，旋即消退之處，又鄒縣、壽張、鉅野、鄆城、濮州、范縣、東昌七州縣衛，秋禾已收，續被黃水淹浸麥地；雖均勘不成災。但被水貧民，生計未免拮据。著加恩將本年應徵糧銀，緩至明歲麥收後輸納。並著該撫查明應行補種麥田，照例酌借耔種，歸入來春借案造報，以示體卹。該部即遵諭行。（高宗一一四四、二七）

（乾隆四七、七、庚申）蠲免山東鄒縣乾隆四十六年分水災額賦。（高宗一一六一、一三）

（乾隆四七、九、丙辰）緩徵山東鄒縣、滕縣、嶧縣、菏澤、單縣、城武、定陶、濟寧、金鄉、魚臺、鉅野、嘉祥、曹縣并濟寧、臨清等十五州縣

衛本年水災額賦，並賑貸饑民。（高宗一一六五、一六）

（乾隆四八、二、庚午）緩徵山東鄒縣、滕縣、嶧縣、菏澤、曹縣、定陶、鉅野、單縣、城武、濟寧、魚臺、金鄉、嘉祥等十三州縣乾隆四十七年分續被水災漕糧。（高宗一一七四、二〇）

（乾隆四八、九、癸丑）諭：山東省濟寧、金鄉、魚臺三州縣，前因被水較重，特加恩展賑，至六月底止，以資餬口。第念該處地畝，甫經涸出十之三四，本年秋成，未免失望。若坐待春收，為時尚早。著再加恩展賑五個月，俾來年春麥足資接濟，貧民無虞乏食。又兗、曹、濟三屬，亦係連年被水之區，著該撫明興查明上年被災地畝內，緩徵帶徵錢糧及四十八年新糧，一併加恩緩至明年麥後，再行開徵。其新舊漕米倉穀，亦著緩至明年秋後帶徵，以示軫恤災黎有加無已至意。該部遵諭速行。（高宗一一八九、一四）

（乾隆四九、一、丙辰）諭：朕清蹕時巡，道經山左時已特沛恩膏，將所過地方本年額賦，蠲免十分之三；茲當入疆伊始，疇咨民瘼，該省尚有未完款項，著再加恩將山東省利津、霑化等二十一州、縣、衛，因災出借籽種牛具銀十一萬八千六百一十九兩零，並因災出借倉穀十萬一千一百餘石，概予豁免。該撫務須率屬實力奉行，俾閭閻均霑實惠。副朕行慶施惠、有加無已之至意。該部即遵諭行。（高宗一一九七、一五）

（乾隆四九、五、辛酉）諭：山東兗州、曹州、濟寧三府州屬，前因被水，節經降旨加恩軫恤，並令該撫查明被災地畝內緩徵、帶徵錢糧及四十八年新糧，一併緩至今年麥收後開徵。第念該處從前被災較重，元氣未復，且本年春夏雨水未能深透，麥收稍歉，若新舊並徵，民力未免拮据，著再加恩將兗、曹、濟三屬去歲被災地畝內緩徵帶徵漕米竟普行蠲免。至今年新糧漕米、倉穀，皆緩至明年麥收後帶徵，以示軫念窮黎有加無已之至意。該部即遵諭行。（高宗一二〇六、一三）

（乾隆五〇、四、乙未）諭：東省兗州、曹州、濟寧三府州屬，自去冬雨雪短少，春夏以來，雖間得雨澤，未能接續普遍。濟南、泰安、東昌所屬各州縣，亦因雨澤稀少，麥收均不免歉薄。此時即得有透雨播種大田，秋成尚早，新舊併徵，民力未免拮据。所有兗州、曹州、濟寧三府州屬之帶徵錢糧，應徵錢糧、倉穀，濟南府屬之德州、平原、禹城、陵縣、臨邑、新城、齊河、長清，東昌府之茌平、清平、冠縣、館陶、高唐、恩縣，泰安府屬之泰安、新泰、東平、東阿，臨清州屬之夏津、武城、邱縣等各州縣本年應徵錢糧，及未完帶徵錢糧、倉穀等項，俱著加恩緩至秋成後再行徵收，以紓民力。該撫其督率所屬妥協辦理，務俾均霑實惠，副朕軫念民依之至意。該

部遵諭速行。（高宗一二二九、一）

（乾隆五〇、八、甲辰）諭：據明興奏，本年東省春夏以來，雨澤短少，兗州、曹州、東昌三屬得雨尤遲。兗州府屬之嶧縣，曹州府屬之濮州、范縣、朝城、觀城、定陶、菏澤，東昌府屬之聊城、莘縣，共九州縣，收成歉薄，止有四分至二分不等；其有衛地坐落各該州縣者，亦被旱成災，小民口食維艱。又，濟南府屬之德州，泰安府屬之新泰、萊蕪、平陰、東阿、東平，兗州府屬之泗水、滕縣、陽穀、壽張，曹州府屬之鄆城、鉅野，沂州府屬之蘭山、郯城、蒙陰、費縣、沂水，東昌府屬之恩縣、茌平、堂邑，青州府屬之益都、昌樂、壽光，萊州府屬之濰縣，昌邑，共二十五州縣，並坐落衛地，亦因未得透雨，現在收成雖有五分上下，勘不成災，而得半收成，民間僅堪餬口等語。東省雨澤愆期，收成歉薄，民情拮据，軫念殊深。所有收成最薄之嶧縣、濮州、范縣、朝城、觀城、定陶、菏澤、聊城、莘縣九州縣及坐落各該州縣衛地，俱著加恩一體賑卹，並將應徵錢糧，查照被災分數，照例分別蠲緩。該撫務須率屬詳妥為之，俾災黎均受實惠。其收成五分上下之德州、新泰、萊蕪、平陰、東阿、東平、泗水、滕縣、陽穀、壽張、鄆城、鉅野、蘭山、郯城、蒙陰、費縣、沂水、恩縣、茌平、堂邑、益都、昌樂、壽光、濰縣、昌邑二十五州縣及坐落衛地，皆止有得半收成，若將應徵錢糧照舊徵收，民力自未免竭蹷，並著加恩將本年應徵及緩徵、帶徵錢糧籽種銀兩，俱緩至明年麥熟後徵收；其本年應徵漕糧及出借倉穀，俱緩至明年秋收後開徵，俾窮民口食有資。該撫其實力妥辦，以副朕厪念民依、不使一夫失所之至意。該部即遵諭行。（高宗一二三七、二三）

（乾隆五〇、九、甲子）諭曰：明興奏，濟南府屬之長清，濟寧州屬之金鄉、魚臺、嘉祥四縣，於八月下旬，天時乍寒，被霜較早，晚禾尚未結實，一經霜打，收成頓減，民情未免失望等語。長清、金鄉等縣，本年春收本屬歉薄，今又被霜較早，晚禾收成頓減，殊堪軫念。著加恩將長清、金鄉、魚臺、嘉祥四縣及坐落衛地，照德州等二十五州縣之例，將本年應徵及緩帶徵錢糧籽種銀兩，緩至明年麥熟後徵收，其本年應徵及緩帶漕糧、出借倉穀，亦緩至明年秋收後開徵。俾窮黎各安衽席，不致一夫失所，以副朕軫念災區有加無已至意。該部即遵諭行。（高宗一二三九、五）

（乾隆五一、四、丁亥）諭曰：明興奏，濟南、泰安、東昌等屬，得雨未能深透，現屆青黃不接之時，糧價稍昂，民力未免拮据等語。東省上年秋收歉薄，節經降旨賑恤緩徵，今濟南等府州屬，春夏又復短缺，糧價較昂，若令照例輸將，民力不無艱窘。所有歷城、章邱、鄒平、長山、齊東、淄川、肥城、博平、臨清九州縣及坐落衛地本年應徵新舊錢糧，俱著加恩緩至秋成徵收，以紓民力。該部遵諭速行。(高宗一二五二、二一)

(乾隆五一、五、丙辰) 緩徵山東嶧縣、菏澤、定陶、濮州、范縣、觀城、朝城、聊城、莘縣、東昌十州、縣、衛上年旱災額賦。(高宗一二五四、一九)

(乾隆五一、五、甲子) 諭：據明興奏，東省濟南、東昌、臨清所屬及毗連地方，春夏以來，雨水缺少，麥收不無歉薄等語。該省上年缺雨，被旱成災，今歲雖獲甘膏，其短雨州縣，麥收仍有歉薄，民力不免竭蹙，朕心深為軫念。著加恩將被旱稍重之歷城、德州、齊河、禹城、平原、陵縣、長清、聊城、莘縣、堂邑、東平、東阿、平陰、陽穀、壽張、觀城、范縣、朝城、臨清等十九州縣及坐落衛地，查明借給兩月口糧；被旱稍輕之章邱、鄒平、長山、新城、淄川、齊東、冠縣、恩縣、館陶、博平、茌平、清平、樂安、博興、壽光、萊蕪、肥城、蒲臺、霑化、汶上、邱縣、濮州等二十二州縣及坐落衛地，查明借給一月口糧，以資接濟。至各該地方應徵新舊錢糧，除歷城等十五州縣業經緩徵外，其餘德州、齊河等二十六州縣及坐落衛地，現在應徵新舊錢糧，並著加恩緩至秋成後徵收，俾貧民既資口食，並免催徵。該撫務董率所屬，實力經理，以副朕軫念群黎、惟恐一夫失所之至意。該部遵諭速行。(高宗一二五五、五)

(乾隆五一、九、乙酉) 諭：據明興奏，東省舊欠錢糧米穀籽種等項，遞年積壓，款項繁多，若同時並徵，恐小民力有未逮。請將上年被旱各州縣，歷年未完錢糧及民借籽種銀兩，並上年緩徵漕糧等項，分年帶徵等語。山東省歷年歉收，今歲幸獲豐稔，民間舊欠，自應稍緩催徵，以紓民力。所有上年秋禾被旱成災之嶧縣、聊城、莘縣、濮州、范縣、觀城、朝城、定陶、菏澤等九州縣並坐落衛地，除五十年錢糧照例按成災分數、分年幫徵外，其未完四十六、七、八、九等年舊欠銀九萬七千一百五十五兩零，又上年被旱勘不成災之德州、長清、新泰、萊蕪、平陰、東阿、東平、泗水、滕縣、陽穀、壽張、鄆城、鉅野、恩縣、茌平、堂邑、益都、昌樂、壽光、昌邑、濰縣、蘭山、郯城、蒙陰、費縣、沂水、金鄉、魚臺、嘉祥等二十九州縣，並坐落衛地未完四十六、七、八、九、五十等年舊欠銀八十八萬一千九百三十兩零；又嶧縣等三十八州縣積年未完民借常社米麥易穀共五十六萬二百一十七石零、民借未完籽種銀一十九萬六千八百三十二兩零，並各該州縣五十年分尚有緩徵漕糧米十萬一千七百五石零、及漕倉銀兩，俱著加恩，准其分作兩年帶徵，以紓民力而裕蓋藏。該部即遵諭行。(高宗一二六四、二九)

(乾隆五二、三、壬辰) 又諭：據長麟奏，濟南兗州府各屬，上年雨雪短少，麥田未能普種，現屆青黃不接之時，應完地糧米穀及籽種銀兩，數目繁多，小民輸將稍形竭蹶等語。東省濟南等府屬，頻歲歉收，上年雖秋成豐稔，復因雨雪短少，麥田未能普種，今春雨澤亦尚未一律優霑，際此青黃不接之時，若新舊並徵，民力不無拮据。所有濟南府屬之歷城、章邱、長清、齊河、禹城、平原、齊東、鄒平、長山、新城，兗州府屬之嶧縣、滕縣、鄒縣、陽穀、壽張、泗水，東昌府屬之聊城、高堂、莘縣、恩縣、茌平、清平、堂邑、博平、冠縣、館陶，青州府屬之益都、昌樂、高苑、博興、樂安、壽光、臨淄、臨朐，泰安府屬之東平、東阿、平陰、萊蕪，武定府屬之濱州、利津、霑化，曹州府屬之菏澤、單縣、濮州、城武、定陶、鉅野、鄆城、范縣、觀城、朝城並臨清州，共五十三州縣及坐落衛所，除本年新糧照例徵收外，共五十一年分應徵地糧米穀籽種及前次未經分年帶徵之項，俱著加恩緩至本年秋後，分作二年帶徵。節年地糧米穀籽種，定限二年之項，著分作三年帶徵；定限三年之項，分作四年帶徵，統於本年秋後開徵爲始。俾得從容輸納，民力益資寬裕，副朕惠愛閭閻有加無已之至意。該部即遵諭行。(高宗一二七七、二三)

(乾隆五二、四、己未) 又諭曰：長麟奏，濟南府屬之濟陽、陵縣、臨邑、淄川、德州、德平，武定府屬之商河、惠民、樂陵、青城、蒲臺、海豐、陽信，青州府屬之博山，泰安府屬之泰安、肥城、新泰等十七州縣，從前或與災地毗連，或因被旱歉收，俱有歷年未完之項。現在雨澤未霑，麥秋無望，請將該州縣等舊欠錢糧，緩至秋後徵收等語。濟南等屬上年既被旱歉收，本年又雨澤愆期，若將新舊錢糧，一併徵收，民情未免竭蹶。所有濟陽、陵縣、臨邑、淄川、德州、德平、商河、惠民、樂陵、青城、蒲臺、海豐、陽信、博山、泰安、肥城、新泰等十七州縣及坐落衛地，除本年應徵錢糧照例徵收外，其節年積欠未完正耗錢糧，及緩徵帶徵、籽種、口糧米穀等項，著加恩自本年秋後爲始，分作二年帶徵，以紓民力。該部即遵諭行。(高宗一二七九、一五)

(乾隆五三、四、庚子) 又諭：據長麟奏，本年東省歷城等五十四州縣，雨澤愆期，麥收失望。請將新舊錢糧，緩至本年秋後徵收，以紓民力等語。該省歷城等州縣，雨澤稀少，農田播種二麥，難望有收，今歲佈植較廣，徒糜工本，民力不無拮据。著照所請，濟南府屬之歷城、新城、淄川、長山、長清、禹城、德州、平原、臨邑、德平、齊河、章邱、鄒平、齊東、陵縣、濟陽，泰安府屬之東平、東阿、肥城、平陰，武定府屬之惠民、青城、利津、濱州、蒲臺、陽信、海豐、霑化、樂陵、商河，東昌府屬之堂邑、茌平、館陶、冠縣、恩縣、聊城、博平、清平、莘縣、高唐，曹州府屬之范縣、觀城、朝城，兗州府屬之陽穀、壽張，青州府屬之樂安、博興、臨淄、臨朐、高苑、臨清州，暨所屬之夏津、武城、邱縣五十四州縣及坐落衛所新舊錢糧，著加恩一併緩至本年秋成後徵收。其舊欠內原係分年帶徵者，仍按所分年限辦理，以副朕廑念民依至意。該部即遵諭行。（高宗一三〇二、一二）

（乾隆五四、六、癸未）諭曰：長麟奏，蒙陰縣地方山水驟發，沂河宣洩不及，浸塌民房四百餘間，壓斃男婦十三名口。親赴查勘，分別照例給銀，並將沿河各村被災較重貧民，酌予口糧，借給籽種，令其趕種蕎麥，五日之內已種七分有餘等語。東省本年收成豐稔，而蒙陰一縣，猝被水患，浸及田廬、傷斃人口，殊堪憫惻。前經降旨，令該撫確查撫卹酌量接濟。今長麟遵旨將貧民衝塌房屋給銀修葺，其被水村莊，各散給一月口糧，並酌借籽種，趕栽蕎麥。小民棲止口食有資，自不致一夫失所。但各村貧民被災較重，尚應多爲接濟，使養贍益資寬裕。該撫所請再酌借一月口糧之處，竟當賞給，以示格外體卹。所有應徵新舊錢糧，並著緩至春麥收後，再行輸納，以副朕軫念災黎有加無已之至意。該部即遵諭行。（高宗一三三三、三六）

（乾隆五五、二、丁丑）諭：朕此次展謁兩陵，巡幸山東，所有經過地方，著加恩蠲免本年地丁錢糧十分之三。（高宗一三四九、二五）

（乾隆五五、二、戊寅）諭：朕年屆八旬，敷天錫慶，業經降旨將各省錢糧，通行蠲免。茲巡幸山左，鑾輿經蒞之處，閭閻童叟，夾道歡迎，具徵愛戴誠悃，允宜重加惠澤，俾茅簷並沐恩膏。因思東省各屬，節年因災緩徵帶徵銀兩，貧民積欠尚多，若一律徵輸，恐民力不無拮据。著再加恩將乾隆四十九年未完銀三十萬八千三百餘兩，五十年未完銀六十九萬七百餘兩，五十一年未完銀七十三萬九千一百餘兩，全行豁免。以期比户得免催科，益臻樂利，副朕入疆行慶、恩施無已之至意。該部即遵諭行。（高宗一三四九、三〇）

（乾隆五五、九、甲午）諭：據長麟奏查明被水各州縣成災分數摺內稱，濟南、東昌、曹州、武定等所屬二十七州縣被淹較重，分別給予兩月一月口糧。又，武定府屬之惠民縣，亦經被水，懇請將本年錢糧一體蠲免等語。東省本年被水各州縣情形較重，閭閻生計未免拮据。所有濟南府之平原、禹城、齊河、德州、長清、德平、濟陽、臨邑、陵縣，東昌府之聊城、茌平、高唐、堂邑、館陶、清平、莘縣、冠縣、恩縣、博平，曹州府之范縣，臨清州及所屬之邱縣、夏津、武城，武定府之商河、濱州、樂陵等二十七州縣，除業經分別給予口糧外，並加恩於十月內各按成災分數，照例給予賑濟。其惠民一縣，春收歉薄，且與災地毗連，亦著加恩將該縣本年錢糧，於恩詔普免案內,與各災地一體先行蠲免。至被災地方所有應徵漕糧,其成災自五分以上者,著加恩緩至乾隆五十六年起,分作二年帶徵,以紓民力。該撫等務須督飭所屬,悉心妥辦,俾得均霑實惠,以副朕軫念災黎、有加無已之至意。該部遵諭速行。(高宗一三六三、一)

(乾隆五五、一〇、丙辰) 賑恤山東平原、禹城、齊河、德州、長清、德平、濟陽、臨邑、陵縣、聊城、茌平、高唐、堂邑、館陶、清平、莘縣、冠縣、恩縣、博平、范縣、臨清、邱縣、夏津、武城、商河、濱州、樂陵等二十七州縣並德州、臨清、濟寧、東昌四衛水災飢民,並予緩徵。(高宗一三六四、一六)

(乾隆五五、一一、丙申) 又諭:本年東省地方,因夏秋雨水較多,田禾被淹,業將被災各州縣,優加賑卹,並將應徵漕米倉穀,一律緩徵。其勘不成災地方,雖被水稱輕,究與災地毗連,秋收未免歉薄。著加恩將鉅野、濮州、朝城、海豐、陽信、利津、惠民、霑化、蒲臺、青城、博興、高苑、平陰、壽張、金鄉等十五州縣應徵漕糧,與成災地畝一體分作兩年帶徵,俾閭閻得免追呼,民力益臻寬裕。該撫務須督率所屬,實力體察,毋使吏胥等私徵中飽,以副朕加惠貧黎至意。(高宗一三六七、六)

(乾隆五六、四、丁卯) 蠲免山東臨清、平原、禹城、齊河、德州、長清、德平、濟陽、臨邑、陵縣、聊城、茌平、高唐、堂邑、館陶、清平、莘縣、冠縣、恩縣、博平、商河、濱州、樂陵、邱縣、夏津、武城、范縣等二十七州縣,德州、東昌、臨清等三衛上年水災耗羨銀一萬四千九百七十兩有奇。(高宗一三七七、一一)

(乾隆五六、七、壬辰) 諭:據惠齡奏,東省平原等二十七州縣,本年應行帶徵漕糧,及買補截留散賑漕米,為數較多,請將前奏二年內帶徵買補之糧,分作四年完納等語。該省上年雨水稍多,秋禾間有被淹,本年雖雨水調勻,民間蓋藏,恐尚未能充裕,其帶徵買補各項,自應酌展年限,用示體卹。所有平原等各州縣於二年內應行帶徵之米麥豆十萬八千餘石,又買補截留散賑漕米十萬九千餘石,著加恩分作四年帶徵,買補搭運,以紓民力。該部即遵諭行。(高宗一三八三、一二)

(乾隆五六、九、丙戌) 諭:據惠齡奏,山東萊州府臨清州等屬州縣,間有被旱被水歉收之處,雖查明均不成災,然無力貧民,未免稍形拮据等語。山東萊州府屬,本年秋間雨水較多,低窪地畝,間有被淹,前據惠齡奏到,即令妥為查辦。茲據該撫勘明萊州臨清等屬,均有被水被旱歉收之處,雖據奏並未成災,民力究恐不無竭蹶。所有被水之濰縣南臺社等處一百零九莊、昌邑縣任流社等處一百四十九莊、平度州傅家回社等處六十七莊、高密縣張家大莊等處一百六十九莊，本年錢糧倉穀及歷年舊欠，均著加恩一體緩徵。其被水較重者，並著酌借籽種，以資接濟。又，被旱之臨清州新莊等一百十二村莊、邱縣之南屯等處五十七村莊、館陶縣之孟家莊等一百五十九村莊、平原縣之大王莊等四十八村莊、高唐州之于家莊等一百三十村莊、德州之南劉李莊等一百五十五村莊、恩縣之腰站等二百三十七村莊，並臨清、德州二衛坐落該二州境內被旱村莊，所有歷年帶徵新舊錢糧，均著暫行停緩，俟明年麥收後完納，其應輸漕米，亦著加恩緩徵一半，以示體卹。該撫務須督飭所屬，實力妥辦，俾無力貧民，均霑實惠，毋使一夫失所，以副朕軫念民依、恩加無已至意。（高宗一三八六、二六）

（乾隆五七、五、乙巳）諭曰：吉慶奏，山東德州一帶，自四月二十五、六等日，得有透雨以後，迄今未獲續沛甘霖，地土乾燥，晚禾雜糧，播種無多，小民口食不無拮据等語。前因東省德州一帶，望澤甚殷，業經降旨，令該撫查明無力貧民，借給籽種口糧，以資接濟。今該處至今，既未獲被甘膏，麥收失望，若應徵新舊錢糧，同時輸納，民力益形竭蹷。所有德州、平原、恩縣、武城、夏津、邱縣、臨清、高唐、館陶，并德州衛等十州縣衛，本年應徵新舊錢糧倉穀，著加恩一併緩至秋後，察看收成，再行啓徵，以紓民力。其實在無力貧戶，並著賞給一月口糧，用資接濟。該撫務督飭所屬，實心經理，俾小民均霑實惠，以副朕軫念民艱之至意。該部即遵諭行。（高宗一四〇四、一三）

（乾隆五七、六、壬申）諭：前因山東德州一帶地方，自四月以後，雨澤短少，未能播種。隨經降旨，將德州、平原等十州縣衛，加恩緩徵，并賞給貧民口糧，以資接濟。嗣因該省總未得有透雨，節經降旨詢問該撫，并令留心察看，如尚有缺雨地方，即行據實奏聞。并據吉慶續奏，歷城等二十州縣，至今仍未得雨，晚禾未能趕種，民食不無拮据等語。著加恩將濟南府屬之歷城、齊河、禹城、陵縣、臨邑、德平、濟陽，東昌府屬之聊城、茌平、博平、清平、冠縣、莘縣，泰安府屬之東阿，兗州府屬之陽谷、壽張，曹州府屬之濮州、范縣、觀城、朝城等州縣，并坐落衛所，本年應徵新舊錢糧倉穀，緩至秋後察看收成，再行起徵。并著將各該州縣衛所乏食貧民，賞借一月口糧，以資撫卹。又，德州、德州衛、平原、恩縣、館陶、高唐、臨清、武城、邱縣、夏津等十州、縣、衛，將來一得雨澤，亦須接濟，以資耕作。著照乾隆五十二、五十五年成例，量爲變通，借給籽種，於來年麥熟後徵收，以紓民力。該撫務須飭屬實心妥辦，以期窮黎均霑實惠，用副朕軫念民

依至意。（高宗一四〇六、七）

（乾隆五七、七、乙丑）諭曰：吉慶奏，德州等二十四州縣衛，得雨較少，補種之晚秋，未能一律飽滿。收成雖有五六分，民力不無拮据。又，武定府屬海豐、樂陵、霑化三處，因夏秋雨澤未能調勻，秋收止五分有餘等語。德州等州縣，前因得雨稍遲，秋收不無歉薄，已降旨令該撫查明乏食貧民，賞借一月口糧，仍俟秋後，察看收成分數，再行啟徵。茲據奏，查明各該處收成止有五六分。所有德州、德州衛、平原、恩縣、武城、夏津、邱縣、臨清、高唐、館陶、歷城、齊河、禹城、陵縣、臨邑、德平、聊城、茌平、博平、清平、莘縣、濮州、范縣、觀城二十四州、縣、衛本年應徵新舊錢糧倉穀，俱著加恩，緩至來年麥熟後徵收。其海豐、樂陵、霑化三縣，本年應徵新舊錢糧倉穀，亦著緩至來年麥熟後徵收，並賞給一月口糧，俾資接濟。又據奏，德州、平原、恩縣、邱縣、夏津、武城、濮州、臨清、高唐九處，連歲未獲豐收，本年收成又復較減。各該州縣有五十五、六兩年因災緩徵漕糧，應於本年并徵，民力稍覺竭蹷等語。所有德州等七州縣新舊漕糧，均著緩徵一半，臨清、高唐二州舊欠漕糧，亦予緩徵。統於來歲冬間，一併徵收，以紓民力。該撫務須董飭所屬，實心妥辦，俾災黎均霑實惠，以副朕厪念民依、有加無已至意。該部即遵諭行。（高宗一四〇九、二六）

（乾隆五七、九、壬子）諭曰：吉慶奏，濟南等府屬州縣，夏雨稍愆，秋收未免歉薄。現屆開徵之期，應徵漕糧，田多大戶尚易交納，田少畸零小戶完納稍形竭蹷等語。本年東省臨清、德州等州縣衛，前因得雨稍遲，補種晚禾，未能一律豐收，業經降旨將應徵新舊錢糧及五十五六兩年因災緩徵漕糧，俱著緩至來年，次第徵收，以紓民力。茲復據奏，各該處本年應徵漕糧，無論大戶小戶，一併照數完納，民力究形拮据。自應暫緩徵收，用示體恤。所有原報歉收之歷城、齊河、禹城、陵縣、臨邑、德平、濟陽、聊城、茌平、博平、清平、莘縣、館陶、冠縣、范縣、觀城、朝城、東阿、陽穀、壽張、樂陵等二十一處，及與歉地毗連之長清、齊東、惠民、商河、蒲臺、濱州、陽信、堂邑等八處，除田多大戶應完漕糧照舊徵收外，其畸零小戶本年應完漕米，著再加恩，緩至來歲秋成後，徵收搭運，以恤民艱。該撫務須董飭所屬，實心妥辦，俾災黎均霑實惠，以副朕厪念民依有加無已至意。該部即遵諭行。（高宗一四一三、一）

（乾隆五八、七、己酉）諭曰：吉慶奏，上年被旱之德州等處，及毗連歉地之堂邑等州縣，應徵舊欠錢糧倉穀及借給口糧、帶徵漕米等項，請分別緩徵等語。本年東省雨澤調勻，秋成豐稔，小民自必踴躍輸將。第念上年歉收之後，民鮮蓋藏，若將各年新舊錢糧漕米同時並徵，未免稍形拮据。所有上年被旱之德州、德州衛、平原、恩縣、武城、夏津、邱縣、臨清、高唐、館陶、歷城、齊河、禹城、陵縣、臨邑、德平、聊城、茌平、博平、清平、莘縣、濮州、范縣、觀城、海豐、樂陵、霑化等二十七處，並與歉地毗連之堂邑、冠縣、菏澤、朝城、惠民、陽信、商河、濱州、利津、章邱、齊東、濟陽、長清、東阿、陽穀、壽張等十六州縣及坐落衛場，除五十六、七兩年應徵之項照舊徵收外，其五十五年以前應徵舊欠錢糧、倉穀、籽種、口糧、麥本、河銀等項，著加恩分作五十八、五十九兩年帶徵。再，平度、樂安、壽光、昌邑、濰縣五處，本年春間，低窪地畝間有被淹，其舊欠銀穀、民佃灶課及本年借給口糧銀米，亦著緩至五十九年麥收後啓徵。至額徵帶徵及應行實補漕米，為數稍多，若一時並徵採買，米價恐致增昂，於閭閻口食，不無妨礙。除本年額徵漕米並五十五、六兩年帶徵漕糧照舊徵收外，其帶徵五十七年漕糧六萬七千九百餘石，亦著加恩緩至五十九、六十兩年輸納。其買補截漕米石，並著於本年起，分作三年採買搭運，俾民力益資寬裕。以副朕軫念民艱，有加無已至意。該部即遵諭行。（高宗一四三三、四）

（乾隆五九、四、壬午）又諭：據福寧奏，濟南、武定等府各屬雨澤稀少，麥苗未能長發，糧價漸增，民力稍形拮据等語。東省上年收成，雖屬豐稔，但本年入春以來，雨澤稀少，高阜處所，麥收失望，若不及時接濟，復將新舊錢糧同時并徵，民力不無拮据。所有濟南府屬之歷城、章邱、長山、鄒平、新城、長清、齊河、齊東、濟陽、禹城、臨邑、陵縣、德州、德平、平原、淄川，武定府屬之惠民、青城、陽信、海豐、樂陵、商河、霑化、蒲臺、濱州、利津，東昌府屬之聊城、堂邑、博平、茌平、清平、莘縣、冠縣、館陶、恩縣、高唐，臨清州并所屬之夏津、武城、邱縣，兗州府屬之壽張、陽穀，曹州府屬之范縣、觀城、朝城，青州府屬之博興、樂安、高苑、臨淄，泰安府屬之東阿、平陰等五十一州縣，并坐落衛所，應徵新舊各項銀糧，俱著加恩，緩至本年秋收後，再行啓徵。并著動支倉穀，減價平糶，以資接濟。該撫務須督飭所屬，實力妥辦，俾小民均霑實惠，毋任吏胥從中弊混，以副朕軫念民依，無時或釋至意。該部即遵諭行。（高宗一四五一、一四）

（乾隆五九、九、辛亥）諭：前因山東臨清、館陶等州縣，漳、衛二河水漲，以致村莊多有被掩。業經疊降恩旨，加兩倍賞卹，並將被水之處應徵秋糧，概行豁免。其餘未經被水村莊，秋禾雖屬有收，所有應徵錢糧，本應按期徵收，第念各該處雖未被水，而今年春間雨澤短少，麥收歉薄，現又毗連災地，民力究未能充裕。著再加恩，將臨清、武城、館陶、夏津、冠縣、邱縣、德州、恩縣並臨清、德州二衛毗連災區，未經被水地方，應徵新舊各項銀穀漕米，俱緩至乾隆六十年，照例徵收，用紓民力。以示朕軫念窮黎，恩加無已至意。（高宗一四六一、二六）

（乾隆五九、一○、丙辰）又諭：本年山東省因漫水下注，臨清、東昌、德州等處地畝民居，多有淹損，已疊沛恩施，優加撫卹，蠲免秋糧，并令該撫將被水較重地方節年緩帶銀糧數目查明具奏，候朕加恩豁免。茲據戶部議覆，該省被水較重之臨清、武城、館陶、夏津、冠縣、邱縣、德州、恩縣八州縣，并臨清、德州二衛節年緩徵帶徵未完銀糧，酌請豁免一半等語。固屬覈實辦理，第念該處被水較重，小民生計拮据，若僅將節年緩帶銀糧，豁免一半，究未能全免追呼，遂其含哺之樂。著將臨清、武城、館陶、夏津、冠縣、邱縣、德州、恩縣八州縣并臨清、德州二衛節年未完地丁銀三十一萬四千六十六兩零，麥本、籽種、口糧銀三萬五千九百五十五兩零，漕米一萬四千四百五十三石零，民借常社倉穀及南米豫麥合穀共三萬六千七百七十五石零，俱著加恩全行豁免。該撫惟當嚴飭所屬悉心妥辦，毋任吏胥等從中侵扣，并將應行豁免之節年銀糧細數，徧貼謄黃，出示曉諭，俾窮鄉僻壤，無不周知，普霑實惠，以副朕軫念災區，恩施逾格至意。（高宗一四六二、四）

（乾隆五九、一一、癸巳）諭：前因山東臨清、館陶等州縣，漳、衛二河水漲，村莊多有被淹，業經疊降恩旨，加兩倍賞卹，並將被水之處應徵秋糧，概行豁免。茲據畢沅奏，查定例漕糧不在豁免秋糧數內，向不蠲緩等語，固屬照例辦理。但念本年臨清等屬，夏麥被旱，秋禾又復被淹，若將漕糧按例徵收，究恐民力不無拮据。著再加恩將臨清等處被災地方，應納漕糧，一體豁免，俾民力益加寬裕。該撫務督率所屬，實心經理，使小民均霑實惠，以副朕軫念災區、恩加無已至意。該部即遵諭行。（高宗一四六四、一二）

（乾隆六○、一、乙酉）又諭：上年山東之東昌、臨清等屬，俱因衛河水發，秋禾多有被淹，業經節降諭旨，各加兩倍賞卹，並豁免秋糧及該年漕糧，令該撫實力查辦，以示體恤。第念該州縣正賑已竣，大田宿麥甫茁新苗，距麥收尚遠，正在青黃不接之時，民力不無拮据。所有臨清、德州、館陶、恩縣、冠縣、邱縣、夏津、武城等八州縣及臨清、德州二衛，著再加恩，將上年被災九分十分之極次貧民，俱展賑兩個月，被災七八分之極次貧民，俱展賑一個月，以資接濟。該撫務須嚴飭所屬，實心經理，毋任官侵吏蝕，俾閭閻均霑愷澤，以副朕普錫春祺至意，該部即遵諭行。（高宗一四六八、三）

（乾隆六○、一、辛丑）又諭：前經降旨普免天下節年民欠銀糧，令各督撫查明細數具奏。茲據畢沅查明山東省節年民欠正耗銀穀並民欠河道夫食正耗借領土方等銀，及民欠出借籽種常社米穀等項數目，開單具奏。東省地連畿輔，節經加恩蠲貸兼施，茲以歸政在即，允宜普予豁除，俾得慶盈寧之福。所有山東省節年未完地丁正銀十六萬二千九百九十九兩零、耗銀二萬二千八百十九兩零、五十八年分民欠正銀三十五萬九千八百四十二兩零、耗銀十五萬一千三百二十六兩零、節年因災緩帶正耗銀三百四十七萬六千六百七兩零、民欠河道夫食正耗及借領土方銀二十三萬七千五十八兩零、節年民欠出借籽種口糧麥本銀三十萬七千七百五十六兩零，共銀四百八十七萬四千二百十一兩零，又節年民欠出借常社米穀南米豫麥合穀五十萬四千二百石零，均著加恩豁免，以副朕錫福延禧、行慶施惠，恩加無已至意。（高宗一四六九、四）

（嘉慶一、八、己丑）賑山東濟寧、魚臺二州縣被水災民，并蠲緩新舊額賦有差；緩徵金鄉、嘉祥、鄒、滕、嶧五縣水災新舊額賦，并給一月口糧。（仁宗八、一三）

（嘉慶一、一一、乙卯）緩徵山東魚臺、金鄉、鄒、滕、嶧、濟寧六州縣水災新舊額賦。（仁宗一一、一〇）

（嘉慶二、八、辛酉）賑山東曹、單、濟寧、金鄉、魚臺五州縣並臨清衛被水災民；緩徵曹、單、濟寧、金鄉、魚臺、嘉祥六州縣應徵漕項銀穀並臨清衛本年漕糧額賦，及民欠籽種銀穀，並毗連災區各州縣成熟地畝額賦。（仁宗二一、一三）

（嘉慶二、九、辛卯）緩徵山東城武、鄒、滕、嶧四縣水災本年漕糧。（仁宗二二、一六）

（嘉慶三、二、戊午）緩徵山東、曹、單、濟寧、金鄉、魚臺、嘉祥、城武、鄒、滕、嶧、汶上十一州縣並臨清、濟寧二衛本年額賦。（仁宗二七、一八）

（嘉慶四、二、辛亥）緩徵山東曹、單、城武、濟寧、金鄉、魚臺、嘉祥、鄒、滕、嶧十州縣及臨清、濟寧二衛水災新舊額賦。（仁宗三九、二六）

（嘉慶四、八、庚戌）緩徵山東濟寧、魚臺、金鄉、單、嘉祥、嶧、滕、城武、長清、東阿、平陰、利津、蒲臺、汶上、陽穀、鉅野、范、鄆城、朝城、博平、茌平、清平、莘、恩、聊城、博興、高苑、樂安、壽光、臨清、夏津、武城三十二州縣及各場地，並臨清、濟寧、德州三衛水災新舊漕糧額賦，曹、鄒二縣歷年舊欠額賦。（仁宗五〇、三二）

（嘉慶五、八、丙辰）緩徵山東、濟寧、鄒、金鄉、魚臺、嘉祥、單、曹、城武、滕、嶧、長清、東阿、平陰、利津、蒲臺、汶上、聊城、博平、茌平、莘、恩、武城、鄆城、范、博興、樂安、陽穀、鉅野、朝城二十九州

縣，濟寧、臨清二衛歷年舊欠漕糧額賦。(仁宗七二、一三)

（嘉慶六、八、丁未）緩山東臨清、館陶、武城、邱、夏津、聊城、堂邑、清平、博平、茌平、高唐、莘、恩冠、陽穀、朝城、東阿、平陰、平原、長清、德、范二十二州縣水災新舊額賦有差。(仁宗八六、五)

（嘉慶六、九、己卯）緩徵山東濮、觀城、汶上三州縣水災本年額賦。(仁宗八七、一〇)

（嘉慶六、一〇、甲辰）賑卹山東臨清、館陶、武城、邱、夏津、聊城、堂邑七州縣及坐落各衛屯被水災民有差，並緩徵漕項銀米；貸清平、莘、朝城、東阿四州縣衛貧民口糧，給陽穀、博平、高唐、恩四州縣貧民一月口糧。(仁宗八八、四)

（嘉慶六、一二、癸丑）緩徵山東臨清、館陶、武城、堂邑、高唐、冠、恩、夏津、邱九州縣水災本年額賦。(仁宗九二、一二)

（嘉慶七、二、甲寅）緩徵山東臨清、館陶、武城、邱、夏津、聊城、堂邑、清平、博平、茌平、高唐、莘、恩、冠、陽穀、朝城、東阿、平陰、長清、德、范、平原、濮、觀城、汶上二十五州縣衛水災本年額賦。(仁宗九四、一一)

（嘉慶七、七、丙戌）緩徵山東臨清、館陶、武城、邱、夏津、聊城、堂邑、清平、博平、茌平、高唐、莘、恩、陽穀、朝城、東阿、平陰、長清、范、濮、冠、觀城、汶上、德、平原二十五州縣，德州、臨清、東昌三衛上年水災帶徵額賦。(仁宗一〇一、三)

（嘉慶七、八、戊辰）緩徵山東德、長清、聊城、堂邑、博平、清平、高唐、恩、茌平、東阿、臨清、武城、邱、夏津、禹城、平原、陵、德平、泰安、曲阜、嶧、寧陽、泗水、費、蘭山、郯城、歷城、章邱、鄒平、齊河、齊東、濟陽、臨邑、萊蕪、新泰、東平、肥城、平陰、惠民、商河、樂陵、海豐、青城、陽信、濱、滋陽、滕、陽穀、館陶、沂水、蒙陰、濟寧、金鄉、魚臺、長山、博興、樂安五十七州縣，東昌、德州二衛蝗災本年漕糧額賦有差。(仁宗一〇二、三七)

（嘉慶七、九、壬辰）緩徵山東淄川、新城、鄒、汶上、朝城、利津、蒲臺、霑化、莘、冠、嘉祥十一縣及臨清衛旱災本年漕糧十分之三。(仁宗一〇三、二一)

（嘉慶八、八、丙子）緩徵山東清平、博平、茌平、高唐、莘、恩、冠、陽穀、朝城、東阿、平陰、平原、長清、德、范十五州縣節年帶徵漕糧漕項，並菏澤、濮、定陶、鄆城、單、城武、鉅野、觀城、曹、范、蘭山、郯

城、海豐十三州縣本年額賦十分之三。(仁宗一一八、三七)

（嘉慶八、一〇、丁丑）蠲緩山東濮、菏澤、范、壽張、陽穀、東阿、平陰、東平、鄆城、肥城、利津、蒲臺、濱、定陶、曹、茌平、聊城、東昌十八州縣衛水災本年額賦，並賑卹有差。(仁宗一二二、一五)

（嘉慶八、一一、壬辰）賑山東齊東、霑化二縣及東平所被水災民，並蠲緩額賦；給青城、惠民、海豐、濟陽四縣水災貧民一月口糧，緩徵城武、鉅野、單、長清、齊河、歷城、鄒平、長山、禹城九縣額賦有差。(仁宗一二三、一)

（嘉慶八、一一、甲辰）緩徵山東濮、菏澤、范、壽張、東阿、平陰、濟東、利津、蒲臺、濱、霑化十一州縣並東昌衛被水村莊本年額賦，並蠲緩漕項銀米。(仁宗一二三、一九)

（嘉慶九、一、癸丑）緩徵山東菏澤、濮、范、壽張、東阿、齊東、濱、利津、霑化、東平、平陰、陽穀、鄆城、肥城、蒲臺、青城、惠民、海豐、濟陽十九州縣並東昌衛、東平所水災額賦。(仁宗一二五、二一)

（嘉慶九、三、庚戌）給山東菏澤縣被水災民一月口糧；展賑陽穀、鄆城二縣續淹災民；貸壽張、東阿、平陰、東平、曹、定陶、城武、鉅野八州縣暨各衛所並鹽河下游各州縣籽種口糧有差，緩徵本年額賦。(仁宗一二七、二三)

（嘉慶九、八、壬午）緩徵山東濮、范、菏澤、東平、壽張、陽穀六州縣水災新舊額賦，齊東、利津、霑化、蒲臺、濱、海豐、鉅野、濟寧、金鄉、魚臺十州縣及臨清衛舊欠各項銀。(仁宗一三三、四一)

（嘉慶一〇、八、庚子）緩徵山東博興、高苑、齊東、淄川、霑化、濱、蒲臺、臨淄八州縣旱災新舊額賦有差，及鄒平、章邱、新城、長山、歷城、惠民、青城、利津、海豐、陽信、樂安、壽光十二縣本年額賦。(仁宗一四九、五)

（嘉慶一一、一、壬子）緩徵山東博興、高苑、淄川、齊東、濱、霑化、蒲臺、臨淄、歷城、章邱、鄒平、長山、新城、惠民、陽信、海豐、利津、青城、樂安、壽光二十州縣被旱災民新舊額賦，並貸籽種倉穀。(仁宗一五六、七)

（嘉慶一二、九、丙午）緩徵山東恩縣、德州衛水災本年額賦，並博興、高苑、淄川、齊東、濱、霑化、蒲臺、臨淄八州縣旱災舊欠額賦。(仁宗一八五、五)

（嘉慶一三、九、丁丑）緩徵山東恩縣及德州衛水災新舊額賦。(仁宗二〇一、一三)

（嘉慶一四、九、己巳）緩徵山東德州並德州衛積水地畝新舊額賦漕糧。(仁宗二一八、一五)

（嘉慶一五、一〇、庚寅）緩徵山東章邱、鄒平、新城、東平、聊城、莘、陽穀、汶上、平度、昌邑、濰、膠、高密、濟寧、招遠十五州縣並東昌衛被水村莊新舊額賦。(仁宗二三五、七)

（嘉慶一六、五、戊子）緩徵山東歷城、章邱、新城、淄川、長山、齊東、齊河、濟陽、禹城、陵、德、平原、德平、鄒平、聊城、莘、堂邑、博平、茌平、清平、高唐、恩、館陶、冠、東平、泰安、新泰、萊蕪、惠民、青城、陽信、海豐、樂陵、商河、濱、利津、霑化、蒲臺、臨清、武城、邱、夏津、濟寧、金鄉、嘉祥、魚臺四十六州縣及德州、東昌、臨清三衛、東平所本年旱災新舊額賦。貸章邱、新城、淄川、長山、新泰、萊蕪、東平、濟事、滋陽、寧陽、曲阜、鄒、泗水、嶧、壽張、滕、汶上、陽穀、濮、朝城、蘭山、莒、費、沂水二十四州縣及濟寧衛倉穀。(仁宗二四三、一三)

（嘉慶一六、一〇、丁未）緩徵山東章邱、東平、東阿、汶上、濟寧、新城、鄒平、平度、昌邑、濰、膠、高密、招遠、博興、東光、堂邑、莘、館陶、臨清、邱、夏津、武城、歷城、濟陽、平原、臨邑、朝城、壽張、陽穀、聊城、博平、茌平、清平、冠、高唐、恩、魚臺三十七州縣並東昌、臨清二衛、東平所水災蟲災新舊額賦及本年漕糧有差。(仁宗二四九、五)

（嘉慶一七、三、乙亥）緩徵山東招遠、平度、昌邑、濰、膠、高密、博興、壽光、蓬萊、黃、寧海、海陽、萊陽、棲霞、文登、榮成、福山、掖、即墨、益都、諸城、安邱、臨朐、昌樂、樂安、高苑、臨淄、博山二十八州縣上年水災新舊額賦，並歷城、章邱、東平、東阿、汶上、濟寧、新城、鄒平、堂邑、莘、館陶、臨清、邱、夏津、武城、濟陽、平原、臨邑、朝城、壽張、陽穀、聊城、博平、茌平、清平、冠、高唐、恩、魚臺二十九州縣及東昌、臨清、東平三衛所水災蟲災額賦。(仁宗二五五、四)

（嘉慶一七、四、丁卯）緩徵山東登州、萊州二府屬上年水災新舊額賦。(仁宗二五六、二〇)

（嘉慶一七、五、丁亥）展緩山東歷城、章邱、鄒平、新城、濟陽、平原、臨邑、東平、東阿、汶上、陽穀、壽張、聊城、堂邑、博平、茌平、清平、莘、冠、館陶、高唐、恩、朝城、臨清、邱、夏津、武城、濟寧、魚臺、益都、臨朐、博興、高苑、樂安、壽光、昌樂、臨淄、安邱、諸城三十九州縣及東昌、臨清、東平三衛所上年水災蟲災舊欠額賦漕項，並民佃正耗

銀。(仁宗二五七、一七)

（嘉慶一七、八、戊辰）緩徵山東歷城、章邱、齊河、齊東、濟陽、臨邑、長清、禹城、德、平原、肥城、東平、東阿、惠民、青城、陽信、商河、蒲臺、滋陽、寧陽、汶上、陽穀、壽張、嶧、菏澤、鉅野、鄆城、濮、范、朝城、聊城、堂邑、博平、荏平、清平、莘、冠、高唐、恩、文登、臨清、夏津、武城、濟寧、金鄉、嘉祥、魚臺、平度、昌邑、濰、高密、壽光、安邱五十三州縣並德州、濟事、東昌三衛水災旱災新舊漕糧額賦。(仁宗二六〇、二九)

（嘉慶一七、九、丁酉）緩徵山東平陰、陵、觀城、邱四縣並臨清衛、東平所旱災新舊額賦。(仁宗二六一、二五)

（嘉慶一八、二、甲寅）緩徵山東歷城、章邱、齊河、齊東、濟陽、陵、臨邑、長清、禹城、德、平原、平陰、肥城、東平、東阿、惠民、青城、陽信、商河、蒲臺、滋陽、寧陽、汶上、陽穀、壽張、嶧、菏澤、鉅野、鄆城、濮、范、朝城、觀城、聊城、堂邑、博平、荏平、清平、莘、冠、高唐、恩、文登、臨清、夏津、邱、武城、濟寧、金鄉、嘉祥、魚臺五十一州縣及德州、濟寧、東昌、臨清四衛，東平所旱災本年額賦。(仁宗二六六、一四)

（嘉慶一八、五、庚辰）賑山東東平、東阿、壽張、菏澤、鄆城、濮、范、觀城、朝城、荏平、博平、莘、邱十三州縣本年被旱災民，並緩徵新舊額賦；及濟陽、平原、德、汶上、陽穀、聊城、堂邑、清平、冠、高唐、恩、臨清、夏津、武城、館陶十五州縣，德州、濟寧、東昌、臨清四衛，東平所新舊額賦。(仁宗二六九、八)

（嘉慶一八、九、己丑）緩徵山東德平、平原、清平、館陶、冠、恩、惠民、青城、商河、樂陵、汶上、嶧、陽穀、武城、濟寧、嘉祥、鉅野、曹、定陶、鄆城、城武、范、觀城、朝城、單、金鄉、魚臺、博平、荏平、堂邑、濮、邱、歷城、章邱、齊河、齊東、禹城、臨邑、長清三十九州縣並德州、臨清、東昌、濟寧四衛被旱村莊新舊額賦。(仁宗二七五、一七)

（嘉慶一八、一〇、丙辰）緩徵山東館陶、冠、清平、嶧、陽穀、嘉祥、莘七縣被旱被賊災民新舊額賦漕糧，及惠民、青城、商河、濟寧四州縣舊欠額賦。(仁宗二七七、二一)

（嘉慶一九、一、庚午）緩徵山東菏澤、濮、定陶、曹、城武、鉅野、金鄉、觀城、朝城、范、鄆城、單、嘉祥、魚臺、博平、荏平、平原、清平、汶上、陽穀、邱、堂邑、館陶、冠、恩、嶧、濟寧、武城、德平、惠民、青城、商河、樂陵、滕、東平三十五州縣及德州、臨清、東昌、濟寧四衛上年被旱被賊地方新舊額賦，並貸予籽種口糧有差。(仁宗二八二、一〇)

（嘉慶一九、三、己未）展緩山東被賊滋擾之曹、定陶、菏澤、鉅野、城武、鄆城、單、濮、范、觀城、朝城、金鄉十二州縣本年額賦。(仁宗二八八、二三)

（嘉慶一九、九、丙辰）展緩山東章邱、鄒平、濟陽、臨邑、齊東、平原、惠民、青城、商河、武城、新城、齊河、禹城、淄川、益都、臨淄、壽光、昌樂、臨朐、博興、樂安、高苑、蓬萊、臨清、夏津、邱、聊城、堂邑、博平、茌平、清平、冠、館陶、莘、高唐、恩、汶上、陽穀、壽張、嶧、德平、濟寧、嘉祥、魚臺、濮、范、觀城、朝城、鉅野、單、城武、鄆城五十二州縣蟲災旱災舊欠漕糧、籽種、倉穀，並緩徵上年被賊之菏澤、曹、定陶、金鄉四縣新舊漕糧。(仁宗二九七、三六)

（嘉慶二〇、八、癸亥）展緩山東曹、定陶二縣帶徵漕糧。(仁宗三〇九、一二)

（嘉慶二〇、九、庚寅）緩徵山東長清、鄒平、禹城、平原、汶上、陽穀、壽張、鄒、茌平、莘、館陶、恩、范、朝城、鉅野、城武、樂安、博興、濟寧、魚臺二十州縣及臨清、濟寧二衛被水被雹村莊新舊額賦。(仁宗三一〇、六)

（嘉慶二〇、一一、戊申）免山東積年歉收並被賊滋擾之曹、定陶二縣積欠額賦漕糧。(仁宗三一二、三三)

（嘉慶二一、九、戊辰）緩徵山東章邱、鄒平、齊河、禹城、鄒、汶上、城武、鉅野、鄆城、館陶、恩、博興、臨清、夏津、武城、濟寧、金鄉、嘉祥、魚臺、滋陽、德、滕、嶧、定陶、郯城、朝城、茌平、莘、平原、陽穀、范三十一州縣及德州、濟寧、臨清三衛水災額賦有差。(仁宗三二二、一三)

（嘉慶二二、一、丙午）緩徵山東章邱、鄒、滕、嶧、鉅野、濟寧、魚臺七州縣並各衛所上年水災額賦。(仁宗三二六、二)

（嘉慶二二、二、甲申）諭內閣：陳預奏查勘嶧、滕、郯城三縣貧民情形，懇恩賞給口糧一摺。東省上年被水各州縣，前陳預奏請新正加恩摺內，未將郯城列入，降旨飭查。據陳預查明，該府縣因郯城上年秋收五分有餘，並未成災，但現在該縣及嶧、滕二縣，多有乞食貧民，雖已出借倉穀、散施錢粥，時距麥收尚遠，仍需量爲接濟。著加恩將上年被水之嶧縣侯孟社劉家村等二百十三莊，滕縣黃家橋等六十四莊，郯城縣長城保等二百八十七莊無力貧民，俱賞給一月口糧，照例折給。該撫即謄黃遍行曉諭，遴員妥速散放,俾窮黎均霑實惠。其郯城縣被水村莊本年上忙新賦,緩至麥收後啓徵。陳預、和舜武未能先事確查,俱著交部議處;其遺漏詳請之府縣,著該撫查明,即行參奏。尋議上。得旨:此案陳預等將上年被水之郯城縣遺漏,請旨加恩撫卹,情近匿災,本應照部議降調,姑念一時簡用乏人,陳預,著改爲降二級留任,和舜武,職任藩司,先未申詳,其咎較重,著改爲降三級留任,以觀後效。(仁宗三二七、九)

(**嘉慶二二、五、丁卯**)展緩山東鄒縣及坐落鄒縣之臨清衛水災新舊額賦。(仁宗三三〇、二六)

(**嘉慶二二、九、壬戌**)緩徵山東范、朝城、堂邑、博平、茌平、清平、聊城、莘、冠、館陶、齊河、平原、東阿、濮、觀城、臨清、夏津、邱、章邱、長清、恩、高唐、鄒平、濟寧、蒙陰、萊陽、德平、平陰、博興、武城、蘭山、郯城、鄒、鄆城、金鄉、嘉祥三十六州縣及德州、東昌、臨清三衛旱災雹災水災新舊額賦、漕糧及舊欠籽種倉穀有差。(仁宗三三四、一六)

(**嘉慶二二、一一、丙寅**)緩徵山東鄒平、章邱二縣續被水災村莊新舊漕糧有差。(仁宗三三六、二六)

(**嘉慶二三、一、丙午**)緩徵山東章邱、鄒平、朝城、蘭山、郯城、堂邑、博平、茌平、清平、高唐、恩、濟寧、武城十三州縣上年水災本年額賦。(仁宗三三八、五)

(**嘉慶二三、七、辛酉**)免山東章邱、鄒平二縣被水村莊積年額賦。(仁宗三四四、一九)

(**嘉慶二三、八、乙未**)免山東章邱、鄒平二縣水災本年額賦。(仁宗三四五、二三)

(**嘉慶二三、一〇、丁亥**)緩徵山東聊城、莘、館陶、濰、萊陽、臨清、武城七州縣及德州、東昌二衛水災蟲災新舊額賦,並博興、壽光二縣舊欠額賦,章邱、濟寧、朝城、范、茌平、恩、鄒七州縣舊欠漕糧。(仁宗三四八、二二)

(**嘉慶二四、一、丁酉**)緩徵山東章邱、鄒平、海豐、聊城、莘、館陶、濰、臨清、武城九州縣及德州、東昌二衛上年水災額賦。(仁宗三五三、六)

(**嘉慶二四、六、甲辰**)緩徵山東萊陽、海陽二縣被雹村莊本年及上年帶徵額賦,並給萊陽縣災民一月口糧。(仁宗三五九、八)

(**嘉慶二四、七、辛未**)緩徵山東海豐縣被潮地方本年及上年額賦。(仁宗三六〇、一〇)

(**嘉慶二四、一〇、戊午**)蠲緩山東章邱、鄒平、長山、臨邑、德、汶上、定陶、鉅野、蘭山、郯城、茌平、莘、館陶、恩、臨清、夏津、武城、濟寧、金鄉、嘉祥、魚臺、朝城、新城、齊河、禹城、單二十六州縣及德州、濟寧、東昌、臨清四衛水災雹災本年及上年額賦。(仁宗三六三、三七)

（嘉慶二四、一一、庚午）給山東濮、范、利津、壽張、東阿、東平、陽穀、霑化、蒲臺、濱、惠民十一州縣被水災民一月口糧及房屋修費，並蠲緩本年額賦及菏澤、肥城、聊城三縣額賦有差。(仁宗三六四、一八)

（嘉慶二四、一二、丁酉）緩徵山東齊東、海豐、章邱、鄒平、郯城、博興、東平、茌平、博平、聊城十州縣水災新舊額賦漕糧有差，並給齊東災民一月口糧。(仁宗三六五、一〇)

（嘉慶二五、一、戊午）緩徵山東章邱、鄒平、長山、新城、德、茌平、臨清、夏津、武城、金鄉、曹、臨邑、單、定陶、蘭山、郯城、館陶、恩、鉅野、濟寧、魚臺、朝城二十二州縣及海豐竃地，德州、濟寧、東昌、臨清四衛上年被水軍民新舊額賦。(仁宗三六六、二)

（嘉慶二五、三、癸酉）緩徵山東濮、范、壽張、東阿、東平、陽穀、利津、霑化、蒲臺、濱、惠民、齊東、聊城、肥城、海豐、章邱、鄒平、濟陽、郯城、博興、茌平、博平二十二州縣及東昌衛、東平所場竃地畝水災本年額賦。展賑濮、范、利津、壽張、東阿、東平、陽穀、霑化八州縣災民，並貸齊東、惠民、蒲臺、濱四州縣災民口糧。(仁宗三六八、一二)

（嘉慶二五、四、辛丑）緩徵山東菏澤、臨清、夏津、武城、恩、濟寧、德、清平、堂邑、魚臺、齊東、汶上、海豐、平陰十四州縣，德州、臨清二衛水災新舊額賦，並貸給金鄉、海豐、臨清、夏津、武城、恩、濟寧、魚臺、菏澤九州縣耔種口糧有差。(仁宗三六九、九)

7. 河南

（順治二、一、壬子）以河南省濟源、武陟、孟、溫四縣被寇患，免額賦。磁州、安陽、湯陰、新鄉、獲嘉、修武、河內、淇、汲八縣供應軍需，免額賦之半。(世祖一三、一六)

（順治三、四、丁亥）免河南睢州、祥符、陳留、柘城等縣水災本年額賦。(世祖二五、一九)

（順治六、七、丁卯）免河南開封等府水災額賦有差。(順治四五、三)

（順治八、閏二、甲寅）免河南封邱、祥符、蘭陽、孟、儀封、溫等縣七年分水災額賦。(世祖五四、四)

（順治九、七、丁亥）免河南磁州、祥符、封邱、蘭陽、儀封、項城、沈邱、臨漳縣、懷慶衛八年分河決被災地畝額賦。(世祖六六、一三)

（順治一〇、五、甲戌）免河南祥符、封邱、河內、孟、溫、修武、臨漳等縣九年分水災額賦。（世祖七五、七）

（順治一〇、一二、甲申）免河南開封、彰德、衛輝、懷慶、汝寧府屬州縣九、十兩年分水災額賦。（世祖七九、二二）

（順治一一、二、己丑）免河南祥符等州縣衛所十年分水災額賦。（世祖八一、一六）

（順治一一、一二、己巳）免河南祥符、磁州、鄭州、河內等三十六州縣本年分水災額賦。（世祖八七、一五）

（順治一二、一、乙未）免直隸八府及河南安陽、湯陰、涉、汲、新鄉、輝、獲嘉、胙城、淇、河內、修武、武陟、溫十三縣，衛輝一所、懷慶一衛十一年分水災額賦。（世祖八八、三）

（順治一二、四、乙丑）免河南沈邱縣、懷慶衛十一年分災傷田租。（世祖九一、六）

（順治一二、一〇、癸亥）免河南獲嘉、新鄉、輝、安陽、湯陰、磁州、武安、涉等州縣本年分旱災額賦。（世祖九四、八）

（順治一二、一一、戊申）免河南臨漳縣旱災額賦。（世祖九五、一二）

（順治一二、一二、甲戌）免河南蘭陽、祥符二縣，懷慶、群牧二衛本年分河災額賦。（世祖九六、一二）

（順治一四、六、辛巳）免河南彰德、衛輝二府屬磁州、安陽等十三州縣衛所十三年分蝗災額賦。（世祖一一〇、二）

（順治一五、一一、辛丑）免河南林縣雹災本年分秋糧十分之三。（世祖一二一、一八）

（順治一六、一一、壬申）免河南湯陰縣本年分雹災額賦。（世祖一三〇、五）

（順治一七、一〇、丁未）免河南睢州、商邱、寧陵、尉氏、虞城、夏邑、考城、鄢陵、扶溝、永城、鹿邑、柘城等縣，歸德、睢陽等衛十六年分水災額賦有差。（世祖一四一、一二）

（順治一八、二、丁酉）免河南磁州、安陽等十三州縣順治十七年分旱災額賦有差。（聖祖一、二三）

（康熙二、二、庚子）免河南陳留等十五州縣康熙元年分水災額賦有差。（聖祖八、七）

（康熙二、四、戊申）免河南祥符等七縣康熙元年分水災額賦有差。（聖祖九、二）

（康熙四、一〇、壬戌）免河南安陽、湯陰、林縣、淇縣本年分水災額賦有差。（聖祖一七、二）

（康熙四、一一、戊戌）免河南武安縣本年分水災額賦。（聖祖一七、九）

（康熙五、九、己丑）免河南安陽、湯陰、林縣、淇縣本年分水災額賦有差。（聖祖二〇、二）

（康熙八、一一、庚子）免河南睢州、陳留等十三州縣本年分水災額賦有差。（聖祖三一、一九）

（康熙九、八、丁亥）免河南磁州、安陽等九州縣本年分旱災額賦有差。（聖祖三三、二五）

（康熙一〇、一一、壬申）免河南安陽、陝州等十二州縣本年分旱災額賦有差。（聖祖三七、一一）

（康熙一一、閏七、乙未）免河南汲縣、新鄉、胙城三縣本年分旱災額賦有差。（聖祖三九、二一）

（康熙一一、一一、癸未）免河南安陽等六縣本年分水災額賦有差。（聖祖四〇、一四）

（康熙一一、一一、丙申）免河南武安縣本年分雹災額賦有差。（聖祖四〇、一五）

（康熙一三、一、甲午）免河南輝縣康熙十二年分水災額賦有差。（聖祖四五、一六）

（康熙一三、一一、乙亥）免河南信陽等六州縣本年分旱災額賦有差。（聖祖五〇、一七）

（康熙一七、一一、乙巳）免河南上蔡、遂平二縣本年分水災額賦有差。（聖祖七八、四）

（康熙一七、一二、丙子）免河南西平縣本年分旱災額賦十之三。（聖祖七八、一八）

（康熙一八、六、丙戌）免河南鄭州本年分雹災額賦有差。（聖祖八一、一八）

（康熙一八、一一、癸巳）免河南封邱等十五州縣本年分旱災額賦有差。（聖祖八六、三）

（康熙一八、一二、乙丑）免河南祥符等七州縣本年分旱災額賦有差。（聖祖八七、四）

（康熙二三、一一、甲戌）免河南磁州、安陽、湯陰三州縣本年分雹災額賦有差。（聖祖一一七、二二）

（康熙二四、九、甲戌）免河南太康等十八州縣本年分水災額賦有差。（聖祖一二二、七）

（康熙二九、六、壬午）免河南開封、彰德、衛輝、懷慶四府屬二十四州縣本年分旱災額賦有差。（聖祖一四六、一八）

（康熙二九、九、庚寅）户部議覆：河南巡撫閻興邦疏言，河南本年歉收，漕糧請暫免辦運，俟康熙三十年補行徵解。應如所請。從之。（聖祖一四八、一七）

（康熙三〇、一〇、丁酉）免河南陽武等二十三州縣本年分旱災額賦有差。（聖祖一五三、一四）

（康熙三〇、一一、戊午）免河南滎陽等二十六州縣本年分蝗災額賦有差。（聖祖一五三、一六）

（康熙四〇、一〇、戊午）免河南永城縣本年分旱災額賦。（聖祖二〇六、三）

（康熙四二、八、丁亥）免河南商邱等五縣本年分水災額賦有差。（聖祖二一三、四）

（康熙四二、一一、戊午）免河南杞縣、睢州等十四州縣本年分水災額賦有差。（聖祖二一四、八）

（康熙四二、一二、壬辰）免直隸滑縣本年分水災額賦有差。（聖祖二一四、二一）

（康熙四八、七、甲申）免河南虞城、永城二縣本年分水災額賦有差。（聖祖二三八、一三）

（康熙四八、七、庚寅）免河南商邱等四縣本年分水災額賦有差。（聖祖二三八、一四）

（康熙五三、七、戊午）免河南鄭州、祥符等二十六州縣本年分旱災額賦有差。（聖祖二五九、一七）

（康熙五五、一〇、甲寅）免直隸濬縣本年分水災額賦有差。（聖祖二七〇、一七）

（康熙六〇、七、丙申）免河南鄭州、祥符等四十五州縣本年分旱災額賦有差。（聖祖二九三、一七）

（雍正一、二、乙卯）以河南武陟等處七縣夏被旱災、入秋又值黄水爲害，將康熙六十、六十一年分未完錢糧，分作三年帶徵。從巡撫楊宗義請也。（世宗四、五）

（雍正一、一二、癸丑）命緩徵河南開、歸、彰、衛、懷、河六府屬積

欠錢糧，以紓民力。(世宗一四、七)

（**雍正一、一二、庚申**）免河南中牟等十縣本年分水災額賦有差。(世宗一四、一三)

（**雍正三、三、丁未**）諭戶部：豫省陽武、封邱、中牟三縣，從前兩被水災，聞其近隄地畝，有被水漲漫流爲支河者，有水去沙停變爲沙灘者，有地土變爲鹽鹻者。昔年特遣大臣，專司堵築。又念民間輸賦維艱，於蠲免之外，將應納錢糧寬期分年帶徵。今幸修築功成，河流順軌，民獲安居。但念被災之後，元氣未復，若將新舊錢糧並徵，民力未免竭蹷；且恐被水與停沙之地、以及鹽鹻之區，一時未能耕種，則國課何由而辦，朕心深爲軫念。著戶部侍郎托時前往，會同巡撫田文鏡將三縣昔年被災地方，悉心查勘，其地土被災之輕重，及荒地成熟之遲早，與舊欠新徵之錢糧應徵應免之處，一一確實分別定議。(世宗三〇、一一)

（**雍正三、六、壬申**）免河南陽武、封邱、中牟三縣本年分水災額賦有差。(世宗三三、七)

（**雍正三、一二、乙亥**）免河南西華、滎澤等四縣本年分秋災額賦有差，兼有祥符、睢州等十九州縣饑民。(世宗三九、一八)

（**雍正七、三、丙午**）諭內閣：……著將豫省雍正七年額徵錢糧，蠲免四十萬兩。總督田文鏡可確查分數，通行所屬州縣一體遵奉，使閭閻均霑實惠。(世宗七九、二)

（**雍正八、一一、庚辰**）戶部議覆：河東總督田文鏡疏言，今年豫省被水州縣，收成雖有不等，實未成災，且士民踴躍輸將。所有奉旨蠲免之漕糧，請仍照額完兌。應如所請。得旨：士民等急公奉上，甚屬可嘉。但被水州縣，雖未成災，而收成分數既有不等，著該督確查歉收分數，仍照例蠲免。即將現在已兌漕糧，准作辛亥年正供，以示朕嘉惠豫民至意。(世宗一〇〇、一二)

（**雍正一一、六、己未**）諭內閣：據署河南巡撫孫國璽奏報，豫省歷年耗羨銀兩，除本地公事支用外，現存司庫銀七十萬兩有奇，又社倉存貯穀麥等項，共計二十八萬石有奇等語。從前提解耗羨，本是澄清吏治、休養民生之意，屢經降旨，此項出自民間，若本地公用充裕之時，朕仍當加恩本地官民，使之霑被惠澤，不令歸入公帑也。今豫省存貯耗羨，既有七十萬之多，而該省官員等，所得養廉，又已敷用，正當加惠閭閻，俾令邀恩格外。著將河南本年地丁錢糧蠲免四十萬兩，即以存貯之耗羨，照數撥補還項。該督王士俊，可督率有司，敬謹奉行。(世宗一三二、五)

（乾隆一、二、甲申）［户部］又議覆：河東總督王士俊疏請，免河南祥符、鄭州、考城、陳留四州縣雍正十二年以前民欠銀七千三百兩有奇。應如所請。從之。（高宗一三、一三）

（乾隆二、五、丙申）緩徵河南省南陽、新野、淮寧、西華、項城、舞陽、汝陽、上蔡、西平、商水、扶溝、沈邱等十二縣水災乾隆元年分額賦。其被災較重者，發帑賑恤，倒壞房屋，給資修築。（高宗四二、一五）

（乾隆二、閏九、甲子）諭內閣：朕因豫省臨河州縣，於夏秋之交雨多水溢，有淹沒田禾之處，諭令該撫悉心查勘，撫綏安插。今據尹會一摺奏，今秋被水各邑，係一隅偏災，其未淹地畝，仍有七八分收成，惟西華、濬縣、臨潁、鄢城四縣，被水稍寬。已確查貧苦民人，按户賑濟三個月，並將本年地丁錢糧，照例奏請蠲免。其永城、汲縣、淇縣、新鄉、延津、淮寧、項城、扶溝等八縣，被淹地畝零星間錯，本屬無多，勘明俱不成災。但地畝收成，未免稍減。請將本年錢糧，暫行緩徵，至來年徵收等語。尹會一此奏，已交該部速議具奏。朕思西華等四縣，被水既寬，除應免之錢糧照例蠲免外，其餘應納之數，尚在催科之內，民力未免艱難。著將本年額賦，緩至明年麥熟後再行徵收，以紓民力。至永城等八縣，雖勘明俱不成災，但彼地既有被水之鄉村，其中必有乏食之貧户，著該撫委員確查，將不能糊口者，於冬末春初賑濟兩個月，務令均霑實惠，毋使一夫失所。此朕格外之恩。至尹會一所奏，該部仍照例速行議覆。（高宗五二、一〇）

（乾隆三、一一、壬戌）蠲緩河南信陽、羅山、正陽、光州、光山、固始、息縣、商城等八州縣本年旱災額賦有差，賞給貧民貧生口糧三月。（高宗八〇、二八）

（乾隆四、八、甲午）河南巡撫尹會一奏：本年被水各州縣，地丁漕項米豆，請按分數分別蠲免、帶徵。其未經被水州縣漕糧，截留本省以備賑糶。應徵黑豆七萬石，循照乾隆三年之例，敕令產豆省分採買運交。得旨：著照所請行。該部知道。（高宗九九、一三）

（乾隆四、一二、丙子）免河南羅山縣本年旱災地丁銀七百六十三兩有奇。（高宗一〇六、九）

（乾隆四、一二、癸未）免河南祥符、陳留、杞縣、通許、尉氏、洧川、鄢陵、中牟、陽武、封邱、蘭陽、儀封、鄭州、滎陽、鹿邑、虞城、睢州、考城、柘城、湯陰、內黃、汲縣、新鄉、輝縣、獲嘉、延津、滑縣、濬縣、原武、葉縣、西平、淮寧、西華、商水、項城、沈邱、太康、扶溝、石梁、臨潁、襄城、鄢城、長葛、新鄭等四十四州縣本年水災地丁銀三十二萬九千

四百七十三兩有奇、漕米三萬一千三百八十石有奇、漕項銀一萬二千九百兩有奇。（高宗一〇六、二七）

（乾隆四、一二、庚寅） 免河南商邱、寧陵、永城、夏邑、南陽、鄧州、新野、舞陽、汝陽、上蔡等十州縣本年水災地丁銀三萬四千六百四十四兩有奇、米一千五百十八石有奇、漕項銀一千四十五兩有奇。（高宗一〇七、八）

（乾隆五、四、己丑） 諭：上年豫省所屬地方，雨水過多，泛溢為害。其被水成災之祥符等州縣，及被水未成災之淇縣等州縣，原有乾隆元、二、三、四等年民欠未完常平社倉等穀三十一萬七千餘石，又加乾隆四年種麥時借給農民籽種銀一萬二千三百餘兩，又借給易麥播種常平社穀二萬七千四百餘石，均應於本年麥熟時徵收還項。朕思該省上年秋收歉薄，當此麥熟之際，既應納上年緩徵帶徵之賦，迨及秋成，又應輸本年應納之糧，若再令其交還屢年積欠，並新舊兩年借穀，民力未免艱難。用是特頒諭旨，除未被水之州縣照舊徵收外，凡上年被水地方，今歲麥熟後祇令完納本年正賦、及緩徵帶徵之數並所借籽種銀穀，其餘積年舊欠借穀，無論常平義倉社倉，統令分作三年帶徵。俾從容完納，民力寬紓，不至竭蹶。該部即遵諭旨行。（高宗一一五、四）

（乾隆七、四、癸巳） 戶部議准：河南巡撫雅爾圖疏稱，永城、鹿邑、夏邑三縣，乾隆六年水災，請蠲丁地銀一萬七千四百二兩零，下剩應納錢糧，分別被災分數，分作兩年三年帶徵。其勘不成災者，緩至本年麥後徵收。得旨：依議速行。（高宗一六四、一八）

（乾隆七、一〇、己酉） 賑河南永城、鹿邑、夏邑、柘城、上蔡、新蔡、西華、商水、鄢城、鄭州、新鄭、淮寧、沈邱等十三州縣水災飢民，其不成災之新野、汝陽、西平、遂平、項城、扶溝等六縣，俱緩徵錢糧。（高宗一七七、一一）

（乾隆八、閏四、辛酉） 免河南鄭州、新鄭、永城、鹿邑、夏邑、柘城、上蔡、新蔡、淮寧、西華、商水、沈邱、鄢城十三州縣本年水災額賦有差。（高宗一九〇、一〇）

（乾隆八、五、丁亥） 諭：上年河南有被水歉收之州縣，除已經該撫報出者，將本年應徵之錢糧緩徵外，其未經報出之處，該地方官酌量撫卹者，民力亦屬艱難。此時方屆麥秋，正當加意培養。著該撫查明，將應徵錢糧，分別停緩，俟秋收後再行徵收。該部即遵諭行。（高宗一九二、一一）

（乾隆八、七、丁亥） 又諭：朕前降旨，將河南上年未經報災之州縣，所有應徵錢糧，分別停緩，俟秋收後再行徵收。聞雅爾圖止將鄭州等十三州縣中勘不成災之村莊，展至秋收後開徵，而新野、汝陽、西平、遂平、項城、扶溝等六縣同屬勘不成災，未經一例題請。朕思該地方既被水淹，秋收自減，其應納錢糧，亦著加恩停緩。又太康一縣，雖未被水，去秋亦屬歉收，其上年民欠錢糧，併著緩至本年十月後徵收，以紓民力。該部即遵諭速行。（高宗一九六、一一）

（**乾隆八、八、辛酉**）諭：河南永城、鹿邑、夏邑三縣，乾隆四年被水成災，其地丁錢糧，經朕降旨分別緩徵帶徵，以紓民力。迨六、七兩年，該處復遭水患，不特前項未完，而該年錢糧，又復停緩。今年秋收屆期，俱應照數催徵。朕念三邑連年被災，閭閻未免艱窘，現今即屬有秋，而以數年逋賦，並徵於一年之內，恐有妨小民仰事俯畜之計。著再加恩，將永城、鹿邑、夏邑三縣乾隆四、六、七三年未完帶徵緩徵銀一十四萬餘兩，就各縣原欠數目自乾隆甲子年爲始，再均作三年徵收，俾輸將不致拮据，以示朕優卹之意。（高宗一九八、一七）

（**乾隆八、九、丙申**）賑貸河南祥符、陽武、封邱、鄭州、滎澤、新鄭、輝縣、獲嘉、河內、濟源、修武、武陟、孟縣、溫縣、洛陽、偃師、鞏縣、孟津、宜陽、永寧、靈寶等二十一州縣旱災飢民，分別蠲緩本年額賦。（高宗二〇一、三）

（**乾隆八、九、癸卯**）又諭：河南今夏雨澤不齊，其查勘成災者，已據該撫題報，照例賑恤。聞開封府屬之陳留、滎陽、汜水，彰德府屬之湯陰，衛輝府屬之淇縣、延津並陝州等七州縣，雖不成災，然高阜之處，收成究屬歉薄。朕念此等鄉農，薄有收穫，僅足供三冬饔飧之計，若將應徵錢糧一體催收，未免拮据。著將此七州縣勘不成災之地畝錢糧，緩至明年麥熟後徵收，以紓民力。該部即遵諭行。（高宗二〇一、一二）

（**乾隆九、三、戊子**）免河南中牟、河陰、新安、羅山、長葛、伊陽等六縣旱災額賦。（高宗二一二、一二）

（**乾隆一一、二、戊戌**）又諭：河南永城、鹿邑、夏邑三縣，乾隆四、六、七三年未完帶徵緩徵銀一十四萬餘兩，朕前降旨，自乾隆甲子年爲始，均作三年徵收。今該三縣，上年秋禾復被水災，應徵錢糧，現在分別蠲緩帶徵，所有前項舊欠銀兩，若仍復按限催徵，民力未免拮据。著將永城、鹿邑、夏邑三縣乾隆十年分應徵舊欠銀四萬五百九十餘兩，准其緩至十一年麥收後補徵，另扣年限造報，以紓民力。該部遵諭速行。（高宗二五八、二）

（**乾隆一一、二、丙辰**）戶部議准：河南巡撫碩色疏報，永城、鹿邑、夏邑、商邱、杞城等五縣乾隆十年分秋禾被水成災地共一萬五千五百三十七

頃四十四畝零,額賦應分別蠲豁。勘不成災額賦,均應緩徵。得旨:依議速行。(高宗二五九、一四)

(乾隆一一、七、戊戌)緩河南永城、鹿邑、夏邑三縣被水田畝本年應徵並四、六、七年帶徵額賦。(高宗二七〇、九)

(乾隆一一、一〇、丙戌)又諭:河南永城、鹿邑、夏邑三縣,節年疊被水災,今秋又復被水,所有乾隆十年十一年民欠錢糧,俱應緩至戊辰年開徵。但朕思積歉之區,縱使丁卯、戊辰二年連獲豐收,民間元氣亦難盡復。乾隆戊辰年各邑既有本年應納之正賦,又有乾隆十年水災案內應完帶徵錢糧,若再將十年十一年分未完帶徵舊欠一併催徵,民力恐不能支。著將永城、鹿邑、夏邑三縣乾隆十年分未完帶徵銀二萬八千八百餘兩,緩至戊辰年徵收;其乾隆十一年未完帶徵銀四萬二千四百餘兩,緩至己巳年開徵,俾民力得以展舒。該部即遵諭行。(高宗二七七、一八)

(乾隆一二、四、己卯)諭:朕普免天下錢糧,今歲係河南省輪免之年,聞該省之開封、歸德、彰德、懷慶、河南、南陽等府所屬,有灘地、官莊、官地、義田四項租課,因非地丁正賦,均不在蠲免之內。但念民佃耕種徵租,不得一體邀恩,未免向隅。著加恩蠲免十分之三,俾農佃均霑實惠。(高宗二八九、二三)

(乾隆一三、五、丁酉)蠲免河南通許、鄢陵、陽武、封邱、中牟、蘭陽、鄭州、商邱、寧陵、永城、鹿邑、虞城、夏邑、睢州、考城、柘城、上蔡、西平、淮寧、太康、扶溝、西華、商水、項城、沈邱、許州、臨潁、郾城等二十八州縣十二年分水災額賦有差。(高宗三一四、三六)

(乾隆一三、五、乙巳)諭:河南歸德府屬之永城、鹿邑、夏邑三縣,九年之中六被水災,雖屢經蠲賑,而錢糧積欠甚多,難以按期完納。是以十一年十月內,曾經降旨,將永城、鹿邑、夏邑三縣乾隆十年分未完帶徵銀兩,緩至戊辰年徵收;其乾隆十一年未完帶徵銀兩,緩至己巳年開徵。今屆戊辰之年,理應徵乾隆十年帶徵銀兩。但該三縣尚有乾隆十年水災案內未完帶徵緩徵及司庫歸補銀兩,乾隆十一年水災案內未完帶徵司庫借項及乾隆十二年耗羨等銀兩,爲數甚多,且有本年應徵正賦,若俱於今年麥後新舊併徵,恐民間元氣未復,力有難支,朕心甚爲軫念。著將永、鹿、夏三縣,民欠乾隆十年、十一年水災案內未完帶徵錢糧,及借領司庫耗羨等銀,共一十七萬四千有零,俟己巳年徵完乾隆四、六、七三年舊欠之後,於庚午年起,分作三年帶徵。其歸德府所屬之商邱、柘城二縣,亦經連被水災,現有民欠乾隆十年、十一年地丁借領等銀兩,俱應開徵,誠恐小民以一年之所入,而完數年之逋賦，不免拮据。著將該二縣所有借領司庫銀兩及本年正賦，先行徵收；其未完乾隆十年、十一年地丁銀兩，俟來歲己巳年起，亦分作三年帶徵，庶俾民力寬舒。該部即遵諭行。(高宗三一五、一八)

(乾隆一五、三、己巳) 緩河南中牟、鄭州、鹿邑、上蔡、西平、遂平、淮寧、西華、商水、項城十州縣乾隆十四年秋被水災民帶徵地丁額銀。(高宗三六一、一五)

(乾隆一五、九、丙辰) 諭：朕巡行嵩洛，一切供頓，皆動用正項，絲毫不以累民。惟念安營除道，未免有資民力。直隸所經之地，現已降旨照例蠲除，所有河南經過地方，著加恩蠲免錢糧十分之三。該撫即遵諭辦理，務使小民得霑實惠。(高宗三七三、二)

(乾隆一五、九、癸亥) 又諭：朕巡洛祠嵩，甫經豐樂鎮，即已降旨蠲免經過地方錢糧十分之三。其地年歲順成，是以照例蠲除。數日所過州縣，體察農功，夏麥告豐，晚禾覺歉，秋年播種，亦復待時，甚為軫念。其歉收之處，著再加恩，統前蠲免十分之五。令該撫詳悉查明，分別辦理。該部即遵諭行。(高宗三七三、一二)

(乾隆一五、九、己巳) 諭：此次巡幸河南，省方問俗，所至推恩。尤念祥符為省會之區，登封實望秩之所，鑾輿駐蹕，宜沛優施。著將該二縣乾隆辛未年應徵地丁錢糧，全行蠲免，俾愷澤均霑，以愜小民近光之願。該部即遵諭行。(高宗三七三、一五)

(乾隆一五、一○、己卯) 河南巡撫鄂容安奏：豫省本年收成豐稔，惟河北一帶，晚禾稍歉。恭逢聖駕省方，甫入豫境，即蠲免經過州縣錢糧十分之三，復令臣詳查，將歉收之處，加恩統前蠲十分之五。臣遵旨詳查，惟汲縣、新鄉、輝縣、獲嘉、修武五縣，晚禾稍歉，請統前蠲十分之五，餘可毋庸再辦。報聞。(高宗三七四、一三)

(乾隆一六、一、庚子) 又諭：朕上年巡行嵩洛，問俗省方，清蹕所經，已疊沛恩膏，彰行慶施惠之典。但念該撫鄂容安不能體朕保赤殷懷，有捐輸辦差之舉。而該省紳民，踴躍急公，就瞻恐後，其歡欣鼓舞之誠，不惟無怨而益肫，至今猶為繫念，所宜再沛恩施者也。其河南省乾隆十四年以前積欠帶徵緩徵錢糧三十五萬餘兩，著再加恩概行蠲免。…該部遵諭速行。(高宗三八○、三)

(乾隆一六、四、癸未) 豁河南鄢陵、中牟、鄭州、鹿邑、延津、新野、汝陽、上蔡、新蔡、西平、遂平、淮寧、西華、商水、項城、沈邱等十六州縣，乾隆十四年分被水災民未完帶徵銀兩，並緩應徵額賦。(高宗三八七、五)

(乾隆一六、九、丁卯）又諭：今歲豫省河內等州縣，河漲被淹，雖據該撫照例撫卹，但念該州縣屬猝遭異漲，被災稍重，窮民生計，尚多拮据。著將被水之河內、武陟、陽武、封邱、祥符、延津、滑縣所有漕項銀米，加恩緩至明年秋成徵收。其中牟、儀封、鄭州、滎澤、溫縣、陳留、陽武、封邱、蘭陽、虞城、河內、武陟、原武等十三州縣灘地糧銀，亦著緩至明年麥熟徵收，以紓民力。該撫董率屬員，實力妥辦，務令窮黎均受實惠。該部遵諭速行。（高宗三九八、一〇）

(乾隆一六、一〇、癸丑）諭，今歲豫、東二省被水地方，稍爲廣潤，曾經降旨，將豫省之河內等州縣應徵漕項，加恩緩徵。……著再加恩將……豫省之河內等七州縣本年應徵漕糧，一併緩至來年秋成徵收，以紓民力。（高宗四〇一、四）

(乾隆一六、一二、戊戌）河南巡撫陳宏謀疏報：祥符、中牟、陽武、封邱、商邱、永城、鹿邑、虞城、夏邑、延津、滑縣、河內、武陟、原武等十四州縣，本年水災貧戶，應行加賑，並貸口糧。至祥符縣本年錢糧，已邀蠲免；其中牟等十三州縣，并勘不成災之濟源、修武、溫縣等三縣本年錢糧，并請緩徵。得旨：依議速行。（高宗四〇四、七）

(乾隆一七、五、辛巳）賑卹河南祥符、中牟、陽武、封邱、商邱、永城、鹿邑、虞城、夏邑、延津、滑縣、河內、武陟、原武等十四縣乾隆十六年水災飢民，並先後蠲緩有差。（高宗四一五、一八）

(乾隆一七、六、甲午）蠲緩河南潢縣、上蔡、羅山等三縣乾隆十六年水災額賦有差。（高宗四一六、一一）

(乾隆一七、六、丙辰）諭河南陽武、封邱、祥符、延津、滑縣等五縣，上年河水漫溢，秋禾成災，業經節次加恩賑卹。所有未完乾隆十六年錢糧，均應於本年徵收。除祥符一縣前次特恩全行蠲免外，所有陽、封、延、滑四縣上年錢糧，著加恩緩至本年秋收後開徵。其陽、封、延三縣，被災較重，所有應徵本年錢糧，亦著加恩緩至次年麥收後開徵，以紓民力。該部遵諭速行。（高宗四一七、一六）

(乾隆一七、一二、己丑）賑恤河南武陟縣水災飢民，並緩徵本年額賦。（高宗四二八、六）

(乾隆一八、二、甲午）諭：河南陽武、封邱、延津、武陟等縣，近年被水偏災，屢經降旨加恩賑卹，並將乾隆十六、十七兩年應徵錢糧，分別緩帶。今屆開徵之期，自應照例完納。但念該地積歉之餘，元氣未能驟復，若一時新舊並徵，閭閻未免拮据。並加恩將陽武、封邱、延津、武陟四縣十七

年分緩徵錢糧，分年帶徵，其歷年所有借欠常平倉穀，均分作兩年徵收，以紓民力。該部即遵諭行。（高宗四三二、一二）

（乾隆一八、二、丙午）蠲免河南永城、鹿邑、夏邑、商邱、柘城等五縣乾隆十六年分被水田賦一萬七千六百四兩有奇，並緩徵本年額賦有差。（高宗四三三、七）

（乾隆一八、三、庚辰）蠲免河南武陟縣乾隆十七年水災地畝糧銀五百七十四兩有奇。（高宗四三五、一四）

（乾隆二二、三、辛酉）[是月]河南布政使劉愷奏：夏邑、商邱、虞城、永城四縣上年被水村莊，既屢奉恩施，借糶加賑，民已得所。但新舊錢糧，若仍行催納，復恐民力竭蹙。請將舊欠錢糧，緩至麥熟，本年應納者，緩至秋後。得旨：覽奏俱悉。（高宗五三五、二七）

（乾隆二二、四、戊辰）諭軍機大臣等：今日朕發自徐州，有河南夏邑民人張欽遮道奏稱，上年夏邑實在被災，而地方官所辦不實，有以多報少之弊等語。前據彭家屏陳奏，已令該撫查勘，加恩賑卹，而尚有以辦理不實為言者，或刁民見朕屢次加恩，遂為無饜之請。此等刁風，斷不可長。已有旨將張欽交鶴年，解交該撫照例辦理。但恐該縣料理實未妥協，著圖勒炳阿再行詳加查察，飭令實心辦理。朕昨至徐州，見該處情形，災黎實堪憫惻，夏邑毗連徐郡，若仍照例開徵，民力益為拮据。所有本年應徵新舊地丁錢糧，著酌量分別緩徵。現在加賑之地，固所當緩，即與災地接近者，亦屬食貧之區，應酌量緩徵。著該撫速行查奏辦理，以紓民力。（高宗五三六、一四）

（乾隆二二、四、庚辰）諭：河南夏邑、商邱、虞城、永城等四縣被災情形，經朕遣人密查得實，深為憫惻，業命山東巡撫鶴年，由荊山橋就近往豫經理。至本年應徵新舊錢糧，現據該撫題請，分別緩至麥收秋收後徵納。但念該四邑連年積歉，困敝已久，若勉效輸將，仍恐生計拮据。所有夏邑、商邱、虞城、永城等四縣歷年舊欠錢糧銀穀，著一併加恩概予豁免。該護撫於查賑時，一面通行曉諭，一面查明實數，繕摺奏聞，用副朕軫念災黎、勤求民瘼之至意。該部即遵諭行。（高宗五三七、一二）

（乾隆二二、六、壬戌）又諭：河南夏邑、商邱、虞城、永城等四縣被災，前經降旨，將歷年舊欠錢糧銀穀概予豁免。其本年應徵錢糧，業據該撫題請緩徵，但念該地方積年歉收，災民實可軫惻，應再予加恩。此時已屆麥收，若降旨將本年地丁寬免，其已徵在官者不得均霑，轉恐不肖胥吏從中弊混，著將乾隆二十三年應徵地丁錢糧，概予蠲免。此朕優卹窮黎之意，其富家大族田連阡陌者，如亦一例邀恩，是國家曠典為若輩附益之資，殊非惠鮮本懷。著該撫查明，田逾十頃以上者，不必蠲除。倘有田本一家，而分寄各戶，希冀濫邀蠲豁，即行按律治罪。該撫其董率屬員實力奉行，毋濫毋遺，副朕勤求民瘼至意。該部即遵諭行。(高宗五四〇、三)

（乾隆二二、七、乙未）又諭：前因豫省之歸德等府屬被水，屢經加賑截漕，並令將被水最重之州縣，本年應輸漕項，折徵一年，其不成災及被水尚輕者，所徵本色米豆，即截留本省平糶。惟是今歲該省被災較重，朕心時深軫念。著加恩將各屬成災地畝本年應徵漕項，概予豁免，其未成災者，亦俱緩至明年麥熟後開徵，以紓民力。再，該省河工埽料，皆於沿河州縣採買，舊例每草十觔為一束、官價九釐，乾隆四年，因歲歉昂貴，每束增銀五釐。今豫屬當積歉之餘，採辦恐有不敷。著仍照乾隆四年之例，增銀五釐，俾官民不致墊纍。該部即遵諭行。(高宗五四二、一〇)

（乾隆二二、八、己丑）諭：豫省今歲被災較重，前經降旨，將被災各州縣應徵漕項地丁銀米，分別蠲緩。其地本高阜未經被水者，原應照數輸納，不在應緩之例。但念此等地畝，雖無積水淹浸，而與災地毗連，收成自屬歉薄，民力未免拮据。著加恩將該省被水州縣內分出之未被災地畝，本年應徵漕項及地丁銀兩，一體緩至次年麥熟後徵收，俾小民得以從容完納，以示優卹至意。該部即遵諭行。(高宗五四五、二六)

（乾隆二三、五、乙巳）免河南祥符、陳留、杞縣、通許、尉氏、洧川、鄢陵、中牟、陽武、封邱、蘭陽、儀封、鄭州、滎澤、商邱、寧陵、永城、鹿邑、虞城、夏邑、睢州、考城、柘城、湯陰、內黃、汲縣、新鄉、輝縣、獲嘉、淇縣、延津、滑縣、濬縣、武陟、原武、汝陽、上蔡、新蔡、西平、淮寧、西華、商水、項城、沈邱、太康、扶溝、許州、臨潁、郾城等四十九州縣乾隆二十二年分水災額賦。(高宗五六三、八)

（乾隆二六、八、辛巳）諭：河南黃、衛等河，因秋初雨水過稠，隄工多有漫溢之處，瀕河各屬，被災較重。已命大臣會同巡撫等星速查勘，加意撫綏。更念本年該省起運漕糧，當此田禾間段被淹，即不被災地方，徵辦亦未免拮据，而將來一切賑借平糶，需米正多，著加恩將該省本年應運漕糧，悉行停運。所有成災州縣，分數輕重不同，其中有應蠲應緩之項，著該撫等一面查明，分別具奏請旨。現在均著暫行一體緩徵，副朕軫念災黎至意。該部遵諭速行。(高宗六四二、三五)

（乾隆二六、一〇、己巳）諭：今秋河南祥符等州縣猝被水災，已命欽差大學士等會同該撫查明撫卹，其應徵錢糧，照例分別蠲緩。但各屬被災雖有輕重不同，而收成既已歉薄，民力自不免拮据。著加恩將曾經報過被水之祥符等五十四州縣，無論成災與不成災，所有本年出借及遞年民欠未完常平漕社各項穀石，均緩至明年秋收後免息徵還，以紓民力。該部遵諭速行。（高宗六四六、七）

（乾隆二六、一〇、乙酉）諭：豫省本年漕糧，前已降旨加恩分別蠲緩，該省尚有應解交內務府麥一萬石，該撫胡寶瑔摺奏，請於未經被水州縣應完粟米內改徵運解。但念通省漕運俱停，何必爲此一項，仍復行輓輸，著一體並停運解。所有內務府明年應需麥石，暫令自行採買應用。該部遵諭速行。（高宗六四七、三）

（乾隆二六、一一、辛丑）欽差侍郎裘日修、河南巡撫胡寶瑔覆奏：豫省有漕之祥符等四十三州縣，災形更重。請將十分、九分者全蠲，八分、七分者免十之六，六分、五分者免十之三；其應徵分數，作三年帶徵。至成災州縣內有地畝未經被水，與災地毗連者，均俟次年麥後徵收。下部議。（高宗六四八、一二）

（乾隆二六、一一、壬寅）蠲緩河南封邱縣本年水災官莊地十八頃有奇額賦。（高宗六四八、一三）

（乾隆二六、一一、丁未）諭：戶部議覆豫省漕糧漕項分別蠲緩一摺，自屬照例定議；第念該省今秋被水較重，閭閻生計未免拮据，自難概拘成例。所有祥符等四十三州縣漕糧漕項蠲緩分數，著加恩准照侍郎裘日修等所請行。（高宗六四八、一七）

（乾隆二七、二、丙戌）蠲免河南祥符、陳留、杞縣、通許、尉氏、中牟、陽武、封邱、蘭陽、儀封、鄭州、滎澤、汜水、鹿邑、虞城、睢州、考城、柘城、湯陰、臨漳、內黃、汲縣、新鄉、輝縣、獲嘉、延津、滑縣、濬縣、河內、濟源、修武、武陟、溫縣、原武、偃師、鞏縣、孟津、淮寧、西華、項城、沈邱、太康、扶溝等四十三州縣，乾隆二十六年水災錢糧有差，並緩徵勘不成災之洧川、鄢陵、河陰、寧陵、安陽、孟縣、洛陽、宜陽、澠池、新野、浙川等十一州縣，本年額賦。（高宗六五五、一〇）

（乾隆三三、三、丙午）河南巡撫阿思哈奏：大兵過境，蒙恩賞銀十萬兩，復將本年地丁錢糧概予緩徵。查安陽等十五州縣地丁錢糧，內有漕項銀二萬四千五百餘兩，係隨同地丁徵收，分款起解，今若摘出徵收，爲數零星，而下年又須扣除，亦易滋弊，請一體緩徵，免其先行完納。得旨：著照所請行。（高宗八〇七、五）

（乾隆三三、九、壬寅）緩徵河南光州、光山、固始、息縣、商城、信陽、羅山等七州縣本年旱災額賦，並借給籽種銀。（高宗八一九、四）

（乾隆三四、二、乙丑）蠲免河南光州、光山、固始、息縣、商城、信陽、羅山等七州縣乾隆三十三年旱災額糧。（高宗八二八、二九）

（乾隆三五、三、丁未）又諭：據富尼漢奏，河南省彰德、衛輝、懷慶三府屬，入春以來，雨澤稀少，二麥未能概望有收等語。彰德等三府所屬地方，連年秋收未能豐裕，本年二麥收成，又恐歉薄，當此青黄不接之時，小民生計，不無拮据。著加恩將安陽、湯陰、臨漳、林縣、內黄、汲縣、新鄉、輝縣、獲嘉、淇縣、延津、滑縣、濬縣、河內、濟源、修武、武陟、孟縣、原武等十九縣所有乾隆三十四年錢糧未完民欠，并安陽、湯陰、汲縣、新鄉、獲嘉、淇縣等六縣所有乾隆三十四年帶徵三十三年緩徵未完民欠，均緩至本年秋後徵收，以紓民力。該部遵諭速行。（高宗八五五、二六）

（乾隆三五、閏五、丁未）諭：豫省地丁錢糧，本年屆輪免之期，業經全行蠲免，俾閭閻共享樂利。第念正賦固已蠲除，此外尚有隨漕並船料等項銀兩，不在應蠲之例。但零星徵取，小民輸納既難，且仍不免追呼之事。著再加恩，將該省本年額徵漕項銀一十一萬八千餘兩，又歸德府屬之商邱、寧陵、永城、鹿邑、虞城、夏邑等六縣，本年地丁項下改解山東船料銀一千六百八十七兩零，俱緩至次年徵收。所有應行需用給解之項，即令該撫酌量借項動撥，仍俟來年補徵後歸還。該部即遵諭行。（高宗八六〇、三）

（乾隆三五、九、戊午）諭：豫省河內、武陟二縣，本年夏間，因沁河漫溢，被淹地畝較多，雖現在收成通計尚有七分，而低窪之區，不免歉薄，窮民究屬拮据。著加恩將該二縣被水村莊所有舊欠乾隆三十三、四兩年地丁銀糧及借欠倉穀，並今春所借籽種口糧，均緩至明年秋後徵收，以紓民力。至武陟縣貧乏戶口，未種秋麥之地，著每畝賞借籽種銀六分，並於十一月內賞卹一月口糧，俾資接濟。其河內縣，代民搶築尋村隄工銀兩，亦照舊例，勻攤各里，分作十年徵還歸款。該撫務須率屬實心經理，俾窮黎均霑實惠。該部遵諭速行。（高宗八六八、一六）

（乾隆三六、三、乙丑）諭：豫省河北彰德、衛輝、懷慶三府，上歲雖屬有秋，而前此連年收成歉薄，去夏二麥又復減收，民間元氣未能驟復。現屆開徵之期，若將節年緩徵地丁及借欠銀糧，令其新舊同時輸納，民力未免拮据。著加恩將安陽、湯陰、汲縣、滑縣、濬縣、輝縣、新鄉、延津、獲嘉、河內、武陟、修武、濟源等十三縣未完乾隆三十三四兩年緩徵地丁銀十二萬三千四百九十五兩零，並獲嘉、河內、武陟、濟源、修武、原武等六縣未完三十五年借給籽種銀三萬二千一百六十五兩零及未完口糧銀二萬六千一百六十一兩零、未完穀一萬二千四百四十二石零，均以本年為始，分作三年

帶徵，俾小民完課寬舒，追呼無擾。該撫等董率所屬，實力辦理，副朕惠愛閭閻至意。該部遵諭速行。（高宗八八一、一〇）

（乾隆三八、九、丁卯）又諭：據何煟奏，南陽府屬之淅川、内鄉二縣，本年七月因上游山水陡發，漫溢兩岸，早晚秋禾，被衝淹損，收成歉薄，並間有衝塌民房之處。覈計通縣被災，俱在十分之一等語。本年豫省據報夏秋一律豐稔，惟淅川、内鄉境内，偶被山水所浸。雖一隅偏災，農民不無向隅，該撫據實奏聞，所辦甚是。著加恩將淅川、内鄉二縣被水稍重貧户，照例賑卹，仍查明應徵錢糧，分別蠲緩。其應酌借籽種口糧者，並著妥速辦理，俾得及時種麥，以冀春收。該撫其董率印委各員，確覈妥辦，務使小民均霑實惠。又據奏，汝寧府屬之正陽、確山二縣地畝，七月下旬稻禾披風黃萎，不免歉收等語。該二縣旱田，均屬豐收，稻田猝被風損，民力亦不無拮据，並著加恩將正陽、確山二縣被風災户，未完本年錢糧七千八百餘兩、倉穀四千三百餘石，均緩至明年麥熟後徵收，以紓民力。該部即遵諭行。（高宗九四二、二三）

（乾隆三九、一〇、癸未）撫卹河南信陽、羅山、光州、光山、固始等五州縣本年被旱災民，並予緩徵。（高宗九六八、二三）

（乾隆四〇、三、壬申）蠲河南信陽、羅山、光州、光山、固始五州縣乾隆三十九年旱災額賦，並緩各項舊欠銀兩有差。（高宗九七九、一七）

（乾隆四一、三、辛卯）蠲緩河南武陟縣張村等三十七村莊乾隆四十年分水災額賦。（高宗一〇〇五、一〇）

（乾隆四二、四、甲子）緩徵河南正陽、確山二縣乾隆三十八年分風災額賦有差。（高宗一〇三一、二八）

（乾隆四二、八、辛亥）河南巡撫徐績奏：衛輝府屬汲、淇二縣，入秋雨少，地畝薄收。各民户本年未完錢糧及春借倉穀，請緩至來年麥熟後徵收。再，彰德府臨漳縣地方，間有雨水，未能均齊，豐歉不無互異。請照汲、淇二縣一例辦理。得旨：著照所請行。（高宗一〇三九、四）

（乾隆四三、一、甲子）又諭：上年河南省秋雨未能一律普霑，而汲縣、淇縣、臨漳三處秋收尤為歉薄，節經降旨，令該撫等將各該縣未完錢糧倉穀，緩至來春麥後徵收，並令汲縣、臨漳二縣無力購種之户，撥借籽種銀兩，以紓民力。第念偏災窮户，力量究未能寬裕，該處地丁錢糧，若至麥後新舊並徵，貧農不無拮据。著加恩將上年汲、淇、臨漳三縣緩徵地丁銀四萬四千餘兩，蠲免十分之四，俾節正供之有餘，以資民之不足。該部即遵諭行。（高宗一〇四八、三）

（乾隆四三、二、壬辰）又諭：豫省開封、彰德、衛輝、懷慶、河南五府屬，上年秋冬雨雪缺少，種麥既遲，收成不無稍減，現已疊渥春膏，農民自可及時播種。但當青黃不接之時，若將本年應徵錢糧照例開徵，民力不無拮据。著加恩將開封等五府屬州縣本年新徵錢糧，緩至麥後徵收。於農民生計，更爲有益。著交榮柱妥協辦理，俾窮黎均霑實惠。該部遵諭速行。（高宗一〇五〇、二）

（乾隆四三、四、壬寅）諭：豫省自去秋至今，雨澤稀少，現在已交夏令，即甘霖早晚霑需，止可趕種秋稼，二麥已難望有收，業經疊沛恩施，令該撫等加意撫卹。但被旱略久，民食未免稍艱。其開封等五府應徵本年錢糧，雖經降旨停緩，但秋後仍需輸納，民力究不免拮据。莫若將該省乾隆四十五年輪免錢糧，即於本年先行蠲免，其迤南各府州現已徵收者，即作爲明年正供。在被旱之五府屬，貧黎既得免追呼，即有收之各府屬，亦可以其有餘，供歉區糶買，以資接濟。該府務董率所屬，實心經理，毋使吏胥從中滋弊，以副朕軫念民生之至意。該部即遵諭行。(高宗一〇五四、二一)

（乾隆四三、四、丙午）又諭曰：鄭大進奏，彰德、衛輝、懷慶三府，得雨最遲，現俱趕種棉花高粱；其衛輝、懷慶二屬窪地，亦十種二三等語。窪地僅種十之二三，其未能霑足可知。至所稱麥田自得雨之後，已在在改觀，尤爲未確。豫省自去秋缺雨，種麥本自無多，間有得雨之處，趕種者亦少，現在之雨又未深透，焉得即能改觀？鄭大進斷不可因此稍存自滿，務須上緊虔誠祈禱，以期膏澤渥霑，庶於大田有益。看來豫省被災較重，鄭大進務當實力籌辦，俾貧民不致失所。昨因開封等五屬上年歉收，今又短雨，閭閻口食未免拮据，即緩徵亦不足以紓民力。曾降旨將河南省輪免錢糧，移於本年全行蠲免，使歉區得免追呼，即有收者，亦得分其有餘糶售，接濟本省，於災後民情，自有裨益。該撫於奉到時，即速謄黃曉諭，俾百姓聞知，皆各歡欣鼓舞，亦可感召和甘。該撫即當董率所屬，實力奉行，仍將曾否得雨情形，迅速覆奏，以慰懸注。將此由六百里傳諭知之。(高宗一〇五五、六)

（乾隆四三、一〇、壬申）賑卹河南儀封、考城、寧陵、商邱、睢州、祥符、陳留、杞縣、柘城、鹿邑、永城、淮寧、太康等十三州縣本年水災貧民，並予緩徵。(高宗一〇六九、五)

（乾隆四四、八、戊辰）又諭曰：陳輝祖奏，本年九月已屆新漕交納之期，豫省自春至秋，豐穰倍於往昔，即被災之地，屢蒙恩卹，元氣日復，俱可踴躍輸將。惟儀封、商邱等州縣，漫淤未退，若漕糧新舊並徵，民力不無拮据。現奉恩旨，於庚子年爲始，普免天下漕糧一次，豫省輪應明年全免。

懇恩即就今歲概賜蠲免。並請將儀封、考城等五州縣乾隆四十三年緩徵漕糧，展至四十五、六兩年分半帶徵等語。前因豫省漫工，久稽堵合，瀕水田禾不能耕穫，情形不免拮据，深爲廑念。屢經降旨，加恩賑卹，並諭令該撫查明應行加恩事宜，據實速奏，候朕酌量降旨，以蘇民困。茲屆新漕開兌之期，被淹地方不然稍形支絀，即豐收各屬，自去夏至今，辦供夫料，亦屬急公可嘉。著加恩將該省乾隆四十五年應行輪免漕糧，即就今歲概賜蠲免，俾閻閻益裕蓋藏。其儀封、考城、商邱、寧陵、睢州被淹五州縣，四十三年緩徵漕糧，再著加恩展至四十五、六兩年分半帶徵，以紓民力。該部遵諭速行。至該撫所請，祥符、陳留、杞縣三縣舊漕，請照二十三年折徵之處，並著該部速議具奏。尋議奏：祥符等三縣舊漕，該撫以今歲恩賜蠲免，本色無從搭運，請照舊例折徵。查豫省每歲額賦，向係直隸、山東、江南幫船協運，原不需本省籌辦，祥符等縣既屬有收，其應徵舊漕二萬七千餘石，自可成幫起運。所請每石折銀八錢之處，應無庸議。從之。（高宗一〇八九、二）

（乾隆四四、一〇、己巳）賑卹河南儀封、杞縣、商邱、寧陵、永城、鹿邑、睢州、考城、柘城、汲縣、淇縣、新鄉、濬縣、延津、輝縣、湯陰、河內、武陟、修武十九州縣本年被水災民，並予緩徵。（高宗一〇九三、七）

（乾隆四四、一二、己未）諭軍機大臣等：據陳輝祖奏，豫省本年除儀、考十九州縣被水成災之外，其餘收成均在八分以上。但民間元氣初復，戶少蓋藏，所有應徵新舊錢糧，不能同時並徵。請將本年應徵丁地錢糧，除被災各屬蠲免外，其餘與通省丁地，統於乾隆四十五年爲始，分作三年，帶徵舊款等語，已於摺內批新正有旨矣。豫省自上年辦理堵築事宜，已閱十八月，通省運料集夫，不無藉資民力。本年雖登豐稔，而民氣未復，新舊並徵，稍形拮据，自屬實情。目下距新春頒發諭旨到豫時，尚幾一月，著傳諭陳輝祖飭令各該地方官，即將本年應徵丁地錢糧，先行停止徵收，俾通省閻閻，均霑實惠。（高宗一〇九六、一〇）

（乾隆四五、一、辛巳）又諭：上年因豫省堵築漫工，曾降旨將應徵地丁錢糧緩至秋後開徵。第念該省自儀、考數州縣被水成災外，其餘各屬，雖獲有收，而元氣初復，戶少蓋藏，若將地丁及舊欠並徵，民力不無拮据。著再加恩將該省四十四年分應徵地丁錢糧，除被災各屬蠲免外，其餘俱自四十五年爲始，分作三年帶徵舊款，用昭體恤窮黎至意。該部即遵諭行。（高宗一〇九八、五）

（乾隆四六、四、丙寅）蠲免河南儀封、商邱、寧陵、永城、考城五縣乾隆四十五年水災地丁銀一萬八千九百二十八兩有奇。（高宗一一二九、二〇）

（乾隆四六、一〇、戊子）賑卹河南祥符、陳留、杞縣、儀封、滎澤、考城、淮寧、西華、商水、項城、沈邱、太康、扶溝等十三縣本年被水災民，並予緩徵。（高宗一一四三、一〇）

（乾隆四七、五、辛丑）蠲免河南祥符、陳留、杞縣、儀封、滎澤、考城等六縣乾隆四十六年水災額賦。（高宗一一五六、一六）

（乾隆四七、一〇、丁丑）賑河南汝陽、上蔡、正陽、新蔡、西平、遂平、確山、淮寧、商水、項城、沈邱、西華、扶溝、臨潁、襄城、鄘城等十六縣水災貧民，併蠲緩新舊錢糧倉穀有差。（高宗一一六六、三〇）

（乾隆四八、二、壬午）賑貸河南汝陽、上蔡、正陽、新蔡、西平、確山、遂平、淮寧、商水、項城、沈邱、西華、扶溝、臨潁、襄城、鄘城等十六州縣乾隆四十七年分水災飢民，並緩徵未成災地畝銀穀。（高宗一一七五、六）

（乾隆四八、四、辛巳）蠲免河南汝陽、上蔡、確山、正陽、新蔡、西平、遂平、淮寧、西華、商水、項城、沈邱、扶溝、臨潁、襄城、鄘城等十六縣乾隆四十七年分水災額賦有差。（高宗一一七九、九）

（乾隆四八、六、丁亥）緩徵河南祥符、陳留、杞縣、儀封、滎澤、考城、淮寧、西華、商水、項城、沈邱、太康、扶溝等十三縣乾隆四十六年水災地丁銀二十九萬八千兩、倉穀六萬二千一百六十石有奇。（高宗一一八三、一七）

（乾隆四八、八）[是月] 河南巡撫何裕城奏報：豫省一百八州縣內，除輝縣、濬縣、新鄉、延津、修武五縣夏秋雨少，收成稍歉，其餘一百三州縣，合算收成，約計八分有餘。濬縣、修武二處得雨雖遲，晚禾秀發，收成尚有六分。惟輝縣、新鄉、延津三縣，秋收僅及五分。請將本年地丁銀兩，並歷年民借倉穀口糧籽種，緩至明年麥熟後徵收，仍於來春青黃不接之時，酌量情形，糶借倉穀，以資接濟。報聞。（高宗一一八七、一四）

（乾隆四九、四、癸卯）諭：前因河南衛輝一帶缺少雨澤，恐於麥田有礙，曾降旨詢問何裕城，令其查明具奏。茲據覆奏該省惟衛輝府屬之汲縣、新鄉、輝縣、獲嘉、淇縣、延津、滑縣、濬縣、封邱、懷慶府屬之修武、原武、陽武、彰德府屬之內黃及開封府屬之祥符、陳留、滎澤，共十六縣，被旱較重，現在查明，發給種籽口糧，並請將汲縣等十六縣民欠未完銀兩，緩至秋熟一併徵完報解等語。汲縣等十六縣，既據該撫查明被旱較重，自應亟為撫恤，著該撫督率屬員實力妥辦。其民欠未完銀兩，並著加恩緩至秋熟後徵收，以紓民力。該部即遵諭行。（高宗一二〇五、五）

（乾隆四九、四、甲辰）諭：昨因河南衛輝一帶缺少雨澤，業經降旨將被旱較重之汲縣、新鄉等十六縣民欠未完銀兩，緩至秋熟後徵收，以紓民力。今思此項銀兩，係四十八年民欠未完，各該處被旱較重，即使此時得有透雨，趕種大田，秋成後亦祇能完納本年錢糧，若新舊並徵，民力仍未免拮据。著竟加恩，將衛輝府屬之汲縣、新鄉、輝縣、獲嘉、淇縣、延津、滑縣、濬縣、封邱，懷慶府屬之修武、原武、陽武，彰德府屬之內黃，開封府屬之祥符、陳留、滎澤十六縣，所有乾隆四十八年民欠未完銀兩，全行豁免。該撫其督率屬員，實力妥辦，務俾俸閭閻均霑實惠，以副朕軫念災黎有加無已至意。該部即遵諭行。（高宗一二○五、七）

（乾隆四九、九、戊午）諭：據何裕城奏，請將現被水旱之衛輝府屬汲縣、新鄉、獲嘉三縣，懷慶府屬之修武縣，開封府屬之陳留縣並歸德府屬之商邱、寧陵、睢州三州縣，本年應徵粟米豆麥，緩至五十、五十一兩年，分年帶徵等語。本年豫省衛輝、懷慶、開封等處，春夏被旱成災，屢經降旨撫卹；歸德等屬，亦因漫口被淹，並諭令該撫加意撫卹，若按例徵輸，民力未免拮据。著照所請，汲縣、新鄉、獲嘉、修武、陳留、商邱、寧陵、睢州等八州縣，本年應徵粟米共一萬一千二百八十五石零、豆一萬五千八百五石零；又新鄉、汲縣、獲嘉、修武、陳留、商邱、睢州等七州縣，應徵麥一千五百二十石零；又汲縣、新鄉、獲嘉、修武四縣，截存薊糧米六千二百八十五石零；俱緩至五十、五十一兩年，分年帶徵，以紓民力。又，睢州等州縣緩徵麥豆，請照例於不被災州縣應徵粟米內，照數改徵。又，獲嘉等縣緩徵薊糧內，有搭運天津北倉及密雲兵米，於不被災各縣截存薊米內，派撥搭運；暨睢州未被災西南二鄉，照舊徵收之處，俱著照所請行。（高宗一二一四、九）

（乾隆四九、一一、乙卯）緩徵河南商邱、寧陵、睢州三州縣本年水淹地畝及汲縣、新鄉、獲嘉、輝縣、淇縣五縣本年旱災貧民額賦。（高宗一二一八、七）

（乾隆五○、二、丙戌）諭：豫省衛輝府屬，上年被旱災民，業經於新正加恩展賑，但該處雪澤短少，恐春麥未能播種，小民生計未免拮据，自應再沛渥恩，俾資接濟。所有衛輝府屬之汲縣、輝縣、新鄉、淇縣、獲嘉等五縣，不拘被災分數，著再加恩普賑兩月；俟得雨後，仍借給籽種，以助耕作。至衛輝府屬附近災區之延津、濬縣、滑縣、封邱、考城並懷慶府屬之武陟、修武、陽武、原武等九縣，被旱農民，著加恩酌借一月口糧，每畝並借給籽種銀六分；其無地極貧下戶，並著賞給一月口糧。至各該縣歷年帶徵耗羨等項及本年應徵並歷年緩徵錢糧，又民欠未完常平義社等倉穀，均著緩至本年秋成後分別徵還，以紓民力。該撫即飭屬妥速辦理，務俾窮民均霑實

惠，以副朕軫念災黎、有加無已之至意。（高宗一二二四、六）

（**乾隆五〇、三、辛未**）又諭：據畢沅奏，彰德一府與衛輝毗連，開封、河南二屬，自冬至今，未霑雨澤，麥苗微細，夏禾不能長發等語。開封等屬冬春未得雨雪，此時即得甘膏播種大田，西成尚早。若令將新舊錢糧，照常輸納，小民未免拮据。所有開封府屬之祥符、陳留、杞縣、通許、尉氏、洧川、中牟、蘭陽、滎澤、氾水、禹州、密縣、滎陽、鄢陵、儀封、鄭州、新鄭等十七州縣，河南府屬之新安、澠池、偃師等三縣，彰德府屬之安陽、湯陰、內黃等三縣，共二十三州縣，乾隆五十年並四十九年未完錢糧，及一切帶徵錢糧倉穀等項，俱著緩至本年秋後徵收，以紓民力。其中有受旱較重及連年河水漫溢、被淹積歉之區，並著再行加賑一月口糧，俟得雨後，仍按畝借給籽種，俾資耕作。其無地極貧下戶，即加賑兩月口糧，使一體均霑渥澤。該撫務須董率所屬，實力妥辦，以副朕軫念窮黎、有加無已之至意。該部即遵諭行。（高宗一二二七、六）

（**乾隆五〇、三、壬申**）諭軍機大臣等：前據畢沅奏，豫省不但河北一帶被有旱災，即開封、河南、陝州、許州等屬，亦以久未得雨，麥秋難望，請截留漕糧以資賑貸。已降旨給與三十萬石。昨又據畢沅奏，開封、彰德、河南三府屬，夏禾無望。亦已降旨將各該處錢糧，緩至秋後徵收；其被旱較重及被淹積歉之區，加賑一月口糧；無地極貧下戶，加賑兩月口糧矣。陝州、許州等屬，既已麥秋無望，小民生計，難免拮据，該處錢糧是否應與開封各屬一體緩徵，或酌借籽種口糧，以紓民力？至衛輝府屬之汲、淇等五縣，並附近之延津等九縣，帶徵緩徵民欠等項，業經全行豁免，其開封、河南、彰德三府屬，現在麥秋無望，雖已緩徵加賑，仍恐民力未能寬裕，所有開封等府屬二十三州縣歷年帶緩民欠，是否亦應豁免之處，俱著畢沅即詳晰查明，據實具奏，候朕酌量加恩降旨。再，直隸廣平、順德、大名三府屬，與豫省河北毗連，上年冬間缺少雪澤，今春亦未得有透雨，前據劉峩奏，請於三月底四月初平糶糧石。但該處麥田，究竟是否無礙，大田能否播種，有無應借籽種分別緩免之處，並著該督查明，即行奏覆。將此由五百里各傳諭知之。（高宗一二二七、九）

（**乾隆五〇、三、丙子**）蠲免河南商邱、寧陵、永城、鹿邑、睢州、柘城六州縣乾隆四十九年水災額賦。（高宗一二二七、二〇）

（**乾隆五〇、四、丁亥**）諭：豫省衛輝一帶，連年旱災甚重，屢經降旨加恩展賑，並將緩徵、帶徵、民欠各項，普行蠲免，本年錢糧緩至秋後徵收矣。該處雖兩次得有雷雨，仍未渥被甘膏，農民更形拮据，朕心深爲軫念。

即使夏至以前得有透雨，及時播種大田，秋禾成熟，而當積歉之餘，閭閻元氣未能驟復，仍恐艱於完納。所有衛輝府屬之汲縣、輝縣、新鄉、淇縣、獲嘉、延津、濬縣、滑縣、封邱、考城，及附近災區之武陟、陽武、修武、原武各縣，本年應徵地丁錢糧，竟著加恩概行蠲免，俾吾民得安心耕作，以待西成。至開封、歸德、河南、陝州、許州等屬，雨澤亦屬愆期，麥收失望。從前降旨緩徵之祥符等二十三州縣內，受旱較重之祥符、陳留、蘭陽、儀封、滎澤、內黃六縣所有歷年帶徵、緩徵、民欠各項，著照衛輝所屬之例，加恩全行豁免；其次重之杞縣、通許、尉氏、洧川、中牟、湯陰六縣，著蠲免十分之五；鄢陵、滎陽、禹州、安陽四州縣，著蠲免十分之三。至受旱少輕之陝州、靈寶、許州、臨潁、襄城、郾城、長葛、河內、濟源、孟縣、溫縣、臨漳、林縣、洛陽、鞏縣、孟津、嵩縣、永城、鹿邑、柘城、虞城、夏邑、太康、扶溝、西華等二十五州縣，所有乾隆五十年並四十九年未完錢糧，及帶徵、應徵歷年錢糧、倉穀等項，俱著加恩緩至本年秋成後徵收，以紓民力。其各該州縣內極貧下戶，餬口無資者，並著給與一月口糧，用示優恤。該撫其督率所屬，妥協辦理，務俾災民均霑實惠，副朕軫念黎元、不使一夫失所至意。該部即遵諭速行。（高宗一二二八、一三）

（**乾隆五〇、四、壬子**）又諭：豫省被旱地方較廣，而衛輝各屬情形尤重。業經節次加恩。現在京畿一帶，已渥被甘膏，而該省得雨仍未透足，二麥無收，大田未種，民情更形拮据，朕心深爲軫念。所有開封府屬之祥符、蘭陽、陳留、儀封、滎澤、彰德府屬之內黃六縣，本屬積歉之區，今歲受旱較重，其本年應徵地丁錢糧，著即加恩蠲免十分之五。其情形次重之杞縣、通許、尉氏、洧川、中牟、鄢陵、滎陽、禹州、湯陰、安陽十州縣，所有本年地丁錢糧，著即加恩蠲免十分之三。至緩徵舊欠各州縣內，開封府屬之鄭州、新鄭、汜水、密縣，河南府屬之新安、澠池、偃師、洛陽、鞏縣、孟津、嵩縣，歸德府屬之永城、鹿邑、柘城、虞城、夏邑，陳州府屬之太康、扶溝、西華，陝州並所屬之靈寶，許州並所屬之臨潁、襄城、郾城、長葛，又河北懷慶府屬之河內、濟源、孟縣、溫縣，彰德府屬之臨漳、林縣三十二屬，雖受旱稍輕，現在青黃不接，小民生計亦屬艱難。所有歷年緩徵、帶徵各項舊欠，著加恩概予蠲免十分之三。其與災地毗連之商邱、寧陵、睢州、宜陽、登封、永寧、准寧、商水、汝州、伊陽、寶豐、郟縣、武安、涉縣等十四州縣，所有麥後應徵舊欠及本年錢糧，俱著加恩緩至秋成後徵收，以紓民力。該撫其督率所屬，妥協辦理，務俾均霑實惠，副朕軫念災黎、不使一夫失所至意。該部遵諭速行。（高宗一二三〇、六）

(**乾隆五〇、七、乙丑**)河南巡撫畢沅奏：開封、懷慶、彰德等府本年旱災，請緩徵漕麥一萬石、豆五萬九千石有奇。報聞。(高宗一二三五、三)

(**乾隆五〇、九、癸亥**)緩河南汲縣、淇縣、新鄉、獲嘉、濬縣、輝縣、封邱、延津、滑縣、考城、武陟、修武、原武、陽武、祥符、陳留、杞縣、蘭陽、儀封、滎澤、湯陰等二十一廳縣本年旱災應徵錢糧；並通許、尉氏、洧川、中牟、鄢陵、滎陽、禹州、鄭州、新鄭、汜水、密縣、林縣、安陽、臨漳、武安、涉縣、河內、濟源、孟縣、溫縣、洛陽、偃師、鞏縣、孟津、登封、許州、長葛等二十七州縣本年徵餘一半漕米，商邱、寧陵、鹿邑、夏邑、睢州、永城、虞城、柘城、西華、扶溝、太康、光州、光山、固始、息縣、內黃等十六州縣本年漕米，及新安、澠池、嵩縣、宜陽、永寧、淮寧、商水、臨潁、襄城、郾城等十縣舊欠錢糧等項，均予緩徵。(高宗一二三九、四)

(**乾隆五〇、一〇、癸卯**)賑卹河南永城、虞城、夏邑、柘城、商邱、寧陵、鹿邑、睢州、內黃、西華、太康、扶溝等十二州縣本年旱災貧民，並予緩徵。(高宗一二四一、一六)

(**乾隆五一、三、癸酉**)〔是月〕河南巡撫畢沅奏：豫省上年秋災各屬，除已成災之永城等十二州縣及不成災之祥符等十一州縣，業經分別題緩新舊錢糧外，其汲縣、新鄉、獲嘉、輝縣、淇縣、延津、封邱、濬縣、滑縣、考城、武陟、修武、原武、陽武、杞縣、蘭陽、儀封、滎澤、通許、尉氏、洧川、中牟、鄢陵、滎陽、禹州、鄭州、新鄭、汜水、密縣、許州、郾城、商水、項城、沈邱等三十四廳州縣，雖未成災，但連歲積歉。請將本年錢糧，展至本年五月麥熟後開徵；其舊欠耗羨，並蠲賸帶徵節年各項舊欠錢糧，緩至本年秋後開徵。得旨：如所請行。(高宗一二五一、二八)

(**乾隆五一、五、癸亥**)緩徵河南商邱、寧陵、永城、鹿邑、虞城、夏邑、睢州、柘城、內黃、西華、太康、扶溝等十二州縣上年旱災額賦。(高宗一二五五、五)

(**乾隆五一、七、戊申**)蠲免河南商邱、寧陵、永城、鹿邑、虞城、夏邑、睢州、柘城、內黃、西華、太康、扶溝等十二州縣乾隆五十年分旱災地畝額賦有差。(高宗一二五八、一〇)

(**乾隆五一、九、辛卯**)諭：據畢沅奏，豫省開封、衛輝、歸德等屬，連年積歉，現屆開徵之期，查歷年緩借各項甚多，請展至五十二、三兩年秋後帶徵等語。豫省開封等屬，連歲歉收，今秋又有蝻孽萌生，晚穀不無稍減，若此時新舊並徵，民力未免拮据。所有秋收稍歉之祥符、陳留、杞縣、尉氏、洧川、中牟、蘭陽、鄭州、新鄭、延津、封邱、陽武、原武、長葛等十四州縣，並歷年積欠之汲縣、新鄉、獲嘉、修武、內黃、通許、鄢陵、儀封、滎澤、商邱、睢州、梧城、鹿邑、湯陰、許州、襄城十六廳州縣，除本年應徵地丁錢糧及應納漕米照例徵收外，其歷年緩徵蠲剩帶徵未完地丁正耗，及有漕地方緩徵帶徵舊漕、并未完節年出借籽種口糧、春借倉穀等項，俱著加恩，准其展至五十二、三兩年秋後帶徵。俾得次第輸將，民力益臻寬裕。該部即遵諭行。（高宗一二六五、一九）

（**乾隆五二、九、甲午**）賑貸河南商邱、寧陵、睢州、鹿邑、永城、柘城等六州縣水災飢民，緩徵新舊額賦，並予葺屋銀兩。（高宗一二八九、一八）

（**乾隆五二、一〇、丙午**）諭：據畢沅奏，豫省商邱、寧陵、睢州被水地方，應徵漕糧等項，分別緩徵帶徵等語。該省自本年睢州十三堡漫口，商邱、寧陵、睢州三州縣地處頂衝，被災較重，民力未免拮据。所有該三屬被水地畝，應徵米麥豆三項，緩至五十三年徵收；四十九、五十兩年帶徵漕糧，並著遞緩一年。其該三屬，未經被水村莊，秋禾雖屬有收，但與災地毗連，亦應量加體恤。除本年應徵銀糧照例徵收外，其節年帶徵漕糧，亦著緩至五十三年輸納，以示朕軫念災黎至意。至商邱等三屬應徵麥豆，亦准其於不被災州縣應徵粟米內改徵，以紓民力。該部即遵諭行。（高宗一二九〇、一六）

（**乾隆五三、二、辛亥**）蠲河南商邱、寧陵、睢州、柘城、鹿邑、永城等六州縣乾隆五十二年水災地畝額賦有差，蠲剩銀併予緩徵。（高宗一二九九、三）

（**乾隆五三、五、丁卯**）蠲免河南商邱、寧陵、睢州、柘城、鹿邑、永城六州縣乾隆五十二年水災額賦有差。（高宗一三〇四、九）

（**乾隆五三、九、壬申**）又諭：據梁肯堂奏，衛輝、懷慶二府屬，本年雨澤稍愆，收成未免歉薄等語。豫省本年衛輝、懷慶二府地方，因雨澤短少，收成歉薄，現屆開徵之期，若令新舊錢糧同時並徵，民力未免拮据。著將衛輝府屬之淇縣、滑縣、延津、濬縣、封邱、考城六縣，並懷慶府屬之原武、修武、陽武三縣帶徵舊欠漕糧，遞展一年，所有緩徵舊欠錢糧，並民欠倉穀籽種等項，均緩至五十四年麥熟後徵收。至衛輝府屬之汲縣、新鄉、輝縣、獲嘉四縣，著將本年地丁並緩徵帶徵舊欠錢糧倉穀等項，均緩至五十四年麥熟後徵收；其本年漕糧，著自五十四年起，分作兩年帶徵；舊欠漕糧，亦著加恩遞展一年徵解。以示朕軫恤民艱有加無已至意。該部即遵諭行。（高宗一三一二、四〇）

（**乾隆五四、四、庚戌**）又諭：據梁肯堂奏，衛輝、懷慶、歸德等府屬，上年被災之後，新舊錢糧及民欠等項積纍過多，加以應完銀穀等項，較每年額徵之數，多至數倍等語。衛輝、懷慶二府屬之汲縣等十三縣，上年雖已加恩緩徵，但新舊錢糧及民欠倉穀籽種等項過多，而歸德府屬之商邱等州縣，上年麥秋雖屬有收，但因屢年水旱頻仍，小民元氣未能驟復，若一時並徵，民力不無拮据。所有衛輝府屬上年被旱稍重之汲縣、新鄉、獲嘉、輝縣四縣，本年地丁錢糧，著緩至五十五年麥熟後開徵。其被旱稍輕之淇縣、延津、濬縣、滑縣、封邱、考城六縣，並懷慶府屬之原武、修武、陽武三縣，著緩至本年秋成後開徵。其歸德府屬之商邱、寧陵、睢州三州縣，本年應徵新糧，著自五十五年起，分作兩年帶徵，以紓民力。該部即遵諭行。（高宗一三二七、二〇）

（**乾隆五四、一〇、乙卯**）諭：前因梁肯堂奏安陽、臨漳二邑偶被水災，業經降旨撫卹一月口糧，以資接濟，並令該撫將應行撫卹蠲緩事宜詳悉查明，妥協辦理。茲據梁肯堂奏，安陽、臨漳偶被偏災，麥秋雖尚有收，但當積歉之後，若將本年漕糧一例徵收，小民未免拮据等語。著加恩將安陽、臨漳二縣本年應徵米麥豆三項，緩至乾隆五十五年麥後徵收，以紓民力。所有被淹之慕村、錢莊等處，應徵緩徵麥豆，並著照所請，准其於未被水各戶應徵粟米內，照例改徵，以示軫念災黎至意。該部遵諭速行。（高宗一三四〇、三）

（**乾隆五五、四、壬申**）蠲免河南永城縣乾隆五十四年分被水成災額賦。（高宗一三五三、二九）

（**乾隆五六、八、庚申**）諭：據穆和藺奏，河南彰德、衛輝、懷慶三府所屬各縣內，有本年得雨稍遲，收成僅止五六分不等。所有應徵未完舊欠錢糧，及新舊倉穀，請緩至次年麥收後徵收，並分別酌借籽種口糧。其應徵米豆二項，並請停徵一半等語。彰德、衛輝、懷慶三府本年夏間得雨較遲，前經降旨，令該撫查明據實具奏。茲據勘明湯陰等十三縣，收成僅止五六分不等。是各縣秋收歉薄，自應分別加恩，以紓民力。所有湯陰、臨漳、林縣、汲縣、淇縣、輝縣、濬縣、滑縣、獲嘉、新鄉、陽武、修武、原武十三縣應徵未完舊欠錢糧及新舊倉穀，俱著緩至次年麥收後完納。其成災五分之湯陰等五縣，仍著借給籽種，並於冬間或來歲青黃不接之時，察看民情，酌借一月口糧。其勘不成災之林縣等八縣，亦著借給籽種。至應徵漕糧內米豆二項，竟著加恩全予緩徵，俟次年秋收後完納，俾閭閻益裕蓋藏，以示溥惠窮黎、恩加無已至意。（高宗一三八五、二）

（**乾隆五七、四、丙辰**）諭曰：穆和藺奏，河北彰德、衛輝、懷慶三府屬地方，現在未得透雨，麥苗漸形黃萎，正當新舊開徵之際，民情不無拮据。請將安陽等二十一縣應徵新舊錢糧倉穀，懇恩緩徵等語。前因該省河北三府，自三月以來，未得透雨，時屆立夏，恐麥收歉薄，應早爲設法接濟。業經先期降旨，諭令梁肯堂、劉秉恬截留漕米三十萬石，運交豫省，以備河北三府接濟之需。茲據該撫奏到河北被旱情形，朕心深爲軫念，著再加恩將彰德府屬之安陽、湯陰、臨漳、林縣、武安、涉縣、內黃，衛輝府屬之汲縣、新鄉、輝縣、獲嘉、淇縣、延津、滑縣、濬縣、封邱、考城，懷慶府屬之修武、武陟、陽武、原武等二十一縣應徵新舊錢糧倉穀等項，一併緩至本年秋後徵收，以紓民力。該撫務須實力查察，毋任吏胥滋弊，以副朕軫恤民隱至意。(高宗一四〇一、二)

（**乾隆五七、閏四、甲申**）蠲免河南湯陰、汲縣、輝縣、淇縣、滑縣等五縣上年旱災額賦有差。(高宗一四〇三、七)

（**乾隆五七、一〇、己巳**）賑卹河南安陽、湯陰、涉縣、新鄉、輝縣、淇縣、延津、滑縣、濬縣、原武、陽武、林縣、武安、汲縣、獲嘉、修武等十六縣本年旱災貧民；蠲緩新舊錢糧倉穀及應徵漕糧，並借給籽種銀兩。(高宗一四一四、一二)

（**乾隆五七、一二、癸未**）加賑河南安陽、湯陰、臨漳、林縣、武安、涉縣、內黃、汲縣、新鄉、輝縣、獲嘉、淇縣、延津、滑縣、濬縣、封邱、考城、河內、濟源、修武、武陟、孟縣、溫縣、原武、陽武等二十五縣本年旱災貧民，並蠲緩額賦有差。(高宗一四一九、一〇)

（**乾隆五八、二、乙亥**）蠲緩河南安陽、湯陰、臨漳、林縣、武安、涉縣、內黃、汲縣、新鄉、輝縣、獲嘉、淇縣、延津、滑縣、濬縣、封邱、考城、河內、濟源、修武、武陟、孟縣、溫縣、原武、陽武等二十五縣乾隆五十七年旱災額賦有差。(高宗一四二二、一八)

（**乾隆五八、四、戊子**）又諭：據穆和藺奏，查明河北各屬未完銀糧，委係實欠在民，並無官吏侵那情弊，請分別緩徵帶徵等語。豫省河北各屬，地土磽瘠，上年被旱成災，收成歉薄，今歲甫經得雨，民力未能驟紓，若新舊並徵，小民輸將，究恐不無竭蹷。河北之安陽等二十五縣，除新舊應徵未完地丁錢糧仍按限催收外，所有歷年借欠籽種口糧、及借欠常社等穀，均著緩至五十九年麥熟之後開徵。其二十五縣內之湯陰、臨漳、林縣、汲縣、新鄉、輝縣、獲嘉、淇縣、滑縣、濬縣、修武、陽武、原武等十三縣，本年徵收新漕之時，著僅令帶完五十六年緩徵漕糧，其五十七年一半漕糧，統歸五十九年一併帶徵全完，以紓民力。該部即遵諭行。(高宗一四二七、二二)

（**乾隆五九、四、乙酉**）諭：據穆和藺奏，彰德、衛輝、懷慶三府屬安陽等二十二州縣，高阜地方，麥苗難望有收。牽算收成，不過三、四、五分等語。河北本係積歉之區，本年雨澤未能優溥，麥秋既已歉薄，大田播種尚稽，若將新舊錢糧同時並徵，民力不無拮据。著加恩將彰德府屬之安陽、湯陰、臨漳、林縣、武安、涉縣、內黃，衛輝府屬之汲縣、新鄉、輝縣、獲嘉、淇縣、延津、滑縣、濬縣、封邱、考城，懷慶府屬之河內、修武、武陟、原武、陽武等二十二縣應徵新舊錢糧，緩至本年秋熟後徵收；其應於本年麥熟開徵之節年借欠籽種口糧等項銀穀，均著緩至六十年麥熟後開徵。該撫務須督飭所屬，實力奉行，俾閭閻生計，益資寬裕，以副朕勤求民瘼至意。該部即遵諭行。（高宗一四五一、一九）

（乾隆五九、七、辛卯） 諭曰：松筠奏查辦衛輝被水情形一摺。據稱，連日乘船在府城及附近村莊，周遭察看。自晴霽後，水已漸消，即督率各員查勘，分別酌給米石，散給餽餅錢文。並令該縣開倉出穀，將存公銀兩先行動用。俟恩旨到後，歸入普賑項下，作正開銷。民情甚爲寧帖。同日又據吳璥奏查勘河北被淹處所，堵築塌堰，備船紮筏，救渡居民，散給乾糧蓆片。並酌撥存公銀兩、貯庫穀石，查明戶口，概給一月口糧。坍塌房間，給以修費。其武陟、河內等七縣未淹地畝尚多，秋禾仍可有收，不容借滋捏冒各等語。此次豫省衛輝、彰德、懷慶等屬，因丹沁衛河水勢盛漲，田廬多被淹浸。松筠適因奉差湖北，經過該處，即督同地方官，親自往來查勘，分別散給米穀錢文，並即一面奏聞，一面令該縣開倉動項，速爲撫卹，並不置身事外，實心辦理，實屬可嘉。藩司吳璥，在河北查勘秋禾，一經聞信，即馳往該處，堵築塌堰，設法撫卹，亦屬盡心辦理。除穆和藺甫經趕到，於賑卹事宜未能悉心詳細籌畫，毋庸議敘外，松筠、吳璥俱著交部從優議敘，其協同查辦之同知李舟、知縣郎正達、董肇彤等均屬出力，亦俱著查明咨部，分別從優議敘。除此數人，其餘地方官辦災出力者，著穆和藺查明，俱著交部議敘。至此次動撥銀米，俱准作正開銷。又，武陟縣漫水民堰，據穆和藺奏，現在動項趕築事竣，分年徵完等語。此項隄堰，雖係民修工程，但小民既被水災，田廬多有淹浸，現在不惜帑金，撫卹賑濟，貧民口食尚艱，若再分年徵完，恐民力不無拮据。所有此次堵築民堰工料銀兩，即著加恩，准其作正開銷。所有坍塌瓦土房間，俱著按例加兩倍給予修費。至武陟、河內等縣未淹地畝，雖秋禾尚可有收，不容借滋捏冒，但該處鄉村多有被淹，貧民中有口食無資，濫邀賑卹者，不妨稍從寬辦。若里正、鄉約及吏胥等從中舞弊，有借端侵扣浮冒等事，自當嚴切查究。該撫等惟當悉心查勘，妥爲撫卹，設法疏消，趕緊堵築完竣，俾被水災黎，均各安居餬口，共霑實惠，不致一夫失所。其河北三府所屬被水各縣本年應徵秋糧，俱著加恩概行豁免，該撫等

即先行曉諭，徧貼謄黃，俾被水災黎早霑惠澤，更爲安堵，以副朕軫念災區施恩無已至意。（高宗一四五六、九）

（**乾隆五九、九、壬辰**）諭：據穆和藺覆奏積欠一摺，内稱武陟等縣，未經被水田畝，應徵新漕及舊欠米豆等項，請分別帶緩等語。武陟等縣本年被水地畝應徵秋糧，業經降旨加恩豁免。所有武陟等十四縣境内，未經被水地畝及毗連災地之溫縣、原武、陽武、濟源、孟縣、林縣、涉縣、武安、滑縣、考城、封邱等十一縣應徵本年新漕米麥豆三項，俱著緩至六十年爲始，分作二年帶徵。並將應徵舊欠米豆，再予遞展一年，其應徵新舊地丁錢糧，俱緩至來歲麥熟後再行啓徵，以紓民力。該部即遵諭行。（高宗一四六〇、一三）

（**乾隆五九、一〇、丙辰**）諭：本年豫省因河流漲發，衛輝等三府屬多有被淹，已疊沛恩施，優加撫卹，蠲免秋糧，其未經被水之武陟等縣應徵新漕及舊欠米豆等項，亦經降旨分別緩徵帶徵，以紓民力，並令穆和藺將被水較重地方節年緩帶銀糧數目，查明具奏，候朕加恩豁免。茲據戶部議覆，該省被水較重之汲縣等九縣，節年緩徵帶徵未完銀糧，酌量請免一半等語，固屬覈實辦理。第念本年河北三府，先經被旱，其汲縣等九縣，又復被水較重，小民生計，倍形拮据。若僅將節年緩帶銀糧豁免一半，究未能全免追呼，遂其含哺之樂。著將汲縣、新鄉、獲嘉、濬縣、輝縣、淇縣、河内、修武、武陟九縣未完地丁銀四十一萬六千六百四十六兩零、籽種口糧銀十六萬三千四百六十八兩零、漕糧米麥豆三萬六千五百三十二石零、常義漕薊等倉穀二十三萬九千八百一十二石零，俱著加恩全行豁免。該撫惟當嚴飭所屬，悉心妥辦，毋任吏胥等從中侵扣。並將應行豁免之節年銀糧細數，徧貼謄黃，出示曉諭，俾窮鄉僻壤，無不周知，普霑實惠。以副朕軫念災區、恩施逾格至意。（高宗一四六二、三）

（**乾隆五九、一二、辛未**）緩徵河南汲縣、新鄉、輝縣、獲嘉、淇縣、濬縣、河内、修武、武陟、延津、内黃、湯陰、臨漳、安陽、溫縣、原武、陽武、濟源、孟縣、林縣、武安、涉縣、滑縣、考城、封邱二十五縣本年水災地畝應徵新舊漕項銀兩。（高宗一四六七、五）

（**乾隆六〇、一、乙未**）諭：前降諭旨普免天下積欠，令各督撫查明具奏。茲據阿精阿奏到，河南省節年因災帶緩民欠正耗及籽種口糧牛具等項，共銀一百七十二萬二千一百一兩零、米麥豆共五萬七千七百十八石零、穀五十二萬二千一百四十三石零，俱著加恩寬免。至該撫奏，五十九年分河北水災案内，毗連災地，題准緩徵銀米等項，又各屬分年帶徵河工幫價未完銀兩，均係分年徵輸，似與積欠錢漕等項有間等語。此項緩徵銀糧及帶徵河工幫價，雖非節年積欠可比，第念丙辰年即屆歸政之期，茲當春韶令節，允宜特沛恩膏，優施閭澤。所有該省五十九年緩徵銀六十九萬五千四百四十八兩零、米麥豆八萬八千七百七十四石零，又各屬分年帶徵河工物料幫價未完銀五十九萬二千三十八兩零，均著普行豁免，俾小民永免追呼，以示朕樂與民同、施恩益下至意。(高宗一四六八、一一)

（嘉慶一、四、甲申）河南巡撫景安奏：鄧州新野地方，現有匪徒滋擾，兵力不足，已調河北兵五百名，前來南陽。奏入。諭軍機大臣等：……南陽地方被賊滋擾之處，著該撫即先行謄黃曉諭，將本年應徵錢糧，概予緩徵。湖北枝江等二十州縣，前已降旨免豁錢糧外，如續有被賊滋擾之處，並著畢沅等查明，一體奏請豁免，並先行謄黃曉諭，俾良民益知感激。將此傳諭知之。(仁宗四、六)

（嘉慶一、五、庚戌）緩徵河南承辦兵差之唐、淅川、桐柏、內鄉、南陽、鎮平、泌陽、裕、葉、南召、舞陽、河內、武陟、安陽、湯陰、淇、汲、新鄉、獲嘉、考城、滎澤、鄭、新鄭、蘭陽、祥符、尉氏、洧川、許、長葛、襄城、臨潁、鄢城、西平、遂平、確山、信陽三十六州縣新舊額賦。(仁宗五、七)

（嘉慶一、八、甲申）免河南臨漳縣乾隆六十年折徵漕米銀。(仁宗八、一一)

（嘉慶一、一一、戊午）以河南士民防卡運餉出力，復緩徵鄧、唐、新野、南陽、桐柏、淅川、內鄉、鎮平、泌陽、裕、葉、南召、舞陽、安陽、湯陰、淇、汲、新鄉、獲嘉、考城、滎澤、鄭、新鄭、蘭陽、祥符、尉氏、洧川、河內、武陟、許、長葛、襄城、臨潁、鄢城、西平、遂平、確山、信陽三十八州縣新舊額賦。(仁宗一一、一一)

（嘉慶二、五、乙卯）緩徵河南前被賊擾之鄧、唐、新野、桐柏、淅川、內鄉、泌陽、裕、葉、南召、舞陽、西平、遂平、確山、信陽、羅山、光山、魯山、嵩、盧氏二十州縣及原辦兵差之南陽、鎮平、鄢城、臨潁、襄城、許、長葛、洧川、尉氏、祥符、蘭陽、新鄭、鄭、滎陽、河內、武陟、考城、獲嘉、新鄉、汲、淇、湯陰、安陽二十三州縣，並堵禦出力之伊陽、寶豐、郟、汝、宜陽、永寧、陝、靈寶、閿鄉九州縣新舊額賦。(仁宗一七、一一)

（嘉慶三、九、乙酉）緩徵河南睢、寧陵、商邱、杞、太康、淮寧六州縣水災本年漕糧；截留祥符等縣漕糧內米豆十二萬七千九十六石備賑。(仁宗三四、一〇)

（嘉慶四、三、癸未）免河南被賊滋擾之鄧、唐、新野、桐柏、淅川、內鄉、泌陽、裕、葉、南召、舞陽、西平、遂平、確山、信陽、羅山、光山、魯山、嵩、盧氏二十州縣新舊額賦。（仁宗四一、二八）

（嘉慶四、八、癸丑）緩徵河南睢州水災新舊漕糧額賦。（仁宗五〇、四四）

（嘉慶五、六、癸酉）緩徵河南睢州水災舊欠額賦漕糧。（仁宗七〇、一四）

（嘉慶五、九、丁亥）緩徵河南武陟、孟二縣被水村莊新舊額賦及應還倉穀。（仁宗七四、五）

（嘉慶六、一一、辛丑）蠲緩河南內黃縣被水災民本年額賦有差。（仁宗九一、二一）

（嘉慶六、一一、辛丑）緩徵河南安陽、湯陰、濬、武陟四縣被水災民本年額賦。（仁宗九一、二一）

（嘉慶七、七、丁丑）展緩河南內黃、武陟二縣水災帶徵額賦。（仁宗一〇〇、一二）

（嘉慶八、五、辛丑）免河南被賊滋擾之唐、泌陽、內鄉、新野、淅川、鄧、裕、舞陽、葉、嵩、確山、西平、遂平、信陽、羅山、魯山、郟、寶豐、息十九州縣舊欠丁耗鹽課社穀，並供應軍需之南陽、鎮平、襄城、長葛、鄭、祥符、滎澤、汲、淇、新鄉、獲嘉、考城、湯陰、安陽、武陟、孟、洛陽、澠池、宜陽、永寧、伊陽二十一州縣舊欠丁耗、鹽課籽種銀及未完常社漕薊穀十分之五。（仁宗一一三、八）

（嘉慶八、八、己巳）緩徵河南祥符、陳留、睢、杞、安陽、湯陰、臨漳、林、武安、涉、內黃、汲、新鄉、輝、獲嘉、淇、延津、滑、濬、封邱、考城、濟源、修武、武陟、孟、溫、陽武、洛陽、孟津、鞏、中牟、蘭陽、鄭、滎澤、滎陽、汜水、新鄭、河內、原武、偃師、登封、嵩、商邱、寧陵四十四州縣蝗災旱災本年漕糧額賦並歷年帶徵各項銀穀。（仁宗一一八、二二）

（嘉慶九、七、丙午）展緩河南中牟、鄭、滎澤、滎陽、汜水、新鄭、安陽、湯陰、臨漳、林、武安、涉、內黃、汲、新鄉、輝、獲嘉、淇、濬、濟源、修武、武陟、孟、溫、洛陽、鞏、孟津、河內、原武、偃師、登封、嵩、商邱、寧陵、封邱、滑、考城、延津、陽武、蘭陽、祥符、陳留、杞、睢四十四州縣上年水旱蝗災帶徵額賦及應還常社漕倉穀石籽種有差。（仁宗一三二、一三）

（嘉慶一〇、七、癸酉）緩徵河南新鄉、汲、輝、獲嘉、河內、武陟、修武、濟源、林、淇、原武、陝、靈寶、閺鄉十四州縣旱災蠲剩額賦、新舊銀穀漕糧，及被旱之安陽、湯陰、濬、孟、新安、澠池、陽武、溫、滎澤九縣新舊額賦、倉穀、漕糧，並毗連災區之臨漳、內黃、武安、涉、延津、滑、封邱、考城、洛陽、偃師、鞏、孟津、登封十三縣舊欠額賦、倉穀。(仁宗一四七、一九)

(嘉慶一〇、九、戊寅) 賑卹河南上蔡縣被水災民，並蠲緩本年額賦；又緩臨漳、內黃、武安、涉、延津、滑、考城、洛陽、偃師、鞏、孟津、登封十二縣帶徵舊欠漕糧。(仁宗一五〇、三八)

(嘉慶一一、四、戊寅) 緩徵河南臨漳、武安、內黃、涉、延津、滑、封邱、考城八縣上年歉收新舊額賦。(仁宗一五九、一)

(嘉慶一一、五、甲寅) 緩徵河南鄢陵、鄆城、西華、西平四縣水災新舊額賦，並貸籽種口糧有差。(仁宗一六〇、一〇)

(嘉慶一一、八、辛巳) 展緩河南新鄉、汲、輝、獲嘉、淇、林、河內、武陟、修武、濟源、原武、安陽、湯陰、濬、孟、溫、陽武、臨漳、內黃、武安、涉、延津、滑、封邱、考城、滎澤二十六縣帶徵額賦漕糧。(仁宗一六五、六)

(嘉慶一一、一〇、丙子) 給河南溫、孟二縣被水災民口糧，蠲緩新舊額賦漕糧，緩徵內黃、安陽、湯陰三縣新舊額賦，並量給籽種。(仁宗一六八、六)

(嘉慶一二、七、己巳) 緩徵河南安陽、湯陰、內黃、考城、溫、孟六縣水災新舊額賦有差。(仁宗一八三、三六)

(嘉慶一三、七、丙戌) 緩徵河南安陽、湯陰、內黃三縣被水村莊新舊額賦。(仁宗一九九、一五)

(嘉慶一三、八、甲寅) 緩徵河南淇縣雹災新舊額賦。(仁宗二〇〇、二二)

(嘉慶一四、七、戊子) 緩徵河南安陽、湯陰、內黃三縣水災新舊額賦漕糧。(仁宗二一六、一七)

(嘉慶一五、九、戊辰) 緩徵河南孟津縣被水村莊本年額賦。(仁宗二三四、一八)

(嘉慶一五、一〇、壬辰) 緩徵河南安陽、湯陰、內黃、孟津四縣歉收村莊積欠額賦及加價銀。(仁宗二三五、八)

(嘉慶一六、四、癸酉) 緩徵河南缺雨之開封、歸德、彰德、衛輝、懷慶、河南、南陽、陳州、許、汝十府州屬新舊額賦及加價銀。(仁宗二四二、三四)

(嘉慶一六、七、癸未) 緩徵河南滎澤縣水災新舊額賦。(仁宗二四六、九)

（嘉慶一六、七、己亥）緩徵河南孟津、孟、湯陰、內黃、安陽五縣水災新舊額賦，並給孟津、孟二縣災民口糧及房屋修費。(仁宗二四六、二三)

（嘉慶一六、九、乙酉）給河南永城、夏邑、虞城三縣被水災民一月口糧；蠲緩永城、夏邑、虞城、考城新舊額賦及衡工加價銀有差；並緩徵汲、新鄉、淇、封邱、延津五縣雹災水災新舊額賦及加價銀應還倉穀。(仁宗二四八、七)

（嘉慶一六、九、乙未）免河南被水之永城縣額賦三年、夏邑縣二年、虞城縣一年。(仁宗二四八、一六)

（嘉慶一六、九、己亥）緩徵河南原武、陽武、正陽、羅山、信陽、光、光山、固始、息九州縣旱災新舊額賦及衡工加價銀。(仁宗二四八、二二)

（嘉慶一七、九、辛巳）緩徵河南湯陰、臨漳、安陽、內黃、林、武安、汲、新鄉、輝、淇、濬、孟津十二縣水災旱災新舊額賦。(仁宗二六一、一一)

（嘉慶一八、四、庚子）緩徵河南祥符、陳留、鄢陵、中牟、蘭陽、儀封、禹、安陽、武安、內黃、汲、新鄉、輝、獲嘉、淇、延津、滑、濬、封邱、考城、修武、原武、陽武、扶溝、許、臨潁、長葛、湯陰、臨漳二十九廳州縣旱災新舊額賦。(仁宗二六八、五)

（嘉慶一八、四、乙丑）緩徵河南襄城、杞二縣旱災新舊額賦。(仁宗二六八、二三)

（嘉慶一八、八、辛亥）賑河南祥符、陳留、禹、杞、蘭陽、儀封、中牟、新鄭、許、臨潁、襄城、長葛、汝、郟、寶豐、伊陽、鄭、尉氏、洧川、通許、鄢陵、密、太康、扶溝、裕、葉二十六廳州縣被旱災民，蠲免額賦有差，並緩徵寧陵、睢、鹿邑、虞城、梧城、洛陽、偃師、鞏、孟津、登封、魯山、羅山、信陽、光、滎澤、孟、安陽、湯陰、臨漳、武安、內黃、汲、新鄉、輝、獲嘉、淇、延津、滑、濬、封邱、考城、原武、陽武、修武三十四州縣新舊額賦及倉穀漕項加價銀。(仁宗二七二、二六)

（嘉慶一八、一〇、辛亥）緩徵河南商邱縣水災額賦，給寧陵、睢、商邱、柘城、鹿邑五州縣災民一月口糧。(仁宗二七七、八)

（嘉慶一八、一〇、乙卯）賑河南魯山縣被旱災民；給洛陽、鞏、登封、偃師、光五州縣災民一月口糧；緩徵林、涉、河內、濟源、孟、武陟、溫、光山、新安、澠池、上蔡、舞陽、西平、鄧城、閿鄉、淮寧、西華、商水、項城、沈邱二十州縣新舊額賦。(仁宗二七七、一二)

（嘉慶一八、一二、戊午）免河南滑、濬二縣被賊難民新舊額賦，並緩徵次年新賦；免封邱、陽武、延津、考城、蘭陽、新鄉、獲嘉、輝、林九縣

節年舊欠額賦，並緩徵本年額賦。(仁宗二八一、二六)

(嘉慶一九、四、壬申) 緩徵河南商邱縣上年水災漕糧及漕項銀米。(仁宗二八九、一六)

(嘉慶一九、五、壬辰) 緩徵河南裕州拐河旱災民租課銀。(仁宗二九〇、三)

(嘉慶一九、五、甲寅) 給河南睢寧、陵、鹿邑、柘城、商邱五州縣積水地方貧民口糧，並緩徵上年額賦。(仁宗二九一、一九)

(嘉慶一九、八、癸亥) 緩徵河南祥符、陳留、杞、通許、尉氏、洧川、鄢陵、中牟、蘭陽、儀封、鄭、滎澤、禹、密、新鄭、虞城、安陽、湯陰、臨漳、林、武安、涉、内黃、河内、濟源、修武、武陟、孟、溫、原武、陽武、洛陽、偃師、鞏、孟津、登封、新安、澠池、裕、舞陽、葉、上蔡、西平、信陽、羅山、淮寧、西華、商水、項城、沈邱、太康、扶溝、許、臨潁、襄城、郾城、長葛、汝、魯山、郟、寶豐、伊陽、閿鄉、光、光山、汲、新鄉、輝、獲嘉、淇、延津、封邱、考城七十三廳州縣積欠額賦漕糧，及商邱、寧陵、睢、鹿邑、柘城五州縣水災新舊額賦；並免緩滑、濬二縣兵荒新舊漕糧及攤徵睢工、衡工加價攔黃民墊等項有差。(仁宗二九四、一二)

(嘉慶一九、九、乙巳) 緩徵河南光、固始、商城、光山四州縣旱災新舊額賦及漕項加價倉穀，並糶貸倉穀。(仁宗二九七、一〇)

(嘉慶二〇、七、壬寅) 緩徵河南睢、寧陵二州縣舊欠額賦。(仁宗三〇八、二一)

(嘉慶二〇、九、丙申) 緩徵河南安陽、湯陰、內黃、濬、河內、溫六縣被水村莊本年額賦漕糧並河工加價倉穀。(仁宗三一〇、一二)

(嘉慶二一、一、甲申) 貸河南安陽、湯陰、内黃、濬、河内、溫、陜、靈寶八州縣上年水淹、地震災民倉穀，並緩徵睢、寧陵、商邱三州縣攤徵各項銀兩有差。(仁宗三一五、三)

(嘉慶二一、四、己丑) 緩徵河南蘭陽、儀封二廳縣雹災額賦。(仁宗三一八、一五)

(嘉慶二一、七、乙丑) 免河南寧陵縣水災歷年額賦漕糧，並展緩寧陵、睢二州縣舊欠丁耗加價銀。(仁宗三二〇、一六)

(嘉慶二一、八、丙午) 緩徵河南汲、濬、安陽、湯陰、内黃、永城六縣水災新舊額賦；並賑汲、新鄉、淇、輝、獲嘉、濬六縣災民，給房屋修費。(仁宗三二一、一五)

(嘉慶二一、九、壬子) 緩徵河南偃師、鞏二縣水災額賦。(仁宗三二

二、四)

（嘉慶二一、一〇、甲午）緩徵河南濬縣水災帶徵漕糧，貸睢州被水災民麥種牛具銀。(仁宗三二三、九)

（嘉慶二二、六、庚寅）展緩河南汲、新鄉、獲嘉、淇、輝五縣帶徵額賦。(仁宗三三一、二二)

（嘉慶二二、九、壬子）緩徵河南安陽、湯陰、內黃三縣被水村莊新舊額賦。(仁宗三三四、九)

（嘉慶二三、九、甲寅）緩徵河南武陟、修武、孟、安陽、湯陰、內黃、臨漳、汲、新鄉、獲嘉、濬十一縣水災新舊額賦。(仁宗三四七、五)

（嘉慶二三、一〇、戊寅）緩徵河南安陽縣水災新舊額賦。(仁宗三四八、一三)

（嘉慶二四、四、丙辰）免河南睢工衡工未完攤徵加價銀。(仁宗三五七、二六)

（嘉慶二四、九、癸未）蠲緩河南蘭陽、儀封、杞、祥符、陳留、通許、尉氏、中牟、榮澤、睢、柘城、鹿邑、淮寧、西華、太康、獲嘉、新鄉、延津、封邱、考城、武陟、原武、陽武、鄭、扶溝、寧陵、汲、輝、滑、濬、淇、洛陽、偃師、鞏三十四州縣水災本年及上年額賦、河工加價銀，並賑被水災民，給房屋修費。(仁宗三六二、二二)

（嘉慶二四、一二、庚寅）給河南延津、滑二縣被水災民一月口糧，蠲緩本年額賦河工加價等銀；並緩徵汲縣被水村莊額賦。(仁宗三六五、三)

（嘉慶二五、四、癸卯）緩徵河南汲、輝、淇、濬四縣水災新舊額賦漕糧並加價銀。(仁宗三六九、一三)

8. 山西

（順治二、一、丁未）免山西本年田租之半，以地方初復故也。(世祖一三、一一)

（順治二、一〇、壬辰）免山西太原等處災荒額賦。(世祖二一、五)

（順治四、一一、辛亥）免山西代、岢嵐、保德、永寧等州，靜樂、定襄、五臺、石樓、沁源、武鄉、嵐、崞、興、寧鄉等縣，寧化、寧武、偏頭等所，神池、永興、老營等堡，本年分蝗災額賦。(世祖三五、三)

（順治五、一、癸丑）免山西太原、平陽、潞安三府，澤、沁、遼三州蝗災田畝本年額賦。(世祖三六、五)

（順治五、一二、癸卯）免大同蝗災本年分額賦。(世祖四一、二〇)

（順治六、五、丙子）免山西太原、平陽、汾州三府，遼、澤二州本年水災額賦。（世祖四四、五）

（順治八、二、甲午）免山西荒地一萬五千頃額糧。（世祖五三、二〇）

（順治八、一一、乙未）免山西平陽、潞安二府，澤、遼、沁三州所屬州縣七年分雹災地畝額賦。（世祖六一、一〇）

（順治八、一一、庚子）免山西陽曲、五臺、浮山、榆社七年分蝗災額賦。（世祖六一、一二）

（順治九、一一、乙未）免山西忻州、樂平等州縣本年分冰雹水災額賦有差。（世祖七〇、一三）

（順治九、一二、辛丑）免山西太原府、平陽府、汾州府、遼州、沁州、澤州所屬絳州、太原等四十四州縣本年水災額賦有差。（世祖七〇、一三）

（順治一〇、三、戊辰）免山西被姜賊殘破之岢嵐、保德等七十四州縣六年逋賦；未破城之代州、榆次等十二州縣六年逋賦十分之七。（世祖七三、三）

（順治一二、一〇、壬子）免山西陽和府、陽高衛等處并蔚州所屬本年分蝗災額賦。（世祖九四、二）

（順治一二、一二、丙寅）免山西宣府、大同二鎮本年分雹災額賦。（世祖九四、一二）

（順治一三、二、丙寅）免山西岢嵐州、五臺縣十二年分霜災額賦。（世祖九八、九）

（順治一三、五、辛卯）免山西大寧縣七年至十三年荒地額賦。（世祖一〇一、六）

（順治一三、八、乙巳）免山西大同小站村等處十二年分雹災額賦。（世祖一〇三、二一）

（順治一三、一〇、壬寅）免山西和順縣本年分蝗災額賦十之三。（世祖一〇四、九）

（順治一五、一二、甲戌）免山西五臺縣本年分雹災額賦。（世祖一二二、六）

（康熙二、一、戊戌）免山西太原等二十州縣康熙元年分水災額賦有差。（聖祖八、六）

（康熙四、二、丙子）戶部議覆：山西巡撫楊熙疏報，康熙三年太原府屬代、崞等十二州縣、三關鎮西等各衛所、及大同府屬應朔等八州縣、陽高等七衛所旱災，俱十分全荒。但三年分錢糧，既已徵收，不及蠲免，應准其流免四年分錢糧，仍准發倉賑濟。上以地方官察報遲延，有失撫恤之道，下

旨切責。仍遣戶部賢能官往賑。(聖祖一四、一四)

（康熙四、三、辛卯）差往山西賑濟饑民郎中孟古爾代等疏奏：賑給米石不敷。戶部議覆：查得山西省贖鍰等實在倉庫穀米二萬六千八百六十石零、銀五百兩零，應動支外，仍議將該省見徵在庫、不拘何項錢糧，發六萬，令賑濟官同督撫親赴被災地方，酌量輕重，賑給饑民，如再不敷，著該督撫及地方官設法拯救。至應免錢糧，例免十分之三，今被災甚重，難拘定例。請敕督撫查明分別具題，以憑再議。得旨：前山西省以災荒民饑，奏請蠲免錢糧，將該督撫免議處分，特差官往看，稱將有三十城之民，饑饉至極。總督、巡撫俱係養民大臣，民饑之先，即應據實奏請拯救，乃至民饑至極，方奏請拯救，殊負倚任之意。該督撫著吏部議處具奏。這被災地方民人，有自順治十六年以後催徵不得，拖欠錢糧，概免催徵，其康熙四年錢糧，若仍徵收，民愈無以為生。將四年應徵錢糧，亦著蠲免。若官吏復行侵欺，作弊虐民，事發從重治罪，決不饒恕。將此蠲免錢糧救饑緣由，旨到之日，即於被災之處，明白張示曉諭。餘依議速行。(聖祖一四、一八)

（康熙六、五、辛亥）以山西臨晉縣歷年荒疫，特免康熙五年分額賦。並著地方官作速招徠，開墾荒地。(聖祖二二、七)

（康熙六、六、庚寅）免山西繁峙等三縣衛本年分雹災額賦有差。(聖祖二二、二〇)

（康熙一一、八、癸卯）免山西潞城縣本年分雹災額賦十之三。(聖祖三九、二三)

（康熙一一、一一、庚辰）免山西岢嵐州本年分霜災額賦十之三。(世祖四〇、一四)

（康熙一八、一〇、乙亥）免山西文水、壽陽二縣本年分雹災額賦有差。(聖祖八五、一二)

（康熙一八、一〇、辛卯）免山西遼州本年分雹災額賦有差。(聖祖八五、二五)

（康熙一九、九、乙丑）免山西大同、太原二府屬州縣衛所本年分旱災額賦有差。(聖祖九二、七)

（康熙一九、九、戊辰）免山西忻州清源縣本年分旱災額賦有差。(聖祖九二、九)

（康熙一九、九、辛巳）免山西遼州等七州縣衛本年分雹災額賦有差。(聖祖九二、一二)

（康熙二〇、五、戊寅）諭大學士等曰：宣府、大同諸處，今雖得雨，田禾長盛，但三月中大風壞麥，不得收刈，民間甚饑，雖行賑恤，猶未能蘇。前撫臣疏稱，饑民因得賑濟又得雨澤，不至流離，各圖生業。以今觀之，殊爲不然。著將應徵康熙二十年諸項錢糧及歷年帶徵錢糧概行蠲免；户部仍遣賢能司官往同巡撫，設法賑濟，務使均霑實惠。又諭户部：前因大同等處地方，自去歲饑荒，百姓無食，流離失所，已經發銀二十萬兩遣官賑濟，又將應徵房税悉與豁除，務期小民家室復完，不失故業。今差官各處察看，閭閻尚多逃亡，田土仍然荒棄，耕種無資，衣食奚賴，朕心深爲憫惻。雖已將本年應徵地丁各項正賦並歷年帶徵拖欠錢糧盡行蠲免，猶恐小民困苦已極，無濟目前。此外有何應行事宜，可以速拯災黎、俾得存活者，爾部即行詳議具奏，以副朕軫恤百姓至意。（聖祖九六、九）

（康熙一〇、八、庚子）免山西榆社縣本年分雹災額賦有差。（聖祖九七、七）

（康熙二〇、九、辛亥）免山西遼州本年分雹災額賦有差。（聖祖九七、一〇）

（康熙二一、一〇、辛卯）免山西清源縣、平定州本年分旱災額賦有差。（聖祖一〇五、一四）

（康熙二三、八、丙午）免山西遼州、榆社縣康熙二十三年分水災額賦有差。（聖祖一一六、一一）

（康熙二四、九、丁卯）免山西徐溝縣本年分水災額賦有差。（聖祖一二二、四）

（康熙二六、八、乙亥）免山西沁州本年分雹災額賦有差。（聖祖一三一、六）

（康熙三〇、九、己未）免山西夏縣等七縣本年分蝗災額賦有差。（聖祖一五三、二）

（康熙三〇、一〇、甲辰）免山西岳陽等八州縣本年分蝗災額賦有差。（聖祖一五三、一四）

（康熙三二、六、乙未）免山西臨晉縣本年分雹災額賦有差。（聖祖一五九、一四）

（康熙三二、七、癸亥）免山西榮［滎］河縣本年分雹災額賦有差。（聖祖一五九、一九）

（康熙三二、八、辛卯）免山西清源縣本年分水災額賦有差。（聖祖一六〇、五）

（康熙三二、八、丁酉）免山西榆次等三縣本年分水災額賦有差。（聖祖

一六〇、六)

（康熙三二、八、庚子）免山西忻州、介休等八州縣本年分水災額賦有差。（聖祖一六〇、七）

（康熙三二、九、甲辰）免山西太原、文水二縣本年分水災額賦有差。（聖祖一六〇、七）

（康熙三二、九、己酉）免山西定襄、崞縣本年分水災額賦有差。（聖祖一六〇、一〇）

（康熙三二、一〇、辛巳）免山西沁州、定襄、武鄉三州縣本年分雹災額賦有差。（聖祖一六〇、二二）

（康熙三二、一〇、戊戌）免山西蒲州本年分水災額賦。（聖祖一六〇、二七）

（康熙三二、一二、丁亥）免山西河津、榮河二縣本年分水災額賦。（聖祖一六一、一四）

（康熙三三、三、辛酉）諭户部：山西平陽府、澤州、沁州所屬地方，前因蝗旱災傷，民生困苦，已經蠲免額賦，並加賑濟，而被荒失業之衆，猶未盡覿幹寧。其康熙三十年、三十一年未完地丁錢糧及借賑銀米，若仍令帶徵，刻期完納，誠恐閭閻力絀，益致艱難。著將所欠錢糧五十八萬一千六百餘兩、米豆二萬八千五百八十餘石，通行蠲豁，用紓民力。爾部行文該撫，嚴飭該府州縣官悉心奉行，務俾人霑實惠。倘有已完在官，捏稱民欠，及已奉蠲免仍復重徵，官吏作奸，侵漁中飽，一有發覺，定以軍法從事，遇赦不宥。（聖祖一六二、五）

（康熙三四、三、庚午）免山西河津、榮河二縣本年分水衝田畝額賦。（聖祖一六六、一三）

（康熙三四、四、庚申）户部遵諭議覆：賑恤山西平陽府地震被災人民，應差部院堂官一員，會同該撫查明，壓死大口給銀一兩五錢，小口給銀七錢五分，有力不能修房之民，每户給銀一兩。得旨：賑恤平陽被災人民，著馬齊馳驛速往察明被災地方；本年應徵錢糧，停止徵收；每一大口著增銀五錢、人各給與二兩。餘依議。（聖祖一六六、二一）

（康熙三六、二、戊申）諭山西巡撫倭倫：朕撫御區宇，念切民依，故不憚勤勞，親歷邊境，惟孳孳以靖寇安民爲急。兹簡扈從人員，從大同一路緣邊地方，進指寧夏，因徧察閭閻生聚及土壤肥瘠、收穫豐歉之狀。邊民生計維艱，朕心深用軫惻。雖一切供御之物，纖毫不以累民，而乘輿臨幸，宜特敷庥澤，以示恩恤。除大同額賦已有諭旨豁免外，其經過岢嵐州、河曲縣、保德州所屬地方，並各衛所，康熙三十六年應徵地丁銀米，通與蠲免。爾即行令該管官吏，張示徧諭。務俾窮鄉僻壤均霑實惠，以稱朕撫育黎民至意。（聖祖一八〇、二六）

（**康熙三六、一〇、壬戌**）諭戶部：比年出師討寇，總爲中外生民，永圖休息，故不憚勞苦，遠歷邊塞。其一切飛芻輓粟，皆動支正供額賦，不使累及閭閻。獨是大兵牧養馬匹及三次師行出入，皆經山西地方。緣邊州縣衛所，固屬勉力急公，其餘郡縣，雖非師旅所經，亦有協辦轉輸、行齎居送之事。且該省歲屢不登，穀價翔貴，民間生計甚屬艱難，朕乘輿頻臨，目所親覩，軫念殷切，未嘗一日釋懷。昨歲曾有諭旨，俟噶爾丹殄滅之後，誕敷德澤。今寇氛蕩滌，邊境敉寧，是宜格外加恩，用綏黎庶。康熙三十七年山西通省地丁銀米，一概蠲免。爾部移文該撫，令徧飭所屬，實心奉行，務俾深山窮谷，均霑德惠。倘借端徵派，澤不下究，事覺，定行從重治罪。（聖祖一八五、二〇），

（**康熙三七、二、辛亥**）諭戶部：據山西巡撫倭倫奏，平定州等十一州縣，連年歉收，米價騰貴，民間乏食。朕心深爲軫念。此十一州縣所欠康熙三十六年錢糧，行令該撫查明到日蠲免。並將各倉所貯米穀，即行賑濟，毋致流離失所，有妨耕種。（聖祖一八七、八）

（**康熙三七、五、庚寅**）戶部議覆：山西巡撫倭倫疏言靜樂等五縣未完康熙三十六年錢糧，請緩至本年十月全完。應如所請。得旨：山西省康熙三十七年錢糧，已有諭旨通行蠲免。今靜樂等縣未完康熙三十六年錢糧，倘於本年徵收，則小民仍有催徵之累。爾部不行詳察，照該撫所題具奏，殊屬不合。共未完錢糧，著於康熙三十八年帶徵。（聖祖一八八、一一）

（**康熙四二、七、己未**）免山西蒲州本年分雹災額賦有差。（聖祖二一二、二五）

（**康熙四二、一〇、戊戌**）諭山西巡撫噶禮：朕君臨天下四十餘載，無一刻不以蒼生爲念。近因西省望幸甚切，故於冬時農隙，減從輕騎，由晉及秦。入境以來，觀風問俗，見民生略有起色，閭閻之間，俗樸尚儉，朕心少慰。朕自弱齡讀書，往往以不知窮簷僻壤之疾苦爲嘆息，所以留心官方，凡有往來者，必先諮詢民情豐歉，偶有失時，定加蠲賑。且思晉省不通水運，歲或不登，即難籌畫。雖有州縣存貯之米穀，未必實數具在，反益不肖有司之虧空也。今歲山西收成頗佳，爾等仰體朕愛民如子之至意，曉諭民間，若歲豐用奢，則荒年必致匱乏。教之以禮義，導之以守法，重農務本，藏富於民，則朕無西顧之憂矣。凡朕所經之處，必大沛恩澤，因今歲東省災甚，已

蠲四十三年地丁錢糧，又免雲、貴、廣西、四川地丁錢糧，所以不能施惠，但將四十二年以前、山西所屬州縣未完銀兩米草，盡行蠲免，以崇朕加惠黎元之念。爾等即遵諭行。(聖祖二一三、二七)

（**康熙六一、一一、己丑**）免山西平、汾二府，澤、沁二州所屬州縣衛所康熙六十年分旱災額賦有差。(聖祖三〇〇、五)

（**康熙六一、二一、辛酉**）免山西黎城縣康熙六十年分雹災額賦。(世宗二、一六)

（**雍正六、九、癸丑**）免山西榮河縣本年分水災額賦有差。(世宗七三、七)

（**雍正七、一一、丙子**）諭內閣：前因北路軍需，須用駱駝鞍屜，諭令山西地方置辦。聞該省民人，凡有羊毛繩料之家，各出所有，赴官領價，工匠亦一時爭先應募，共計二十餘萬件之物料工作，不勞而集於月餘之內。此皆該省大吏，平日善於訓導民人。其製辦器物，僱募人工，又照數給與價值，而該省民人，又懷尊君親上、急公趣事之心，是以備辦軍需，群情歡躍，尅期告竣，甚屬可嘉。巡撫石麟、布政使蔣洞，著交部議敘，凡委派辦理之員，亦著議敘。再，將該省辛亥年額徵地丁銀，蠲免二十萬兩，於辦理鞍屜之各州縣，按畝均派，使小民共霑實惠，以示朕恩獎官民之至意。(世宗八八、八)

（**雍正八、一一、丙戌**）賑山西天鎮縣旱災飢民，並免本年分額賦有差。(世宗一〇〇、一五)

（**乾隆一、二**）[是月] 山西巡撫覺羅石麟奏：榮河縣沿河被衝地二百三十一頃有奇，難期涸出，請免賠糧。得旨：覽。此項賠糧，自應豁除，以免民累。(高宗一三、三三)

（**乾隆一、一〇、戊子**）賑貸山西朔州等四州縣被雹災民，緩徵額賦。(高宗二九、一四)

（**乾隆一、一二、辛未**）賑山西朔州等四州縣被雹災民，蠲緩本年分額賦有差。(高宗三二、二一)

（**乾隆二、一〇、庚戌**）戶部議覆：山西巡撫覺羅石麟疏報，山西興縣、臨縣、永寧州、臨晉縣、榮河縣被旱災地，遵旨分別平糶、緩徵、蠲免各事宜。得旨：依議速行。(高宗五五、一一)

（**乾隆二、一一、庚辰**）免山西興縣、臨縣、永寧州、臨晉縣，本年旱災丁銀。(高宗五七、六)

（**乾隆三、三、癸亥**）綏遠城建威將軍王常奏：去年歸化城等處，雨水逾期。請將民欠糧草，暫行停徵，自今年秋收後分三年帶徵。下部知之。

(高宗六四、一九)

（乾隆三、五、己未）緩徵山西永濟、猗氏、萬泉等縣二年分秋禾被災額賦。(高宗六八、九)

（乾隆三、五、辛酉）緩徵山西興、臨、永寧、臨晉、榮河五州縣秋禾被旱額賦。(高宗六八、一二)

（乾隆三、九、辛酉）諭：今年山西全省地方，二麥豐收，秋禾亦稔，惟永濟、保德二州及河曲一縣，麥秋稍覺歉薄。今西成之後，民力漸舒。但念此三州縣有上年停徵之錢糧，應於今冬完納者，朕念一季之中，新舊兼輸，閭閻必至竭蹙。著將停徵之項，緩至明年春夏二季，帶徵完納，以示朕格外加恩之至意。(高宗七六、一二)

（乾隆五、三、乙丑）免山西榆次、祁縣、徐溝等三縣乾隆四年分旱災額賦有差。(高宗一二三、六)

（乾隆五、七、甲午）緩徵山西徐溝縣本年分水災額賦，兼賑饑民。(高宗一二三、二三)

（乾隆五、一二、癸卯）蠲免托克托城、善岱、清水河等處本年霜雹成災額賦有差，其仍徵銀糧等項，照例緩徵。(高宗一三二、七)

（乾隆五、一二、乙巳）蠲緩山西徐溝縣本年被水偏災額賦有差。(高宗一三二、八)

（乾隆五、一二、乙巳）蠲免綏遠城潭津承種地畝本年霜雹成災額米一千六百三十三石有奇，其仍徵米石，照例緩徵。(高宗一三二、八)

（乾隆六、六、庚戌）理藩院會同戶部議覆：歸化城都統瑪尼奏，歸化城土默特六十二佐領之蒙古等，屢年遭旱歉收，壓欠穀一萬二千二百石。若併本年一齊交納，恐蒙古官兵等，生計艱難，有誤來年耕種等語。請將本年分所收穀石，照數交倉。其乾隆四五兩年穀石，自明年為始，酌量收成分數，陸續交納。得旨：兩年欠項，著一年交一半。餘依議。(高宗一四五、三)

（乾隆六、七、丁卯）戶部議准綏遠城建威將軍補熙奏稱：助馬口外莊頭周喇嘛等十四人，各種地畝秋禾，隕霜被災八九分不等。請准照例免交差米，其應交米於今歲起徵後，分作三年帶徵。所種夏田，已經成熟，應交米請於今歲開徵。從之。(高宗一四六、一一)

（乾隆六、一〇、癸丑）蠲免清水河屬被雹災地本年額賦。(高宗一五三、一一)

（乾隆八、一〇、己未）分別賑貸山西曲沃、解州、安邑、夏縣、平陸、芮城、絳州、絳縣、聞喜、稷山、河津、大寧等十二州縣被旱災民，並蠲緩

本年額賦有差。（高宗二〇二、二七）

（**乾隆八、一一、壬寅**）賑山西曲沃、解州、安邑、夏縣、平陸、芮城、絳州、聞喜、絳縣、稷山、大寧等十一州縣被旱災民免額賦有差。（高宗二〇五、七）

（**乾隆九、八、辛亥**）戶部議准：山西巡撫阿里袞疏報，太原府屬文水縣之永樂等三村，秋禾被淹，澤州府屬陵川縣之桃山頭等八村，被雹傷禾，請酌借籽種口糧，以資接濟。其本年額賦，及春借穀石，均請緩徵。得旨：依議速行。（高宗二二二、一一）

（**乾隆九、九、乙未**）戶部議覆：綏遠城建威將軍補熙疏報，清水河所屬村莊，於六月二十八日被雹傷禾。所有本年額賦，請分別蠲緩。其舊欠銀米，並請於來歲帶徵。再，該處無力之民，來春量借籽種，以資耕作。應如所請。得旨：依議速行。（高宗二二五、七）

（**乾隆九、二一、丙午**）蠲緩山西文水、陵川二縣被水災民本年額賦。（高宗二三〇、四）

（**乾隆一〇、八、丁未**）停徵山西大同、陽高、天鎮、馬邑、忻州、定襄等六州縣本年旱災額賦，兼貸飢民。（高宗二四六、一一）

（**乾隆一〇、九、乙酉**）停徵山西曲沃、翼城、猗氏、萬泉、虞鄉、解州、安邑、夏縣、絳州、聞喜、垣曲、絳縣等十二州縣本年水災額賦，賑恤飢民。（高宗二四九、三）

（**乾隆一〇、一一、丁丑**）[戶部]又議准：山西巡撫阿里袞疏稱，大同、陽高、天鎮、馬邑、定襄、應州、渾源、懷仁、山陰、靈邱、廣靈、朔州、崞縣、太原、榆次、平定、遼州、榆社等十八州縣，先後被旱、被霜、被雹。成災戶口，查明照例賑恤。本年錢糧，並春借倉穀，暫行停徵，俟勘明成災頃畝分數，分別題請蠲緩。現種二麥乏籽種者，酌量借給，明秋免息還倉。應需賑濟糧石，動碾倉穀，不敷，於鄰邑酌撥，酌量情形，銀米兼賑。得旨：依議遠行。（高宗二五二、二七）

（**乾隆一〇、一二、庚子**）[戶部]又議准：山西巡撫阿里袞疏稱，曲沃、翼城、猗氏、萬泉、虞鄉、解州、安邑、夏縣、絳州、絳縣、聞喜、垣曲等州縣本年秋被水，業經題明分別賑恤。所有缺乏籽種工本各戶，查明於來春酌借倉穀；應徵地丁錢糧，分別蠲緩。其應加賑之猗氏、萬泉、聞喜，將賑給口糧，一月一發。賑三四月者，十一月初十開賑；兩月者十五開賑；一月者十二月十五開賑。衝塌城垣、倉廒、墩台、營房、祠宇、養濟院及浸損倉穀等項，確查後題請修補。得旨：依議速行。（高宗二五四、五）

（乾隆一一、五、壬寅）户部議覆：山西巡撫阿里衮疏稱，大同、懷仁、廣靈、應州、渾源、山陰、靈邱、陽高、天鎮、朔州、馬邑、定襄、崞縣、太原、榆次、遼州、榆社、平定等十八州縣，乾隆十年分秋禾被旱，復被霜雹成災，共應蠲免銀一萬三千七百一十九兩零、米穀共三千五百十三石零、豆麥共九百九石零；應帶徵銀四萬二百二十九兩零、米穀共一萬九千三百七十四石零、豆麥共三千七百八十四石零，又應緩徵銀四萬七千六百七十六兩零、本色米穀共二萬四百七十二石零、豆八千三百二十六石零，應緩徵乾隆九年分未完米穀共一萬四千七百九十八石零、豆四千八百八十石零，所有應蠲錢糧、隨徵耗羨及應免糧石、隨徵運腳，均一體蠲免。至各州縣已完應免銀兩，准抵作乾隆十一年正賦。其緩徵錢糧，於今歲麥熟徵收。均應如所請。從之。（高宗二六六、一一）

　　（乾隆一一、七、庚申）賑貸山西太原、陽曲二縣被水災民，並予緩徵。（高宗二七一、二二）

　　（乾隆一一、九、丙辰）諭：朕巡幸五臺，一切供應，皆動支正項，不令絲毫擾累閭閻。惟是安營除道，未免有資民力。且五臺係初次駐蹕，宜沛恩施，俾小民得霑膏澤，以遂近光之願。著將該縣乾隆丁卯年應徵地丁錢糧，蠲免十分之三。該撫即遵諭辦理。（高宗二七五、七）

　　（乾隆一一、一〇、甲子）賑卹山西文水、渾源、屯留、襄垣、潞城、壺關、平順、孝義、應州、懷仁、山陰、廣靈、陽高、天鎮、朔州、馬邑、寧武、定襄、代州、崞縣等二十州縣本年被水被雹災民，並予緩徵。（高宗二七六、二）

　　（乾隆一一、一〇、丙戌）又諭：山西大同、朔平二府，上年偶被旱災，所有新舊應徵銀米豆麥等項，俱令緩至今年秋收後徵輸在案。現今大、朔二府秋成各有七八分，屆茲開徵之期，自應將新舊各欠一併催完。惟是歉收之後，民力尚未寬舒，且爲數繁多，輸將未免竭蹶。著將上年成災之大同、懷仁、渾源、應州、山陰、廣靈、陽高、靈邱、天鎮、朔州、馬邑并未成災而收成亦歉之右玉、左雲、平魯等十四州縣，所有上年蠲剩、緩徵、帶徵及九年舊欠銀米等項，俱暫行停徵，統於乾隆丁卯、己巳、庚午三年内分限帶徵完納，以紓民力。該部即遵諭行。（高宗二七七、一八）

　　（乾隆一二、一、甲午）諭：朕嘉惠黎元，以次輪免天下正供，山西通省地丁，應於戊辰年全免，但該省太原、平陽、潞安、審武、澤州、蒲州六府，遼、沁、平、忻、代、保、解、絳八州及歸化城各協理通判所屬，有額徵本色米豆穀麥一項，以供滿漢官兵糧餉，例不蠲免。其實計田納賦，本色即與地丁無異，今應納地丁者，均已蠲免，其供輸本色者，雖係支給兵餉，未便概予蠲除，但此次特沛恩施，亦應量加愷澤，俾伊等得以均霑。著將太原等府州縣應徵本色，酌免十分之三，其大同、朔平二府，地處邊瘠，頻年歉收，著全行蠲免。該部即遵諭行。（高宗二八二、二）

（乾隆一二、三、丙申）免山西陽曲、太原二縣十一年分水災額賦二千六百八十兩有奇。（高宗二八六、一〇）

（乾隆一二、九、乙未）戶部議覆：綏遠城將軍補熙等疏稱，清水河所屬時和豐、家室盈等里，田苗間被雹傷。被災地畝應徵銀米，請分別蠲免帶徵，舊欠錢糧，亦請展限一年，於來歲徵輸。如有無力貧民，來春酌借口糧籽種等語。均應如所請。得旨：依議速行。（高宗二九八、一五）

（乾隆一二、九、甲寅）賑卹山西襄陵、太平、永濟等三縣水災、雹災飢民，並予緩徵。（高宗二九九、二〇）

（乾隆一三、五、壬子）蠲免山西永濟、應州、渾源、大同、襄陵、太平、襄垣、高平、陵川、懷仁、天鎮、繁峙等十二州縣十二年分水災雹災額賦有差。（高宗三一五、四二）

（乾隆一四、七、乙亥）補蠲山西永濟、臨晉、猗氏、虞鄉、解州、鳳臺等六州縣乾隆十三年分秋禾被災額賦。（高宗三四五、二〇）

（乾隆一四、一〇、己亥）蠲緩綏遠城助馬拒門口外莊頭種地本年霜災額賦。（高宗三五一、一四）

（乾隆一四、一二、乙亥）蠲緩山西清水河等四協廳屬、時和豐等里、朔州窰等村本年被雹被旱地畝額賦，並酌借籽種。（高宗三五四、一）

（乾隆一五、二、丁酉）諭：朕巡幸晉省，念切民依，特諭巡撫阿里袞，將該省上年偶被偏災之太原等縣及勘不成災之猗氏等縣，詳悉查明，應有緩徵帶徵，酌擬分數奏聞，請旨辦理。今據該撫分別查奏，講將已成偏災之太原、蒲縣所有蠲剩錢糧，前經題明緩至乾隆十五年開徵、分作二年三年帶完者，再展一年開徵等語。朕思該二縣既被偏災，僅予展限，非朕特恩撫卹之意。著將蠲剩錢糧，再免十分之三，餘仍照原題分年帶完。其勘不成災之陽曲、榆次、徐溝、祁縣、清源、文水、長治、永寧、寧鄉、永濟、臨晉、猗氏、榮河、萬泉、渾源、應州、廣靈、右玉、朔州、馬邑、五寨、平定、樂平、壽陽、代州、五臺、定襄、忻州、靜樂、芮城、絳州、絳縣、稷山、解州等三十四州縣，著照所請，將乾隆十四年民借倉穀原經題明今秋完納者，再展一年，緩至辛未年秋後，免息還項。此係朕格外之恩，該撫督率所屬妥協辦理，務使閭閻均霑實惠。該部遵諭速行。（高宗三五九、一八）

（乾隆一五、三、丙辰）加賑山西蒲縣乾隆十四年分被雹災民有差，並緩勘不成災田地額賦及帶徵舊欠穀石。（高宗三六一、一四）

（乾隆一五、一〇、戊子）撫恤山西太原縣、應州本年分水災飢民，并蠲緩應州、山陰、天鎮等三州縣本年額賦有差。（高宗三七五、七）

（乾隆一五、一一、丁巳）又諭：今歲山西大同、朔平所屬州縣內有歉收之處，雖係六分以上，與緩徵之例不符；但該處俱屬邊郡，若新舊並徵，輸將未免拮据。著加恩將大同府屬之大同、懷仁、靈邱、廣靈、渾源、應州、山陰、天鎮、陽高及朔平府屬之馬邑等州縣應徵舊欠錢糧米豆，暫緩至明年麥熟後徵收一半，其餘一半至秋收後徵完，以紓民力。該部即遵諭行。（高宗三七七、一一）

（乾隆一五、一一、丁巳）戶部議准：綏遠城將軍富昌疏稱，朔平府趙家圈佃戶承種地二十一頃五十九畝，助馬口莊頭承種地二百四十五頃五十畝，秋麥雹傷，應徵銀糧，應分別蠲緩。從之。（高宗三七七、一九）

（乾隆一六、一、癸卯）又諭［軍機大臣等］：晉省捐輸存庫一項，已於查明勘不成災及被水偏災州縣折賑等項，動撥過一萬二千餘兩。今又據布政使朱一蜚奏請，於十三州縣額徵地丁內，各蠲免十分之一，六萬四千餘兩已足示嘉惠伊等桑梓之意。況該處連歲豐收，無需辦理。所有存貯餘銀，著交明新任撫藩，令其奏明請旨。至該紳士劉衷等業邀議敘，其戶下應蠲僅四百餘兩，為數無多，無庸予蠲。著傳諭朱一蜚知之。（高宗三八〇、九）

（乾隆一六、三、辛亥）加賑山西太原、應州二州縣水災飢民，並緩徵太原勘不成災村莊錢糧。（高宗三八四、一七）

（乾隆一六、閏五、甲戌）蠲免山西太原、應州、陽曲、榆次、徐溝、文水、祁縣、黎城、平遙、天鎮、山陰、靈邱、陵川、臨晉、永濟、五臺、保德、河曲、絳縣等十九州縣乾隆十五年冰雹雨災額賦有差，並緩蠲剩銀兩。（高宗三九〇、一九）

（乾隆一六、七、乙酉）［戶部］又議准：綏遠城將軍富昌疏報，清水河所屬和時里、三眼井等村，夏秋以來，田禾被雹成災。該處耕農，皆內地無業貧民，秋後即回原籍，且口外早寒，立秋後難以補種，無庸借給籽種口糧。現確查被災地畝，分別蠲緩外，其帶徵舊欠銀米，亦請寬限一年。至來春東作時，仍令該將軍查明無力耕種之人，量借籽糧。從之。（高宗三九五、一二）

（乾隆一六、一〇、壬子）緩徵山西山陰、虞鄉二縣本年水災田畝應徵錢糧，并春借倉穀，賑卹虞鄉縣貧民。（高宗四〇一、四）

（乾隆一六、一二、庚子）緩徵山西文水、朔州、馬邑、永濟等四州縣本年水雹災貧民春借倉穀，并朔州、馬邑縣舊欠本色米豆，加賑文水縣貧民。（高宗四〇四、九）

（乾隆一七、二、己未）賑卹山西山陰、虞鄉二縣災民，併分別蠲緩。（高宗四〇九、一〇）

（乾隆一七、四、丁巳）蠲免山西山陰、虞鄉二縣乾隆十六年水災額賦有差。（高宗四一三、一九）

（乾隆一七、一〇、壬寅）又諭：山西蒲、解等屬秋禾被旱，業經照例賑恤。其災地內原未播種秋禾麥地，及附近災地得雨稍遲之處，應納糧賦，定例不在蠲緩之列，仍應按限輸將，貧民未免拮据。著加恩將永濟等十一州縣蠲緩餘剩、留種麥地錢糧，及平陸、河津、稷山、絳州等四州縣本年下剩未完民賦，一併緩至來歲麥熟後徵收，以紓民力。其平陸等四州縣應行徵半還倉之春借常平義社各糧，亦著加恩全行緩至來歲秋收後徵收，俾民食得以寬裕。該部遵諭速行。（高宗四二四、二八）

（乾隆一七、一一）［是月，署山西巡撫胡寶瑔］又奏：查得晉省芮城、聞喜二縣，除被災地畝外，尚有勘不成災各村莊錢糧，亦因旱歉收，尾欠未完，概請緩徵。並通飭永濟等十一州縣，其附近災地，如有不能全完者，遵照一體辦理。得旨：是。（高宗四二七、一八）

（乾隆一八、三、壬申）諭：山西歸化城口外善岱等處，各協理通判所管招民墾種荒熟地畝，歷年應徵租糧草折，自乾隆二年至乾隆八年，積欠未完銀兩甚多，若一時新舊並徵，民力未免拮据，且該處情，形與內地不同，應加恩分別帶徵。著將善岱舊欠，自乾隆十八年起，分限二年；崑都崙舊欠，分限四年；和林格爾舊欠，分限五年；托克托城舊欠，分限八年；清水舊欠，分限十年。該承追督催各官，照依分定年限，如數帶徵，俾漸次清完，以紓民力。該部即遵諭行。（高宗四三五、一）

（乾隆一八、一〇、乙未）蠲緩山西助馬口外本年被霜成災莊頭應交糧。（高宗四四八、二九）

（乾隆一八、一〇、己亥）蠲緩山西渾津、黑河本年旱災莊頭應交糧。（高宗四四九、六）

（乾隆一八、一〇、庚子）蠲緩山西清水河、托克托城、善岱、歸化城等四廳本年被旱災民額賦。（高宗四四九、八）

（乾隆一九、一〇、乙卯）撫卹山西馬邑縣本年雹災飢民。緩徵太原、清源、徐溝、太谷、壽陽等縣水災額賦。（高宗四七四、一一）

（乾隆二〇、一〇、丁巳）賑卹山西岢嵐州本年霜災飢民，並緩徵新舊錢糧。（高宗四九九、七）

（乾隆二一、一、戊子）緩徵山西交城縣乾隆二十年霜災地丁銀二千八百六十兩有奇、社義倉借穀二千四百九十石有奇。（高宗五〇五、五）

（乾隆二一、四、壬戌）免山西岢嵐州乾隆二十年霜災地畝額賦。（高宗五一一、二〇）

（乾隆二一、五、丙申）豁緩遠城屬助馬口莊頭積欠糧三千五百九十三石有奇。（高宗五一三、二一）

（乾隆二一、六、辛亥）豁緩遠城屬渾津、黑河等處莊頭積欠乾隆十八年帶徵米一千八百石有奇。（高宗五一四、二二）

（乾隆二一、一二、庚午）加賑山西介休、汾陽二縣本年水災飢民，并緩徵額賦。（高宗五二八、七）

（乾隆二二、二、戊子）蠲山西汾陽、介休二縣乾隆二十一年分水災額賦一千八百八十兩有奇，並緩蠲餘銀如例。（高宗五三三、二三）

（乾隆二三、二、乙酉）蠲免山西介休縣水災村莊額賦。（高宗五五七、三五）

（乾隆二三、三、辛亥）又諭：上年山西交城等四十八州縣，秋收歉薄，已降旨將民欠常平倉穀及借出社倉、義倉穀石，分別緩徵矣。但其中有太原府屬之岢嵐州、嵐縣、保德州及所屬河曲縣四處，僻在邊隅，商販罕至，又因連歲災歉，民間已鮮蓋藏，官倉貯積亦屬有限，糶借未免不敷。當此青黃不接之際，小民生計維艱，殊堪厪念。著加恩再酌給兩月口糧，按照定價折給銀兩，並將新舊地丁錢糧，一概緩徵。使窮黎度日不至拮据。至大同府屬之大同、渾源、山陰、陽高、天鎮，朔平府屬之左雲、右玉、朔州、平魯九州縣，皆係地連邊境，承辦軍需，連歲秋收亦俱歉薄。著一體加恩，將新舊錢糧、寬至今年秋成後徵收，以紓民力。該地方官實心經理，善爲撫綏，副朕加惠窮黎至意、該部即遵諭行。（高宗五五九、一四）

（乾隆二三、一〇、癸亥）貸綏遠城屬渾津、黑河二處本年霜災飢民，並蠲應徵錢糧。（高宗五七二、一九）

（乾隆二三、一〇、癸亥）賑山西朔平府屬拒門、保安二處本年霜災飢民，並蠲應徵錢糧。（高宗五七二、一九）

（乾隆二三、一〇、丁卯）又諭曰：阿爾賓等奏稱，歸化城地方，田禾被霜，收成歉薄等語。去歲該浚地方被旱成災，經朕加恩借給倉穀，俾資接濟。本應與今歲額賦一周交納，但念該土默特人等連遇歉收，若令照數完

納，不無拮据。著加恩將本年應徵米石與借支倉穀，俱緩至來年秋後起徵，展限三年交納。（高宗五七二、二九）

（**乾隆二三、一一、乙未**）蠲歸化城善岱地方本年霜災地畝應徵錢糧，並緩徵舊欠米穀。（高宗五七四、二六）

（**乾隆二四、四、癸酉**）蠲緩山西陽曲、平遁、介休、大同、平定五州縣乾隆二十三年水災雹災額賦，（高宗五八五、七）

（**乾隆二四、閏六、壬寅**）諭：晉省太原等屬，六月間均沐甘霖大霈，農民及時趕種晚禾，秋成可望。惟是各州縣內，有初夏麥收既歉，而得雨之後補種、多費工力，農民未免拮据，朕心深爲軫念。著加恩將太原、榆次、太谷、祁縣、徐溝、清涼、交城、文水、汾陽、平遙、介休、孝義、高平、陽城、陵川、沁水、平定、壽陽、孟縣、樂平、代州、繁峙、忻州、定襄、五臺等二十五州縣本年應徵銀米倉穀，緩至秋收後催徵，以紓民力。該部遵諭速行。（高宗五九一、一三）

（**乾隆二四、七、辛酉**）停徵山西陽曲、岢嵐、嵐縣、興縣、長治、長子、屯留、襄垣、潞城、壺關、平順、臨縣、石樓、永寧、寧鄉、應州、大同、懷仁、山陰、靈邱、廣靈、豐鎮、朔州、右玉、馬邑、左雲、平魯、寧遠、五寨、遼州、榆社、和順、沁州、沁源、武鄉、靜樂、崞縣、保德、河曲等三十九廳州縣本年旱災新舊額賦，兼貸飢民。（高宗五九二、二〇）

（**乾隆二四、八、丁未**）免綏遠城屬渾津、大黑河二處莊頭本年旱災額賦，兼貸飢民。（高宗五九五、二〇）

（**乾隆二四、一〇、癸巳**）免助馬口莊頭承種地本年旱災額賦十分之七，餘仍帶徵如例。（高宗五九九、二）

（**乾隆二五、三、癸丑**）蠲緩山西石樓、應州、懷仁、山陰、豐鎮通判、崞縣、靜樂等七廳州縣乾隆二十四年旱災額賦有差。（高宗六〇八、一三）

（**乾隆二五、四、己亥**）諭：晉省各屬內，上年有秋收歉薄州縣，一應民借倉穀，例應於今歲麥熟徵還。但該省迤北各屬，麥收俱在六月以後，青黃不接，爲日正長，正需糶借接濟，若令新舊徵輸，民力未免拮据。著加恩將陽曲、代州、崞縣、應州、懷仁、陽高、寧武七州縣，除成災村莊民欠新舊倉糧照例緩徵外，其未成災村莊、並勘不成災之渾源、廣靈、天鎮、左雲、右玉、平魯、祁縣、徐溝、文水等九州縣及秋收歉薄之偏關、神池、忻州、定襄、繁峙、五臺、平定、樂平、太原、太谷、交城等十一州縣，所有新舊民借倉糧，俱緩至本年秋成後徵收還倉，以紓民力。該部遵諭速行。（高宗六一一、九）

（乾隆二五、八、丁丑）諭：晉省連年歉收，屢經降旨加恩緩徵。今歲該省各屬晴雨均調，夏秋二禾俱獲豐稔，節年民借三倉穀石與本年青黃不接時出借穀石，均應於秋後催徵還倉，即分年帶徵民欠地丁錢糧與現年新糧，均應於秋後起徵。但念此等歉收處所，本年幸遇豐收，正宜及時休養，俾安樂利，若令新舊銀米一時並徵，民力未免拮据。著再加恩，將二十五年領借常義社三倉穀石，分作三年帶徵。至分年帶徵舊欠各項地丁銀米，亦著加恩，本年暫緩徵收，總俟明年秋成後再行酌量徵還，以紓民力。（高宗六一八、四）

（乾隆二六、二、乙未）諭：朕恭奉皇太后巡幸五臺，一切供頓，俱頒自內府，絲毫不以累及閭閻。而除道清塵，未免有需民力。所有山西省經過及駐蹕地方，本年應徵額賦，前已降旨蠲免十分之三。更念五臺一縣，治當臺地，恩施宜渥。著將乾隆二十四年該縣未完民借緩徵常社義三倉穀一千四百餘石，乾隆二十五年民借常社義三倉穀四千三百餘石，通行豁免。其各屬二十四年夏秋偏災之石樓、陽曲等州縣，緩徵各年舊欠銀三千一百餘兩、糧五萬一千八百餘石、穀八百餘石，亦悉予加恩豁免。至夏秋偏災案內蠲剩應分年帶徵二十四年分銀一十九萬四千四百餘兩，並著加恩蠲免十分之三。該撫鄂弼查明出示曉諭，嚴飭屬員，妥協經理，務俾小民均霑實惠，用示朕愛養黎元有加無已之至意。該部遵諭速行。（高宗六三一、一六）

（乾隆二六、一一、癸卯）蠲山西陽曲、岢嵐、嵐縣、臨縣、石樓、應州、大同、懷仁、山陰、靈邱、陽高、朔州、馬邑、乎魯、寧武、五寨、靜樂、代州、崞縣、保德、河曲、臨汾、襄陵、洪洞、太平、曲沃、翼城、汾西、解州、安邑、夏縣、平陸、芮城、絳州、稷山、河津、聞喜、絳縣等三十八州縣并大同管糧、豐鎮、大同左等十四廳團操乾隆二十四年水災，蠲免隨徵耗銀。（高宗六四八、一三）

（乾隆三二、九、庚子）蠲免綏遠城助馬口外拒門、保安等處雹災田地七百六十一頃五十五畝有奇額賦。（高宗七九四、八）

（乾隆三六、八、癸緩）蠲未綏遠城大黑河本年水災莊地一百三頃四十五畝額賦，并給口糧有差。（高宗八九〇、二六）

（乾隆三六、一〇、甲申）蠲緩山西薩拉齊通判所屬之善岱、里安民等七村莊被災地畝應徵額糧，并借給籽種。（高宗八九五、五）

（乾隆三七、一、辛丑）又諭：朕嘉惠蒼黎，降旨普蠲正賦，山西一省，應在本年輪免。該省所屬各府州，有額徵本色米豆穀麥一項，係供滿漢官兵糧餉之用，例不蠲免。但念此項本色，原屬計畝輸將，與地丁錢糧，事同一律，今應納地丁均經蠲免，其額徵本色，雖關兵糈支給，未便概予蠲除，而同屬授產編氓，亦應令其均霑愷澤。著加恩將太原、平陽、潞安、寧武、澤州、蒲州六府，遼、沁、平、忻、代、保、解、絳八州及歸化城各協理通判所屬乾隆三十七年應徵本色，俱酌免十分之三。其大同、朔平二府，地處邊瘠，著全行蠲免。俾得廣被恩膏，益裕盈寧之慶。該部即遵諭行。（高宗九〇〇、一〇）

（乾隆三七、一、壬寅）諭：戶部奏駁護山西巡撫朱珪咨請將清水河廳米石改徵折色，及和林格爾等處交租地畝、太僕寺廠地銀米，未便一體並蠲一摺，固係按例覈議，第念該省今年輪應普免地丁錢糧，內地民人均得霑蠲除之惠，其該省額徵本色米豆等項，亦已特降諭旨，分別蠲免，而口外應納地租，獨令供輸，未免向隅可憫。所有清水河廳米折銀兩，上屆普免時尚未改徵，曾與太原等府州應徵本色一體蠲免十分之三，今雖改徵折色，未便全蠲，著加恩仍照舊例，蠲免十分之三。其和林格爾等處，新墾起科之地較多，應輸折色銀兩，按田納賦，究與內地地丁無異，自當一體全蠲。至太僕寺牧廠地畝，本折分徵者，其折色著照地丁之例，予以全蠲；其本色著照上居恩免之例，亦蠲十分之三。俾邊外貧黎，得以普霑愷澤，共樂豐盈。該部即遵諭行。（高宗九〇〇、一一）

（乾隆三八、閏三、辛酉）豁免山西豐鎮廳屬二道溝等村水衝旗地五百六十頃二十畝額賦。（高宗九三〇、三）

（乾隆三八、七、己巳）賑卹綏遠城渾津、黑河二處本年水災莊戶，並緩新舊額賦。（高宗九三八、四九）

（乾隆三八、八、丁亥）賑卹山西歸化城屬黑河、薩拉齊屬善岱二處本年水災貧民，並蠲新舊額賦。（高宗九四〇、一）

（乾隆三九、二、壬寅）蠲山西歸化城、薩拉齊二廳認種草廠地畝乾隆三十八年水災額賦有差。（高宗九五三、七）

（乾隆四四、七、壬辰）賑卹山西綏遠城渾津莊頭雹災戶口，並蠲免本年額賦。（高宗一〇八六、一〇）

（乾隆四五、二、庚午）山西巡撫雅德奏：本年晉省輪值蠲免，所有鹽課攤入地丁，應行分徵之交城、文水、汾陽、平遙、介休、孝義、臨縣、永寧、石樓、寧鄉、壽陽、孟縣、靜樂、代州、五臺、崞縣、保德、河曲、隰州、太寧、永和等二十一州縣課銀，懇照三十七年之例，緩至次年同徵。報聞。（高宗一一〇一、六）

（乾隆四五、四、丁巳）諭曰：戶部奏覆山西巡撫雅德咨稱請將例不應蠲之太原、遼州等府州應徵本色，及清水河、豐寧等廳，和林格爾等處改徵折色地租銀兩，仍全行徵收一摺。固係照例覈議，第念該省本年輪應普免地丁錢糧，而此項應徵本、折銀兩獨令供輸，未免向隅可憫。所有太原、遼州等十六府州，并歸化城應徵本色，及清水河等廳並太僕寺牧廠地畝應徵折色銀兩，仍著加恩，照上屆蠲免十分之三。其應徵本色之大同、朔平二府，地處邊瘠，又和林格爾等處新墾地畝，應輸折色，並莊頭退出招種地租銀兩及豐寧二廳地畝折色租銀，按田納賦，與內地地丁無異，均著加恩一體全行蠲免。俾得普霑愷澤、益裕盈寧之慶。該部即遵諭行。（高宗一一〇四、八）

（乾隆四六、三、庚辰）諭，朕此次巡幸五臺，所有經過山西地方已降旨蠲免本年錢糧十分之三惟查五臺縣尚有乾隆四十五年出借未完常平倉穀三千六百八十一石零，茲當清蹕時巡，宜敷渥澤。著加恩將此項未完倉穀，全行蠲免。該部即遵諭行。（高宗一一二六、七）

（乾隆四七、四、甲申）蠲免山西永濟縣鐵牛等五十六村莊乾隆四十六年水災額賦，其男婦淹斃者，給殮費銀，無力補種者，借給籽種銀。（高宗一一五五、一〇）

（乾隆五〇、六、甲申）又諭：據農起奏山西省徵收錢糧一摺，朕閱其單內，所有乾隆四十九年分地丁銀兩全數完訖，又節年民欠錢糧，亦已續徵全完。晉省平陽、蒲州等屬，本年因缺少雨澤，麥收歉薄。前據梁敦書回京面奏，經朕降旨，令該撫前往查明，特賞給口糧，並分別平糶緩徵，俾資接濟。茲何以四十九年應徵錢糧，該撫尚按數催徵完竣。即云晉省去歲有秋，民間向有蓋藏，輸將不至短缺，但平陽各屬收成既薄，亦應酌量緩徵，以紓民力。農起平日尚能留心地方事務，何竟見不及此。若該撫因有梁敦書之奏，轉致心存迴護，甚或以徵收全完為能事，有意見長，遂不顧閭閻追呼之苦，更非朕體卹窮黎、視民如傷之意。今該省錢糧，既已全完具奏，是以止將原摺照例批發，該撫嗣後務宜仰體朕意，於民事益加留心，斟酌妥辦，不可稍存輕忽之見，致民力有竭蹶也。將此傳諭知之。（高宗一二三二、一八）

（乾隆五〇、一二、戊子）蠲緩山西代州、五臺、崞縣、繁峙、忻州、定襄等六州縣本年水災地畝額賦有差。（高宗一二四四、一五）

（乾隆五一、一、辛亥）又諭：上年山西省忻、代、定襄等六州縣一被水成災，業經降旨照例給賑，並酌量借綸口糧籽種，以濟民食。第念春耕肇始，青黃不接之時，民力不無拮据。著再加恩將代州、五臺、崞縣、繁峙、忻州、定襄等六州縣乾隆五十年未完錢糧，並春借倉穀，緩至本年秋季徵收。又，文水縣之西莊等三十三村莊，汾陽縣之濼城等三十一村莊，雖據該撫查明，勘不成災，但業經被水，恐難照舊輸將。所有乾隆五十年未完錢

糧，均著緩至麥熟後徵收，以紓民力。（高宗一二四六、一〇）

（**乾隆五一、二、壬辰**）諭：朕此次恭謁西陵後，巡幸五臺，所有沿途經過地方，著加恩蠲免本年地丁錢糧十分之三。（高宗一二四九、一〇）

（**乾隆五一、四、乙酉**）加賑山西代州、五臺、崞縣、繁峙、忻州、定襄等六州縣本年水災飢民，並緩徵額賦。（高宗一二五二、二〇）

（**乾隆五一、四、乙未**）緩徵山西永濟、榮河二縣上年水災額賦。（高宗一二五三、一三）

（**乾隆五二、七、辛巳**）免山西代州、五臺、崞縣、繁峙、定襄等五州縣乾隆五十年分被水淤坍地一百七十四頃四十四畝額賦有差。（高宗一二八五、五）

（**乾隆五二、七、甲午**）諭：據鄭源璹奏，大同府屬豐鎮等九廳州縣，秋禾被旱成災，農民不無拮据。請將應徵錢糧暫緩徵收，並賞給口糧，以資接濟等語。大同地居關外，土瘠民貧，今歲被旱成災，自應蠲賑兼施，以資日食。所有豐鎮、大同、天鎮、陽高、山陰、懷仁、廣靈、應州、渾源九廳州縣本年應納錢糧，及應完倉穀等項，俱暫緩催徵，以紓民力。並著將被災貧民，賞給一月折色口糧。其如何應蠲應緩、分別加賑之處，著該撫查明具奏，實心辦理，毋使一夫失所，以副朕軫念災黎之至意。（高宗一二八五、三五）

（**乾隆五三、三、壬申**）諭：山西大同府屬豐鎮等九廳州縣，上年被旱成災；朔平府屬之左雲、右玉二縣，因被霜較早，收成歉薄。業經加恩賑卹蠲緩，並於新正復降恩旨展賑，酌借口糧，以資接濟。現據明興奏，加賑銀米及借給口糧，已陸續散放完竣。但念該處土瘠民貧，自上年被災歉收之後，民情不無拮据，現距麥收尚早，小民輸將仍未免竭蹶。著加恩將大同府屬之豐鎮等九廳州縣及朔平府屬之左雲、右玉二縣，所有乾隆五十三年應徵新糧，俱緩至本年秋收後開徵，以示朕軫念邊地災黎、有加無已至意。該部即遵諭行。（高宗一三〇〇、一九）

（**乾隆五三、六、庚戌**）蠲免山西大同、豐鎮、陽高、天鎮、懷仁、山陰、廣靈、應州、渾源九州廳縣乾隆五十二年旱災額賦有差，並緩徵蠲剩銀糧。（高宗一三〇七、一二）

（**乾隆五三、九、戊子**）諭曰：海寧奏，山西大同、朔平二府屬上年被旱成災，收成歉薄，今歲雖獲有收，若將新舊錢糧並出借穀石，一併催徵，民力恐有未逮等語。大同、朔平二府，上年被旱成災，收成歉薄，屢加賑卹，蠲緩兼施，並酌借口糧籽種，以資耕作。本年秋禾成熟，本應一律徵收。但念該處甫當災歉之餘，其新舊錢糧及所借穀石，為數較多，若同時輸將，民力恐不免拮据。所有大同、朔平二府屬豐鎮、左雲、右玉等十一廳州縣，新舊應徵並出借籽種共銀十九萬三千四百七十餘兩、穀豆二十一萬二千二百餘石，俱著加恩分作兩年徵收，以紓民力。又，各廳州縣尚有應行買補平糶穀六萬六千七百四十餘石，亦著分作兩年買補，俾民間易於完納，蓋藏益資寬裕。該部即遵諭行。（高宗一三一三、四三）

（乾隆五五、四、己卯）又諭：山西省太原、遼州等十六府州並歸化城應徵本色，及清水河等廳並太僕寺牧廠地畝應徵折色銀兩，著仍照上屆之例，加恩蠲免十分之三。其應徵本色之大同、朔平二府，及和林格爾等處新墾地畝應輸折色，並莊頭退出招種地租銀兩，又，豐、寧二廳地畝折色租銀，並照上屆加恩一體蠲免，以示朕普惠群黎、有加無已至意。（高宗一三五三、三九）

（乾隆五七、三、丁丑）諭：朕此次恭謁西陵後，巡幸五臺，所有沿途經過地方，著加恩蠲免本年地丁錢糧十分之三。（高宗一三九八、一〇）

（乾隆五七、三、庚寅）諭：朕向來每遇巡幸，所有經過地方，俱加恩蠲免地丁錢糧十分之三。五臺非清蹕常臨之地，此次巡幸駐蹕，尤宜逾格施恩，用敷渥澤。所有五臺一縣本年地丁錢糧，著加恩蠲免十分之五。其大同、朔平二府屬，未完糧一萬八百四十八石零，和林格爾廳未完米九百八十九石零，亦著全行豁免。以示朕惠愛黎元，省方行慶至意。該部即遵諭行。（高宗一三九九、八）

（乾隆五九、七、辛亥）諭曰：蔣兆奎奏勘明代州並所屬地方被水情形分別辦理一摺。據稱代州、五臺、繁峙三處，因大雨連綿，山水陡發，多有衝塌房屋、損傷人口，已按例捐廉給予賞卹。其被淹地畝，秋收失望，請先行撫卹一月口糧，再行勘明災分輕重，分別加賑題豁等語。代州、五臺、繁峙三處被有水災，田廬多被淹浸，人口致有損傷。前據該撫奏到業經降旨加恩，令將賞卹銀兩均按例加兩倍賞給。蔣兆奎尚未接奉前旨，是以未經遵辦。著該撫即行詳悉查明，均加兩倍，補給賞卹，俾小民益爲充裕，不致失所。至該州縣地畝被水淹刷，難望有秋，殊爲可憫。其乏食貧民，著即先行賞給一月折色口糧，聽其自行買食，以資接濟。所有被淹地畝應豁糧賦，若俟該撫照例題達，未免有稽時日，著即加恩，將代州及所屬之繁峙、五臺三州縣被水處所本年應納秋糧，概行豁免，以紓民力。仍著蔣兆奎即先行出示曉諭，俾各安居復業。仍速勘明災分戶口，分別加賑及酌借籽種口糧等事，實力撫卹。其固關以外平定州所屬地方，已早經有旨，令蔣兆奎確查妥辦，一體按例加兩倍給予賞卹。該撫惟當遵照前旨，實心經理，俾小民均霑實

惠，以副朕軫念災區，優加恩卹至意。（高宗一四五七、三七）

（乾隆六〇、四、辛巳）免山西代州、五臺、繁峙三州縣乾隆五十九年水災額賦。（高宗一四七六、一）

（乾隆六〇、八、壬寅）諭曰：蔣兆奎奏，山西蒲州府所屬永濟等六縣，因夏間得雨稍遲，秋收不過六分等語。永濟等縣因雨水未能霑足，以致收成稍歉，若按例徵收，恐民力不無拮据。所有蒲州府屬之永濟、臨晉、萬泉、榮河、虞鄉、猗氏六縣，本年應納錢糧及春借倉穀，均著加恩緩至明年麥熟後徵收，以紓民力。該撫務督飭所屬實力奉行，以副朕厪念民依至意。（高宗一四八五、一三）

（嘉慶二、九、辛巳）免山西新平口外莊頭地畝租銀及隨徵差銀。（仁宗二二、一一）

（嘉慶五、八、壬申）給山西永濟縣被水災民一月口糧、房屋修費，並貸籽種；緩徵本年額賦。（仁宗七三、一一）

（嘉慶五、九、戊子）貸山西朔州被雹村莊籽種口糧，並緩徵本年額賦。（仁宗七四、五）

（嘉慶六、四、癸亥）貸山西永濟縣霜災貧民籽種口糧，並緩徵地糧鹽課有差。（仁宗八二、二八）

（嘉慶六、七、乙亥）緩徵山西代、朔、應、山陰、五臺、繁峙六州縣水災本年額賦。（仁宗八五、一）

（嘉慶六、七、己丑）緩徵山西長治、長子二縣水災本年額賦。（仁宗八五、一三）

（嘉慶六、七、壬辰）免山西代、應、渾源、山陰、大同、繁峙、五臺、忻、朔、定襄、崞、懷仁十二州縣水災本年額賦。（仁宗八五、一三）

（嘉慶六、八、丁未）緩徵山西平定、汾陽二州縣水災本年額賦，並貸籽種口糧有差。（仁宗八六、六）

（嘉慶六、九、戊子）緩徵山西寧武、襄垣二縣水災本年額賦。（仁宗八七、一四）

（嘉慶七、七、乙酉）緩徵山西猗氏、聞喜二縣被水田地本年秋冬二季額賦。（仁宗一〇一、二）

（嘉慶七、九、壬午）緩徵山西托克托城、薩拉齊兩廳水災本年額賦有差。（仁宗一〇三、一五）

（嘉慶九、五、辛卯）緩徵山西臨晉、臨汾、洪洞、曲沃、翼城、太平、解、安邑、夏、絳州、河津、霍、趙城、靈石、襄陵、永濟、猗氏、虞鄉、

榮河、萬泉、稷山、聞喜、絳縣、浮山、岳陽、鄉寧二十六州縣旱災蟲災額賦,並應還倉穀。(仁宗一二九、五)

(嘉慶九、九、庚戌)緩徵山西臨汾、襄陵、曲沃、太平、吉、洪洞、絳州、稷山、河津、聞喜、絳縣、垣曲十二州縣旱災本年額賦。(仁宗一三四、三〇)

(嘉慶一〇、七、庚辰)免山西臨汾、襄陵、太平、翼城、永濟、臨晉、榮河、萬泉、解、安邑、絳州、稷山、河津、聞喜、垣曲、洪洞、曲沃、虞鄉、猗氏、夏、平陸、芮城、絳縣、霍、趙城、靈石二十六州縣旱災本年額賦有差;緩徵二十六州縣蠲剩及帶徵額賦,並毗連災區之浮山、岳陽、汾西、鄉寧、吉、隰、大寧、永和、蒲九州縣新舊額賦;分別賑給銀穀口糧。(仁宗一四七、二四)

(嘉慶一〇、一二、辛巳)緩徵山西臨汾、襄陵、太平、翼城、永濟、臨晉、榮河、萬泉、解、安邑、絳縣、稷山、河津、聞喜、垣曲、洪洞、曲沃、虞鄉、猗氏、夏、平陸、芮城、絳州、霍、趙城、靈石、浮山、岳陽、汾西、鄉寧、吉、隰、大寧、永和、蒲三十五州縣旱災積欠倉穀,並安邑、夏二縣本年應徵雜項銀。(仁宗一五四、八)

(嘉慶一一、一、壬子)展賑山西臨汾、襄陵、洪洞、浮山、太平、岳陽、曲沃、翼城、汾西、吉、鄉寧、永濟、臨晉、榮河、猗氏、萬泉、虞鄉、解、安邑、夏、平陸、芮城、絳州、河津、聞喜、稷山、絳縣、垣曲、霍、趙城、靈石三十一州縣被旱災民,並緩徵新舊額賦。(仁宗一五六、七)

(嘉慶一一、九、甲寅)緩徵山西臨汾、襄陵、曲沃、太平、洪洞、翼城、永濟、臨晉、猗氏、榮河、萬泉、虞鄉、解、安邑、夏、平陸、芮城、絳州、稷山、河津、聞喜、繹縣、垣曲、霍、靈石、趙城二十六州縣旱災本年額賦鹽課,並永濟、臨晉、猗氏、虞鄉、解、安邑、夏、聞喜、霍、靈石、趙城、臨汾、襄陵、曲沃、翼城、榮河、絳州、稷山、垣曲十九州縣舊欠倉穀。(仁宗一六六、二五)

(嘉慶一二、五、庚戌)展緩山西臨汾、洪洞、太平、曲沃、襄城、翼城、永濟、臨晉、榮河、萬泉、猗氏、虞鄉、解、安邑、芮城、平陸、夏、絳州、絳縣、稷山、河津、聞喜、垣曲、霍、趙城、靈石二十六州縣旱災幫徵額賦鹽課。(仁宗一七九、二一)

(嘉慶一二、九、己酉)緩徵山西河曲縣雹災本年額賦。(仁宗一八五、一〇)

(嘉慶一六、三、戊寅)免山西五臺縣本年額賦十分之三。(仁宗二四

〇、二九）

（嘉慶一六、閏三、庚辰）免山西全省州縣本年額賦十分之二。(仁宗二四一、一〇)

（嘉慶一六、一〇、甲寅）緩徵山西保德、岢嵐、興、嵐、靜樂、河曲、五寨、潞城、代九州縣旱災本年額賦。(仁宗二四九、七)

（嘉慶一七、四、丁未）緩徵山西上年被旱之保德、代、岢嵐、嵐、興、靜樂、五寨、河曲、潞城九州縣本年額賦。(仁宗二五六、六)

（嘉慶一七、一一、壬申）緩徵山西保德、岢嵐、靜樂、河曲四州縣本年歉收額賦。(仁宗二六三、六)，

（嘉慶一九、一〇、甲子）緩徵山西保德、岢嵐、興、嵐、靜樂、臨、河曲七州縣旱災霜災本年額賦，並保德、五寨、偏關、托克托城四廳州縣舊欠銀米。(仁宗二九八、七)

（嘉慶二〇、二、癸未）緩徵山西保德、岢嵐、興、嵐、臨、靜樂、河曲、五寨、偏關九州縣上年歉收地方額賦。(仁宗三〇三、二二)

（嘉慶二〇、一〇、壬子）緩徵山西保德、岢嵐、嵐、興、臨、河曲、偏關七州縣歉收地方本年額賦米豆。(仁宗三一一、二)

（嘉慶二〇、一一、庚戌）緩徵山西解、平陸、芮城、安邑、虞鄉五州縣地震本年額賦。(仁宗三一二、三七)

（嘉慶二一、七、戊申）緩徵山西平陸縣水災雹災村莊未完額賦。(仁宗三二〇、一)

（嘉慶二一、九、癸亥）緩徵山西岢嵐州霜災新舊額賦。(仁宗三二二、八)

（嘉慶二二、九、己巳）緩徵山西陽曲、太原、榆次、徐溝、靜樂、嵐、壽陽七縣旱災霜災本年額賦，並貸常平倉穀。(仁宗三三四、二一)

（嘉慶二二、一二、戊寅）緩徵山西陽曲、太原、五臺、浮山、汾西、孝義、沁源、夏、岢嵐、長子、襄垣、大同、陽城、靜樂、垣曲、隰、興、臨、保德、芮城、偏關、平陸、靈石、霍、聞喜、絳縣、文水二十七州縣，並清水河、和林格爾通判所屬旱災霜災應徵米豆及借欠倉穀。(仁宗三三七、一三)

（嘉慶二三、五、己未）緩徵山西麥收歉薄之陽曲、太原、榆次、徐溝、靜樂五縣本年額賦並帶徵額賦米豆。(仁宗三四二、二三)

（嘉慶二三、九、壬子）緩徵山西陽曲、太原、榆次、徐溝、靜樂、隰、盂、岢嵐八州縣旱災雹災本年額賦。(仁宗三四七、四)

（嘉慶二四、九、丁亥）緩徵山西保德州歉收地方本年額賦。(仁宗三六二、二五)

9. 陝西

（順治二、七、乙丑）以陝西西安、延安兩府被賊蹂躪特甚，免本年額賦之半，其餘六府一州，各免三分之一。（世祖一九、一五）

（順治三、一〇、己亥）免陝西延綏、莊浪本年雹蝗災傷額賦。（世祖二八、一五）

（順治四、六、戊子）免陝西綏德衛三年分雹災額賦。（世祖三二、二〇）

（順治五、六、甲午）免陝西西安、延安、平涼、臨洮、慶陽、漢中等府屬州縣順治四年雹災額賦。（世祖三九、一）

（順治九、一〇、丙午）免陝西三水、華亭、洋縣六年分蟲霜冰雹被災額賦。（世祖六九、六）

（順治一一、四、癸酉）免陝西洛南縣十年分水災額賦三分之一。（世祖八三、六）

（順治一一、五、庚戌）免陝西興安、漢陰、平利等州縣十年分水災額賦。（世祖八三、二〇）

（順治一一、九、己丑）免陝西西安、平涼、鳳翔等府屬十年分雹災額賦。（世祖八六、三）

（順治一二、五、戊子）免陝西延、平、慶、鞏、漢等府屬州縣地震壓死兵民本年分丁徭額賦。（世祖九一、一三）

（順治一二、一二、丙辰）免陝西耀州同官、雒南二縣本年分雹災額賦。（世祖九六、四）

（順治一三、丙申）免陝西漢中、鳳翔、西安三府屬州、縣、衛、所十二年分霜雪災傷額賦。（世祖九七、八）

（順治一三、一〇、己卯）免延綏鎮、神木縣本年分雹災額賦十之三。（世祖一〇四、三）

（順治一三、一一、戊午）免陝西清水縣、鳳翔守禦千總所本年分雹災額賦。（世祖一〇四、一七）

（順治一六、二、丙寅）免陝西潼關衛辛莊等屯十五年分雹災額賦。（世祖一二三、一五）

（順治一七、五、庚申）免陝西膚施、安塞、保安、延長、綏德五州縣十六年分水災額賦。（世祖一三五、四）

（順治一八、七、庚申）免陝西同州、臨潼、岐山、扶風、邱縣本年分雹災額賦有差。（聖祖三、一七）

（康熙二、四、癸丑）免陝西西、鳳、興安等屬康熙元年分水災額賦有差。（聖祖九、三）

（康熙三、一、戊子）免陝西臨、鞏二府未完練餉銀兩。（聖祖一一、六）

（康熙五、五、癸巳）免陝西懷遠堡康熙四年分雹災額賦有差。（聖祖一九、三）

（康熙五、五、壬寅）免陝西綏德州康熙四年分霜災額賦十之一。（聖祖一九、五）

（康熙六、三、癸卯）免陝西岐山縣康熙五年分雹災額賦十之三。（聖祖二一、一八）

（康熙六、五、壬戌）免陝西吳堡縣本年分雹災額賦十之三。（聖祖二二、一〇）

（康熙六、六、癸巳）免陝西淳化縣本年分霜災額賦有差。（聖祖二二、二〇）

（康熙六、六、戊戌）免陝西涇州本年分雹災額賦有差。（聖祖二二、二〇）

（康熙七、三、甲寅）免陝西邠州、咸寧等七州縣康熙六年分旱災額賦有差。（聖祖二五、一八）

（康熙八、一、甲辰）以陝西鄜縣山水暴發，民屯田地被淹者，免本年分額賦十之三，其被衝堆壓砂石、不能耕種者，永爲豁除。（聖祖二八、二）

（康熙八、五、庚子）戶部議覆：山西陝西總督莫洛疏言，西安、鳳翔、漢中、延安四府，興安一州，有新荒民屯、廢藩地畝、及從前捏報民丁所徵銀三萬七千三百九十餘兩，糧一千二百八十餘名，俱係見在人民包賠苦累，請賜豁免。應如所請。從之。（聖祖二九、二）

（康熙一一、六、戊戌）免陝西寶雞縣本年分旱災額賦十之三。（聖祖三九、九）

（康熙一一、閏七、辛丑）免陝西西安、鳳翔、漢中三府屬康熙四、五、六年分未完存留銀米。（聖祖三九、二三）

（康熙一五、五、戊戌）免陝西延綏所屬被寇鄜州等十二州縣本年分額賦十之三，中部等三州縣額賦十之二。其葭州、神木、甘泉三州縣已完錢糧，准流抵康熙十五年分正賦。（聖祖六一、七）

（康熙一五、六、戊寅）圖海又奏：臣等遵旨到秦，見流民滿野，不但陷賊地方不得耕種，即未被兵之百姓，因轉運大兵糧草，亦困苦至極。乞特加軫卹，凡民間拖欠之錢糧並解運漢中被劫糧石腳價，一併免追。其陷賊不得耕種之錢糧，祈敕部酌議暫行蠲免，以息殘喘，俟少有起色，再行催徵。庶人興樂生之心，再沾昇平之福。得旨：議政王大臣會同議奏。尋議政王大臣等議：行文該督撫，查明被兵各州縣，錢糧額數，及舊欠追徵數目，一併蠲免。從之。(聖祖六一、一八)

（**康熙一五、一、己巳**）免陝西涇州本年分雹災額賦有差。(聖祖六四、二〇)

（**康熙一六、六、辛酉**）免陝西西、鳳二府屬用兵州縣歷年額賦及解運漠中被劫糧石腳價銀兩。(聖祖六七、一七)

（**康熙一六、六、壬申**）免陝西平、慶二府用兵各州縣衛歷年額賦有差。(聖祖六七、一八)

（**康熙一八、三、己酉**）以陝西平涼、慶陽二府，西和、禮縣二縣，平、固、慶三衛地方新復，盡免康熙十四年分額賦。(聖祖八〇、六)

（**康熙一九、二、癸亥**）免陝西吳堡縣康熙十八年分旱災額賦有差。(聖祖八八、一五)

（**康熙三〇、八、庚戌**）免陝西乾州、咸陽等五州縣本年分蝗災額賦有差。(聖祖一五二、二一)

（**康熙三〇、一一、丙辰**）免陝西渭南等二十一州縣本年分旱災額賦有差。(聖祖一五三、一六)

（**康熙三〇、一一、甲子**）差往陝西勘災內閣學士布喀回奏：西安府屬咸寧等州縣衛，鳳翔府屬郿縣等三縣，米價騰貴，百姓流移。上諭戶部：陝西西安、鳳翔等處年歲不登，民艱粒食，朕心深切軫念。若不大沛恩施，無以徧甦疾苦。其被災各地方康熙三十一年額徵銀米，著通行蠲免。又聞甘肅地方，秋收豐稔，米價較平，著該督撫會同詳議，作何購買轉輸，速行賑濟。務使比屋得霑實惠，不致化離失所，以副朕撫卹災黎至意。(聖祖一五三、一八)

（**康熙三〇、一一、乙丑**）免陝西寧州鎮原縣本年分雹災額賦有差。(聖祖一五六、二〇)

（**康熙三一、四、己丑**）諭戶部：西安、鳳翔所屬州縣，因遇饑饉，已全蠲一歲錢糧。今動支戶部庫銀一百萬兩，速送至陝西，以備散給軍需，賑濟饑民，庶於地方大有裨益，流民亦可復還原籍矣。(聖祖一五五、二)

（**康熙三一、一〇、己卯**）諭戶部：陝西西安等處連歲凶荒，繼以疾疫，因而閭閻失業，洊致流移。朕診卹民艱，焦勞宵旰。自去歲冬月以來，續發帑金，蠲免正賦，輓輸積穀，轉運漕糧，屢次特遣大臣察勘，多方賑濟。念國家所重，惟在養民，目今秦省雖薄有秋收，但民間匱乏已極，倘非格外加恩，無以使積困盡甦，轉徙盡復。陝西巡撫所屬府州縣衛所康熙三十二年地丁銀米，著通行免徵；從前所有積欠亦通行豁免。務俾比屋均霑實惠，小民咸慶更生，用稱朕子愛元元、撫育安全至意。爾部即遵諭行。（聖祖一五七、二）

（**康熙三二、一〇、庚辰**）諭大學士等：陝西西安、鳳翔二府地方，速被災傷，朕多方賑救，轉粟蠲租，又招集流移，散給牛種，然後四方仳離之民，漸次復還鄉井。今歲雖雨澤霑足，百穀阜成，而人民甫脫饑寒，未饒生計。若明歲應徵錢糧，即令輸納，誠恐閭閻儲蓄，終難充裕。西、鳳二府屬被災州縣衛所康熙三十三年糧米照舊徵收外，其地丁銀兩，著通與蠲免。即行文該督撫，嚴飭各屬徧加曉諭，務俾均霑實惠，以稱朕愛養休息至意。如有不肖有司，朦混私徵者，該督撫指名劾奏，從重治罪。將此旨傳諭戶部。（聖祖一六〇、二一）

（**康熙三八、二、戊午**）免陝西南鄭等十二州縣康熙三十七年分水災額賦有差。（聖祖一九二、一一）

（**康熙三九、一二、丁丑**）免陝西南鄭等五縣本年分旱災額賦有差。（聖祖二〇二、二二）

（**康熙四一、一一、丙辰**）又諭戶部：……秦省……河西一帶地方，素稱貧瘠，雖免康熙四十一年錢糧，民生未裕。再將康熙四十二年地丁錢糧通行蠲免。該督撫徧示所屬地方，務使閭閻均霑實惠，以副朕惠愛元元之至意。如有不肖有司違旨私徵，希圖侵蝕者，督撫察參，從重治罪；或被旁人告發，或被科道糾劾，該督撫一併嚴議。（聖祖二一〇、一一）

（**康熙四二、一一、戊午**）諭四川陝西總督覺羅華顯、陝西巡撫鄂海、甘肅巡撫齊世武等：……秦省關係最重，且不通水運，撫綏尤宜加意，故不憚隆冬，跋履風霜，遠臨茲土。見百姓歡迎載道，且知今歲有秋，地方文武官吏，更能恪勤奉職，滿漢軍士亦皆訓練有方，朕心甚悅，凡巡幸所至，必大沛恩膏。今將陝西巡撫及甘肅巡撫所屬地方康熙四十二年以前各項積欠銀米草豆錢糧盡行蠲免，俟四十三年直隸各省咸獲豐稔，當將秦省四十四年正供亦行免徵。該督撫即通行曉諭，俾窮鄉僻壤小民均霑實惠，……以副朕愛養黎元至意。爾等即遵諭行。（聖祖二一四、七）

（**康熙四五、一一、甲戌**）諭戶部：今歲漢江水大，南鄭等縣城垣田舍被水衝沒，且米價騰貴，小民艱食。所有本年應徵錢糧著豁免。明年以後地丁錢糧，亦暫行停徵。俟應徵收之年，該督撫察明具奏起科。見在被災人民，著該督撫遠行賑濟。（聖祖二二七、二一）

（康熙五七、閏八、戊辰）諭戶部：……三年以來，因策妄阿喇布坦狂逞跳梁，發遣大兵，屯駐西邊。一切軍興徵繕，雖動支正供錢糧，不使累及閭閻，而轉輸輓運，陝西百姓勞苦急公，實堪憫卹。又，莊浪等處地震，隨經特遣部院堂官馳往察賑，而用兵之後，尤宜格外施仁，撫綏黎庶。應將陝西巡撫、甘肅巡撫所屬通省各府州縣衛所錢糧、米豆草束，悉予蠲免。目今係有軍務之時，除米豆草束外，其康熙五十八年應徵地丁銀一百八十八萬三千五百三十六兩有奇，並歷年積欠銀四萬七百五十七兩有奇，著一概蠲免。爾部速行文該督撫，通行曉諭，實心奉行，務俾均霑德惠，以前朕篤念民勞、拯卹災傷至意。如有不肖官吏，朦混私徵，澤不下逮者，該撫嚴察指參，從重治罪。（聖祖二八一、五）

（康熙五九、一〇、戊申）諭大學士等：朕臨御以來，凡事惟以實心行實政，務俾群黎均沾實惠，從未諱言災傷、崇尚虛文。今歲江南、浙江、湖廣等省大稔，豫省微覺歉收。朕已頒諭旨，將漕糧停止起運，令於彼處收貯。但陝西地方見有軍務，又年歲歉收，故朕豫頒諭旨，著總漕施世綸協同總督鄂海辦事，除陝西歷年錢糧屢經蠲免並明歲錢糧另頒諭旨蠲免外，見令動支倉穀散賑。而地方官員大半悉在軍前，辦事之人殊少，應照從前賑濟山東百姓之例，差官往賑。著九卿詹事科道會議具奏。（聖祖二八九、一一）

（康熙五九、一〇、庚戌）諭戶部：……邇年因西陲用兵，師行糧從，雖芻粟悉支正供，絲毫無擾民間，然轉輸必需民力，勞苦宜卹。曾將康熙五十八年陝西、甘肅所屬額徵地丁銀一百八十八萬兩零、歷年舊欠銀四萬兩零，康熙五十九年沿邊各州縣衛所額徵銀九萬八千一百兩零，屢沛恩綸，盡行蠲免。近聞二年歉收，民有艱於粒食者，辦賦急公，力何能支。若非渙敷德澤，無以培養窮民。是宜特頒浩蕩之恩，用申勤求民瘼之念。著將陝西、甘肅所屬各州縣衛所，除應徵米豆草束外，康熙六十年應徵地丁銀一百八十八萬三千七百四十兩零，通行蠲免。爾部速行文該督撫，徧行曉諭，實心奉行，務俾均霑實惠。如有不肖官吏陽奉陰違、澤不下究者，該督撫嚴察題參，從重治罪。又，署撫花鄯奏稱，甘肅地方數年歉收，糧草價值騰貴，兵丁採買維艱。朕念兵丁效力行間，勞瘁堪憫，准預給半年兵餉。著即行文附近省分，撥銀三十萬兩，速解甘撫頒發，以副朕篤念民勞、優卹軍士至意。爾部即遵諭行。（聖祖二八九、一二）

（康熙五九、一一、癸酉）免陝西涇州本年分雹災額賦有差。（聖祖二九〇、二）

（康熙六〇、二、戊申）免陝西宜川等六縣、清平等十一所康熙五十九

年分旱災額賦有差。（聖祖二九一、九）

（雍正一、三、辛丑）諭户部：陝省自軍興以來，大兵駐劄、運送糧餉、供支草豆，無一不需民力，皇考每爲軫念。今當大沛恩膏，子惠元元。所有康熙六十年以前，陝西全省除借給籽種著該督撫查明定議分年帶徵外，其餘凡有民屯衞所實在未完銀米豆草，悉予蠲免。儻有不肖官吏，以虧空捏稱民欠，濫邀曠典者，一經發覺，罪在不赦。該部作速行文，毋得遲留。（世宗五、二〇）

（雍正一、一〇、戊辰）豁免陝西長武、西鄉二縣浮額銀二千二百一十兩有奇。（世宗一二、二二）

（雍正二、一一、辛亥）免陝西康熙五十七年至六十年民欠地丁銀二十二萬餘兩及糧草等有差。（世宗二六、九）

（雍正三、九、己酉）諭内閣：從前年羹堯查拏陝西郃陽縣私鹽用兵一案，……今據史貽直、高其佩奏稱，遵旨查訪，實在因年羹堯用兵，致死無辜男婦老幼，共七百八十六名口，連前報出之十九名，共傷損八百零五名口，俱有該縣册結，鑿鑿可據。……郃陽地方，既被騷擾，著該督撫等加意撫綏。其被害之家，雖經欽差官員賞給銀兩，著該督撫等再行優卹。雍正四年郃陽縣應徵錢糧盡予豁免。（世宗三六、七）

（乾隆一、二、戊辰）又諭：陝甘民人，自軍興以來，急公效力，甚屬可嘉。除屢年叨蒙皇考疊沛恩膏外，又降旨將本年應徵錢糧，甘省全數豁免，陝省止徵一半，以昭格外之恩。但查錢糧完納，例有定期，上年陝省收成，未稱大稔，今年春夏之際，未免輸納艱難。著將應徵一半額賦，寬至夏禾收成後，再行開徵，以紓民力。至該省應用兵馬錢糧，著該撫豫先籌畫，另行撥給，俟九月徵收之後，各歸原款，報部查核。可即傳諭該部知之。（高宗一二、三）

（乾隆一、八、丁亥）賑陝西府谷、神木二縣雹災饑民，並緩徵本年分額賦有差。（高宗二五、二一）

（乾隆一、二、己巳）免陝西府谷、神木二縣雹災本年額賦有差。（高宗三二、一八）

（乾隆二、三、己酉）免陝西定邊縣雹災額賦。（高宗三九、六）

（乾隆二、七、乙未）户部議覆：署陝西巡撫崔紀疏報，商州、保安、膚施、安塞等州縣被雹成災，動支存倉穀石賑卹，緩輸本年額徵。得旨：依議速行。（高宗四六、一〇）

（乾隆二、八、丁巳）賑卹陝西安塞、保安、安定等三縣被雹災民，緩

徵額賦。（高宗四八、一）

（**乾隆二、九、戊申**）免陝西商南、山陽、雒南等三縣雹災額賦有差。（高宗五一、一二）

（**乾隆二、閏九、己卯**）户部議覆：署陝西巡撫崔紀疏報，安塞、保安、安定等三縣被雹成災，動支倉穀賑濟，並請照例分別緩徵。從之。（高宗五三、一一）

（**乾隆二、一一、丙辰**）蠲免陝西靖邊、定邊、安定、葭州、神木、府谷、米脂、吳堡等八州縣本年水災額賦；緩徵長安、咸寧、臨潼、盩厔、鄠縣、渭南、涇陽、耀州、高陵、醴泉、咸陽、三原、興平、富平、大荔、朝邑、華州、蒲城、華陰、潼關、扶風、岐山、汧陽、鄜縣、長武、三水、淳化、乾州、武功、永壽等三十州縣應完糴借糧石。（高宗五六、四）

（**乾隆三、三、壬午**）免陝西靖邊、定邊、安定、葭州、神木、府谷、米脂、吳堡等八州縣水災額賦有差。（高宗六五、二四）

（**乾隆三、九、甲寅**）免陝西長安、臨潼、鄠縣、藍田、渭南、富平、同官、雒南、郃陽、華州、邠州、鳳翔、汧陽、隴州、宜君等十五州縣本年雹災額賦，兼賑饑民；其山陽、商南、城固、褒城、安定、保定〔安〕、綏德、米脂等八州縣雹災，榆林縣水災飢民悉行賑濟。（高宗七六、五）

（**乾隆三、九、丁卯**）免陝西咸寧縣、商州本年雹災額賦有差。（高宗七七、六）

（**乾隆三、一一、壬子**）緩徵陝西延川縣旱災貧民本年錢糧，并撥司庫地丁銀三千兩貯縣以備接濟。（高宗八〇、七）

（**乾隆四、二、丙申**）免陝西咸寧、鎮安二縣乾隆三年水災額賦，并豁坍地銀糧。（高宗八七、四）

（**乾隆四、六、癸卯**）緩徵陝西葭州、延川、綏德、米脂、清澗、吳堡六州縣乾隆三年被旱成災應徵銀米。（高宗九五、一五）

（**乾隆四、七、庚戌**）〔户部〕又議准：陝西巡撫張楷題請白水、中部、宜君三縣被雹災民，錢糧暫緩催徵。得旨：依議速行。（高宗九六、八）

（**乾隆四、一〇、丁亥**）户部議覆：陝西巡撫張楷疏稱，興平、醴泉、富平、咸陽、乾州、永壽、扶風、鄜縣、鳳翔、岐山、汧陽、蒲城十二州縣，又白水、中部、宜君、邠州四州縣，被雹災地，應免地丁並糧折等銀五千二十九兩零，耗銀並糧折耗銀七百五十二兩零，本色糧五百九十八石零。均應如所請豁免。從之。（高宗一〇二、一八）

（**乾隆五、四、己丑**）免陝西葭州、懷遠二州縣乾隆四年分旱災額賦有

差。(高宗一一五、一〇)

(乾隆五、閏六、甲辰) 緩徵陝西延安府屬安定、延川二縣乾隆四年分水災額賦。(高宗一二〇、一八)

(乾隆六、二、甲寅) 免陝西葭州、神木、延川三州縣被雹乾隆五年地丁銀米，餘尚有應徵之數，分年帶徵。(高宗一三七、四)

(乾隆六、六、甲午) 免陝西葭州、榆林、懷遠、綏德、米脂、吳堡等六州縣乾隆五年水災額賦有差。(高宗一四四、二)

(乾隆六、七、甲戌) 緩徵陝西咸寧、長安、渭南、咸陽、興平、盩厔、鄠縣、郿縣、華州、武功等十州縣乾隆五年水災額賦。(高宗一四六、三一)

(乾隆一〇、七) [是月，川陝總督公慶復] 又奏：陝省今夏豌豆歉收。查省城八旗九營兵馬，每歲額支豌豆四萬四千三百四十餘石，俱於近省之咸寧、長安等州縣屯更戶下徵運，今收豆既少，輸納維艱，請緩七徵三，以紓民力。其兵馬料豆支放不敷者，請將道倉備貯軍需之豆，並咸寧、長安二縣存貯之豆，暫為撥供，次年徵收遞款。再查潼關縣節年支剩之豆，存積日久，亦可撥運支放，俟來年徵還時，一併存貯道倉，統作豫備之豆。向後偶有歉收，即就近借支，不必另撥。得旨：如所請行。(高宗二四五、二九)

(乾隆一〇、一一、庚午) 賑貸陝西興平、長安、寶雞、扶風、郿縣、武功等六縣水災貧民，並緩徵本年錢糧及新舊借欠常社倉糧；其未成災之三原、渭南、盩厔、富平、岐山、長武、華州、華陰、朝邑、咸陽等十州縣酌借口糧，一併緩徵。(高宗二五二、六)

(乾隆一二、七、辛丑) 陝西巡撫徐杞奏：陝省高陵、涇陽、三原、興平、咸陽、臨潼、富平、乾州、武功等九州縣豆收歉薄，其額徵豌豆，留為次年支放者，請徵三緩七，俟明年夏收後，照額徵還。至明年兵馬應需料豆，於存倉豆內通融支給。得旨：著照所請行。該部知道。(高宗二九四、一九)

(乾隆一三、六、癸亥) 諭：陝西西安、同州、鳳翔、乾州等府州所屬，低田尚屬有收，高阜之地，因雨澤未透，收成歉薄。定例應俟秋穫時，確勘分數辦理。但朕念秦民一年生計，全仗夏收，而此等被災處所，又係上年歉收之地，今歲遇閏，秋收為期尚遠，民食艱難，深可軫念。著將耀州、臨潼、渭南、涇陽、三原、咸陽、興平、高陵、富平、醴泉、大荔、朝邑、郃陽、澄城、韓城、蒲城、白水、鳳翔、扶風、乾州、永壽、武功等二十二州縣，夏收五分以下之村莊，內乏食窮民，咸予撫卹一月口糧，折給銀兩，俾得接濟。被災里分本年應徵地丁麥石，緩俟秋熟後徵收。其耀州等十六州縣被災里分，內十二年分緩徵地丁糧石尾欠，及興平、鳳翔、扶風、乾州、武功等州縣被災里分，內十二年分未完地丁糧石尾欠，一併緩至己巳年帶徵完納，庶災黎既資接濟，復免拮据，以待秋成。該部即傳諭該督撫，速行妥辦，用慰朕勤䘏民隱之念。（高宗三一六、一二）

（乾隆一三、一二、甲辰）加賑陝西耀州、富平、三原、咸陽、高陵、臨潼、渭南、興平、醴泉、涇陽、咸寧、長安、同官、扶風、岐山、大荔、蒲城、白水、韓城、朝邑、澄城、郃陽、華陰、乾州、武功二十五州縣旱災貧民有差，緩徵本年未完地丁錢糧及帶徵新舊借欠常社倉糧。（高宗三三一、四八）

（乾隆一五、九、丁巳）諭：據陝甘總督尹繼善等摺奏，陝西通省秋禾秀實，現在漸次登場。所有附近西安一帶高原旱地，前雨未徧，後雨過時，收成不無歉薄，但細察民情，目前餬口有資，無須溢行報災。惟是應徵錢糧，若仍照舊催徵，民力不無拮据等語。著照所請，將西安府屬之咸寧、長安、臨潼、醴泉、涇陽、咸陽、三原、高陵、興平、富平、耀州，並乾州、商州、山陽、商南等十五州縣被旱村莊歉收地畝，本年應完新舊地丁等糧、及本色折色並各項尾欠，加恩緩至明年麥熟後徵收，以紓民力。至來春青黃不接時，仍令該督等悉心體察，有再應加恩酌借接濟之處，即著據實奏聞，妥協籌辦，毋使小民或致失所。（高宗三七三、三）

（乾隆一六、一二、癸卯）免陝西大荔、澄城、朝邑、華陰四縣水災地畝本年應徵穀銀，緩徵蠲剩錢糧并借欠常社糧。加賑大荔、澄城、朝邑等三縣貧民，并豁除蒲城、長安、興平、鄠屋、武功等五縣水衝陵地租銀。（高宗四〇四、一五）

（乾隆一七、一一、癸未）諭：陝省今年被旱偏災，屢經降旨，令該督撫等加意撫䘏。其勘不成災及與災境毗連州縣，應徵錢糧，雖定例不准蠲緩，而該處收成，究屬歉薄，小民既謀食用，復劾輸將，未免拮据。著加恩將韓城、麟游、南鄭、西鄉、城固、褒城、沔縣、洵縣、平利、三水、中部、洛川、宜君、寧羌、興安、隴州、邠州、汧陽、鳳縣、略陽、石泉、長武、鎮安、雒南等二十四州縣本年未完地丁銀四萬八千餘兩、本色糧米一萬三千餘石，緩至來年麥熟後帶徵完納。其節年民欠常平社倉糧石，及南鄭一縣未完乾隆十六年屯豆五百餘石，一併緩至麥熟徵還，以紓民力。該部遵諭速行。（高宗四二七、一〇）

（乾隆二〇、一一、辛巳）緩徵陝西榆林、懷遠、定邊、靖邊、吳堡等五縣本年霜災地丁錢糧。（高宗五〇〇、二五）

（乾隆二〇、一二、癸丑）諭：本年陝西延安、榆林二府屬間有歉收州縣，已准該撫等所請，照例分別緩徵。其榆林府屬之葭州、神木、府谷三州縣，地處沿邊，夏秋雨澤愆期，收成亦多歉薄，若錢糧倉穀照舊催徵，未免拮据。著加恩將該三州縣本年未完銀糧草束，及借欠常社倉穀，一體緩至明年秋後徵還，以紓民力。該部即遵諭行。（高宗五〇二、三七）

（乾隆二一、一二、甲戌）豁除陝西盩厔、高陵、鄠縣、武功等四縣本年水災民屯錢糧，并盩厔縣馬廠餘地一半租銀。（高宗五二八、一一）

（乾隆二二、三、丙辰）蠲緩陝西潼關、大荔、朝邑、華州、華陰等五廳州縣上年分水雹災地共二千六百六十一頃一十九畝零額賦有差。（高宗五三五、一五）

（乾隆二三、六、甲申）免陝西靖邊、定邊、榆林、葭州、神木、懷遠、府谷、宜君等八州縣乾隆二十二年分被災地銀糧有差。（高宗五六五、一六）

（乾隆二三、七、壬子）賑卹陝西延川、膚施、延長、甘泉、保安、宜川、靖遠、定邊、榆林、葭州、懷遠、神木、府谷、綏德、清澗、米脂、吳堡等十七州縣旱雹成災饑戶，並緩徵新舊錢糧民欠倉穀。（高宗五六七、二三）

（乾隆二三、一一、癸卯）諭：陝省延、榆、綏三府州屬，今歲偶被偏災，其成災地畝，業經照例蠲緩，及歷年借欠牛具倉穀，並降旨分別豁免帶徵，其未經成災收成六分以上之各州縣，錢糧倉穀例應照舊徵輸，但災地毗連，收成歉薄，民力未免拮据。著加恩將未經成災之神木、膚施、保安、榆林、葭州、清澗等縣應徵上年舊欠錢糧，緩至明年麥熟後徵收；其本年應徵錢糧，於明年秋後起徵。至延安府屬之安塞、延長、延川、安定、甘泉等縣新陳借欠倉糧，著有一併緩至明年麥熟秋成後，分別新舊，次第徵收，以紓民力。該部即遵諭行。（高宗五七五、一六）。

（乾隆二四、五、辛巳）諭：前因陝西與甘肅毗連之各廳州縣，年來亦有承辦軍需差務，小民踴躍急公，深堪軫念，特降旨該督，令其查明奏聞。今據吳達善將辦差各屬分晰查奏前來，所有出力最多之潼關、華陰、華州、渭南、臨潼、咸寧、長安、咸陽、醴泉、興平、乾州、永壽、邠州、長武、府谷、神木、葭州、懷遠、榆林、定邊、靖邊等二十一廳州縣，本年額徵地丁銀糧，著加恩普免十分之三；其同官、高陵、涇陽、三原、富平、盩厔、鄠縣、藍田、耀州、大荔、蒲城、澄城、韓城、白水、郃陽、朝邑、鳳翔、岐山、寶雞、扶風、隴州、汧陽、麟遊、郿縣、三水、淳化、武功等二十七州縣，本年額徵地丁銀糧，加恩普免十分之二；南鄭、褒城、寧羌、沔縣、城固、洋縣、西鄉、略陽、略縣、商州、商南、雒南、鎮安、山陽、鄜州、

洛川、中部等十七州縣，本年額徵地丁銀糧，加恩普免十分之一，以示一體優卹，加惠黎元至意。該部遵諭速行。（高宗五八六、二）

（乾隆二四、六、丙辰）蠲免陝西朝邑縣乾隆二十三年水淹灘地租銀一千一百五十兩有奇。（高宗五八八、一二）

（乾隆二四、一〇、戊寅）諭：陝省西安各府屬之咸陽等十州縣，今夏得雨稍遲，收成歉薄，雖於例並不成災，而民力不無竭蹶。所有懷遠、清澗、米脂、吳堡四縣，本年應徵未完地丁錢糧草束及帶徵舊欠並常社倉糧籽種等項，俱著加恩，緩至明年秋後徵收。其咸陽、醴泉、同官、韓城、商州、雒南六州縣，新舊民欠錢糧倉穀，緩至明年麥熟後徵收，以紓民力。至沿邊之膚施、靖邊、保安、安塞、延長、甘泉、綏德七州縣，所有上年緩徵新舊錢糧倉穀，例應本年徵收。但該處連年收成未能豐稔，應加意撫綏，以資休養。著再加恩將該州縣除本年照例徵收外，其帶徵之錢糧倉穀，再緩一年，於明歲麥熟秋成後分別帶徵，示朕優加體恤至意。該部遵諭速行。（高宗五九八、二）

（乾隆二四、一〇、壬寅）撫卹陝西定邊、安定、延川、宜川、榆林、葭州、神木、府谷、懷遠等九州縣，本年被旱、被雹、被霜貧民，並緩徵新舊額賦。（高宗五九九、四二）

（乾隆二五、三、壬戌）蠲緩陝西定邊、安定、延川、宜川、榆林、葭州、神木、府谷、懷遠等九州縣乾隆二十四年旱災額賦有差。（高宗六〇九、六）

（乾隆三一、一〇、壬子）撫卹陝西華州、華陰、潼關等三廳州縣本年水災貧民，並停徵新舊錢糧有差。（高宗七七一、二）

（乾隆三二、五、辛卯）蠲陝西華州、華陰、潼關三廳州縣乾隆三十一年水災額賦有差，並緩徵蠲餘銀兩，及勘不成災之渭南、興平、大荔、朝邑、保安、安塞、榆林、米脂等八縣未完銀米。（高宗七八五、一五）

（乾隆三四、九、辛丑）賑卹陝西定邊縣本年被雹災民，緩徵新舊額賦。（高宗八四三、九）

（乾隆三五、二、甲子）賑卹陝西定邊縣乾隆三十四年雹災貧民，緩徵新舊額賦。（高宗八五三、二）

（乾隆三五、四、癸酉）蠲免陝西定遠縣乾隆三十四年分雹災額賦有差。（高宗八五七、一六）

（乾隆三五、六、庚寅）諭：據文綬奏，興安州江水漫溢，灌入舊城，衝損官署民房隄岸，併有淹斃人口等語。看來興安州此次被水情形較重，該撫既經親往查勘，即著就該處情形，酌量照例撫卹，務率屬賣力妥辦，毋致稍有失所。至摺內所稱,間有淹浸地畝,現令補種齊全,毋庸借給籽種。但思貧民甫經被水之後,即補種晚田,秋成亦不無稍歉,輸將未免拮据。所有本年應徵地糧,著加恩准予緩徵,俟明年秋成後照例徵收,以紓民力。該部遵諭速行。(高宗八六三、一)

(乾隆三七、二、乙未) 又諭:前經降旨,將各省正賦,分年普行蠲免。陝西省於上年已屆輪蠲,該省尚有額徵本色糧草等項,不在應免之列。第念陝省地近邊陲,民俗樸愿,平日頗知踴躍奉公。其所徵本色糧草,亦出自田畝,即與正賦無異,乃以格於成例,未得均霑渥澤,未免向隅。著加恩將乾隆三十六年西安等九府州額徵本色並存留各租糧,及延安等三府州額徵本色糧草各項,並查明一體加息蠲免;此內如有已經完納者,即准其抵作本年額徵之數,毋庸另徵。俾閭閻生計,愈得寬裕,副朕惠愛邊氓至意。該部遵諭速行。(高宗九〇三、三六)

(乾隆三八、一、壬辰) 又諭:邇年辦理小金川以來,節次調派陝甘官兵較他省為數稍多。一切經過地方,停宿供億,均動支官帑,絲毫不以累民。第念陝省為入川總匯之區,凡調取陝甘官兵,解送軍裝鉛藥餉鞘等項,皆所必經。茲當小金川全境蕩平,兵差所過之地,民勞可念,允宜量加恩澤用普春祺。所有陝省接壤川境臨棧之寶雞、南鄭、城固、西鄉、沔縣、略陽、寧羌、褒城、洋縣、鳳縣、留壩廳十一廳州縣,緩徵正賦錢糧十分之五;其路當孔道差務繁多之咸寧、長安、咸陽、興平、臨潼、渭南、鳳翔、扶風、岐山、潼關廳、華州、華陰、武功十三廳州縣,緩徵錢糧十分之四;辦差稍次之鄠縣、盩厔、醴泉、高陵、藍田、涇陽、三原、富平、耀州、同官、鄜施、延川、延長、甘泉、隴州、汧陽、麟遊、郿縣、榆林、大荔、澄城、韓城、朝邑、郃陽、蒲城、白水、興安州、漢陰、石泉、邠州、長武、乾州、商州、鄜州、洛川、中部、宜君、綏德州、米脂、清澗四十州縣,緩徵錢糧十分之三。……並著將陝甘過兵各州縣應完之項,統於乾隆三十八年分新賦內,分別緩徵,以昭公溥。其酌緩四五分者,仍分作三年帶徵,酌緩三分者,分作二年帶徵,俾群黎從容輸納,永免追呼,共享昇平之樂。該部即遵諭行。(高宗九二四、五)

(乾隆三八、八、己酉) 賑卹陝西朝邑縣本年水災貧民,並緩新舊額賦。(高宗九四一、三三)

(乾隆三八、九、己未) 諭:據畢沅奏,本年辦理兵差,需用馬騾車輛較多,所有永壽、洵陽、白河、平利、紫陽、三水、淳化、雒南、商南、鎮安、山陽等十一縣,不在緩徵各屬之內,可否一體酌緩等語。前因陳輝祖奏，此次官兵經過之旁近各縣民夫，俱能踴躍急公，曾降旨將恩施等三縣，量予緩徵。並令直隸、河南、陝、甘、雲、貴等省過兵旁近各州縣，協助辦差出力者，一併查明具奏，候朕酌量加恩。今畢沅所奏永壽等縣，既俱辦差効勞，即係令查奏中者。著加恩將永壽等十一縣本年應徵地丁銀糧，一體緩徵六分，普昭一視同仁至意。該部即遵諭行。（高宗九四二、五）

（乾隆三八、九、癸亥）豁免陝西膚施、保安、安定、安塞、甘泉、榆林、葭州、懷遠、神木、府谷、邠州、長武、鄜州、洛川、中部、宜君等十六州縣乾隆三十年霜災貧民籽種額糧。（高宗九四二、一八）

（乾隆三八、一一、乙丑）賑卹陝西商南縣本年水災飢民銀米，並蠲緩額賦有差。（高宗九四六、一五）

（乾隆四二、一〇、乙巳）諭：陝西咸寧等二十九廳州縣，本年因七月內雨澤缺少，秋禾間有被旱之處；雖據該撫查明歉收處所，本屬無多，無須蠲賑，第念此等被旱地畝，在各州縣中雖屬一隅偏災，但究係歉收，且距明歲麥秋尚遠，民食未免拮据。著加恩將咸寧等二十九廳州縣內所有收成四五分各户，查明實係無力貧民，在於常平倉內，極貧者借給兩個月口糧，次貧者借給一個月口糧，以資口食。至二十九廳州縣境內歉收地畝應完錢糧、及借欠倉糧，例應緩徵，其並未歉收之處，與災地間段毗連，若仍照例徵收，恐糧價稍昂，貧民艱於糴食。並著加恩將此二十九廳州縣所有本年應徵未完錢糧、及各年借欠倉糧，俱緩至來年麥熟後徵收，以示軫惠窮黎之至意。該部即遵諭行。（高宗一〇四二、二六）

（乾隆四二、一〇、乙巳）又諭：前經降旨，普免直省地丁錢糧，其額徵本色糧草等項，本不在應免之例。上屆輪蠲陝西，因該省地近邊陲，曾降旨將此項糧草，一體加恩蠲免。今乾隆四十三年，屆陝省輪蠲年分，所有該省額徵民屯租糧草束等項，著仍照上屆之例，同地丁錢糧一併蠲免，以昭優卹邊氓至意。該部即遵諭行。（高宗一〇四二、二七）

（乾隆四四、九、戊子）諭：前經降旨，將甘肅省乾隆二十七年起至三十七年止，因災帶徵未完銀二十三萬五千餘兩、糧一百零五萬四千餘石，加恩概予豁免，俾邊氓共慶盈寧。因念陝西之延安、榆林、綏德等三府州屬，與甘肅接壤，雖其地分隸陝省，而土瘠民貧，實與甘省無異。遠年積欠，為數尚多，若一體並徵，民力不無拮据。著加恩將延安、榆林、綏德等三府州屬，自乾隆二十六年起至三十七年止，民欠常平倉穀若干，著該撫查明實數奏聞，概予豁免，俾積逋得普免追呼，近欠自易於完納。如此體卹優施，閭閻更可永資樂利。該部即遵諭行。（高宗一〇九〇、八）

（乾隆四七、一〇、庚辰）諭：據畢沅奏，延安、榆林、綏德州三府州屬之膚施等一十九州縣，秋禾受、旱被霜，收成歉薄等語。該處地近邊隅，秋收歉薄，徵輸未免竭蹶。著加恩將膚施等十九州縣應徵銀糧草束、並新舊借欠常平社倉糧石，俱緩至四十八年秋後徵收，以紓民力。（高宗一一六七、一）

（乾隆四八、一二、丙子）賑卹陝西榆林、懷遠、葭州、神木、府谷、綏德、米脂、吳堡等八州縣被災貧民，並予蠲緩。（高宗一一九五、九）

（乾隆四九、四、乙巳）諭軍機大臣等：上年陝西延安、榆林、綏德所屬被災較重各州縣，秋禾播種失時，節經降旨撫恤加賑，並分別緩徵，俾免失所。嗣因被災各屬冬春未得雨雪，復降旨詢問畢沅應否於新正加恩展賑之外，尚需接濟。經該撫覆奏，各該屬時雨優霑，農功大起，無需更籌接濟等語。第念延安、榆林、綏德等處上年秋收歉薄，邊氓生計艱難，雖現在趕種雜糧，足資口食，亦祇能完納本年錢糧，若新舊並徵，民力仍不免拮据。著傳諭畢沅查明延安等府屬因災緩徵，所有民欠未完銀兩共有若干，據實具奏，候朕降旨加恩一體豁免。將此由四百里諭令知之。（高宗一二〇五、一〇）

（乾隆四九、四、庚戌）豁免陝甘乾隆三十八年至四十六年分民欠銀二十三萬一千五百三十五兩有奇、糧一百三十八萬五千三百八十二石有奇。（高宗一二〇五、二三）

（乾隆四九、五、癸亥）諭：前因陝省延安、榆林、綏德三府州屬，上年秋收歉薄，邊氓生計維艱，若新舊錢糧並徵，民力不無拮据。曾降旨畢沅，令其將該府州屬因災緩徵民欠銀兩，查明共有若干，據實具奏，候朕另降恩旨。茲據畢沅查奏，延安、榆林、綏德三府州屬，乾隆四十七、八兩年，共緩徵民屯起運等項銀一萬一千八百六兩零、糧三萬六千六百五十一石零、草二萬五千一百六十一束，共未完耗羨銀一十七百七十兩零，又未完榆林府廣有倉米七十二石。俱著加恩，概行豁免，以示朕軫恤窮黎、有加無已之至意。該部即遵諭行。（高宗一二〇六、二一）

（乾隆四九、九、庚辰）蠲免陝西榆林、懷遠、葭州、神木、府谷、綏德、米脂、吳堡八州縣乾隆四十八年秋禾被災額賦有差。（高宗一二一五、一三）

（乾隆四九、九、戊寅）賑卹陝西華州、大荔、華陰三州縣本年水災飢民，並予緩徵。（高宗一二四四五、一四）

（乾隆五一、六、辛丑）緩徵陝西朝邑、華陰、富平等縣上年秋禾水災

額賦。(高宗一二五七、三〇)

（乾隆五三、六、丁未）蠲免陝西華州、華陰、潼關三州廳縣乾隆五十二年水災額賦有差，並緩徵蠲剩銀糧倉穀籽種。(高宗一三〇七、三)

（乾隆五四、五、己巳）諭：據巴延三奏陝西應徵錢糧通完一摺。朕披閱清單，該省五十三年額徵銀糧草束均已全完，帶徵緩徵銀糧，亦皆按期完納。惟潼關、華州、華陰等處，現有未完緩徵銀兩糧石，尚須照例帶徵。陝省近年以來收成豐稔，小民踴躍輸將，不但額徵正賦全數通完，即分年帶徵銀糧，亦俱陸續交納，殊屬急公可嘉。所有五十二年潼關、華州、華陰等處未完緩徵銀三千一百六十三兩零、又未完緩徵耗羨銀四百七十四兩零，並潼關緩徵糧一百二十一石零，俱著加恩全行豁免。嗣後年清年款，逋欠全完，小民得免追呼，益可鼓腹含哺，共享盈寧之福。以副朕嘉惠閭閻有加無已至意。該部即遵諭行。(高宗一三二八、二三)

（乾隆五五、七、甲申）諭：本年朕八旬慶辰，業經降旨普免天下錢糧。令各省按各府州縣，分年輪蠲。陝西省正項錢糧，既經輪免，所有各廳州縣尚有應徵本色起存並學租共糧二十萬五百一十五石、草一萬五千六百三十五束、棉花四十九觔零，著仍照上屆之例，加恩一律蠲免，以示朕普惠邊黎、敷錫延禧至意。該部即遵諭行。(高宗一三五八、六)

（乾隆五七、七、丁巳）諭曰：秦承恩奏，西安、同州兩府屬之咸寧、華州等十六廳州縣，高原地方，雨水未能霑足，所種秋禾，難望一律有收。應酌量借糶，並將未完錢糧暫緩徵收等語。……所有該撫奏請暫予緩徵之西安府屬咸寧、長安、咸陽、興平、醴泉、涇陽、三原、富平、高陵、臨潼、渭南、同州府屬華州、華陰、潼關、蒲城、韓城共十六廳州縣未完錢糧，見著加恩。緩至明年麥熟後再行徵收，並酌量出借平糶。仍著該撫親往詳勘各州縣，究竟是否成災，如有應行接濟之處，即據實奏聞，候朕降旨加恩，勿再隱飾干咎。該部遵諭速行。(高宗一四〇九、七)

（乾隆五七、一〇、丁亥）賑卹陝西咸陽、臨潼、渭南、咸寧、長安、乾州、涇陽、三原、興平、高陵、蒲城、韓城、武功、醴泉等十四州縣本年旱災貧民，並緩徵乾州、武功、邠州、長武、永壽、鄜州、洛川、中部等八州縣被災地畝攤徵鹽課及民欠常社倉穀。(高宗一四一五、一四)

（乾隆五七、一一、壬子）諭曰：秦承恩奏，陝西咸寧等州縣，秋禾被旱成災，現在督飭所屬，散放正賑；至西安府屬之藍田、同州府屬之大荔等五縣，秋收亦祇六分及六分以上，民食不無拮据等語。該省咸寧等州縣被災較重地方，業經蠲賑兼施，令該撫查明實力撫卹，其收成稍歉州縣，雖經酌借籽種口糧，究恐民力拮据，自應量為調劑，以示體恤。所有秋收祇及六分及六分以上，西安府屬之藍田，同州府屬之大荔、澄城、郃陽、白水等五縣，俱係附近災區處所，本年未完錢糧，著加恩緩至來年麥熟後徵收，俾民力益臻寬裕，以副朕軫念民艱至意。該部即遵諭行。(高宗一四一七、一)

（**乾隆五七、一二、壬午**）加賑陝西臨潼、咸陽、渭南、咸寧、長安、乾州、涇陽、三原、興平、蒲城、高陵、韓城、武功、醴泉等十四州縣本年旱災貧民，並蠲緩額賦有差。(高宗一四一九、八)

（**乾隆五九、五、戊子**）諭曰：秦承恩奏，同州府屬之蒲城、大荔、朝邑，西安府屬之臨潼、渭南等五縣，因四月初間陰雨稍多，二麥間生蝻蟲，收成不無減薄等語。蒲城等五縣，二麥正在升漿之際，因雨後積陰，間被蟲傷，以致收成歉薄，殊為可惜。雖該處蟲傷旋經消淨，而民力究不無拮据。除該撫業經酌借籽種、俾得趕種秋禾外，所有蒲城、大荔、朝邑、臨潼、渭南等五縣應徵本年新舊錢糧，著加恩緩至秋穫後徵收，以紓民力。該部即遵諭行。(高宗一四五二、二)

（**乾隆六〇、二、丙辰**）諭：前經降旨普免天下積欠錢糧，令各督撫查明具奏。茲據秦承恩覆奏，陝西省地丁錢糧，俱係年清年款，向無民欠。惟查有乾隆五十七年因災分年帶徵正耗銀兩、五十八年輪免錢糧案內帶徵耗羨銀兩、五十九年臨潼等縣二麥間被蟲災緩徵正耗銀兩、又糧道倉並常社各倉因災緩徵出借及積年民欠各糧石，尚有未完銀糧等語。所有陝西省五十七、九兩年因災帶徵正耗銀兩及輪免錢糧案內帶徵耗羨銀兩等項，共未完銀五十萬五千三百七十九兩零；又糧道倉並常社各倉緩徵出借積年民欠未完糧，共四十七萬一千二百五石零，均著加恩全行豁免，以示錫福推恩、孚惠無疆至意。(高宗一四七〇、一三)

（**乾隆六〇、八、庚辰**）諭曰：秦承恩等奏，陝西咸寧等三十三廳州縣，因六月間雨水未能霑足，近又晴霽稍久，高阜地畝，收成未免減薄等語。陝省本年麥收豐稔，孝義等五十五廳州縣雨水又復霑足，可卜豐收。但咸寧等州縣，以夏秋稍覺缺雨，收成未免減薄，若將應徵錢糧照舊徵收，究恐民力不無拮据。著將咸寧、長安、耀州、咸陽、興平、臨潼、高陵、藍田、涇陽、三原、渭南、富平、醴泉、同官、鳳翔、岐山、扶風、郿縣、大荔、潼關、華州、華陰、韓城、蒲城、白水、邠州、長武、乾州、永壽、武功、鄜州、洛州、中部等三十三廳州縣本年未完錢糧及民借常社倉糧，加恩緩至明年麥收後徵收，其應行買補糧石，亦概行停止。仍著該督撫體察情形，如有應行平糶出借，即妥為經理，以副朕廑念閭閻、豫籌民食至意。(高宗一四

八四、一)

（**乾隆六〇、八、庚辰**）諭軍機大臣曰：秦承恩等奏，咸寧等三十三廳州縣，雨水稍缺，秋收未免減薄等語，已降旨緩徵矣。本年陝省麥收豐稔，且各廳州縣雨水霑足之處較多，秋禾可卜豐收。但咸寧等處高阜之區，既因雨澤稍缺，收成減薄，秦承恩、倭什布務宜董率所屬，實心經理，並嚴查吏胥，毋任朦混影射。如有應行接濟之處，奏聞辦理，勿使一夫失所，以副朕厪念民依至意。(高宗一四八四、二)

（**乾隆六〇、一二、甲辰**）諭：前經降旨普免錢糧，陝西應徵本色起存等項，雖不在蠲免之例，但念該省地近邊陲，民俗樸愿，素知踴躍急公。所有各廳州縣應徵本色起存並學租共糧二十萬四百七十九石零、草一萬五千六百三十二束零、棉花四十九觔零，俱著加恩一體豁免，以示朕惠愛忌閭閻優加無已至意。該部即遵諭行。(高宗一四九三、二〇)

（**嘉慶一、一二、己卯**）免被賊滋擾之……陝西西鄉、安康、平利、紫陽四縣次年額賦。(仁宗一二、六)

（**嘉慶二、六、丙戌**）加賑陝西、膚施、安塞、靖邊、定邊、懷遠、綏德、米脂七州縣元年被旱災民，並蠲緩額賦有差；緩徵甘泉、延長、延川、宜川、安定、保安、榆林、葭、神木、府谷、清澗、吳堡十二州縣額賦，並借欠倉穀。(仁宗一八、二一)

（**嘉慶二、八、庚子**）免陝西被賊滋擾之商、商南、雒南、山陽、鎮安、孝義、洵陽、漢陰八廳州縣本年額賦；緩徵石泉、南鄭、城固、洋、略陽、寧羌、沔、褒城、鳳九州縣本年額賦，并咸寧、長安、富平、涇陽、三原、高陵、臨潼、渭南、藍田、鳳翔、岐山、郿、華、大荔、韓城、蒲城、華陰、白水、澄城、永壽二十州縣帶徵乾隆六十年舊欠額賦。(仁宗二一、三)

（**嘉慶三、五、乙亥**）免陝西藍田、南鄭、寧羌、城固、洋、褒城、沔、白河、石泉、咸寧、長安、寧陝、鄠、盩厔、寶雞、岐山、扶風、郿、武功十九廳州縣被賊村莊上年未完額賦，寶雞、岐山、扶風、郿、南鄭、留壩、寧羌、城固、洋、西鄉、褒城、沔、安康、漢陰、洵陽、白河、紫陽、平利、石泉、商、雒南、鎮安、山陽、商南、武功二十五廳州縣本年額賦，並緩徵南鄭、寧羌、城固、洋、西鄉、沔、安康、漢陰、洵陽、白河、平利、石泉、商、雒南、鎮安、山陽、商南、藍田、臨潼、涇陽、咸陽、三原、醴泉、鳳翔、隴、汧陽、鳳、略陽、大荔、華、華陰、韓城、澄城、蒲城、白水、邠、長武、淳化、乾、永壽、咸寧、長安、寶雞、岐山、扶風、郿、武功四十七廳州縣帶徵元年額賦。(仁宗三〇、八)

（嘉慶三、一〇、壬子）賑陝西西安、鳳翔、乾三府州本年被風被雹災民，並蠲緩額賦有差。（仁宗三五、一三）

（嘉慶四、四、丁酉）免陝西被賊滋擾之孝義、五郎、咸寧、長安、藍田、渭南、鄠、盩厔、寶雞、岐山、扶風、郿、留壩、寧羌、南鄭、城固、洋、西鄉、略陽、沔、褒城、鳳、華、漢陰、安康、平利、紫陽、洵陽、石泉、白河、商、商南、鎮安、山陽、雒南三十五廳州縣新舊額賦，並鄰近賊氛之咸陽、興平、臨潼、高陵、涇陽、三原、富平、醴泉、隴、鳳翔、汧陽、潼關、大荔、華陰、韓城、蒲城、白水、澄城、邠、長武、淳化、乾、武功、永壽二十四廳州縣新舊額賦十分之三。（仁宗四二、二二）

（嘉慶五、三、丙辰）緩徵陝西被賊滋擾之咸寧、長安、藍田、盩厔、鄠、孝義、五郎、岐山、扶風、郿、寶雞、隴、南鄭、城固、沔、略陽、洋、褒城、西鄉、留壩、寧羌、鳳、安康、漢陰、平利、紫陽、洵陽、石泉、白河、商、商南、鎮安、山陽、雒南及咸陽、興平、渭南、臨潼、高陵、涇陽、三原、富平、醴泉、耀、同官、鳳翔、汧陽、麟遊、潼關、大荔、華、華陰、韓城、蒲城、白水、澄城、郃陽、朝邑、邠、長武、淳化、乾、武功、永壽六十四廳州縣新舊額賦鹽課有差。（仁宗六一、八）

（嘉慶五、五、戊申）免陝西被賊滋擾之渭南、略陽、鳳、華四州縣額賦鹽課。（仁宗六八、二五）

（嘉慶五、八、丁巳）給陝西朝邑縣被水災民口糧有差，仍貸籽種，並緩徵本年額賦及新舊未還倉穀。（仁宗七二、一四）

（嘉慶五、九、庚辰）緩徵陝西咸寧、長安、三原、藍田、醴泉、臨潼、涇陽、興平、咸陽、蒲城、安康、紫陽、平利、洵陽、乾、武功、孝義、寧陝、渭南、高陵、耀、同官、大荔、華、白水、郃陽、澄城、鳳翔、扶風、郿、褒城、略陽、留壩、鳳、漢陰、石泉、鎮安、商南三十八廳州縣旱災本年額賦鹽課，並新舊常社倉應還籽種。（仁宗七四、一）

（嘉慶五、一一、甲申）緩徵陝西毗連災區之岐山縣本年額賦。（仁宗七六、五）

（嘉慶五、一二、甲寅）緩徵陝西被賊滋擾之寧羌、洋、城固、西鄉、白河、商、雒南、山陽八州縣本年額賦。（仁宗七七、一二）

（嘉慶六、三、辛巳）緩徵陝西被賊被旱之留壩、鳳、褒城、南鄭、城固、洋、西鄉、寧羌、沔、略陽、安康、漢陰、平利、洵陽、紫陽、白河、石泉、寧陝、孝義、商、山陽、雒南、商南、鎮安二十四廳州縣新舊額賦。（仁宗八〇、一三）

（嘉慶六、七、壬辰）緩徵陝西咸寧、長安、臨潼、渭南、涇陽、三原、商陵、富平、耀、咸陽、興平、醴泉、華、隴、汧陽、乾十六州縣旱災節年民欠額賦鹽課倉糧。（仁宗八五、一四）

（嘉慶六、九、庚寅）緩徵陝西高陵、耀、咸陽、興平、醴泉、乾、武功、汧陽、隴、鳳、褒城、南鄭、城固、洋、西鄉、寧羌、沔、略陽、安康、漢陰、平利、洵陽、紫陽、白河、石泉、商、山陽、雒南、商南、鎮安、寧陝、孝裴、留壩三十三廳州縣被旱被賊本年秋徵額賦。（仁宗八七、一五）

（嘉慶六、一一、壬午）賑陝西高陵、耀、咸陽、興平、醴泉、乾、武功七州縣被旱災民，並緩徵本年額賦。（仁宗九〇、一三）

（嘉慶七、五、戊子）展緩陝西被賊滋擾之寧陝、孝義、南鄭、西鄉、洋、城固、寧羌、沔、褒城、留壩、鳳、略陽、安康、漢陰、石泉、平利、紫陽、洵陽、白河、商、鎮安、山陽、雒南、商南二十四廳州縣並疊遇偏災之咸寧、長安、盩厔、鄠、藍田、渭南、咸陽、興平、醴泉、臨潼、高陵、涇陽、三原、富平、耀、同官、潼關、朝邑、郃陽、大荔、澄城、華陰、華、韓城、白水、蒲城、鳳翔、麟遊、郿、扶風、岐山、寶雞、隴、汧陽、乾、武功、永壽、邠、長武、淳化四十廳州縣歷年帶徵額賦、各項借款及延安、榆林、綏德、鄜四府州屬民欠倉穀籽種口糧。（仁宗九八、一五）

（嘉慶七、五、丙申）緩徵陝西涇陽、三原、興平、醴泉、鳳翔、麟遊、汧陽、永壽、岐山、扶風、隴、乾、武功十三州縣旱災本年額賦，並給被災較重之岐山、扶風、隴、乾、武功五縣貧民口糧。（仁宗九八、二七）

（嘉慶七、一〇、丁巳）緩徵陝西咸寧、長安、臨潼、渭南、涇陽、三原、富平、藍田、華、永壽、邠、長武、盩厔、鄠、同官、潼關、大荔、朝邑、郃陽、韓城、華陰、澄城、白水、蒲城、扶風、岐山、鳳翔、寶雞、郿、麟遊、淳化三十一廳州縣水災舊欠額賦。（仁宗一〇四、一四）

（嘉慶八、閏二、庚午）免陝西渭南、華、華陰、潼關四廳州縣水災未完額賦。（仁宗一〇九、三）

（嘉慶八、四、乙丑）免陝西被賊滋擾之南鄭、孝義、寧陝、西鄉、洋、城固、寧羌、沔、褒城、留壩、鳳、略陽、安康、漢陰、石泉、平利、紫陽、洵陽、白河、商、鎮安、山陽、雒南、商南、咸寧、長安、盩厔、鄠、藍田、渭南、郿、扶風、岐山、寶雞、隴、汧陽、華三十七廳州縣七年以前民欠額賦、鹽課、常社倉糧，承辦軍需之咸陽、興平、醴泉、臨潼、高陵、涇陽、三原、富平、耀、同官、潼關、朝邑、郃陽、大荔、澄城、華陰、韓城、白水、蒲城、鳳翔、麟遊、乾、武功、永壽、邠、長武、淳化二十七廳州縣舊欠銀糧十分之五，並沿邊轉運軍火之膚施、安塞、甘泉、安定、保安、宜川、延川、延長、靖邊、定邊、榆林、葭、懷遠、神木、府谷、綏德、清澗、米脂、吳堡、鄜、洛川、中部、宜君二十三廳州縣未完常社倉糧籽種十分之五。（仁宗一一一、二）

（嘉慶八、八、壬辰）免陝西被賊滋擾並屢被偏災之咸陽、興平、醴泉、臨潼、涇陽、三原、高陵、富平、耀、同官、大荔、朝邑、澄城、蒲城、白水、鳳翔、乾、武功十八州縣六年以前蠲剩銀糧，並緩徵上年額賦，及鄰近賊氛之潼關、邰陽、華陰、韓城、麟遊、永壽、邠、長武、淳化九州縣節年蠲剩銀糧。又免被賊滋擾及鄰近賊氛之寧陝、孝義、南鄭、西鄉、洋、城固、寧羌、沔、褒城、留壩、鳳、略陽、安康、石泉、漢陰、平利、紫陽、洵陽、白河、商、鎮安、山陽、雒南、商南、咸寧、長安、盩厔、鄠、藍田、渭南、郿、扶風、岐山、寶雞、隴、汧陽、華、咸陽、興平、醴泉、臨潼、高陵、涇陽、三原、富平、耀、同官、潼關、朝邑、邰陽、大荔、澄城、華陰、韓城、白水、蒲城、鳳翔、麟遊、乾、武功、永壽、邠、長武、淳化六十四廳州縣及運送軍火之膚施、安塞、甘泉、安定、保安、宜川、延川、延長、靖邊、定邊、榆林、葭、懷遠、神木、府谷、綏德、清澗、米脂、吳堡、鄜、洛川、中部、宜君二十三州縣六、七兩年應還常社倉糧。（仁宗一一九、二三）

（嘉慶一〇、七、辛酉）緩徵陝西華陰縣歉收新舊額賦，並貸南寺堡等一百九十七村莊口糧。（仁宗一四七、七）

（嘉慶一〇、七、癸亥）緩徵陝西長安、咸寧、涇陽、藍田、耀、三原、鄠、興平、臨潼、咸陽、高陵、渭南、同官、富平、醴泉、盩厔、鳳翔、郿、麟遊、扶風、寶雞、岐山、大荔、華陰、華、邰陽、韓城、潼關、澄城、白水、朝邑、蒲城、邠、長武、淳化、三水、乾、永壽、武功、鄜、宜君、中部、洛川四十三廳州縣旱災新舊額賦鹽課，並賑各屬貧民。（仁宗一四七、一一）

（嘉慶一〇、八、甲辰）緩徵陝西膚施、宜川、延川、延長、安定、吳堡、隴、汧陽八州縣旱災新舊額賦，給一月口糧；並緩徵長安等四十三廳州縣、膚施等八州縣軍屯糧石。（仁宗一四九、一五）

（嘉慶一一、六、戊子）緩徵陝西留壩、鳳二廳縣水災本年額賦。（仁宗一六二、二九）

（嘉慶一一、一〇、丁丑）給陝西被賊滋擾之洋、城固、寧陝、孝義、鄠、盩厔、留壩、郿、石泉、鎮安、寶雞、岐山、西鄉、咸寧、長安十五廳縣貧民口糧有差，並緩徵新舊額賦鹽課。(仁宗一六八、七)

(嘉慶一二、一〇、**庚辰**) 緩徵陝西鳳翔、汧陽、洛川、咸寧、長安、鄠、藍田、盩厔八縣被雹被蟲村莊帶徵節年額賦。(仁宗一八六、一四)

(嘉慶一三、二、**丙戌**) 展緩陝西咸寧、長安、盩厔、鄠、寶雞、岐山、郿、洋、城固、鎮安十縣元年後被賊被災積欠額賦。(仁宗一九二、一九)

(嘉慶一四、五、**庚辰**) 緩徵陝西涇陽、三原、富平、藍田、蒲城、邠、乾、咸陽、醴泉、高陵、朝邑、武功、長武、咸寧、長安、渭南、耀、臨潼、大荔、澄城、郃陽、白水、韓城、華、華陰二十五州縣旱災新舊額賦並屯糧鹽課；貸涇陽、三原、富平、藍田、蒲城、邠、乾七州縣災民籽種口糧。(仁宗二一二、九)

(嘉慶一四、九、**癸酉**) 諭內閣：賽沖阿、朱勳奏新墾馬廠餘地，未能一律成熟，酌免租銀一摺。民人租種馬廠地畝，自應照例納租。今據查明，未墾地三頃九十四畝及坐落盩厔縣地三十頃，俱係新淤嫩灘，所出青苗，均多瘦弱，即少有收成，亦不足償其工本，若一律徵租，佃戶未免拮据。著照所請，將新墾未經成熟之馬廠餘地應徵本年上半年租銀五百兩及下半年租銀一百六十九兩零，著加恩豁免。但此項佃種租銀，原爲解交西安滿營，以充公用，今馬廠餘地並非水旱歉收，實因地土磽瘠，所產薄弱，若年年不能成熟，租銀無著，豈不於公帑有虧？著該護撫飭屬另爲履勘，擇肥饒之地招佃墾種，俾屢獲豐收，以資公用。(仁宗二一八、一八)

(嘉慶一五、七、**乙丑**) 緩徵陝西西安、鳳翔、同州、邠、乾五府州屬旱災節年帶徵額賦鹽課，並醴泉、高陵、涇陽、三原、邠、長武六州縣應還籽種糧石。(仁宗二三二、一三)

(嘉慶一五、九、**壬申**) 緩徵陝西榆林、懷遠、葭、安塞、定邊、綏德、清澗、米脂、吳堡九州縣歉收村莊新舊額賦，並賑榆林、懷遠、安塞、米脂、吳堡五縣被雹災民；貸咸寧、長安、咸陽、興平、醴泉、乾、武功七州縣籽種。(仁宗二三四、二一)

(嘉慶一六、一〇、**甲寅**) 給陝西神木、府谷、大荔、潼關、華、華陰六廳州縣被水被雹災民一月口糧。緩徵大荔、潼關、華、華陰、漢陰、鳳翔、渭南、朝邑、延川、榆林、葭、懷遠、寧陝十三廳州縣新舊額賦，並貸籽種、給房屋修費有差。(仁宗二四九、八)

(嘉慶一七、五、**壬辰**) 緩徵陝西潼關、華、華陰三廳州縣民屯上年水災新舊額賦。(仁宗二五七、二二)

（嘉慶一七、一〇、戊午）緩徵陝西葭、榆林、懷遠、神木、府谷、潼關六廳州縣本年雹災霜災新舊額賦，並貸米脂、白水、澄城三縣災民籽種。（仁宗二六二、一一）

（嘉慶一八、九、己巳）展緩陝西西安、鳳翔、同州、邠、乾五府州屬歉收地方節年緩徵銀糧。（仁宗二七三、八）

（嘉慶一八、一〇、丙辰）緩徵陝西潼關、華、華陰、大荔、渭南五廳州縣水災新舊額賦有差，並榆林、神木、府谷、葭、懷遠、米脂六州縣霜災舊欠額賦及倉糧籽種。（仁宗二七七、二一）

（嘉慶一八、一二、甲午）緩徵陝西咸寧、長安、寧陝、孝義、高陵、興平、藍田、鄠、盩厔、醴泉、咸陽、涇陽、三原、渭南、臨潼、富平、蒲城、大荔、華、乾、武功、鎮安二十二廳州縣被旱災民額徵粟米。（仁宗二八〇、一）

（嘉慶一九、二、壬子）給陝西被賊滋擾之洋、西鄉、城固、褒城、留壩五廳縣村莊兩月口糧，並緩徵盩厔、沔、略陽、鳳、寶雞五縣本年額賦。（仁宗二八五、一一）

（嘉慶一九、五、丙申）緩徵陝西潼關、大荔、蒲城三廳縣被雹村莊銀糧草束，並給大荔、蒲城二縣災民一月口糧。（仁宗二九〇、一四）

（嘉慶一九、七、丁未）緩徵陝西朝邑、大荔二縣水災新舊額賦，給貧民一月口糧並房屋修費。（仁宗二九三、二六）

（嘉慶一九、九、丁未）緩徵陝西榆林、懷遠、葭、神木、府谷、綏德、米脂、潼關、華、華陰十廳州縣本年旱災霜災水災新舊額賦，賑潼關、華、華陰三廳州縣被水貧民，並給房屋修費。（仁宗二九七、一四）

（嘉慶一九、一〇、丙戌）緩徵陝西吳堡縣水災本年額賦。（仁宗二九八、二九）

（嘉慶二〇、五、庚寅）緩徵陝西榆林、府谷、懷遠、葭、神木、綏德、米脂七州縣上年霜災新舊額賦並民欠籽種牛具銀。（仁宗三〇六、五）

（嘉慶二〇、六、丁卯）緩徵陝西乾州被雹村莊本年額賦，並貸籽種。（仁宗三〇七、一〇）

（嘉慶二〇、八、丙辰）緩徵陝西鄜州被雹村莊本年額賦。（仁宗三〇九、七）

（嘉慶二〇、一一、丙戌）緩徵陝西潼關、華陰、榆林、懷遠、葭、神木、府谷、米脂八廳州縣被水村莊帶徵額賦。（仁宗三一二、六）

（嘉慶二一、九、丁卯）緩徵陝西綏德、米脂、榆林、永壽四縣雹災額賦。（仁宗三二二、一二）

（嘉慶二一、一一、壬子）緩徵陝西府谷、神木二縣雹災新舊額賦。（仁宗三二四、七）。

（嘉慶二二、四、丁丑）緩徵陝西榆林、神木、府谷、葭、懷遠、綏德、米脂、清澗、吳堡九州縣上年歉收舊欠額賦並各項銀糧。（仁宗三二九、三）

（嘉慶二二、七、戊申）緩徵陝西華、華陰、潼關、渭南、大荔、朝邑六廳州縣水災新舊額賦。（仁宗三三二、三）

（嘉慶二二、九、己酉）給陝西吳堡縣被雹村莊一月口糧，並緩徵新舊額賦。（仁宗三三四、五）

（嘉慶三三、六、壬辰）展緩陝西富平、臨潼、咸陽、三原、藍田、邠、長武、定邊八州縣積欠額賦。（仁宗三四三、二八）

（嘉慶二三、九、壬子）緩徵陝西吳堡縣雹災本年額賦，並給災民一月口糧。（仁宗三四七、四）

（嘉慶二三、一一、壬寅）緩徵十一陝西咸寧縣水災本年額賦。（仁宗三四九、一一）

（嘉慶二四、一〇、癸丑）給陝西潼關、華、華陰、朝邑、大荔五廳州縣被水被雹災民一月口糧，貸給籽種、房屋修費，並緩徵本年額賦及榆林、懷遠二縣額賦。（仁宗三六三、二九）

（嘉慶二五、四、丙戌）免陝西陽平關水衝營田三十六畝有奇額賦。（仁宗三六九、一）

10. 甘肅

（順治六、一一、丙寅）免陝西岷州本年分雹災租稅。（世祖四六、二三）

（順治七、七、辛未）免陝西西寧各堡寨五年分雹災額賦。（世祖四九、一八）

（順治七、一一、甲寅）免陝西甘肅等處六年分蝗、水、雹災額賦。（世祖五一、五）

（順治一〇、一、癸酉）免陝西莊浪、紅城堡及洮州衛雹災額賦有差。（世祖七一、五）

（順治一一、五、甲辰）免陝西平涼衛十年分雹災額賦。（世祖八三、一八）

（順治一一、七、壬辰）免陝西秦州、朝邑、安定二縣本年分水災額賦。（世祖八五、五）

（順治一一、七、戊申）免陝西鎮原、廣寧本年分雹災額賦。（世祖八五、七）

（順治一一、八、辛酉）免陝西真寧縣十年分雹災額賦。(世祖八五、一四)

（順治二一、二、己巳）免陝西平涼、漢陰二縣十一年分雹災額賦。(世祖八九、九)

（順治一二、九、戊申）免陝西鞏昌府兩當、寧遠二縣本年分雹蓄額賦。(世祖九三、一八)

（順治一二、一〇、己未）免陝西甘州、肅州、涼州、西寧本年分雹災額賦。(世祖九四、七)

（順治一三、八、己亥）免陝西靖遠、洮岷等衛本年分雹災額賦。(世祖一〇三、一六)

（順治一七、一、辛巳）免陝西洮州衛十六年分水災額賦。(世祖一三一、一七)

（順治一八、一、戊子）免陝西伏羌縣本年分雹災額賦。(聖祖五、一二)

（康熙二、七、壬午）免陝西禮縣康熙元年分水災額賦。(聖祖九、一九)

（康熙二、九、乙亥）免甘肅莊浪衛、寧夏、寧州本年分雹災額賦有差。(聖祖一〇、二)

（康熙三、二、甲午）免陝西秦州康熙元年分水災額賦十之三。(聖祖一一、八)

（康熙三、四、丁未）免陝西禮縣康熙元年分水災額賦十之三。(聖祖一一、二四)

（康熙三、一〇、庚午）免陝西西寧衛本年分水災額賦。(聖祖一三、九)

（康熙三、一一、丁酉）免陝西河州所屬地方本年分水災額賦有差。(聖祖一三、一四)

（康熙四、九、甲申）免陝西肅州衛所屬地方本年分旱災額賦。(聖祖一六、一六)

（康熙四、九、丙申）免陝西莊浪所屬黑城子地方本年分雹災額賦。(聖祖一六、二〇)

（康熙四、九、壬寅）免陝西河州梨子里地方本年分水災額賦。(聖祖一六、二〇)

（康熙四、九、己亥）免陝西臨洮衛地方本年分雹災額賦。(聖祖一六、二〇)

（康熙四、九、壬子）免陝西蘭州本年分旱災額賦有差。(聖祖一六、二七)

（康熙四、一〇、癸亥）免陝西狄道縣本年分水災額賦有差。(聖祖一七、二)

（康熙四、一一、癸巳）免陝西河州衛本年分水災額賦有差。（聖祖一七、九）

（康熙四、一二、丙寅）免陝西鎮原等三州縣本年分雹災額賦有差。（聖祖一七、一五）

（康熙五、五、癸卯）免陝西威武、清平二衛康熙四年分水災額賦有差。（聖祖一九、六）

（康熙六、三、乙酉）免陝西蘭州康熙五年分雹災額賦十之三。（聖祖二一、一三）

（康熙六、四、辛未）免陝西鎮原縣康熙五年分雹災額賦。（聖祖二一、二四）

（康熙六、五、丙午）免陝西會寧等六縣本年分雹災額賦有差。（聖祖二二、六）

（康熙六、七、壬申）免甘肅所屬寧州、安化等四州縣康熙五年分霜災額賦有差。（聖祖二三、二三）

（康熙七、二、丙戌）免陝西寧州、華亭等四州縣及慶陽衛康熙六年分雹災額賦有差。（聖祖二五、一五）

（康熙七、三、辛酉）以甘肅寧州、安化等五州縣及慶陽衛康熙六年分民遭疾疫，將丁銀豁除，并免地畝額賦一年。（聖祖二五、二一）

（康熙七、五、壬寅）廣東道御史陳可畏疏言：甘肅巡撫劉斗題報平涼、慶陽、臨洮、鞏昌四府，康熙六年夏旱秋澇，已奉旨將慶陽府屬額賦全蠲，而平涼等三府未得一例邀恩。請將三府見年錢糧，盡行蠲免；已徵者，流抵下年正額。部議不准。得旨：陳可畏奏稱平涼等三府未得與慶陽府屬一例邀恩，爾部乃云，秋禾收與不收，難以預知，毋庸議。如此，則饑饉之民，何以輸納？著再確議具奏。（聖祖二六、二）

（康熙七、六、庚辰）甘肅巡撫劉斗疏請免莊浪等五縣旱災額賦。得旨：莊浪等五縣百姓饑饉，已遣官賑救。該撫既稱飢民難辦額賦，今年錢糧，著即蠲免。（聖祖二六、九）

（康熙八、二、壬申）山西陝西總督莫洛、甘肅巡撫劉斗疏請免平涼、臨洮、鞏昌三府屬各州縣衛積欠銀七萬八千三百餘兩、糧一十六萬三千餘石。部議以拖欠錢糧，他省多有，若行蠲免，兵餉有缺。不准行。得旨：平涼、臨洮、鞏昌三府所屬地方，屢被災荒，較他省不同。著照該督撫所請，將舊欠錢糧，俱免追徵。不爲例。（聖祖二八、一〇）

（康熙九、一二、辛丑）户部議覆：甘肅巡撫花善疏言，寧州地處邊鄙，土田瘠薄，而科賦獨重。近因歲歉，民逃地荒。請將本州錢糧照真寧縣一例徵收，其逃荒地丁，悉與豁免。應如所請。從之。(聖祖三四、二四)

（康熙一○、一○、壬午）免陝西甘州左右二衛及山丹衛本年分水災額賦有差。(聖祖三七、二)

（康熙一六、一二、丙辰）免陝西寧夏衛本年分蟲災額賦十之三。(聖祖七○、一五)

（康熙二二、七、辛卯）免甘肅靖遠衛本年分旱災額賦有差。(聖祖一一一、八)

（康熙二二、八、己酉）免甘肅莊浪所本年分雹災額賦十之三。(聖祖一一一、二一)

（康熙二二、八、壬戌）免甘肅慶陽衛、安化縣本年分旱災額賦十之三。(聖祖一一一、三一)

（康熙二二、九、甲申）免寧夏平羅所水淹沙壓田賦。(聖祖一一二、一三)

（康熙二五、一○、庚午）免甘肅歸德所所屬保安堡屯地本年分水災額賦。(聖祖一二七、二九)

（康熙二八、七、庚子）免甘肅涇州本年分雹災額賦有差。(聖祖一四一、一四)

（康熙一一九、八、乙亥）免甘肅鎮原縣本年分雹災額賦有差。(聖祖一四八、八)

（康熙二九、九、丁酉）免甘肅寧州本年分雹災額賦有差。(聖祖一四八、一八)

（康熙二九、九、甲辰）免甘肅涼州衛、古浪所本年分旱災額賦有差。(聖祖一四八、一九)

（康熙三○、一一、乙丑）免陝西寧州鎮原縣本年分雹災額賦有差。(聖祖一五三、一九)

（康熙四○、九、癸巳）免陝西隴西等十二州縣、臨洮等七衛所本年分旱災額賦有差。(聖祖二○五、一四)

（康熙四○、一○、己未）諭戶部：朕孜孜圖治，宵旰靡寧，於民生疾苦，時切軫念。甘肅等處地方，切近邊陲，土田瘠薄，今年雨澤愆期，田禾多有未穫，閭閻飢困，朕心深用憫惻。已特敕該督撫等官，將被災之處親行躅賑，令得其所。更念來歲青黃不接，西土小民，輸納維艱。著將甘肅巡撫所屬州縣衛所康熙四十一年分地丁錢糧，通行豁免。地方有司，務期切實奉行，毋令官吏借端侵漁，俾小民得均霑實惠，以副朕軫恤災黎至意。(聖祖

二〇六、三)

（康熙四〇、一〇、辛未）免陝西伏羌縣本年分旱災額賦有差。（聖祖二〇六、九）

（康熙四〇、一〇、壬午）免陝西隴西縣本年分雹災額賦有差。（聖祖二〇六、一二）

（康熙四〇、一一、庚寅）免陝西蘭州、狄道縣、臨洮衛本年分旱災額賦十之三。（聖祖二〇六、一三）

（康熙四〇、一一、丙申）免陝西靈州、寧夏二所本年分旱災額賦有差。（聖祖二〇六、一五）

（康熙四一、二、乙丑）免陝西安定、會寧二縣康熙四十年分旱災額賦有差。（聖祖二〇七、一二）

（康熙五二、一二、癸巳）免甘肅會寧等四縣衛本年分旱災額賦有差，并命發粟賑濟饑民。（聖祖二五七、一五）

（康熙五三、三、乙巳）諭戶部：甘肅一帶地方，去年春麥失收，秋田亦歉，經該督撫奏報甚明。其地俱係山田，稍遇天旱，易致荒歉，是以舊歲特沛恩澤，蠲免租賦。見在雖據該督撫設法賑濟，給與牛種，此外更應作何籌畫，使小民得所，永有裨益。著遣工部右侍郎常泰、大理寺少卿陳汝咸到彼會同該督撫，詳察地方百姓情形，確議具奏。（聖祖二五八、一二）

（康熙五三、一一、庚戌）諭戶部：……前因甘肅靖邊衛等處，年歲不登，民艱粒食，已多方賑濟。本年錢糧，或蠲或停。而山地磽瘠，民鮮蓋藏，若不大沛恩施，目前已自艱難，來歲更何倚恃。被災二十八州縣衛所康熙五十四年額徵銀九萬七千八百七十兩零、糧二十三萬九千四十石零、草二百五十三萬七千八十束零，俱著通行蠲免。行文甘肅巡撫心實奉行。務使比屋均霑實惠，用副朕撫恤災黎至意。（聖祖二六一、三）

（康熙五四、六、乙酉）戶部議覆：甘肅巡撫綽奇疏言，康熙五十、五十一、五十二年固原州等處未完額賦，請分年帶徵。應如所請。得旨：固原州等十七處未完銀米，即分年帶徵，被災之民，斷不能完納。著察明蠲免。（聖祖二六四、一〇）

（康熙五四、一二、乙酉）諭戶部：……前因甘肅靖遠衛等處年歲歉收，既已多方籌畫，蠲賑頻施，復將甘肅被災二十八州縣衛所康熙五十四年額徵銀糧草束通行蠲免。但被災之餘，民鮮蓋藏，若非再沛弘施，恐來歲辦賦猶艱。除寧州、隴西、渭源、狄道、臨洮五州縣衛康熙五十五年額徵銀糧草束已經蠲免外，其靖遠等二十八州縣衛所康熙五十五年額徵銀九萬七千八百七十兩零、糧二十三萬九千四十石零、草二百五十三萬七千八十束零亦盡興蠲免。諭旨到日，該督撫即徧行曉示，俾遐陬僻壤，莫不周知，務期均沾實惠，以副朕軫恤邊民至意。(聖祖二六六、二〇)

（康熙五七、九、壬辰）免甘肅涼州、古浪等五衛所本年分旱災額賦有差。(聖祖二八一、一二)

（康熙五八、四、庚戌）戶部議覆：陝西總督鄂海疏言，甘肅邊地，額徵糧草居多，銀兩數少，且有全徵糧草、並無銀兩者。今奉恩蠲免地丁，仍徵糧草，獨甘民不得均霑實惠。請將康熙五十三、四、五、六等年未完舊欠糧草，概行蠲免。應不准行。得旨：甘肅所屬地方，康熙五十三、四、五、六等年民間舊欠銀米草豆，著盡行豁免，務令得霑實惠。(聖祖二八四、二)

（康熙五九、九、壬午）免陝西甘肅所屬會寧等一十七州縣衛所康熙五十八年分旱災額賦有差。(聖祖二八九、五)

（康熙六〇、八、戊辰）免甘肅靜寧州本年分雹災額賦有差。(聖祖二九四、二)

（康熙六一、七、丙申）免陝西固原州、固原衛本年分旱災額賦有差。(聖祖二九八、九)

（雍正一、七、甲辰）免陝西涼州古浪所屬大靖地方康熙六十年分雹災額賦有差。(世宗九、二六)

（雍正一、七、乙巳）免陝西平涼等廳、州、縣、衛、所康熙六十年分旱災額賦有差。(世宗九、二七)

（雍正七、二、庚子）免甘肅武威縣、蘭州廳雍正六年分雹災額賦有差。(世宗七八、三三)

（雍正七、三、丙辰）免甘肅平番縣雍正六年分旱災額賦有差。(世宗七九、一五)

（雍正七、四、庚寅）免甘肅河州平涼等三州縣雍正六年分雹災額賦有差。(世宗八〇、一五)

（雍定七、六、辛巳）免甘肅安定縣雍正六年分雹災額賦有差。(世宗八二、四)

（雍正七、六、壬寅）免甘肅平涼縣雍正六年分雹災額賦有差。(世宗八二、三三)

（雍正七、閏七、乙未）免甘肅靖遠廳雍正六年分雹災額賦有差。(世宗八四、二一)

（**雍正七、九、己丑**）諭內閣：年來用兵西藏，勦撫苗蠻，一切辦理軍需，皆動支公帑，而糧餉轉輸，不無資於民力，朕心深爲軫念。是以降旨，將甘肅、四川、雲、貴、廣西五省庚戌年地丁錢糧全行豁免。查甘屬之河西四府，如寧夏西寧及甘、涼、肅，以至嘉峪關外之靖逆、赤金、柳溝等衛所，歷來額徵，俱係糧料草束，與各省額徵折色無異。今當用兵之際，雖絲毫不派及民間，而黎民踴躍急公之意，大將軍岳鍾琪屢次奏聞，甚屬可嘉。著將額徵本色，加恩豁免，以示惠愛邊民之至意。（世宗八六、二二）

（**雍正八、六、己未**）諭戶部：甘肅地方，雍正八年地丁錢糧，前已降旨蠲免，其河西四府州縣暨各衛所額徵糧料草束，又經一體免徵，朕念新歸內地番民嚮風慕義，願附版圖，其地畝額徵本色糧草，與河西等處賦稅相同，亦應一體蠲除，俾令同霑恩澤。著將雍正八年河東之河州廳洮州衛歸德所、河西之西寧、涼州府屬應徵番糧共一萬二千有奇，俱加恩蠲免。該督撫即督率所屬有司敬謹奉行，俾番民均霑實惠。（世宗九五、一四）

（**雍正一〇、閏五、甲寅**）甘肅巡撫許容奏言：五月間、閏五月間，甘省各屬俱陸續得被甘霖。因從前得雨稍遲，豆麥有薄收之處，其臨屬之蘭州、鞏屬之靖遠、涼屬之平番，得雨最遲，夏禾麥豆，俱已枯槁，止可補種晚禾。得旨：朕念甘省備辦軍需，未免煩勞民力，而各屬內又有收成歉薄之州縣，意欲將本年甘肅各屬錢糧全行豁免，以加惠秦民。但諭旨到日，已屆初秋，開徵既久，錢糧多已完納，不能普遍沾恩。凡得雨稍遲之處，著許容將舊欠新賦悉行停徵，再與查郎阿悉心計議，或將備辦軍需州縣之錢糧全行蠲免。其中收成稍薄者，再加賑恤。其不辦軍需之州縣，而收成又復照常者，仍照額賦徵收。著會同密議具奏。（世宗一一九、一五）

（**雍正一〇、七、壬辰**）諭內閣：甘肅地方，年來預備軍需，雖事事取辦於公帑，而百姓輸輓効力，亦甚勤勞，朕心軫念，屢加恩澤。聞今歲蘭州、平涼、西寧等府所屬州縣內，有雹損蟲傷之處，已諭該督撫留心賑恤，停止催科。嗣聞從前雨少之處，俱已霑被甘霖，秋成可望，朕心深慰。因念甘肅爲軍需總匯之區，百姓急公趨事，所當格外加恩，以昭朕子惠元元、獎勞賞善之至意。著將河東河西各屬民戶、屯戶及番民等本年應徵各項銀米草束，一概蠲免；有已經完納者，准作來年正賦。該督撫等務體朕心，督率有司，敬謹奉行，俾秦民均霑實惠。儻有豪胥猾吏，舞弊作姦，使澤不下逮者，經朕訪聞，定將該管大小官員，嚴加議處。（世宗一二一、六）

（**雍正一一、五、丁未**）諭內閣：西路用兵以來，甘肅等處百姓，効力爲多，是以屢年地丁錢糧，朕皆降旨蠲免，上年並將米穀草豆等項悉令免徵，以示朕逾格施恩之至意。近聞該省雨澤應時，二麥豐稔，此即秦民忠義淳良、荷天福祐之明驗，朕心欣慰。著將甘肅所屬本年應徵地丁銀二十七萬餘兩仍行蠲免，以足民用，以廣國恩。該督撫務飭有司，敬謹奉行，俾百姓均霑實惠。（世宗一三一、一〇）

（雍正一一、八、戊午）甘肅巡撫許容疏言，本年甘屬應徵地丁銀兩，奉旨全行蠲免。豐年被澤，闔省歡呼。但查雍正十年，甘省先經蠲免，所有民間已完銀十四萬六千餘兩，准抵今年正賦，今年未奉恩旨以前，又有已完銀兩；再，甘省有新經入額錢糧一千一百餘兩尚未報部，想應一併奏聞。得旨：朕因加惠甘肅民人，是以將本年額賦再行蠲免，其上年及今年春夏間已完之項，著該督撫董率有司，詳細確查，記明檔冊，准抵甲寅年應徵正課。至新經入額之一千一百餘兩，一體蠲免。（世宗一三四、七）

（雍正一二、一〇、丁未）諭內閣：數年以來，甘肅等處地方，辦理軍需，民人等輓輸効力，朕心深爲軫念，已屢加恩澤，以示嘉獎。前據督撫等奏報，今年禾麥收成俱好，朕心甚慰。今聞秋間有雨少之州縣，如階州、靖遠、環縣數處，收成不足，民食稍艱，或他處有似此者，亦未可定，著劉於義、許容確加訪查，所有歉收之處，或應蠲免，或應停徵，其乏食之民，如何撫恤，一面定議奏聞，一面即行辦理。若西安所屬，有秋田歉薄之州縣，著史貽直、碩色亦即確查奏聞，照此辦理。（世宗一四八、三）

（雍正一二、一一、甲午）諭內閣：今歲春夏之間，陝西地方，禾麥頗好，及至仲秋，聞有雨少之州縣，如甘肅所屬，則有階州、靖遠、環縣等處，西安所屬，則有臨潼、渭南、高陵、涇陽、三原、醴泉、富平、同州、郃陽、澄城、韓城、朝邑、華州、華陰、蒲城、潼關以及榆、葭二府州所屬等處，朕心深爲軫念。特諭該督撫，速籌蠲免賑恤並轉運接濟之策，務使貧民不致失所。兹據劉於義、許容奏稱，階州、靖遠、環縣新舊錢糧，已概行停徵，至乏食之民，已照例借給口糧，統俟夏收徵還。其他州縣，有一村一堡被旱薄收者，亦照階州等處之例辦理等語。據史貽直、碩色奏稱，西安所屬州縣，秋間雨澤愆期，嗣於九月內大沛甘霖，所種之麥，滋潤暢茂，明歲夏收可望，現在糧價有減無增，約計本地存貯穀石，足以接濟明春之用。至本地錢糧，百姓感戴皇仁，且值連年豐稔，已經完納十之八九，亦無庸加恩蠲免。惟從前借糶之穀糧，應於秋後還倉者，今西安、同、華、榆、葭等府州，既有薄收之屬，請暫緩徵買，統俟明秋還項，則民力可紓等語。劉於義、史貽直等所奏地方情形已悉，階州等三州縣乏食民人所借之口糧，俱著賞給，明年夏收時不必徵還；所有本年未完之錢糧，亦著蠲免，明年不必補徵。其應徵舊欠，著概行停止。仍令劉於義、許容督率有司，加意撫綏，務令小民得所。至西安、同、華、榆、葭等府州屬百姓所借之倉糧，亦著賞給，明年不必交還。其糶出之穀，著史貽直等酌量於明年買補還項。（世宗一四九、一五）

（雍正一二、一二、辛酉）免陝西固原屬之平原所下馬關及靈州屬之花馬池、中衛縣屬之香山、禮縣屬之大潭一里本年分秋禾歉收額賦；并乏食貧民所借口糧，一體賞給。從陝西總督劉於義、甘肅巡撫許容請也。（世宗一五〇、一三）

（雍正一三、五、甲辰）諭內閣：西陲用兵以來，一應軍需，皆取資於公帑，絲毫不以累民。惟是甘肅等處，運送糧餉，不能不藉民力之輓輸。朕心軫念，屢沛恩膏，即當豐稔之年，亦下蠲租之詔。所以賞百姓之急公，示朕心之體恤也。茲聞甘省所屬地方，入夏以來，有雨澤愆期之州縣，或恐收成稍薄，納課艱難。著將雍正十三年甘肅通省所屬應徵地丁錢糧，全行蠲免。俾催科不擾，民力寬舒。該督撫可董率有司，實力奉行，以副朕加惠秦民之至意。（世宗一五六、四）

（雍正一三、七、庚申）諭辦理軍機大臣等：西陲用兵以來，甘肅等處民人，急公效力，甚屬可嘉。是以朕屢沛恩膏，免其正賦，今年又將地丁錢糧，全行蠲免，所以優恤民力，令其寬裕也。今據巡撫許容奏稱，五月接奉諭旨之時，已據各屬詳報完納銀一十二萬餘兩。查定例已完者充餉，未完者免徵，此項應照例充餉等語。朕因嘉獎秦民奉公趨事，是以特加格外之恩，而其中爭先完課者，尤為良善之民。著將已完若干，准其作來年正賦。許容可傳旨速諭，俾閭閻咸知朕意。並督率有司實力奉行，毋使胥吏土棍，作弊中飽。（世宗一五八、二一）

（雍正一三、九、甲辰）又諭：甘省百姓，連年輓運軍需，荷蒙皇考聖恩，將該省應徵錢糧，連年蠲免，其本年錢糧，亦欽奉皇考諭旨，全行蠲免。今朕聞該省之蘭州、西固廳及平涼府、固原州、環縣諸處收成歉薄，百姓艱苦，朕心深為軫念。著傳諭該督撫等，於蠲免額糧之外，加意撫綏；作何賑卹之法，務使乏食窮民，均霑實惠。（高宗二、二二）

（雍正一三、九、甲子）諭總理事務王大臣：甘省百姓，連年輓運軍需，已蒙皇考恩旨，將本年地丁錢糧，全行蠲免。朕聞平涼府所屬廳州縣，並鞏昌府屬西固廳、慶陽府屬環縣及寧夏府屬靈州之花馬池、石溝等堡，中衛之香山一帶，今歲收成稍歉，朕心軫念。著將各該處本年額徵本色糧石，緩至來年夏收後，該督撫看年歲光景奏聞，再行徵收。至於冬底明春，恐此歉收諸處，有乏食之百姓。著該督撫悉心確查，動用倉儲，借給米糧，務令餬口有資，不致失所。又聞固原、環縣等處之民，有移就鄰封營生者，著該地方官安插料理，至來年青黃不接之時，該督撫尤宜留心體察，善爲撫卹，毋得疏忽。（高宗三、三六）

（**雍正一三、一○、辛卯**）甘肅巡撫許容奏請：甘省本色糧草，可否於蠲免民欠項內一併豁免。得旨：秦省本色糧草，已在前旨豁免之內，著該部作速行文曉諭，咸使聞知。（高宗五、三八）

（**乾隆一、九、丙午**）諭：雍正十三年平涼府所屬廳州縣，并鞏昌府屬西固廳，慶陽府屬環縣及寧夏府屬靈州之花馬池、石溝等堡，中衛之香山一帶，收成稍歉，此時朕即降旨，令該督撫加意軫恤，并將各該應額徵本色糧石，緩至次年夏秋後，看年歲光景奏聞，再行徵收。今據該督撫奏報各處收成，有六七分者，亦有八九分者。朕思此等地方，上年收成歉薄，今雖收穫，民力未必寬餘，若新舊並徵，小民不無窘迫。著將緩徵本色糧石，自本年爲始分作五年帶徵還項，以示朕加惠秦民之至意。（高宗二六、二四）

（**乾隆一、一○、丁丑**）諭總理事務王大臣：據劉於義奏稱，寧夏府屬之新渠、寶豐二縣，從前招徠戶口，多係無業窮民，其雍正十一年額賦，實由奉文遲緩，與十二年同時並徵，以致遞行拖欠。今十二年以前民欠錢糧，已荷聖恩，全行豁免，而十三年未完糧石，尚復盈千累萬，若責令於今歲照例並徵，勢不能如數交納。可否仰懇聖恩，將雍正十三年民欠糧數，分作五年帶徵等語。寧夏府屬之新、寶二縣，雍正十三年分民欠錢糧，原係本年應徵之項，但從前之拖欠，既屬有因，若令一時並徵，民力未免艱苦。著於乾隆元年爲始，將兩縣民欠糧數，分作五年帶徵。該部知道。（高宗二九、三）

（**乾隆二、八、庚申**）賑恤甘肅平番、蘭州、金縣、河州等四州縣被旱災民，緩徵額賦。（高宗四八、四）

（**乾隆二、九、癸丑**）[總理事務王大臣等]又議覆：陞任甘肅巡撫、宗室德沛，請豁免甘省河西、甘、涼、寧三府州縣衛隨徵馬糧一萬一百餘石零。查此項原係前明額外之徵，於民實多苦累，況該省河東各府額徵糧內，並無馬糧一項，而邊地窮民獨相沿未革。應如所請，自乾隆戊午年爲始，照數豁除。得旨：依議。（高宗五一、二四）

（**乾隆二、一○、壬寅**）蠲免甘肅會寧縣本年旱災額賦。（高宗五五、三）

（**乾隆二、一○、庚戌**）蠲免甘肅平番縣本年旱災應徵銀糧草束。（高宗五五、一一）

（**乾隆二、一一、乙亥**）賑卹甘肅環縣、蘭州，廣東三水、龍門、從化、

清遠、花縣、澄海、潮陽、高要、開平、四會十縣被旱災民，緩徵本年額賦。（高宗五七、三）

（乾隆二、一二、己亥）續免甘肅寧夏縣河忠堡水災十分丁耗銀糧。（高宗五九、二）

（乾隆三、三、丙寅）諭：據元展成奏稱，寧夏府屬之寶豐、新渠二縣，前奉恩旨將雍正十二年以前民欠豁免。緣兩縣民戶已將應完十三年之正糧儘納十二年之舊欠，是以復欠十三年之額徵銀三萬兩有奇，現在設法催徵，而民力維艱等語。朕思兩邑招墾新戶安業未久，所欠十三年額賦，既因儘納舊欠，致虧正額，今又新舊并徵，未免拮据。朕心深爲憫念。特格外加恩，將雍正十三年以前舊欠悉行豁免，其乾隆元、二兩年有未完正額錢糧，著分作十年帶徵，以紓民力。可傳諭戶部知之。（高宗六四、二一）

（乾隆三、三、辛未）免甘肅蘭州、環縣、靈州、中衛縣、花馬池旱災額賦有差。（高宗六五、一二）

（乾隆三、八、辛卯）停徵甘肅柳溝衛所屬之八九道溝等處本年水災額賦，兼賑饑民。（高宗七四、二六）

（乾隆三、九、甲子）緩徵甘肅口外赤金所本年風災額賦，兼賑饑民。（高宗七六、二〇）

（乾隆三、九、乙亥）停徵甘肅碾伯縣本年蟲災，並口外靖逆衛屬之大東渠、紅柳灣、花海子及頭二三溝風災額賦，兼賑饑民。（高宗七七、一四）

（乾隆三、九、丁丑）緩徵甘肅平番縣本年蟲災額賦，兼賑饑民。（高宗七七、一六）

（乾隆三、一一、戊辰）緩徵甘肅武威、永昌、平番、鎮番、西寧、碾伯、肅州、高臺、西固等九州縣廳蟲災本年錢糧。（高宗八一、一〇）

（乾隆三、一一、壬申）[戶部]又議准：甘肅巡撫元展成疏報，武威縣本年夏禾被災地三千九百三十頃二十九畝有奇。除業經加賑外，所有應徵正糧草束耗羨銀兩，分別蠲免一二分有差。從之。（高宗八一、一八）

（乾隆三、一二、壬辰）豁免甘肅寧夏縣通和堡地方本年水災額賦。（高宗八二、三五）

（乾隆三、一二、甲午）戶部議覆：甘肅巡撫元展成疏言，平番縣屬本年蟲傷秋稼，被災窮民，無論極貧、次貧，請先賑口糧一月，冬春之際，極貧加賑三月，次貧兩月。被災水旱地共一千四百九十六頃八十二畝有奇，成災六分至九分不等。應徵正耗糧銀地租草束等項，請按分數分別蠲免。又，新渠、寶豐二縣，被水災民，除經賑給口糧外，自本年十一月至次年二月，

大口日賑五合、小口三合。均應如所請。從之。(高宗八三、二)

(乾隆四、一、丁卯)諭：上年十一月，寧夏地動，民人被災甚重。朕聞奏，即遣大臣星馳前往，會同督撫將軍等，加意賑恤，並籌畫撫綏安輯之計。日來伊等陸續奏到，正在多方經理，以濟災黎。朕思民人等，困苦播遷之後，縱能勉力耕耘，豈能復輸租稅。著將寧夏、寧朔、平羅、新渠、寶豐五縣本年應徵地丁，及糧米草束雜稅等項，悉行蠲免。如有舊欠，亦著蠲除。倘附近州縣有被災之處，應加恩免賦者，著欽差及督撫等查明奏聞請旨。(高宗八五、三)

(乾隆四、二、甲申)免甘肅碾伯縣乾隆三年蟲災額賦十分之二。(高宗八六、八)

(乾隆四、二、乙未)免甘肅靖逆衛乾隆三年風災額賦七分之二。(高宗八七、三)

(乾隆四、二、丙申)免甘肅柳溝衛乾隆三年蟲災額賦六分之一。(高宗八七、四)

(乾隆四、六、癸卯)免甘肅口外赤金所屬地方乾隆三年被災應徵正耗糧草。(高宗九五、一五)

(乾隆四、七、庚戌)諭：據鄂彌達、元展成奏稱，甘省五月以來，連得大雨，間有山水衝壓，及雨中帶雹之處。如秦州所屬之秦安縣，涼州府屬之平番縣有被水淹浸之邨莊，又西寧、渭源、河州三州縣有被雹災之邨莊，又階州、寧遠、秦州、隴西、伏羌、會寧、皋蘭等處，亦被雹傷，約二三分不等；又武威、古浪、永昌等處，有水衝淤壓之田畝。現在分別撫恤，俟驗勘是否成災，再行題報等語。朕念甘省災傷之餘，即使年穀順成，尚恐地方未有起色，今復有此被水被雹之事，朕心實切惶悚。著該督撫董率有司，加意料理，毋使一夫失所。雖據該督撫奏稱此數州縣中，被災者不過邨莊幾處，即一村之內，亦輕重不等。但一州縣中既有被災之所，則通州縣內，料必不能十分豐收，米糧未必寬裕，必須格外加恩，閭閻始能樂業。著將凡被水雹之州縣，不論成災不成災，所有乾隆四年應徵地丁錢糧，悉行寬免，以示優恤甘民之至意。(高宗九六、六)

(乾隆四、九、庚午)又諭：甘省之秦安等十五州縣，俱有被水被雹之處，朕已格外加恩，將該州縣本年應徵地丁錢糧，降旨寬免。但甘省州縣，從前多係衛所，其額徵之項，本色多而折色少，亦有全徵本色者。朕從前因甘省州縣屯地，皆徵本色，而無折色，每遇蠲免之年，不得一體沾恩，曾降旨准免三分之一。此次秦安等十五州縣應徵糧草，亦著照屯戶之例，蠲免三

分之一，以示朕優恤邊民之至意。該督撫即遵諭行。（高宗一〇一、一二）

（乾隆四、九、庚午）又諭：據鄂彌達、元展成奏稱，西寧府屬之碾伯縣，寧夏府屬之靈州、中衛縣，俱續有被水被雹之處。又碾伯、平番、西寧三縣，乾隆三年分額徵並節年一切借項，前經奏明，緩至本年催徵。今查各該縣夏收，除被災處所，其餘俱有七八分收成，但上年已經被雹被蟲，收成僅在五分以上。平番現在採買供支駐莊滿兵糧草，西、碾二邑，亦因倉儲缺少，正需採買積貯。今積年應完各項，為數繁多，若一時並徵，民力不無竭蹶。請將三縣今年所借籽種口糧，於秋收後照數徵收，其舊欠分年帶徵等語。朕因秦安等十五州縣，俱有水雹偏災，業經降旨特加優恤，將本年應徵銀糧草束，分別蠲免。今碾伯、靈州、中衛亦有被災之處，而碾伯上年已屬歉收，靈州、中衛又當寧夏災傷之後。著將此三州縣應徵銀糧草束，與秦安等州縣一體加恩，分別寬免。其碾伯、平番、西寧三縣，所有三年分額徵並節年借項，著於庚申年起，分作三年帶徵，以紓民力。（高宗一〇一、一三）

（乾隆四、一一、壬申）又諭：上年寧夏地震之後，朕日夕憂思，多方籌畫，一年以來，陸續經理，地方漸有起色，朕心稍慰。嗣後加意休養，方能培復元氣。著將寧夏、寧朔、平羅三縣額徵銀糧草束，再寬免一年，以滋生息，以裕蓋藏。著該部即遵諭行。（高宗一〇五、一六）

（乾隆五、閏六、戊辰）戶部議覆：甘肅巡撫元展成疏報，涼州府之永昌縣屬，入夏以來，雨水稀少，渠水微細，田禾大半枯槁，又平番縣之松山堡等處，坐落口外，地本瘠薄，又值亢旱，被災六分至九分不等；又鞏昌府之會寧縣屬，亦因被旱，收成約計三分有餘，實屬成災等語。應令該撫速查實在乏食災民，酌給口糧，無使失所。其被災地畝，應徵銀米，照例暫緩。得旨：依議速行。（高宗一二一、一九）

（乾隆五、七、丁酉）緩徵甘肅武威、古浪二縣本年分旱災額賦，兼賑饑民；並平羅縣屬東永惠、紅崗等堡被水飢民，一體賑恤。（高宗一二三、二六）

（乾隆五、一〇、甲寅）諭：從前寧夏等處，地動為災，民人困苦，朕百計籌畫，加意撫綏，始不至於失所。惟是瘡痍甫起，戶鮮蓋藏，本年平羅地方又有被水被旱之處，若照分數成例，蠲免錢糧，恐民力仍不免於拮据。著格外加恩，將銀糧草束，概予全免。至未被災之村莊及夏、朔二縣，從前被災較重，雖兩年以來均屬有收，而工役繁興，人夫雲集，米糧物價，猝難平減，亦應酌量加恩，與民休息。著將夏、朔二縣及平羅未被災村莊，辛酉年額徵銀糧草束，寬免一半。戶部可即行文該督撫遵旨辦理。（高宗一二九、二）

（乾隆六、一二、辛丑）蠲免甘肅武威、古浪二縣被水旱災田乾隆五年應徵錢糧。（高宗一五六、二四）

（乾隆六、一二、庚戌）蠲免甘肅永昌、平番、會寧三縣被旱成災地本年應徵錢糧草束。（高宗一五七、七）

（乾隆七、一、甲申）又諭：甘省地處邊徼，土瘠民貧，朕所加意撫恤。項聞涼州府屬之武威、平番、永昌、古浪四縣，頻歲歉收，上年又被旱災，民情甚苦，積欠頗多。查自雍正十三年至乾隆四年，武威縣未完額糧八萬一百餘石，草六十四萬二千餘束；平番縣未完額糧一萬三千八百餘石，草一十九萬二千餘束；永昌縣未完額糧一萬五千二百餘石，草二十萬四千餘束；古浪縣未完額糧四千三百餘石，草九萬三百餘束。又西寧府屬之西寧縣，自雍正十三年至乾隆三年，未完額糧二萬八千九百餘石，草二十九萬八千餘束；碾伯縣未完額糧一萬一千一百餘石，草一十三萬七千餘束。以上六縣，皆西陲苦寒之地，雖上年尚屬有收，然積歉之餘，元氣未復，若將新舊額糧草束，於一歲之內合併徵收，民力實為艱窘。著將舊欠之項，分作三年帶徵，俾閭閻易於輸將，示朕加惠邊氓之至意。（高宗一五九、六）

（乾隆七、二、丙午）諭：朕愛養黎元，旰食宵衣，惟恐薄海內外，有一夫不獲其所。邊徼疲乏之地，尤所厪念，不惜沛恩於常格之外，固已屢降諭旨矣。項思甘肅一省，地處西陲，民貧土瘠，前此頻歲軍興，嗣後連遭亢旱，雖去年各屬內有收成稍稔之州縣，而民間元氣未能遽復。加意培養，正在此時。查自雍正六年起至上年春夏止，各屬民欠借糧積至一百一十四萬餘石，例應按數徵收，以清公項。但思小民當積困之後，若將新舊糧石，一時並徵，恐因竭蹶輸將，以致生計窘迫，非朕撫綏培養之本懷。著將雍正六年至十三年借欠之項，一概蠲免。其乾隆元年以後借欠之項，從壬戌年為始，分作六年帶徵。至涼州、西寧二府所屬之武威、平番、永昌、古浪、西寧、碾伯等六縣，乃甘省最寒苦之區，上年又被旱災，深可憫惻。昨已降旨，將此六縣民欠額糧草束等項，分作三年帶徵。今既加恩通省，將雍正十三年以前舊欠悉行蠲免，此六縣民欠雖在雍正十三年以後，而彼地民力艱難，甚於他邑，著將此帶徵之項，一併蠲免，以示朕加惠邊氓之至意。（高宗一六一、一）

（乾隆七、四、丁未）諭：朕念甘省地瘠民貧，前特降旨，將民欠借糧，自雍正六年至十三年者，一概蠲免，其乾隆元年以後借欠之項，從壬戌年為始，分作六年帶徵。至最寒苦之武威、平番、永昌、古浪、西寧、碾伯等六縣，則將帶徵之項，一并豁免。今思民欠借糧內，從前有因倉糧缺少，以銀一兩作糧一石，借爲籽種口糧之需者。計自雍正十年至乾隆六年，如武威、平番、永昌、古浪、西寧、碾伯等六縣，欠銀八萬八百七十三兩有奇；又蘭、鞏、平、慶、寧夏五府屬之金縣、河州、靖遠、隴西、會寧、通渭、鹽茶廳、平涼、崇信、靜寧、固原、涇州、華原、合水、平羅、花馬池等處，欠銀四萬六千五百四十二兩有奇。此項借銀，原係以銀作糧，即與借糧無異。其自雍正十三年以前者，既已加恩蠲免，其在乾隆元年以後者，又分作六年帶徵，至武威等六縣，又復全予蠲豁。此等抵借之銀，事同一例，著照乾隆元年借欠糧石之例，從乾隆七年爲始，分作六年帶徵，俾民力愈得寬紓，受國家休養之澤。著該部即傳該督撫知之。（高宗一六五、六）

（乾隆八、四、丙申）免甘肅會寧縣乾隆七年旱災額賦，并加賑如例。（高宗一八八、一八）

（乾隆八、閏四、戊寅）諭：甘省地方，山土磽瘠，風氣苦寒，民力艱難，甚於他省，一遇歉收，所有應徵錢糧，往往不能按期完納。如蘭州府屬之皋蘭、狄道、金縣、靖遠，平涼府屬之平涼、涇州、靈臺、固原、鹽茶廳、鎮原、靜寧、華亭、慶陽府屬之安化，寧夏府屬之中衛、花馬池，甘州府屬之張掖等處，既有本年正額銀糧及本年借貸籽種口糧，又有從前借欠籽種口糧分作六年帶徵之項，統應完納，加以積年舊欠地丁銀糧，爲數繁多，一時交集，小民力難兼營，深可軫念。朕思本年額賦，係惟正之供，例應輸納；本年所借籽種口糧，春貸秋償，亦應如數交還；至於從前借欠之籽種口糧，已分作六年帶徵，無庸再緩。惟有舊欠地丁銀糧，自乾隆元年起至二、三、四、五、六、七等年積算，其數較之一歲正額，幾至加倍，若責令一時輸將，民力實爲竭蹶。著將皋蘭等十六廳州縣節年舊欠地丁銀糧，分作四年帶徵，以示朕優恤邊民之至意。該部即遵諭行。（高宗一九一、九）

（乾隆八、一一、壬午）分別賑貸甘肅皋蘭、狄道、金縣、河州、靖遠、寧遠、通縣、會寧、直寧、合水、平番、清水、秦安、西寧、安定、碾伯、階州、靈州、中衛、寧夏、花馬池、禮縣、成縣、高臺等二十四廳州縣水蟲風雹災民，暫緩新舊額徵。（高宗二〇四、八）

（乾隆九、三、甲辰）諭：甘肅地方，向來民間積欠繁多，朕曾降旨，將張掖、皋蘭、狄道、靖遠、安化、平涼、涇州、靈臺、中衛九州縣民欠，自乾隆八年爲始，分作四年帶徵，又將武威、西寧二縣帶徵雍正十三年至乾隆四年之項，一併蠲免，此外應徵舊欠錢糧，理宜按期輸納。但念該省土瘠民貧，地處邊陲，非內地可比，一年而清積年之欠，未免艱難。著將張掖、肅州、高臺、皋蘭、河州、狄道、靖遠、安化、平涼、涇州、靈州、中衛十三州縣及武威、西寧二縣累年未完積欠銀糧草束等項，再行寬緩，自乾隆九年爲始，分作六年帶徵，以紓民力。該部即遵諭行。(高宗二一三、一四)

(乾隆九、七、戊戌) 諭大學士等：甘肅地方，土瘠民貧，非内地可比，朕所軫念。其有舊欠錢糧，一年難以併徵者，已加恩寬緩矣。頃聞甘州府山丹縣積年民欠，亦屬繁多。乾隆元年至八年，共欠屯糧一萬二千六百餘石；又自三年至八年，共欠籽種糧六千五百餘石；又自元年至八年，共欠草六十萬一百余束。此時若按例一併催徵，民力未免艱窘。著從本年爲始，分作六年帶徵，俾小民從容完納。該部即傳諭該督撫遵行。(高宗二二一、六)

(乾隆九、一一、丁亥) 賑貸甘肅河州、平涼、平番、岷州、西寧、寧夏、大通、靈臺、華亭、狄道、西固、階州、漳縣、西和、隆德、鹽茶、固原、靖遠、崇信、安化、真寧、合水、環縣、寧州、文縣、古浪、鎮番、靈川、花馬池、碾伯、禮縣、隴西、平羅、寧朔、中衛等三十五廳州縣衛被雹及水風霜蟲等災民，並分別蠲緩新舊額徵。(高宗二二八、一四)

(乾隆九、一一、辛丑) 蠲免甘肅寧朔衛被霜災地本年額徵。(高宗二二九、一二)

(乾隆一〇、八、丁卯) 諭：向來蠲免錢糧之例，止係地丁，而糧草不在其内。朕前降旨，將乾隆丙寅年直省應徵錢糧，通行蠲免。惟是甘省地處邊隅，所徵地丁少而糧草多，其臨邊各屬丙寅年應徵番糧一萬二千六百餘石、草五百餘束，著格外加恩，一體蠲免。再，河東、河西額徵屯糧草束，亦著蠲免三分之一。該督撫善爲辦理，俾民番均霑實惠。該部即遵諭行。(高宗二四七、七)

(乾隆一〇、一〇、丙辰) 總理青海夷務副都統莽古賚奏：乾隆丙寅年，川、陝、甘三省蠲免錢糧。所有西寧屬之玉樹等族並暫隸西藏管轄納克書番衆，應徵馬貢銀兩，可否一體蠲免。得旨：著一體蠲免。該部知道。(高宗二五一、四)

(乾隆一〇、一二、丁巳) [户部] 又議准：甘肅巡撫黃廷桂疏稱，靖遠、會寧、安定等縣，夏禾被旱，業經題明賑借，今秋禾復被災，應將極次貧民，分別初賑加賑、額徵銀草、並新舊借糧，照例蠲緩。得旨：依議速行。(高宗二五五、一五)

(乾隆一一、五、戊申) 免甘肅靖遠、安定、會寧三縣乾隆十年旱災雹災額賦銀二千一百四十五兩有奇、額糧一千一百六十六石、額草共八百四十四束有奇。(高宗二六六、二一)

（乾隆一一、九、壬寅）蠲免甘肅隴西、秦州、伏羌、金縣、涇州、皋蘭、平涼、西寧、碾伯九州縣及九家窰屯，乾隆十年分，水災額賦銀一千八百零四兩、糧八百一十三石。（高宗二七四、二〇）

（乾隆一二、九、戊子）賑恤甘肅伏羌、安化、合水、環縣、真寧、皋蘭、金縣、安定、會寧、寧遠等十縣本年分旱災飢民，並予緩徵。（高宗二九八、四）

（乾隆一二、一〇、己卯）諭：甘肅之皋蘭、金縣、靖遠、安定、會寧五縣，本年均被旱災，且連歲歉收，舊欠不少，若一併徵輸，民力未免拮据；著將歷年未完額徵銀糧，自乾隆戊辰年起，分作五年帶徵。其狄道、隴西、安化、真寧、寧州、靜寧、禮縣七州縣，收成亦各有歉薄，其歷年欠項，一時完納維艱。著將此七州縣歷年未完額徵銀糧，自乾隆戊辰年起，分作四年帶徵，以紓民力。（高宗三〇一、九）

（乾隆一三、二、辛未）諭：上年甘省蘭州等府屬，有被旱成災之處，已加恩賑卹，俾災黎不致失所。惟是本年地丁銀兩，例於二月開徵，朕念入春以來，現在加賑，去麥秋尚遠，其應納額銀，即於此時徵輸，小民未免拮据。著將蘭州等府屬之皋蘭、金縣、狄道、靖遠、安定、會寧、隴西、通渭、西固廳、鹽茶廳、平番、中衛、靈州十三處被災地方，所有本年應納錢糧，緩至秋成後再行徵收，以紓民力。該部遵諭速行。（高宗三〇九、二）

（乾隆一三、六、辛未）緩甘肅環縣、靜寧、莊浪、隆德、鎮原、華亭、崇信等七州縣十二年分旱災額賦有差。（高宗三一七、七）

（乾隆一四、四、辛卯）免甘肅皋蘭、河州、狄道、金縣、隴西、安定、泰安、固原州、鹽茶廳、平番、西寧、碾伯等十二廳州縣乾隆十二年分雹災地畝額徵銀七百五十兩有奇、糧四百四十石有奇、草三百五十束有奇。（高宗三三八、四二）

（乾隆一四、五、乙卯）免甘肅皋蘭、狄道、靖遠、金縣、隴西、安定、會寧、通渭、西固、鹽茶廳、平番、靈州、中衛等十三廳州縣乾隆十二年分旱災地畝銀五千五百二十兩有奇、糧五千二百二十石有奇、草四千六百二十束有奇。（高宗三四〇、一八）

（乾隆一四、六、丙申）戶部議覆：甘肅巡撫鄂昌疏稱，渭源、固原、鹽茶廳、靈州、寧夏、寧朔、碾伯、平番、西寧等廳州縣，乾隆十三年夏秋被災，請分別極次貧民，照例初賑加賑。並莊浪、真寧、秦州、禮縣、秦安、平番、靈州等州縣，被淹人口牲畜等項，應如所請，於司庫備貯及各屬倉貯內動給。其靈州、西寧、皋蘭本年被災之新舊錢糧，應同渭源等州縣，

一體緩徵。從之。（高宗三四三、八）

（乾隆一四、一一、丙午）諭：據甘肅巡撫鄂昌奏稱，甘州府屬之張掖縣暨東樂堡縣丞分駐地方，涼州府屬之鎮番、平番二縣，寧夏府屬之寧夏、寧朔、中衛三縣，直隸肅州並所屬之高臺縣，秋收俱僅五分以上，實屬歉薄等語。收成五分以上，例不蠲免錢糧。但該省土瘠民貧，偶值歉收，民力不無拮据，宜量加體恤。著將張掖、東樂、鎮番、平番、寧夏、寧朔、中衛、肅州、高臺等州縣堡屬本年未完正賦及帶徵各年正借錢糧暫予緩徵，俟明歲麥熟後照例催納。該部即遵諭速行。（高宗三五二、一）

（乾隆一五、一、壬子）諭：據甘肅巡撫鄂昌奏稱，肅州并山丹縣地方，收成歉薄，從前州縣，有匿災未報查勘不實之弊，已飛飭委署寧夏道楊灝、候補知州許登第，逐一查明，借給口糧等語。甘省遠處邊陲，地瘠民貧，非他省可比。鄂昌於奏報賑務情形，甚屬遲緩，著飭行。其肅州被災地方，已降旨緩徵外，山丹縣被災之處，所有本年未完正賦及帶緩各年未完正借錢糧，概予緩徵，以紓民困。并作何資助之處，該撫即速查明，分別借賑。一面奏聞，一面辦理，副朕軫念邊氓至意。該部遵諭速行。（高宗三五六、八）

（乾隆一五、四、戊戌）續徵甘肅續報之河州、平涼、靈臺、中衛、西寧、張掖、高臺、靖遠、狄道、靜寧等十州縣乾隆十四年分水災新舊額賦有差。（高宗三六三、二四）

（乾隆一五、一一、己酉）賑卹甘肅平涼、西寧、肅州等三州縣本年雹旱災飢民，並免額賦，貸河州、狄道、皋蘭、渭源、金縣、隴西、岷州、安定、會寧、伏羌、漳縣、鹽茶廳、涇州、安化、合水、真寧、秦州、秦安、清水、禮縣、永昌、鎮番、寧朔、中衛、靈州、西寧、碾伯、高臺等二十八廳州縣籽種口糧，緩汴州、鎮番、肅州、高臺等四州縣及東樂縣丞所屬田畝額賦。（高宗三七六、二三）

（乾隆一六、四、辛未）豁免甘肅皋蘭、渭源、固原州、鹽茶廳、靈州、寧夏、寧朔、西寧、碾伯等九廳州縣乾隆十三年分被災額賦有差。（高宗三八六、五）

（乾隆一六、四、己卯）免甘肅狄道、河州、靖遠、平涼、鎮原、隆德、固原、靜寧、靈臺、鹽茶廳、清水、張掖、永昌、中衛、寧夏、寧朔、西寧、平羅、碾伯、高臺等二十廳州縣乾隆十四年被水旱雹霜災民額賦有差。（高宗三八六、一九）

（乾隆一六、八、癸亥）豁免甘肅平涼、涇州、安化、西寧、肅州五州縣乾隆十五年被雹被旱成災地畝額徵地丁銀四百八十兩有奇、起存糧九百七

十石有奇、草五千七百束有奇。(高宗三九七、三〇)

（乾隆一六、一〇、丙辰）諭：朕前降旨，將甘省乾隆元年至十年舊欠錢糧，概予豁免，復令將乾隆十一年至十四年未完錢糧，分作五年帶徵，俾得從容輸納，以恤邊氓。惟是甘省各屬舊欠錢糧之外，尚有額徵草束一項，不在蠲緩之例。歷年既久，積欠已多，若令其按年一併完納，未免拮据。著將甘省乾隆元年至十四年未完草一千五百萬餘束，分作十年帶徵，以紓民力。該部即遵諭行。(高宗四〇一、一〇)

（乾隆一七、一二、戊子）賑貸甘肅皋蘭、河州、金縣、狄道、渭原、靖遠、通渭、岷州、鎮原、靈臺、安化、西寧、碾伯、大通、清水、徽縣等十六州縣衛及狄道、伏羌、西和、平涼、崇信、隆德、華亭、固原、安化、正寧、靈州、秦州、秦安、河州、岷州、鹽茶廳、鎮原、合水、環縣、寧夏、西寧等二十一廳州縣本年水災雹災飢，並緩徵新舊正借額賦。(高宗四二八、五)

（乾隆一八、一一、甲子）賑貸甘肅皋蘭、狄道、渭源、河州、金縣、靖遠、環縣、安化、鎮番、平番、靈州、寧夏、中衛、平羅、西寧、寧朔、隴西、安定、會寧、靜寧、崇信、華亭、合水、秦州、清水、徽縣、武威、碾伯、大通等二十九州縣衛本年水雹災民，並蠲緩額賦有差。(高宗四五〇、二一)

（乾隆一九、八、庚申）賑恤甘肅皋蘭、狄道、金縣、渭源、靖遠等五州縣本年旱災飢民，並予緩徵。(高宗四七〇、一八)

（乾隆一九、一二、癸亥）賑卹甘肅河州、狄道、皋蘭、金縣、會寧、平涼、涇州、靜寧、撫彝、平番、靈川、西寧、大通等十三廳州縣衛水災飢民，並予蠲緩。(高宗四七九、五)

（乾隆二〇、三、甲戌）緩徵甘肅狄道、靖遠、金縣、皋蘭、渭源五州縣乾隆十九年分被旱田地舊借銀糧。(高宗四八四、三)

（乾隆二〇、一二、壬子）賑卹甘肅皋蘭、河州、渭源、隆德、靜寧、寧夏、寧朔、西寧、碾伯、高臺等十州縣本年被雹水災飢民，并緩徵新舊錢糧。(高宗五〇二、三七)

（乾隆二一、五、丁亥）諭：甘省一應軍需，多於甘、涼、肅等府州縣就近採辦，雖一絲一粟，悉皆取給公帑，即輓運轉輸之事，亦必計丁給值，不以派累閭閻。但此數小民，急公趣事，較之他屬倍覺勤苦出力，朕心深爲軫念。著加恩將甘省之甘、涼、肅等府州縣民戶、屯戶及番民等本年應徵各項錢糧、米豆、草束一概蠲免；其有已經完納者，按數扣出，准作來年正供。該督撫其督率各地方官，實力奉行，務俾邊郡小民均霑實惠。如有不肖官吏，以完作欠，侵蝕中飽者，察出即行嚴參治罪。該部遵諭速行。(高宗五一三、六)

(乾隆二一、九、乙酉) 緩徵甘肅皋蘭、金縣、狄道、河州、張掖、山丹、武威、肅州等八州縣本年旱災額賦。(高宗五二一、七)

(乾隆二一、九、戊子) 諭：前因甘省地方承辦軍需，降旨將甘、涼、肅三府州屬民屯及番民等本年應徵各項錢糧米豆草束，一概蠲免。其餘各府州縣，雖地方有衝僻之不同、承辦有多寡之或異，朕念該處小民，趨事赴公，均屬勤苦。著加恩將甘省十三府州廳屬各州縣衛乾隆十一年至十五年民欠地丁錢糧草束，概予蠲免，十六年至二十年民欠未完正借錢糧，著自丁丑年爲始，分作五年帶徵。其安西五衛，近接軍營，皋蘭一縣，地居省會，出力尤多。著將本年應徵各項錢糧，俱照甘、涼、肅三府州之例，一體蠲免。其寧夏、平涼、鞏昌、蘭州等府屬十七州縣，本年應徵各項錢糧，亦著蠲免十分之三，以紓民力。再，甘肅通省尚有乾隆元年至九年蠲剩未完及十年至十五年民欠籽種口糧牛本等項銀糧，非因災出借，爲定例所不應免。但該省承辦軍需，民力實堪軫念，著一併加恩蠲免。該督撫等其董率屬員，實心經理，務使膏澤下逮，以副朕格外恩施、優卹邊民之至意。(高宗五二一、九)

(乾隆二二、一、丁酉) 又諭：甘省地方承辦軍需，去歲屢經降旨，將該省本年應徵及歷年民欠各項錢糧，分別蠲免。但念西路現在用兵，甘省小民趨事赴公，甚屬勤苦，朕心甚爲軫念。著再加恩將甘、涼、肅三府及安西五衛、皋蘭一縣應徵本年地丁錢糧米豆草束，概予蠲免。其甘肅通省自乾隆十六年至二十年未完地丁錢糧，一并加恩蠲免。該督撫等其董率屬員，實心經理，俾小民均霑實惠，毋致胥役中飽，用副朕恩施格外、優卹邊氓至意。該部即遵諭行。(高宗五三〇、一〇)

(乾隆二二、六、壬戌) 諭：甘肅地方承辦軍需，小民急公趨事，甚屬勤勞，屢經降旨，將該省歷年積欠並承辦之甘、涼、肅三府，安西五衛，皋蘭一縣本年應徵地丁錢糧米豆草束，概予蠲免。但現在軍務未竣，該省爲總匯之地，小民出力尤多，朕心時切軫念。著將甘肅通省乾隆二十三年應徵地丁錢糧，加恩概予蠲免。該督撫等其董率屬員，豫行出示曉諭。實心查辦，毋任不肖官吏從中舞弊，用副朕優卹邊民、格外施恩至意。該部即遵諭行。(高宗五四〇、二)

(乾隆二二、一一、戊午) 賑卹甘肅皋蘭、狄道、金縣、渭源、靖遠、平涼、華亭、鎮原、莊浪、涇州、靈臺、安化、環縣、合水、撫彝、張掖、

平番、中衛、平羅、碾伯、西寧、高臺等二十二廳州縣。夏秋二禾被霜雹等災貧民，分別蠲緩有差。（高宗五五一、二九）

（**乾隆二三、一、己丑**）又諭：甘肅一省承辦軍需，雖絲毫不以派累閭閻，而小民之趨事勤勞，殊堪軫念。前經降旨，將該省乾隆二十三年地丁錢糧，悉行加恩蠲除。但本年正項，雖已免徵，而歷年舊欠尚有應需輸納者，邊氓仍不免追呼之擾。著再加恩將該省乾隆十六年至二十二年一應民欠未完銀糧草束，通行豁免。該督撫其董率屬員，實心查辦，倘有不肖官吏以完作欠，侵蝕中飽，及違例私徵，致百姓不霑實惠，即行嚴參究治，用稱朕嘉惠體卹之至意。該部遵諭速行。（高宗五五四、三）

（**乾隆二三、四、壬戌**）免甘肅蘭、鞏、平、甘、涼、寧等六府屬州縣乾隆三年起至十年止帶徵未完銀糧。（高宗五六〇、一四）

（**乾隆二三、五、戊子**）又諭：甘肅地方，數年以來，辦理軍需，悉頒帑項，雖絲毫不以累民，而小民急公趨事，甚屬勤勞，殊堪廑念。前經降旨，將本年應徵地丁錢糧，概予蠲免；又經降旨，將二十二年以前舊欠之銀糧草束，通行豁除。但該省為軍需總匯，民風淳厚，出力尤多，朕心時切軫念。著將甘肅通省乾隆二十四年分應徵地丁錢糧，再行加恩，悉與蠲免。該督撫等其董率屬員，豫行出示，遍為曉諭，毋任不肖官吏從中舞弊，以副朕格外加恩、優卹邊氓至意。該部即遵諭行。（高宗五六二、四）

（**乾隆二三、六、壬午**）免甘肅各屬乾隆十六年至二十年民欠水衝沙壓地畝額賦，停徵地丁銀兩，其甘、涼、肅三府州，安西五衛，皋蘭一縣乾隆二十二年分地丁銀米，並予緩徵。（高宗五六五、一四）

（**乾隆二三、七、戊子**）諭：甘省歷年正供及雜項錢糧，並乾隆二十四年地丁額賦，屢經降旨加恩豁免，其正賦之外隨徵耗羨，係留支地方公費之需，例不免徵。但念甘省地處邊陲，土瘠民貧，正供既已蠲除，而歷年積欠耗羨尚須照數完納，小民輸將仍不免拮据。著再加恩，將甘省自乾隆元年至二十二年民欠耗銀三萬三千四百餘兩、耗糧一十五萬八千六百四十餘石，概予豁除。其二十三、四兩年應徵耗羨銀糧，亦並暫緩催徵，俟正賦開徵之年，再行輸納，用昭體卹邊氓至意。該部即遵諭行。（高宗五六六、六）

（**乾隆二三、七、戊子**）豁免甘肅安西廳及安西、沙州二衛乾隆二十二年分夏禾風災一千一百三十九頃八十畝有奇額徵。（高宗五六六、七）

（**乾隆二四、一、甲申**）諭：甘肅本年應徵地丁錢糧及歷年積欠銀兩草束等項，業經上年屢次加恩豁免。但念該省邊地苦寒，年來承辦軍需，小民急公趨事，朕心深為嘉予。著再加恩，將甘肅通省來年應徵地丁錢糧，悉予

蠲免。該督撫等即行出示徧爲曉諭，並嚴飭屬員，實力奉行，副朕格外優卹邊氓至意。（高宗五七八、二）

（**乾隆二四、一、甲申**）又諭：甘省遠處邊陲，地方寒瘠，比歲收成歉薄，生計未免拮据。雖邇年辦理軍需，毫無派累，而一切受雇輓運，罔不踴躍急公，民情淳樸，深堪軫念。業經疊次加恩，將近年正供、雜項並歷年積欠帶緩銀糧草束，概予豁免。惟昨春曾被偏災之地，尚有官借牛具籽種口糧及積年應交官項，爲從前恩旨所未及者；若照例徵收，無力貧黎仍復艱於輸納。著再加恩，將甘省上年曾被偏災及勘不成災各州縣，所有未完籽種糧九萬六千餘石，又折給銀一千餘兩；未完口糧四萬四千七百餘石，又折給銀五千八百餘兩；又各屬被旱及被雹處所，內有勘不成災地畝，原借籽種糧一萬一千三百餘石，又折給銀二千五百餘兩，口糧一百餘石，又折給銀四千七百餘兩；又甘州、涼州、肅州未完牛價銀一萬一千五百餘兩，乾隆二十三年各屬借給牛本糧一萬五千九百餘石、銀八千餘兩；皋蘭縣借製水車未完銀兩，及雍正七年起至乾隆二十二年止未完牙稅磨課等銀兩，普行蠲免。其乾隆元年至二十二年止帶徵民欠未完各官養廉公費銀三萬九千二百餘兩，糧一十二萬三千三百餘石；並雍正十三年未完耗羨銀糧，均屬遠年積欠，概予豁除。俾免追呼，以安耕作。至口內之柳林湖、毛目城等處；口外之靖逆、柳溝、赤金、瓜州、小灣等處屯田，並著一體加恩，將本年應分糧石，各照交官之數酌減一半交收，俾得均霑渥澤。（高宗五七八、二）

（**乾隆二四、四、辛亥**）又諭：安西瓜州屯民所種地畝，本屬瘠薄，年來雇運軍糧，頗能急公勤事，所有乾隆二十二年分應行交納借给牛具碾磨未完銀一萬七百三十餘兩，著加恩悉予寬免。其未完籽種口糧三千五百七十餘石并平分糧二千零八十餘石，俱著緩至今歲秋後，分作三年带徵，以紓民力。該部即遵諭行。（高宗五八四、二）

（**乾隆二四、九、乙亥**）又諭：前因莊浪土司所屬地方偶被旱災，曾降旨折借籽種口糧銀兩，以示撫綏。現在該處穀價未能平減，所領折銀，恐尚不敷買食。著再加恩將應借一月折色，改給本色，即於西寧縣倉糧內動撥，令該土民自往領運。至此項借給口糧，例應徵還歸款，第念該處連歲歉收，土民生計拮据。著格外加恩將所借口糧本折銀米，一併賞給，免其交還，用昭一視同仁至意。該部遵諭速行。（高宗五九七、三〇）

（**乾隆二四、一〇、乙未**）豁免甘肅狄道、河州、靖遠、岷州、安定、會寧、洮州、鹽茶、環縣、正寧、平番、寧朔、寧夏、中衛、平羅、靈州、花馬池、擺羊戎、西寧、大通、秦州、清州等二十二廳州縣衛乾隆二十三年

被雹被水被旱災地額賦。(高宗五九九、九)

（**乾隆二五、一、戊申**）又諭：甘省自軍興以來，連年疊次施恩，豁免正雜錢糧，及一切展賑緩徵，酌增運腳。所有正賦，已蠲至二十五年，俾邊民溥霑渥澤。現在大兵凱旋，軍務全竣，正宜與民休息，且上年歲收未能豐稔，朕心尤深軫念。著再加恩，將甘肅省乾隆二十六年應徵地丁錢糧，通行豁免，俾得共安耕鑿，永承樂利之休，以示朕優卹邊黎，有加無已至意。(高宗六〇四〇、二)

（**乾隆二五、六、乙亥**）諭：甘省乾隆二十三、四兩年耗羨，業經降旨緩徵，其二十五、六兩年應徵耗羨，該撫吳達善奏請帶徵。朕念隨徵耗羨，向遇蠲免正供，例不應停緩。但甘肅自辦理軍務以來，小民急公趨事，誠樸可嘉，業已疊次加恩，凡屬緩帶及一切正雜錢糧，無不破格豁除，以示撫綏。今軍需告竣，幸遇暘雨應時，秋收可望，正宜益加惠養，俾蒙樂利鴻庥。著將該省二十五六兩年應徵耗羨，概行豁免，用彰優卹編氓、格外加恩之至意。該部遵諭速行。(高宗六一四、五)

（**乾隆二六、八、丁亥**）戶部議准：甘肅巡撫明德疏稱，環縣、中衛、靈州、擺羊戎、西寧、碾伯等六廳州縣，上年被雹水偏災，應免銀糧草束。查甘省乾隆二十五六兩年額賦，節奉恩旨蠲免，請俟壬午年補豁。從之。(高宗六四三、一一)

（**乾隆二七、四、辛巳**）賑卹甘肅安定、平涼、靜寧、莊浪、華亭、平番、靈州、西寧、大通、成縣等十州縣乾隆二十六年雹災飢民，並予緩徵。(高宗六五九、五)

（**乾隆二七、九、戊辰**）貸給甘肅隴西、靖遠、寧遠、伏羌、安定、漳縣、通渭、安化、武威、平番、永昌、古浪、中衛、花馬池等十四廳縣本年被旱貧民口糧籽種，緩徵新舊額賦。(高宗六七〇、一八)

（**乾隆二八、二、丙午**）蠲緩甘肅鎮番縣乾隆二十七年被旱額賦。(高宗六八一、六)

（**乾隆二八、六、壬辰**）賑卹甘肅狄道、渭源、皋蘭、河州、金縣、靖遠、隴西、寧遠、會寧、通渭、平涼、涇州、固原、崇信、鎮原、靈臺、華亭、靜寧、莊浪、張掖、武威、永昌、鎮番、平番、靈州、花馬池、中衛、平羅、擺羊戎、西寧等三十廳州縣，乾隆二十七年分水旱霜雹災飢民，並緩應徵額賦。(高宗六八八、八)

（**乾隆二八、二一、甲午**）豁除甘肅安定縣坍沒房租額徵銀六十兩五錢有奇。(高宗七〇〇、一二)

（乾隆二九、三、丁巳）緩甘肅紅水、伏羌、會寧、碾伯、高臺、河州、鹽茶七廳州縣，乾隆二十八年分被旱災地應徵額賦。（高宗七〇六、一四）

（乾隆二九、八、辛巳）諭：甘省鞏昌等府屬，前此雨水未足，時厪朕懷。今據楊應琚奏到，六月中連次得雨，夏禾仍屬有收，秋禾亦可及時趕種，惟皋蘭等州縣廳屬不及補種秋禾，應查勘辦理等語。該處緣邊土瘠，夏秋雨澤未徧，歲事歉收，朕心深爲軫念。該督其速飭所屬，悉心察勘，按例實力撫綏，無使災黎稍有失所。因念西陲辦理軍務時，歲歲加恩，蠲除正賦，今大功告竣，已歷數載，甘民未受恩惠，本年秋成既未能一律收穫，民力未免拮据。著特加恩，將被旱較重之皋蘭、金縣、渭源、靖遠、紅水縣丞、沙泥州判、隴西、通渭、會寧、鹽茶廳、山丹、東樂縣丞等十二州縣廳，並被旱稍輕之河州、狄道、漳縣、安定、平涼、固原、靜寧、隆德、莊浪、張掖、武威、鎮番、平番、古浪、永昌、西寧、碾伯、花馬池州同等十八州縣廳及靈州中衛縣屬之被災旱地，所有本年應徵地丁錢糧，概予蠲免。該督其董率有司妥協辦理，毋致胥吏人等中飽侵漁，副朕加惠元元之至意。該部遵諭速行。（高宗七一六、四）

（乾隆二九、一一、壬子）賑卹甘肅皋蘭、金縣、渭源、靖遠、平涼、固原、鹽茶、張掖、山丹、莊浪、武威、永昌、鎮番、古浪、平番、中衛、西寧、紅水縣丞、沙泥州判、東樂縣丞等二十廳州縣旱災貧民，緩徵新舊額糧有差。（高宗七二二、八）

（乾隆三〇、一、戊申）又諭：去歲甘省夏秋偶被偏災各州縣，業經降旨，令該督等加意撫綏、照例給賑，並蠲免本年額賦，以示優卹。但念該處地土瘠薄，當此青黃不接之時，例賑將停，麥秋未逮，小民口食恐尚不免拮据。著加恩將災重之皋蘭、金縣、渭源、靖遠、紅水縣丞、沙泥州判、鹽茶廳、山丹、東樂縣丞、平涼、隴西、通渭、會寧、安定等十四廳縣，無論極次貧民，概行展賑兩個月；稍重之漳縣、固原、張掖、武威、鎮番、平番、古浪、永昌、西寧、中衛、靜寧、隆德、莊浪、靈州、花馬池州同等十五州縣，無論極次貧民，概行展賑一个月。該督其董率屬員，實心查辦，毋令胥吏侵蝕中飽，務俾貧民均霑實惠，以副朕軫念邊氓之至意。該部遵諭速行。（高宗七二六、三一）

（乾隆三〇、一一、辛卯）賑甘肅河州、狄道、隴西、涇州、安化、寧州、永昌、平番、中衛、巴燕戎格廳、西寧、碾伯等十二廳州縣本年水雹霜災飢民，并蠲應徵錢糧；緩徵狄道、渭源、金縣、岷州、秦州、靜寧、正寧、靈州、碾伯、大通等十廳州縣本年額賦及舊欠錢糧。（高宗七四九、六）

（乾隆三〇、一二、戊申）賑貸甘肅紅水、靖遠、會寧、山丹、東樂、武威、永昌、鎮番、古浪、平番、中衛等十一縣本年旱災飢民，并蠲應徵額賦、緩徵蠲剩及舊欠錢糧有差。（高宗七五〇、七）

（乾隆三一、一、甲戌）又諭：昨歲河東河西間有偏災，業經降旨，於例賑之外加恩分別展賑撫卹，期窮黎不致失所。復念甘省土瘠民貧，而被災各屬尚有歷年緩帶借欠未完等項，例須新舊並徵、同時輸納，民力未免拮据。是用特沛恩膏，將甘肅省之靖遠、紅水縣丞、會寧、固原、鹽茶廳、環縣、山丹、東樂縣丞、武威、鎮番、永昌、古浪、平番、花馬池州同一十四廳州縣自乾隆二十三年至二十九年民欠地丁銀及折借籽種口糧牛本等項銀共三十七萬四千餘兩、民欠地丁糧及籽種口糧牛本等項糧共一百二十四萬五千餘石，陝省延安、榆林、綏德三府州屬自乾隆二十一年至二十五年民欠籽種口糧共四萬六千餘石、民欠籽種口糧牛具銀一萬一千餘兩，普行豁免，俾閭閻益滋康阜。該督撫其董率所屬，盡心經理，務使小民均霑實惠，毋任不肖官吏侵漁中飽，以副朕愛養邊氓至意。該部遵諭速行。（高宗七五二、六）

（乾隆三一、八、癸丑）賑卹甘肅紅水縣丞、沙泥州判、鹽茶廳本年旱災飢民。緩皋蘭、金縣、會寧、固原、鹽茶廳、武威、平番、中衛、花馬池州同碾伯等十一廳州縣額賦，並貸給籽糧。（高宗七六七、二）

（乾隆三一、九、壬申）豁免甘肅靖遠、會寧、山丹、武威、永昌、鎮番、古浪、平番、中衛九縣並紅水、東樂二縣丞乾隆三十年分旱災額賦。（高宗七六八、四）

（乾隆三一、一一、辛巳）賑卹甘肅循化、河州、鎮原、環縣、戎格、西寧、碾伯、岷州、文縣、山丹、中衛、隴西、徽縣等十三廳州縣本年被雹被水被蟲偏災貧民，蠲免額賦如例。豁除中衛縣沙壓地畝額糧。其勘不成災之狄道、渭源、安定、會寧、寧遠、伏羌、西和、通渭、漳縣、三岔州判、禮縣、秦安、階州、固原、靜寧、華亭、平涼、靈臺、隆德、崇信、莊浪、寧州、平番、鹽茶等二十四廳州縣並予緩徵。（高宗七七二、二一）

（乾隆三一、一二、丁未）賑甘肅鹽茶廳、沙泥州判、紅水縣丞各屬村莊本年旱災貧民，並蠲緩額賦如例。（高宗七七四、一一）

（乾隆三二、閏七、癸卯）蠲免甘肅皋蘭、金縣、河州、隴西、寧遠、通渭、安定、漳縣會寧、伏羌、平涼、隆德、固原、涇州、莊浪、崇信、靜寧、靈臺、鎮原、鹽茶廳、華亭、安化、寧州、合水、環縣、張掖、永昌、平番、寧夏、寧朔、靈州、中衛、花馬池州同、巴燕戎格廳、西寧、碾伯等三十六廳州縣災地四萬九千六百五十四頃五十八畝有奇額賦。（高宗七九〇、

一二)

（**乾隆三二、一一、壬寅**）撫卹甘肅平涼、靈臺、莊浪、合水、環縣、西寧、碾伯、大通、河州、涇州、平羅、安化、武威、寧夏、寧朔、靈州、肅州、高臺、花馬池、漳縣、狄道、伏羌、安定、西和、洮州、崇信、靜寧、隆德、固原、寧州、撫彝、古浪、中衛、敦煌等三十四州縣廳本年旱雹災民，並蠲緩額賦有差。（高宗七九八、一六）

（**乾隆三三、一〇、己未**）免甘肅平涼、靈臺、莊浪、安化、合水、環縣、平羅、西寧、碾伯、大通、肅州、高臺等十二州縣乾隆三十二年冰雹水霜災地銀五百兩有奇、糧三千五百石有奇、草三萬九百束有奇；武威、寧朔二縣水衝地二千二百二十畝零額徵並予豁。（高宗八二〇、一一）

（**乾隆三三、一二、壬申**）戶部議准：調任陝甘總督吳達善疏稱，皋蘭、金縣、會寧、靖遠、通渭、固原、安化、鹽茶等州縣廳所屬村莊，本年疊被旱霜等災，所有極次貧民，應先行賑卹。其例不成災之渭源、隴西、伏羌、鎮原、莊浪，及靖遠縣鹽灘、通渭縣閻家門等處新舊錢糧，並予緩徵。得旨：依議速行。（高宗八二五、四）

（**乾隆三四、八、辛未**）賑卹甘肅皋蘭、河州、渭源、金縣、靖遠、循化廳、沙泥驛州判、紅水縣丞、安定、洮州廳、張掖、山丹、東樂縣丞、古浪、平番、巴燕戎格廳、西寧、碾伯、大通、肅州、高臺二十一廳州縣本年被旱貧民，緩徵新舊額賦。（高宗八四一、一〇）

（**乾隆三四、一一、己丑**）賑卹甘肅渭源、河州、狄道、金縣、隴西、寧遠、安定、伏羌、通渭、岷州、平涼、靜寧、涇州、莊浪、隆德、鎮原、秦州、古浪、莊浪廳、寧朔、寧夏、巴燕戎格、西寧、大通等二十四州縣廳本年水旱霜雹災飢民，並蠲緩新舊額賦。（高宗八四六、二〇）

（**乾隆三四、一一、丁酉**）加賑甘肅會寧縣本年旱災貧民，並蠲緩額賦。（高宗八四七、四）

（**乾隆三五、三、癸卯**）賑撫甘肅狄道、河州、渭源、金縣、隴西、寧遠、伏羌、安定、會寧、平涼、靜寧、涇州、靈臺、鎮原、隆德、莊浪、鹽茶、寧州、環縣、正寧、古浪、平番、莊浪、寧夏、寧朔、靈州、中衛、平羅、巴燕戎格廳、西寧、大通、秦州、通渭、花馬池州同等三十四廳州縣乾隆三十四年水旱霜雹等災貧民，緩徵額賦。（高宗八五五、二一）

（**乾隆三五、一一、壬子**）蠲免甘肅狄道、河州、渭源、金縣、隴西、寧遠、伏羌、安定、會寧、通渭、平涼、靜寧、涇州、靈臺、鎮原、隆德、莊浪、鹽茶廳、寧州、環縣、正寧、古浪、莊浪廳、平番、寧夏、寧朔、靈州、中衛、平羅、花馬池、巴燕戎格廳、西寧、大通、秦州等三十四廳州縣衛，乾隆三十四年被雹水旱霜災額賦。（高宗八七二、一四）

（**乾隆三五、一一、辛酉**）賑卹甘肅伏羌、會寧、通渭、岷州、平涼、崇信、靈臺、隆德、鎮原、固原、鹽茶廳、禮縣、徽縣、平番、莊浪、隴西、漳縣、靜寧、正寧、東安、中衛二十一廳州縣衛本年水旱雹霜等災貧民，並蠲緩額賦。（高宗八七三、七）

（**乾隆三五、一一、壬戌**）加賑甘肅隴西、寧遠、伏羌、通渭、漳縣、靜寧、莊浪、中衛等州縣、西固州同屬本年旱雹霜災貧民；並蠲緩額賦有差。（高宗八七三、八）

（**乾隆三六、三、庚申**）諭：據明山奏，甘省歷年民借籽種口糧牛本等項銀糧，積欠甚多，請分別六年四年帶徵等語。該省邊陲地瘠，民乏蓋藏，從前因辦理軍需，歲予蠲貸，閭閻幾不知有輸將。自大功告成以後，無從格外施恩，而常時所借籽種等項，例應按年償納。乃比歲疊被偏災，收成歉薄，致舊欠日積日多。在小民固屬分所應完，即帶徵已爲體卹，第念各該州縣民間借欠，究屬因災，若令其新舊並完，貧民未免拮据。著加恩將甘省各廳州縣所有節年未完民借籽種口糧等項倉糧四百四萬餘石，概行豁免，俾邊氓得免追呼。其未完銀一百三十二萬餘兩，無論被災輕重，統予分作六年帶徵完納，以紓民力。該督其董率所屬，實力妥辦，使窮簷日臻康阜，生計有資，副朕嘉惠遠黎至意。該部遵諭速行。（高宗八八一、四）

（**乾隆三六、三、庚申**）又諭：據明山籌議，甘省歷年民借籽種口糧牛本等項未完銀糧，請分別六年四年帶徵完項等語。該省地瘠民貧，從前辦理軍需時，遞年加恩蠲免，今大功告成，既不能如前此之邀恩，而歷年因災緩帶，民力又未免拮据。輸納惟艱，勢所必至。即如摺內所稱，現在尚且紛紛詳請借支，安望其能按限清完舊欠耶？所有皐蘭、狄道各廳州縣未完糧四百四萬餘石，業經另降諭旨，全行豁免；其積欠銀一百三十二萬餘兩，亦加恩分作六年帶徵；俾積歉之區，得資寬裕。小民具有天良，諒無不歡欣感激，此後輸將力贍，自能踴躍急公。（高宗八八一、六）

（**乾隆三六、六、甲申**）諭：各直省普蠲錢糧，向當輪免之年適遇災歉，即不復再議重蠲，此固恩無屢邀之理。第念甘肅省地瘠民貧，兼以連歲歉收，與他省情形迥異。而各州縣得雨較遲處所，因地氣早寒，不能補種，現已降旨令該督查明，照秋災之例賑卹撫綏，務俾得所。但本年正屆該省輪免正供，所有成災州縣按分數議蠲之項已概其中。朕念切民瘼，茲特加恩，將該省本年錢糧普行蠲免外，其因災議蠲各州縣，著展至明年補行按分酌免。

該督其董率各屬，悉心經理，使窮簷均得倍霑實惠，以副朕軫念邊氓有加無已之至意。該部遵諭速行。(高宗八八六、二四)

（**乾隆三六、八、癸巳**）賑卹甘肅皋蘭、紅水縣丞、金縣、循化、安定、會寧、平涼、涇州、靜寧、隆德、固原、鹽茶廳、張掖、山丹、東樂縣丞、武威、永昌、鎮番、古浪、平番等二十廳州縣本年旱災貧民，並予緩徵。(高宗八九一、二一)

（**乾隆三六、一二、乙亥**）蠲免甘肅隴西、寧遠、通渭、岷州、會寧、安定、伏羌、漳縣、平涼、崇信、靜寧、靈臺、隆德、鎮原、莊浪、固原、鹽茶、安化、寧州、正寧、合水、環縣、平番、寧夏、寧朔、靈州、中衛、平羅、花馬池州同秦州、秦安、禮縣、西固等三十三廳州縣乾隆三十五年夏秋雹水旱霜等災地畝額賦有差，並豁除階州被水衝坍地三頃二十七畝有奇額賦。(高宗八九八、一九)

（**乾隆三七、二、癸酉**）緩徵甘肅上年被旱勘不成災之崇信、安化、寧州、正寧、合水等五州縣新舊錢糧，並借給貧民口糧籽種。(高宗九〇二、二三)

（**乾隆三七、六、丁丑**）補蠲甘肅皋蘭、紅水縣丞、循化廳、金縣、河州、狄道、靖遠、安定、會寧、平涼、涇州、靜寧、隆德、固原、鹽茶廳、華亭、環縣、張掖、山丹、東樂縣丞、武威、永昌、鎮番、古浪、平番等二十五廳州縣乾隆三十六年分旱災正耗銀一萬六千八百七十兩，糧二萬六千九百四十石有奇。(高宗九一〇、二〇)

（**乾隆三八、一、壬辰**）又諭：邇年辦理小金川以來，節次調派陝甘官兵，較他省為數稍多。一切經過地方，停宿供億均動支官帑，絲毫不以累民。第念……甘省僻近西陲，民多貧瘠，而辦送兵差並皆黽勉趨事。所有差務較繁之隴西、岷州、寧遠、漳縣、西固州同、階州、成縣、文縣八廳州縣，緩徵正賦錢糧十分之五；其次之皋蘭、狄道、渭源、沙泥州判、平番、古浪、武威、永昌、固原、靜寧、會寧、通渭、禮縣、西和十四廳州縣，緩徵十分之四；又其次之西寧、碾伯、大通、巴燕戎格廳、寧夏、寧朔、靈州、中衛、平羅、張掖、山丹、東樂縣丞、鎮番、河州、靖遠、紅水縣丞、涇州、平涼、鹽茶廳、隆德、華亭、靈臺、寧州、安化、環縣、洮州廳、秦州、清水、徽縣、兩當、伏羌三十一廳州縣，緩徵錢糧十分之三。但緩徵舊欠，則急公輸將之戶，轉不得一體同邀惠澤，而次年新舊並徵，民力亦仍不免拮据。並著將陝甘過兵各州縣應完之項，統於乾隆三十八年新賦內分別緩徵，以昭公溥。其酌緩四五分者，仍分作三年帶徵；酌緩三分者，分作二年

帶徵。俾群黎從容輸納，永免追呼，共享昇平之樂。該部即遵諭行。（高宗九二四、五）

（乾隆三八、一〇、辛卯）諭：前經降旨，將赴川官兵經由省分，加恩分別緩徵；其沿站旁近之州縣民夫，如有協助辦差出力者，並著各該督撫一體查明具奏，酌量加恩。今據勒爾謹奏，肅州、高臺、撫彝三廳州縣，前因官兵止過一次，未經列入緩徵，今續派肅州鎮屬征兵，皆由該地方經過，民間踴躍辦差，又金縣、安定，地處衝途，遇有運解皮衣火藥等項，亦能諸事奮往；此五廳州縣居民，實為出力等語。著加恩將肅州、高臺、撫彝、金縣、安定五廳州縣本年應徵錢糧，緩徵十分之四，俾得均霑渥澤。該部即遵諭行。（高宗九四四、二一）

（乾隆三八、一一、丙寅）賑卹甘肅皋蘭、金縣、靖遠、涇州、平番、寧夏、平羅、靈州、肅州、王子莊州同十廳州縣雹霜成災飢民，並緩徵隆德、合水、撫彝廳本年地丁錢糧。（高宗九四六、一五）

（乾隆三九、一、戊午）又諭：上年據勒爾謹奏，皋蘭等十州縣等處地方所屬村莊，夏秋二禾，間被霜雹，已成偏災。當即令該督將應行賑卹蠲緩各事宜，照例妥辦。特念甘省地瘠民貧，皋蘭等處，既屬歉收，恐新春青黃不接之時，民力未免拮据；復諭勒爾謹將被災各處，應否加賑之處，迅速確查具奏。茲據該督覆稱，甘省夏秋二禾，通屬收成八分有餘，均為豐稔，其間被霜雹等處，僅屬一隅，業已蠲賑兼施，小民不致失所。惟河東之皋蘭、金縣，河西之肅州、平番等四處偏災，情形稍重等語。著加恩將皋蘭、金縣、肅州、平番等屬被災貧民，於正賑之外，各展賑一個月。再，河州、狄道、渭源、安定、西寧、大通、紅水縣丞等七處，上年亦被有霜雹，雖據稱因頃畝零星，例無賑卹，第念瘠薄之區，民間鮮有蓋藏，亦宜加以體卹。並著該督查明咨部，量予緩徵，以普一視同仁之意。該部即遵諭行。（高宗九五〇、九）

（乾隆三九、九、庚申）諭軍機大臣等：據勒爾謹覆奏，甘省帶徵舊欠銀兩，誤請檢舉，實屬錯謬，自請議處一摺，殊為非是。前因戶部議駁勒爾謹覆奏，舊欠銀兩本係分年應徵之項，該督前此辦理，並未有誤，乃檢舉請與上年河州等偶被霜雹之處，一概緩徵，轉為錯誤等因。朕以勒爾謹果以甘省地瘠民貧，難於催徵，亦當據實直奏，候朕加恩，不應借檢舉為名，希圖蒙混取巧。特飭諭該督令其明白回奏，今據覆奏，祇稱本年分已有應徵銀二百十餘萬，新舊並徵，民力實屬拮据。含混其詞，並未將何項應徵、何項應緩之處，詳細分別具奏，仍不明晰。至該督誤行檢舉之案，已經交部議處，今復以率請更正,自請交部嚴加議處,殊爲不達事理。朕軫念該省邊地瘠貧,疊次加恩,蠲賑緩帶,殆無虛歲,即比年豁免銀兩各項,亦不下數百餘萬,未嘗稍爲恪惜。朕臨御三十九年,愛民之心,常如一日,地方民隱,果有應行體卹之處,該督撫據實奏聞,朕無不立時降旨加恩,此天下臣民所共知者。勒爾謹身爲總督,寧轉未喻,豈肯以該督爲民請命之舉,轉將伊議處乎?勒爾謹所奏,實大不是,著傳諭嚴行申飭。仍著該督將舊欠籽種口糧銀兩一項,或有應行緩徵之處,即明晰據實覆奏,候朕另降諭旨。將此諭令知之。尋奏:臣將甘省歷年舊欠籽種口糧銀兩,再加區別,以紓民力。如河州等二十五處,歷年雖間被災傷,不過一隅,收成尚屬豐稔。其未完銀一十三萬六千八百二十七兩,應遵諭六年帶徵,按限催納。寧遠等一十二處,歷年雖被偏災,尚不致荒歉。其未完銀一十八萬四千六百六十七兩,請於原限外,再展限二年。至皋蘭等十二處,歷年被災較重,民力實屬拮据。其未完銀七十一萬九千二十七兩,請於原限外展限四年,俾小民從容完納,不形竭蹶。得旨:已有旨了。又批:何不早如此明白陳奏。(高宗九六六、三八)

(乾隆三九、一一、辛酉)撫卹甘肅皋蘭、狄道、山丹、東樂、古浪、平番、寧夏、肅州、王子莊、高臺、金縣、安定、會寧、西寧、大通等十五廳州縣本年水雹災民,並予緩徵。(高宗九七〇、二八)

(乾隆四〇、一、辛亥)又諭:甘肅僻近西陲,民貧土瘠,一遇水旱偏災,即降旨蠲賑緩帶,殆無虛歲。比年各屬收成,尚稱豐稔。所有該省自乾隆二十三年至三十五年民借籽種口糧牛本等項,積欠甚多,前念邊地民食維艱,特將積欠糧四百餘萬石全行豁免,其折色銀一百三十二萬餘兩,分作六年帶徵,以紓民力。乃自三十五、六、七、八等年,僅完銀二十八萬六千餘兩,仍未完銀一百四萬餘兩。地方官以定有年限之項,照例按數催徵。第念該省每年均有應徵地丁籽種等項,若同時新舊並徵,民力恐不無艱窘,自應再加區別展帶,用昭體卹。所有河州等二十五處,歷年雖間有災傷,不過一隅,收成尚稔,其未完銀十三萬六千八百餘兩,仍依原限帶徵外,其寧遠等十二處,雖有偏災,尚不致荒歉,其未完銀十八萬四千六百餘兩,於原限之外,再展限二年。至皋蘭等十二處,歷年被災稍重,民力更覺拮据,其未完銀七十一萬九千餘兩,於原限之外,再展限四年,俾得從容完納。該督務將應徵應緩之處,出示曉諭,令小民共知朕格外加恩之至意。該部即遵諭行。(高宗九七四、八)

(乾隆四〇、二、丙申)蠲緩甘肅靜寧、鎮番二州縣乾隆三十九年水旱風雹災田額賦,並給籽糧如例。(高宗九七七、九)

（**乾隆四〇、四、丙午**）蠲緩甘肅皐蘭、金縣、狄道、安定、會寧、山丹、東樂、古浪、平番、寧夏、西寧、大通、肅州、王子莊、高臺等十五州縣旱災額賦，被災重者分別賑卹並借給耔糧。（高宗九八一、二五）

（**乾隆四〇、八、丁酉**）賑卹甘肅皐蘭、河州、狄道、渭源、金縣、靖遠、循化廳、紅水縣丞、沙泥州判、安定、固原、鹽茶廳、張掖、撫彝廳、山丹、東樂縣丞、武威、平番、古浪、永昌、鎮番、莊浪、靈州、中衛、西寧、碾伯、大通、巴燕戎格廳、肅州、高臺、安西等三十一廳州縣本年旱災雹災飢民，並予緩徵。（高宗九八九、一一）

（**乾隆四〇、一〇、庚寅**）蠲免甘肅皐蘭、狄道、金縣、安定、會寧、撫彝、山丹、東樂、古浪、平番、寧夏、中衛、西寧、大通、肅州、河州、高臺等十七州縣廳乾隆三十九年水雹霜災額賦有差。（高宗九九三、三）

（**乾隆四一、八、甲子**）賑卹甘肅皐蘭、金縣、狄道、渭源、靖遠、沙泥州判、紅水縣丞、隴西、安定、會寧、通渭、平涼、隆德、靜寧、固原、鹽茶廳、撫彝廳、張掖、山丹、武威、永昌、古浪、平番、靈州、西寧、秦州、肅州、高臺、河州等二十九廳州縣本年水旱霜雹災民，緩徵新舊額賦有差。（高宗一〇五、一三）

（**乾隆四一、一一、乙亥**）賑卹甘肅皐蘭、金縣、西和、漳縣、涇州、崇信、靈臺、鎮原、寧州、環縣、東樂縣丞、鎮番、寧夏、寧朔、中衛、平羅、禮縣等十七州縣及分防縣丞本年水雹霜災貧民，其寧遠、伏羌、華亭、安化、正寧、合水、花馬池州同、碾伯、大通、秦安、清水、安西、玉門、燉煌等十四州縣及分防州同，並予緩徵。（高宗一〇二〇、七）

（**乾隆四二、五、庚午**）賑卹甘肅皐蘭、金縣、西和、漳縣、涇州、崇信、鎮原、靈臺、寧州、正寧、環縣、東樂縣丞、鎮番、寧夏、寧朔、中衛、平羅、禮縣十八廳州縣乾隆四十一年雹水霜災飢民，並予緩徵。（高宗一〇三二、一四）

（**乾隆四二、七、丙子**）豁免甘肅皐蘭、金縣、狄道、河州、渭源、靖遠、沙泥州判、紅水縣丞、隴西、安定、會寧、通渭、平涼、隆德、靜寧、固原、鹽茶廳、撫彝廳、張掖、山丹、武威、永昌、平番、古浪、靈州、西寧、秦州、肅州、高臺等二十九廳州縣乾隆四十一年夏旱災地畝額賦。（高宗一〇三六、二三）

（**乾隆四二、七、丙戌**）又諭：前經降旨，普免直省地丁錢糧，甘肅省應於戊戌年輪免，其額徵糧草一項，本不在蠲免之例，第念該省所徵，地丁少而糧草多，乾隆十年及三十五年普蠲各案內，均經加恩，將各項糧草，分別蠲免。現在又屆普蠲之年，所有甘肅省臨邊各屬，應徵番糧草束，仍著一體蠲免。其河東、河西額徵屯糧草束，亦著照上次之例蠲免十分之三，俾邊省群黎，咸霑愷澤。該部即遵諭行。(高宗一〇三七、一〇)

(乾隆四二、八、庚戌) 賑卹甘肅皋蘭、河州、渭源、金縣、靖遠、紅水縣丞、安定、會寧、平涼、靜寧、固原、隆德、華亭、張掖、山丹、武威、永昌、鎮番、平番、西寧、碾伯、大通、巴燕戎格、涇州、肅州、安西、玉門、隴西、漳縣、靈州、中衛、狄道三十二廳州縣衛本年旱災貧民，並予緩徵。(高宗一〇三九、二)

(乾隆四二、一一、乙酉) 蠲免甘肅寧夏、寧朔、鹽茶、安化、合水、環縣、古浪等七廳縣本年夏秋雹水霜災額賦有差，並予賑卹；緩徵洮州、岷州、伏羌、寧遠、寧州、平羅、清水、禮縣、崇信等九州縣新舊額賦。(高宗一〇四五、二七)

(乾隆四二、一二、丁酉) 豁甘肅皋蘭、金縣、西和、漳縣、崇信、涇州、靈臺、鎮原、寧州、環縣、東樂、鎮番、寧夏、寧朔、中衛、平羅、禮縣等十七州縣乾隆四十一年被雹霜災額賦。(高宗一〇四六、六)

(乾隆四三、一〇、丙子) 蠲免甘肅皋蘭、金縣、狄道、河州、渭源、靖遠、紅水縣丞、隴西、安定、會寧、漳縣、平涼、靜寧、隆德、固原、華亭、張掖、山丹、武威、永昌、鎮番、平番、靈州、中衛、巴燕戎格、西寧、碾伯、大通、涇州、肅州、安西、玉門等三十二廳州縣乾隆四十二年旱災地畝額賦有差。(高宗一〇六九、一四)

(乾隆四三、一一、庚子) 蠲免甘肅寧夏、寧朔、鹽茶、安化、合水、環縣、古浪等七廳州縣乾隆四十二年雹水霜災地畝額賦有差。(高宗一〇七〇、四六)

(乾隆四三、一二、辛酉) 賑卹甘肅寧夏、寧朔、平羅、秦州、秦安、莊浪、安化、正寧、環縣、撫彝、張掖、古浪、西寧、鹽茶廳、禮縣、山丹、永昌等十七廳州縣本年水旱雹霜災貧民，並蠲緩額賦有差。(高宗一〇七二、一九)

(乾隆四三、一二、甲戌) 賑卹甘肅皋蘭、紅水縣丞、金縣、渭源、循化、狄道、河州、靖遠、沙泥州判、隴西、寧遠、安定、會寧、通渭、漳縣、岷州、洮州、平涼、靜寧、隆德、固原、合水、武威、鎮番、平番、靈州、花馬池州同、中衛、涇州、鎮原、靈臺、清水、肅州、高臺、安西、玉門、敦煌等三十七廳州縣本年雹蟲旱災貧民，並蠲緩額賦有差。(高宗一〇七三、九)

（乾隆四四、六、丁卯）諭：甘肅地處邊陲，民貧土瘠，歷年均有偏災，即降旨蠲賑緩帶。民間所借籽種口糧及緩徵等項，積欠甚多。曾於乾隆三十六年降旨加恩，豁免該省舊欠倉糧四百餘萬石，又於四十二年降旨，將該省自乾隆二十三年至三十五年民借折色未完銀八十四萬餘兩，概予豁免，俾邊氓共慶盈寧。茲據該署督畢沅將各年正雜錢糧，已未完數目開單具奏，朕詳閱單內所開，每年未完銀糧數目尚多，雖係按年帶徵之項，且該省上年額徵地丁正賦，業已加恩輪免，本年各屬節次得有雨澤，二麥豐收，民力尚為寬裕，徵納自可如期。但念該省究屬積歉之區，若將遠年積欠，一體並徵，為數過多，完項仍不無拮据。著再加恩，將該省自乾隆二十七年起至三十七年止，因災帶徵未完銀二十三萬五千餘兩、糧一百零五萬四千餘石，概予豁免。其自三十八年以後緩帶各項，及此豐年帶徵，小民天良感發，當必踴躍輸將。且積逋既普免追呼，其近欠自易於完納。如此體恤優施，閭閻更得永資樂利。該部即遵諭行。（高宗一〇八四、一七）

（乾隆四四、八、辛未）賑卹甘肅皐蘭、河州、狄道、金縣、靖遠、紅水縣丞、隴西、安定、會寧、通渭、岷州、平涼、靜寧、隆德、固原、鹽茶廳、張掖、山丹、武威、永昌、古浪、平番、西寧、碾伯、涇州、秦州、清水、肅州、安西、玉門、渭源、中衛、環縣、洮州、東樂等三十五廳州縣蟲雹水災貧戶，並蠲緩本年額賦有差。（高宗一〇八九、九）

（乾隆四四、九、庚戌）諭：戶部議署陝甘總督畢沅奏請將皐蘭等三十七廳州縣被災地畝應免銀糧，於四十四年補蠲之處，毋庸議一摺。甘肅地丁額徵銀糧已於乾隆四十三年普行蠲免，恩無屢邀，自屬照例議駁。第念甘省地瘠民貧，與他省情形迥異。著再加恩照三十六年之例，將皐蘭等三十七廳州縣夏禾被災，應免正銀一萬三千一百七十餘兩、番糧七十四石四斗零，於四十四年補行蠲免，以示朕軫念邊氓、有加無已之至意。（高宗一〇九一、一八）

（乾隆四四、一〇、乙亥）戶部議覆：陝甘總督勒爾謹疏稱，莊浪、鹽茶廳、安化、正寧、環縣、撫彝廳、張掖、山丹、永昌、古浪、寧夏、寧朔、平羅、西寧、秦州、秦安、禮縣十七廳州縣四十三年秋禾被災，額徵正銀番糧，應請蠲免。惟上年已奉旨全行免徵。應如所請，照例於四十四年如數補免。從之。（高宗一〇九三、一四）

（乾隆四四、一一、癸卯）賑卹甘肅皐蘭、漳縣、華亭、安化、寧州、正寧、撫彝廳、平番、靈州、崇信、鎮原、高臺十二廳州縣災民，並蠲本年秋禾被雹水霜災地畝額賦，緩徵金縣、循化、伏羌、隆德、合水、鎮番、寧

夏、寧朔、平羅、大通、秦安、靈臺、肅州十三廳州縣乾隆三十八年以後未完額賦暨各年民欠籽種口糧。(高宗一○九五、一○)

（**乾隆四五、八、戊辰**）户部議覆：陝甘總督勒爾謹奏稱，甘省皋蘭、金縣、狄道、靖遠、河州、華亭、安定、會寧、漳縣、洮州廳、文縣、西寧、武威、平番、山丹、涇州、肅州等廳州縣夏田被旱成災，隴西縣被雹成災，應分別賑卹，緩徵新舊正借錢糧。其循化廳、紅水縣丞、鹽茶廳、固原、靜寧、隆德、張掖、永昌等廳州縣雖勘不成災，收成未免歉薄，亦一體緩徵。應如所請。得旨：依議速行。(高宗一一一三、九)

（**乾隆四五、一○、壬戌**）蠲免甘肅皋蘭、河州、狄道、渭源、金縣、靖遠、紅水縣丞、隴西、安定、會寧、岷州、通渭、洮州廳、平涼、靜寧、隆德、固原、鹽茶廳、環縣、張掖、山丹、東樂縣丞、武威、永昌、古浪、平番、中衛、西寧、碾伯、秦州、清水、涇州、肅州、安西、玉門三十五廳州縣並靈州屬之下馬關營乾隆四十四年水災地畝額賦。(高宗一一一七、二)

（**乾隆四六、三、己丑**）蠲甘肅皋蘭、靜寧、固原、鹽茶廳、張掖、古浪、寧夏、寧朔、靈州、中衛、平羅、崇信、碾伯、秦安、禮縣等十五廳州縣乾隆四十五年水雹等災額賦有差，蠲剩銀併予緩徵。(高宗一一二七、一)

（**乾隆四六、六、己亥**）諭：據阿桂等奏，遵旨查明甘肅應行撫卹事宜。請將蘭州、河州地方，照乾隆三十年寧遠、伏羌、通渭三縣地震之例辦理等語。此次甘肅蘭州、河州等處，猝被逆回焚掠，亟宜加意撫綏，以甦民困。所有該處應徵本年錢糧，著加恩參行蠲免，以示優卹。該部即遵諭速行。其餘所奏卹賞各事宜，並著行在户部速議具奏。尋奏：蘭州、河州被掠貧民，應如阿桂所奏，照乾隆三十年寧遠、伏羌、通渭三縣地震之例：倒斃人口，每大口給葬銀二兩，小口七錢五分；生存人口，每口先給糧一斗，初賑不分大小，各給糧三斗。燒燬房屋，每間給銀二兩。務農民户，每户給器具銀一兩。被掠牲畜每一頭給價銀四兩及二兩有差，分作四年徵還。得旨：依議速行。(高宗一一三五、二○)

（**乾隆四六、八、甲戌**）諭：甘省捏災冒賑一案，經阿桂等查明歷年積弊，俱已水落石出，不可不徹底查辦。但恐各省督撫誤會朕意，匿災不報，則大不可。因屢次宣諭，嚴切申誡，並令李侍堯派委明幹公正大員，詳查該省各屬被災輕重，奏明辦理。茲據李侍堯奏到，查明被災各屬情形，分別撫卹。如此辦理方是。所有甘肅猝被黃水漲溢之隴西、寧夏、寧朔、平羅等四縣，貧民口食未免拮据，著該督即董率所屬，先行加意撫卹；其房屋牲畜，亦有衝倒淹斃之處，並著即行查明，照例辦理。至李侍堯查奏，各屬秋禾被旱被雹及黄疸等處，内金縣、靖遠、安定、會寧、伏羌、碾伯、大通等七縣，雖据勘明俱在四五分以内，例不成災；但念該屬今歲承辦軍需，一切輓運糧草，民情甚爲踴躍，並著加恩將該七縣本年額徵銀糧蠲免一半，其餘緩徵，以昭優卹。（高宗一一三八、八）

（**乾隆四七、七、癸亥**）豁免甘肅隴西、寧夏、寧朔、平羅等四縣乾隆四十六年分水災額賦。（高宗一一六一、一五）

（**乾隆四八、三、丁巳**）諭曰：甘省積年帶徵錢糧，自乾隆三十六年起至四十六年止，尚有未完銀二十四萬六千四百五十六兩零、糧一百三十八萬九千二百九十一石零。因思甘省自查辦捏災冒賑一案，所有民欠籽種，已屢經降旨，全行豁免。此項未完帶徵銀糧，如果係地方實在災歉、分年遞緩之項，朕必概予恩免。此項乃從前該省地方官通同捏報被災，其捏稱災重者，已冒賑分肥，即必有捏報災輕者，因予以緩徵。此乃蠹吏爲掩飾地步。今据李侍堯奏明，此等未完之項，係從前冒混，並非實因災歉所致。本應按年帶徵，但念積壓年久，爲數較多，若令一時徵完，民力不無拮据，官吏亦多被處分，是廉者代貪者受罰也。著再加恩展限八年帶徵，以示軫卹窮簷、有加無已至意。（高宗一一七七、二六）

（**乾隆四八、五、戊戌**）恩免甘肅帶徵銀糧。諭，甘省積年帶徵銀糧，前据李侍堯查明，係地方官從前冒混，並非實因災歉所致。但遞年積壓，爲數較多，若按限徵輸，民力不無拮据，特加恩展限八年帶徵，以示軫卹。昨河南帶徵之項，千萬尚且全豁，茲甘省地瘠民貧，此項銀糧有幾，而分年帶徵，仍不免追呼之擾，著亦全行寬免，俾氓均霑渥澤。所有自乾隆三十六年起至四十六年止，未完銀二十四萬六千四百五十六兩零、糧一百三十八萬九千二百九十一石零，均加恩全行豁免，以紓民力。該督其徧行曉諭閭閻，咸使聞知，普霑實惠，毋任不肖官吏，仍前弊混。該部即遵諭行。（高宗一一八〇、九）

（**乾隆四八、五、戊申**）豁免甘肅靈州乾隆四十五年水衝地三十六頃十畝有奇額賦。（高宗一一八一、五）

（**乾隆四八、七、癸巳**）豁除甘肅皋蘭、靜寧、固原、鹽茶廳、張掖、古浪、寧夏、寧朔、靈州、中衛、平羅、碾伯、秦安、禮縣、崇信等十五廳州縣乾隆四十五年秋禾水災額賦。（高宗一一八四、一一）

（**乾隆四九、六、庚寅**）又諭：前因甘省逆回滋事，所過地方，百姓田廬、牲畜被其劫掠，及聞信驚避遷徙流離者，均爲可憫，已諭令福康安到彼即行查明，酌量撫卹。第念該省現在調集官兵會勦賊匪，一切軍糧料草雖均係地方官發價購辦，而沿途輓運未免有需民力，是未經被賊滋擾之處，百姓共効供輸，亦宜一體加恩，均施惠澤。所有該省本年應徵錢糧，著概行豁免，如有本年業經徵收者，著詳悉查明，于下年豁免。該督務宜董率所屬實力奉行，俾閭閻得霑實惠，以副朕優加軫恤普沛恩施之至意。此旨到甘省，福康安即謄黃普諭各屬，並著該部遵諭速行。(高宗一二〇八、一七)

（乾隆四九、八、癸巳）諭：甘省壓欠起運銀糧，自乾隆三十八年至四十六年共計一百六十餘萬，前經督臣奏請，分作八年帶徵，經朕特沛恩綸，將此項銀糧，普行豁免。第念該省尚有存留項下民欠銀糧及起運項下民欠草束，未經一體邀免。著再加恩將三十八年至四十六年民欠存留項下銀五萬一千四十五兩零、民番糧二萬五千六百九十五石零，又起運項下民番未完草束覈計價銀二十萬四千一百八十餘兩，及二十三年至四十六年民欠未完耗銀一十萬二千一百六十九兩零、耗糧四十五萬二千四百四十五石零，概行豁免，以示朕軫念貧黎有加無已之至意。該部即遵諭行。(高宗一二一二、一四)

（乾隆五〇、一〇、癸未）又諭：據福康安奏，甘肅皋蘭、金縣、伏羌、安定、會寧、平涼、靜寧、隆德、鹽茶、秦安、平番、莊浪等十二廳、州、縣、縣丞地方，間被雹水偏災，請將銀糧草束蠲免等語。甘省地瘠民貧，上年逆回滋擾，業經降旨，將通省額賦，概免徵輸，以紓民力。其皋蘭等十二廳州縣，復間有雹水偏災之處，著再加恩，將皋蘭、金縣、伏羌、安定、會寧、平涼、靜寧、隆德、鹽茶、秦安、平番、莊浪等十二廳、州、縣、縣丞地方，所有應徵正耗銀二千七百一十兩六錢七分、糧一千一百八十二石七斗七升、草二千三百四十二束，概行蠲免，以示朕軫念邊黎，有加無已之至意。該部即遵諭行。(高宗一二四〇、一一)

（乾隆五〇、一一、丁卯）賑卹甘肅河州、靖遠、寧夏、寧朔、靈州、中衛、平羅等七州縣本年水雹災貧民，并緩徵皋蘭、金縣、狄道、渭源、隴西、伏羌、安定、會寧、肅州、玉門等十州縣被旱地畝額賦。(高宗一二四三、五)

（乾隆五二、八、丁巳）戶部議准：協辦大學士、吏部尚書前任陝甘總督福康安奏，皋蘭、金縣、河州、狄道、沙泥州判、靖遠、安定、會寧等八州縣，夏田被旱成災，應照例查明賑卹蠲緩；其河州、伏羌被水被雹之處，亦一體賑貸。至渭源、撫彝、山丹、東樂、肅州、高臺、紅水、寧遠、秦州、涇州、巴燕戎格、西寧等十二處，雖勘不成災，而收成未免歉薄，所有應徵新舊正借銀糧亦分別緩徵。如今冬明春有缺籽乏食者，酌量接濟。均應如所請辦理。得旨：依議速行。(高宗一二八七、八)

（**乾隆五二、一二、壬寅**）賑卹甘肅皐蘭、金縣、河州、狄道、靖遠、沙泥卅判、安定、會寧、八州廳縣本年被旱災民。（高宗一二九四、一一）

（**乾隆五二、一二、癸丑**）緩徵甘肅隆德、靜寧、張掖、河州、隴西、伏羌、平番、平涼、鎮原、崇信、王子莊州同等十一州廳縣本年霜雹災地額賦。（高宗一二九五、一五）

（**乾隆五三、一、丙寅**）又諭：上年甘肅皐蘭、金縣等州縣被旱成災，節經降旨，令該督實力撫卹，分別賑濟，毋使一夫失所。第念今春正賑已畢，青黄不接之時，民食不無拮据。著再加恩，將皐蘭、金縣、安定等三縣被災貧民，概行加賑一个月。至狄道、河州、靖遠、會寧、沙泥州判等五處，酌借口糧籽種，以資接濟。其各災區未完新舊正借錢糧，著照該督原題，概緩徵收。仍著察看被災各屬情形，如有缺種乏食之戶，分別辦理。該督務須飭屬實心經理，俾災民均霑實惠，以副朕軫念窮黎、有加靡已至意。該部即遵諭行。（高宗一二九六、三）

（**乾隆五三、一〇、戊申**）諭：據勒保奏，甘肅省各屬秋禾分數，通計收成八分有餘。内惟平涼等八州縣，間有被雹被旱之處；又平羅一縣瀕河地畝，間被水漲淹浸。委員查勘，俱不成災，惟收成未免歉薄等語。平涼等州縣本年夏秋以來，間被雹旱漫水，雖不致成災，但田禾未免受傷，收成稍爲歉薄，民力不無拮据。著加恩將平涼、華亭、武威、平番、古浪、皐蘭、金縣、狄道、平羅九州縣本年應徵正借銀糧及舊欠銀糧草束，俱緩至來歲徵收，俾從容完納，以紓民力。仍著該署督於今冬明春，察看情形，如有缺籽乏食者，酌量借給接濟，以示朕惠愛邊黎、格外體卹至意。該部遵諭速行。（高宗一三一五、一二）

（**乾隆五三、一一、丙寅**）緩甘肅武威、古浪、平番、平涼、華亭、皐蘭、金縣、狄道、平羅等九州縣本年被雹災民應徵額賦。（高宗一三一六、一七）

（**乾隆五四、三、甲子**）又諭：甘肅省地瘠民貧，並陝西延安、榆林、綏德三府州屬，附近甘省地方，亦屬磽薄。向來該處民欠未完地丁耗羨，及籽種口糧等項，屢經降旨分別豁免。昨勒保來京陛見，詢以該省近日情形。據稱甘省自四十七年至五十三年民欠地丁正耗、並未完籽種口糧折色等銀二十七萬九千餘兩，糧二百一萬七千餘石，草一千一百一十一萬餘束；陝西延、榆、綏三屬，自三十八年至五十三年民欠未完倉穀三十六萬九千餘石等語。甘省等處地方，自從前加恩蠲免以後，又有年所。朕於加惠黎元之事，從無遲待，即多費帑金，亦所不靳。所有甘肅省自四十七年至五十三年民欠未完地丁正耗銀二十三萬九千三百餘兩、糧八十萬四千六百餘石、草一千一百十一萬餘束，四十九年至五十三年未完籽種口糧折色銀四萬五百三十餘兩、糧一百二十一萬三千餘石，俱著加恩豁免；並陝西延、榆、綏三屬，民欠未完常平倉穀三十六萬九千餘石，著該督撫飭屬查明，亦一併加恩蠲免。以示朕惠愛邊氓有加無已至意。該部即遵諭行。（高宗一三二四、一一）

（**乾隆五五、三、壬辰**）諭：本年朕八旬壽辰，業經降旨將各直省地丁錢糧普行蠲免。甘肅省臨邊各屬應徵番糧草束，及河東、河西各屬應徵屯糧，本不在蠲免之列，第念該省所徵糧草較多，若照舊徵收，小民未免向隅，著加恩將臨邊各屬番糧草束一體蠲免。其河東、河西屯糧草束，亦著照上次之例蠲免十分之三，俾邊省民番共霑渥澤。該部即遵諭行。（高宗一三五〇、一九）

（**乾隆五五、一〇、己未**）諭曰：勒保奏，甘省蘭州府屬之皋蘭、金縣、靖遠三縣高阜地方，先因六月內雨水較少，禾苗長發稍遲，嗣於八月間天氣驟冷，正當升漿結實之時，猝被嚴霜，以致黃萎。各該屬素稱瘠土，現在收成無望，民力未免拮据。請將本年應徵正雜銀糧草束，緩至來歲徵收等語。著照所請。甘肅皋蘭、金縣、靖遠三縣所有應徵本年正雜銀糧草束，概行緩至明年輸納，俾民力得臻充裕，以示朕體卹邊氓至意。（高宗一三六四、一七）

（**乾隆五五、一〇、壬申**）又諭曰：勒保奏，甘肅蘭州府屬之皋蘭、金縣、靖遠三縣高阜地方，先因六月內雨水較少，禾苗長發稍遲。嗣于八月間天氣驟冷，正當升結緒實之時，猝被嚴霜，以致黃萎，現在收成無望，被災戶民，力難接濟，乏食堪虞，請照例給予賑濟等語。皋蘭、金縣、靖遠等三縣，猝被嚴霜，前據該督奏明，業經降旨將本年應徵正雜銀糧草束，緩至來歲徵收。今既查勘成災，小民口食維艱，自應給予賑濟，以示體卹。著該督即派委妥員，實心經理，俾災黎均霑實惠，以副朕愛養邊氓至意。（高宗一三六五、二二）

（**乾隆五六、三、甲申**）蠲緩甘肅皋蘭、金縣、靖遠等三縣乾隆五十五年分霜災額賦有差。（高宗一三七四、二五）

（**乾隆五六、六、壬戌**）蠲免陝甘皋蘭、金縣、靖遠等三縣上年霜災額賦有差。（高宗一三八一、七）

（**乾隆五七、一一、己亥**）緩徵甘肅平涼、涇州、鎮原、崇信、皋蘭、金縣、狄道、河州、靖遠、平番等十州縣本年旱雹災地畝新舊正借錢糧。（高宗一四一六、六）

（**乾隆六〇、二、壬戌**）又諭：前經降旨，普免天下積欠，令各督撫查明具奏。兹據勒保奏稱，甘肅各屬，除秦州等二十八廳州縣并無民欠外，其餘臯蘭等四十五廳州縣，截至五十九年十二月止，實在民欠未完銀糧草束等項，開單呈覽等語。甘肅地瘠民貧，往年偶値偏災，節經特沛恩施，有加無已。今屆普蠲錫福之時，所有臯蘭等四十五廳州縣節年民欠未完正耗及因歉緩徵帶徵並口糧折色、廠租借價等項，共銀二十八萬二千八百五十四兩零，又正耗及因歉緩徵帶徵並出借籽種口糧等項，共糧一百二十萬三千一百八十石零，正項草一百七十五萬三千七百四十六束，俱著全行豁免，俾邊氓得免追呼，共慶含哺之樂，以示朕加惠邊黎、敷錫延禧至意。（高宗一四七〇、三八）

（乾隆六〇、八、壬寅）又諭曰：秦承恩奏，甘肅平涼等九州縣，因得雨未能霑足，高原地畝秋禾間有受旱，又臯蘭等縣各鄉村，或因雨雹被傷、或因山水被衝，收成均不免歉薄等語。平涼等州縣因夏間雨澤稀少，以致收成稍減，雖據奏勘不成災，但民力究未免拮据。臯蘭等州縣各鄉村，秋禾間有傷損，雖係一隅中之一隅，收成亦未免減薄。所有平涼府屬之平涼、華亭，涼州府屬之武威、鎮番、永昌，涇州暨所屬之崇信、鎮原、靈臺等九州縣，並蘭州府屬之臯蘭縣西鄉、狄道州西鄉、河州南鄉，平涼府屬之靜寧州楊家嘴等村，本年應徵各項銀糧草束，均著加恩緩至來年麥熟後徵收，以紓民力。該署督務督率所屬，實力奉行，以副朕加恩閭閻，不使一夫失所至意。（高宗一四八五、一三）

（嘉慶一、二、壬午）諭內閣：本年恩詔普免各直省地丁錢糧。甘肅省所屬府州縣，有止徵糧草者，又蘭州、鞏昌、西寧、涼州四府徵收番民糧草，雖不在蠲免地丁之內，第念該省地處邊陲，著一體加恩將應徵番民糧草全行蠲免，屯糧草束蠲免十分之三，俾邊徼民番共臻樂利。（仁宗二、五）

（嘉慶一、五、辛亥）諭內閣：宜綿奏，臯蘭等州縣平原地畝及高阜之處，田禾日見黃萎等語。甘肅土性高燥，本年春夏之間雨澤短少，以致夏田無望，糧價增貴，朕心深爲軫念。著將臯蘭等州縣缺雨地方，或借給口糧，或開倉平糶，再加恩將本年應徵錢糧概行緩徵，以紓民力。（仁宗五、八）

（嘉慶一、九、癸卯）賑甘肅臯蘭、金、靖遠、隴西、寧遠、伏羌、安定、會寧、通渭、漳、洮、平涼、鹽茶、隆德、靜寧、固原、平番十七廳州縣並沙泥州判所屬被旱災民；緩徵安化、合水、環、涇、靈臺、鎮原六州縣新舊銀糧草束。（仁宗九、一）

（嘉慶一、一一、己酉）緩徵甘肅狄道、河、環三州縣並莊浪縣丞所屬旱災新舊額賦。（仁宗一一、六）

（嘉慶二、八、戊戌）免甘肅皋蘭、金、靖遠、隴西、寧遠、伏羌、安定、會寧、通渭、漳、洮、平涼、靜寧、固原、隆德、鹽茶、平番十七廳州縣並沙泥州判所屬元年旱災額賦。（仁宗二一、一）

（嘉慶二、九、乙酉）緩徵甘肅皋蘭、武威、永昌、鎮番、古浪、平番、寧夏、靈八州縣及花馬池州同所屬旱災本年額賦。（仁宗二二、一三）

（嘉慶四、七、乙亥）免甘肅被賊滋擾之隴西、寧遠、伏羌、通渭、岷、西和、漳、秦、秦安、徽、兩當、禮、階、成十四州縣及西固三岔二州同所屬新舊額賦、民欠籽種口糧，鄰近賊氛之皋蘭、金、狄道、渭源、循化、河、靖遠、洮、安定、會寧、鹽茶、平涼、固原、靜寧、華亭、隆德、莊浪、撫彝、張掖、山丹、東樂、武威、永昌、鎮番、古浪、平番、寧夏、寧朔、靈、中衛、平羅、清水、文、涇、靈臺、崇信、肅、高臺、安西、玉門四十廳州縣及沙泥州判、紅水縣丞所屬新舊額賦、民欠籽種口糧十分之三。（仁宗四九、九）

（嘉慶五、一、庚辰）緩徵甘肅被賊滋擾之隴西、寧遠、伏羌、通渭、岷、西和、漳、秦、徽、秦安、兩當、禮、階、成十四廳州縣，西固、三岔二州同所屬本年春徵額賦。（仁宗五八、二〇）

（嘉慶五、三、壬午）緩徵甘肅被賊滋擾之清水、平涼、華亭、靜寧、鹽茶、固原、隆德、洮、安定、會寧、涇、崇信、靈臺、鎮原、文十五廳州縣並莊浪縣丞所屬本年額賦。（仁宗六二、三〇）

（嘉慶五、四、乙未）緩徵甘肅鄰近賊氛之皋蘭、金、狄道、渭源、循化、河、靖遠、洮、安定、會寧、鹽茶、平涼、固原、靜寧、華亭、隆德、清水、文、涇、靈臺、崇信二十一廳州縣並沙泥州判、紅水、莊浪二縣丞所屬新舊額賦。（仁宗六三、一七）

（嘉慶五、八、丁卯）緩徵甘肅逼近賊氛之岷、西和、隴西、寧遠、伏羌、洮、通渭、漳、會寧、靜寧、隆德、華亭、秦、秦安、清水、禮、徽、兩當、階、成、文二十一廳州縣，西固、三岔二州同所屬本年額賦。（仁宗七三、三）

（嘉慶五、九、癸卯）賑甘肅永昌、武威、鎮番三縣被旱災民，並蠲緩額賦有差。（仁宗七四、一八）

（嘉慶五、一〇、壬戌）緩徵甘肅皋蘭、金、安定、平涼、涇、寧夏、寧朔、平羅、鎮原、環、靖遠、安化、河、崇信、狄道、渭源十六州縣並莊浪縣丞、沙泥州判所屬本年被霜被雹被旱各災民額賦。（仁宗七五、一五）

（嘉慶五、一〇、乙亥）續緩徵甘肅平番、古浪、山丹三縣雹災旱災本

年額賦。(仁宗七五、三二)

（嘉慶六、五、甲午）緩徵甘肅階、文、武威、鎮番、永昌、岷、西和、隴西、寧遠、伏羌、洮、通渭、安定、漳、會寧、平涼、靜寧、隆德、華亭、莊浪、秦、秦安、清水、禮、徽、兩當、成、狄道、河、皋蘭、金、渭源、靖遠、涇、崇信、鎮原、環、安化、寧夏、寧朔、平羅、山丹、平番、古浪四十四廳州縣並西固，三岔二州同沙泥州判所屬旱災新舊額賦。(仁宗八三、二一)

（嘉慶七、三、丙子）緩徵甘肅皋蘭、渭源、金、靖遠、狄道、隴西、安定、會寧、岷、通渭、漳、西和、伏羌、寧遠、平涼、靜寧、華亭、隆德、固原、莊浪、安化、寧、正寧、合水、環、秦、禮、清水、秦安、階、文、涇、靈臺、崇信、鎮原、山丹、東樂、永昌、鎮番、古浪、平番四十一廳州縣並西固州同、沙泥州判、紅水縣丞所屬上年旱災及被旱之河、鹽茶、武威、西寧、碾伯、成、徽、兩當八廳州縣，三岔州判所屬本年春徵額賦。(仁宗九五、六)

（嘉慶七、九、乙未）緩徵甘肅寧夏、平羅、寧朔、靈、中衛五州縣屬水災本年額賦。(仁宗一〇三、二二)

（嘉慶八、四、庚午）免甘肅被賊滋擾之隴西、寧遠、伏羌、安定、岷、會寧、通渭、西和、洮、漳、平涼、靜寧、隆德、固原、秦、華亭、鹽茶、秦安、清水、禮、徽、兩當、崇信、階、文、成、靈臺二十七廳州縣並西固州同、三岔州判所屬及鄰近賊氛供應軍糧之皋蘭、河、狄道、渭源、靖遠、金、莊浪、循化、安化、寧、正寧、合水、環、涇、鎮原、寧夏、寧朔、中衛、平羅、靈二十廳州縣並沙泥州判、紅水縣丞所屬歷年民欠銀糧草束有差。(仁宗一一一、一二)

（嘉慶八、一〇、甲戌）緩徵甘肅寧夏、平羅二縣被水馬廠租賦。(仁宗一二二、一〇)

（嘉慶九、七、甲辰）緩徵甘肅皋蘭、西寧、碾伯、金、寧朔五縣水災本年額賦。(仁宗二三一、二一)

（嘉慶九、一二、壬戌）緩徵甘肅平羅縣被水災民銀糧草束。(仁宗一三八、六)

（嘉慶一〇、閏六、甲辰）緩徵甘肅隴西、寧遠、伏羌、通渭、西和、靜寧、環、皋蘭、古浪、平番、西寧、碾伯、大通、巴燕戎格十四廳州縣水災旱災新舊額賦。(仁宗一四六、三二)

（嘉慶一〇、七、癸丑）緩徵甘肅狄道、河、渭源、金、安定、會寧、漳、平涼、隆德、固原、華亭、莊浪、鹽茶、寧、安化、正寧、合水、武威、永昌、秦、清水、禮、徽、兩當、秦安、涇、崇信、靈臺、鎮原二十九廳州縣並三岔州同、沙泥州判、紅水、東樂二縣丞所屬旱災新舊額賦；賑隴西、寧遠、伏羌、通渭、西和、靜寧、環七州縣被旱災民；給皋蘭、古浪、平番、西寧、碾伯、大通、巴燕戎格七廳縣被水災民口糧有差。（仁宗一四七、三）

（嘉慶一〇、八、甲午）予甘肅靈州被水災民及古浪縣開河民夫口糧有差；緩徵寧朔、寧夏、平羅、靈四州縣被水莊堡新舊銀糧草束。（仁宗一四八、一三）

（嘉慶一〇、一〇、己亥）緩徵甘肅毗連災區之靖遠縣新舊銀糧草束。（仁宗一五一、一八）

（嘉慶一一、九、甲子）賑甘肅寧夏、寧朔、平羅三縣被水災民；緩徵寧夏、寧朔、平羅、皋蘭、西寧五縣新舊額賦，並貸籽種口糧。（仁宗一六七、八）

（嘉慶一二、六、壬申）免甘肅被賊滋擾之大通縣番民本年應納糧石及貢馬銀，並貸口糧有差。（仁宗一八一、三）

（嘉慶一二、二、甲午）緩徵甘肅河、金、鎮原、寧遠、西和、崇信六州縣旱災新舊額賦。（仁宗一八六、三三）

（嘉慶一三、八、庚子）賑甘肅皋蘭、金、隴西、平羅、靖遠、中衛、寧夏、西寧、巴燕戎格、伏羌、寧朔、靈、大通十三廳州縣被水被雹災民，並緩徵新舊額賦。（仁宗二〇〇、四）

（嘉慶一四、一〇、壬寅）又諭：松筠參奏虛捏重災冒請撫卹之縣令一摺。據稱，署固原州知州、隆德縣知縣呂榮同委員試用知縣續炳南聯銜稟報，該州東北二鄉所屬五千六百五十七村莊，秋禾被水、被霜、被雹，成災七八分不等。經該督確訪，該州東北二鄉，被霜情形較輕，止應奏講緩徵，冬春照例接濟籽種口糧等語。是該署州以成災較輕之區，竟敢捏報重災，希冀冒領多銀，實出情理之外。呂榮，著革職，交該督提同試用知縣續炳南嚴訊確情，定擬具奏。所有本年應行勘辦之狄道、皋蘭等七州縣並固原東北二鄉、平番東南五村，著照所請，將應徵新舊正借銀糧草束，加恩緩至來年徵收，並於冬春酌借籽種口糧，以資接濟。（仁宗二一九、一四）

（嘉慶一五、六、壬寅）緩徵甘肅皋蘭、金、靖遠、寧遠、會寧、漳、鹽茶、固原、環、成、文、靈臺、靈、中衛、平番、靜寧、隆德、隴西、通渭、安定、碾伯二十一廳州縣及花馬池州同、沙泥州判、紅水縣丞所屬被旱

災民新舊正借銀糧草束，並撥附近各省銀一百萬兩備賑。（仁宗二三一、八）

（嘉慶一五、七、庚午）緩徵甘肅涇、渭源、伏羌、永昌、鎮原五州縣並東樂縣丞所屬旱災新舊額賦。（仁宗二三二、一八）

（嘉慶一五、九、辛酉）緩徵甘肅巴燕戎格、武威、山丹、古浪四廳縣被旱被雹地方新舊額賦。（仁宗二三四、九）

（嘉慶一五、一一、辛酉）緩徵甘肅狄道、河、平涼、華亭、崇信、撫彝、鎮番七州縣及肅州州同、莊浪、毛目二縣丞所屬水災旱災雹災新舊額賦。（仁宗二三六、一一）

（嘉慶一六、一〇、癸酉）緩徵甘肅皋蘭、河、靖遠、鹽茶、中衛五廳州縣及花馬池州同所屬雹災新舊額賦。（仁宗二四九、二五）

（嘉慶一八、一一、己巳）展緩甘肅省積年舊欠額賦並雜稅銀糧。（仁宗二七八、一〇）

（嘉慶一九、九、壬子）緩徵甘肅皋蘭、靖遠、鹽茶、靈、中衛五廳州縣及紅水縣丞所屬本年旱災新舊額賦。（仁宗二九七、二八）

（嘉慶二〇、一一、丁酉）緩徵甘肅皋蘭、金、靖遠、安定、隴西、平羅、西寧、鹽茶八廳縣雹災旱災霜災新舊額賦。（仁宗三二一、二八）

（嘉慶二〇、一一、庚子）蠲緩甘肅宜禾縣旱災本年額賦有差，並貸口糧。（仁宗三二一、二一）

（嘉慶二一、九、戊申）緩徵甘肅皋蘭、狄道、渭源、西寧四州縣水災雹災新舊額賦草束。（仁宗三二二、二）

（嘉慶二一、一〇、己亥）緩徵甘肅寧朔縣水災新舊額賦。（仁宗三二三、一四）

（嘉慶二二、一一、乙卯）緩徵甘肅皋蘭、狄道、平涼、靜寧、寧夏、寧朔、靈、中衛、平羅、涇、徽十一州縣旱災水災雹災新舊額賦，並貸災民口糧。（仁宗三三六、一一）

（嘉慶二三、二、甲申）免西寧所屬格爾吉被雪番族應徵銀三年。（仁宗三三九、一六）

（嘉慶二三、九、乙卯）緩徵甘肅皋蘭、武威、西寧、大通四縣被旱被雹被水地畝本年額賦。（仁宗三四七、八）

（嘉慶二三、一一、乙巳）緩徵甘肅渭源、平羅、古浪、金、靖遠、隴西、安定、鹽茶、靈、靈臺十廳州縣及東樂縣丞、沙泥州判所屬雹災水災旱災新舊額賦；貸皋蘭、渭源、隴西、秦、兩當、撫彝、張掖、山丹、永昌、鎮番、安西、玉門、燉煌十三廳州縣貧民兩月口糧。（仁宗三四九、一四）

（嘉慶二四、一二、甲辰）蠲緩甘肅宜禾縣霜災本年額賦有差，並貸災民口糧。（仁宗三六五、二〇）

（嘉慶二四、一二、甲寅）免西寧口外番族積欠馬貢銀。（仁宗三六五、三四）

11. 青海

（嘉慶一、一〇、己亥）免青海被雪成災番戶應徵銀三年。（仁宗一〇、一九）

12. 新疆

（乾隆一、一、丙辰）免哈密回部屯田納糧，並加賞貝子等銀幣有差。（高宗一一、一六）

（乾隆二〇、一二、戊申）諭軍機大臣等：……準噶爾人等不知約束，易生疑惑。策楞至伊犂後，諸凡條例，務須簡易明白，便於遵行，不必似內地之詳密，使伊等手足無措，方爲妥協。至貢賦一項，準噶爾連年不靖，近又遭阿睦爾撒納滋擾，疲弊已極。今年貢賦，著加恩寬免。自明年爲始，減伊等原納貢賦之半徵收。此項仍爲賞給彼處衆人俸祿及養贍喇嘛之用。著策楞詳細曉諭伊等知悉。（高宗五〇二、三〇）

（乾隆二六、一、己巳）諭軍機大臣等：上年舒赫德等辦理伊犂屯田回人起程，朕於回部各城急公協助之伯克等，特命分別賞賚；其回人等，蠲免常賦十分之一。今續派回人五百戶，著傳諭舒赫德將急公協助之伯克回人等，俱照前例辦理。（高宗六二九、一五）

（乾隆二七、九、辛酉）諭軍機大臣等：達桑阿奏稱，玉古爾、庫爾勒回人等，今歲屆升科之期，派員查勘收成分數。據報玉古爾大小麥俱已成熟，共收穫八千一百餘石，庫爾勒所種因蝗蝻傷損，僅收三百餘石等語。回人所種地畝，俱資灌漑之利，雖不虞旱潦，而蟲鼠爲耗，致成偏災，亦所不免。雖不必盡照內地蠲賑之例辦理，而視其被災分數，酌量減免，伊等自感出望外，且實與生計有裨。此次庫爾勒回人等升科伊始，既被偏災，其作何蠲免之處，著速議具奏。將來各城回人所種地畝有成災者，著各該駐劄大臣詳悉查勘收成分數，定議辦理，俾回衆咸知朕軫念新附之意。即其中有捏報災傷、希圖免賦者，因此履畝確勘，亦得杜其徼倖之端。著傳諭永貴等知之。（高宗六七〇、六）

（乾隆二九、五、戊午）葉爾羌辦事副都統額爾景額等奏：據阿奇木伯克鄂對呈報，有攜眷尋歸故土回人共一百八十餘名，係前經霍集占之亂逃避遠出者。此內葉爾羌回人七十三戶，伊等親屬尚存，其餘一百餘戶，係喀什噶爾、英吉沙爾之回人，查明並無自伊犁逃回等情。臣等伏思此項回人復歸故土，應令仍於原處居住，但伊等離散多年，已無產業，請給以田畝、籽種，暫緩徵收租賦，俾得經理生計。報聞。（高宗七一○、一二）

（**乾隆三一、一○、丁酉**）諭：據明瑞等奏，今年錫伯、索倫、達呼爾等十佐領兵丁耕種地畝被蝗，所有前借給籽種及接濟糧石，刻下不能交納，請俟豐收時歸還。又，回子等所種地，大小麥收成歉薄，小米、黍子尚可豐登，所有應納麥石，請以小米、黍子准抵其不敷之數，俟來年補交等語。錫伯、索倫等所借籽糧，本當即行歸款，但伊等俱係新往兵丁，在彼未能服習，且今年復被蝗災，生計未免拮据。著加恩將應還籽種及接濟糧石，俱著寬免。至回子等田地，小米、黍子雖屬豐收，而大小麥歉薄，若以小米、黍子抵納大小麥不敷之數，來年即令交納，尚恐力有不支。著交明瑞等將回子等今年應抵糧石酌減，展限令其補還，此係朕念伊等生計，格外施恩，不可援以爲例。明瑞等將此通諭知之。（高宗七七○、二）

（**乾隆三一、一二、癸酉**）諭：伊犁屯田回人等接年拖欠應交麥穀共七萬八千七百餘石，已著展限分爲四年帶徵。但念去歲伊犁歉收，若於今歲秋成後，即將帶徵之項與本年正項糧石並徵，究恐生計拮据，著加恩將本年應行帶徵麥穀一萬九千六百餘石，全行豁免，以紓回力。（高宗七八○、二四）

（**乾隆三二、九、壬辰**）諭軍機大臣等：據達桑阿奏稱，布古爾、庫爾勒回人等所種地畝，現屆升科之年，派噶爾扎前往查勘伊等所種禾苗。據稱布古爾所種麥菽，均屬暢茂，共收八千一百石，庫爾勒因遇蝗災，衹收三百十七石等語。回人耕種，全賴灌漑，然蝗蝻偏災，亦爲事所不免。伊等所種地畝，原有應納額賦，如遇此等偏災，雖不便照內地一律蠲免，若將伊等額賦全徵，恐於生計不無拮据。所有庫爾勒本年應徵額賦，著加恩量減。其應如何辦理之處，著即行議奏。嗣後別城回人所種地畝，遇有偏災，其額賦應如何減免之處，著傳諭永貴，會同各城大臣擬定章程具奏，以示朕撫循新附之至意。（高宗七九四、二）

（**乾隆三三、二、庚午**）諭：據阿桂等奏，伊犁屯田回人應還三十年未及入倉被雪潮濕黴變糧並三十一年被災未能交納糧共七萬餘石，曾經展限四年帶退。其去年應帶交糧一萬九千餘石已蒙恩寬免外，尚有三年應行帶交糧五萬九千餘石等語。回人等所欠糧石，前經朕加恩展四年完交，且將上年應帶交糧一萬餘石，又經朕加恩寬免，其餘未完糧石，自應令其照數帶交。但回人等俱係甫經移駐伊犁，生業尚未充裕，若每年交納正糧外，又令帶运糧石，於伊等生計未免拮据。所有回人等應分限三年帶交糧五萬餘石，俱著加恩免其交納。（高宗八〇四、三六）

（乾隆三五、一二、甲戌）諭：本年正月，曾降旨將各直省應徵錢糧通行蠲免，並蠲甘省臨邊各屬番糧、草束，其河東、河西額徵屯糧、草束，亦予蠲免三分之一。因思烏嚕木齊新疆戶民，均有撥種地畝，業經扣限升科，所徵額糧，著一體加恩，照內地河東、河西額徵屯糧草束蠲免三分之一，俾新疆編氓普霑渥澤。該部即遵諭行。（高宗八七四、二）

（乾隆三九、七、乙丑）諭：據索諾木策凌奏稱，今歲厄魯特部落耕種地畝內，有被蝗蟲傷損者八十餘頃，所有從前借給伊等糧石，應於今歲完納者，請展限二年等語。從前借給厄魯特等之穀石，雖應按限完交，但伊等耕種地畝，今歲被蝗傷損過半，若將今歲應還之糧石，照常令其完納，則伊等所餘之糧無幾，生計未免拮据。著加恩照索諾木策凌所奏，將厄魯特等今歲應完糧石展限，自明年起作為二年完納。（高宗九六二、二八）

（乾隆四二、八、庚子）又諭曰：都統索諾木策凌咨請，烏嚕木齊所屬各州縣戶民額徵地糧等項，應否統入甘肅省戊戌年應免錢糧內一併查辦等因。經戶部以普免各省錢糧，係專指地丁而言，其應徵糧草等項，例不應免，駁令仍舊徵收。固屬照例辦理，第念該處究屬邊陲，宜加渥澤。所有此項額徵地糧，著照乾隆三十六年之例，蠲免三分之一，即於戊戌年隨同甘肅地丁銀兩一體免徵，以示嘉惠邊氓之至意。（高宗一〇三八、一二）

（乾隆五一、一一、戊寅）諭：據鄂輝等奏新疆屯練民戶應還牛價口糧，請寬限徵收，以卹屯戍一摺。四川新疆屯練承墾地畝，業經照例升科，其所借牛僅口糧，原分作三年徵遇，除上年已按款徵收外，其餘借項，若與升科額糧三項並徵，屯衆不無拮据，著加恩將該屯練等未完五十一、二年分應徵牛價口糧概予豁免，其民戶所借牛價口糧，亦著一併寬免，以示體卹。（高宗一二六八、一二）

（乾隆五五、三、庚子）諭：本年朕八旬壽辰，業經降旨，將各直省地丁錢糧，普行蠲免。烏嚕木齊各州縣每年額徵地糧，本不在蠲免之例，第念內地錢糧，俱已全行蠲免，該處若不獲一體邀恩，邊氓未免向隅。著加恩將烏嚕木齊所屬各州縣戶民額徵地糧七萬餘石，豁免三分之一，以一示加惠邊黎至意。該部即遵諭行。（高宗一三五一、九）

（乾隆五七、一二、丙子）又諭：據保寧奏，今歲回民地畝田禾，被雪壓傷，著加恩將本年應徵穀四千石，免其交納。（高宗一四一八、二二）

（嘉慶六、一〇、戊午）免阿克蘇所屬阿哈雅爾村被水回民本年應納官糧。（仁宗八八、二二）

（嘉慶一二、八、戊戌）免庫車所屬布蘭、哈雜克、察半三莊水災本年額糧。（仁宗一八四、一八）

（嘉慶一六、七、丙申）免喀什噶爾回莊本年水災額賦。（仁宗二四六、二三）

（嘉慶一七、四、壬子）賞卹伊犁額魯特游牧地方地震災民。（仁宗二五六、一〇）

（嘉慶二一、一一、丙辰）緩徵烏嚕木齊宜禾縣旱災額賦，並貸口糧。（仁宗三二四、一一）

13. 江南（江蘇、安徽）

（順治九、一〇、庚子）免江南沛縣六年至八年分水災逋賦。（世祖六九、二）

（順治一一、一、戊申）免江寧、安徽蘇、松、常、鎮、廬、鳳、淮、徐、滁等屬五十州縣，江寧等二十六衛所十年分旱澇租賦。（世祖八〇、七）

（順治一一、一〇、辛未）免江南廬、鳳、淮、揚四府，徐、滁、和三州本年分水旱災傷額賦。（世祖八六、二八）

（順治一三、一一、丙寅）免江南海州本年分荒地額賦。（世祖一〇四、一九）

（順治一七、二、壬寅）免江南淮、揚、鳳、徐所屬州縣衛十六年分水災額賦。（世祖一三二、二一）

（順治一七、一一、庚辰）免江南五河、安東二縣十六年分水災額賦。（世祖一四二、二二）

（順治一七、一二、癸巳）免江南邳州、蕭、宿遷、沭陽等縣十七年分水災額賦有差。（世祖一四三、八）

（順治一八、二、己丑）免江南崇明縣順治十六、十七年舊欠錢糧。以被賊圍城時城內人民協力保守故也。（聖祖一、二〇）

（順治一八、七、己酉）免江南宿州、鹽城、蕭縣順治十七年分旱災額賦有差。（聖祖三、一一）

（順治一八、七、乙丑）免江南睢寧縣順治十七年分旱災額賦。（聖祖三、一八）

（康熙二、三、壬午）免江南青浦等十二縣，江寧前衛等十五衛順治十

八年分旱災額賦有差。(聖祖八、二〇)

（**康熙二、九、己巳**）免江南鳳、淮、揚三府所屬二十五州縣衛本年分旱災額賦有差。(聖祖一〇、一)

（**康熙四、二、戊辰**）免江南太倉州、崇明縣、上海縣、通州、海門縣康熙三年分水災額賦有差。(聖祖一四、一一)

（**康熙四、七、甲辰**）免江南徐州等十州縣本年分旱災額賦有差。(聖祖一六、六)

（**康熙四、一〇、壬午**）免江南江都縣本年分水災額賦十之三。(聖祖一七、六)

（**康熙四、一一、壬辰**）免江南山陽、霍邱二縣本年分水災額賦有差。(聖祖一七、九)

（**康熙五、一、癸巳**）免江南長洲等十一州縣康熙四年分水災額賦有差。(聖祖一八、二)

（**康熙五、六、癸丑**）免江寧上元等衛節年未完黃快丁銀。(聖祖一九、八)

（**康熙五、一、壬戌**）免江南邳州、睢寧等五州縣本年分水災額賦有差。(聖祖二〇、一六)

（**康熙六、二、己酉**）免江南桃源、贛榆二縣康熙五年分蝗災額賦。(聖祖二一、六)

（**康熙七、二、甲戌**）戶部議覆：江寧巡撫韓世琦疏言，黃河衝決，桃源受患尤甚。漕糧無蠲免之例，請將桃源縣康熙六年分起運漕糧，分兩年補徵帶運。應如所請。從之。(聖祖二五、一三)

（**康熙七、三、丁未**）免江南邳州、安東等六州縣及高郵等十八衛所康熙六年分水災額賦有差。(聖祖二五、一八)

（**康熙七、三、壬戌**）免江南上元、江寧、石城等衛所康熙六年分旱災額賦有差。(聖祖二五、二一)

（**康熙七、三、乙丑**）免江南海州、清河等七州縣康熙六年分水災額賦有差。(聖祖二五、二一)

（**康熙七、一一、壬寅**）江寧巡撫韓世琦疏報淮揚所屬高郵、興化等十四州縣本年分水災。部議照定例加一分蠲免。(聖祖二七、一五)

（**康熙八、八、乙酉**）免江南鹽城所屯田康熙七年分水災額賦。(聖祖三一、七)

（**康熙八、一一、庚寅**）免江南江寧等四衛本年分水災額賦有差。(聖祖三一、一六)

（**康熙八、一一、癸卯**）免江南高郵、興化等四州縣本年分水災額賦有差。（聖祖三一、一九）

（**康熙八、一二、癸亥**）免江南蕭縣、鹽城所本年分水災額賦有差。（聖祖三一、二二）

（**康熙九、二、丁丑**）江寧巡撫馬祐疏言：桃源縣等處連年水災，請免帶徵漕米。得旨：漕糧例不蠲免，但該撫既稱桃源等處屢被水災，民生困苦，與他處不同，著確議具奏。尋議：康熙六、七兩年分未完漕米一萬六千六百四十石，應准其蠲免，後不為例。從之。（聖祖三二、八）

（**康熙九、二、乙酉**）戶部議覆：漕運總督帥顏保疏言，江南高郵等六州縣被災，康熙六、七、八年分未完漕米二萬八千七百六十九石有奇，改折帶徵。應如所請。得旨：高郵等處災傷與他處不同，此未完漕米仍令帶徵，恐小民不能完納，以致困苦。著再議。（聖祖三二、一○）

（**康熙九、閏二、己酉**）戶部遵旨再議：漕糧例不因災蠲免，但江南高郵等六州縣疊被災傷，應將康熙六、七、八年未完漕糧盡行蠲免。從之。（聖祖三二、一三）

（**康熙九、七、壬申**）免江南丹徒、金壇二縣康熙七年分水災額賦有差。（聖祖三三、二三）

（**康熙九、八、壬辰**）免江南泰州本年分水災額賦。（聖祖三三、二八）

（**康熙九、八、甲寅**）免江南睢寧縣本年分水災額賦有差。（聖祖三三、三二）

（**康熙九、一○、甲午**）諭戶部：淮揚所屬地方，歲比不登，屢廑朕懷。今年又遭水災，黃淮交漲，隄岸衝決，百姓室廬多被淹沒，夏麥未獲登場，秋禾播種水漾難施，民生失所。特差部臣速行踏勘，准動正項錢糧，存積銀米，將饑民賑濟。但被災之民，既無耕穫，何以輸糧。如再加催科，愈不堪命。今年淮揚所屬被災地方應徵錢糧共該若干，爾部速行酌議蠲免，以副朕卹災愛民至意。（聖祖三四、一一）

（**康熙九、一一、甲戌**）以淮揚數被水災，特命高郵、寶應等十五州縣應徵康熙九年並帶徵七、八年漕糧漕項，概行蠲免。（聖祖三四、二○）

（**康熙九、一一、癸未**）免江南太倉、婁縣、無錫等十二州縣本年分水災額賦有差。（聖祖三四、二一）

（**康熙九、一二、戊戌**）免江南高郵、寶應等十二州縣衛本年分水災額賦有差。（聖祖三四、二二）

（**康熙一○、一一、甲戌**）戶部議覆：江寧巡撫馬祐疏言，淮揚二府屬

被水，蒙恩賑濟。所欠康熙元年至六年額賦，請予蠲免。應如所請。從之。(聖祖三七、一一)

(康熙一〇、一二、丙戌) 免江南上元等一十七縣本年分蝗災額賦有差。(聖祖三七、一四)

(康熙一〇、一二、己丑) 免江南清河等三縣、大河一衛本年分水災額賦有差。(聖祖三七、一四)

(康熙一〇、一二、庚寅) 免江南海州、贛榆等三十四州縣衛所本年分旱蝗額賦有差。(聖祖三七、一五)

(康熙一〇、一二、癸卯) 免江南高郵、寶應等十州縣鹽城一所康熙九年分水災額賦。(聖祖三七，一七)

(康熙一一、三、甲戌) 以江南興化縣康熙九年水災，額賦雖經全蠲，而積水未涸，百姓尚難耕種，復諭戶部將康熙十年分額賦一併豁免。(聖祖三八、二一)

(康熙一一、四、己卯) 諭戶部：江南連年水旱相仍，災傷甚重，若將舊欠錢糧一併追徵，民生愈致困苦，朕心不忍。其以前未完錢糧，實係拖欠在民者，著暫行停徵，俟民力稍蘇之時，再行請旨。(聖祖三八、二二)

(康熙一一、四、庚寅) 免江南淮安、大河二衛康熙十年分水淹田地額賦。(聖祖三八、二五)

(康熙一一、五、丙寅) 免江南泰州、江都、山陽三州縣康熙九年分未完存留錢糧七千五百石有奇。(聖祖三九、五)

(康熙一一、七、壬子) 免江南高郵州康熙十年分旱災湖地租銀。(聖祖三九、一三)

(康熙一一、七、甲午) 以江南沭陽縣水災，將本年分正耗漕米俱令折徵，并免漕贈銀米。(聖祖三九、二一)

(康熙一一、閏七、壬寅) 免江南儀真衛康熙元年三年分軍欠地丁錢糧。(聖祖三九、二三)

(康熙一一、八、壬子) 免江南高郵、寶應等五州縣本年分水災額賦有差。(聖祖三九、二五)

(康熙一一、九、乙亥) 免江南沭陽縣本年分水災額賦有差。(聖祖四〇、一)

(康熙一一、一一、己卯) 以江南桃源縣、興化所、鹽城所屢被水災，將本年起存錢糧漕米漕項，及帶徵康熙十年分漕米漕項，盡行蠲免。(聖祖四〇、一三)

（康熙一一、一二、丁未）免江南長洲等七縣本年分蝗災額賦有差。（聖祖四〇、一八）

（康熙一一、一二、辛亥）以江南興化等五縣並大河衛連年災荒，又本年水災十分，將應徵本年分地丁銀及漕糧漕項，並帶徵康熙十年分漕糧漕項，一并蠲免。其邳州、沭陽等五州縣，連年災荒，較興化等縣衛稍減。將本年分被災十分、九分者，於蠲免定例外，加免二分，作五分蠲免；八分、七分者，於蠲免定例外，加免二分，作四分蠲免。（聖祖四〇、一八）

（康熙一一、一二、丁巳）免江南華亭、婁縣、青浦三縣本年分水災額賦有差。（聖祖四〇、二〇），

（康熙一二、四、辛亥）諭戶部：江南蘇、松、常、鎮、淮、揚六府，連年災荒，民生困苦，與他處不同，朕心時切軫念。除今年錢糧已經派撥兵餉外，其蘇、松等六府康熙十三年分地丁正項錢糧，特行蠲免一半，以昭朕存卹災黎至意。（聖祖四二、三）

（康熙一二、一一、壬辰）免江南贛榆縣本年分水災額賦有差。（聖祖四四、五）

（康熙一二、一二、辛丑）免江南高郵衛本年分水災額賦十之三。（聖祖四四、九）

（康熙一三、一、乙酉）免江南淮安衛康熙十二年分水災額賦有差。（聖祖四五、一〇）

（康熙一三、一、癸巳）免江南清河縣康熙十二年分水災額賦有差。（聖祖四五、一六）

（康熙一三、一二、癸丑）免江南沭陽縣本年分旱災額賦十之一。（聖祖五一、二二）

（康熙一四、閏五、辛亥）免江南高郵州水淹田地額賦。（聖祖五五、二七）

（康熙一四、七、乙巳）免江南邳州本年分水災額賦。（聖祖五六、一六）

（康熙一四、一〇、辛未）免江南徐州、邳州本年分水災額賦有差。（聖祖五七、二五）

（康熙一四、一〇、丁丑）免江南高郵、江都、寶應三州縣本年分水災額賦有差。（聖祖五七、二八）

（康熙一四、一一、己亥）免江南山陽、宿遷、睢寧三縣本年分水災額賦有差。（聖祖五八、八）

（康熙一四、一一、丙午）免江南高郵、興化、鹽城三衛所本年分水災額賦有差。（聖祖五八、一二）

（康熙一五、一一、壬寅）免江南山陽等七州縣本年分河決水災額賦十之三。（聖祖六四、一〇）

（康熙一五、一二、壬戌）免江南徐州、宿遷、桃源等三州縣本年分水災額賦有差。（聖祖六四、一八）

（康熙一六、九、乙酉）免江南泰州本年分水災額賦十之三。（聖祖六九、七）

（康熙一六、九、甲午）免江南宿遷縣本年分水災額賦十之三。（聖祖六九、八）

（康熙一六、一一、辛巳）免江南徐州、山陽等十一州縣衛本年分水災額賦有差。（聖祖七〇、三）

（康熙一七、六、乙未）免江南徐州、沛縣等四州縣本年分水災額賦有差。（聖祖七四、一五）

（康熙一七、八、辛卯）免江南高郵州康熙十六年分水災湖地額賦。（聖祖七六、一〇）

（康熙一七、一二、辛巳）免江南海州、宿遷等十三州縣衛本年分水災額賦。（聖祖七八、一七）

（康熙一七、一二、戊子）免江南鹽城縣本年分水災額賦十之三。（聖祖七八、一九）

（康熙一七、一二、庚寅）免江南徐州、沛縣等四州縣本年分水災額賦。（聖祖七八、二〇）

（康熙一八、一、甲辰）免江南宿遷、桃源二縣康熙十七年分水災額賦十之三。（聖祖七九、二）

（康熙一八、四、庚午）免江南宿遷縣水淹田地康熙十四年以前未完地丁漕糧。（聖祖八〇、一七）

（康熙一八、四、庚寅）諭戶部：江南財賦繁多，如舊欠無徵錢糧，更行追比，恐累小民。其康熙十年、十一、十二年錢糧，俱行蠲免。其十三、十四、十五、十六等年錢糧，俱令於十九年始，分年帶徵，以舒民力。著該撫通行曉諭，務令均霑實惠，以副朕休養斯民至意。（聖祖八〇、二八）

（康熙一八、八、乙酉）免江南徐州、豐、蕭、沛四州縣本年分旱災額賦十之三。（聖祖八三、一五）

（康熙一八、九、乙未）免江南宿遷縣康熙十六年分水災額賦有差。（聖祖八四、二）

（康熙一八、一二、乙亥）以江南蘇州、松江、常州、鎮江等府屬各州

縣旱災，停徵康熙十七年分未完漕項錢糧。（聖祖八七、一〇）

（康熙一九、三、甲寅）免江南山陽等十一州縣康熙十八年分水災額賦有差。（聖祖八九、一一）

（康熙一九、一〇、戊申）免江南泰州、清河等二十三州縣衛本年分水災額賦有差。（聖祖九二、二四）

（康熙二〇、一二、庚辰）免江南六合縣本年分水災額賦十之三。（聖祖九九、一）

（康熙二一、二、庚子）免江南海州、沭陽等三州縣康熙二十年分水災額賦。（聖祖一〇一、一二）

（康熙二一、九、丁未）免江南沭陽、宿遷二縣本年分水災額賦十之三。（聖祖一〇四、一九）

（康熙二一、一一、辛未）免江南興化、六合二縣本年分水災額賦有差。（聖祖一〇六、一二）

（康熙二三、一二、丙午）免江南宿遷縣本年分旱災額賦有差。（聖祖一一八、九）

（康熙二四、四、己亥）免江南徐州康熙二十三年分水災額賦。（聖祖一二〇、二一）

（康熙二四、九、壬戌）免江南邳州本年分水災額賦有差。（聖祖一二二、二）

（康熙二四、一一、己未）户部議：侍郎蘇赫往勘淮揚水災，疏請免被災百姓錢糧，將運丁所餘米麥賑濟。應如所請。上諭大學士等曰：今國用亦云充足，前曾令詳察各省錢糧，於來歲蠲免。夫欲使民被實惠，莫如蠲免錢糧。朕南巡時，觀宿遷、邳州百姓生計，今年尚可支持；淮揚等處飢民，已經被災，不能辦納錢糧，今僅免本年錢糧，百姓霑恩有限。須將明歲錢糧一併蠲免，庶於民大有裨益。至直隸各省遇災錢糧，亦欲蠲免。爾等會同戶部，將被災地方蠲免錢糧數目，一併察明詳議具奏。（聖祖一二三、三）

（康熙二五、七、乙巳）免江南沛縣本年分雹災額賦有差。（聖祖一二七、九）

（康熙二五、一一、丙申）免江南徐州本年分蝗災額賦有差。（聖祖一二八、九）

（康熙二五、一一、壬寅）免江南六合、沛縣、蕭縣本年分蝗災額賦有差。（聖祖一二八、一〇）

（康熙二七、一一、己亥）免江南興化縣本年分水災額賦十之二。（聖祖

一三七、二八)

（康熙二八、一、癸巳）諭江南江西總督傅拉塔、江蘇巡撫洪之傑、安徽巡撫江有良曰：朕南巡以來，軫念民依，勤求治理。頃至江南境上，所經宿遷諸處，民生風景，較前次南巡稍加富庶。朕念江南財賦甲於他省，素切留心。因尚有歷年帶徵錢糧，恐爲民累，出京時，曾詢户部，知全省積欠約有二百二十餘萬。今親歷茲土，訪知民隱，無異所聞。除江南正項錢糧已與直隸各省節次蠲免外，再將江南全省積年民欠，一應地丁錢糧、屯糧、蘆課、米麥豆雜稅，概與蠲除。自此民免催徵，官無參罰。爾督撫務須切實奉行，俾均霑實惠，副朕愛卹民生至意。如有以完作欠、侵收肥己等弊，一經發覺，定行從重治罪。(聖祖一三九、一三)

（康熙二八、七、丙辰）又諭：朕巡幸江南，凡所經歷，於編氓疾苦，必詳加體察。如傷念切，每沛恩膏。朕過邳州，親見彼處田地多爲水淹，耕耘既無所施，賦稅於何取辦。其現在被淹田畝，應納地丁及漕項錢糧，俱行蠲免。歷年逋欠，亦盡與豁除。該督撫即行出示，徧曉窮鄉，仍不時廉察，倘有仍行私徵者，題參，從重治罪，以副朕愛卹民生至意。(聖祖一四一、一九)

（康熙二八、一〇、己巳）免江南邳州等九州縣衛本年分水災額賦有差。(聖祖一四二、一一)

（康熙二九、一二、庚申）免江南六合等十五州縣衛本年分水災額賦有差。(聖祖一四九、二四)

（康熙二九、一二、甲子）免江南江都縣、高郵州本年分水災額賦有差。(聖祖一四九、二五)

（康熙三〇、閏七、乙亥）免江南海州、桃源等七州縣本年分旱災額賦有差。(聖祖一五二、一八)

（康熙三〇、一〇、戊申）免江南興化縣本年分蝗災額賦。(聖祖一五三、一五)

（康熙三一、一二、丙申）免江南六合等十州縣本年分旱災額賦有差。(聖祖一五七、二一)

（康熙三二、九、辛酉）户部等衙門遵旨議覆：康熙三十年十二月內諭旨，將江蘇漕糧於三十四年蠲免，安徽漕糧於三十五年蠲免。今年江省夏旱，秋收諒必有限，若漕糧照常徵收，民食將至匱乏。請將江蘇、安徽今年漕糧三分免一。此所蠲漕糧，俟至該省應蠲年分照數補運。得旨：依議速行。(聖祖一六〇、一三)

（康熙三二、一〇、庚辰）免江南六合縣本年分水災額賦有差。（聖祖一六〇、二二）

（康熙三二、一〇、庚寅）免江南海州等八州縣衛本年分水災額賦有差。（聖祖一六〇、二四）

（康熙三二、一一、辛亥）免江南高郵等四州縣本年分水災額賦有差。（聖祖一六一、三）

（康熙三二、一二、庚午）免江南清河縣本年分水災額賦有差。（聖祖一六一、八）

（康熙三二、一二、乙酉）免江南興化縣本年分水災額賦。（聖祖一六一、一四）

（康熙三二、一二、庚寅）免江南泰州本年分水災額賦。（聖祖一六一、一六）

（康熙三三、五、癸丑）戶部議覆：江南江西總督傅拉塔疏言，鹽城、高郵等處，水涸田地，求免徵糧。應不准行。上曰：糧從地出，此地尚為水浸，若徵錢糧，則於民甚苦。致治之道，民為最要，凡事於民生有益，即宜行之。此水浸之田，皆令免徵錢糧。（聖祖一六三、一二）

（康熙三三、一一、癸酉）免江南邳州康熙二十四年至二十七年窪地民欠額賦。（聖祖一六五、二八）

（康熙三五、九、戊寅）免江南山陽縣、大河衛本年分水災額賦十之三。（聖祖一七六、二八）

（康熙三五、一一、辛酉）免江南海州等二十州縣衛本年分水災額賦有差。（聖祖一七八、四）

（康熙三五、一一、甲戌）免江南沭陽、沛縣、徐州衛本年分水災額賦有差、（聖祖一七八、八）

（康熙三五、一二、癸巳）免江南上元等三縣本年分水災額賦有差，並發倉穀賑濟。（聖祖一七八、一八）

（康熙三六、一、己卯）諭戶部：淮、揚、徐各處，去歲水災，小民困苦萬狀，朕心深為憫惻。康熙三十五年各項錢糧，著盡行蠲免；共三十四年未完錢糧，於三十七年帶徵。著即通行曉示，務使災民，均霑實惠。（聖祖一七九、一一）

（康熙三六、一〇、癸亥）免江南海州等一十八州縣、三衛本年分水災額賦。（聖祖一八五、二三）

（康熙三六、一二、辛亥）免江南山陽、高郵二州縣本年分水災額賦。

（聖祖一八六、一〇）

（康熙三六、一二、丁卯）免江南鹽城等六州縣本年分水災額賦。（聖祖一八六、一六）

（康熙三七、六、乙卯）免江南高郵等六州縣康熙三十六年分水災應徵丁銀四萬五千有奇。（聖祖一八八、一五）

（康熙三七、七、丙申）免江南鹽城縣、海州、大河衞本年分水災額賦有差。（聖祖一八九、七）

（康熙三七、一一、戊寅）免江南高郵等五州縣本年分水災額賦有差。（聖祖一九一、二）

（康熙三八、三、壬午）諭户部：……兹以中外昇平，特事巡省，並閱河工。比至江南，親察民間饒瘠之狀。見淮南北地方，疊罹水患，深用惻然。已經屢蠲屢賑，仍命截留漕糧，減價平糶。其各州縣雖市肆安輯，耕鑿恬熙，而額賦浩繁，民生拮据，歷年逋負，計算日增。江蘇、安徽所屬舊欠帶徵錢糧幾及百萬。念小民方供新稅，復急舊逋，物力維艱，勢難兼辦。應沛特恩，豁免舊欠。除康熙三十三年恩詔内已經赦免外，其康熙三十四、五、六年奏銷未完民欠一應地丁錢糧，米、豆、麥、雜稅，爾部行文該督撫察明，俱著免徵。務飭有司悉心奉行，俾窮簷蔀屋，均霑實惠。如有已徵在官，詭稱民欠，希周侵蝕肥己者，一經發覺，定從重治罪。凡厥官吏軍民，宜咸知朕意。爾部即遵諭行。（聖祖一九二、二一）

（康熙三八、三、辛卯）諭户部：朕因淮揚地方，數被水患，躬臨巡省，目擊田廬淹沒之苦，深加軫卹。既截留漕糧，以濟民生，仍蠲除積欠，以紓民困。其昨歲淮、揚兩屬，被災錢糧，曾經該督撫具題，部議照例減免三分。今念百姓餬口維艱，安能辦賦，應破常格，用沛特恩。淮安府屬海州、山陽、安東、鹽城，揚州府屬高郵、泰州、江都、興化、寶應九州縣，並淮安、大河二衞，康熙三十七年未完地丁漕項等銀一十九萬兩有奇，米麥十一萬石有奇，著全與蠲免。爾部行文該督撫，即飭各州縣張示曉諭，務體朕憫惻群黎之至意，俾窮鄉僻壤均霑實惠。如有不肖官吏，私徵侵蝕者，察出定治重罪。（聖祖一九二、二六）

（康熙三八、八、戊辰）免江南天長、桃源二縣本年分水災額賦有差。（聖祖一九四、一七）

（康熙三八、八、癸未）免江南清河縣本年分水災額賦有差。（聖祖一九四、一九）

（康熙三八、一〇、癸酉）上諭大學士等曰：江蘇巡撫宋犖疏請蠲免高郵等被水州縣雜項錢糧。此必前次蠲免時，遺漏未題。著依該撫所請，全行蠲免。朕見他處被災者尚好，惟下河附近之地，連年水淹，俱由清口之清水不得出，黃河之濁水逆流入洪澤湖之故；朕憫念民田，晝夜勤思，必使清口之水得出，黃河從別道流去，則民生始獲利益也。(聖祖一九五、一一)

（康熙三八、一〇、**丙戌**）諭大學士等：淮、揚百姓，頻被水災，阽於死亡，朕惄然傷之。河患不除，夙夜不能暫釋於懷。且百姓既被水災，存者必至流離轉徙，田多不耕，賦安從出。來年錢糧，當於今年預為蠲免，庶災黎於水退時，可以各歸故鄉，安其生業。(聖祖一九五、一八)

（康熙三八、一〇、**辛卯**）免江南沭陽縣本年分水災額賦十之三。(聖祖一九五、二〇)

（康熙三八、一一、**丁酉**）免江南邳州、清河等十州縣本年分水災額賦有差。(聖祖一九六、二)

（康熙三八、一一、**己亥**）諭戶部：朕思小民生計，惟農畝是賴，必年穀順成，斯衣食無缺。淮安、揚州所屬州縣衛，歷年以來，河流浸漫，田廬編氓，艱於粒食，朕心深切軫念。已將康熙三十八年錢糧俱行蠲免。今春南巡，目覩民間疾苦，恐致失所，復將康熙三十七年未完錢糧，盡與豁除，諭令所司將沿河隄岸堅固修築。乃修防未竣，夏秋又致衝決，田廬盡漫水中。特命該撫，往駐被災地方，動支積貯米穀，並將漕糧截留，親行賑給。今念清口河流未通，民田仍遭淹沒，耕穫無從，百姓饘粥尚且艱難，來年租賦安能輸辦。著將被災海州、山陽、安東、鹽城、大河衛、高郵、泰州、江都、興化、寶應等州縣衛康熙三十九年地丁銀米等項及漕糧漕項銀兩，盡行蠲免。速令該督撫通行曉諭，務俾均霑實惠，以副朕拯卹災黎之至意。爾部即遵諭行。(聖祖一九六、三)

（康熙三九、三、**庚子**）免江南淮安、揚州、鳳陽三府被水災地方康熙三十八年分額賦並漕項錢糧。(聖祖一九八、九)

（康熙三九、五、**甲寅**）江蘇巡撫宋犖題：江蘇所屬積欠漕項銀米，自康熙三十四年起至三十九年止，共銀三十二萬餘兩、米麥十三萬餘石。六載並徵，民力實難兼顧。請分年帶徵。得旨：漕項積欠銀兩，著照該撫所題，分年帶徵。其欠米麥，俱著免徵。(聖祖一九九、八)

（康熙三九、九、**戊申**）免江南高郵、泰州、興化三州縣本年分水災額賦十之三。(聖祖二〇一、一〇)

（康熙三九、一〇、**甲子**）免江南清河等八縣本年分水災額賦十之三。(聖祖二〇一、一九)

（康熙三九、一二、丁卯）免江南邳州、睢寧等七州縣、徐州一衞，本年分水災額賦有差。（聖祖二〇二、一五）

（康熙三九、一二、戊寅）免江南徐州、桃源等八州縣本年分水災額賦有差。（聖祖二〇二、二二）

（康熙四〇、一、乙卯）又諭大學士等：各省錢糧，前曾以次蠲免過二年，朕今欲蠲免江南明歲錢糧。江南係大省，錢糧繁多，爾等會同戶部定議，將各項應蠲錢糧逐一察明具奏。今年十月，即頒上諭，則江南全省之民，庶可普霑實惠也。（聖祖二〇三、四）

（康熙四〇、九、丙午）免江南桃源縣本年分水災額賦有差。（聖祖二〇五、一六）

（康熙四〇、一〇、丁巳）免江南泗州、盱眙、五河三州縣，泗州衞本年分水災額賦及久淹田地歷年地丁錢糧。（聖祖二〇六、三）

（康熙四〇、一〇、庚申）大學士等遵旨查奏：江南錢糧數目甚多，宜先蠲一半。上諭曰：蠲免錢糧，本欲令小民均霑實惠，儻止蠲其半，其半仍用催科，恐地方官員借此苛徵，仍致累民。若盡行蠲免，官員何由苛取。於明年先蠲江蘇，後一年再蠲安徽爲當。（聖祖二〇六、四）

（康熙四〇、一〇、癸亥）諭戶部：朕惟帝王致治，裕民爲先，免賦蠲租，實爲要務。朕宵旰憂勤，咨求民瘼，四方利病，未嘗少釋於懷。矧江蘇等處地方，尤爲財賦重地，朕比年巡幸東南，目擊民艱，多方軫卹，令其安乂。猶恐有司奉行不力，德澤未盡下究，民生罕遂，康阜莫登。茲將江蘇巡撫所屬州縣等處，除漕項外，康熙四十一年地丁錢糧，盡行蠲免。地方有司，務期實意奉行，使閭閻窮黎，均霑實惠，庶幾民生樂利，豐裕可期。倘不肖官吏陽奉陰違，私立名色，借端科派，恣行侵尅，負朕愛養生民至意，事發，定行正法，決不姑貸。爾部即遵諭行。（聖祖二〇六、六）

（康熙四一、九、己巳）免江南沛縣本年分水災額賦十之三。（聖祖二〇九、二一）

（康熙四二、五、丁卯）江蘇巡撫宋犖疏言：徐州、睢寧縣頻遭水患，所有康熙三十七、八、九三年未完地丁倉項，雖現在帶徵，而一時未能完納。請自康熙四十二年起，每年帶徵一年，以紓民力。得旨，徐州、睢寧縣康熙三十七、八、九三年未完地丁錢糧，俱著免徵。又，邳州地勢甚卑，錢糧難於徵收，康熙四十年未完錢糧，亦著免徵。（聖祖二一二、一七）

（康熙四二、八、乙未）免江南邳州、沛縣本年分水災額賦有差。（聖祖二一三、六）

（康熙四二、一二、庚寅）免江南徐州衛本年分水災額賦有差。（聖祖二一四、一九）

（康熙四四、九、丙戌）戶部議覆：江蘇巡撫宋犖等疏言，江寧、淮安、揚州三府屬之泰州、六合等十州縣，及江都縣之邵伯一帶，淮安、大河、揚州三衛，今秋被水田地，請照例按分數蠲免。應如所請。從之。（聖祖二二二、一二）

（康熙四五、一、壬午）免江南上元、江浦二縣康熙四十四年分水災額賦有差。（聖祖二二四、八）

（康熙四五、一〇、己酉）免江南淮安等三衛本年分水災額賦有差。（聖祖二二七、一三）

（康熙四五、一〇、癸丑）免江南海州、碭山等十三州縣本年分水災額賦有差。（聖祖二二七、一四）

（康熙四五、一一、甲子）免江南徐州本年分水災額賦有差。（聖祖二二七、一六）

（康熙四六、一〇、乙酉）又諭曰：從來漕糧關係倉儲，最爲重要，每歲刻期輸輓，概不停徵，即蠲除節年額賦，亦不及漕項。朕前以國家經費尚充，曾有酌免漕糧之事，係出特恩。去年頒發諭旨，已將江南省民欠地丁銀米，自康熙四十三年以前通行豁免，而漕項所欠，尚在徵收。今念江南地方見被旱災，除新徵糧米另有諭旨酌量截留散賑外，其康熙四十三年以前，江蘇巡撫所屬各府州縣未完民欠漕項銀兩六十八萬七千兩有奇、米麥三十一萬一千八百石有奇，著該撫一一察明，悉與豁免，用紓閭閻之餘力，俾辦額運之正供。事切利民，蠲逾常格，爾部移文該撫，令張示徧諭，務使均霑實惠，以稱朕深軫民依之意。如有不肖有司，朦混重徵者，察出，從重治罪。爾部即遵諭行。（聖祖二三一、四）

（康熙四六、一一、庚戌）免江南太倉、六合等二十一州縣衛本年分旱災額賦有差。（聖祖二三一、一二）

（康熙四六、一一、甲寅）免江南蘇州衛本年分旱災額賦有差。（聖祖二三一、一二）

（康熙四六、一一、壬戌）免江南句容等三縣本年分旱災額賦有差。（聖祖二三一、一五）

（康熙四六、一一、壬申）免江南揚州、儀真二衛本年分旱災額賦有差。（聖祖二三一、一七）

（康熙四六、一二、乙酉）免江南靖江等二縣本年分旱災額賦有差。（聖

祖二三一、二二)

（康熙四八、九、丁亥）免江南高郵、山陽等十一州縣本年分水災額賦有差。（聖祖二三九、三）

（康熙五一、一〇、甲戌）免江南海州、山陽等十二州縣並淮安、大河二衛本年分水災額賦有差。（聖祖二五一、二一）

（康熙五一、一一、己丑）免江南沛縣本年分水災額賦有差。（聖祖二五二、二）

（康熙五三、九、乙卯）免江南桃源等四縣本年分旱災額賦有差。（聖祖二六〇、八）

（康熙五三、一二、壬申）免江南鎮江、儀真、揚州三衛本年分旱災額賦有差。（聖祖二六一、一二）

（康熙五四、二、辛未）免江南江浦縣康熙五十三年分旱災額賦有差。（聖祖二六二、九）

（康熙五四、一二、丁卯）免江南邳州、華亭等十八州縣本年分水災額賦有差。（聖祖二六六、一四）

（康熙五五、一一、壬戌）免江南邳州、清河等十一州縣本年分水災額賦有差。（聖祖二七〇、一九）

（康熙五七、七、庚戌）免江南沛縣康熙五十六年分水災額賦有差。（聖祖二八〇、二）

（康熙五八、一一、癸巳）免江南高郵州、山陽縣本年分水災額賦有差。（聖祖二八六、一四）

（康熙五八、一二、己酉）免江南清河、淮安等五縣衛本年分水災額賦有差。（聖祖二八六、一七）

（康熙五九、四、戊申）免江南高郵、江都等八州縣康熙五十八年分水災額賦有差。（聖祖二八七、二一）

（康熙五九、一一、辛卯）免江南泰州、江都等三州縣本年分水災額賦有差。（聖祖二九〇、一一）

（康熙六〇、四、乙巳）免江南高郵、寶應二州縣康熙五十九年分水災額賦有差。（聖祖二九二、九）

（康熙六〇、八、癸未）免江南沛縣本年分旱災額賦有差。（聖祖二九四、五）

（康熙六一、一二、己巳）停徵江南海州、武進九州縣水災漕糧。從江寧巡撫吳存禮請也。（世宗二、三二）

（**雍正一、三、甲辰**）户部議覆：原任江蘇巡撫吳存禮疏言，江蘇等屬並蘇、太等衛康熙三十三年以前民欠各項錢糧，與蠲免歷年積欠之恩旨相符，應請銷結。查該撫請免銀內，有蘆課學租等項，與民屯地丁不同，未便概予豁免。得旨：此民欠地丁等項銀一百三十一萬餘兩，內蘆課等項銀九萬八百餘兩，雖非恩詔內應行蠲免之項，但歷年最久，儻行催徵，窮民必致受累，著一併豁免。(世宗五、二三)

（**雍正一、四、丙子**）免江南海州、桃源等十州縣、徐州一衛康熙六十一年分旱災額賦有差。(世宗六、二六)

（**雍正一、六、己未**）以江蘇等屬積年民欠地丁及蘆課等項銀兩，歷歲既久，窮民苦累，悉令豁免。(世宗八、五)

（**雍正一、七、乙巳**）免江蘇等衛康熙四十六、七、九年分屯折未完銀兩有差。(世宗九、二六)

（**雍正一、九、辛卯**）免江南海州、上元等十五州縣，揚州一衛，康熙六十一年分旱災額賦有差。(世宗一一、二一)

（**雍正一、九、壬辰**）免江蘇太倉等衛舊欠民屯地丁等銀兩有差。(世宗一一、二一)

（**雍正一、九、壬寅**）免江南宿遷縣康熙六十一年分旱災額賦有差。(世宗一一、三四)

（**雍正一、一一、庚寅**）緩徵江蘇屬武進等七州縣本年旱災一半漕糧。又命溧陽等十三州縣紅白秈粳各色兼收。從署江蘇巡撫何天培請也。(世宗一三、一一)

（**雍正一、一二、丙午**）免江南海州、溧陽等二十二州縣本年分旱災額賦有差。(世宗一四、二)

（**雍正一、一二、癸丑**）免江南太倉、鎮海、揚州三衛本年分旱災額賦有差。(世宗一四、七)

（**雍正一、一二、己未**）免江南淮安、大河二衛本年分旱災額賦有差。(世宗一四、一二)

（**雍正二、一一、乙丑**）户部議覆：署理江蘇巡撫何天培疏言，蘇、松、鎮、淮、揚五府屬太倉、吳江等十四州縣，風潮渰損田禾，請將本年漕糧緩徵一半。海州被災尤甚，全請緩徵。他府不成災者，併請紅白兼收，秈粳並納。均應如所請。從之。(世宗二六、二四)

（**雍正二、一二、戊子**）免江南太倉、長洲、海州、安東、興化等二十八州縣本年分水災額賦有差。(世宗二七、一五)

(**雍正三、二、甲戌**)免江南吳江等四縣雍正二年分水災額賦有差。(世宗二九、三)

(**雍正三、一一、乙卯**)免江南山陽等四縣本年分水災額賦有差。(世宗三八、一七)

(**雍正四、一二、甲子**)免江南江寧右衛本年分水災額賦有差。(世宗五一、八)

(**雍正四、一二、己巳**)免江南邳州、宿遷等四州縣衛本年分被水及雹災額賦有差。(世宗五一、二〇)

(**雍正四、一二、辛未**)免江南睢寧縣本年分水災額賦有差。(世宗五一、二〇)

(**雍正五、七、辛巳**)免江南太倉、丹徒等五州縣，蘇州、鎮海二衛雍正四年分水災額賦有差。(世宗五九、二七)

(**雍正五、八、甲申**)免江南常熟、昭文二縣雍正四年分水災額賦有差。(世宗六〇、三)

(**雍正五、八、丁酉**)免江南吳縣等十八縣，淮安、大河二衛雍正四年分水災額賦有差。(世宗六〇、一三)

(**雍正五、八、丁未**)免江南福泉、陽湖二縣雍正四年分水災額賦有差。(世宗六〇、二四)

(**雍正五、九、己未**)免江南溧陽、無錫二縣雍正四年分水災額賦有差。(世宗六一、六)

(**雍正五、九、癸亥**)免江南上元等三縣雍正四年分水災額賦有差。(世宗六一、一〇)

(**雍正五、九、辛未**)免江南吳江、安東二縣雍正四年分水災額賦有差。(世宗六一、二二)

(**雍正五、一一、辛未**)免江南沛縣雍正四年分水災額賦有差。(世宗六三、二二)

(**雍正六、八、甲申**)免江南高郵、桃源等七州縣雍正五年分水災額賦有差。(世宗七二、六)

(**雍正六、八、丁亥**)免江南海州、清河二州縣雍正五年分水災額賦有差。(世宗七二、一一)

(**雍正七、四、己卯**)免江南徐州雍正五年分水災額賦有差。(世宗八〇、五)

(**雍正七、四、辛卯**)諭户部：從前清查江蘇等屬舊欠錢糧，已經降旨，將康熙五十一年至雍正四年未完地丁銀八百一十餘萬兩，暫行停徵。今思漕項等銀，民間一例徧徵，不分款項，若不概行停比，則錢糧難以清釐。著將康熙五十一年至雍正四年漕項屯折等款、未完銀二百八十一萬餘兩，一體停徵。王璣、彭維新等，可令各員於清查之時，即分別條款，各歸各項，俾數十年積欠，其間官侵吏蝕，俱得徹底清釐。(世宗八〇、一六)

(雍正七、閏七、甲申) 免江南靖江縣雍正六年分雹災額賦有差。(世宗八四、一五)

(雍正八、七、己卯) 江南河道總督嵇曾筠疏報：六月二十六、七等日，風雨連綿，東省蒙陰、沂州、郯、費、滕、嶧各地方，山水暴發，直注邳州，溢入黃、運兩河，奔騰南注。已飭該道廳等加謹保護，無使漫溢。得旨：今年春夏之交，北方雨澤略少，朕即慮夏秋之間，雨水必多，屢諭河臣加謹保護工程，以防伏秋之汛。今觀湖河漲溢情形，有非人力所能捍禦者，朕惟有修省戒懼，以凜上天示儆之深思。更念邳州、宿遷、桃源等處水勢驟長，禾稼室廬必遭淹沒，深可憫惻。著差往江南清查錢糧之侍郎馬爾泰，彭維新、御史安修德等，星赴被水地方，動支藩庫銀數萬兩，速行賑濟，並遴選廉幹人員帶往，分派各處，會同地方官悉心辦理，勿稍稽遲，勿令遺漏。務使窮民人人安堵寧居，咸得其所。其被災之處，今年額徵錢糧，著悉行蠲免，儻有已經完納者，准作明年額徵之數。聞山東發水之處，民間田舍亦被損傷，著巡撫岳濬遴選賢能官員，前往查勘，動支庫銀，速行賑濟，勿使一夫失所。其應行蠲免錢糧之處，普一併確查，奏聞請旨。(世宗九六、一二)

(雍正九、三、丁卯) 免江南江淮、興武二衛應追旗丁歷年夫料銀十萬八千兩有奇。(世宗一〇四、四)

(雍正九、一〇、己酉) 免江南邳州、山陽等二十三州縣、潼安衛雍正八年分水災額賦有差。(世宗一一一、一六)

(雍正一一、二、辛未) 免江南徐州、豐縣等六州縣雍正九年分水災額賦有差。(世宗一二八、八)

(雍正一一、五、辛卯) 諭戶部：上年江蘇等處被水之州縣，朕已降旨，多方賑濟，今春又復添賑四十日，以加惠貧民。茲當徵收錢糧之時，其被災稍重之處，小民輸課，未免艱難。著該督撫秉公確查，將應行緩徵之州縣，奏聞緩徵，待至秋成，再令完納，以紓民力。(世宗一三一、五)

(雍正一一、一一、辛丑) 免江南太倉、華亭等二十八州縣、大河等六衛雍正十年分水災額賦有差。(世宗一三七、一一)

(雍正一一、一二、己未) 免江南泰州、常熟、金山等二十六州縣衛雍

正十年分水災額賦有差。(世宗一三八、八)

（雍正一二、二、乙丑）免江南宿州、靈璧等四州縣雍正十一年分水災額賦有差。(世宗一四〇、三〇)

（雍正一三、七、甲辰）免江南沛縣雍正十二年分水災額賦有差。(世宗一五八、五)

（雍正一三、八、己巳）免江蘇泰州、上元等二十州縣雍正十二年分水災額賦有差。(世宗一五九、四)

（雍正二二、九）[是月]漕運總督顧琮奏：請蠲免江南蘇、松二府浮糧。又請禁關稅贏餘逐年加增陋習。得旨，所奏浮糧、關稅二件，甚屬可嘉。汝未陳奏之先，朕早已洞悉，勅交王大臣密議。因國家經費須當量入爲出，通盤計算，兼之求治不可太速，一時未可輕舉。然汝奏與朕意脗合，朕甚忻悦覽焉（高宗三、四二）

（雍正二二、一二、壬午）緩徵蘇州、阜寧、鹽城、興化、海州等四州縣本年旱災額賦，兼賑饑民。(高宗九、八)

（乾隆一、四、丙寅）免江南阜寧、鹽城等州縣雍正十三年未完緩徵漕糧並阜寧、鹽城二縣漕米，上年已完之數，准抵今年應完之項，飭令該督撫實力奉行。(高宗一六、三)

（乾隆一、六、辛卯）命查勘江南、江西被水鄉村，酌免本年額賦。(高宗二一、二四)

（乾隆一、八、己丑）賑江南江寧、蘇、松等屬溧水、江浦、長洲、華亭等二十四州縣水災飢民，並緩徵本年分額賦有差。(高宗二五、二三)

（乾隆一、九、己未）賑江蘇六合等十三州、縣、衛水災飢民，並緩徵本年額賦有差。(高宗二七、一五)

（乾隆一、一〇、戊辰）免江蘇阜寧等四州縣本年旱災額賦。(高宗二八、一四)

（乾隆一、一一、庚子）緩徵江南長洲等十二州縣衛被水軍民額賦，分別賑恤。(高宗三〇、一二)

（乾隆一、一二、甲子）緩徵江蘇婁縣水災額賦，分別賑恤。(高宗三二、六)

（乾隆一、一二、癸酉）緩徵江蘇蕭縣、碭山二縣本年分水災額賦。(高宗三二、二四)

（乾隆二、二、辛未）緩徵江蘇睢寧縣元年額賦十分之四。(高宗三六、一八)

（乾隆二、二、癸酉）緩徵江蘇高淳縣水災新舊額賦，兼賑飢民。（高宗三六、一九）

（乾隆二、四、庚午）緩徵江蘇江寧、常州兩府屬水災乾隆元年分額賦，並賑飢民三月。（高宗四〇、三〇）

（乾隆二、四、丁亥）免江南徐州府屬蕭、碭二縣並徐州衛水災乾隆元年分額賦有差。（高宗四一、三三）

（乾隆二、六、己巳）戶部議奏：總漕補熙遵旨疏請豁免上下江自康熙五十二年起至雍正十二年止未完民欠漕項銀共三十萬六千七百兩有奇、米七萬一千三百四十石有奇、麥二萬二千九百五十石有奇、豆二百六十六石有奇。應照數豁免。從之。（高宗四四、一七）

（乾隆二、七、己亥）免江南婁縣乾隆元年分水災應免地糧二千一百三十六兩有奇、米八十七石有奇。（高宗四六、二二）

（乾隆二、七、辛丑）免江南長洲、常熟、昭文、崑山、新陽、華亭、青浦、福泉、江陰、太倉、鎮洋等十一州縣乾隆元年分水災應免地丁銀二萬八百十三兩有奇、米豆三千二百二十四石有奇。（高宗四六、二四）

（乾隆二、八、丁丑）免江蘇碭山縣被水災民應徵乾隆元年未完額賦十分之七。（高宗四九、五）

（乾隆二、一〇、乙巳）蠲免江南高淳縣本年蟲災額賦，桃源、宿遷、睢寧三縣淤地未完銀糧。（高宗五五、八）

（乾隆二、一〇、丙午）免江蘇徐州府屬銅、沛、蕭、碭四縣民欠未完銀兩。（高宗五五、八）

（乾隆二、一一、辛未）免江南銅山、碭山二縣未完麥三百九十八石有奇。（高宗五七、二）

（乾隆二、一二、甲申）蠲免江南阜寧縣乾隆元年分水災額賦。（高宗五八、一）

（乾隆二、一二、辛卯）蠲免江南溧水、江浦、清河、桃源、安東、高郵、泰州、江都、甘泉、興化、寶應、睢寧等十二州縣乾隆元年分水災額賦。（高宗五八、九）

（乾隆三、三、庚申）免江蘇六合、江浦、溧水、高淳、武進、陽湖、無錫、金匱、江陰、宜興、荊溪、靖江等十二州縣衛水災軍民乾隆元年額賦。（高宗六四、一五）

（乾隆三、三、辛酉）賑卹江蘇上元、江寧、句容、溧水、高淳、江浦、陽湖、無錫、江陰、宜興、荊溪、丹陽、金壇、溧陽、安東、高郵、秦州、

興化、寶應、銅山、豐縣、肅縣、碭山、海州、徐州衛等二十五州縣衛被水災户，並分別蠲免本年額賦。（高宗六四、一七）

（**乾隆三、三、壬申**）免江蘇上元、江寧、江浦、溧水、陽湖、無錫、宜興、荊溪、江陰、丹陽、泰州、高郵、寶應、豐縣、海州、碭山、興化、高淳、句容、金壇、溧陽、鹽城、安東、蕭縣、銅山等二十五州縣衛水災軍民額賦有差。（高宗六五、二一）

（**乾隆三、九、丁丑**）免江蘇上元、江寧、句容、溧水、高淳、江浦、六合、長洲、吳縣、常熟、武進、陽湖、無錫、金匱、江陰、宜興、荊溪、靖江、丹徒、丹陽、金壇、溧陽、山陽、阜寧、清河、桃源、安東、鹽城、高郵州、泰州、江都、甘泉、儀徵、興化、寶應、宿遷、海州、沭陽、贛榆、通州等四十州縣，蘇州、鎮江、淮安、大河、揚州、儀徵等六衛本年旱災；銅山、豐縣、沛縣、蕭縣、碭山等五縣，徐州衛本年水災額賦。並緩徵雍正十三年、乾隆元二年舊欠錢糧及元二年緩漕米石，兼賑飢民。（高宗七七、一六）

（**乾隆三、一〇、壬午**）又諭：今年上下兩江雨澤愆期，收成歉薄，朕夙夜焦勞，多方籌畫，蠲賑兼施，務使間閻不致失所。而上江地方被災，比下江又為較重。查雍正十三年、乾隆元年、二年分，安徽所屬有未完地糧、蘆課及米、穀、麥、豆等項，例應將來分年帶徵者，著該督撫出示，一併豁免，以除日後輪將之累。乾隆二年江蘇所屬江、常、鎮、淮、揚、徐、海七府州屬，有被水題明緩徵銀米等項，亦著該督撫出示豁免，以紓將來之民力，昭朕軫念民艱、逾格加恩之至意。該部遵諭速行。（高宗七八、五）

（**乾隆三、一〇、丙午**）免故淮徐道潘尚智入官田地佃欠租銀三百九十六兩、米六千六百十五石有奇。（高宗七九、一五）

（**乾隆三、一一、壬子**）户部議覆：署蘇州巡撫許容疏報，華亭、婁縣、金山、震澤、如皋等五縣並太倉衛坐落常熟縣屯田，高阜田禾被旱，准照本年《上元等四十六州縣衛被災之例，分別蠲緩、折徵、賑恤。得旨：依議速行。（高宗八〇、七）

（**乾隆三、一一、乙丑**）豁免江南淮、徐二府屬康熙五十一年至雍正十二年河湖灘租、民欠銀三萬五千六百十七兩有奇。（高宗八一、四）

（**乾隆四、四、戊寅**）免江南丹陽、山陽、阜寧、鹽城、安東、贛榆、沭陽七縣乾隆三年秋旱民屯草場蘆課河灘田地應徵銀四萬八千七百五十一兩有奇、米麥一萬九千一百七十六石八斗有奇。（高宗九〇、五）

（**乾隆四、五、乙丑**）諭：前朕降諭旨，蠲免直隸本年錢糧九十萬兩、江蘇一百萬兩、安徽六十萬兩。隨據孫嘉淦具摺，請將直隸耗羨一併蠲除，朕降旨允行，復經陳世倌援照直隸之例，請免江南耗羨，朕勅交廷議。旋據議稱，此次蠲免乃係特恩，非被災可比，應不准免耗羨。且江南耗羨，節年不敷，今若再行蠲豁，則地方應用公費，益致缺乏，應毋庸議。朕降旨依議。今據那蘇圖等奏稱，此次蠲免，仍因上年被災而施恩澤，應請一體蠲除耗羨，以廣皇仁等語。從前陳世倌具奏時，朕以伊身在京師，南北隔一越，所奏不過遷度之詞，廷議既引定例覆奏，遂降依議之旨。今那蘇圖身在地方，目覩民間情形，亦復如是陳請，諒非市美邀名之舉。且朕愛養黎元，輸將多減一分，閭閻即多受一分之益。著將江蘇、安徽二省所蠲正賦之耗羨，一體免徵，以示格外加恩之意。又據直隸布政使范璨奏稱，直隸公用不敷。查河南耗羨，現餘銀四十餘萬兩，若動撥十萬兩以協濟直隸，則哀多益寡，於公事有裨等語。此奏見交部議。朕思江南蠲免耗羨之後，若官員等養廉不足，則河南多餘之銀，亦可通融撥補。總之以天下百姓之物力，仍還之天下百姓，一時權宜行之，不必過存畛域之見。其撥補若干之處，著該部定議具奏。（高宗九三、五）

　　（乾隆四、六）[是月，江蘇巡撫張渠]又奏：淮安、揚州、徐州、海州四屬，上年被災獨重，民猶拮据，請將緩折漕米五萬四千餘石，再行緩徵。得旨：所奏是。有旨諭部。（高宗九五、一八）

　　（乾隆四、七、庚戌）户部議准：蘇州巡撫張渠，題請蠲免乾隆三年沛縣昭陽湖水沈田地應徵銀三千二百六十八兩六錢六分零、米一千二百一十八石六斗五升零、麥二百三十六石七斗五升。從之。（高宗九六、七）

　　（乾隆四、七、甲寅）諭：上年江南地方被旱歉收，朕於蠲免地丁銀兩外，並將例不蠲免之糧米，亦按被災分數蠲除；其仍有應徵之漕項，又令緩至今年麥熟後，改徵折色，無非爲休養斯民計也。今二麥已收，所有災緩折漕之項，正屆催徵之候。朕思淮安、揚州、徐州、海州四屬，上年被災獨重，本年三、四月間雨水又稀，麥收未見豐稔，目前青黃不接之時，若糶麥以完漕項，民力未免拮据。著將淮、揚、徐、海四屬緩徵折漕米五萬四千餘石，再緩數月，俟本年秋成之後，照數徵收，以紓民力。該部即速行文江南督撫知之。（高宗九六、一〇）

　　（乾隆四、九、己酉）户部議覆：漕運總督托時奏稱，山陽縣額徵常盈倉餘地租銀未完銀一千一百八兩零。查在雍正十三年恩詔以前，應准其豁免。得旨：此項未完租銀，准其豁免。（高宗一〇〇、八）

　　（乾隆四、九、癸亥）諭：江南地方連年水旱，今歲情形雖較勝於去年，而下江之淮安、徐州、海州等屬，上江之鳳陽、潁州、泗州等屬，仍因雨水過多，均有積潦為災之處，朕心深為軫念。除地丁錢糧，聽該督撫確查分數請旨蠲免外，雖漕糧一項，向來例不並蠲，然地方疊值歉收，此時輸納官糧，民力甚為竭蹶。著將被水成災之州縣，本年應納漕糧及從前緩徵折漕之米，均緩至明年帶徵。其被水州縣內不成災之區，應徵本年地丁銀兩，緩至明年麥熟後完納。該部可即行文江南督撫知之。（高宗一〇一、六）

（**乾隆四、九、癸酉**）兩江總督那蘇圖奏：請特降諭旨，蠲免徐、鳳等府州所屬內之被水州縣本年應徵漕糧。其被水州縣內不成災區圖應徵本年地丁銀兩，統緩至明年麥熟後起徵。得旨：知道了，有旨諭部，將成災地方之漕糧緩徵，其被水州縣內不成災之區圖，應徵地丁銀兩亦緩至明年麥熟矣。（高宗一〇一、一九）

（**乾隆四、一〇、庚辰**）諭：朕因上年江蘇被旱歉收，將乾隆二年江、常、鎮、淮、揚、徐、海七府州屬被水題明緩徵停徵銀米等項，降旨豁免。今年淮、揚、徐、海等屬又復被水歉收，已諭該督撫加意撫恤，將所有應徵錢糧，分別蠲緩具奏。近聞海州、安東、蕭、楊四州縣，連年被水，在淮、徐等府內又屬被災獨重之區，朕心深為軫念。著將此四州縣所有雍正十三年、乾隆元年未完地漕等項，悉行豁免，以昭軫恤災黎、逾格加恩至意。（高宗一〇二、九）

（**乾隆四、一〇、辛卯**）戶部議覆：江蘇巡撫張渠疏稱，安東、泰州、豐縣、沛縣、海州、沭陽六州縣併徐州衛被水被雹等災，應徵起存地丁等銀五萬九千三百九十七兩零，請豁免。其本年應納漕糧及從前緩徵折漕之米均緩至明年帶徵。應如所請。得旨：依議速行。（高宗一〇三、八）

（**乾隆五、九、己丑**）諭：江南徐州府海州所屬州縣，地濱河海，頻遭水旱。數年以來，屢加賑恤，復將正項地丁漕糧，分別緩徵蠲免，以拯災黎。今屆秋成之後，所有乾隆三年、四年分緩徵折徵之米，例應同五年分漕糧一並輸納。但聞今年黃、運兩河，秋汛長發，又值七月多雨，以致沿河各處低窪地畝，多有被淹者。雖偏災輕重不等，惟是災祲之餘，民氣未復，若將新舊三年漕米一時並徵，民力未免拮据。且一邑之內，偏隅偶有被災，則通邑之米糧，亦必騰貴。惟使民間多留數萬石米穀，以本地之蓋藏，充本地之民食，於閭閻庶有裨益。用是特降諭旨，將徐州府屬銅山、沛縣、蕭縣、碭山、豐縣、邳州，並海州所屬之贛榆縣，帶徵乾隆三年、四年分漕糧共五萬一千三百八十石零，今年仍緩徵輸將，俟辛酉年起，分作五年帶徵，以紓民力。著傳諭該督撫嚴飭所屬，實力奉行，並不時查察，如有私徵等弊，即

行嚴參，毋得疏忽。(高宗一二七、七)

（**乾隆五、一○、癸卯**）諭：前因江南徐州府屬之銅、沛等州縣及海州贛榆縣本年七月內偶被水災，閭閻拮据，所有乾隆三年、四年分帶徵漕糧，特頒諭旨今年仍緩輸將，俟辛酉年起分作五年帶徵，以紓民力。近又聞海州所屬之沭陽縣，今歲雖有七分收成，而三、四兩年緩徵之漕糧與現年應徵之項，俱令交納，以一歲之所入完三年之額賦，其勢亦屬難支。用是再降諭旨，除乾隆三年分折徵正耗米六千四百石有零，仍隨本年漕米一併徵解，其四年分正耗米一萬一千三百石有零，著於辛酉、壬戌兩年分徵帶運。庶小民得以從容完納，不致苦累。可傳諭該督撫即轉飭遵行。(高宗一二八、三)。

（**乾隆五、一一、癸酉**）緩徵江南銅、豐、沛、蕭、碭、邳、徐州衛、海州、贛榆等九州縣衛水災，高淳、江陰、靖江、如皋等四縣蟲災本年應徵錢糧，兼賑飢民。其被水地方，並予葺屋銀兩。緩徵江南淮安屬臨洪、興莊、板浦、中正、徐瀆、莞瀆等場，本年被旱、被潮成災額賦兼賑竈戶。(高宗一三○、二○)

（**乾隆六、四、戊戌**）蠲免江蘇豐縣、沛縣、蕭縣、碭山、邳州、徐州、海州、高郵、靖江、如皋等十州縣衛水災蟲災民屯蘆課。(高宗一四○、五)

（**乾隆六、七、癸亥**）豁免江蘇蘇州、松江等府屬各縣經役首報侵蝕康熙五十一年至雍正十二年未完漕項米三萬六千七百五十六石有奇、麥三千六百七十五石有奇。(高宗一四六、四)

（**乾隆六、九、丁丑**）戶部議奏：乾隆三、四兩年上下兩江被災，蠲免各州縣衛地丁錢糧。該督撫辦理錯誤，出示曉諭，將漕糧一併豁免。請交吏部察議。但江省水旱頻仍，若將節年已免之逋欠，復事追呼，民力不無拮据。請將前項漕糧一併蠲免，並令有漕各省督撫，嗣後如遇蠲免案件，務將漕項、地丁詳晰分別辦理。從之。(高宗一五○、一九)

（**乾隆六、九、己丑**）緩徵江蘇六合縣本年水災漕糧、撫米，並撫恤六合、江浦二縣次貧饑民。(高宗一五一、一五)

（**乾隆六、一○、丙申**）緩徵江蘇山陽、清河、桃源、安東、銅山、沛縣、邳州、海州、沭陽、睢寧、蕭縣、宿遷、阜寧、豐縣、碭山十五州縣及淮安、大河、徐州三衛被水成災田地本年應徵新舊漕糧。(高宗一五二、六)

（**乾隆六、一一、戊寅**）蠲免江蘇山陽、桃源、安東、清河、銅山、沛縣、蕭縣、邳州、宿遷、睢寧、海州、沭陽十二州縣，淮安、大河、徐州三衛水災屯地本年地丁屯折河租，緩徵新舊漕糧漕折。(高宗一五五、六)

（**乾隆六、一一**）[是月] 江蘇巡撫陳大受奏：下江本年漕糧，除災地緩徵外，其報未成災之地，收成減少，有實因迫困輸納不支者，請於截留項下扣算，俟明歲秋收徵補。得旨：所辦頗妥。(高宗一五五、二三)

(**乾隆七、三、庚辰**) 免江蘇上元、丹徒、阜寧、淮安等縣衛，乾隆六年分，被水額賦有差。(高宗一六三、六)

(**乾隆七、四、庚子**) 免江蘇阜寧、沛縣河租，六合縣並衛乾隆六年水災額徵銀四千七百九十四兩有奇、米一萬四百八十九石有奇。(高宗一六四、二九)

(**乾隆七、五、己巳**) 諭：江、安二省之鳳、穎、淮、徐各屬，連歲被荒，閭閻積困，朕心軫念，頻加賑卹，又特遣大臣前往察看，於常例之外，大沛恩膏，不使一夫失所。至於應徵錢糧，有已經蠲免者，亦有例應帶徵者。朕思災祲之後，即偶遇有年，一時難以驟致豐裕，若令完納現年應輸之正供，又加以遞年帶徵之積欠，小民未免拮据。著將江省之清河、桃源、安東、銅山、沛縣、宿遷、蕭縣、邳州、睢寧、徐州衛、海州、沭陽，安省之宿州、靈璧、虹縣、臨淮、懷遠、泗州、五河十九州縣衛被災各戶，所有乾隆五年以前未完帶徵銀兩，統行停緩。俟各處年歲屢豐，民間元氣漸復之後，該督撫再行酌量定限，分年帶徵，具奏請旨。俾民力寬舒，漸登康阜，以慰朕勤恤災黎之至意。至各州縣內有未經被災各戶，仍照常例辦理。該部即行文該督撫知之。(高宗一六六、一七)

(**乾隆七、七、戊寅**) 諭：江、安二省之淮、徐、鳳、穎各屬連年被水歉收，朕心厪念，屢頒諭旨，蠲賑頻施，不使小民失所。昨又降旨，將江省之清河、桃源、安東、銅山、沛縣、宿遷、蕭縣、邳州、睢寧、徐州衛、海州、沭陽，安省之宿州、靈璧、虹縣、臨淮、懷遠、泗州、五河十九州縣衛被災各戶，所有乾隆五年以前未完帶徵銀兩，統行停緩，俟各處年歲屢豐之後，該督撫再行酌量定限分年帶徵，具奏請旨。朕思上下兩江十九州縣衛，被災既重，所有乾隆五年以前，未完帶徵銀兩，既已降旨停緩，其未完帶徵緩徵漕項銀米，事屬一例，亦著一體停緩，俾小民無追呼之擾。再查乾隆六年，山陽、阜寧、清河、桃源、安東、銅山、沛縣、邳州、睢寧、蕭縣、宿遷、豐縣、楊山、海州、沭陽並淮安、大河、徐州三衛，應完乾隆六年漕項銀米，經巡撫陳大受奏請，緩至今冬帶納，朕已俞允。今聞淮屬山陽等處，夏麥被水，又復歉收，即將來秋禾豐歉，亦尚未定，若將新舊漕項一歲並輸，民間未免拮据。著將山陽等十八州縣衛各災戶未完乾隆六年漕項銀米，本年仍緩輸將，俟乾隆癸亥年起，分作五年帶徵，以紓民力。著該部遵諭速行。(高宗一七一、六)

（乾隆七、七、丙戌）户部議准：江蘇巡撫陳大受疏報，江浦、六合、山陽、阜寧、清河、桃源、安東、淮安、大河、興化、銅山、沛縣、蕭縣、邳州、宿遷、睢寧、海州、沭陽共一十八州縣衛，雨雹水溢，傷損二麥秧苗。且各州縣衛除興化一縣外，皆係上年被水之後，補種秋禾，俱屬艱難。請於常平項下，借給籽種工本口糧。其山、阜、清、桃、安五縣被災更重，極貧之民，除飭先行撫卹一月外，應請再行加賑兩月；次貧之民，應請普賑一月。坍倒房屋，照例給銀修葺；淮、大二衛被災飢軍，其舊欠錢糧，暫緩催徵，一體分別賑卹。（高宗一七一、二二）

（乾隆七、八、庚寅）諭：江南上下兩江，今年水漲逾常，該督撫陸續奏報者不下數十州縣。朕每一覽奏，宵旰靡寧。已屢降諭旨，令該督撫加意撫綏，毋使失所。又特命直隸總督高斌、刑部侍郎周學健前往，會同該督撫等拯救目前之災荒，永除將來之水患。但念此等被災之地，夏已無收，秋更失望，小民困苦，其何以堪。況此數十州縣，有今年被災特甚者，有今年稍輕、而連年被災者，現又水漲未消，亟待賑卹。其流離顛連之狀，時在朕心目中。所有本年應納錢糧，朕欲加恩豁免。著該督撫查明被災各州縣，先行緩徵，次第將確數分別具奏請旨。該部即遵諭速行。（高宗一七二、一一）

（乾隆七、九、辛未）分別蠲緩江南山陽、阜寧、清河、桃源、鹽城、甘泉、興化、泰州、高郵、寶應、銅山、豐縣、沛縣、蕭縣、碭山、邳州、宿遷、睢寧、海州、沭陽、贛榆等二十一州縣被水災民本年漕糧。（高宗一七四、二八）

（乾隆七、一〇、壬子）免江南山陽、阜寧、清河、桃源、安東、淮安、大河等七縣衛水災地糧銀三萬二千七百四十四兩有奇。（高宗一七七、一六）

（乾隆八、二、辛丑）緩江蘇續報上年水災之鹽城、高郵、泰州、甘泉、興化、寶應、贛榆、揚州八州縣衛乾隆五、六兩年以前舊欠漕項銀米。（高宗一八五、四）

（乾隆八、四、丙午）諭：朕從前降旨，將江省清河等十二州縣衛所有乾隆五年以前未完徵銀兩，統行停緩，俟各處年歲屢豐，民間元氣漸復之後，該督撫再行酌量定限，分年帶徵。所以紓民力，恤困乏也。茲又念山陽、阜寧、鹽城、甘泉、興化、泰州、高郵、寶應、淮安、大河、揚州等十一州縣衛，上年被災亦重，豐縣、碭山、贛榆三縣，災雖稍輕，而均係連年被水之地，民力甚屬拮据。所有十四州縣衛乾隆五年以前未完地丁漕項銀米，著照清河等十三州縣衛一體停緩；並將清河等十二州縣衛及山陽等十四州縣衛乾隆六年帶徵地丁漕項銀兩，同五年以前未完之項，一體停緩。俟年

歲屢豐之後，該督撫再行酌量奏聞，分年帶徵。(高宗一八九、一二)

（乾隆八、四、癸丑）諭：上下江去年被災之州縣，今麥秋在即，縱使豐收，閭閻亦僅可餬日，若即令輸賦，民力未免艱難。本年應徵錢糧，著緩至十月後開徵。該部即行文該督撫遵行。(高宗一八九、二一)

（乾隆八、五、戊申）免江蘇拖欠在軍及驛站未完並漕項隨正耗羡銀兩。(高宗一九三、一二)

（乾隆八、七、丁酉）又諭：淮北上年被災各屬一應錢糧，朕已降旨分別蠲緩。惟海州、沭陽、贛榆三州縣，連年疊被災祲，今春又因亢旱，二麥歉收，雖五月以後得雨可望秋成，但積歉之餘，小民元氣究難驟復。地漕兩項一時並納，未免拮据。除地丁銀兩仍於十月後開徵，其本年漕糧二萬二千六百石有零，並七年分蠲剩緩漕，俱著於次年分限帶徵。緩一分之輸將，即可紓一分之民力。該部即遵諭行。(高宗一九七、二)

（乾隆八、八、癸丑）貸江蘇江寧、江浦二縣雹災飢民，並緩徵本年額賦。(高宗一九八、七)

（乾隆八、一〇、庚午）分別緩徵江南山陽、阜寧、清河、桃源、甘泉、泰州、高郵、寶應、銅山、豐縣、沛縣、蕭縣、碭山、邳州、宿遷、睢寧等十六州縣上年被災民欠。(高宗二〇三、九)

（乾隆八、一〇、壬申）免沛縣水沈老荒麻地乾隆四年以前積欠。(高宗二〇三、一一)

（乾隆八、一一、辛巳）分別蠲緩江蘇海州、沭陽、贛榆、溧水、高淳、金壇、溧陽、銅山、豐縣、沛縣、蕭縣、阜寧、安東、鹽城及徐州、淮安、大河等十七州縣衛水災軍民本年額徵，並賑卹有差。又貸上元、清河、高郵、甘泉、寶應、興化等六州縣災民籽種。(高宗二〇四、七)、

（乾隆九、二、庚申）免江蘇溧水、高淳、金壇、溧陽、銅山、豐縣、蕭縣、阜寧、安東、海州、沭陽、贛榆並徐州、大河二衛，及鹽城所一十五州縣衛所水災額賦有差。(高宗二一〇、一七)

（乾隆九、三、戊子）免江蘇沛縣旱災額賦有差。(高宗二一二、一二)

（乾隆九、三、庚寅）免江蘇鹽城縣被水災民額賦。(高宗二一二、一五)

（乾隆九、六、丙寅）豁免江蘇山陽、阜寧、清河、桃源、安東、淮安、大河等七縣衛七年分被災蠲餘銀四千二百十兩，米、麥、豆一萬五千四百九十石有奇。(高宗二一九、四)

（乾隆九、八、庚申）又諭：江南海州、沭陽、贛榆三州縣連歲被災，今年雖收成較好，然元氣未必全復。所有帶徵之漕糧，係七、八兩年未完之

項，今若分限兩年，與本年新糧並徵，是仍於一年之內並徵兩年之米，小民未免拮据。著將此三州縣七、八兩年未完田地緩漕，於本年起分限四年徵收，以紓民力。該部即遵諭行。(高宗二二三、七)

(乾隆九、九、癸未)諭：江南淮、揚、徐、海四府州屬，於乾隆六、七兩年疊被水災，朕心軫恤，蠲賑頻施，又借給籽種以資耕作。復念積歉之後，窮民一時無力輸將，令俟今年麥收後，再行分限徵收還項。今屆催徵之期，朕思各年借項數目有多寡，年分有遠近，自應酌定限期，分別辦理，以紓民力。查乾隆六年，淮、揚、徐、海四屬災戶共借大麥一萬一千三十餘石，穀三千六百一十石零。為數無多，歷年已久，自應於麥收後開徵，本年秋收照數全完。乾隆七年淮、揚、徐、海四屬災戶共借籽種牛草銀二十五萬三千七百六十兩零，麥穀二萬一千四百一十二石零。為數已多，如分限太迫，則一歲之中，難以一併完納。著於本年麥收後開徵，分作三年，至丙寅年秋收全完。再，乾隆八年江、鎮、淮、揚、徐、海等處被災歉收，所有安東、阜寧、鹽城、海州、高郵、興化、寶應等州縣，共借銀三萬三千六百餘兩，穀五千五百餘石，均於今年催徵還項者，但此等窮民，即係連年積欠之戶，力量艱難。著准其分限兩年，自本年起至乙丑年秋後全完，以示朕優恤貧民之至意。該部即遵諭速行。(高宗二二四、一五)

(乾隆九、一一、己卯)賑貸江蘇靖江、丹徒、丹陽、清河、桃源、安東、銅山、海州、沭陽、贛榆、泰興等十一州縣及徐州衛本年被潮災民，並分別蠲緩新舊額徵。(高宗二二八、七)

(乾隆一〇、二、甲子)戶部議准：署兩江總督尹繼善疏稱，江省上年水災，除照例撫卹賑貸外，請將丹徒、丹陽、靖江、清河、桃源、安東、銅山、海州、沭陽、徐州十州縣衛錢糧全行蠲免，其勘不成災之贛榆、泰興二縣，暫請緩徵。從之。(高宗二三五、一〇)

(乾隆一〇、八、丁未)撫卹江蘇邳州、睢寧、海州、沭陽、贛榆等五州縣，大河衛本年水災飢民，緩徵新舊額賦；其災輕之阜寧、銅山、沛縣、蕭縣、宿遷、清河、安東、桃源等八縣一例緩徵，併借給籽種口糧。(高宗二四六、一一)

(乾隆一〇、九、壬申)又諭：據尹繼善奏，黃河南岸阜寧縣陳家浦隄工，因七月內水勢陡長，大溜直射隄根，坐蟄二十餘丈，漫淹官莊、民地、廟灣、場竈。所有被災兵民竈丁，現在撫卹。又，銅山、蕭縣等處沿河窪地，均有被水之處，再，上江之鳳、潁等屬亦因雨水稍多，淮河泛漲，宿州、鳳陽等州縣秋田被淹，輕重不等，其乏食貧民先行撫卹一月，俟勘明成災分數，分別辦理等語。上下兩江被災各屬乏食貧民，深可厪念，該督撫其善體朕心，加意撫恤，以拯災黎，務俾安輯。此時正當開徵之期，著即將被災各州縣所有應徵各項錢糧，暫緩徵輸，俟查明按例辦理。淮、徐經七年被災之後，雖極力賑卹，恐元氣未復，一應賑卹諸務，著該督撫即速確查，隨地隨時善爲辦理，無致一夫失所。轉瞬寒冬，窮民內有室宇坍塌、無所棲止者，尤堪軫恤，官給蓋屋銀兩，未免不敷。該督撫督率屬員，加意妥協料理，務令各有寧居，以副朕深求民瘼之意。朕思上江之鳳、潁、泗，下江之淮、徐、海各屬，瀕臨河湖，屢遭水患，自乾隆七年異漲之後，朕特遣大臣會同督河諸臣通盤籌畫，不惜帑金，次第修舉，爲奠安民生之計意謂數年之內，可保無虞。乃尹繼善等並未有所設施，致令今歲復遭水患，甚非倚任之意。若此番辦理災賑事宜，更不悉心妥協，則咎有攸歸矣。該部即遵諭飭行。（高宗二四八、四）

（乾隆一〇、九、辛卯）戶部議覆：江蘇巡撫陳大受疏稱，清河、桃源、安東、邳州、睢寧、海州、沭陽、贛榆等八州縣及大河衛夏災田畝，秋禾續被水淹，現將極貧之民，加意撫恤，其夏災應蠲錢糧統歸秋災案內辦理等語。查各屬夏災分數，未便歸併秋災，應令該撫先行勘明夏災田畝，分晰報部，其應蠲錢糧，再於秋災案內一併聲明具題。得旨：依議速行。（高宗二四九、一一）

（乾隆一〇、九）［是月］蘇州布政使安寧奏：淮、徐、海被災各州縣，酌定賑恤事宜。除各屬先行撫恤一月外，請將被災最重之阜寧、清河、桃源、安東、銅山、邳州、睢寧、海州，極貧給賑四月，次貧三月。次重之山陽、鹽城、宿遷、蕭縣、沭陽、贛榆，極貧給賑三月，次貧兩月。稍輕之碭山、沛縣，極貧給賑兩月，次貧一月。其溧陽、江浦，無庸撫恤。止將極貧給賑兩月，次貧一月。地漕錢糧，分別蠲緩。此外尚有溧水、高淳、豐縣、寶應被水村庄，雖勘不成災，亦分別借給、緩徵。得旨：雖經定有章程，仍應留心查察屬員，令其妥辦。（高宗二四九、二四）

（乾隆一〇、一〇、甲子）戶部議覆：江蘇巡撫陳大受疏稱，江浦、溧陽、山陽、阜寧、清河、桃源、安東、鹽城、銅山、沛縣、蕭縣、碭山、邳州、宿遷、睢寧、海州、沭陽、贛榆并淮安、大河、徐州二十一州縣衛被水軍民，請計災輕重，分別賑卹，其貧生亦一體辦理。衝坍房屋，瓦房每間給銀七錢五分，草房四錢五分，令其修葺。貧民流離者，招回資送撫綏；不願回籍及疾病不能回籍者，照例留養。至海州、沭陽、贛榆、邳州、睢寧、阜寧、銅山被災較重，應將漕糧漕項，按分蠲免。蠲剩銀米及其餘各縣衛漕項，並未完舊欠錢糧，均請緩至丁卯年，同地丁一體徵輸，藩糧緩至明冬帶辦。查江浦等州縣衛被災，該撫未將被災田地，勘明分數，遽請賑卹。應令勘明具題到日再議。其衝坍房屋暨貧生流民，均照例辦理。至漕糧漕項並未完舊欠，可否蠲緩，請旨遵行。得旨：依議。江浦等二十一州縣衛，本年漕糧糟項等項銀米，並舊欠錢糧，俱著照該撫所請速行。（高宗二五一、一三）

（乾隆一一、八、乙丑）戶部議覆：江蘇巡撫陳大受奏稱，江蘇額賦外，雜辦錢糧編徵年久，恐有缺額無徵，官民交累，遵旨行查。除尚可留徵之款，仍行照額徵收外，惟城租、吏農班、餘米、碾餉、折穀等銀六百二兩零，現經飭司查明，實係有款無徵，懇恩豁免。應如所請。從之。（高宗二七二、三）

（乾隆一一、一一、丙申）[戶部]又議覆：調任江蘇巡撫陳大受疏稱，山陽、阜寧、清河、桃源、安東、高郵、甘泉、興化、寶應、銅山、豐縣、沛縣、蕭縣、碭山、邳州、宿遷、睢寧、海州、沭陽、贛榆等二十州縣，鎮江、淮安、大河、徐州等四衛，被水成災地畝，所有應蠲錢糧，另行題豁外，其被災貧民，分別極次賑卹，衝塌房屋，量予修費；逃荒外出者，令各屬招回資送，不願回籍者聽便等語。均應如所請。至所稱山陽、阜寧、清河、桃源、安東、高郵、銅山、沛縣、邳州、宿遷、睢寧、海州、沭陽、贛榆、淮安、大河、徐州等十七州縣衛被災較重，請將本年應徵漕糧漕項，按分蠲免；甘泉、興化、寶應、豐縣、蕭縣、碭山及鎮江衛被災稍輕，應徵漕糧漕項，暫行緩徵；並山陽等州縣衛，蠲剩銀米，緩至次年麥熟後徵收，其災田舊欠漕米，及原奉緩漕，緩至來冬再請分年帶徵，又，淮、揚、徐各屬未完節年地漕錢糧籽種，亦緩至次年麥熟後啟徵之處，候旨遵行。得旨：依議。山陽等十七州縣衛，甘泉等七縣衛應徵本年漕糧漕項，並蠲剩銀米、舊欠漕米及原奉緩漕，俱著照該撫等所請速行。（高宗二七八、七）

（乾隆一二、一、戊戌）諭：江南海州、沭陽、贛榆等處積欠帶徵銀兩，已經特恩豁免，其隨正耗羨例應仍舊徵輸。但念該地方積歉之餘，元氣未復，若仍追節年零星耗羨，民力未免拮据。著將海州及沭陽、贛榆二縣，並坐落海、贛二州縣之板浦、徐瀆、中正、莞瀆、臨洪、興莊等六鹽場，乾隆十年以前民竃舊欠，所有應徵耗羨，通行豁免，以惠災黎。（高宗二八二、六）

（乾隆一二、三、乙未）免江蘇睢寧縣十一年分水災額賦六千七百二十兩有奇。（高宗二八六、六）

（乾隆一二、三、己亥）免江蘇山陽縣、淮安衛十一年分水災額賦二千五百兩有奇。（高宗二八六、一四）

（**乾隆一二、三、壬寅**）免江蘇淮安、揚州、徐州、海州等府州屬十一年分水災額賦一萬四千九百兩有奇。（高宗二八六、二二）

（**乾隆一二、三、癸卯**）豁免江蘇山陽縣十年分水災額賦二千七百二十兩有奇。（高宗二八六、二四）

（**乾隆一二、八、壬戌**）戶部議覆：署江蘇巡撫安寧疏稱，銅山、豐縣、沛縣等三縣，四月間被雹傷麥，廬舍人民間亦傷損，請酌借籽種口糧，災戶應徵錢糧，緩至秋收後徵輸等語。應如所請辦理。至銅山等三縣被雹成災田畝，新舊漕項銀米，該署撫題請緩至秋成。可否緩徵，請旨遵行。得旨：依議。銅山等三縣應徵新舊漕項銀米，著照該署撫所請速行。（高宗二九六、四）

（**乾隆一二、九、癸巳**）諭：本年七月十四日，蘇松等處猝被風潮，而崇明一邑，受災爲尤重。朕前據安寧奏報，深爲憫惻，即降旨諭令加意撫卹，並截留漕米，以備接濟；又令大學士高斌南查辦。月餘以來，憂心未嘗稍釋。今續據安寧查報，崇明一邑，坍塌房屋、漂沒人民甚多。似此非常之災，朕覽奏徬徨軫惻，寢食爲之不寧，惟有速籌補救，庶災黎得獲安全。現據安寧奏報，已撥運倉穀二十餘萬石，並弛海口之禁，俾商販流通，米價不致甚貴。則米糧一項，似可無虞。惟是房屋坍塌，災民無棲身之所，況轉瞬即屆嚴冬，應速行給貲修葺。並於常例之外，量爲加增，俾得從容措辦。至於來春播種，關係綦重，亟應借給籽種，及時耕作，亦令該督撫董率有司，豫行經理。又思崇邑被災既重，縱使賑卹多方，元氣不能驟復，所有該縣應徵明年地丁錢糧，特沛殊恩，全行豁免。至本年未完地丁以及折徵漕項，併歷年帶徵緩徵銀兩，概予停緩。其綠旗兵丁，朕已加恩一體撫卹，但念伊等廬舍人口，同被災傷，雖經安輯，未免拮据。著再加恩各賞給一月錢糧，以資用度。至寶山、鎮洋各處，被災次於崇明，輕重不等，其應如何賑卹加恩之處，著大學士高斌會同督撫悉心酌議。無拘常例，妥協辦理，務使週癢復蘇，登災黎於衽席，以副朕夙夜焦勞、怵惕靡寧之意。該部即遵諭速行。（高宗二九八、一一）

（**乾隆一二、一〇、庚午**）賑卹江蘇阜寧、清河、桃源、安東、山陽、鹽城、豐縣、蕭縣、碭山、贛榆、銅山、沛縣、邳州、宿遷、睢寧、海州、沭陽、淮安、大河、徐州等二十州縣衛本年水災飢民，並蠲緩額賦應徵漕糧漕項及蠲餘銀糧、舊欠漕米緩漕等項，分別蠲緩有差。（高宗三〇〇、一九）

（**乾隆一二、一〇、壬午**）賑卹江蘇常熟、昭文、上海、南匯、武進、江陰、靖江、泰州、太倉、鎮洋、嘉定、寶山、崇明、通州、泰興等十五州縣，蘇州、太倉、鎮海、金山等四衛潮災；上元、江寧、句容、江浦上八合、溧陽、丹徒、丹陽、江都、甘泉、儀徵、興化等十二州縣，揚州、儀徵、鎮江等三衛旱災飢民，並蠲緩額賦。其應徵漕糧漕項及蠲剩銀糧，分別蠲緩有差。（高宗三〇一、一五）

（乾隆一三、四、甲子）蠲緩江蘇常熟、昭文、上海、南匯、江陰、靖江、太倉、鎮洋、嘉定、寶山、崇明、通州、蘇州、太倉、鎮海、金山等十六州縣衛十二年潮災，上元、江寧、句容、六合、丹徒、丹陽、泰州、江都、甘泉、儀徵、興化、揚州、鎮江等十四州縣衛十二年旱災額賦，及應徵新舊錢糧漕糧漕項有差。（高宗三一二、二二）

（乾隆一三、四、乙丑）蠲免江蘇山陽、阜寧、清河、桃源、安東、銅山、豐縣、沛縣、蕭縣、碭山、邳州、宿遷、睢寧、海州、沭陽、贛榆、大河、徐州等十八州縣衛所十二年被災額賦，並阜寧、桃源、安東、邳、睢寧、大河等六州縣衛漕糧漕項有差。（高宗三一二、二五）

（乾隆一三、四、丙子）又諭：江南崇明一邑，上年猝被潮災，已降旨將乾隆十三年地丁錢糧全行豁免，其隨徵耗羨及應徵之蘆課、皇莊籽粒銀兩，不在蠲免之例。但念該處大祲之後，實非尋常拮据可比，著加恩一併豁免，俾民力得以稍紓。該部即遵諭行。（高宗三一三、二三）

（乾隆一三、六、庚申）貸江蘇元和、吳江、昭文、崑山、新陽、上海、青浦、江陰、靖江、清河、桃源、大河衛、銅山、沛縣、邳州、宿遷、嘉定、寶山、崇明、通州等二十州縣衛本年被雹貧民，其應徵新舊漕項銀米，並予緩徵。（高宗三一六、八）

（乾隆一三、七、壬辰）蠲江蘇宿遷縣乾隆十二年分秋禾水災額賦有差並附徵輕賷漕項銀糧。（高宗三一六、二八）

（乾隆一三、七、丁未）撫恤江蘇山陽、阜寧、泰州、銅山、豐縣、蕭縣等六州縣被雹貧民，並緩徵本年地丁錢糧、新舊漕項銀米。（高宗三一九、一九）

（乾隆二二、閏七、己卯）蠲免江蘇元和、昭文、吳江、崑山、新陽、青浦、靖江、沛縣、嘉定、崇明等十縣本年雹災額賦，加借崇明縣飢民一月口糧。（高宗三二一、三七）

（乾隆二二、一〇、己亥）又諭：江蘇被災地方，節年民欠籽種牛草銀米等項三十九萬餘，據該督等奏請分年帶徵。朕已格外加恩，照伊等所請降旨。但此等欠項從前既已緩帶，今又重寬，量為分年催輸，原係朕寧留有餘於民之意。若該督撫等恃有特恩，並不實心督率屬員設法辦理，以致屆限仍復拖欠，朕必按例加以處分。至上江災地，節年亦有欠項，摺內未據奏及，

俟該督等會覈具奏到日，朕酌量另降諭旨。此旨著策楞一併傳諭納敏，令其一體遵照。（高宗三二七、六）

（**乾隆一三、一〇、乙巳**）蠲免江蘇泰州及銅山縣夏麥被水雹成災地本年額徵錢糧有差。（高宗三二七、一八）

（**乾隆一四、二、乙酉**）蠲免江蘇崑山、新陽二縣荒瘠田蕩乾隆元年二年分未完額徵銀一萬一千四百二十兩有奇，穀一萬二千七百三十石有奇。（高宗三三四、八）

（**乾隆一四、八、癸未**）緩徵江蘇銅山、蕭縣、邳州、睢寧、海州、贛榆等六州縣衛雹災新舊額賦。（高宗三四六、一四）

（**乾隆一四、一〇、戊戌**）蠲緩江蘇阜寧、安東、清河、睢寧、海州、沭陽等六州縣本年水災應徵漕糧漕項，並上元、江寧、江浦、六合、山陽、桃源、鹽城、高郵、甘泉、寶應、銅山、沛縣、蕭縣、邳州、宿遷、淮安、大河等十七州縣衛漕項有差。（高宗三五一、一四）

（**乾隆一五、二、戊戌**）蠲江蘇續報江浦縣乾隆十四年分水災學田額賦十之四。（高宗三五九、一九）

（**乾隆一五、七、丙寅**）貸江蘇銅山、沛縣、碭山三縣雹災飢民，並緩徵本年額賦。（高宗三六九、一六）

（**乾隆一五、一〇、乙酉**）免江蘇清河、桃源、安東、邳州、宿遷、睢寧、海州、沭陽、大河等九州縣衛本年分水災漕糧漕項銀米，緩江浦、銅山、蕭縣、贛榆、徐州等五州縣衛本年分水災漕糧並應徵節年積欠緩漕；均與賑卹，並貸籽種有差。（高宗三七五、三）

（**乾隆一五、一〇、戊戌**）賑卹江蘇溧陽縣、通州水災飢民，並蠲緩新舊漕項錢糧有差。（高宗三七五、二三）

（**乾隆一六、二、壬辰**）又諭：江蘇之淮、徐等屬，上年秋禾被水，已經加恩蠲賑，所有餘剩應徵漕米麥豆等項，緩至今冬帶徵。但念該地上年被水稍重，即使今歲秋成豐稔，而災歉之餘，民氣正宜培養，若令新舊並輸，小民生計，難免拮据。著將淮安府屬之清河、桃源、安東、大河衛，徐州府屬之邳州、宿遷、睢寧，直隸海州，並所屬之沭陽等八州縣一衛本年應行帶完乾隆十五年災蠲餘剩漕項米麥豆石，俱分作三年帶徵，以緩民力。該部即遵諭行。（高宗三八三、一〇）

（**乾隆一六、二、壬辰**）又諭：江南揚州府屬之興化縣，積淹荒廢田畝錢糧，久經停緩，後歸冬勘辦理。於乾隆九年起，按年勘報豁糧其元年至八年，原緩未完銀米麥石，仍應分別催輸，荒戶殊屬拮据。朕翠華南巡，廣敷

惠澤，著將此項原緩未完銀米麥石，一併查明，加恩豁免，以甦民困。該部遵諭速行。(高宗三八三、一一)

（**乾隆一六、三、辛亥**）免江蘇江浦、清河、桃源、安東、銅山、蕭縣、邳州、宿遷、睢寧、海州、沭陽、贛榆、大河、徐州等州縣衛水災額賦有差，並緩徵清河、桃源、安東、邳州、宿遷、睢寧、海州、沭陽、大河等九州縣衛節年緩漕。(高宗三八四、一七)

（**乾隆一六、三、辛酉**）免江蘇通州水災額賦有差，並貸貧民口糧。(高宗三八五、九)

（**乾隆一六、四、癸酉**）諭：徐州府屬沛縣濱湖地畝，近年以來，屢被水災所有應徵租銀，自乾隆十年起，按年勘報蠲豁，而九年以前積欠未完租銀，以不在勘豁之例，仍須照數輸納，貧民未免拮据。著將乾隆九年以前，應徵未完租銀三千一百餘兩，一併加恩豁免，以示軫恤災黎之意。該部即遵諭行。(高宗三八六、五)

（**乾隆一六、一〇、乙卯**）賑貸江蘇銅山、豐縣、沛縣、蕭縣、碭山、邳州、宿遷、睢寧、徐州等九州縣衛本年水災貧民，并緩應徵漕糧漕項及十三年以前舊欠十七年錢糧。(高宗四〇一、一〇)

（**乾隆一七、六、丙申**）蠲免江蘇沛縣乾隆十六年水災額賦。(高宗四一六、一四)

（**乾隆一七七、壬午**）緩徵江蘇靖江、沛縣、宿遷、沭陽四縣水災、雹災新舊額賦，兼貸飢民。(高宗四一九、一二)

（**乾隆一七、一〇、丁巳**）賑恤江蘇上元、江寧、句容、江浦、六合、泰州、興化、靖江、丹徒、阜寧、安東、鹽城、江都、高郵、寶應、碭山、寶山、贛榆、通州十九州縣旱災飢民，並緩徵新舊額賦。(高宗四二五、一四)

（**乾隆一七、一一、庚辰**）諭：江蘇淮、徐、海三屬，屢被偏災，今歲雖獲豐收，而積欠之餘，民氣未復。所有本年地丁漕米，已多全數通完，其歷年被災停緩漕米，若概令完納，未免拮据。著加恩將乾隆十五年以前綏欠漕米，分作癸酉、甲戌二年帶徵，以紓民力。該部即遵諭速行。(高宗四二七、七)

（**乾隆一八、八**）[是月]署兩江總督江西巡撫鄂容安奏：查下江被水州縣，就現在所報銅山、宿遷、睢寧、安東、桃源、清河、阜寧、高郵、寶應、甘泉、海州、沭陽等十二州縣，成災較重。業經飭司道等查辦乏食貧民，先給一月口糧；坍房貧戶，給修葺銀兩；損傷人口，並給殮埋之資。貧生兵丁屯軍，一體照例撫卹。至上江所屬，除溪漲起蛟，被水之太平、歙縣、貴池、太湖等縣，俱經分別撫卹外，其餘鳳、穎、泗一帶州縣，因淮河水漲，淹及田廬，經臣查勘，該地向本瘠薄，又係積歉之區，將本年錢糧停緩，並節次催令分別查勘。又，沿江安慶府屬之望江、宿松，池州府屬之東流，滁州所屬之全椒，雖被災較輕，俱經分別檄飭查辦。得旨：覽奏俱悉。又批：大約上江尚易爲，下江則實應妥辦耳。（高宗四四五、二五）

（乾隆一八、一〇、癸卯） 戶部奏：江蘇巡撫莊有恭疏請，本年江南被水災重之阜寧、清河、桃源、安東、高郵、寶應、甘泉、興化、銅山、邳州、宿遷、睢寧、海州、沭陽並鎮江、淮安、大河、揚州、徐州等衛共十九州縣衛，稍次之山陽、鹽城、泰州、沛縣、蕭縣、楊山、贛榆等七州縣本年災田應徵地丁銀米，應按分蠲免，蠲剩銀米，按被災輕重，分三年二年帶徵。至熟田應徵漕糧漕項，俱請緩至來年麥熟後徵收，舊欠漕糧漕項，緩至明冬帶辦。其乾隆十年前各款錢糧，應請豁免。被災較輕之上元、江寧、江浦、六合、江都等五縣，熟田應徵各項，照常徵收；災田應徵漕項銀兩，請緩至來年麥熟後徵輸，漕糧緩至明冬帶辦。得旨：依議速行。其被災之阜寧等三十一州縣衛，所有本年應徵及舊欠漕糧漕項，俱著照該撫所請，分別蠲免緩徵。（高宗四四九、一四）

（乾隆一九、三、戊寅） 蠲江蘇上元、江寧、江浦、六合、山陽、阜寧、清河、桃源、安東、鹽城、高郵、泰州、江都、甘泉、興化、寶應、銅山、豐縣、沛縣、蕭縣、碭山、邳州、宿遷、海州、沭陽、贛榆等二十六州縣、鎮江、淮安、大河、揚州、徐州等五衛，乾隆十八年水災應徵地丁漕項銀三十萬三千兩有奇，米、麥、豆十二萬五千石有奇。（高宗四五九、二〇）

（乾隆一九、一〇、辛酉） 撫卹江蘇阜寧、清河、桃源、安東、鹽城、高郵、泰州、興化、寶應、山陽、甘泉、海州、沭陽、沛縣等十四州縣併淮安、大河二衛本年水災飢民，並分別賑貸蠲緩。其本年應徵漕糧漕項，按分蠲免；蠲剩銀米及舊欠緩漕漕項等項，均予緩帶有差。（高宗四七五、二）

（乾隆二〇、三、戊寅） 蠲免江蘇江浦、六合、靖江、山陽、阜寧、清河、桃源、安東、鹽城、高郵、泰州、江都、甘泉、興化、寶應、沛縣、宿遷、睢寧、海州、沭陽、淮安、大河等二十二州縣衛十九年分水災田地額銀十四萬七千四百五十一兩有奇，米、麥、豆共六萬八千四百七十八石有奇；其餘分別帶徵緩徵。（高宗四八四、八）

（乾隆二〇、八、癸丑） 緩徵江蘇江浦、清河、安東、桃源、銅山、蕭縣、碭山、豐縣、徐州衛等九縣衛本年被水田地額賦。（高宗四九四、一三）

（乾隆二〇、八、庚午） 蠲免江蘇泰州乾隆十九年積淹田地二百一十九

項二十三畝有奇,銀一千三百二十二兩有奇,米麥一千五百四十六石有奇。(高宗四九五、一八)

(乾隆二〇、九、己丑)豁免江蘇武進、陽湖二縣乾隆元年至十五年開抵役租銀一萬四千兩有奇。(高宗四九七、五)

(乾隆二〇、一〇、丁卯)賑卹江蘇阜寧、清河、桃源、安東、鹽城、高郵、泰州、興化、寶應、銅山、沛縣、蕭縣、碭山、邳州、宿遷、睢寧、海州、沭陽、江浦、六合、山陽、甘泉、崇明、贛榆、上元、江寧、句容、長洲、元和、吳縣、吳江、震澤、常熟、昭文、崑山、新陽、華亭、奉賢、婁縣、金山、上海、南匯、青浦、武進、陽湖、無錫、金匱、江陰、宜興、荊溪、靖江、丹徒、丹陽、金壇、溧陽、江都、豐縣、太倉、鎮洋、嘉定、寶山、通州、如皋、泰興等六十四州縣,蘇州、太倉、鎮海、鎮江、淮安、揚州、大河、徐州等八衛本年水災、蟲災飢民,蠲緩漕糧漕項銀米,並給修費有差。(高宗四九九、三七)

(乾隆二一、三、丙戌)蠲免江蘇宿遷縣乾隆二十年被災河租錠四十四兩二錢。(高宗五〇九、五)

(乾隆二一、三、戊子)蠲緩江蘇阜寧、清河、桃源、安東、鹽城、高郵、泰州、興化、寶應、銅山、沛縣、蕭縣、碭山、邳州、宿遷、睢寧、海州、沭陽、大河、江浦、六合、山陽、甘泉、崇明、贛榆、淮安、徐州、上元、江寧、句容、長洲、元和、吳縣、吳江、震澤、常熟、昭文、崑山、新陽、華亭、奉賢、婁縣、金山、上海、南匯、青浦、武進、陽湖、無錫、金匱、江陰、宜興、荊溪、靖江、丹徒、丹陽、金壇、溧陽、江都、豐縣、太倉、鎮洋、嘉定、寶山、通州、如皋、泰興、蘇州、太倉、鎮海、鎮江、揚州等七十二州縣衛水災額賦有差。(高宗五〇九、一一)

(乾隆二一、四、丙辰)緩徵江南上元、句容、六合、常熟、武進、無錫、江陰、靖江、丹徒、丹陽、阜寧、江都、太倉、鎮洋等十四州縣乾隆二十年被災蘆田蠲剩課銀及節年舊欠,並勘不成災之句容、常熟、武進、無錫、江陰、靖江、丹徒、江都、通州等九州縣蘆課,均予緩徵。(高宗五一一、七)

(乾隆二一、七、丁卯)諭:上年江省成災地方,業經發帑賑卹,暨將應徵錢糧分別蠲緩,次重較輕及勘不成災之各州縣,所有新舊應徵銀米,亦俱加恩於麥收後催納。又念該處災複之餘,元氣未復,特降旨該督撫等查明再行展緩。今據尹繼善等分別查明奏覆。朕思現在麥收雖屬豐稔,民力猶未免拮据。著再加恩將阜寧等二十七州縣衛,所有本年麥收應徵之新舊地丁漕

折各項，以及借欠籽種口糧等，一概緩至九月秋收後開徵，以紓民力。該部遵諭速行。（高宗五一六、一）

（乾隆二一、七、癸巳）緩江蘇山陽、清河、桃源、安東、大河、泰州、銅山、沛縣、邳州、宿遷、睢寧、海州、沭陽等十三州縣衛本年被雹災民額賦。（高宗五一七、一七）

（乾隆二一、閏九、辛酉）戶部議准：江蘇巡撫莊有恭疏稱，清河、桃源、銅山、沛縣、蕭縣、邳州、宿遷、睢寧、海州、沭陽、大河、徐州等十二州縣衛，被災較重乏食軍民，先行撫卹一月；本年應徵漕項，按分蠲免；蠲剩銀米，分年帶徵。其勘不成災田地，應與災輕之安東、碭山、豐縣等三縣，本年應徵漕項銀米，及舊欠漕項銀米、借欠籽種口糧並災緩漕糧，均緩至來年麥熟後徵輸。被災各屬漕糧，均緩至明冬帶辦。歲夫銀兩，隨同漕項停緩。應徵丁丑年新賦，緩至九月啟徵。其餘熟田應徵各項銀米，照常徵納。得旨：依議速行。（高宗五二三、一六）

（乾隆二二、二、丁卯）諭：從前恩詔內，令將各省年久民欠錢糧，查明豁免，而積欠漕項，該部未經查奏。今朕巡行所至，清問閭閻，其在江北一帶，則俱由積歉停緩，江南各屬，又悉皆積年尾欠升合畸零，若仍按年帶徵，於貧黎生計愈滋拮据。共將江南省乾隆十年以前積欠漕項銀米，以及地漕耗羨，俱著加恩一體豁免，以慰朕修卹民瘼至意。（高宗五三二、一一）

（乾隆二二、二、辛卯）蠲江蘇續報被水益重之清河、桃源、銅山、沛縣、蕭縣、邳州、宿遷、睢寧、海州、沭陽、大河、徐州等十二州縣衛漕項銀一十四萬八千一百二十五兩有奇，米、麥、豆四萬三千六百石有奇；其蠲餘勘不成災並被災較輕之安東、碭山、豐縣災田漕項銀米，分別緩徵有差。（高宗五三三、二七）

（乾隆二二、七、己亥）貸江蘇山陽、阜寧、清河、桃源、安東、銅山、豐縣、碭山、宿遷、睢寧、海州、沭陽、贛榆等十三州縣，淮安、大河、徐州三衛水災飢民籽糧，並緩徵本年額賦。（高宗五四二、二四）

（乾隆二二、一一、庚寅）賑卹江蘇清河、桃源、銅山、豐縣、沛縣、蕭縣、邳州、宿遷、睢寧、海州、沭陽、贛榆、山陽、安東、高郵、興化、寶應、碭山、淮安、大河、徐州等二十一州縣衛秋禾被災貧民，蠲緩本年漕項有差。（高宗五五〇、四）

（乾隆二二、一一、癸卯）諭：江南淮安、徐州、海州連年被災，今年夏秋又復被水，其成災地畝，業經照例分別蠲緩外，所有災餘熟田應徵銀米，悉屬正供，分宜輸納。但念該處災困已久，熟田亦屬無幾，且毗連災地，糧價自昂，民力同屬拮据。所有三屬十七州縣內熟田應徵之項，著加恩令該督撫詳悉查明，緩至明年秋成後啓徵，以紓民力。即行出示曉諭，毋飽吏胥。該部遵諭速行。（高宗五五〇、三二）

（**乾隆二三、三、壬寅**）蠲緩江蘇山陽、阜寧、清河、桃源、安東、高郵、甘泉、興化、寶應、銅山、豐縣、沛縣、蕭縣、碭山、邳州、宿遷、睢寧、海州、沭陽、贛榆、淮安、大河、徐州等州縣衛水旱災民額賦有差，並偏災之上元、江寧、句容、江浦等四縣漕項漕糧。（高宗五五九、二）。

（**乾隆二三、一〇、丁丑**）又諭：淮、徐、海三府州屬，頻被水潦，雖據該督等奏報，今歲大田均有八九分收成，但念該處災歉既久，甫經豐稔，積困未甦，若將歷年欠項，同本年銀米一時新舊並徵，民力未免拮据。著加恩將淮、徐、海三府州除二十三年新賦照例全徵外，其二十二年舊糧，准先帶徵一半，所餘一半，同十一年至二十一年積欠銀米及二十二年借給口糧、籽種，均再分作兩年帶徵，俾民間輸納寬裕。再各屬本年水退稍遲，未種地畝，所有應緩錢糧，亦著緩至明年開徵，以示優卹貧黎至意。該部即遵諭行。（高宗五七三、一八）

（**乾隆二三、一一、辛卯**）賑貸江蘇海州、沭陽、贛榆、上海、南匯等五州縣本年水旱潮災貧土飢民，並蠲應徵地丁錢糧及漕糧漕項銀米有差。（高宗五七四、一五）

（**乾隆二四、一〇、甲午**）豁免江蘇上元、江寧、句容、長洲、元和、青浦、陽湖、宜興、荆溪、寶山、江浦等十一縣衛低瘠減則田地乾隆十一年至十四年未完漕項橫腳等銀四千六百兩零、米豆二千七百五十石零。（高宗五九九、七）

（**乾隆二四、一〇、己亥**）賑江蘇上元、江寧、句容、江浦、六合、長洲、元和、吳縣、吳江、震澤、常熟、昭文、崑山、新陽、華亭、奉賢、婁縣、金山、上海、南匯、青浦、武進、陽湖、無錫、金匱、江陰、宜興、荆溪、丹徒、丹陽、山陽、阜寧、清河、桃源、安東、鹽城、高郵、泰州、甘泉、興化、寶應、銅山、豐縣、沛縣、碭山、邳州、宿遷、睢寧、太倉、鎮洋、寶山、崇明、海州、沭陽、通州、太湖等五十六州縣廳，蘇州、太倉、鎮海等三衛本年水蟲風潮偏災貧民，並照例蠲緩額賦。其應徵漕糧漕項銀米及積年舊欠漕糧漕項，均分別蠲緩有差。（高宗五九九、二二）

（**乾隆二五、三、辛酉**）賑卹江蘇上元、江寧、句容、江浦、六合、長洲、元和、吳縣、吳江、震澤、常熟、昭文、崑山、新陽、華亭、奉賢、婁縣、金山、上海、南匯、青浦、武進、陽湖、無錫、金匱、江陰、宜興、荆溪、丹徒、丹陽、山陽、阜寧、清河、桃源、安東、鹽城、高郵、泰州、甘泉、興化、寶應、銅山、沛縣、邳州、宿遷、睢寧、太倉、鎮洋、寶山、海州、沭陽併蘇州、太倉、鎮海、金山等五十五州縣衛乾隆二十四年水災飢民，併蠲緩額賦有差。（高宗六〇九、一）

（**乾隆二五、一一、癸卯**）蠲緩江蘇山陽、阜寧、清河、桃源、安東、鹽城、高郵、泰州、江都、甘泉、興化、寶應、銅山、豐縣、沛縣、蕭縣、碭山、邳州、宿遷、睢寧、海州、沭陽、淮安、大河、徐州等二十五州縣衛，本年被水災民額賦有差。（高宗六二四、四）

（**乾隆二六、三、戊辰**）蠲緩江蘇山陽、阜寧、清河、桃源、安東、鹽城、高郵、泰州、江都、甘泉、興化、寶應、銅山、沛縣、蕭縣、碭山、邳州、宿遷、睢寧、海州、沭陽等二十一州縣，淮安、大河、徐州等三衛乾隆二十五年水災田地十四萬九千七百頃有奇額賦。（高宗六三三、一八）

（**乾隆二六、一〇、癸巳**）戶部議覆：江蘇巡撫陳宏謀疏稱，銅山、睢寧二縣，本年猝被水災，請先賑貧民一月；其餘高郵、甘泉、揚州三州縣衛較重，山陽、桃源、清河、安東、寶應、泰州、沛縣等七州縣次重及稍輕之鹽城、江都、興化、豐縣、蕭縣、碭山、宿遷、海州、沭陽、淮安、大河、徐州等十八［二？］州縣衛，均無庸賑卹，祇須酌借籽種，統俟來春各借一月口糧。屯衛災軍，隨坐落州縣查辦。再長洲、常熟、昭文、崑山、新陽、華亭、婁縣、青浦、太倉並衛、鎮洋、蘇州、鎮海、鎮江等十四州縣衛災分較重，上海、南匯、金壇、溧陽、嘉定、寶山、金山幫等七縣幫次之，係一隅偏災，均可無庸賑給，惟應將災田應徵糧項銀米，按分蠲免。又被災稍輕之本年漕項銀米，緩至明年麥後啓徵，又勘不成災田地，二十七年漕糧及節年舊欠，均緩至明年秋冬徵還。應如所請辦理。得旨：依議。高郵等州縣本年災田應徵漕糧漕項銀米、蠲剩銀米，並被災稍輕之鹽城等州縣衛及淮、揚、徐、海等屬勘不成災田地二十七年漕糧，應徵節年舊欠災緩漕糧等項，俱著照該撫所請速行。（高宗六四七、二一）

（**乾隆二六、一二、辛未**）蠲江蘇南匯、吳江、長洲、元和、上海、海州等六州縣乾隆二十三年水旱災地漕鹽等銀一萬三千兩有奇，米麥豆九千四百石有奇。（高宗六五〇、一四）

（**乾隆二七、一〇、辛亥**）蠲緩江蘇清河、安東、銅山、邳州、宿遷、睢寧、海州、沭陽、崑山、新陽、婁縣、南匯、奉賢、青浦、大河、鎮海、金山等十七州縣衛幫本年水災新舊額賦有差。（高宗六七三、一三）

（**乾隆二八、三、丙戌**）蠲免江蘇清河、安東、宿遷、睢寧、海州、沭

陽、大河、崑山、新陽、婁縣、南匯、青浦、鎮海、金山等十四州縣衛水災額賦。（高宗六八三、一七）

（**乾隆二八、四、癸巳**）豁免江蘇常熟、丹徒二縣，乾隆十五年至二十四年分，坍荒田、地、灘、蕩民欠銀四千二百八十兩有奇，米、麥、豆七千八百八十七石有奇。（高宗六八四、一〇）

（**乾隆二八、一〇、丁未**）蠲緩江蘇銅山、沛縣、蕭縣、碭山、邳州、睢寧、海州、沭陽、徐州等九州縣水災飢民額賦。（高宗六九七、一五）

（**乾隆二九、三、庚申**）蠲江蘇銅山、沛縣、蕭縣、邳州、睢寧、海州、沭陽、徐州八州縣衛，乾隆二十八年分被水災地應徵額賦十之一，並緩蠲餘及勘不成災地畝各項銀米如例。（高宗七〇六、一六）

（**乾隆二九、一〇、壬寅**）賑卹江蘇上元、江寧、句容、江浦、六合、海州等六州縣被災貧民，蠲緩本年漕糧漕項各有差。（高宗七二一、一一）

（**乾隆三〇、二、乙酉**）諭：宿遷一帶地方，濱河沮洳，土瘠民貧，從前巡幸所經，每深軫念。茲入疆咨省，見閭閻氣象，較前頗覺寬舒，攬轡之餘，深用欣慰。昨已降旨，免經過州縣額賦十分之三。因念陸路經行，一切灑道清塵，較水程倍爲勤勩。雖按名給值，絲毫不以累民，而百姓踴躍赴公，瞻依恐後，其情尤堪嘉悅。著加恩將現在經過之宿遷、桃園、清河暨迴鑾時所過之銅山等四縣，本年應徵地丁銀兩，蠲免十分之五。該督撫其率屬實心經理，俾蓋藏益資饒裕，元氣大復，共樂恬熙，以副朕加惠愛養之至意。該部遵諭速行。（高宗七二八、一〇）

（**乾隆三〇、二、壬辰**）諭：朕此次南巡，啓鑾前已降旨將江蘇省歷年災緩積欠一百四十餘萬兩概行豁免，並於入疆之初，諭將經過地方，本年額賦蠲十分之三。宿遷等縣地土素稱瘠薄，特免十分之五，以示體恤。今自渡淮而南，見群黎歡迎道左，愛戴尤殷。因念江蘇爲財賦重地，頻歲屢獲豐稔，維正之供量無拮据，但所免災欠一項，蘇、松各屬不及淮、徐之多，恩施未能徧逮；即駐蹕處所，將來更沛恩膏，亦止省會數縣，其餘各屬尚未一體均霑。著再加恩，將江蘇布政使所屬各州縣乾隆二十八年以前，熟田地丁雜款未完銀四萬一千六百餘兩，一體槪行豁免，並將江蘇經過地方，本年錢糧均免十分之五，俾閭益資殷阜，共樂昇平，副朕加惠無已至意。該部遵諭速行。（高宗七二九、一）

（**乾隆三〇、閏二、乙亥**）蠲緩江蘇上元、江寧、句容、江浦、六合等五縣上年水旱災民額賦，分別給賑有差；並緩徵勘不成災之海州本年地丁銀米，及節年舊欠錢糧。（高宗七三一、一九）

（**乾隆三〇、一一、癸酉**）蠲江蘇海州、沭陽、丹徒、丹陽、金匱、溧陽等六州縣本年水旱災田畝應徵地丁銀米，並緩徵新舊漕糧、漕項及地丁錢糧有差。（高宗七四八、五）

（**乾隆三一、一〇、壬子**）撫卹江蘇銅山、蕭縣及徐州衛坐落銅山縣屯田本年水災貧民，並蠲緩新舊額賦有差。（高宗七七一、二）

（**乾隆三一、一〇、戊午**）豁免江蘇丹陽縣坍江田地乾隆十五年至二十七年未完米麥一百十石有奇。（高宗七七一、一三）

（**乾隆三二、三、戊辰**）豁江蘇阜寧縣原續報坍荒民賦、河租，併漲復民賦田地未漲以前乾隆十一年至二十六年民欠銀四千八百四十三兩、米麥七千七百二十石有奇。（高宗七八〇、一七）

（**乾隆三二、七、戊寅**）兩江總督高晉、江蘇巡撫明德奏，奉諭，江蘇糧額飭令閒府分免。查江蘇省十一府州額徵漕白糧，統計一百九十七萬餘石。江以南六府州漕糧較多，本年應請閒免松江、太倉、常州三府州；江以北五府州漕糧較少，本年應請閒免揚州、徐州、海州三府州，共漕白糧九十六萬餘石。其江寧、蘇州、鎮江、淮安、通州五府州漕白糧一百萬零八千餘石，俟明年再行蠲免。得旨：嘉獎。（高宗七八九、一）

（**乾隆三二、一〇、戊辰**）緩江蘇上元、江寧、江浦、六合、句容、溧水、高淳、儀徵、丹徒、金壇、溧陽、揚州等十二縣衛本年被水災民應徵額賦。（高宗七九六、一二）

（**乾隆三四、一〇、辛亥**）緩徵江蘇上元、江寧、句容、溧水、高淳、江浦、六合、長洲、元和、吳縣、吳江、震澤、常熟、昭文、崑山、新陽、太湖、婁縣、青浦、武進、陽湖、無錫、金匱、江陰、宜興、荊溪、靖江、丹徒、丹陽、金壇、溧陽、山陽、阜寧、清河、安東、鹽城、高郵、泰州、東臺、江都、儀徵、興化、蕭縣、邳州、太倉、鎮洋、海州、沭陽、泰興等四十九州縣廳，蘇州、太倉、鎮海、鎮江、淮安、大河、揚州、儀徵等八衛本年水災民屯額賦，併舊欠漕糧。（高宗八四四、九）

（**乾隆三五、一〇、癸酉**）諭：今歲江蘇省收成豐稔，據該督高晉等查奏，各屬具報十分收成者，至四十八州縣之多；惟江浦、丹陽、山陽、阜寧、海州等五州縣，閒有一隅被水。收成稍歉之區，以通縣而計，尚不及十之二三。一念該省雖獲豐登，而此五州縣收成稍減，各該處均有緩帶舊欠，若將新舊錢糧與豐收之戶一體輸納，民力未免拮据。著加恩，將江浦等五州縣被水稍歉處所，除本年錢糧照例完納外，所有緩帶舊欠銀米，統行緩至來年麥熟後開徵，以紓民力。該部遵諭速行。（高宗八七〇、二）

（乾隆三七、二、乙酉）諭軍機大臣等：據吳壇奏，蘇州各屬歷年積欠緩帶等項，計五十四萬餘兩，民間乘時輸納，已完銀四十九萬餘兩，僅有尾欠漕項銀五萬三千餘兩等語。現已降旨，將江蘇漕項尾欠加恩寬免，俾閭閻知所獎勸。是蘇州藩司所屬積欠，辦理已屬妥善。（高宗九〇三、九）

（乾隆三七、三、丙申）豁免江蘇金壇、山陽、阜寧、清河、桃源、銅山、沛縣、蕭縣、碭山、邳州、宿遷等十一州縣乾隆六、七、八、九、十等年災緩留漕未完穀六萬二千五百五十八石有奇。（高宗九〇四、二）

（乾隆三八、七、己巳）賑貸江蘇清河、桃源、安東等三縣，淮安、大河二衛本年水災貧民，並緩新舊額賦（高宗九三八、四九）

（乾隆三八、九、癸未）諭：前以江寧藩司所屬積欠銀米，為數甚多，其中有本年偶被水災之州縣衛，恐難以一例徵輸，因諭令薩載確查具奏，候朕另降恩旨。今據奏稱，安東等七州縣衛，節年災田積欠，通共未完銀三萬九千七十七兩零、米麥豆穀六萬七千二十七石零。各該處本年夏秋，偶值霖漲，二麥失收，輸將未能踴躍等語。安東等七州縣，雖屬一隅偏災，但既被水歉收，若復將逋賦催科，民力未免拮据。著加恩將安東縣未完銀一萬六千八十三兩零、米麥四百五十五石零，山陽縣未完銀二千九百五十一兩零、米麥八千六百八十九石零，阜寧縣未完銀八千三百一兩零、米麥穀五千九百九十九石零，清河縣未完銀六千八百一兩零、米八千八百九十二石零，大河衛未完銀三百三十兩零、米穀豆一千二百六十七石零，海州未完銀四千二百七十九兩零、米麥六千七百六石零，沭陽縣未完銀三百三十一兩零、米麥三萬五千一十六石零，概予豁免。俾災區黎庶，均免追呼。該督撫其董率所屬，實力經理，務令愷澤普霑，毋任吏胥侵蝕弊混，以副朕體卹窮簷之至意。該部即遵諭行。（高宗九四三、三四）

（乾隆三八、一〇、壬辰）緩徵江蘇山陽、阜寧、桃源、清河、安東、鹽城、沭陽、海州、淮安、大河十州縣衛本年水災漕糧有差。（高宗九四四、二四）

（乾隆三九、二、乙巳）蠲江蘇山陽、阜寧、桃源、安東、鹽城、海州、沭陽、淮安、大河九州縣衛乾隆三十八年水災額賦有差。（高宗九五三、一一）

（乾隆三九、九、己未）豁免江蘇安東、山陽、阜寧、清河、海州、沭陽等六州縣並大河衛歷年災田積欠未完銀三萬九千六十九兩有奇，米、麥、豆、穀六萬六千八百五十六石有奇。（高宗九六六、三八）

（乾隆三九、九、庚午）又諭：前據高晉等奏，八月十九日因黃水驟長，外河老壩口迤下隄工，漫口七一十餘丈，板閘淮安一帶，俱被水淹，居民房屋人口，間有坍損。當即諭令高晉、吳嗣爵、薩載迅速鳩工堵築，復屢次傳諭該督撫將各屬被災村莊戶口，迅速確查，應行分別撫卹蠲賑事宜，妥爲經理。第念該處猝遇水災，被淹情形較重，朕心深爲軫念。著加恩將被水之山陽、清河二縣及漫水下注之鹽城、阜寧二縣，所有乾隆四十年應徵錢糧，全行蠲免，以示體恤；冀其元氣早復，共享安恬。其應行撫卹賑濟各事宜，仍著遵照前諭，詳悉奏聞請旨。該督撫其董率所屬，迅速妥協經理，務俾災黎均霑實惠，以副朕優恤無已之至意。該部即遵諭速行。（高宗九六七、二〇）

（乾隆三九、一〇、壬午）諭：前以淮安老壩口黃水驟長，漫溢隄工，該處被淹情形較重，因降旨將山陽、清河、鹽城、阜寧等縣乾隆四十年應徵錢糧全行蠲免，並諭該督撫將應行撫卹各事宜，詳悉奏聞請旨。今據吳嗣爵等奏，漫口現已合龍，災民可早冀得所。惟念被浸之後，雖經疊加蠲賑，民力尚不免拮据，朕心深爲厪念。著再加恩，將山陽、清河、鹽城、阜寧四縣，並淮安、大河二衛所有本年漕糧漕項銀米，一體按分蠲免，其應徵乙未年漕糧漕項，並著同節年舊欠錢糧、漕米，概行緩至明年秋成後徵納。該督撫其董率所屬，實心經理，務使窮黎益霑渥澤，以副朕有加無已之至意。該部遵諭速行。（高宗九六八、九）

（乾隆三九、一〇、壬寅）蠲緩江蘇句容、江浦、六合、武進、陽湖、江陰、宜興、荊溪、丹徒、丹陽、金壇、溧陽、山陽、阜寧、清河、鹽城、高郵、泰州、東臺、甘泉、儀徵、興化、寶應並淮安、大河、鎮江、揚州等二十七州縣衛本年水旱災民額賦。（高宗九六九、二三）

（乾隆四〇、三、己未）蠲江南句容、江浦、六合、山陽、阜寧、清河、鹽城、泰州、東臺、興化、寶應、武進、陽湖、江陰、宜興、荊溪、丹徒、丹陽、金壇等十九州縣，淮安、大河二衛乾隆三十九年水旱災額賦，並緩溧陽、高郵、儀徵、甘泉四州縣，鎮江、揚州二衛應徵漕項，均予分年帶徵。（高宗九七八、一九）

（乾隆四〇、一〇、乙未）加賑江蘇句容、江浦、六合、宜興、荊溪、丹陽、金壇、溧陽、甘泉、東臺、上元、江寧、溧水、高淳、武進、陽湖、無錫、金匱、江陰、丹徒、阜寧、鹽城、高郵、泰州、江都、儀徵、興化、寶應、長洲、吳縣、常熟、昭文、山陽、清河、桃源、安東、蕭縣、海州、沭陽、如皋、鎮江、揚州、儀徵、蘇州、太倉、淮安、大河等四十七州縣衛本年水旱災民，併蠲緩額賦有差。（高宗九九三、一二）

（乾隆四一、二、庚戌）蠲免江蘇上元、江寧、句容、溧水、高淳、江浦、六合、山陽、阜寧、清河、桃源、安東、鹽城、高郵、泰州、東臺、江都、甘泉、儀徵、興化、寶應、蕭縣、海州、沭陽、如皋、長洲、吳縣、常熟、武進、陽湖、無錫、金匱、江陰、宜興、荊溪、丹徒、丹陽、金壇、溧陽等三十九州縣並鎮江、淮安、大河、揚州、儀徵等五衛乾隆四十年分旱災額賦。(高宗一〇〇二、二一)

（**乾隆四一、三、丙子**）蠲免江蘇山陽、阜寧、清河、鹽城四縣，淮安、大河二衛乾隆三十九年分水災田地項下乾隆四十年新賦。(高宗一〇〇三、七)

（**乾隆四一、三、辛巳**）諭：朕因平定兩金川，集勳奏凱，舉告成闕里之典，巡幸山東，迺江蘇巡撫薩載，以封圻接壤，前來迎鑾，於行在召見，詢及江蘇省上年被災情形。據奏被災各屬，蒙恩蠲賑頻施，並皆得所。惟山陽等四屬乾隆三十九年因災蠲剩應分年帶徵漕糧，及句容等各屬乾隆三十九、四十等年緩徵漕糧，均應同四十一年新漕一併帶徵等語。因思連年被災之地，今歲即遇豐收，元氣尚未能驟復，若漕糧新舊併徵，民力不無拮据。著加恩將山陽、清河、鹽城、阜寧四縣乾隆四十年分災緩漕糧二萬七千九百餘石，統俟三十九年蠲剩漕糧按限徵完後，再行接續帶徵。並將句容、江浦、高郵、泰州、東臺、興化、寶應、甘泉、儀徵、武進、陽湖、江陰、宜興、荊溪、丹徒、丹陽、金壇、溧陽等十八州縣乾隆三十九年分緩漕十萬八千七百餘石，於四十一年帶徵；其四十年分緩漕四十一萬一千餘石，於四十二年帶徵。俾閭閻益得寬紓，以示朕軫念貧氓之至意。該部即遵諭行。(高宗一〇〇四、二二)

（**乾隆四一、一〇、丁巳**）户部議覆：江蘇巡撫楊魁疏稱，安東、阜寧、清源、桃源、蕭縣、海州、沭陽、淮安、大河九州縣衛本年被水，分別蠲緩賑卹。應如所題。得旨：依議。安東等九州縣衛災田及勘不成災田地，應徵本年漕項銀米漕糧、節年舊欠漕項銀米及四十二年新賦舊欠災緩漕糧，俱著照該撫所請速行。(高宗一〇一九、五)

（**乾隆四二、二、辛亥**）蠲緩江蘇安東、阜寧、清河、桃源、蕭縣、海州、沭陽、淮安、大河九州縣衛乾隆四十一年成災五七分及不成災之興化、江寧二縣額賦有差。(高宗一〇二六、三二)

（**乾隆四二、一〇、丁巳**）賑卹江蘇阜寧、安東、大河三縣衛本年水災貧民，並予緩徵。(高宗一〇四二、一四)

（**乾隆四三、一〇、乙亥**）緩徵江蘇上元、江寧、句容、江浦、六合、吳縣、武進、陽湖、無錫、金匱、宜興、荊溪、丹徒、丹陽、金壇、溧陽、山陽、阜寧、清河、桃源、安東、鹽城、高郵、寶應、江都、甘泉、儀徵、興化、泰州、東臺、蕭縣、宿遷、海州、沭陽等三十四州縣並鎮江、淮安、

大河、揚州、徐州、儀徵等六衞本年水旱災田地新舊漕項銀米。(高宗一〇六九、一二)

(**乾隆四四、一〇、庚午**) 緩徵江蘇阜寧、清河、桃源、安東、鹽城、宿遷、海州、沭陽、大河九州縣衞本年水災田畝新舊額賦。(高宗一〇九三、一〇)

(**乾隆四五、二、甲寅**) 又諭：朕翠華南幸，慶典時行，蹕路所經，已降旨將直隸、山東二省累年積欠銀糧，概予蠲除。江省爲財賦重地，茲入疆伊始，渥澤宜覃。著加恩將江寧藩司所屬，自乾隆十一年至四十四年積欠及災緩共未完銀四十五萬二千餘兩、未完米十七萬三千餘石；蘇州藩司所屬，自乾隆三十九年至四十三年災緩未完地丁屯折漕項學租銀二萬三千九十六兩、未完災緩漕糧漕項兵糧米十二萬九千八百九十餘石；又，安徽藩司所屬，自乾隆四十三年以前積欠災緩地丁漕項等款共未完銀四十萬七百餘兩、未完米麥穀九萬七千六百餘石，俱全行豁免。用敷愷澤，副朕行慶施惠之至意。(高宗一一〇〇、四)

(**乾隆四五、一〇、壬戌**) 蠲免江蘇清河、桃源、蕭縣、碭山、海州、沭陽、大河、徐州八州縣衞本年水草災地額賦。(高宗一一一九、二)

(**乾隆四六、三、丙子**) 蠲江蘇清河、桃源、蕭縣、邳州、宿遷、睢寧、大河、徐州等八州縣衞乾隆四十五年水災額賦有差。其蠲剩銀兼勘不成災之鹽城、碭山、海州、沭陽四州縣新舊地丁屯項，均予緩徵。(高宗一一二六、三三)

(**乾隆四六、閏五、己酉**) 諭：據薩載等奏，江蘇省有河灘地租一項，向係另款徵收，解交河庫，不入地丁項下。查阜寧縣自乾隆三十四年以後，安東、山陽、清河、桃源、沭陽、大河等六縣衞，自乾隆十一年至四十四年，共有未完積欠災緩租銀一萬一千五百五十兩零，上年南巡蠲免積欠災緩項下，未經一例開報等語。阜寧等縣衞瀕臨河湖，地土瘠薄，即爲積欠之區。其舊欠河灘租銀，遞年積壓，殊堪軫念。所有阜寧等七縣衞，未完河灘租銀一萬一千二百五十兩零，著加恩准其一體豁免，副朕軫恤窮黎至意。(高宗一一三二、一二)

(**乾隆四六、七、甲子**) 蠲免江蘇崇明縣被潮災民本年額賦。(高宗一一三七、三一)

(**乾隆四七、三、戊午**) 蠲江蘇常熟、昭文、江陰、靖江、太倉、鎮洋、寶山、崇明、清河、桃源、安東、銅山、豐縣、沛縣、邳州、宿遷、睢寧、海州、沭陽、通州、如皋、泰興、海門、蘇州、太倉、鎮海、大河、徐州等二十八州縣衞廳乾隆四十六年被水災民額賦，並緩華亭、上海、南滙、武

進、丹徒、丹陽、六合、阜寧、鹽城、上高郵、蕭縣、碭山等十二州縣應徵額賦。（高宗一一五三、一〇）

（**乾隆四七、一〇、丙戌**）賑江蘇銅山、豐縣、沛縣、邳州、宿遷、睢寧、清河、桃源、安東、海州、沭陽、山陽、阜寧、鹽城、高郵、泰州、東臺、興化、寶應並徐州、淮安、大河等二十二州縣衛水旱災民，併蠲緩新舊漕糧銀米有差。（高宗一一六七、一三）

（**乾隆四八、三、甲寅**）蠲免江蘇銅山、豐顯、沛縣、邳州、宿遷、睢寧、山陽、阜寧、清河、桃源、安東、鹽城、海州、沭陽、高郵、泰州、東臺、興化、寶應等十九州縣並淮安、大河、徐州等三衛乾隆四十七年分水旱災丁屯租賦有差。（高宗一一七七、二〇）

（**乾隆四九、二、壬申**）諭：朕翠華南幸，慶典時行，蹕路所經，已降旨將直隸、山東二省因災積欠銀糧概予蠲除。江省爲財賦重地，茲入疆伊始，渥澤宜覃。著加恩將江寧藩司所屬積欠地丁漕項等款未完銀三十六萬七千五百十兩零、民借籽種口糧未完銀一十五萬一千九百五十九兩零、漕糧漕項等款未完米麥豆一十八萬九千七百二十六石零，蘇州藩司所屬地丁漕項等款未完銀四萬五百五十四兩零、民借籽種口糧未完銀一千二百四十八兩零、漕糧漕項等款未完米豆三萬八千九百六十四石零，安徽藩司所屬地丁等項未完銀三十七萬三千二百六十一兩零、民借籽種口糧未完銀六萬一千九百兩零、漕倉等項未完銀八萬三千一百六十三兩零、漕糧漕項等款未完米麥豆六萬五千七百四十餘石零，俱著全行豁免，用敷愷澤，副朕行慶施惠之至意。該部即遵諭行。（高宗一一九九、一）

（**乾隆四九、閏三、乙丑**）蠲免江蘇上元、句容、丹徒、銅山、豐縣、沛縣、邳州、徐州衛等八州縣衛乾隆四十八年分水旱災額賦租課有差。（高宗一二〇二、二一）

（**乾隆五〇、二、甲辰**）豁免江南省江寧、淮安、揚州、徐州、海州、通州六府州屬乾隆四十七年以前民欠地丁等銀二十八萬八十八兩有奇，民借籽種銀一十五萬二百六十二兩有奇，米豆四萬五千八十五石有奇。（高宗一二二五、一〇）

（**乾隆五〇、三、甲子**）豁免江蘇安東、阜寧二縣乾隆十一年起至四十四年止民欠地漕灘租耗羨等銀四千八十六兩有奇、米四十六石有奇。（高宗一二二六、一九）

（**乾隆五〇、四、庚辰**）諭：據薩載等奏，淮、徐、海三屬，今春雨澤短少，現在二麥歉收等語。淮、徐、海三屬，均爲積歉之區，上年冬閑久晴土燥，種麥無多，今春雨澤又復愆期，以致麥苗未能長發，民力難免拮据。所有淮、徐、海三屬應完新舊錢糧，著加恩緩至本年秋成後徵收，以舒民力。其貧民播種無資者，並著按畝借給籽種銀兩，俾資接濟。該督撫其董率所屬，確查妥辦，以副朕軫念民依之至意。該部即遵諭行。（高宗一二二八、一）

（乾隆五〇、九、壬申）賑江蘇長洲、吳縣、常熟、昭文、武進、陽湖、無錫、金匱、江陰、宜興、荊溪、丹徒、丹陽、金壇、溧陽、山陽、阜寧、清河、桃源、安東、鹽城、銅山、豐縣、沛縣、蕭縣、碭山、邳州、宿遷、睢寧、海州、沭陽、贛榆、上元、江寧、句容、溧水、高淳、江浦、六合、高郵、泰州、東臺、江都、甘泉、儀徵、興化、寶應、如皋等四十八州縣並淮安、大河、徐州、揚州、鎮江、蘇州、太倉、儀徵八衛本年旱災飢民口糧，並緩徵本年漕糧漕項銀米及蠲剩銀米。其勘不成災田地應徵新舊漕項銀米，及漕糧同舊欠災緩漕糧，均予緩徵。（高宗一二三九、二一）

（乾隆五一、五、庚戌）蠲免江蘇上元、江寧、句容、溧水、高淳、江浦、八合、山陽、阜寧、清河、桃源、安東、鹽城、高郵、泰州、東臺、江都、甘泉、儀徵、興化、寶應、銅山、豐縣、沛縣、蕭縣、碭山、邳州、宿遷、睢寧、海州、沭陽、贛榆、如皋、長洲、吳縣、常熟、昭文、武進、陽湖、無錫、金匱、江陰、宜興、荊溪、丹徒、丹陽、金壇、溧陽等四十八州縣並淮安、大河、揚州、徐州、蘇州、太倉、鎮江、儀徵等八衛上年秋禾旱災額賦，並綏微山陽縣學租屯田津貼銀兩。（高宗一二五四、一二）

（乾隆五二、三、己丑）蠲緩江蘇上元、江寧、江浦、山陽、清河、桃源、安東、阜寧、鹽城、江都、甘泉、高郵、寶應、泰州、興化、東臺、海州、沭陽十九［八?］州縣並淮安、大河、鎮江、揚州四衛五十一年分水災應徵民屯、地丁、草場、漕項、麥折、蘆課一十萬四千七百兩有奇。（高宗一二七七、一四）

（乾隆五二、一〇、戊午）蠲免江蘇清河、安東、山陽、阜寧、桃源、鹽城、甘泉、興化、高郵、泰州、東臺、江都、寶應、銅山、豐縣、沛縣、蕭縣、碭山、邳州、宿遷、睢寧、海州、沭陽等二十三州縣並淮安、大河、揚州、鎮江、徐州五衛本年水災漕項銀米有差。（高宗一二九一、三〇）

（乾隆五三、四、庚戌）蠲免江蘇清河、安東、山陽、阜寧、鹽城、甘泉、興化、泰州、寶應、銅山、豐縣、沛縣、蕭縣、邳州、宿遷、睢寧、海州、沭陽十八州縣，淮安、大河、揚州、徐州、鎮江五衛乾隆五十二年水災額賦有差，其勘不成災之桃源、高郵、東臺、江都、碭山五州縣並予緩徵。（高宗一三〇三、九）

（乾隆五三、九、戊寅）又諭曰：閔鶚元奏覆江蘇各屬收成分數。摺內稱，徐州府屬蕭縣、碭山、豐縣、沛縣，淮安府屬安東、清河、桃源、海州，江寧府屬江寧、上元、句容、江浦、六合等十三州縣被水田地，退涸較遲，請將新舊錢糧漕米，緩至明年秋成後徵收。其山陽、鹽城、阜寧等三縣舊欠錢糧，亦請緩至明年秋成後徵收等語。江蘇淮北一帶，瀕臨河湖，及江寧府屬地方，因本年雨水較多，間被淹浸，小民完納官糧，未免拮据。所有蕭縣、碭山、豐縣、沛縣、安東、清河、桃源、海州、江寧、上元、句容、江浦、六合等州縣新舊錢糧漕米，俱著緩至明年秋成後徵收。其山陽、鹽城、阜寧等縣舊欠錢糧，亦著緩至明年秋成後徵收，以紓民力。該部即遵諭行。（高宗一三一三、一四）

（乾隆五六、四、庚午）蠲免江蘇碭山、蕭縣、睢寧等三縣、徐州衛上年水災額賦有差，並予勘不成災各州縣衛緩徵。（高宗一三七七、二八）

（乾隆五六、七、庚辰）諭曰：長麟奏，江淮五府州屬，除當年成熟、次年因災拖欠銀米麥豆等項，仍於本年秋收全數開徵外，其實在因災積欠，請均勻酌撥，分年催納等語。江蘇省淮、揚、徐、海等處，屢因被災歉收，經朕節次加恩，於賑卹蠲免之外，又將節年積欠錢糧，概予緩帶。原欲使蔀屋窮簷，無不均霑惠澤。其中如係一年偶被偏災，次年成熟後自應按數帶徵；若連年災歉，即應據實聲明，分年催納，以紓民力。今江淮等處，自乾隆四十八年起至五十四年止，因災積欠銀八十一萬餘兩、米麥豆一十七萬餘石，俱係閔鶚元任內之事。乃閔鶚元身任巡撫，並未覈計積欠之多寡，以定分年之遠近，均係籠統聲敘，概於次年秋後開徵。是小民遇有一歲豐收，即須併納七年積欠，力不從心，以致吏役等催呼滋擾，轉不若未逢樂歲，尚可暫緩追逋。此即閔鶚元辦理不善、不能仰體朕惠愛黎庶之一端。所有江寧、淮安、揚州、徐州、海州等五府州屬，自四十八年起至五十四年止，因災積欠銀八十一萬三千五百餘兩、米麥豆一十七萬三千三百餘石，均照長麟所請，按照所欠多寡，分作四年帶徵。並著加恩將此項帶徵銀米麥豆，每年寬免一半；其當年成熟、次年因災拖欠銀二十二萬餘兩、米麥豆一萬七千餘石，於本年秋後開徵時，亦著寬免一半。俾小民等戶有蓋藏，生計益臻饒裕，得以永享豐年之樂。長麟即將此旨刊刻謄黃，徧行曉諭，令僻壤窮鄉，咸喻朕意。毋任不肖吏胥，因有恩旨寬免，從中影射侵漁，以完作欠。務須密訪嚴查，肅清弊竇，使閭得以均霑實惠，方為妥善。該部即遵諭行。（高宗一三八二、一三）

（乾隆五六、八）是月，兩江總督書麟、江蘇巡撫覺羅長麟奏稱：沭陽縣一隅被水，禾秋已經收穫，朔日有資，無須官爲撫卹；被淹雜糧，亦屬無多，不致成災。惟塌倒房屋，力難驟辦。請將坍房一千四百餘間，照例給與修費。其各家搶穫糧米，僅敷一冬食用，若仍徵納錢糧，未免稍形拮据。查該縣本年係恩詔普免案內輪躅之年，並無應納新糧，惟尚有長麟前奏節年積欠分年帶徵案內應徵四十九、五十等年積欠銀一萬一千九百兩有奇、米麥三千四百石有奇。請將該縣被水之劉家集等二十二鎮本年應完積欠，展至來年秋後徵納，其來年應徵之積欠，並請展至五十八年秋後徵納。如此遞展，則民力寬紓，而積欠錢糧亦無拖壓之累。再，海州境內西南鄉與沭陽毗連，其低窪地畝，間有積水被淹情形。請將一海州被水村莊應徵積欠，遞展一年。得旨：允行。(高宗一三八五、二八)

(乾隆五六、九、庚子) 諭：據長麟奏，江南蘇州、常州、江寧等府屬，本年因春夏之間雨水較多，低窪地畝，間被淹浸，收成未免歉薄等語。江南蘇州府等屬本年雨水較多，田禾間有被淹，前據長麟奏到，即令妥爲查辦。茲據該撫勘明蘇州、常州、江寧等府屬極窪地畝，消涸較遲，僅能補種雜糧等項，不過薄有所收。雖據奏並未成災，民力究不無竭蹶。所有蘇州府屬之長洲、元和、昭文、常熟、崑山、新陽，常州府屬之無錫、陽湖、江陰，江寧府屬之江浦、六合等十一縣，本年應完漕屯等米六萬六千餘石，著加恩緩至來年秋收後，分作二年帶徵，其應納地丁等銀，亦著緩至來年麥收後一體完納。又，太倉屬之寶山縣、並海州暨所屬之沭陽縣等三州縣，所有本年墊漕銀兩及應徵麥石地漕等款，一併緩至來春麥收後分作兩年徵收，以示體恤。該撫務須督飭所屬，實力妥辦，俾無力貧民均霑實惠，毋使一夫失所，以副朕軫念民依、恩加無已至意。(高宗一三八七、二三)、

(乾隆五八、九、丁巳) 諭曰：奇豐額奏，江蘇省自夏秋以來，雨水充盈，高阜田畝，實屬有收。惟低窪處所，間有地勢太卑、積水不能補種之處，收成未免稍歉等語。江蘇地方連歲豐收，糧價平減，惟本年夏秋之間，雨水稍多，低窪處所間有被淹。雖皆不過一隅，但收成究不無歉薄，民力未免拮据。所有海州、沭陽、清河、安東、桃源、宿遷、山陽、阜寧、鹽城、高淳、高郵、寶應、東臺、興化、碭山、蕭縣、長溆、元和、常熟、昭文、崑山、新陽、婁縣、青浦、陽湖、無錫、江陰、太倉、鎮洋等二十九州縣，並坐落各屬之淮安、大河、徐州、蘇州、太倉、鎮海等六衛地方被水田畝，本年應徵帶徵漕米錢糧，著加恩緩至來秋，分作二年帶徵，俾民力益資寬裕，以示朕軫恤加惠至意。該部即遵諭行。(高宗一四三七、一五)

(乾隆五九、九、丁酉) 諭：據奇豐額奏，查勘徐州府屬碭山等縣，因

曲家莊黃水漫溢，低田被淹。又，淮安、揚州、海州各屬極低田畝，因雨水稍多，豆粟不無損傷，收成稍薄等語。本年碭山等縣地方，因曲家莊黃水盛漲，由豐、沛二縣順隄下注，宣洩不及，上漾旁溢，以致附近窪地，積水數寸；其淮安、揚州、海州所屬各州縣，因雨水稍多，極低田畝，零星間斷，亦有積水，以致豆粟間被損傷，收成不無歉薄，殊為可憫。現在積水雖已消涸，小民一律安堵，但被水歉收之後，民力究形拮据。所有徐州府屬之碭山、豐縣、沛縣、宿遷、睢寧，淮安府屬之山陽、阜寧、清河、桃源、安東、鹽城，揚州府屬之高郵、寶應、興化，海州暨所屬之沭陽等十六州縣，並坐落各縣境內之淮安、大河、揚州、徐州四衛，除高阜成熟地畝仍照舊輸納外，其被水低田，著該撫查明將本年應徵應帶銀米，一體加恩緩至來年秋收後分作二年帶徵，俾閭閻益臻寬裕，以副朕加惠黎元至意。（高宗一四六〇、二四）

（**乾隆五九、一〇、丁卯**）諭：據蘇凌阿等奏，松江府太倉州兩屬華亭等縣，因八月中積雨連綿，低窪處所，稻苗生有黑蟲，秋收歉薄等語。華亭等縣，本係沿海地方秋間雨水過多，低窪田畝，稻棉間多受傷，收成不無歉薄，民力未免拮据。所有松江府屬之華亭、奉賢、婁縣、金山、上海、南滙、青、浦，太倉州並所屬之鎮洋、崇明、嘉定、寶山等州縣並太倉、鎮海二衛坐落各州縣屯地，除高阜成熟地畝，仍行照常輸納外，其低窪受傷之田，本年應徵應帶地丁漕糧，著該督等查明，一併加恩緩至來年秋後帶徵，俾民力益臻寬裕，以副朕加惠閭閻至意。（高宗一四六二、二二）

（**乾隆六〇、一、庚戌**）諭：前經降旨普免天下積欠錢糧，令各督撫查明具奏。茲據該督撫等將江蘇省節年民欠及因災帶緩地丁漕糧等項銀糧米豆，開單呈覽。所有江蘇省節年民欠及因災緩帶等銀一百二十二萬五千一百九十九兩零、米石麥豆等項四十五萬九千二百七十五石零，俱著加恩全行豁免，用示普錫春祺，惠民益下至意。（高宗一四六九、一九）

（**乾隆六〇、一〇、癸未**）諭：據蘇凌阿覆奏，查勘得海州等九州縣，淮安、大河二衛，高阜平疇，田禾均屬豐收，惟海港湖濱低窪處所，夏秋雨水稍多，間有被淹之處，隨時消涸，並不成災等語。該州縣衛被水地畝，雖據該督等查明，僅係一隅中之一隅，且積水早經消落，但收成究係歉薄，若照例開徵，恐民力不無拮据。所有海州、山陽、阜寧、清河、桃源、安東、宿遷、沭陽、贛榆等九州縣，淮安、大河二衛被水地畝，應徵本年新賦及帶徵五十九年錢糧並籽種銀兩，俱著加恩一併緩至來年秋成後，分作二年帶徵，俾小民蓋藏益臻寬裕，以示朕軫念民依至意。（高宗一四八八、九）

（嘉慶一、七、壬申）賑江南豐、沛、碭山、銅山四縣，山東單縣被水災民，並蠲緩新舊額賦。(仁宗七、一八)

（嘉慶一、一〇、丙戌）免江蘇蕭、邳、睢寧、宿遷、桃源、海、沭陽、清河八州縣水災額賦有差。(仁宗一〇、一四)

（嘉慶二、二、丙戌）蠲緩江蘇上元、江寧、句容、溧水、江浦、山陽、阜寧、佃河、桃源、安東、鹽城、高郵、寶應、銅山、豐、沛、蕭、碭山、邳、宿遷、睢寧、海、沭陽二十三州縣，淮安、大河、徐州三衛元年水災額賦有差。(仁宗一四、一一)

（嘉慶二、八、己丑）緩徵江蘇山陽、清河、桃源、安東、邳、宿遷六州縣水災新舊額賦。(仁宗二一、一四)

（嘉慶二、九、庚午）賑江蘇碭山、蕭二縣被水災民，並蠲緩地丁漕糧有差，免淮安、徐州二府屬應徵米豆蘆課。(仁宗二二、四)

（嘉慶三、四、壬寅）加賑江蘇豐、沛、銅山、邳四州縣及徐州衛被水災民，給宿遷縣災民一月口糧，緩徵海、沭陽二州縣新舊額賦。(仁宗二九、四)

（嘉慶三、九、甲戌）加賑江蘇豐、沛、銅山、邳、睢寧、宿遷、安東、桃源、海、沭陽十州縣本年被水災民，並蠲緩額賦有差；緩徵上元、句容、六合、上海、華亭、奉賢、丹徒、山陽、清河、阜寧、鹽城、泰、東臺、興化、寶應十五州縣額賦。(仁宗三四、六)

（嘉慶三、一〇、丙申）緩徵江蘇青浦、婁二縣晚棉歉收地方本年額賦，並撥江蘇徐州漕糧四萬七千石備賑。(仁宗三五、五)

（嘉慶四、九、戊午）緩徵江蘇蕭、碭山、阜寧、銅山、邳、豐、沛、睢寧、宿遷、海、沭陽、桃源、山陽、清河、鹽城、安東、海門、通、東臺、興化二十州縣、淮安、大河、徐州三衛水災新舊額賦，及蠲賑有差；並截留徐州府屬蕭、碭山等七州縣本年漕糧備賑。(仁宗五一、四)

（嘉慶四、九、丙子）緩徵江蘇崇明、寶應二縣水災新舊額賦，並蠲賑有差。(仁宗五二、一二)

（嘉慶五、九、甲午）免江蘇省舊欠蘆課河租並漕項兵米月糧。(仁宗七四、九)

（嘉慶五、九、甲午）緩徵江蘇江浦、六合、溧水、上元、江寧、句容、金壇、溧陽、山陽、阜寧、清河、安東、鹽城、銅山、豐、沛、邳、宿遷、睢寧、海、丹徒、丹陽二十二州縣及淮安、大河、徐州三衛水災新舊額賦漕糧，並免蕭、碭山二縣及徐州衛水災本年額賦漕糧有差。(仁宗七四、九)

（嘉慶六、九、壬寅）緩徵江蘇山陽、阜寧、清河、桃源、安東、鹽城、銅山、豐、沛、蕭、碭山、邳、宿遷、睢寧、海、沭陽十六州縣，淮安、大河、徐州三衛水災積欠額賦。（仁宗八七、二九）

（嘉慶七、九、戊戌）緩徵江蘇清河、桃源、安東、銅山、蕭、碭山、邳、宿遷、睢寧、句容、江浦、六合、山陽、鹽城、阜寧、東臺、興化、贛榆十八州縣，淮安、大河、徐州三衛水災旱災新舊漕糧額賦。（仁宗一〇三、二七）

（嘉慶七、九、戊戌）賑江蘇海、沭陽二州縣被水災民，並免本年漕糧額賦。（仁宗一〇三、二七）

（嘉慶七、一一、丁酉）賑江蘇豐、沛、銅山、碭山、蕭五縣被水災民，並緩徵新舊額賦、借給籽種口糧有差。（仁宗一〇五、二六）

（嘉慶八、六、乙亥）免江蘇海、沭陽、碭山、豐、沛、蕭、銅山七州縣，大河、徐州二衛上年水災地丁屯折河租漕項麥折等銀米。（仁宗一一四、一五）

（嘉慶八、一〇、壬申）緩徵江蘇句容、六合、鹽城、碭山、邳、山陽、阜寧、清河、桃源、安東、寶應、銅山、蕭、宿遷、睢寧十五州縣，淮安、大河、徐州三衛被水被旱漕糧額賦。（仁宗一二二、一〇）

（嘉慶八、一一、己亥）緩徵江蘇淮安、徐州、海三府州屬歷年水災未完額賦。（仁宗一二三、一二）

（嘉慶九、九、癸丑）蠲緩江蘇昭文、新陽、常熟、海、崑山、震澤、山陽、清河、宿遷、安東、寶應、阜寧、太倉、高淳、桃源、高郵、江浦、甘泉、邳、沭陽、吳、元和、青浦、鎮洋、碭山、長洲、太湖、江寧、吳江、婁、溧水、溧陽、嘉定、南匯、陽湖、奉賢、江都、句容、六合、銅山、上元、華亭、金壇、無錫、荊溪、宜興、金山、金匱四十八廳州縣及蘇州、太倉、鎮海、金山、淮安、大河、徐州七衛水災新舊地漕銀米，並賑卹有差。（仁宗一三四、三三）

（嘉慶一〇、九、戊辰）蠲緩江蘇鹽城、興化、東臺、高郵、阜寧、泰、寶應、山陽、甘泉、清河、桃源、江都十二縣及淮安、大河、揚州三衛水災旱災新舊額賦，並減則豁糧田畝戶口緩徵給賑有差。又，緩六合、銅山、蕭、碭山、宿遷、海、邳、華亭、奉賢、婁、上海、南匯、青浦、金山、太倉、鎮洋、嘉定、寶山、崇明、昭文二十州縣及徐州衛歉收田畝新舊額賦，並阜寧、清河、桃源、海、沭陽五州縣舊欠漕糧。（仁宗一五〇、二五）

（嘉慶一一、一、丁巳）展緩江蘇江寧、揚州、淮安、徐州、海五府州屬並淮安、徐州、大河三衛節年額賦有差。（仁宗一五六、二八）

（嘉慶一一、九、丁卯）賑江蘇淮安、揚州、徐州、海各府州屬濱臨湖蕩被水災民，並緩徵減則田地本年額賦。（仁宗一六七、一〇）

（嘉慶一二、一〇、甲申）賑江寧阜寧縣被水災民，並蠲緩鹽城、東臺、武進、陽湖、江陰、宜興、荊溪、金壇、溧陽、阜寧、清河、桃源、宿遷、海十四州縣新舊額賦米麥有差。（仁宗一八六、一七）

（嘉慶一三、二、壬申）展緩江蘇疊被災歉之江寧、淮安、揚州、徐州、海五府州屬並各衛帶徵各款銀糧。（仁宗一九二、九）

（嘉慶一三、九、丙戌）賑江蘇鹽城、興化、東臺、阜寧、高郵、泰、沭陽、清河、寶應、甘泉、山陽、桃園、安東、江都十四州縣，淮安、大河、揚州三衛被水災民；並蠲緩十四州縣三衛及上元、江寧、句容、六合、江浦、海、贛榆、銅山、蕭、碭山、邳、宿遷、睢寧十三州縣水災雹災新舊額賦。（仁宗二〇一、二七）

（嘉慶一四、六、己亥）免江蘇山陽、阜寧、清河、桃源、安東、鹽城、高郵、泰、東臺、江都、甘泉、興化、寶應、沭陽十四州縣，淮安、大河、揚州三衛上年水災旱災額賦。緩徵上元、江寧、句容、江浦、六合、山陽、阜寧、清河、桃源、安東、鹽城、高郵、泰、東臺、江都、甘泉、興化、寶應、銅山、蕭、碭山、邳、宿遷、睢寧、海、沭陽、贛榆二十七州縣，淮安、大河、徐州三衛各項銀糧。（仁宗二一三、一五）

（嘉慶一四、一〇、癸卯）緩徵江蘇阜寧、鹽城、泰、東臺、江都、甘泉、興化、寶應、銅山、蕭、碭山、清河、桃源、高郵、邳、宿遷、海、沭陽、句容、六合、武進、金壇二十二州縣水災新舊額賦、安東縣減則田地秋季額賦；並賑安東、山陽二縣被水貧民。（仁宗二一九、一七）

（嘉慶一五、一〇、戊申）緩徵江蘇山陽、安東、六合、阜寧、清河、桃源、鹽城、高郵、泰、東臺、江都、甘泉、興化、寅應、銅山、蕭、碭山、邳、宿遷、睢寧、海、沭陽、常熟、昭文、新陽、太倉二十六州縣，淮安、大河、徐州三衛水災旱災新舊額賦。（仁宗二三五、二九）

（嘉慶一五、一一、己卯）緩徵江蘇寶應、高郵、甘泉三州縣水災新舊額賦。（仁宗二三六、三三）

（嘉慶一五、二一、乙巳）展緩江蘇江寧、淮安、揚州、徐州、海五府州屬節年因災緩徵額賦。（仁宗二三七、三二）

（嘉慶一六、九、戊戌）免被水之江蘇碭山縣額賦三年，蕭縣一年，安徽泗州稱賦三年，宿、靈壁二州縣二年，五河縣一年。（仁宗二四八、二二）

（嘉慶一六、一〇、甲子）賑江蘇清河、安東、海、沭陽、碭山、蕭六州縣被水災民。蠲緩清河、安東、海、沭陽、睢寧、邳、桃源、銅山、宿遷、上元、江寧、句容、江浦、六合、山陽、鹽城、高郵、東臺、江都、甘泉、興化、阜寧、寶應二十三州縣及淮安、大河、徐州三衛水災旱災新舊額賦。(仁宗二四九、一八)

(嘉慶一七、九、壬辰) 賑江蘇高郵、興化、甘泉、寶應四州縣被水災民。蠲緩高郵、興化、甘泉、寶應、泰、東臺、清河、山陽、阜寧、桃源、鹽城、安東、江都、宿遷、蕭、沭陽十六州縣並屯坐各衛水災旱災新舊額賦。(仁宗二六一、二一)

(嘉慶一七、一一、丁丑) 展緩江蘇省積年災歉民欠額賦。(仁宗二六三、一四)

(嘉慶一八、一一、丁丑) 緩徵江蘇山陽、阜寧、清河、桃源、安東、鹽城、江都、興化、銅山、豐、沛、蕭、邳、宿遷、睢寧十五州縣,淮安、大河、徐州三衛被水地畝新舊額賦,及碭山縣次年額賦。(仁宗二七八、二一)

(嘉慶一八、一二、壬戌) 緩徵江蘇高郵、寶應、甘泉、東臺、興化五州縣水災本年額賦及次年額賦有差。(仁宗二八一、三三)

(嘉慶一九、四、甲戌) 緩徵江蘇豐、沛二縣上年續被霜災新舊額賦及應還麥豆。(仁宗二八九、一八)

(嘉慶一九、九、乙卯) 賑江蘇句容、上元、江寧、江浦、六合、溧水、高淳、泰、江都、甘泉、儀徵、武進、陽湖、金匱、無錫、江陰、丹徒、丹陽、金壇、溧陽、宜興、荊溪二十二州縣被水被旱災民,並緩徵吳、華亭、東臺、鎮洋、長洲、元和、常熟、昭文、崑山、新陽、婁、奉賢、金山、上海、南匯、川沙、靖江、高郵、興化、寶應、太倉、嘉定、崇明、山陽、阜寧、清河、桃源、安東、鹽城、銅山、蕭、碭山、宿遷、海、沭陽三十五廳州縣及各衛民屯額賦。(仁宗二九七、三三)

(嘉慶一九、一二、己卯) 緩徵江蘇上元、江寧、句容、江浦、六合、甘泉、儀徵七縣及揚州衛旱災本年額賦漕糧,並展緩甘泉縣水災新舊額賦漕糧。(仁宗三〇一、一三)

(嘉慶二〇、一、乙卯) 緩徵江蘇溧水縣旱災上年額賦。(仁宗三〇二、三二)

(嘉慶二〇、九、乙巳) 賑江蘇高郵、寶應二州縣衛被水災民,並蠲緩本年額賦漕糧有差;緩徵上元、江寧、江浦、六合、阜寧、清河、安東、銅山、蕭、碭山、宿遷、睢寧、山陽、桃源、鹽城、泰、東臺、江都、甘泉、興化二十州縣並淮安、大河、徐州三衛額賦漕糧。(仁宗三一〇、二〇)

（嘉慶二一、七、己巳）緩徵安徽宿、靈璧、懷遠、鳳陽、鳳臺五州縣，江蘇銅山、宿遷、邳、睢寧、豐、沛、蕭、碭山八州縣水災本年額賦，並給宿、靈璧、懷遠、沛四州縣災民一月口糧。（仁宗三二〇、一七）

（嘉慶二一、一〇、戊子）緩徵江蘇句容、山陽、阜寧、清河、桃源、安東、高郵、泰、江都、甘泉、興化、寶應、海、沭陽十四州縣及淮安、大河、徐州三衛水災本年及次年額賦並帶徵漕米。給高郵、甘泉二州縣災民一月口糧。（仁宗三二三、七）

（嘉慶二一、一二、己亥）緩徵江蘇句容、山陽、阜寧、清河、桃源、安東、高郵、泰、江都、甘泉、興化、寶應、銅山、蕭、碭山、宿遷、睢寧、沭陽、上元、江寧、溧水、江浦、六合、鹽城、東臺二十五州縣及淮安、大河、徐州三衛積欠額賦。（仁宗三二五、一四）

（嘉慶二二、二、戊子）緩徵江蘇邳、沛二州縣毗連災區地方額賦及未還倉豆。（仁宗三二七、一二）

（嘉慶二二、一〇、甲申）蠲緩江蘇高郵、甘泉、寶應、睢寧、句容、山陽、阜寧、清河、桃源、安東、鹽城、泰、江都、銅山、豐、沛、蕭、碭山、宿遷十九州縣及淮安、大河、徐州三衛水災新舊額賦有差，並賑高郵、甘泉、寶應三州縣災民。給沛縣災民一月口糧。（仁宗三三五、一一）

（嘉慶二三、一〇、辛巳）蠲緩江蘇蕭縣水災額賦有差。緩徵上元、江寧、句容、江浦、六合、山陽、阜寧、清河、桃源、安東、鹽城、高郵、泰、東臺、江都、甘泉、儀徵、興化、寶應、銅山、沛、碭山、邳、宿遷、睢寧、丹徒二十六州縣及淮安、大河、揚州、徐州四衛本年及來年額賦。給高郵、寶應二州縣貧民一月口糧。（仁宗三四八、一五）

（嘉慶二四、一〇、乙卯）緩徵江蘇上元、江寧、句容、高淳、六合、鹽城、高郵、泰、東臺、江都、甘泉、興化、寶應、長洲、吳、常熟、華亭、奉賢、婁、金山、上海、武進、陽湖、無錫、金匱、江陰、宜興、荊溪、丹徒、丹陽、金壇、溧陽、山陽、桃源、安東、銅山、豐、沛、蕭、碭山、邳、宿遷、睢寧、海、沭陽四十五州縣，淮安、大河、徐州三衛水災旱災本年及上年額賦漕糧。（仁宗三六三、三〇）

（嘉慶二四、一二、乙巳）緩徵江蘇山陽、阜寧、清河、高郵、泰、東臺、江都、甘泉、興化九州縣水災本年及上年額賦新舊漕糧。（仁宗三六五、二二）

（嘉慶二五、二、戊戌）緩徵江蘇鹽城縣水災本年額賦。（仁宗三六七、一五）